BIBLIOTHEK
DES 18. JAHRHUNDERTS

Ich bin mehr Herz als Kopf

Sophie von La Roche
Ein Lebensbild in Briefen

Herausgegeben von
Michael Maurer

Verlag C. H. Beck München

Die ‚Bibliothek des 18. Jahrhunderts‘ erscheint
gleichzeitig in der Verlagsgruppe Kiepenheuer, Leipzig und Weimar,
und im Verlag C. H. Beck, München

ISBN 3 406 30846 5

Zweite, durchgesehene Auflage. 1985
© C. H. Beck'sche Verlagsbuchhandlung (Oscar Beck), München 1983
Umschlagbild: Sophie von La Roche. Unbezeichnetes
zeitgenössisches Pastellbild (Freies Deutsches Hochstift,
Frankfurt am Main; Foto: Ursula Edelmann).
Gestaltung: Walter Schiller, Altenburg
Schrift: Aldus (Digiset)
Satz und Druck: Georg Appl, Wemding
Bindung: R. Oldenbourg, Heimstetten
Printed in Germany

Inhalt

Einleitung

Sophie von La Roche
Leben einer empfindsamen Aufklärerin

Eine Frau des 18. Jahrhunderts

Nur wenige Namen von Frauen des 18. Jahrhunderts, insbesondere aus der Zeit vor der Französischen Revolution, sind auf uns gekommen: Abgesehen von einigen Fürstinnen, wie jener deutschen Prinzessin, die als Katharina II. Zarin von Rußland wurde, wie Elisabeth, jener anderen Zarin vor ihr, wie der Habsburgerin Maria Theresia oder Anna Amalia von Sachsen-Weimar, fallen sie alle unter zwei Kategorien: Sie waren Frauen zu bekannten Männern, wie Klopstocks Frau Meta, Lessings Verlobte und spätere Ehefrau Eva König, Goethes Frau Christiane, verschiedene andere Frauen um Goethe, die Marquise von Pompadour und die Gräfin von Dubarry, zwei der zahlreichen Mätressen Ludwigs XV., oder Marie Antoinette, Gattin Ludwigs XVI.; andere waren Töchter berühmter Väter wie Dorothea Schlözer, die nicht nur aufgrund eigenen Verdienstes 1786 von der Universität Göttingen anläßlich ihres 50jährigen Jubiläums als erste Frau zum Doktor promoviert wurde, oder Schwestern berühmter Männer wie Cornelia Schlosser, Goethes Schwester, oder Wilhelmine von Bayreuth, Schwester Friedrichs des Großen. Alle übrigen Frauen aber, deren Namen wir aus jener Zeit noch kennen, gehören in den merkwürdigen zwischen- und übergesellschaftlichen Bereich des Künstlerischen: Malerinnen wie Angelika Kaufmann, Schauspielerinnen wie Caroline Neuber, Sophie, Dorothea und Charlotte Ackermann, Friederike Sophie Hensel und Corona Schröter, Dichterinnen wie Christiana Mariana von Ziegler, wie Louise Adelgunde Victorie Gottsched, Johanne Charlotte Unzer und Anna Louisa Karsch, Sängerinnen wie Dorothea Wendling, Minna Brandes oder jene Mara, die in Deutschland als Gertrud Elisabeth Schmeling zur Welt kam und später in London Triumphe feierte.

7

Einige wenige Frauen fallen unter beide Kategorien, unter ihnen Sophie von La Roche. Man nennt sie noch gelegentlich als Verlobte des Dichters Christoph Martin Wieland, als Mutter jener Maximiliane, mit der Goethe zeitweilig in Frankfurt befreundet war, als Großmutter von Clemens und Bettina Brentano; zu ihrer eigenen Zeit kannte man sie in erster Linie als die Gattin Georg Michael Frank von La Roches, der es zum kurtrierischen Kanzler gebracht hatte. Sie war aber auch eine erfolgreiche Schriftstellerin, deren erster Roman, die „Geschichte des Fräuleins von Sternheim" (1771), in mehrere Sprachen übersetzt wurde. Sie war die erste Deutsche, die einen bürgerlichen Roman schrieb, sie war die erste Frau in Deutschland, die eine Zeitschrift für Frauen gründete und schrieb, sie produzierte 35 Jahre lang Romane, Reisebeschreibungen und pädagogische Schriften für ein überwiegend weibliches Publikum.

Aus großem Abstand schrumpft ihr Werk auf weniges Wesentliche zusammen. Im Kontext ihrer Zeit aber war ihre Leistung außerordentlich. Denn welche Möglichkeiten hatte eine Frau im 18. Jahrhundert? Ihr Lebenskreis war definiert durch ihre Zugehörigkeit zu einem Vater oder Ehemann. In der ständischen Gesellschaft hatte die Frau den Stand ihres Mannes; Mesalliancen waren verpönt, und die häufigen spektakulären Mesalliancen gegen Ende des 18. Jahrhunderts sind gerade ein Zeichen für die Auflösung der ständischen Gesellschaft. Wer eine bestimmte Pfarrstelle haben wollte, konnte leicht mit der Bedingung konfrontiert werden, die Witwe des vorigen Pfarrers zu heiraten, bei Organisten, Barbieren, Apothekern und Ärzten war es nicht anders. Aus Liebe geschlossene Ehen waren ungewöhnlich. Wer es bei Hofe zu etwas bringen wollte, heiratete die Tochter eines Hofmanns (der Frankfurter Großkaufmann Peter Anton Brentano bewarb sich beispielsweise um die älteste Tochter des kurtrierischen Kanzlers La Roche – und prompt wurde er zum kurtrierischen Residenten in Frankfurt erklärt), wer seine Tochter gut versorgen wollte, gab sie einem reichen Kaufmann (so gab der Kanzler La Roche seine älteste Tochter dem reichen Brentano). Für sich selbst genommen war eine Frau nichts; was sie war, war sie durch einen Mann. Ihr Kreis war das Haus, aber was man im Haus von einer Frau verlangte, war abhängig von der sozialen Stellung des Mannes: Eine wohlsituierte Bürgersfrau stand nicht selbst am Herd, sondern leitete den Haushalt, indem sie die Dienstboten beaufsichtigte; eine Bauersfrau leistete dieselbe Feldarbeit wie ihr Mann; von der Frau eines Hofbeamten erwartete man, daß sie bei Hofe erschien, Gesellschaften gab, unterhalten konnte und zu repräsentieren verstand. Vergleichbar war das Schicksal der Frauen allein in bezug auf ihre biologische Funktion: Das Kindergebären bestimmte ihre Sonderstellung in allen Schichten gleichermaßen. Unterschiede setzten aber schon gleich nach der Geburt ein: gewöhnliche Frauen stillten ihre Kinder selber, die der höheren Kreise hielten dafür Ammen. Und während bei Bauern und Handwerkern die Kinder ganz selbstverständlich und unauffällig durch Vorbild und Nachahmung in die Erwachsenenwelt hineinwuchsen, bemühte sich bei wohlsituierten Bürgern und Adligen ein wechselndes Heer von Ammen, Kinderfrauen, Hauslehrern und Hofmeistern um Erziehung und Ausbildung für den Stand der Eltern. Die Rolle der Frau als Mutter mußte in diesen Verhältnissen zwangsläufig eine andere sein; ihr Wirken war mehr ein organisatorisches; eine emotionale Mutter-Kind-Beziehung war weit weniger selbstverständlich, als sie es uns zu sein scheint.

Die Sorge für den Lebensunterhalt der Familie lag in der ständischen Gesellschaft ganz auf dem Mann; von der Hausfrau erwartete man, daß sie mit dem wirtschaften könne, was der Mann einbrachte; man erwartete von ihr standesgemäßen Aufwand, was darüber lag, wurde als Verschwendung gebrandmarkt, was darunter lag als Geiz. Daß die Frau für den Lebensunterhalt der Familie sorgen mußte, war die Ausnahme: wenn der Mann Trinker war und als Ernährer ausfiel, wenn er Invalide wurde oder starb. In gewissen Grenzen bedeutete die Zugehörigkeit zu einem Stand auch soziale Absicherung in einer Zeit, als Daseinsvorsorge noch nicht selbstverständlich zum Aufgabenbereich des Staates gehörte. Die Witwe eines zünftisch organisierten Handwerkers war durch die Zunft abgesichert. Die Witwe eines Beamten konnte beim Fürsten mit Aussicht auf Erfolg um Pension eingeben. In bäuerlichen Verhältnissen blieb oft in Notlagen die Rückkehr in den größeren Familienverband des väterlichen Hauses als letzte Rettung. Wenngleich die Frau für sich nichts war, so war sie doch in den bestehenden Strukturen etwas.

Die Öffnung der ständischen Welt gegen Ende des 18. Jahrhunderts und der Abbau ihrer Strukturen brachten mit der neuen Freiheit neue Probleme und forderten neue Lösungen. Die Emanzipation des Bürgertums aus der feudalen Gesellschaft und die Eman-

zipation der Frau innerhalb des Bürgertums sind zwei der histori-
schen Umwälzungen gegen Ende des 18. Jahrhunderts. Und das ist
zugleich der Punkt, an dem Sophie von La Roche steht. Bürgerlicher Herkunft, erreichte sie mit ihrem Mann eine der höchsten
Positionen, die für Bürgerliche möglich war. Ihre Wirksamkeit
richtete sich auf das Bürgertum; sie trug zur Selbstdefinition des
Bürgers durch Bildung bei und zur Selbstfindung des Bürgers in
einer neu definierten Humanität. Dieses Ideal einer durch Bildung
erreichbaren höheren Humanität des Bürgers wurde für sie viru-
lent, indem sie es auf die Stellung der Frau anwandte. Ebenso wie
der Bürger sich durch Tugend des Herzens und Gaben des Kopfes
auswies, mußte es auch für die Frau möglich sein. Was für uns so
selbstverständlich ist, muß, unter den Voraussetzungen der ständischen Gesellschaft, als kühn angesehen werden. Aber die Emanzipation kommt auf leisen Sohlen. Nie stößt Sophie von La Roche in
Revolutionsfanfaren. Bestimmte Erfordernisse ihrer Zeit erkannte
sie; notwendige Änderungen empfahl sie als vernunftgemäße
Adaptation: Mußten nicht Männer, wenn sie als Bauern geeignete
Lebensgefährtinnen suchten, auf die Eignung der Frau für die
Landwirtschaft achten? Mußten aber nicht auch die Männer, wenn
sie als Gelehrte geeignete Lebensgefährtinnen suchten, auf die Bildung ihrer Frauen bedacht sein? Und wenn der Bürger durch Bildung zum Menschen wurde, war es da nicht klug, eine gebildete
Frau zu nehmen, die als Mutter ihren Einfluß erziehend auf die
Kinder geltend machen konnte? Und mußte man nicht, wo es den
Frauen an Bildung fehlte, diese auf eine ihnen gemäße Weise vermitteln? Mußte man nicht auch für die Frauen vermehrt Schulen
einrichten? Mußte man nicht, wo es an Schulen immer noch fehlte,
durch Bücher den Horizont für die Bildung öffnen und das Versäumte nachholen? Das sind einige Gedankengänge, durch die sich
Wollen und Wirken der Sophie von La Roche abstecken lassen.

Kindheit und Jugend

Sophie von La Roche wurde am 6. 12. 1730 in Kaufbeuren im Allgäu
als älteste Tochter des Arztes Georg Friedrich Gutermann geboren.
Gutermann praktizierte in Kaufbeuren und Lindau, bevor er als
Dekan des medizinischen Collegiums nach Augsburg berufen

wurde, wo Sophie den größten Teil ihrer Kindheit und Jugend verbrachte. Der Vater hatte ursprünglich in Halle Theologie studieren
sollen, dann aber stattdessen in Tübingen, Straßburg und Leiden
Medizin studiert. Diese Einflüsse charakterisieren das Milieu ihrer
Kindheit und Jugend: Pietismus einerseits, und andererseits Auf-
geschlossenheit für die neue Welt rationaler Naturwissenschaften
– bei einem Rest volkstümlichen Aberglaubens und barocker, von
der Theorie noch nicht durchformter Praxis. Die Eltern des Vaters
lebten in Biberach an der Riß, die Eltern der Mutter (Regina Barbara
geb. Unold) in Memmingen. Sophie von La Roche bewahrte in
ihrem späteren Leben vieles vom geistigen Klima dieser oberschwäbischen Reichsstädte: die Sprache, den republikanischen
Stolz, das Zwischen-(Über-)den-Konfessionen-Stehen, wie es aus
einem selbstverständlichen, gleichberechtigten Miteinander verschiedener Konfessionen unter dem Einfluß pietistischer Frömmigkeit und aufklärerischer Rationalität wohl erwachsen mochte.
Wichtig für ihre familiäre Situation ist ihre Stellung in der
Geschwisterreihe: Als erstes Kind verhältnismäßig junger Eltern
(der Vater war 25, die Mutter 19) stand sie zunächst im Mittelpunkt
nicht nur elterlicher Fürsorge, sondern auch elterlichen Geltungs-
bedürfnisses. Sie wurde als eine Art Wunderkind ausgebildet,
konnte mit drei Jahren lesen, hatte mit fünf erstmals die Bibel
„durchgelesen" und wurde mit zwölf vom Vater „im Scherz zu seinem Bibliothekar" ernannt.[1]

Teils bewußt, teils unbewußt war ihre Sozialisation die einer
Gelehrtentochter. Wie es in Augsburg viele Beispiele dafür gibt,
daß die Töchter von Malern oder Kunsthandwerkern ganz selbstverständlich in die Berufe ihrer Väter hineinwuchsen,[2] da die Väter
ja oft das Handwerk im Hause ausübten und ihre Lehrlinge im
Hause anwiesen, so daß manch eine von ihnen am Ende eine nam-
hafte Künstlerin oder Kunsthandwerkerin wurde, so ging es auch
mit dieser Gelehrtentochter, deren Intelligenz und natürliche
Gaben für den Vater nur Aufmunterung sein konnten, ihr mehr
abzuverlangen. Der kritische Punkt mußte kommen, wo aus dem

[1] Sophie von La Roche: Melusinens Sommer = Abende, herausgegeben von C. M. Wieland, Halle 1806, S. V, VII.
[2] Eduard Gebele: Sophie Laroche, in: Lebensbilder aus dem Bayerischen Schwaben 7 (1959), S. 276–300; S. 276/277 (Aufzählung).

Spiel allmählich Ernst wurde – am Ende der Kindheit. Gelehrsamkeit als Beruf war damals für ein Mädchen kaum vorstellbar. Hatte ein verantwortungsbewußter Vater also nicht die Pflicht, den Irrweg zu verhindern? In einem hier erstmals gedruckten Brief[3] berichtet Sophie, wie sie mit zwölf Jahren den Vater auf Knien bat, ihr eine geregelte, schulmäßige Ausbildung angedeihen zu lassen. Zu jener Zeit gab es in Augsburg genau einen weltberühmten Gelehrten; just dieser war ein Bekannter und Freund des Vaters schon in der Kaufbeurener Zeit gewesen: Jakob Brucker, der Seelsorger, Pädagoge und Philosophiehistoriker. Dieser hatte sich erboten, dem aufgeweckten Mädchen Unterricht zu erteilen und ihm von seinem Wissen mitzuteilen. Damals gab es in dieser Frage zwei Positionen: Die gewöhnliche war diese, daß Kenntnisse für ein Mädchen nicht nur nutzlos, sondern schädlich seien, weil sie es von den ihm zugedachten Aufgaben abzogen, es hochmütig und stolz machten, vor allem aber, weil für eine solche Frau kein Mann zu finden sei, da sie sich ja keinem ihr an Kenntnissen unterlegenen Mann unterordnen würde. Die andere war die, daß man Fähigkeiten, die Gott verliehen habe, nicht ungenutzt lassen dürfe, und daß Gott es nachher schon zum Guten wenden werde, wenn er diesen Fingerzeig gegeben habe. Wahrscheinlich war Jakob Brucker ein Anhänger dieses zweiten Standpunkts. Auf dem ersten Standpunkt aber stand wohl Gutermann, und dieser gab als Vater hier den Ausschlag.

Mit dem Latein als dem Anfang aller gelehrten Bildung wurde es also nichts. Aber davon abgesehen, ließ man Sophie eine sorgfältige Erziehung angedeihen. Sie lernte, was ein Mädchen des gehobenen Bürgerstandes damals eben lernte: Katechismus und Tanzen, Französisch und Blumenmalen, Klavierspielen und Zeichnen, Kochen und Sticken und Haushaltsführung. Darüber hinaus lernte sie von ihrem Vater auch Dinge, mit denen ein Mädchen damals sonst nicht behelligt wurde: Astronomie und Geschichte zum Beispiel. Sie wuchs in einem großen Haushalt auf; nach ihr wurden den Gutermanns noch elf Mädchen und ein Junge geboren. Gewiß keine Kleinigkeit für einen Vater, eine solche Kinderschar zu erziehen und auszustatten. Doch damals war man früh erwachsen; mit

---

[3] Sophie von La Roche an Johann Caspar Hirzel, 8. 11. 1771 (Zentralbibliothek Zürich) (= Brief 64 der vorliegenden Ausgabe).

15 wurde Sophie anläßlich eines Balls in die Gesellschaft eingeführt. Sie muß gleich bei dieser ersten Gelegenheit Eindruck
gemacht haben: eine hohe Figur, regelmäßige Züge, langes, kasta-
nienbraunes Haar, eine ausgezeichnete Tänzerin. Schon bald stellte
sich ein ernsthafter Bewerber um ihre Hand ein; er war ein Kollege
ihres Vaters, Leibarzt des Fürstbischofs von Augsburg: Gian Lodovico Bianconi, aus Bologna gebürtig, *uomo universale* und Hofmann.
Sophie war noch jung und bildsam; Bianconi legte Wert darauf,
daß sie Unterricht im Klavierspiel nahm und daß ihre Altstimme
ausgebildet wurde. Er lehrte sie seine Muttersprache und Mathematik. Er unterrichtete sie in der Kenntnis des klassischen Altertums und in der Geschichte der Kunst. Bianconi brachte ganz
offensichtlich einen neuen Bildungsbegriff in das bürgerlich-pieti-
stische Elternhaus. Er hatte dazu noch den Ehrgeiz, sich seine Verlobte, bei der er so hervorragende Anlagen vorfand, zu einer zweiten Laura Bassi heranzuziehen. Aus Bologna stammend wie Bianconi, war Laura Bassi eine der wenigen Frauen der damaligen Zeit,
die akademische Gelehrsamkeit besaßen, und sie war möglicher-
weise die einzige, die in der ersten Hälfte des 18. Jahrhunderts eine
adäquate öffentliche Stellung erreichte. 1711 geboren, wurde sie
1732 in ihrer Vaterstadt Bologna zum Doktor promoviert; der Senat
von Bologna zögerte nicht, diesem „Wunder ihres Geschlechts",
dieser „Zierde ihres Vaterlandes"[4] noch im selben Jahr eine Professur einzurichten. Sie war Dichterin, Mathematikerin und überhaupt universal gebildet; sie war Mitglied schöngeistiger und wis-
senschaftlicher Gesellschaften und dozierte vom Katheder hauptsächlich Experimentalphysik. Nach akademischen Würden und einer Reise durch Italien, auf der sie sich bestaunen ließ, heiratete
sie, hatte mehrere Kinder und war, wie es heißt, bei aller Gelehrsamkeit eine mustergültige Mutter.

Von einer solchen Frau mag Bianconi geträumt haben. Da
geschah folgendes: Sophies Mutter starb, als die Älteste noch nicht
einmal 18 war. Die ganze Kinderschar kam zu den Großeltern nach
Biberach. Der Vater aber reiste mit Bianconi nach Italien, um dessen Familie kennenzulernen. Damals nahm man sich Zeit, und es

---

[4] Friedrich Carl Gottlob Hirsching: Historisch-literarisches Handbuch
berühmter und denkwürdiger Personen, welche in dem 18. Jahrhunderte
gestorben sind (...), Bd. I Leipzig 1794, S. 135.

verging ein Jahr darüber. Am Ende aber stand keine Heirat, sondern eine gewaltsame Auflösung der Verlobung: Gutermann und Bianconi zerstritten sich über die Konfession der zu erwartenden Kinder; der letzte wollte alle katholisch haben, wozu sich der erste nicht verstehen konnte, der wenigstens die Mädchen lutherisch erzogen haben wollte. Der Vater erzwang eine Entlobung unter traumatisierenden Umständen: Die neunzehnjährige Braut mußte alle Andenken an Bianconi verbrennen, einschließlich der geliebten Mathematikübungshefte; was nicht brennbar war, mußte zerstört werden, den Ring Bianconis mußte sie selbst mit Eisenstäben zerbrechen. Konsequent und eigen, wie sie war, tat Sophie ein weiteres: Wenn man ihr schon versagte, seine Brillanten an ihrem Finger funkeln zu lassen, wollte sie auch nie wieder mit den von Bianconi erworbenen Kenntnissen brillieren: Gesang, Klavierspiel, Italienisch und Mathematik waren fortan für sie tabu. Ihr Lebensplan und ihre Glücksaussichten waren mit jenem Ring zerbrochen. Ihre geistige Entwicklung wurde abgebrochen. Zwar erbot sich Bianconi, sie zu entführen und sich nachher öffentlich für sein Vorgehen zu rechtfertigen; Sophie aber rang sich dazu durch, sich dem Vater zu unterwerfen. Sie schrieb, obwohl protestantisch, an den Bischof von Augsburg, sie wolle in ein Kloster. Ihre Familie verhinderte das. Sie wurde wieder nach Biberach geschickt.

Die Zeit der Verlobung mit Wieland

Der Biberacher *pastor primarius* Thomas Adam Wieland, Mann einer Cousine ihres Vaters, sollte sie in sein Haus aufnehmen und ein Auge auf sie haben; er sollte sie in den wahren Christenpflichten unterweisen und sie zur Räson bringen. Von ungeahnten Folgen aber war die Begegnung mit des Pastors Sohn Christoph Martin, einem Studenten von noch nicht 17 Jahren. Dieser verliebte sich auf der Stelle in die nicht ganz drei Jahre ältere Verwandte, die soviel Gefühl und soviel Geist hatte. Eines Sommersonntags (es war der 23. August 1750) predigte der Pastor Wieland seiner Gemeinde über das Wort „Gott ist die Liebe"; aber was er vorbrachte, war für die jungen Leute nur trockene Theologie. Auf einem Spaziergang im Anschluß an den Gottesdienst setzte der junge Wieland seiner Verwandten auseinander, wie er über die Liebe dachte. Man kann sich leicht vorstellen, daß er sich an diesem Thema erhitzte und daß Sophies Gegenwart das ihre dazu beitrug. Am Ende stand jedenfalls eine Art von Verlobung, an die sich beide gebunden fühlten, wenngleich Aussicht auf eine Heirat allenfalls in weiter Ferne bestand. Der 17jährige wurde über diese Liebe zum Dichter; daß er bald wieder auf die Universität nach Tübingen mußte, entfachte seine Leidenschaft nur noch stärker. In jenem Wintersemester in Tübingen schrieb er ein langes Lehrgedicht über „Die Natur der Dinge" und zahlreiche Briefe an Sophie. Er ist, obwohl jünger, der Lehrende; Sophie nahm es dankbar auf, daß er ihr die deutsche Literatur der Zeit zu vermitteln suchte. Allem Anschein nach hat sich Wieland damals wenig mit dem Recht, das er hätte studieren sollen, und viel mit Dichtung beschäftigt. Und am Ende seines Studiums stand denn auch kein Brotberuf, sondern eine Einladung zu Bodmer nach Zürich als Beginn einer Laufbahn als Dichter. Die neue große Welt Zürichs entfremdete ihn von Sophie. Sie mußte den Eindruck gewinnen, daß er nichts tat, um eine Ehe möglich zu machen. Zudem war diese Beziehung Wielands Mutter und Sophies Vater höchst unerwünscht. Dazu kam nun noch, daß Gutermann wieder heiraten wollte und den älteren Töchtern nahegelegt wurde, sich ebenfalls zu verheiraten. In dieser Situation entschied sich Sophie gegen Wieland und kehrte nach Augsburg zurück. Ein Bewerber um ihre Hand ließ nicht lange auf sich warten, und am 27. 12. 1753 vermählte sie sich in der Schloßkapelle von Warthausen bei Biberach mit dem kurmainzischen Rat und Stadionschen Sekretär Georg Michael Frank, genannt La Roche.

Die Zeit der Ehe mit La Roche
im Kreise des Grafen von Stadion

Diese Ehe war, wie man nach dem Erzählten natürlich finden wird, eine Vernunftehe. Sophie schätzte ihren Gatten wegen seiner Leistungen, weil ihn die Untertanen liebten, weil er ein guter Kopf war. La Roche war im Haushalt Friedrich von Stadions aufgewachsen und von klein auf systematisch zum Verwaltungsbeamten und Staatsmann ausgebildet worden. Friedrich von Stadion war Großhofmeister des Erzbischofs von Mainz, des höchsten geistlichen Fürsten im alten Reich. Friedrich von Stadion war mit Voltaire bekannt und ein Voltairianer. Im Erzbistum Mainz war er Exponent einer reformerischen Aufklärung; seine Feinde waren die Kleriker und Mönche. La Roche war kurmainzischer Rat, aber seine Aufgaben waren eher die eines Stadionschen Privatsekretärs. Meist hielt man sich in Mainz bei Hofe auf, in regelmäßigen Abständen aber auch immer wieder in Tauberbischofsheim und auf den privaten Besitzungen des Grafen von Stadion, der ein Schloß als Mittelpunkt seiner oberschwäbischen Besitzungen in Warthausen bei Biberach hatte und ein anderes als Mittelpunkt seiner Besitzungen im Zabergäu in Bönnigheim, nicht weit von Heilbronn.

In diese Kreise wurde nun Sophie gezogen. Ihr Dasein war keineswegs ein rein privates als Ehefrau La Roches, vielmehr war sie mit ihrem Gatten dem Grafen von Stadion zugeordnet. Man erwartete von ihr, daß sie immer zur Verfügung stand zur Unterhaltung und Belehrung. Sie hatte einen Teil der Korrespondenz zu führen, insbesondere die mit dem Abbé La Chaux in Paris. Französisch war selbstverständliche Hofsprache in ganz Europa. Über die Begebenheiten in Paris, das man *Capitale de l'univers* nannte, mußte man auf dem laufenden sein. Man gab Gesellschaften und führte Gespräche, die mit Esprit gewürzt sein mußten, und Vertrautheit mit den schönen Künsten und gelehrte Bildung ohne Pedanterie gehörten selbstverständlich dazu. La Roche konnte sich mit seiner Gattin sehen lassen am Mainzer Hof. Ganz abgesehen von dem, was sie schon war und wußte, wurde sie auch noch methodisch abgerichtet. Bevor La Roche an seine täglichen Geschäfte ging, legte er ihr Bücher und Zeitschriften heraus und versah sie mit Zeichen; von der jungen Frau erwartete man, daß sie das Gelesene bei Tisch oder auf Spaziergängen mit dem Grafen geistreich einfließen ließ und beständig Stichworte für Gespräche lieferte, Sachverhalte referierte oder auch nur allerhand Interessantes zu erzählen wußte.

Was ihr noch nicht zu Gebote stand, mußte sie sich aneignen. Während ihrer ersten Schwangerschaft lernte sie Englisch. Englisch war damals das Neueste, eine Mode, die erst die avanciertesten Höfe und Zirkel erfaßt hatte. Am Hof von Mainz hatte sich die Verbindung zu England aus politischen Gründen im Österreichischen Erbfolgekrieg ergeben. La Roche war der Spezialist für die Englandbeziehungen, die Stadion besonders am Herzen lagen. Voltaire hatte durch seine „Lettres anglaises" Europas Blicke auf diese Insel gelenkt, die inzwischen zur europäischen Großmacht

Nr. 1 geworden war und deren unbekannte Kultur man Zug um Zug erschloß: Gartenbaukunst, Theologie, Alltagskultur, vor allem aber die Literatur. Es gab ja damals noch keine deutsche Shakespeare-Ausgabe. Man las Pope und Bolingbroke, bald aber auch schon das Neueste: Edward Youngs Buch „The Complaints, or Night Thoughts of Life, Death and Immortality", James Thomsons „The Seasons", Thomas Grays „An Elegy Written in a Country Churchyard" usw. Die Anglophilie wurde zu einem prägenden Element für Sophie von La Roche, an dem sie für das verbleibende halbe Jahrhundert ihres Lebens festhielt; es zeigt sich in allen ihren Schriften.

Acht Kindern schenkte sie das Leben, von denen fünf das Erwachsenenalter erreichten. Die ältesten trugen alle Namen aus der Stadionschen Familie: Maximiliane wurde am 31.5. 1756 geboren, Fritz am 10.12. 1757, Luise am 13.5. 1759. Später, schon nicht mehr in Mainz, sondern in Warthausen, wurden die jüngeren Söhne Carl (11.1. 1766) und Franz Wilhelm (16.4. 1768) geboren, zu denen sie eine besonders enge Beziehung hatte und denen ihre besondere Sorge galt.

Für eine Frau aus bürgerlichem Hause gab es einiges zu lernen in Adelskreisen. In Bürgerhäusern, wie bei Gutermanns in Augsburg, bestand die vornehmste Aufgabe der Mutter in der Sorge für die Kinder. Bei Hofe dagegen erwartete man von einer Dame gesellschaftliche Präsenz, Zeit für Zeitvertreib und immer gute Laune. Um die Kinder konnte sich das Personal kümmern. Damals bestand die Theorie, daß es nicht gut sei für Säfte und Stimmung, wenn Frauen stillten. Sophie von La Roche mußte sich also damit abfinden, daß sie für den Hof zur Verfügung zu stehen hatte, während sich andere um ihre Kinder sorgten. Dieser Punkt war ihr so wichtig, daß sie darüber noch in ihren Erinnerungen im hohen Alter nachdachte.[5] Hier manifestierte sich für sie jene „fremde Gewalt",[6] über die sie zuweilen seufzte, aber nie offen klagte, denn sie hatte für Friedrich von Stadion große Hochachtung, ja Verehrung.

Und noch an einem anderen Punkt litt sie empfindlich unter den Hofgewohnheiten: Während Bürgerfrauen ihre Mädchen selbst in

---

[5] Melusinens Sommer = Abende, S. LIV.

[6] Sophie von La Roche an Johann Georg Jacobi, 4.8. 1771 (Universitätsbibliothek Freiburg im Breisgau) (= Brief 56 dieser Ausgabe).

allen für das Leben notwendigen Fähigkeiten unterwiesen, gaben Adlige ihre Töchter für die entscheidenden Jahre aus dem Haus, damit ihnen in irgendeinem Institut, Internat, Kloster oder Stift der gesellschaftliche Schliff vermittelt werde. So mußte sie auch Maximiliane und Luise aus dem Haus geben, und zwar in ein Kloster nach Straßburg, wo sie in die französische Sprache und Zivilisation eingewöhnt werden sollten. Sophie hätte die Töchter lieber selbst erzogen; aber die Mutter wurde in solchen Dingen nicht gefragt. Ende 1761 zog sich Friedrich von Stadion aus der aktiven Politik in Mainz zurück; sein Kurfürst hielt es für opportun, ihn in den Ruhestand zu versetzen, zumal seine Schüler in Mainz für die Kontinuität der Politik sorgen konnten. Stadion wollte seinen Lebensabend in Warthausen verbringen, und La Roche folgte ihm mit seiner Familie dorthin. Wieland war mittlerweile in seiner Vaterstadt Biberach als Kanzleiverwalter angestellt worden, und bald wurden die Beziehungen zwischen ihm und Sophie von La Roche wieder angeknüpft. Wieland war es auch, der enthusiastisch die Freuden Warthausens beschrieb: „Das Schloß Warthausen liegt eine knappe Meile von Biberach entfernt, auf einem Hügel, der Ausblick auf ein reizendes Tal gibt. Gärten und Parks sind im englischen Stil gehalten und lassen das Haus einem Manne wie mir entzückend erscheinen. Der Besitzer, Herr von Stadion, ist ein Mann durch und durch. Mit seinen zweiundsiebzig Jahren hat er noch das Feuer eines Franzosen von fünfzig, die schlichte Denkungsart und den Stil eines englischen Edelmannes. Ein Staatsmann, Kunstfreund und Plauderer par excellence ... Bei ihm leben seine Tochter, die Gräfin Schall, sein Favorit und Faktotum, Herr La Roche mit seiner Frau, ein amüsanter Arzt, ein Hauskaplan, dessen Spitzname in Erinnerung an Molière Maître Pangloss ist, und Sophiens Kinder, die die schönste Freude des Grafen sind. La Roche ist ein würdiger und liebenswerter Mann, er sieht zwar aus wie ein Höfling, aber er ist einer der ernsthaftesten Philosophen, die ich je in meinem Leben gesehen habe. Es gibt nichts Schöneres als das Leben in Warthausen, der Tag vergeht bei Lektüre, Plauderei, ausgedehnten Tafelfreuden und Spaziergängen, und endet gemeinhin mit kleinen Konzerten."[7] Warthausen war in Stadions später Zeit „eine Art

---

[7] Hier zitiert nach Werner Milch: Sophie La Roche. Die Großmutter der Brentanos, Frankfurt 1935, S. 54.

Hof";[8] und wenn Wieland das *savoir vivre,* die Philosophie und die Liebe zu den schönen Künsten hervorhob, war damit noch keineswegs alles gesagt. Denn wer so lange wie Stadion im politischen Getümmel gestanden hat, kann damit nicht von einem Tag zum anderen aufhören. In Warthausen waren die Freunde und Schüler im Wechsel zu Gast und holten sich Rat. Man pflegte nicht nur seiner Muße, sondern verbesserte im Kleinen, wie man im Großen zu reformieren gewohnt war. Man kultivierte Ödland, kümmerte sich um das Wohl und die Gesundheit der Bauern, wirkte gegen den Aberglauben und verbreitete nützliche Kenntnisse.

Bei aller persönlichen Eingeschränktheit als Frau eines abhängig Beschäftigten sah Sophie von La Roche diese Jahre in der Rückschau doch durchaus positiv: „Dieses liebliche hier dargestellte Bild bezeichnet die glücklichsten Jahre meines Lebens, denn ich, die eine Aussicht auf ländliche Gegenden so unaussprechlich liebt, wohnte damals in einem Flügel des Schlosses Warthausen, dessen Lage auf einem ziemlich hohen Berge sehr vortheilhaft für meine Wünsche war, indem ich von einer Seite das von dem Fuße des Berges sich zwischen waldichten Anhöhen gegen die Donau ziehende Thal übersah, in welchem zerstreute Bauerhöfe fleißiger und reicher Landleute liegen; von der andern aber der schöne Schloßgarten und die Felder der Meyerei in dem vollkommensten Anbau vor dem Auge waren; über diese Felder hin aber die sechs und zwanzig Stunden entfernten Schneegebirge herüber glänzten."[9]

1768 starb Friedrich von Stadion. Für La Roche mußte das einen Neuanfang, eine Lebenswende bedeuten. Von frühester Kindheit an war sein Leben auf Friedrich von Stadion ausgerichtet gewesen; nun, da dieser tot war und zu seinen Söhnen ein eher gespanntes als freundliches Verhältnis bestand, galt es, sich neu zu orientieren. La Roche war testamentarisch als Stadionscher Amtmann in Bönnigheim eingesetzt. Das war zwar Absicherung gegen einen Sturz ins Nichts, aber es war kein Wirkungskreis für einen Mann von seinen Fähigkeiten. La Roche träumte von einer unabhängigen Existenz, sei es auch in bescheideneren Verhältnissen. Er spielte mit dem Gedanken, in der Schweiz als Gutsherr zu privatisieren. Diese

---

[8] Friedrich Sengle: Wieland, Stuttgart 1949, S. 141 ff.

[9] Sophie von La Roche: Mein Schreibetisch. An Herrn G. R. P. in D., 2 Bände Leipzig 1799; Bd. I, S. 14/15.

Pläne erwiesen sich aber als schwer durchführbar. La Roche versah seine Pflichten in Bönnigheim, wohin ihm die Familie im August 1770 folgte. Damals liefen schon Verhandlungen mit Mainz, wo man dem Zögling Friedrich von Stadions ein Regierungsamt verschaffen wollte. Doch es kam anders. Trier erhielt schließlich den Vorzug. Der in der Nähe Warthausens lebende kurtrierische Konferenzminister von Hornstein erwirkte beim Kurfürsten Clemens Wenzeslaus so glänzende Bedingungen, daß La Roche das Amt eines Konferenzministers des Kurfürsten von Trier mit Sitz in Koblenz-Ehrenbreitstein annahm.

Die Zeit des Salons in Koblenz-Ehrenbreitstein

Damit war auch für Sophie von La Roche ein Aufstieg und eine neue Freiheit verbunden. „Wie oft", schrieb sie am 7. August 1771 an Johann Georg Jacobi, „ist unsere beste Freude nur ein Traum, und wie oft werden die schönste und beste Entwürfe zu Schattenbildern, weil eine fremde Gewalt die Tätigkeit unsers Herzens verhindert. Sie, und vielleicht unter vielen Sie allein, werden sich vorstellen können, daß die ernste und melancholische Grundzüge meines Romans, wie die blasse Grundfarbe meines Gefühls, aus dem oft erneuerten Gefühl des Kummers entstunden, den mir die gezwungene Unterdrückung der Bewegungen meines Herzens gab, wenn ich die Gelegenheit einer edlen Handlung leer vorübergehen sah, nachdem ich bei ihrem ersten Anblick mit aller Lebhaftigkeit meiner Seele schon zum voraus das Vergnügen gefühlt hatte, diese Handlungen auszuüben oder ausüben zu sehen. Aber dies sind die vergangne Zeiten der fremden Gewalt, und nun kann ich sehen, was in ihrer Abänderung statthaben wird. Ohngenützt werde ich den geringsten Anlaß des freiwilligen Guten nicht lassen."[10] Hatte es sie früher geschmerzt, daß ihre offiziellen Pflichten Vorrang hatten vor ihren familiären, so hatte sie nun, nach einer unsicheren Zeit des Übergangs, die Möglichkeit, ein eigenes Haus zu führen, alle ihre Kinder um sich zu scharen und bei sich im Haus zu erziehen. Der Älteste, Fritz, war Wieland zur Erziehung übergeben worden, als Wieland die Berufung auf einen Lehrstuhl

[10] Wie Anmerkung 6.

der Philosophie nach Erfurt angenommen hatte. Nun konnte er zurückkehren; standesgemäß stellte man einen Hofmeister für ihn ein. Maximiliane und Luise konnten aus dem Kloster zurückkehren. Und die kleinen Knaben Carl und Franz Wilhelm waren ohnehin noch bei der Mutter, die sich nun nach Kräften der Erziehung aller ihrer Kinder annahm. Sophie von La Roche war glücklich und lebte auf.

Ihr Gatte hatte eine der höchsten ihm möglichen Stellungen erreicht; er hatte nun Gelegenheit, sich jedermanns Hochachtung zu erwerben und sich durch Tüchtigkeit einen Namen zu machen. Mochte auch ein erfahrener Politiker wie Groschlag, Stadions Nachfolger in Mainz und La Roche bestens bekannt und befreundet, vor den Gefahren einer exponierten Aufklärerposition in einem geistlichen Kurfürstentum hellsichtig warnen, so fand er damit doch kein Gehör, obwohl die Trierer Verhältnisse dem in Mainz Herangebildeten zunächst fremd waren. Denn die Ausgangslage war doch die bestmögliche bei einem jungen, gutwilligen Kurfürsten, dem es noch an staatsmännischer Erfahrung fehlte und der sich deshalb auf diejenige La Roches gerne verlassen wollte, dessen Verdienste er vorbehaltlos anerkannte und fürstlich honorierte. Die äußeren Umstände entsprachen nun der Bedeutung La Roches als eines gesuchten Verwaltungsbeamten und Staatsmanns, der dazu auch noch, was zwar nicht allgemein, aber in gewissen Kreisen sehr wohl bekannt war, Autor geworden war, ein aufklärerischer Autor, der sagte, was damals viele der Fortschrittlichsten dachten. Sein Werk, „Briefe über das Mönchswesen" betitelt, wies ihn aus als einen Aufklärer, der nicht grundsätzlich mit der Kirche gebrochen hatte, der sich aber um ihre Reform im Reich bemühte, der den Einfluß der Orden zurückzudrängen suchte, weil sie nach seinem Verständnis als nach Rom orientierte Superstrukturen das jeweilige Staatswesen schädigten, das Volk verdummten, eine schädliche Lebensweise propagierten, zuviel Einfluß an geistlichen Höfen hatten, dem Ausbau des Bildungswesens im Wege standen und den Aberglauben statt der Aufklärung förderten. Mit den „Briefen über das Mönchswesen" hatte sich La Roche der geistigen und politischen Elite seiner Zeit empfohlen – und die Ordensgeistlichkeit auf sich aufmerksam gemacht, ja, ihr einen Ansatzpunkt gegeben, der wichtig werden sollte, als es später daran ging, ihn zu stürzen.

Gleichzeitig mit diesem Auftreten La Roches als Autor und führender Staatsmann Kurtriers wurde seine Gattin der Welt bekannt als erste deutsche Autorin eines bürgerlichen Romans. Die „Geschichte des Fräuleins von Sternheim" erschien ebenfalls 1771, anonym, in zwei Bänden. Die Zeitgenossen jubelten. Johann Gottfried Herder schrieb voll Begeisterung an seine Freundin Caroline Flachsland schon nach dem Erscheinen des ersten Bandes, das „durchgehende Dämmernde, Dunkle und Moralischrührende" habe „eine Würde, eine Hoheit", die er lange nicht gefunden habe.[11] Johann Heinrich Merck bezeugt die Verehrung eines ganzen Zirkels von Freunden und Freundinnen am hessen-darmstädtischen Hof für die Verfasserin der „Sternheim". Christoph Martin Wieland hatte das Werk herausgegeben – nicht wenige Zeitgenossen mutmaßten, er sei der wahre Autor. Nimmt man Friedrich Heinrich und Johann Georg Jacobi dazu, Johann Wolfgang Goethe und Jakob Michael Reinhold Lenz – sie alle waren gewiß der Meinung des letzteren, der ausdrücklich an die verehrte Autorin schrieb: „Die Erscheinung einer Dame von Ihrem Range auf dem Parnaß (die so viele andre Sachen zu tun hat) mußte jedermann aufmerksam machen"[12] –, so sieht man, daß hier Kreise ergriffen wurden und sich in ihrem Enthusiasmus für die „Sternheim" einig waren, die wenige Jahre später schon durchaus verschiedene Strömungen der deutschen Literatur bildeten: Aufklärung und Empfindsamkeit, Sturm und Drang, Klassik schließlich.

Wir finden nicht wenige eindrucksvolle Schilderungen der Wirkung der „Geschichte des Fräuleins von Sternheim" auf einzelne Leser. Johann Gottfried Herder beispielsweise schrieb über das Ende des ersten Bandes: „Ich blieb so betroffen, und gleichsam auf meinem Lebensweg gehemmt, daß ich, weil ich just vorigen Freitag den Roman las und darauf Sonnabend eine Predigt machen mußte, ich durchaus von nichts anderem predigen konnte, als daß es unglückliche Schritte gebe, die man nachher lebenslang nicht

[11] Zitiert im Brief Johann Heinrich Mercks an Sophie von La Roche vom 27.6. 1771 (Herbert Kraft (Hg.): Johann Heinrich Merck. Briefe, Frankfurt 1968, S. 47/48) (= Brief 50 dieser Ausgabe).
[12] Jakob Michael Reinhold Lenz an Sophie von La Roche, Juni 1775 (Karl Freye/Wolfgang Stammler (Hg.): Briefe von und an J. M. R. Lenz, 2 Bände Leipzig 1918; Bd. I, S. 108–110) (= Brief 87 dieser Ausgabe).

zurückholen könne; und was man tun solle?"[13] Und Jakob Michael Reinhold Lenz schrieb der Autorin in der drastischen Ausdrucksweise der Stürmer und Dränger, sie habe „Erdbeben" in seinen Empfindungen gemacht, die er so beschrieb: „Liebe, gnädige Frau! der Himmel belohne Sie. – Wär es auch nur für all die wollüstigen Tränen, die Sie mir haben aus den Augen schwärmen machen, und in denen die ganze Welt um mich her verschwand." Die „Sternheim" war ihm ein „Engel des Himmels, der auf Rosengewölken herabsank, das menschliche Geschlecht verliebt in die Tugend zu machen".[14] Sophie von La Roche hatte die Aufmerksamkeit derer erregt, die in den 70er Jahren die deutsche Literatur repräsentierten. Alle drängten sich herbei und wollten sie persönlich kennenlernen. Damit erfüllten sich die geheimen und manifesten Wünsche der Autorin – mehr, als sie es hatte erwarten können. Die neue Stellung ihres Gatten erlaubte es ihr, in Koblenz-Ehrenbreitstein eine Art von literarischem Salon zu führen, in dem sich Hof- und Beamtenkreise mit empfindsamen Dichtern, bürgerlichen Aufklärungsschriftstellern, Denkern und Reformern trafen; Norddeutsche mit Süddeutschen, Protestanten mit Katholiken, Männer und Frauen. Damit erfüllte sie eine einmalige Funktion im damaligen Deutschland, das ein Konglomerat aus geistlichen und weltlichen Staaten war, aus absolutistisch regierten Territorialstaaten und zünftisch bestimmten Reichsstädten, aus Anhängern dreier reichsrechtlich anerkannter Konfessionen und unzähliger religiöser Schattierungen von der starrsten Orthodoxie über pietistische Konventikel und Individualreligionen bis zum freigeistigsten Deismus und Atheismus, von Niedersachsen, Mecklenburgern und Holsteinern – um nur stellvertretend diese zu nennen – die sich mit Bayern, Schwaben und Alemannen kaum zu verständigen wußten, wenn sie ungebildet waren – und wenn sie gebildet waren, nicht wußten, ob sie es Lateinisch, Französisch oder Deutsch versuchen sollten. Es gab noch keine Nationalkultur, keine Nationalliteratur, kein Nationaltheater.

Man spürte damals bei einem gewissen Stolz über die Teilhabe an der europäischen Kultur Frankreichs, an der Welt der Künste

[13] Wie Anmerkung 11.
[14] Jakob Michael Reinhold Lenz an Sophie von La Roche, 1.5. 1775 (Freye/Stammler (Hg.), Bd. I, S. 97–99) (= Brief 85 dieser Ausgabe).

und Wissenschaften, am besseren Leben der gebildeten, höheren Stände sehr wohl auch das Defektive der Welt. Ganz allgemein war man der Ansicht, daß Bildung und Kultur binnen eines Jahrhunderts ungeahnte Fortschritte gemacht hätten und daß man deshalb mit Aussicht auf Erfolg noch vieles weitere versuchen könne: das Volk aufzuklären und zu bilden, die periodisch auftretenden Hungerkrisen durch verbesserte Anbaumethoden, neue Feldfrüchte, Düngung und technologische Errungenschaften in den Griff zu bekommen, das Abergläubische der Religion zu verdrängen und das ganze Leben praktisch-ethisch durchzuformen. Allgegenwärtiges Medium der Formung und Fülle des Lebens war das Gefühl: Zeichen für die Möglichkeit eines besseren Seins und dessen Vorwegnahme zugleich. Das Gefühl der Religion der vorangegangenen Generationen wurde umgebildet in eine Religion des Gefühls. „Ich fühle, also bin ich", war das Credo der Zeit. Und darin lagen zugleich die Anfangsgründe einer besseren Wissenschaft. Die Gelehrsamkeit, höchster Stolz der Deutschen seit Generationen, erschien „zopfig", „schulfüchsisch" und „pedantisch". Für Religion und Theologie, gleich welcher Konfession, fand man jetzt mehr und mehr Beiwörter wie „zänkisch", „erzorthodox" und „blutleer" – sofern sie eben nicht belebt wurde aus der „Fülle des Herzens". Man zeichnete sich nicht mehr als *bel esprit* aus, sondern glänzte durch sein „gefühlvolles Herz". Der gemeinsame Nenner aller, die in dieser Korrespondenz zur Sprache kommen, ist: aus der „Fülle des Herzens" alle *homines bonae voluntatis* zu einer „Gemeinschaft der Gläubigen" zusammenzufassen, sich selbst zu genießen in Tränen, den Nächsten in der Freundschaft, Göttliches zu erfahren in der Natur, überzeugt zu sein von der Veränderbarkeit der Welt hin zum Besseren, zum Guten.

Sophie von La Roche hatte an allem teil und spendete allen. Sie trennte nicht, sie einte: sich mit jedem und jeden mit jedem. Sie stand zwischen allen und nützte ihre Zwischenstellung. Sie war gläubig, aber nicht im kirchlichen Sinne. Sie war lutherischer Konfession, aber ihre Mutter war katholisch gewesen, wie es ihr Mann war, ihre Kinder und später auch ihre Enkel. Sie war aufklärerisch und skeptisch, ohne zu übertriebenem Rationalismus zu neigen. Sie war stark im Gefühl, aber ohne Schwäche der Persönlichkeit. Sie war praktisch und zupackend, aber nicht ohne Reflexion. Sie brachte ihr schwäbisches Erbe an den Rhein mit. Sie war reichsstädtisch-bürgerlicher Herkunft, nun aber bei Hofe seit langem schon poliert. Sie war im Französischen zuhause wie im Deutschen. Sie war gebildet, aber nicht gelehrt. Sie hatte wesentlichen Anteil an der Kultivierung einer Sprache des Gefühls. Denn mittels des Gefühls sollte eine Gemeinschaft gestiftet werden, der jedermann voraussetzungslos angehören konnte, sofern er nur sein Gefühl, sein besseres, inneres Sein, zu erkennen gab durch Taten, durch Worte oder durch Tränen. Die Sprache des Gefühls ist das Gegenteil der Sprache der Leute von Stande. Der Adel wollte Form, Repräsentation, Abgrenzung. Die Sprache des Gefühls dagegen reißt alle Schranken nieder und kennt keine Distanz.

Die Zeit in Speyer nach dem Sturz La Roches

Die hochgemute Zeit in Koblenz-Ehrenbreitstein fand schließlich ein jähes Ende. Zunächst war La Roche von Stufe zu Stufe geklettert: 1775 wurde er nobilitiert, man vertraute ihm wichtige diplomatische Missionen an, ernannte ihn zum Kriegsminister und 1778 schließlich zum Kanzler. Allerdings war sein Wirken so sehr mit der antirömischen, antimonastischen und aufklärerisch-bürgerlichen Richtung der Politik verknüpft, daß er 1780, als Kurfürst Clemens Wenzeslaus seinen Kurs änderte, notwendig fallen gelassen werden mußte, zumal er es verstanden hatte, sich Feinde in Fülle zu schaffen, und für Kritik genügend Angriffsflächen bot. Johann Caspar Riesbeck hatte die „Briefe über das Mönchswesen" in radikalerer Weise fortgesetzt; diese Pamphlete wurden aber dem Autor des ersten Bandes angelastet. La Roche nahm gern die Partei der Bauern und Bürger und ließ es dabei zuweilen an der Klugheit des Hofmanns fehlen. Er zögerte nicht, Adlige und Kleriker vor den Kopf zu stoßen. 1780 schließlich wurde er gestürzt. Aus Solidarität mit ihm trat sein Freund und Ministerkollege Hohenfeld ebenfalls zurück und nahm die Familie La Roche in seinem Haus in Speyer auf, wo er zugleich Domherr geblieben war. In ihrem Lebensrückblick schrieb Sophie von La Roche später darüber: „Die edelste Freundschaft stützte uns, und für meine Liebe an der schönen Natur lebten wir wieder nahe am Rheine, in der Nachbarschaft des damals noch in allem glänzenden Mannheims, des lieblichen Karlsruhe und entzückenden Heidelberg, wo der Garten von

Teutschland, die Bergstraße, anfängt, in Speyer, wo ich meine Pomona schrieb..."[15]

„Pomona für Teutschlands Töchter" war die erste von einer Frau herausgegebene überregional verbreitete Frauenzeitschrift Deutschlands. Sophie von La Roche stellte diesen Aspekt selbst heraus, indem sie voranschickte: „Das ‚Magazin für Frauenzimmer' und das ‚Jahrbuch der Denkwürdigkeiten für das schöne Geschlecht' zeigen meinen Leserinnen, was teutsche Männer uns nützlich und gefällig achteten. Pomona – wird ihnen sagen, was ich als Frau dafür halte –"[16] Die Zeitschrift erschien monatlich und hatte das Ziel, die Töchter des dritten Standes in Deutschland zu bilden. Soweit es möglich war, befleißigte sich Sophie von La Roche eines persönlichen, unterhaltenden Stils. Mit schwebender Leichtigkeit brachte sie ihre außergewöhnliche Bildung zur Geltung, ließ Sachwissen einfließen und faszinierte durch Plauderei und Gespräch. Eine beständig fortgesetzte Kolumne waren die „Briefe an Lina", die später auch gesammelt publiziert wurden. In diesen Briefen richtet sie sich an ein fünfzehnjähriges Bürgermädchen, vermittelt ihm alles Wissen einer Hausfrau und die pädagogischen Grundsätze, welche zum Glück führen sollen. Wesentliches Erziehungsziel ist die Zufriedenheit, das Sich-Abfinden mit den Gegebenheiten und das Sich-Einfügen in das Bestehende, sowohl in den gesellschaftlichen Stand als auch in die Aufgaben der Frau. Liebe, Einfühlung und Verständnis werden dem Kind entgegengebracht, die Umstände werden aber auf der anderen Seite als fest und unveränderlich angesehen. Konflikte zwischen Individuum und Struktur sind nicht vorgesehen; vielmehr wird alles getan, mögliche Reibungsflächen abzuschleifen und Schwierigkeiten nach Möglichkeit zu entschärfen, bevor es zum Konflikt kommt. Die Erziehung ist auf Harmonie und auf Einfügung in das Vorgegebene gerichtet.

Eines der Probleme, um das die Fragen und Antworten immer wieder kreisen, ist das des gelehrten Frauenzimmers. Die Herausgeberin der Zeitschrift bekennt unumwunden, daß sie den Wunsch hatte, als Knabe erzogen zu werden, „um ordentlich gelehrt zu werden",[17] andererseits lehnt sie gelehrte Bildung für Frauen ab: „Hier

---

[15] Melusinens Sommer = Abende, S. XX/XXI.
[16] Pomona für Teutschlands Töchter 1783, S. 3.
[17] Pomona für Teutschlands Töchter 1783, S. 421.

muß ich den lieben Leserinnen von Pomona wiederholen", heißt es gleich zu Anfang, „daß ich meine Lina nicht gelehrt haben will – sie soll von allen Wissenschaften nur so viel Kenntnis erlangen, als sie von den Blumen hat, aber so deutlich, wie der Unterschied der Rose und Lilie in ihr ist."[18] Bildung soll nie Selbstzweck sein, sondern Bildung auf den Mann hin. Die Frau, Schwester oder Tochter eines Gelehrten braucht wenigstens soviel Verstand und Kenntnisse, daß sie in der Lage ist, die Vorzüge der Männer zu schätzen, ihrem Gespräch zu folgen und ihnen ein mitdenkendes und mitfühlendes Gegenüber zu sein. Das klingt bescheiden, aber für die damalige Zeit ist es ein großer Schritt nach vorn. Auch im Bürgerstand waren Frauen damals noch oft genug Analphabeten. Und wenn es darum geht, die Bereitschaft zur Denktätigkeit und zur Anspannung der Verstandeskräfte bei ihren weiblichen Leserinnen zu wecken, ist die Herausgeberin der „Pomona" unermüdlich. „Ich hoffe meine Leserinnen sind mit mir zufrieden, daß ich sie vorerst mit den Verdiensten unsers Geschlechts bekannt mache, weil ich sie dadurch ihre eigene Fähigkeiten näher kennen lehre, und vielleicht den edlen Ehrgeiz erwecke, auch in ihrer Art und nach ihren Umständen Vorzüge des Wissens und der Beschäftigungen zu erwerben."[19] Niemand ist eifriger als Sophie von La Roche, wenn es darum geht, die ganze Weltgeschichte und alle Bereiche des menschlichen Lebens durchzumustern, um den Anteil der Frauen hervorzuheben und mustergültige Beispiele zu finden. Sie ging etwa eine lange Reihe englischer Schriftstellerinnen durch, um abschließend zu folgern: „Immer ist es Beweiß, daß wir mit unsern Verstandeskräften tun können, was wir wollen, wenn es uns nur recht Ernst ist."[20] „Pomona" ist im übrigen auch ein Beispiel dafür, wie sich Sophie von La Roche im Leben zu bewähren verstand und mit großem Talent das Nützliche mit dem Angenehmen zu vereinigen wußte. Sie verbarg es keineswegs, daß „Pomona" neben pädagogischen Absichten auch materielle Interessen hatte. Zugunsten ihrer beiden jüngeren Söhne, die durch den Sturz des Vaters hart betroffen waren, entwarf und schrieb sie eine Zeitschrift, die Gewinn bringen sollte.

[18] Pomona für Teutschlands Töchter 1783, S. 25.
[19] Pomona für Teutschlands Töchter 1783, S. 374.
[20] Pomona für Teutschlands Töchter 1783, S. 368.

Als 1784 die beiden jüngeren Söhne aus dem Haus waren, entdeckte sie etwas Neues: Nun konnte sie reisen, was sie für ihr Leben gern tat, und zugleich war es für eine geübte Feder verlokkend, durch Reisebeschreibungen, die in den 80er Jahren eine bis dahin nie dagewesene Konjunktur hatten, Gewinn zu erzielen. Abgesehen von einer Reise nach Hamburg mit ihrer ältesten Tochter Maximiliane hatte Sophie von La Roche bis zu ihrer Speyrer Zeit keine größeren Reisen unternommen. Diese folgten nun dicht aufeinander: Aus den Briefen geht hervor, daß sie am 24.6. 1784 vor ihrer ersten Schweizreise steht, von der sie am 25.9. 1784 zurück ist. Am 21.7. 1785 blickt sie auf eine viermonatige Frankreichreise zurück. Am 4.11. 1786 ist sie gerade acht Tage von einer Reise durch Holland und England zurück. Aus all diesen Reisen schlug sie schriftstellerisch Kapital, indem sie jeweils ein voluminöses Reisetagebuch in Druck gab: „Tagebuch einer Reise in die Schweiz", 1787 (434 Seiten), „Journal einer Reise durch Frankreich", 1787 (585 Seiten), „Tagebuch einer Reise durch Holland und England", 1788 (740 Seiten).

Sophie von La Roche war eine der ersten deutschen Frauen, die selbständig ausgedehnte Reisen unternahmen. Einen nennbaren Zweck und einen Gönner fand sie immer. Die erste Schweizreise unternahm sie 1784 mit dem Jüngsten, um ihm, bevor sie ihn auf Pfeffels Kriegsakademie nach Kolmar brachte, das geliebte Alpenland zu zeigen. Das finanzierte Baron von Werthern, mit dem sie durch ihre Freundin Marianne von Stein bekannt war. Die Frankreichreise 1785 unternahm sie, um ihre Freundin Elise von Bethmann (aus der bekannten Frankfurter Bankiersfamilie) zu begleiten, die aus Bordeaux gebürtig war und zu ihren dortigen Angehörigen reiste. Bei der Englandreise war es Baron von Hohenfeld, der seiner Schwester die Reise aus Gesundheitsgründen zugedacht hatte und Sophie von La Roche als Gesellschafterin für diese mitnahm. Sie reiste also stets in Gesellschaft, aber ohne ihren Gatten, der zwar seinerseits in seinem Leben schon ausgedehnte Reisen (in die Schweiz, in die Niederlande, nach Frankreich und nach England) unternommen hatte, in der Speyrer Zeit aber bereits ein gebrochener Mann und kränklich war. Reisende Frauen gab es damals zwar unter den Engländern, aber unter den übrigen Europäern nur wenige. Der Kreis der Frau war das Haus, auch wenn sie nicht durch ökonomische Notwendigkeit daran gebunden war.

Reisen aus familiären Gründen waren üblich, erstreckten sich aber meist nicht sehr weit. Lustreisen derer, die es sich leisten konnten, gab es wohl; die Frau war aber dabei nur als Begleitperson eines Mannes denkbar. Badereisen waren gewöhnlich; man hielt sich aber in aller Regel an nicht zu entfernte Bäder. Kavalierstour und Bildungsreise waren Männersache. Vor Sophie von La Roche dürfte kaum eine deutsche Frau die Möglichkeit gehabt haben, auf Bildungsreise zu gehen. Sie lebte den Anspruch der Frau auf Bildung vor und schrieb auch darüber.

Die Zeit in Offenbach bis zum Tode des Sohnes Franz Wilhelm

Als Sophie von La Roche von ihrer Englandreise zurückkam, fand sie La Roche in Offenbach; er war, wie sie an Johannes von Müller schrieb, überredet worden, sich dort niederzulassen, weil es seiner Gesundheit zuträglicher sei.[21] Nochmals mußte sie sich dem Willen ihres Mannes unterwerfen. La Roche kaufte in Offenbach ein Haus, und dieses Haus, das sie ihre „Grillenhütte" nannte, wurde der Ort, an dem sie sich länger als irgendwo sonst in ihrem Leben aufhielt – mehr als 20 Jahre. Offenbach lag günstig am Zusammenfluß aller Neuigkeiten, wie sie bald bemerkte, nicht weit von Frankfurt und den Brentanos, von den anderen Frankfurter Bekannten ganz abgesehen, Offenbach lag nicht weit von Nassau und der befreundeten Steinschen Familie, nicht weit von Laubach und der geliebten Fürstin Elise zu Solms-Laubach; Offenbach war schließlich selbst auch etwas: die Residenz des Isenburg-Birsteinschen Hauses und somit ein kleines Zentrum, an dem sich ein bißchen Adel, einige Kaufleute, Kunsthandwerker und Manufakturen vorfanden. Man lebte nicht abseits von der Welt und doch noch wohlfeil. Offenbach war der Ort ihres Alters. Was sie sich in der schönen Zeit im Kreise Stadions nicht hatte träumen lassen und was zu bedenken in der noch glanzvolleren Zeit am kurtrierischen Hofe keine Ursache bestanden hatte: Das Alter brachte materielle Probleme und Sorgen. In ihren Briefen spricht sie oft genug freimütig

---

[21] Sophie von La Roche an Johannes von Müller, 9.12.1786 (Stadtbibliothek Schaffhausen) (= Brief 164 dieser Ausgabe).

von den Ursachen und von den jeweiligen Vorschlägen, wie man Abhilfe schaffen könne.

La Roche starb Ende November 1788 an den Folgen eines Schlaganfalls. Die Reaktion der Gattin mag überraschen: Solange er lebte, hatte sie sich ihm untergeordnet, hatte ihn geschätzt und war ihm kameradschaftlich verbunden gewesen, den Alternden und Kränklichen hatte sie versorgt und umsorgt, wie er es besser nicht hätte wünschen können. Als er gestorben war, atmete sie auf. Nun erst fühlte sie sich unabhängig und frei. Stadions Tod zwanzig Jahre vorher hatte einen ersten Schritt in die Freiheit bedeutet. Der Tod ihres Vaters berührte die entfernt lebende Tochter kaum. Der Tod ihres Gatten brachte ihr schließlich die ihrem Geist angemessene Freiheit in vollem Umfang. Sie hielt sich nun verstärkt an die jüngeren Söhne, denen sie half, wo sie konnte; sie bemühte sich, ihnen die Wege zu ebnen, soweit sie dazu durch ihre Beziehungen in der Lage war. Auf eine sich bietende Gelegenheit zu einer Reise nach Italien verzichtete sie, weil sie hoffte, dadurch etwas für ihren Jüngsten bewirken zu können. Carl ging unbeirrt seinen Weg; durch Tüchtigkeit und Fleiß verstand er es, die ihm gebotene Möglichkeit einer Ausbildung im Bergwesen durch den preußischen Minister Heinitz zu nutzen und wurde ein gefragter Fachmann für die Salzgewinnung. Franz Wilhelm studierte damals noch; bei Jung-Stilling in Marburg erlernte er das Forstwesen. Das Trachten der Mutter ging dahin, ihn bei einem protestantischen Fürsten als Forstassessor unterzubringen, um ihn der Rache der Feinde La Roches am kurtrierischen Hof zu entziehen. Es gelang ihr auch dank ihrer Beziehungen zum hessen-darmstädtischen Hof. Als Ludwig X. 1790 Landgraf wurde, nahm er den jungen Franz Wilhelm von La Roche als Forstassessor in seine Dienste. Die Mutter fühlte sich auf einem Höhepunkt ihres Glücks: Der Jüngste, der ihr stets alles bedeutet hatte und für den sie alles aufgeopfert hätte, war versorgt. Aber schon im folgenden Jahr holte sich der 23jährige aus nichtigem Anlaß eine Krankheit zum Tode. Dieser Tod war für Sophie von La Roche einschneidender als der ihres Mannes. Er zerstörte ihren Lebensmut. Nun begann das Alter, mit dem sie schon seit zehn Jahren kokettiert hatte: grämlich, arm an Freuden, voller Klagen.

Am Ende blieb ihr nur wenig familiäres Glück: Ihre Tochter Maximiliane, die sie am meisten geliebt hatte, starb am 19.11. 1791 und hinterließ acht unmündige Kinder. Als 1797 auch Peter Anton Brentano starb, nahm sie drei ihrer Enkelinnen in ihr Haus auf. „Und so werde ich dann den Abend meines Lebens mit einer Tatsache und nicht mit Idealen endigen . . .",[22] meinte sie, die so oft schon „papierne Mädchen" erzogen hatte und auch im Alter noch ihre schriftstellerische Tätigkeit ununterbrochen fortsetzte. Ihre Tochter Luise war unglücklich verheiratet mit dem reichen kurtrierischen Hofrat Möhn; als dieser wegen Alkoholismus seines Amtes enthoben wurde, kehrte Luise in den Haushalt der Mutter zurück. Der älteste Sohn Fritz hatte sich als Soldat im amerikanischen Unabhängigkeitskrieg ausgezeichnet, wo er auf französischer Seite gekämpft hatte; Sophie von La Roche mochte glauben, den unsteten Sohn gebändigt zu haben, als sie ihm zur Heirat mit einer reichen holländischen Witwe riet und sich der Sohn mit Familie ein Haus in Offenbach kaufte. Dabei blieb es aber nicht; Fritz wanderte mit seiner Familie nach Amerika aus, zerstritt sich mit seiner Frau und war zeitweilig in Rußland verschollen. Ungetrübte Freude hatte sie im Alter nur noch an ihrem Carl, dem preußischen Bergrat.

Dazu kam, daß ihr die politischen Ereignisse und Zustände in Europa zunehmend Sorge bereiteten. Die Französische Revolution verabscheute sie wegen der mit ihr verbundenen Gewalttaten. Und als schließlich gar die Revolutionsarmeen Europa mit Krieg überzogen, kehrte sie sich völlig von Frankreich ab. „O was für eine häßliche Nation und was für ein Unterschied zwischen den Handlungen, welche aus vollgestimmten Herzen oder aus aufgeklärten Köpfen kommen. Vor hundert Jahren war das Glänzende der schönen Künste und Wissenschaften unter Louis XIV., und sie verheerten damals die Pfalz; nun soviel Anbau des Geistes und der Künste weiter, und was zeigt sich in Taten? Eitles, schönes Geschwätz,

---

[22] Sophie von La Roche an Elise zu Solms-Laubach, 30.3. 1797 (Kurt Kampf (Hg.): Sophie Laroche. Ihre Briefe an die Gräfin Elise zu Solms-Laubach 1787–1807, Offenbach 1965, S. 70).

Bosheit, Laster und Verbrechen aller Art."[23] Um so mehr richteten sich ihre Blicke nun wieder auf England. „Gott leite und segne Engelland, denn allein von ihm kann man hoffen."[24] Und: „Gott lasse nur alles wahr finden, was England hoffen läßt. Diese Nation allein kann das Ganze retten. Ich lese jetzt auch nur englisch . . ."[25] Die Gegenwart war in der Tat so in Unordnung geraten, daß man Grund hatte, vor ihr die Augen zu verschließen. 1793 saßen die Leute in Offenbach auf gepackten Koffern, Flüchtlinge auf Kutschen und Karren zogen vorbei. Sophie von La Roche fürchtete um ihre Gemäldesammlung, den Überrest ihres Vermögens. Ebenfalls 1793 wurden in ihrem Haus zwei österreichische Artilleristen einquartiert; in späteren Jahren noch wechselnde andere Soldaten. Als die Franzosen 1794 das linke Rheinufer besetzt hatten und der Kurfürst von Trier geflohen war, entfiel ihre Witwenversorgung, der Rheinzoll von Boppard. Verzweifelt schrieb sie am 23. 10. 1794 an Elise zu Solms-Laubach: „Edle, gütevolle Fürstin Elise, wo ist Deutschland? Was wird aus Deutschland? O, wer hätte je gedacht, daß diese Fragen gemacht werden sollten? Gott läßt es zu. Er kann Grenzen setzen. Aber ich muß packen, muß mich zum Flüchten richten und noch eine kleine Schrift endigen. Trier und Rhein in französischen Händen nehmen mir alle Aussicht auf meine Einkünfte."[26] Und sieben Jahre später klagte sie in einem Brief an Sophie von Pobeckheim: „Wieviel rechtschaffne teutsche Privatfamilien sind das Opfer der Träume adelichen Stolzes der alten französischen Familien geworden; ich selbst habe dadurch seit 1795 ein jährliches Einkommen von 1680 Gulden verloren –".[27]

So verbinden sich schließlich ihre materiellen Privatinteressen mit ihrem Traditionalismus und ihrer Abneigung gegen alles Französische zu einem Patriotismus mit deutlich nationalistischen

[23] Sophie von La Roche an Elise zu Solms-Laubach, 2.4. 1794 (Kampf (Hg.), S. 52).

[24] Sophie von La Roche an Georg Wilhelm Petersen, 22. 1. 1793 (Freies Deutsches Hochstift/Frankfurter Goethe-Museum).

[25] Sophie von La Roche an Elise zu Solms-Laubach, 3.3. 1793 (Kampf (Hg.), S. 45/46).

[26] Sophie von La Roche an Elise zu Solms-Laubach, 23.10. 1794 (Kampf (Hg.), S. 57/58).

[27] Sophie von La Roche an Sophie von Pobeckheim, 7.8. 1801 (Deutsches Literaturarchiv/Schiller-Nationalmuseum Marbach am Neckar).

Tönen, wie er auch sonst in der Zeit um 1800 in Deutschland auf-
kommt. Zweifelsohne war sie etwas ratlos am Ende; „ich mag
nichts von Politik und Krieg wissen", schrieb sie am 8.8. 1800, und:
„ich weiß mir mit nichts als Frömmigkeit zu helfen".[28] Doch auch
im hohen Alter versuchte sie noch, zu einem rationalen Verständnis des Geschehens zu gelangen; bei ihren Voraussetzungen
bedeutete das vor allem: historische Lektüre. Am wichtigsten
waren ihr August Ludwig Schlözers Universalgeschichte und
Edward Gibbons „The Decline and Fall of the Roman Empire".
Aber auch verfassungstheoretische Schriften wurden nicht ausge-
spart. Am Ende sah sie die Welt nicht mehr wie in jungen Jahren in
stetem Fortschritt begriffen und die Menschen durch Erziehung
zum Guten leitbar, sondern resignierte angesichts der Zeitumstände und sah einen immerwährenden Wechsel von Hell und Dunkel auch in der geschichtlichen Welt. Daraus aber schöpfte sie die
Hoffnung, daß auf die Düsternis jener Jahre auch wieder Licht folgen werde. Sie starb am 18.2. 1807 „in gänzlicher Entkräftung".[29]

[28] Sophie von La Roche an Georg Wilhelm Petersen, 8.8. 1800 (Freies
Deutsches Hochstift/Frankfurter Goethe-Museum) (= Brief 242 dieser
Ausgabe).
[29] Luise von Möhn an Elsy von La Roche, 23.2. 1807 (J. Dresch (Hg.):
Lettres inédites de Sophie Laroche, in: Revue germanique 12 (1921),
S. 65).

Erstes Kapitel

„Der Weg der Tugend und Klugheit
ist hier so einsam"

Briefe aus der Zeit der Verlobung mit Wieland;
Augsburg und Biberach
(1750–1753)

1. Christoph Martin Wieland an Sophie Gutermann

Mademoiselle,   Biberach, 1.6.1750
Ihr großzügiges und wahrhaft großes Herz läßt mich hoffen, daß
Sie mir die Kühnheit verzeihen werden, Ihnen zu schreiben, da ich
Ihnen doch unbekannt bin, wie auch in Anbetracht des großen
Abstands zwischen der vollkommensten Person der Welt und mir.
Aber eben weil ich Sie für eine Göttin halte, bin ich überzeugt, Sie
werden es nicht an der Gnade und Güte fehlen lassen, einen Fehler
zu vergeben, dessen Quelle nur unendliche Hochachtung ist. Vielleicht wird mich Ihre Bescheidenheit sehr anmaßend nennen, weil
ich mir herausnehme, Sie zu loben, bevor ich die Ehre hatte, Sie zu
sehen; aber so unbekannt mir Ihre liebenswerte Person auch sein
mag, so kenne ich doch Ihre hervorragende Seele schon ziemlich
gut, weil sie in Ihren bezaubernden Briefen (von denen einige zu
lesen ich die Ehre hatte) so angenehm dargestellt ist, daß ich weiß,
daß man Sie nicht genug loben kann. Ertragen Sie es also, Mademoiselle, daß man die Billigkeit sprechen läßt (es wäre vielleicht zu
kühn, zu sagen: das Herz) und daß man Ihrer englischen Vollkommenheit Gerechtigkeit widerfahren läßt. Meine Mutter, die völlig
eingenommen ist von Ihrer Konversation, macht mir davon die
interessantesten Erzählungen und befindet sich in großer Besorgnis, da sie nicht weiß, ob Sie ihren letzten Brief bekommen haben.
Dieser Fall hat mir Gelegenheit gegeben, Ihnen die Hochachtung
zu bezeugen, die ich Ihren Schönheiten schuldig bin, die über
allem stehen, was man sich nur denken kann; dieser Fall wird mir
immer angenehm sein, weil er mir die Möglichkeit gibt, mir die
Freiheit zu nehmen, mich, Mademoiselle, zu nennen:
Ihren bescheidensten und untertänigsten Diener
                                         Ch. Mart. Wieland.

P.S. Wir, meine Mutter und ich, wünschen sehnlichst, Sie zu
sehen. Es liegt bei Ihnen, Mademoiselle, darüber zu urteilen, ob
wir eines solchen Glücks würdig sind. Wir küssen Ihnen voll
Respekt die Hände.

2. Christoph Martin Wieland an Sophie Gutermann

Mademoiselle. Biberach, 5.6. 1750

In demselben Moment, da ich gerade Ihren unvergleichlichen Brief
gelesen habe, setzen tausend verschiedene Bewegungen meine
Seele in eine angenehme Verwirrung, tausend Bewegungen, sage
ich, die mir nur durch die Psychologie des Herrn Wolff bekannt
sind, zwingen mich, Ihnen sofort zu schreiben, da ich Ihren werten
Brief gelesen habe. O! was für eine schöne Seele ist doch die Ihrige,
und welch ein Vergnügen, sich mit ihr in süßer Sympathie zu verbinden, mit dieser großzügigen, großen und rechtschaffenen Seele,
deren bezaubernde Freimütigkeit und Einfachheit (wie es Ihnen
beliebt, die schönsten Eigenschaften des liebenswürdigsten Teils
Ihrer werten Person zu nennen) Sie in Ihrem ganzen Tagesablauf in
Ihrem letzten Brief dargestellt haben, und die mir einen Vorge-
schmack der Vergnügungen geben, von denen mir meine Vorstellungskraft schmeichelt, daß sie mich eines Tages in Ihrer englischen Konversation einnehmen werden. Entschuldigen Sie die langen Perioden meines Briefs; ich schreibe mit so vollem Herzen, daß
der Überfluß meiner Gedanken meinen Geist und meine Feder zum
Erliegen bringen wird. Sie werden mich töten, meine bezaubernde
Base, wenn Sie mir die angenehme Hoffnung entziehen, Sie bei
uns zu sehen. Denn da ich gezwungen bin, mein Studium der Ju-
risprudenz in Tübingen fortzusetzen, werde ich meine lieben Eltern
Anfang Oktober verlassen, und welche Pein wäre das für mich, mir
vergeblich geschmeichelt zu haben, Sie zu sehen und die schöne
Hand zu küssen, die mir den schönsten Brief geschrieben hat, den
ich in meinem Leben gelesen habe. Tun Sie also alles, was Sie können, Mademoiselle, ich beschwöre Sie bei der Liebe meiner werten
Mutter und bei der Hochachtung, die ich für Sie habe, um hierher
zu kommen; obgleich ich sehr wohl weiß, daß es in Biberach nur
sehr wenige Leute gibt, die zu empfinden fähig wären, was Ihre
englische Seele Schönes und Liebenswertes hat. Nur große Geister
können Fehler vergeben, die in den Augen der Weisen sehr klein
sind und die eine so bezaubernde Quelle haben; gewöhnliche
Menschen sind ganz und gar unfähig, davon gerecht zu urteilen.
Vergeben Sie mir meine Freimütigkeit, meine schöne Base, sie
kommt aus einem mit Hochachtung und Verehrung für Sie erfüllten Herzen, das nicht im Stande wäre, die kleinste Sache zu den-

ken, die Sie erschrecken könnte. Meine Mutter macht viel Rüh-
mens von dem zärtlichen Brief, den Sie ihr geschrieben haben, sie
liebt Sie unendlich; ich finde sie sehr zu beneiden wegen der
Küsse, die Sie ihr in so großer Menge schicken. Ich werde meine
Mutter bitten, mir einige davon abzutreten, und ich versichere
Ihnen, daß sie, so spirituell sie auch sein mögen, mir nicht entwi-
schen werden, denn ich werde sie im innersten Teil meines Herzens
gefangensetzen. Adieu, Mademoiselle, mein Brief wird zu lang,
und ich muß wohl fürchten, daß er Ihnen lästig wird. Leben Sie
glücklich und seien Sie überzeugt, daß ich stets sein werde der
untertänigste Bewunderer Ihrer liebenswerten Vorzüge   Wieland.
    P. S. Wenn ich Sie nicht für über die Leidenschaften der gewöhn-
lichen Menschen erhaben erachten würde, glaubte ich, daß Sie
mich aus Parteilichkeit loben. Denn Sie wissen nicht, meine liebe
Base, daß ich einige Verdienste besitze, die mich dessen würdig
machen könnten, und ich versichere Ihnen – und ich würde mir
schmeicheln, der glücklichste der Sterblichen zu sein –, wenn ich
den tausendsten Teil des Lobs verdienen könnte, das Ihre Großzü-
gigkeit mir zu geben beliebt. Meine Mutter grüßt Sie und wünscht,
Sie persönlich zu umarmen. Sie hat den Brief nicht erhalten, den
Sie ihr über Ulm geschickt haben, und bittet Sie zu entschuldigen,
daß sie Ihnen gegenwärtig nicht schreibt, da sie durch verschiedene
sehr nötige Beschäftigungen daran verhindert ist.

3. Christoph Martin Wieland an Sophie Gutermann

Meine vielgeliebte Sophie,   [Biberach, 23./24. 8. 1750]
Einzige, die mein Glück macht, ich bin zu voll vom Vergnügen,
welches mir die Zärtlichkeit und die entzückenden und verbindli-
chen Manieren ebenso wie die hervorragenden Eigenschaften der
schönen Seele meines Engels verursachen, um nicht schließlich aus
meinem übervollen Herzen zu sprechen und Sie schriftlich sehen
zu lassen – mir fehlen die Worte – daß Sie mich für immer zum
glücklichsten aller Sterblichen machen werden. Ich habe in Ihnen
gerade diese einzigartige Person gefunden (denn Sie werden bald
wissen, daß ich nur eine einzige Person lieben kann, und Sie sind
genau der Engel, der alle nötigen Eigenschaften besitzt, meinem
Herzen jede mögliche Zärtlichkeit zu geben und Beständigkeit und
unendliche Zufriedenheit meinem Geist), diese einzigartige Per-

son, sage ich, die, indem sie mich zum zufriedensten aller Menschen macht, alle meine Liebe und Hochschätzung auf sich zieht. Obwohl tausend Fehler, auch solche, die nicht ganz klein sind, wohl fähig wären, das zu verdunkeln, was ich an Gutem haben mag, bin ich nichtsdestoweniger sehr gewiß, ein gutes Herz mit ziemlich Geist zu haben, und ich kann mit großer Bestimmtheit versichern, daß es mein Geist ist, der mein Herz zu einem der besten gemacht hat, die mein Geschlecht nur haben kann. Mein Herz möchte in einem Zustand des vollkommenen Vergnügens, der Ruhe und des Glücks zufrieden sein. Der Geist hat ihm gezeigt, daß es sehr wenig Dinge auf der Welt gibt, die eine wahre Zufriedenheit und ein dauerndes und immerwährendes Glück geben können. Reichtümer, gute Gefühle des Volks gegen uns und allgemein Ruhm und sinnliche Vergnügungen sind zu vorübergehende Güter, um uns ein dauerhaftes Vergnügen geben zu können, und zu grob und irdisch, um dem unendlichen Verlangen unserer Seele genügen zu können. Und ich bin wirklich vielleicht von allen Menschen derjenige, dem die Güter, die einem von fast jedermann Zuneigung eintragen, am wenigsten Ruhe und Zufriedenheit geben können. Ich habe zuviel Geist, um nicht zu sehen, daß diese Gegenstände des Verlangens der niedersten Seelen, diese schönen Schimären, die mehr falsches Aufsehen machen als richtiges und wahrhaftes, einer großen Seele nicht würdig sind, die zur Unsterblichkeit und zum Zustand eines wahren Glücks geschaffen ist. Und ich habe ein zu zärtliches Herz, um darin Zufriedenheit zu finden und um mich mit dem Genuß der Dinge zufrieden geben zu können, welche Sinne und Vorstellungskraft nur für kurze Zeit bezaubern. Ich brauche etwas viel Höheres als das Materielle, so schön, angenehm und wollüstig dies auch sein mag. Ich beanspruche, ganz zufrieden zu sein, nichts mehr zu wünschen zu haben und vor allem ein eher geistiges als sinnliches Vergnügen zu genießen – und das Materielle, der Ruhm, die Menge der irdischen Güter können mir dies nicht geben. Selbst die Wissenschaften und Künste, die sonst fast mein ganzes Vergnügen ausmachen, auch nicht ausgenommen die spekulative Philosophie, welche ich sehr liebe, machen mich nicht so zufrieden und befriedigt, daß ich damit gänzlich zufrieden sein könnte. Ich sehe darin zuviel Dunkel, zuviel Wolken, Unsicherheit und Unvollkommenheit, verursacht durch die Mängel und Unvollkommenheiten des menschlichen

Geistes im allgemeinen und die meinen im besonderen, wie wir auch zu sehr von den Mitteln abgeschnitten sind, die Schärfe unserer Sinne und unseres Geistes zu vermehren, und weil sie, wegen der Kürze unseres Lebens auf diesem Planeten, den wir bewohnen, mir das nicht zu geben vermögen, was die Wünsche meines Herzens zufriedenstellen könnte. Wer ist es also, der mir Ruhe und völlige Zufriedenheit geben wird? Es muß wahrhaftig auf unserem Planeten sein. Alles andere ist mir dafür zu weit entfernt. (...)

In Anbetracht meiner eingeschränkten Natur bin ich weit davon entfernt, vollkommen zu sein. Und ich bin unfähig, die sublimen Vergnügungen zu kosten, in denen diejenigen Wesen, die vollkommener sind als ich, in einer andern, dem Thron der Gottheit näheren Welt ihr ganzes Glück finden. Gott muß sich mir durch niedrigere Mittel mitteilen, und dieser gute, dieser vollkommen gute Gott liebt es, die Kreaturen nach Maßgabe ihrer Natur zu behandeln. Also muß eine Kreatur das Instrument meines Glücks in dieser Welt sein, und sie muß auf der Erde sein. Sie muß eine Person sein (um mich kurz auszudrücken), die viel Charme und Schönheit hat, um Augen und Vorstellungskraft zu bezaubern und die Sinne im allgemeinen ebenso wie auch meinen Geist mit einem schönen Gegenstand zu versehen, damit er zeigen kann, daß er fähig ist, Schönheiten wahrzunehmen und davon mit Billigkeit zu urteilen, und daß er Geschmack hat. Sie muß einen feinen, ernsthaften und ein wenig schweren Verstand haben. Ein Schmetterling von Geist gefällt mir kaum, der auf der Oberfläche der Dinge herumflattert und nichts ergreift als die Blüte, wie der Herr Marquis de Rolinville sagt, und sich nicht um das Wesentliche kümmert.

Sie muß Scharfsinn haben, um fähig zu sein, mehr als jedermann zu bemerken, und genug Aufmerksamkeit und Geistesgegenwart, um *immer* von diesem natürlichen Scharfsinn Gebrauch machen zu können. Deshalb muß sie schwer sein und fähig zur Ernsthaftigkeit (denn es gibt Personen, die um alles Gold der Welt nicht imstande wären, ernsthaft zu sein), um ernsthafte Dinge lesen und hören zu können, literarische und wissenschaftliche Gegenstände, um damit ihren Geist und ihr Herz zu schmücken, um über alles nachzudenken, auch über sich selbst, und um sich bei jeder Gelegenheit zu bessern. Versteht sich, daß sie von den gröbsten Vorurteilen der Menschen frei sein muß oder wenigstens genug Geist haben muß, um das Licht der Vernunft anzuerkennen, das diese Wolken zerstreut, und daß sie ziemlich begierig sein muß, sich darüber zu unterrichten, was dazu dienen kann, sie weiser und aufgeklärter zu machen. Das ist genug gesagt von ihrem Geist.

Was das Herz angeht, das muß ganz gut, zugänglich, empfänglich sein für Eindrücke der Zärtlichkeit, des Mitleids und der Traurigkeit, nicht aber des Zorns, den ich nie bei einem anderen dulden werde, wer auch immer er sein mag. Sie muß aufrichtig sein; ich liebe die Aufrichtigkeit sogar bis zu den häufig mit ihr verbundenen Fehlern: denn wenn jemand Fehler macht, weil er zu gut oder zu aufrichtig ist (aber ich spreche von einer Person von Geist), ist das ein Zeichen, daß die anderen sehr böse sind, wenn sie einen üblen Gebrauch von der Güte und edlen Freimütigkeit machen bei einer Person, die ein vernünftiges Herz ohne Falsch hat, eher als daß ihre zu große Aufrichtigkeit als ein wirklicher Fehler gelten könnte. Sie muß delikat in all ihren Empfindungen sein, und insbesondere muß sie ihren Liebhaber mit großer Delikatesse behandeln. Wenn ich es bin, den sie liebt, muß sie von sich selbst eine bis zum Äußersten genaue Treue fordern. Ich sähe bei ihr auch gerne einen kleinen Tupfer Eifersucht, der von einer zärtlichen Liebe nicht getrennt werden kann, obwohl Eifersucht, wenn sie zu weit geht, unentschuldbar ist und zeigt, daß man ziemlich unvernünftig ist, wenn man der geliebten Person mißtraut. Ich bin vergnügt zu sehen, daß die Person, die mich liebt, sich ein bißchen um mich Sorgen macht, sich viel um mich kümmert *und sich alle Mühe gibt, mich zufrieden zu stellen, wenn ich es einmal nicht bin, auch wenn ich nicht ihretwegen verärgert oder zornig bin.* Ich würde auch gern sehen, daß das von Natur aus gute Herz meiner Geliebten von einer gesunden, feinen und nicht übersteigerten Moral verschönert und vervollkommnet wird, wie auch durch die Gedanken, mit denen viele große Geister uns gleichzeitig entzücken und erbauen in ihren Schriften, z. B. der *Spectator,* die *Charaktere* des Herrn de la Bruyère, die *Pamela,* die Mehrzahl der Komödien von Molière, Destouches, Mademoiselle Barbier, usw. und die Schriften der Mademoiselle Scudéry, *Die vernünftigen Tadlerinnen, Der Hamburgische Patriot,* etc.

Außerdem würde ich von ihr sehr schöne Manieren verlangen, einige Weltkenntnis aus Erfahrung, Höflichkeit gegen jedermann und im allgemeinen immer eine heitere Miene (wenn das möglich ist, denn ich weiß sehr wohl, daß es Momente gibt, in denen wir gezwungen sind, verärgert, traurig oder düster zu sein. Aber ich meine damit, daß ich es nicht ertragen könnte, daß diejenige, die ich liebe, die Manier vieler Frauen habe, die oft verärgert oder unzufrieden sind, ohne dafür einen Grund angeben zu können) sowie viel Geistesgegenwart in jeder Hinsicht und in allen Sachen.

Das also sind die schönsten Züge des Porträts der Person, die mein höchstes Gut auf dieser Welt sein muß, mein Alles, die Quelle aller meiner Vergnügungen, das, was mir wahre Zufriedenheit geben kann und mein Glück macht und dessen Verlust mich für immer unglücklich machen würde. Sie kennen jetzt, meine liebe Freundin, mein Betragen gegen diese verehrungswürdige Person. Ich liebe sie mit aller vorstellbaren Zärtlichkeit, ich schätze sie höher als alles, was man ausdrücken kann, ich ziehe sie jedem und jeder vor, und ich würde lieber im elendest möglichen Zustand mit ihr leben, als ohne sie König und sonst der Glücklichste nach der gemeinen Vorstellung zu sein; ich ziehe es vor, für sie zu sterben, statt von tausend anderen Schönheiten liebkost zu werden. Mein Herz nimmt für sich in Anspruch, nicht viel weniger gut und ebenso delikat zu sein wie das ihre und wird sich große Mühe geben, einer so liebenswürdigen und verdienstvollen Person immer würdiger zu werden. Ich werde sehr großherzig alles tun, was in meiner Macht steht, um sie zufrieden und glücklich zu machen, um sie zu vergnügen und zu zeigen, daß ich sie auszeichne und jedermann vorziehe. Sie kann sich immer von meiner Ehrlichkeit überzeugen, und ich würde sie auf keine Weise betrügen *oder ihr etwas verbergen, was immer es sei* (ausgenommen die Klugheit fordert es in einem besonderen Fall). In kurzen Worten: Sie wird meine Freude sein, und ich werde sie mehr als mein Leben lieben.

Und nun beglückwünschen Sie mich, meine werte, vielgeliebte Sophie, oh! beglückwünschen Sie mich, daß ich in Ihnen diese werte Person gefunden habe, die für mein Glück so nötig ist! Sie sind die einzige und werden immer die einzige sein, die meinem Geist und meiner Seele genügen kann. Sie sind genau die Person, deren Charakter ich Ihnen soeben gemalt habe. In diesem Gemälde findet sich nicht ein Zug, der nicht genau so, nur auf eine schönere und vollkommenere Weise, der Ihre wäre. Ich schwöre Ihnen, daß mein Geist völlig mit Ihnen und meiner Liebe zufrieden ist. Er hat eine unendliche Zufriedenheit darin erfahren, daß er fand, daß Sie in noch höherem Maße all diese Vorzüge besitzen, die er von der

Person fordert, die ich lieben muß. Ich bin wahrhaftig der glücklichste der Sterblichen, und wenn ich Sie besitze, wenn Sie mich lieben (und ich bin entzückt, daß ich über diesen Punkt Gewißheit haben kann), fehlt mir nichts; ich bin zufrieden in den Augen meines Geistes und auch in denen aller vernünftigen Menschen, die den Gang meines Geistes und Herzens und Ihre Vollkommenheiten kennen. Das sind also, meine teure Liebe, die starken Gründe, die mich für immer an Sie binden und die Sie mir notwendig machen. Ich bin gezwungen, diesen Brief hier abzubrechen, dessen Abfassung mir soviel Vergnügen gewährt hat, weil ich mit meinem Vater auf einem Spaziergang Luft schöpfen muß. Ich wünsche, daß Sie diese Erklärung ebenso zufriedenstellen kann, wie ich es bin, da ich mit der äußersten Reinheit und Zärtlichkeit die liebenswürdigste Person liebe, die es in meinen Augen geben kann.

Ich muß nun noch hinzufügen, meine anbetungswürdige Sophie, daß ich die Zufriedenheit nicht ausdrücken kann, die mir meine Liebe zu der einzigen Person gibt, die wert ist, mit soviel Verstand und Zärtlichkeit geliebt zu werden, wie ich von Natur aus liebe. Diese ganze Nacht habe ich in den entzückenden Ideen meines Glücks zugebracht, meiner teuren Liebe, dem würdigen Gegenstand einer Hochachtung und Zärtlichkeit ohne gleichen; und diese schönen Ideen waren mir angenehmer als der Schlaf. Welche Vergnügungen, welche zauberhaften Stunden, welche Zufriedenheit, welches Glück verspricht uns diese Zeit in Zukunft! Was wird erst der Tag sein, wenn, wie ich gestern gesagt habe, schon die Morgenröte so schön ist! Ich werde in Wahrheit völlig glücklich und zufrieden sein im Besitz einer Person, die alles hat, was ich wünschen kann, die genau die Reize des Körpers hat, die mich in Entzücken setzen, und die eine so schöne, so edle, so englische Seele hat, daß sie meine ganze Zuneigung verdienen würde, selbst wenn sie nicht so schön wäre, wie sie es ist. Und ich bin es schon; Sie sind die meine, Sie lieben mich, und ich liebe Sie mit jeder vorstellbaren Hochachtung und Zärtlichkeit, und ich genieße eine Zufriedenheit, die, wenn sie noch durch die Hoffnung auf noch größere Vergnügungen und ein noch größeres Glück vermehrt wird, über allen Ausdruck ist. Glücklicher Sterblicher, der ich bin! Gott erhalte mir Sie und Ihre Liebe, meine werte Sophie, und ich werde es immer sein und so sehr sein, wie es ein Mensch nur sein kann.

4. Christoph Martin Wieland an Sophie Gutermann

[Tübingen, Ende Juli 1751]
Ich bitte Sie, unschätzbare Freundin, sich nimmer über sich selbst und über Ihren Verstand zu beschweren. Weil Sie es zu oft und zu sehr tun, so könnte es scheinen, es geschähe nicht mit aller möglichen Lauterkeit; und ich möchte meine in allem so vollkommene Geliebte gern von allem Schatten einer vermeidlichen Unvollkommenheit frei wissen. Ich wiederhole meine Ihnen so oft wiederholte Versicherung. Sie haben eine so liebenswürdige Seele, daß ich keine denken kann, welche würdiger wäre, einen so annehmlichen und schönen Leib, als der Ihrige ist, zu beleben. Und die Übung wird Sie so verschönern, daß Ihnen alle Französinnen weichen werden. Wie freue ich mich schon im Geiste, daß das Bildnis meiner Geliebten einst das Porträt einer Châtelet, Bassi, Gottschedin etc. so sehr überstrahlen wird.

Sie machen mir unendlich viel Vergnügen, wenn Sie sich in der Dichtkunst immer mehr üben, wie auch in der deutschen Sprache, *welche viel schöner als die französische ist.* Die Fabel, welche Sie mir geschickt haben, ist ganz artig, außer daß die Wörter „verbande, fande, erführe" wider die deutsche Grammatik verstoßen. Es muß „verband", „fand" heißen, das *e* ist unerlaubt. Doch dieses ist eine Kleinigkeit, die ich meiner liebenswürdigen Schwäbin gar gern vergebe. Ihre Prosa ist unvergleichlich, mein Engel, und ich bin gewiß, daß es Ihre Verse auch bald sein werden.

Sie verbinden mich unendlich, allerteuerste Seele, wenn Sie so fleißig, als Sie aus Liebe zu mir können, an Dero Lebensbeschreibung arbeiten und sie so genau und richtig machen, als ich mir von Dero vollkommen redlichem Herzen versprechen kann. Die schönen und geistreichen Betrachtungen und Anmerkungen, welche Sie so artig anzubringen wissen, werden diesem Aufsatz eine große Zierde geben. Eilen Sie ja damit, mein liebstes Herz, ich erwarte es wenigstens auf Michaelis, auf die Zeit, an die ich allemal mit einer Entzückung denke, die nur von der übertroffen werden wird, die ich vorfinden werde, wenn ich Sie wieder umarmen werde.

Den 4. und 5. Gesang vom *Messias* werde ich Ihnen selbst bringen. In diesem ist eine unendlich schöne Beschreibung einer Liebe, wie die unsrige ist, nur daß das Herz des Liebhabers in ein Licht gesetzt ist, welches das meinige sehr verdunkelt. Ich bin gewiß, daß der Herr Klopstock liebt, und ich glaube, daß seine Geliebte Ihnen sehr ähnlich, aber doch unvollkommener als Sie ist. So ist es bei uns vieren gerade umgekehrt. Ich weiche unstreitig dem Herrn Klopstock an vortrefflichen Eigenschaften, und seine Geliebte weicht Ihnen. Um sie, die Geliebte des Herrn Klopstock, vollkommener zu machen, gab ihr die Vorsehung einen Liebhaber, der sie übertrifft, und um mich glückselig zu machen, erlaubte mir der Himmel, meine Sophie zu lieben, welche mir in allen Stücken vorgeht. Ist das nicht artig eingeteilt?

Ich beschwöre Sie, mein Engel, der Satyre nicht gute Nacht zu geben, sondern ihr nur nicht zu erlauben, sich an derjenigen, die ich anbete, zu üben, wie sie bisher, ohne auf meine Bitten Reflexion zu machen, getan hat. Ihre Satyre scheint mir hierin den französischen Marquisen zu gleichen, von welchen Herr von Voltaire versichert, so schön sie auch sein mögen und so künstlich sie auch aufgesetzt sind, doch beim ersten Antritt in ein Zimmer gleich vor den Spiegel zu laufen und sagen, sie sähen aus, daß man vor ihnen laufen möchte. Vergeben Sie mir diese etwas boshafte Vergleichung, aber haben Sie mir dieselbe nicht gleichsam abgenötigt? Soll ich leiden, daß man mit einer Seele, die ich so unendlich hochschätze, so übel umgehe? Wie weit meinen Sie denn, daß sich die christliche Liebe erstrecke?

Ich danke Ihnen nochmalen unendlich für Dero schönes Porträt, Dero unvergleichliches Schreiben und die sehr artige Fabel.* Ich küsse Ihnen die Hand mit der zärtlichsten Ehrerbietigkeit und Hochachtung, und bitte Sie, mein Schreiben zu entschuldigen. Ich war zu vergnügt, als daß ich etwas Dero schöne Gedanken Würdiges hätte schreiben können. Hören Sie nicht auf, mich glücklich zu machen, als bis ich aufhöre, Sie zu lieben und anzubeten. Doch beides ist gleich unmöglich. Ich küsse Sie millionenmal und bin ewig der Ihrige. (...)

O, du froher Herbst, wie bist du meines Verlangens so würdig! Wie werde ich so unaussprechlich zufrieden sein! O was ist das für

---

* Sie gefällt mir immer besser, je öfter ich sie lese. Ich habe die kleinen Fehler der schwäbischen Mundart verbessert, und sie ist nunmehr ganz fehlerfrei. Sie hat alle guten Eigenschaften einer Fabel. Sie ist sinnreich, natürlich, edel ausgedrückt, und das Morale fließt sehr ungezwungen. Ich danke Ihnen nochmals für dieses artige Stück.

ein Glück, eine Person, wie Sie sind, zu lieben! Wie froh bin ich, daß ich mich stark genug empfinde, tausend Leben, wenn ich sie hätte, für Sie aufzuopfern. Vergeben Sie, vollkommenste Sophie, daß ich so unfähig bin, Ihnen Ihrer würdigere Gedanken zu sagen, mein Vergnügen ist zu groß und die Zufriedenheit, die Sie über die meine haben werden, wovon Sie allein die liebenswürdige Urheberin sind, muß Ihnen anstatt der schönen Sachen sein, die ich Ihnen billig sagen sollte.

Ich muß Ihnen, anbetungswürdige Freundin, eine Stelle aus dem 4. Gesang des göttlichen Klopstock abschreiben, welche ich recht in ihrer ganzen Größe empfinde:

Gott selbst lieb' ich noch mehr, weil Du sein hohes Geschenk bist,
Weil ich, wie auf Flügeln von Deiner Unschuld getragen,
Näher dem Liebenswürdigen komm', der so schön Dich gebildet,
Der so fühlend mein Herz, und Deines so himmlisch gemacht hat!!
W.

5. Sophie Gutermann an Barbara Meyer

Geliebteste Freundin,   [Augsburg], 28. 9. 1752
Es ist mein Herz, welches Sie so nennet, und ich glaube gewiß, daß meine zärtliche Daphne ihrer redlichen Doris erlaubt, mit einer edlen Freiheit, die nur bei der wahren Freundschaft ist, ihr alle meine Empfindungen und Gedanken zu sagen.

Sie sein das beste und liebenswürdigste Kind und eine Freundin, die nach dem Wünschen meiner Seele alle Hochachtung wegen ihrer Tugend verdienet und die mir auch darum ganz unschätzbar ist. Aber ich habe doch eine Klage wider Sie, mein Herz, die ich auch wider meine Seele, wider den Wieland, habe. Herr Schinz, der teure Herr Schinz, hat mir auch Ursache gegeben, unzufrieden zu sein.

Sie lieben mich alle zu viel, Ihre liebe Briefe, die süße Versicherungen Ihrer Freundschaft, die ich darin suche und finde, machen mich erröten und weinen, denn gewiß, mein Schatz, ich verdiene nicht, so viel Schönes von Ihnen zu hören, und ich förchte, mein Herz möchte nicht groß genug sein, den Gesinnungen der edelsten und vortrefflichsten Freunde würdig zu antworten.

Ich werde Sie beständig unendlich verehren und lieben, und Sie, meine Daphne, versichre ich, daß [Sie] Ihre treue Freundin, die

Doris, so lang sie leben wird, immer bemüht sehen werden, alle ihre Pflichten zu erfüllen und alle Gelegenheit zu suchen, Ihnen zu zeigen, wie teuer Sie mir sind.

Sie werden dieses Schreiben noch vor End dieses Monats erhalten, ich sage es deswegen, Sie zu bitten, den 4. Oktober an Ihre ganz ergebene Doris zu gedenken und meine unermeßliche Freude mit mir zu teilen, die meine ganze Seele einnehmen wird, da ich Wielanden sehen werde; Ihr liebes Herze hat mir dieses Vergnügen gewünscht und damit auch vermehret; ich sage Ihnen auch, daß ich, wann ich mir von der Vorsicht mein Glück vollkommen wünsche, auch Sie und den werten Schinz zu Zeugen begehre; da Sie beide den Wert meines Geliebten kennen, so möchte ich von Ihnen wissen, daß ihn seine Doris liebt und schätzt, wie es sein großes und gütiges Herz verdient.

In wenigen Wochen wird Wieland bei Ihnen sein, und ich überlasse mich der zärtlichsten Freude, wann ich daran gedenke, denn ich weiß, wie angenehm seine Tage in Zürich fließen werden. Die Beschreibung Ihres artigen kleinen Neides mit Schinzen um meine Gesellschaft gefällt mir sehr wohl, aber daß man stolz darauf sein kann, das bereden Sie mich nicht, mein Kind, ohngeachtet Sie alles Ansehen bei mir haben.

Sie sagen, Wieland habe in einem prophetischen Geist Daphne und Doris in den Erzählungen als die beste Freundinnen vereiniget; ich glaube es auch, aber ich setze noch dazu, daß es eine Vordeutung sei, er werde auch mich in Person zu Ihnen bringen. O meine geliebte Daphne, wie oft werde ich Sie umarmen und küssen, wie lieb ist mir dieser Gedanke.

Sie lesen der Frau von Lambert ihre Werke, sagen Sie mir einmal, wie sie Ihnen gefallen; ich halte sie vor die hochachtungs- und liebenswürdigste Mutter und wollte vielen artigen Kindern unter uns ihre Lehren und Beispiele gönnen, ja, wenn ich Ihnen alles sagen soll, was ich denke, so hat der Geist und das Herz einer Lambert alles, was notwendig ist, eine würdige Gehülfin und Mutter zu heißen, und wie schön muß die Freundschaft und der Umgang einer solchen Frau sein, und wie schön schreibt sie von beiden. O wie groß wäre mein Glück, wann ich dem Wieland eine Lambert mit mir schenkte, glauben [Sie] ja nicht, daß meine Eigenliebe dieses sagte, Sie wissen unmöglich, was Wieland meinem Herzen ist und wie klein ich bin in meinen Augen.

Meine Daphne, meine liebenswerte Daphne wird mich doch lieben, ohne daß ich vollkommen bin; ich werde Ihnen erkenntlich sein, so lang ich lebe, und ewig will ich Sie lieben. Adieu, meine Liebe, ich küsse Sie vielmal von Herzen, unsere Verbindung, die die Tugend gemacht, soll unzertrennlich sein. Ich bin

Ihre ganz ergebene Doris.

6. Sophie Gutermann an Barbara Meyer

Meine geliebteste Freundin,   Biberach, 19.12.[1752]
Erwarten Sie ja nimmermehr, daß ich Ihnen auf Ihre gütige Briefe vollkommen antworten könne; ich lasse Ihr eigenes Herz sagen, was eine zärtliche und aufrichtige Freundin empfinden muß, wann sie solche Briefe bekommt, als Sie mir schreiben. Meine gütige, meine geliebte Daphne, wie sehr bin ich erfreut, Wielanden in Zürich zu wissen, da er mit den besten und edlesten Freunden umgeben ist und da meine liebste Freundin sich mit ihm von mir unterhält und ihm Vergnügen macht. O wie viel werde ich Ihnen zu danken haben, mein Schatz, wenn ich einmal bei Ihnen sein werde, denn gewiß, die Vorsicht erfüllt mein Wünschen, Zürich zu sehen. O wie zärtlich, mit wieviel Tränen der Freude würde ich Sie umarmen und tausendmal meine Daphne, meine geliebteste Daphne nennen, meine Redlichkeit und das unschätzbare Glück, womit ich in der seligen Zeit, da ich Sie sehen werde, ganz umgeben sein werde. Denn da werde ich nimmer von Wielanden getrennt sein. Dieses wird mich Ihnen angenehm machen; mein ganzes Herze danket Ihnen vor den Wunsch, den Sie in Wespersbühl getan, mich auch bei Ihnen zu haben. Der Himmel erfülle alle Ihre Gesinnungen vor mich und die meinige vor Sie, mein Kind; an Doris werden Sie beständig eine Sie schwesterlich liebende Freundin haben.

Sie bedauern mich, daß ich nur vier einzelne Tage Wielands Umgang genossen; gewiß, ich verdiene Ihr Mitleiden, denn ich habe zu viel verloren. Der Weg der Tugend und Klugheit ist hier so einsam, aber doch, mein Schatz, wann ihn niemand beträte, wollen wir es tun, nach dem Maß unserer Erkenntnis, und jetzund, meine Daphne, wollen wir uns davon schreiben, bis einmal die Stunden kommen, daß wir davon reden können. Sie glauben nicht, wie fleißig ich sein werde, bei Ihnen Gutes zu sammeln, nicht wahr, meine Liebe, Sie gehen mit mir, unserer Rauhe und Lambert zu folgen, soviel wir können. Schinz und Wieland verdienen diese edle Bemühung ihrer Gefährtinnen. O Daphne, mit was vor Bewegungen werde ich Sie küssen und an mein Herz drücken, wenn ich mit Wieland bei Ihnen sein werde und wenn ich ihn und seine englische Freunde mit mir zufrieden sehen werde; Sie müssen diese heilige Freude mit mir teilen und mein himmlisches Glück fassen helfen, mein Herz wird zu eng werden, es allein zu tun; wie lieb, wie sehr lieb sind wir der göttlichen Vorsehung, daß sie uns einen Schinzen und Wieland zu unseren Führern und Begleitern auf dem Wege nach der Ewigkeit gegeben hat, wie herrlich ist unsere Liebe und Freundschaft gegründet, sie wird mit unserm Leben und mit der Tugend im gleichen Paare gehen; liebste Daphne, zeigen Sie mir die Möglichkeit, daß wir aufhören, uns zu lieben, in Wahrheit, so lang wir denken, geschieht es nicht, und Gott bewahre meine Seele vor dieser unglücklichen Veränderung; ich habe gedoppelte Ursache, davor zu beben, indem ich bemüht sein muß, durch mein Beispiel meine Lehren zu stärken, die ich meiner jüngern Schwester von 14 Jahren gebe, deren Auferziehung mir seit dem Tod der besten Mutter anvertraut ist, es sind drei Jahre, da ich mit der Besserung des lebhaftesten und flüchtigsten Gemütes zu tun habe. Wenn meine geizige Begierden auch gestillt werden, wie meine billige, so sieht meine Daphne einmal, was ich ausgerichtet habe, und bessert noch an mir auch in diesem Stück.

Sie werden sagen, daß ich die Kunst, mich in Gedanken glücklich zu machen, recht gut verstehe. Haben Sie Geduld mit mir, ich bitte Sie, und hoffen Sie mit mir eine Zeit, da Doris viel, viel besser sein wird als jetzund, gedenken Sie an mich, mein Schatz, in Ihrem Gebet und in den angenehmen Stunden, wo Sie mit Schinz und Wieland sprechen werden; ich gedenke oft, recht sehr oft an Sie, besonders |am| Vormittag, den ich dem Lesen und Schreiben gewidmet habe, der Nachmittag gehört dem Haus und meinen wenigen Freunden hier, darunter die würdige Eltren meines Geliebten und eine Schwester von mir, die 19 Jahr alt ist, die beste und liebenswürdigste sind, die andre sind nur Bekannte, und nur etliche, denn Sie müssen wissen, daß ich den Namen Freund heilig halte und ihn nicht gerne einem Unwürdigen gebe.

Dem Herrn Schinz kann ich heute nicht antworten, entschuldigen Sie mich, liebe Daphne, und sagen Sie, daß ich ihm unendlich vor seine Freundschaft vor mich verbunden bin und daß ich ihm

Dank sage, daß er mir vergeben, Wielanden noch zwei Tage länger
aufgehalten zu haben. Adieu meine Liebe, meine zärtlich geliebte
Daphne. Leben Sie wohl, behalten Sie mich lieb, ich küsse Sie vielmal mit einer unveränderlichen, wahren Hochachtung,

Ihre ganz ergebene Doris.

O wie spat habe ich geantwortet, vergeben Sie mir und strafen
Sie mich nicht.

7. Sophie Gutermann an Johann Jakob Bodmer

Monsieur, Biberach, 30. 1. 1753
Das große und gütige Herz, so mir dieselbe in Ihrem Schreiben an
mich gezeigt haben, erlaubt mir, Ihnen den Wunsch meiner Seele
zu sagen, den ich bei Durchlesung Ihres Briefes gemacht habe. Daß
doch alle Größe und Tugend Ihrer Debora, Thamar und Cerenhapuch in meinem Herzen vereiniget wäre, um Ihnen, edelster und
vortrefflichster Freund, das Vergnügen zu machen, daß die großen
Eigenschaften Ihres Geistes und Herzens durch eine Person, die
Ihren ganzen Wert zu schätzen wüßte, so unendlich verehrt und
geliebt würden, als meine ganze Seele nach ihrer Erkenntnis und
Neigung vor Tugend und Weisheit vorjetzo tut. O wann mich Wieland in einem prophetischen Geist eine Serena, Doris oder Panthea
genennt und beschrieben hätte, so würde ich meinem Herzen
erlauben, die große Freude und Zufriedenheit über das Glück,
eines der Erde nur einmal geschenkten Bodmers Liebe würdig zu
sein, zu empfinden. Ich bewundere die Kaltsinnigkeit der teutschen Gelehrten, mit welcher sie die Werke eines Bodmers ansehen
können, und [diese] gibt mir von ihren Herzen eine noch viel gerin-
gere Idee, als Personen, die den Geist beurteilen können, von ihrer
Einsicht haben mögen. Ich habe in Bodmers Werken seine große
und außerordentliche Tugend durch seinen großen und außerordentlichen Geist beschrieben gefunden und darin gesehen, daß
Tugend und Wissenschaften unser göttlicher Teil sind und uns eine
wahre Hoheit und Würde geben.

Die göttliche Vorsicht hat Wielanden ihre besondere Liebe
gezeigt, da sie ihn zu Bodmer geführt, einem Freund, den sein
Herze beständig wünschte und wert war; und wie groß wird Wieland, da Sie sagen, er sei Ihrem Herzen zum Trost gegeben. Wie
sollte es möglich sein, zu glauben, daß Gott nicht beständig vor

sein Wohl sorgen werde! Das Glück, seine Geliebte zu sein, die Gütigkeit, die Sie selbst vor mich haben, muß mich Ihnen liebenswürdig machen. Eine redliche und feurige Liebe des Guten läßt mich die Bitte wagen, daß Sie mir Ihre Freundschaft und Angedenken, so mir gleich teuer und schätzbar sind, erhalten wollen. Gott will meine Seele durch die Freundschaft eines Bodmers und Wielands groß und tugendhaft machen, und wenn ich es beständig würdig bin, wie außerordentlich ist seine Liebe gegen mich, meinen Weg nach der Ewigkeit so süß zu machen. Sie müssen vergnügt sein, wann meine Seele ihrer Bestimmung folgt, und ich muß mich glückselig nennen, zween der göttlichsten Menschen Vergnügen zu machen.

Der Herr Wieland wird Ihnen die Asenat seiner Sophie zeigen, die dadurch nichts als ihre ehrerbietige Ergebenheit gegen Ihren Willen beweist. Erlauben Sie mir, unendlich hochgehaltener Freund, Ihnen und Ihrer würdigen Gemahlin mit dem zärtlichsten Respekt die Hand zu küssen, mit welchem ich bin, Monsieur,

Ihre gehorsamste Dienerin
Marie Sophie Gutermann.

8. Sophie Gutermann an Christoph Martin Wieland

Biberach, 30. 1. 1753

Ihr Begehren, mein liebster Freund, mich in Asenats Stelle zu setzen und ihre Empfindungen zu beschreiben, gibt mir die vollkommenste Idee von der gar zu großen Güte, die der ganz unschätzbare Bodmer und Sie gegen mich bezeugen.

Es ist mir gewiß eine empfindliche Freude, einen Wunsch, den Sie tun, so viel es mir möglich ist, zu erfüllen, aber es ist mir auch leid, mein unendlich Geliebter, daß Sie meine Kräfte zu einem so schönen Werk nicht so vollkommen finden werden, als es mir um Ihretwillen lieb wäre, sie zu haben.

Ich habe mich in Asenats Stelle gesetzt und überschreibe Ihnen hier alle Vorstellungen und Gedanken, die ich mir gemacht habe, mit aller Aufrichtigkeit und Vertrauen zu Ihrer Güte, indem mein Gehorsam das beste ist, so Sie in diesem Werk finden werden, und Sie versichert sein können, daß, wann ich mehr Geschicklichkeit gehabt hätte, würde ich sie angewandt haben.

Asenats Empfindungen in Ansehung Jakobs und Josephs habe

mir nicht besser vorstellen können, als zu gedenken, wie entzük-
kend meine Situation eines Tages sein wird, wann ich Bodmern
und Wielanden beisammen sehen werde; Sie wissen aber, mein
Freund, daß ich mehr und besser empfinden als beschreiben
kann.

Vor mein Herz und Neigungen hätte keine beglücktere und rührendere Szene sein können, als meinen Gemahl, seinen würdigen
Vater und seine Brüder in diesen Bewegungen zu sehen. Ich habe
über diese Geschichte als ein Kind von sechs Jahren geweint und,
wie mir meine selige Mama gesagt, einmal eine meiner Schwestern
dabei geküßt und sagte: Ich will es machen wie Joseph, ich will
küssen und weinen. Vergeben Sie mir diese Ausschweifung. O
Eigenliebe, was machest du.

Josephs großmütige und redliche Liebe, mit welcher er sich sei-
nen Brüdern und Beleidigern entdeckte, die von Reue, Dankbar-
keit, Verwunderung und Freude überflossen, die unverhoffte
Ankunft Jakobs, in dessen Ansehen die lange Übung einer göttlichen Tugend und Weisheit alle Würde legte, und dessen wahre
Ehrerbietung und Liebe gegen Gott und sein öfterer Umgang im
Gebet mit ihm haben gewiß mehr als *majestätische* Züge vor eine
Asenat in sein Antlitz gegeben, in welchem der zärtliche Vater-
name, den er so oft gehört und empfunden hatte, Sanftmut und
Güte bildete. Seine feurige Begierde, das Schicksal seiner Söhne zu
wissen, die Freude, so er empfand, alle gesund vor sich zu sehen,
und seine Bestürzung zugleich, den Fürsten in ihrer Umarmung zu
finden, hätte mir die heftigste und zärtlichste Regung in meinem
Gemüt gemacht, zu welcher mein Herz schon vorher durch den
rührenden Auftritt Josephs mit seinen Brüdern vorbereitet worden
wäre. Kaum hätte ich dieses empfinden können, so hörte ich meinen Gemahl: O mein Vater! rufen. Dieses hätte mit eins alle die
Unterredungen, die mir Joseph von seinem Vater gehalten und mir
ihn so groß und liebenswürdig gemacht hätten, zurück in mein
Gemüte gebracht, und da ich durch die Erfahrung weiß, daß mein
Herz sich gewöhnt hat, auch in der stärksten Bewegung, sie mag
traurig oder vergnügt sein, gleich das Gute zuerst zu empfinden
und zuerst an Gott zu gedenken, so sage ich auch, da [ich] mich an
Asenats Stelle setze, mein erster Gedanke wäre gewesen: O Gott,
wie selig macht mich das fühlbare Herz, so du mir gegen die
Tugend gegeben, wie beglückt bin ich durch Joseph geworden.

Dieser hält seinen Vater umarmt, ich wünsche sehnlich, daß er ihm sage, daß ich seine Tochter bin. Joseph ruft mir, daß ich seinen lange gewünschten Vater vor mir sehe, diesen Augenblick bin ich bei Jakobs Füßen und küsse seine Hände, die ich an mein klopfendes Herz drücke: Du edler, angebeteter Vater, o wie selig bin ich, dich zu sehen! O nenne mich deine Tochter, deine würdige, deine geliebte Tochter! Ich stehe in dieser starken Bewegung meines Herzens auf und sage dem durch seine Kinder gerührten Jakob ganz begierig: Lehne dein Haupt auf mich, segne mich, laß mich die heilige Tränen deiner Freude über meinen Joseph abwischen, o wie sehr verdient er alle deine Liebe! O wie süß wird dein banges Klagen über seinen Verlust werden, wenn ich dir alle große und edle Taten seiner Tugend erzählen werde, mit denen er seine Tage bei uns bezeichnet hat und die alle in mein Herz eingegraben sind. O Lia, ich bin seliger als du, Jakob ist mein Vater und Joseph mein Gemahl.

Meine Blicke hätten Josephs Brüder meine Schwesterliebe gezeigt und sie selige Kinder und Brüder genennt und gebeten: Ach betrübet euren göttlichen Vater und Bruder nicht mehr! Ich hätte mich an Josephs Arm gelehnt und mit der edlen Freiheit seiner Vermählten, um gleichsam an seiner Seite durch seine große und männliche Tugend mein durch so viele Empfindung hingerissenes Herz zu befestigen und durch ein vereintes Lob der göttlichen Vorsicht und Liebe alle Kräfte meiner Seele wieder zu sammlen und zu stärken.

9. Sophie Gutermann an Barbara Meyer

Meine geliebteste Freundin, [Biberach, März? 1753]
Ihre Gütigkeit wird mir vergeben, daß ich Sie auf Ihr angenehmes Schreiben und Geschenke Ihrer Freundschaft vor mich so lange ohne Antwort gelassen. Ich bin durch die unvermutete Ankunft meiner Stiefmutter und durch ihren zwei Wochen daurenden Aufenthalt beständig daran gehindert worden, indem eine gänzliche Veränderung in meiner Familie mit dieser zweiten Verheuratung meines lieben Papa vorgegangen und mein Gemüte durch völlige Aufhebung der Haushaltung allhier mit Einpacken und andern Geschäften ganz zerstreut wurde, wozu die empfindliche Trennung von meiner jüngsten Schwester und meinem Bruder, die mit mei-

ner Mama zurück sind, auch vieles beigetragen. Aber jetzo, da ich mich in dem Hause der liebreichen und würdigen Eltren des Herrn Wielands befinde, fange ich mich an, wieder zu sammlen und die selige Gemütsruhe zu suchen, die aus einer gelassenen Unterwerfung in die Führung Gottes entsteht, eine Tugend, die ich zu meinen bisherigen äußerlichen Umständen, worin ich von Zeit zu Zeit gewesen, sehr notwendig habe, und vor mein gar zu empfindliches Herz keine andere Beruhigung zu finden ist, als wenn ich mit einer ganz überzeugten und aufgeheiterten Seele sagen kann: Herr, dein Wille geschehe. Welches ich aber in Widerwärtigkeiten, wo mein Herz sich ohne etwas Gutes daraus zu lernen oder zu üben, befände, nicht sagen würde und könnte. Ich gestehe es, liebste Daphne, die Bezeugung meiner Stiefmama und ihr Charakter und Neigungen haben mir, nicht nur vor mich, sondern um meiner Geschwister und selbst um meines Papa willen, Kummer und Betrübnis gemacht, indem ich um die gute Erziehung meiner zwei jüngern Geschwister sehr besorgt bin, denn mein Herz will nicht allein glücklich sein. Die schnelle Entschließung meiner jüngern, liebenswürdigen Schwester, sich an einen hiesigen Herrn, der ein Witwer mit zwei Kindern ist, zu verheuraten, macht mir auch vieles zu denken; denn wenn die Hoffnung, daß er recht tugendhaft wird, fehlschlägt, denken Sie, allerliebste Freundin, was ich leiden würde. Er ist nicht ohne Tugend, aber meine Schwester kann nicht glücklich sein, wenn er nicht ganz tugendhaft wird. Er liebt sie recht sehr, und da ich meine Hoffnung, daß sie vergnügt wird, haben will, so nehme ich die Neigung, mit welcher, wie sie sagt, ihr Herz zu ihm gezogen wird, vor eine Vorbedeutung an und hoffe von der treuen Vaterssorge unsers Schöpfers das Beste. Liebste Daphne, ich schreibe Ihnen hier recht viel von mir; vergeben Sie mir es doch; ich denke, daß ich mich mit einer zärtlichen und gütigen Schwester von meiner mir gar zu lieben Familie und ihren jetzigen Umständen besprochen habe, denn auf eine andere Art ist meine Freiheit, der ich mich bedient, beinahe nicht zu entschuldigen. Sie sehen auch aus diesem Brief, daß das Herz Ihrer Doris noch weit von dem Grad der Vollkommenheit ist, den die große Güte meiner Freunde mir zugeschrieben, denn wenn ich recht geduldig wäre, so würde ich nicht klagen. Aber es ist gewiß, mein Schatz, daß ich alles, was mein Herz vor Widerwärtigkeiten hält, auch zugleich mit Youngen vor Wohltaten ansehe, denn ich bin allezeit besser dadurch worden und werde mir gewiß ins künftige nicht mehr erlauben zu sorgen. Wissen Sie auch was vom Klopstock? Was sagen Sie von ihm? Mein Herz will, ich soll ihm nur zusehen, Betrachtungen nach meinen kleinen Kräften über ihn machen und schweigen. Und eben dieses schwache, unvollkommne Herz, so das Gute und Vollkommne redlich und ernstlich liebt und sucht, dankt Ihnen zärtlich vor Ihren Brief und Geschenke und küßt Sie unter aufrichtiger Versicherung einer beständigen Liebe. Adieu, ich bin   Ihre ergebene Doris.

10. Sophie Gutermann an Christoph Martin Wieland

[Biberach, April 1753]

Ich will versuchen, meine Gedanken über den Teil der Oden und Lieder des Herrn von Hagedorns, so ich besitze, im Deutschen auszudrücken. Ich werde es auch mit einer Freimütigkeit tun, die durch nichts als Ihre besondere Gütigkeit vor mich, durch meine Begierde, des Bessern unterwiesen zu werden, und durch das geringe Maß meiner Urteilskraft zu entschuldigen ist.

Ich halte den Herrn von Hagedorn vor einen unserer schönsten Geister, der unter andern vortrefflichen Eigenschaften auch die, welche die Franzosen *aisance d'esprit* nennen, vollkommen besitzt und mit aller Anmut schreibt, und ist in der Tat groß genug, alle wesentliche Schönheiten der Werke eines Bodmers und der Ihrigen einzusehen; ich glaube auch, mit diesem Letztern so viel zu seinem Lob gesagt zu haben, als der größte Ehrgeiz wünschen könnte.

Seine Übersetzungen des Horaz sind durch ihren Urheber über meinen Verstand hinausgesetzt, ich werde also nur von denen reden, die ich einzusehen fähig bin oder zu sein glaube.

Seine Satyren sind artig und konnten in der Art, wie sie in dieser Sammlung geschrieben sind, nur von Hagedorn so geschrieben werden; doch möchte ich einige davon nicht gemacht haben.

O mein vortrefflicher Freund, Sie haben mein Herz und meinen Geschmack viel zu zärtlich gewöhnt.

Sein *Morgen* ist schön, und gefällt mir die letzte Strophe gar sehr. Er beschreibt eine angenehme Gegend und sagt seiner Phyllis Buch V. Seite 165:

Erkenne dich im Bilde etc.

[In] *Der Tag der Freude* Buch I. 17. Seite mißfällt mir der Gedanke:

Was kann das Totenreich gestatten etc.

Einem Hagedorn nach meiner Idee vergebe ich weder im Scherz noch Ernst, kleine Gedanke von dem andern Leben zu haben. Sie werden finden, mein geliebter Freund, wie viel Vertrauen ich zu Ihrer Güte vor mich habe; ich glaube, ich schreibe ohne Ordnung und daß Sie mich vielleicht auf einer Seite wider den Herrn von Hagedorn eingenommen heißen werden, doch ich sage Ihnen alles. Sie wissen alles, was mein Herz denkt, warum sollen sich die Gedanken meines Kopfs verbergen. Ich werde mich bemühen, meinen Geist alle Schönheiten dieser Gedichte einsehen zu lernen, so wie ich einige Flecken bemerke.

Aber seine Passion vor den Wein kann ich nicht loben, und der Gedanke, daß er ihn dichten lehrt, heißt bei mir nicht schön. Sein Lied *Phryne* zeuget von wenig Delikatesse und einer schlechten Idee von der Unschuld, die von der kleinsten Jugend an durch unser ganzes Leben ehrwürdig ist.

Die Gleichheit seines Gedichts *Die Alsterfahrt* mit einem *Die Zürcherseefahrt* läßt mich beide noch weniger rühmen, als ich ohne dieses getan hätte. Denn ich kann nicht geduldig zuhören, wenn aller Geist angewandt wird, sinnliche Ergötzungen zu erzählen; ein lärmendes und nach meinem Geschmack betäubendes Vergnügen, die Pauke, das Waldhorn, der Wein und etliche Personen von uns, die artig sind und wovon er nur das Aussehen beschreibt, macht ihn entzückt und glücklich; wie sehr betrügt er sich selbst und wie viel andere, die nicht so viel Kenntnis des Guten haben als er und durch sein Exempel so wenig gebessert werden.

Ist das *Heidelbergerfaß* ein würdiger Vorwurf vor einen Hagedorn, und was hat er vor Begriffe vom Gesellschaftlichen, V. Buch, Seite 149? Der Aufruf: *Brüder zecht, und ein Gesetz will ich euch geben, laßt nicht das Glas zu lange stehen* – Ich bin recht böse, ich muß es niederträchtig heißen.

Das Gedicht *Der Alte* ist durchgehends unwürdig, und hätte es nichts als den einzigen Ausdruck: *der Pfarrer lärmt,* so würde es allen, die ehrerbietig von der Religion und dem Amte eines Pfarrers denken, mißfallen; soll ein alter Mann, der krank ist, da man glaubt, er stirbt, von einer Zubereitung auf den Tod sagen, man lärme? Ich meines Teils bin allezeit betrübt, wenn ich alte Leute ihrer grauen Haare und ihrer Näherung der Ewigkeit so wenig würdig sehe. Ich wünsche, daß der Herr von Hagedorn selbst und alle, die dieses schlimme Gedicht lesen, keine solchen Gesinnungen haben möchten. Es scheint, daß alle Gedichte dieser Sammlung, nach dem, was dem Inhalt beigesetzt ist, von 1728 bis 1740 gemacht worden sind.

Dem Himmel sei Dank, daß eine andere Muse nicht nur Ihre feurige Jugend den besten und edelsten Gegenständen geweihet, sondern auch in allem die liebenswürdigste Abschilderung des Herzens und der Empfindungen ihres Dichters gemacht hat, der gewiß niemalen durch seine Exempel niederreißen wird, was seine Wissenschaft gebauet hat.

Gott erhalte Sie, mein ewig liebenswürdiger Freund, und schenke mir beständig die Würde zu dem Besitz Ihres Herzens.

11. Christoph Martin Wieland an Sophie Gutermann

Zürich, 22.12.1753

(. . .) Erlauben Sie mir, meine Werteste, Sie zu erinnern, daß wir uns tausendmal in dem Angesichte Gottes zugesagt haben, uns so lange zu lieben, als wir die Tugend lieben würden, und wir meinten damals, daß das so viel sei, als ewig. Sollte diese Zusage itzt ungültig sein? Sollte Ihre neue Verbindung die zärtlichste Zuneigung unserer Seelen, die sich auf die wahre Liebe des Guten und Schönen gründet, hinweg nehmen? Nein! das halte ich für unmöglich! Sie müßten aufhören, die unschuldige, großmütige, scharfsinnige und erhabene Sophie zu sein, oder ich müßte mich in das Gegenteil von dem verwandeln, wofür Sie mich einst hielten. Wenigstens kann bei mir diese ewige Freundschaft, die ich Ihnen so oft gelobte, dadurch nicht zeitlich werden, daß Sie mit einem braven Manne verheiratet sind; was hat Ihre Vermählung wider unsere Freundschaft, daß eine die andere aufheben sollte? Lassen Sie uns also denen, welche sich nach ihrer niedrigen Art zu denken einbilden, unsere Liebe höre itzt auf, ein tätliches Dementi geben, und ungeachtet wir uns, wie ich hoffe, in dieser Welt nimmer sehen werden, mit dem Herzen und durch unsere gemeinschaftliche Liebe zur Tugend und durch redliche Wünsche für unser beider Wohl vereiniget bleiben, damit wir uns in jenen seligen Gegenden wiedersehen mögen, in denen Ihre Seele sich selber und mich wiedererkennen und, wenn Engel weinen können, noch alsdann eine zärtliche Träne weinen wird, daß Sie Ihrer Bestimmung in dieser Welt unvorsichtiger Weise ausgewichen.

Es ist nichts, was mich wehmütig macht, als der Verlust solcher Hoffnungen, die vielmehr jenes als dieses Leben angehen, mit denen ich mir in der angenehmen Zeit schmeichelte, da mir die Vorsicht Ihre Bekanntschaft und Liebe gegeben hat.

Und so leben Sie denn wohl, meine Geliebte, leben Sie auf ewig wohl! Seien Sie immer so glücklich, als Sie ohne Zweifel itzt sind, ja wenn es zur Zufriedenheit Ihres Herzens gehört, so möge Ihr Gewissen Sie immer auf dem Gedanken lassen, daß ich zuerst das Band gebrochen, das uns einst verbunden hat. Leben Sie glücklich mit Ihrem künftigen Gemahl, und erlauben Sie mir, daß ich mit unveränderter Hochachtung und Freundschaft mich unterschreibe

Ihren ergebensten Freund und Diener.

Zweites Kapitel

„Immer würde,
wer mir meinen Enthusiasmus nähme,
mich gänzlich vernichten"

Briefe aus der Zeit der Ehe mit La Roche
im Kreise des Grafen von Stadion;
Mainz, Warthausen, Bönnigheim
(1753–1771)

12. Christoph Martin Wieland an Sophie La Roche

Madame,   Zürich, 30. 1. 1754

Es ist bereits sechs Wochen, daß ich den Brief erhalten habe, in welchem Sie mir Ihre Liebe abkündigten, und acht Tage vorher hatte mir Ihre liebe Mutter ein Schreiben von Ihnen an sie zugeschickt, in welchem Sie nicht nur Ihre ehemalige Verbindung mit mir auflösen, sondern auch anzeigen, daß Sie dem Herrn La Roche Ihre Hand zu geben für gut gefunden. Auf diese Nachrichten antwortete ich Ihnen acht Tage nach Empfang Ihres Briefes und schickte mein Schreiben unversiegelt an meine Eltern, damit sie es nach Lesung desselben versiegeln und Ihnen zusenden möchten. Weil ich aber aus verschiedenen Umständen glauben muß, meine Eltern haben aus ihnen bekannten guten Grunden diesen Brief zurück behalten; so erlauben Sie mir, werteste Freundin, daß ich Ihnen den Inhalt desselben kürzlich anzeige. Anfangs meldete ich Ihnen meine und meiner Freunde äußerste Bestürzung bei Lesung Ihres Briefes, zu einer Zeit, da wir nach Ihrem zehn Wochen dauernden Stillschweigen etwas ganz anderes erwarteten und die beste Hoffnung hatten, daß sich alles auf die angenehmste Art auflösen werde. Weil aber meine Liebe zu Ihnen von Anfang an bis itzt rein und uneigennützig gewesen, so bezeugte ich Ihnen meine geduldige Zufriedenheit über Ihre Veränderung, von welcher ich vermute, daß Sie sich nach reifer Überlegung, was Ihnen am zuträglichsten sei, zu derselben entschlossen haben; ich wünschte Ihnen dann von ganzem Herzen zu Ihrer neuen Verbindung Glück und versicherte Sie, daß ich nach der zärtlichen Liebe zu Ihnen, die so ganz mit meinem Herzen verwachsen ist, daß sie durch keinen Zufall aus demselben gerissen werden kann, nicht aufhören werde, wie vormals Ihre Zufriedenheit und wahres Wohlergehen vom Himmel zu erbitten. Ich kam alsdann zu dem mir sehr angelegenen Punkt, daß ich nicht einsehen könne, daß die zärtliche Verbindung unserer Seelen oder unsere Freundschaft um Ihrer Vermählung willen gebrochen werden müsse, indem eine herzliche, edle Freundschaft, welche zu gleicher Zeit mit vielen unterhalten werden kann, sich mit der ehelichen Liebe zu einem gar wohl verträgt, und ich Ursache habe zu glauben, daß ich Ihrer Freundschaft noch so würdig bin als vor einem Jahr. Ich fügte hinzu, daß die Vorstellung, die mich in dieser traurigen Veränderung am meisten beruhige, diese sei, daß ich hoffe, Sie (ob ich Sie gleich in dieser Welt nimmer zu sehen wünsche) in den Gegenden der Seligkeit wieder zu sehen, wo unsere Seelen sich wieder erkennen, und die Ihrige, wenn Engel noch weinen können, gewiß eine Träne der zärtlichen Wehmut weinen wird, daß Sie Ihrer Bestimmung in dieser Welt so unvorsichtig ausgewichen. Dieses ist ungefähr das hauptsächlichste, was ich glaubte, daß Sie in den gegenwärtigen Umständen von meinen Gesinnungen wissen müßten. Ich bekräftige dieselbe hiemit auf das nachdrücklichste und erinnere Sie an die unzähligen feierlichen Versicherungen, uns ewig zu lieben, welche nicht mehr zurückgenommen werden können, denen wir aber durch Fortsetzung unserer Freundschaft ein völliges Genüge tun können. Ihre Großmut und ungewöhnlich edle Denkart, die mir, wie ich mir schmeichle, mehr als irgend einem andern bekannt ist, läßt mich die Hoffnung fassen, daß Sie meinen Vorschlag von Fortsetzung unserer innerlichen und geistigen Verbindung und, wo es sein kann, auch unseres Briefwechsels, annehmen werden. Hierdurch könnten wir den kleinen Seelen, welche sich einbilden, daß unsere Liebe nun aufhören müsse, auf die füglichste Art ein tätliches Dementi geben; und Sie, Madame, würden von Ihrem eigenen erhabenen Herzen Beifall verdienen, wenn Sie mir diese heilige Bitte zugestehen würden, deren Gewährung ich itzt (so bescheiden sind meine Wünsche) für eine Schadloshaltung der hohen und entzückenden Hoffnungen halten werde, die ich so plötzlich, so unvermutet und auf eine so traurige Weise habe vor mir verschwinden sehen müssen.

Beiliegender Brief von Ihrer Ismene ist mir zugeschickt worden, und ich weiß nichts anders mit ihm anzufangen, als ihn an Sie zu schicken, wenn Sie gleich nimmer Doris sind. Dieses gute Mädchen, welches die zärtlichsten Gesinnungen und die ungemeinste Hochachtung gegen Sie trägt, weiß noch nichts von den letztern unerbaulichen Begebenheiten. Ich überlasse es Ihrem Herzen, Madame, ob Sie den Briefwechsel mit dieser Ihrer Zärtlichkeit gewiß würdigen Person fortsetzen wollen oder nicht; und ein Gleiches tue ich wegen Ihrer ehemaligen ungemeinen Freundschaft gegen die Jungfer Meyer, welcher der Verlust ihrer Freundin sehr nahe geht. Wie vielen vortrefflichen Herzen haben Sie wehe getan! – Doch keine Vorwürfe!

Es wird mir sehr angenehm sein, wenn Sie mich dem Herrn La Roche empfehlen und ihm versichern werden, daß ich gegen denjenigen, den Sie als Gemahl lieben, nicht anders als eine besondere Hochachtung tragen kann und daß ich ihn bitte, sich diese aufrichtige Erklärung nicht mißfallen zu lassen. Ich bin ohne Zweifel weder unbillig noch unbescheiden, wenn ich auf diesen Brief eine Antwort hoffe, und unterschreibe mich indessen mit wahrer Empfindung der Freundschaft und Ehrerbietung, Madame,

Ihren gehorsamsten und ergebensten Freund und Diener.

13. Sophie La Roche an Christoph Martin Wieland

Werter, unschätzbarer Freund –   Warthausen, 17. 2. 1754
Diesen Namen gebe ich Ihnen nicht nur, weil Sie [sich] beständig so gegen mich bewiesen haben, sondern auch, weil mein Herz diese Idee und Gesinnung beständig gegen Sie behalten wird, wann auch meine äußerliche Umstände noch so vielen Veränderlichkeiten unterworfen [wären] als bisher.

Wertester Wieland, Sie haben ein edles, großmütiges Herz, ich will gerne sagen, daß ich es beleidigt habe, daß ich Ihnen abbitte und Ihre jetzige Gesinnung gegen mich als ein freies Geschenk ansehe und Ihnen auch recht sehr davor danke; ich will Ihnen das Vergnügen beständig lassen, daß ich ganz unrecht gehabt habe, da ich doch gegen Sie in nichts als einer zu schnellen und zu heftigen Empfindlichkeit gefehlt habe. Aber es war mir alle Zeit und ist mir noch unmöglich, Argwohn zu ertragen. Die üble Situation, in der ich wegen meines Aufenthalts und Vermögens war, die Bezeugung meiner besten Freunde gegen mein Herz, das sich keiner Unbilligkeit unterwerfen kann, verursachte, daß ich nichts als meine Freiheit suchte und gewüß anfangs an keine andere Verbindung dachte, wie mir aufgetragen wird, ich suche gar keine Rechtfertigung dardurch und schreibe ohne die geringste Eigennützigkeit, sonder überlasse mich und meine Handlungen Ihrem Urteil. Ich kann auch in Wahrheit Ihnen, mein ewig werter Wieland, und mir selbsten von den letzten Monaten meines [mit] so vielen Widerwärtigkeiten durchflochtenen Lebens keine andere Abschilderung geben, als daß ich Ihre Liebe, alle schönen Hoffnungen meiner Verbindung mit Ihnen und alles Gute, so Sie und Ihre verehrungswürdige Freunde jemals vor mich gedacht haben, als ein schönes Gebäu in einer Wildnus ansehen [mußte], worin mein Herz so gut und unschuldig lebte, als ihm möglich war, aber weder sich noch seiner Wohnung einigen Schutz geben könnte. Weder wider diejenigen, die mir alles Gute zu rauben suchten, noch wider die äußerliche, empfindliche Anfälle, welche durch ihre Dauer und Heftigkeit endlich alles fallen machten, wo dann mein ganzer Gemütscharakter und alles, was ich sonst gewesen bin, unter dem Schutt verborgen wurde. Da nun alles glaubte, ich hätte wie Simson die Hauptsäule selbsten gebrochen, so wurde das zerstörte Wohnhaus meines Glücks von allen ohne Liebe und Mitleiden angesehen, bis endlich der edelmütige und liebreiche La Roche den Ruin an sich kaufte und glaubte, an meinem darunter begrabenen Herzen einen Schatz, der ihn ganz glücklich machen könnte, zu finden.

Die übrige Gedanken und Betrachtungen über mich und das Schicksal meines vergangenen Lebens und über die Werkzeuge und Ursachen darvon werde ich beständig verborgen halten; ich habe Gelassenheit und still Leiden und Schweigen gelernt und darf bei Prüfung meines Lebens und meiner selbsten mich ganz gewüß, da ich meinem Schöpfer am besten bekannt bin, mich auf seine Vorsorge, so lang ich lebe, und auf meinen Tod freuen.

Unser durch seine Eigenschaften und Verdienste mehr als durch seine Geburt großer Graf bezeugt mir in allem wahrhaft edle und gütige Vatersgesinnungen; seine würdige Kinder lieben mich und mein Vergnügen; mehr Liebe und Hochachtung und ein besseres Herz kann man von keinem Ehegatten begehren, als ich besitze. Meine Unterhaltung und Vergnügen ist unser Warthausen an sich selbst, das Lesen der besten Bücher, welches ich vormittags in meinem Haus, abends bei dem Grafen und seiner Familie, zwei Söhnen und zwei Töchtern, wechselweise mit meinem La Roche verrichte, und der Umgang meines eigenen Herzens.

Hier gibt mir der gewüß redliche La Roche einen Brief an Sie, woraus Sie selbsten von ihm urteilen können; daß Sie von uns beiden geliebt und bedaurt sind, das ist gewüß. Glauben Sie nur auch, daß die wahre Gesinnungen, die mein Herz jemals gehabt und haben solle, unveränderlich sind; wollen Sie mir Ihre Liebe und Freundschaft und Briefwechsel erhalten, so solle mir beides immer teur und angenehm sein.

Meine geliebte Meyerin umarme ich herzlich mit der zärtlichsten und traurigsten Bewegung; sie soll mich weder hassen, noch zu streng beurteilen, ich verdiene keines. Sie und Ihre würdige Freunde sehe ich gleichsam mit tiefem Stillschweigen, nach Ihnen aber den Himmel als den treuesten Zeugen meiner Empfindungen an und suche mein durch das Rückdenken aller Begebenheiten meines Lebens beruhigtes Gemüt in meiner Unschuld, in Betrachtung der Tugend, und nach einem meiner ehmaligen Wünsche der ganzen Welt vor jetzo verborgen und in der redlichen und gütigen Liebe meines La Roche zu beruhigen. Der Ismene habe nach meinem Herzen geschrieben und danke Ihnen für Ihr eigenes Schreiben und für den Brief meiner Freundin; ich werde sie auf meiner Mainzer Reise in Bönnigheim, da Heilbronn nur drei Stund darvon ist, zu sprechen suchen.

Adieu, ein herzliches Adieu! Die treue Vorsicht lasse Sie und Ihre Freunde alles Vergnügen genießen, so Ihnen meine ganze Seele wünscht. Ich bin mit ewiger und redlicher Hochachtung und der reinesten Zärtlichkeit, wertester, unschätzbarer Wieland, Ihre Freundin und Dienerin   Sophie La Roche.

14. Christoph Martin Wieland an Sophie La Roche

Werteste Freundin,   Zürich, 20. 3. 1754
Das Wichtigste, was ich aus Ihrem Schreiben ersehe, ist, daß Sie glücklich sind und an dem edelmütigen La Roche einen Gemahl gefunden haben, der Ihren Wert einsehen und auch belohnen kann, wenn anders *belohnen* in dieser Welt nicht zuviel ist. Ich bin hierüber so zufrieden, als ich für meine eigene Ruhe immer wünschen kann. Von der ersten Minute an, da ich Sie liebte, bis itzt, hätte ich allemal Ihre Glückseligkeit mit der meinigen, wenn ich hätte wählen müssen, mit Freuden erkauft; itzo sehe ich Sie glücklich, ohne selbst unglücklich zu sein, und alles, was dabei wider meine ehemalige Wünsche ist – Doch ich will gar nichts mehr hiervon schreiben, auch nichts von der kleinen Rechtfertigung Ihres Bezeugens gegen mich. Ich bin ungemein erfreut, wenn Sie sich selbst hierüber genugtun können; doch erlauben Sie mir, mit meiner alten Freimütigkeit zu sagen: Sie sollten *lernen*, sich, wenn es nötig ist, Unbilligkeiten zu unterwerfen, wovon Sie schreiben, daß Sie es nicht können. Die größten und besten Menschen haben sich

von uralten Zeiten her müssen gefallen lassen, sich zuweilen Unbilligkeiten zu unterwerfen, und wenn man das nicht will, so muß man nur in eine andre Welt gehen. Menschen von unserer Art, welche von der Unschuld und Heiligkeit eines Erzengels so weit entfernt sind als ihre Thronen von unserm Staub, solche Menschen täten wohl, wenn sie Geduld und Demut lernten; denn es geziemt denen, welche sich mit reinem Gewissen von aller Unbilligkeit gegen andere nicht freisprechen können (welcher Mensch kann das?), auch von andern Unbilligkeiten ertragen zu können. Ich will nicht einmal davon sagen, daß unser wertes Selbst insgemein sehr fertig ist, alle Schuld auf andre abzuwälzen, ihre Vergehungen gegen uns bis zu Gebürgen zu vergrößern, und hingegen unsre eigenen Handlungen immer im schönsten Licht zu betrachten. – Ich weiß nicht, wie weit sich diese Gedanken für Sie schikken, weil ich in der Tat nur sehr unvollkommen von den Zufällen unterrichtet bin, durch welche ich meine Sophie verloren habe; ich schreibe auch dieses gar nicht, um Sie anzuklagen, sondern nur, meinem Herzen genugzutun, welches gewohnt war, Ihnen ganz frei zu sagen, wenn mir dieses oder jenes in Ihren angenehmen Briefen mißfiel.

Ihre Allegorie, das schöne Gebäude in der Wildnis, hat mir wegen seiner artigen Erfindung und Ausbildung sehr wohl gefallen. Ich wünsche und hoffe, daß aus dem Ruin, von dem Sie reden, ein weit schöneres, dauerhafteres und nicht so einsiedlerisches Gebäude hervorsteige; meine eigenen süßen Träume möchte ich wohl mit einem Zauberschloß vergleichen, welches auf den Wink einer mächtigen Fee plötzlich aus der Erde hervorkommt, aber ehe sich's der gute Ritter Don Fulgoran, oder wie er sonst heißt, versehen konnte, wieder in Luft zerfließt. Es scheint in der Tat, die Vorsehung habe ein gar zu großes irdisches Vergnügen für mich nicht dienlich befunden und mich von selbstgemachten, eigennützigen Systemen eines glücklichen Lebens abgewöhnen wollen. Indessen ist doch meine Liebe etwas sehr Reelles gewesen, und ich bleibe Ihnen für alles Gute und Schöne, das ich derselben zu danken habe, ewig verbunden.

Die Art, wie Sie in Ihrem Schreiben sich Ihrer Freunde in Zürich erinnern, rührt mich sehr und gibt mir viel zu denken. Liebste Sophie, lassen Sie mich noch einmal offenherzig mit Ihnen reden! Erinnern Sie sich an die Zeiten, da Sie gewiß waren, daß ich Sie, und vielleicht allein, kenne. – – Glauben Sie gewiß, daß ich noch eben diese Sophie in Ihnen sehe, die ich vor etlichen Jahren bewundernd geliebt. – Seien Sie versichert, daß ich Ihre zärtliche, erhabene Seele ewig lieben werde. – Erinnern Sie sich auch, ich bitte Sie, daß ich den Besitz Ihres Herzens (nicht Ihrer Person) und seine Sympathien mit dem meinigen für meine süßeste Glückseligkeit hielt – und urteilen Sie nun, ob ich ohne Wehmut gedenken kann, daß diese Sympathie nur ein Traum meiner Liebe gewesen. Nein, ich darf und will es nicht glauben, ich will mich immer mit der werten Hoffnung ermuntern, daß eine andere Welt mir Gerechtigkeit widerfahren lassen werde.

> Dort trennt kein Schicksal mehr die Seelen,
> Die du einander, Natur, bestimmtest!

Ich habe noch Ihr Porträt, ein wertes Hülfsmittel meiner Einbildungskraft, um meinem Herzen, in Erneuerung Ihres geliebten Bildes beizustehen. Da ich aber itzt kein vorzügliches Recht vor Ihren übrigen Freunden daran habe, so erwarte ich von Ihnen und von Herrn La Roche, wie Sie darüber disponieren wollen. Gefällt es Ihnen, es mir zu lassen, so werde ich es als ein ganz neues Geschenk mit Erkenntlichkeit annehmen. Und nun leben Sie wohl, teure Freundin, und genießen Sie aller der Güte des Himmels und der wahren Glückseligkeit, die auch ich für Sie zu erbitten niemals aufhören werde.

15. Christoph Martin Wieland an Sophie La Roche

Meine teuerste Base,   Zürich, 28.9.1757

Ich weiß kaum, ob ich wache, oder ob mich nur ein angenehmer Traum täuscht. Schreibe ich würklich an Sie, sind Sie würklich wieder näher bei mir, und werde ich würklich eine Antwort von Ihrer liebsten Hand erhalten? Wieviel unerwartete Glückseligkeit! Mein Herz danket Ihnen mit allen seinen Empfindungen für die neue Probe, die Sie mir durch die Erlaubnis, Ihnen zu schreiben, von Ihrem gütigen Andenken geben. Aber damit diese großmütige Tat vollkommen sei, werden Sie mir erlauben, Ihnen diesesmal mehr aus meinem Herzen zu schreiben, als ich seit einem gewissen Zeitpunkt jemals getan habe – Sie wissen, daß mir alles das, was man unter der moralischen Delikatesse begreift, nicht unbekannt noch fremd ist. Aber ich glaube nicht, wider diese Delikatesse zu handeln, wenn ich Ihnen schon, ungeachtet der vorgefallenen Änderungen, sage, daß ich Sie noch eben so liebe und, so lang ich lebe, eben so lieben werde, wie ich Sie seit dem 20. August 1750 geliebt habe. Eine Zärtlichkeit, in der gar nichts Fanatisches war, hielt mich zurück, Ihnen in den wenigen Briefen, die ich seit mehr als drei Jahren an Sie schreiben konnte, alles zu sagen, was ich empfand. Ich fürchtete, Sie dadurch eben so sehr zu rühren, als ich selbst gerührt war, und wozu hätte dieses dienen können? Itzt hat sich in etlichen Jahren vieles geändert. Ohne Zweifel können wir itzt beide an einander denken, ohne eine Wehmut zu empfinden, die uns allzustark und auf lange quälen könnte. Bei Ihnen mußte das viel leichter zugehen als bei mir; aber auch bei mir ist es möglich gewesen. Auch die Zeit hat das ihrige dazu beigetragen; doch erwarte ich nicht gerne von der Zeit, was die Vernunft viel schneller und anständiger tun kann. Ich kann itzt an Sie denken, von Ihnen reden, Ihr Bild betrachten, die süßesten Stunden unsrer Liebe zurückrufen – und alles das, ohne eine andere als eine vorübergehende Empfindung von Wehmut, in der mehr Zärtlichkeit als Schmerz ist. Selten vermisse ich Sie so stark, daß mir bang davon wird; es begegnet zwar zuweilen, aber das ist nur eine zufällige Unpäßlichkeit, die der dauerhaftern Gesundheit meiner Seele nichts anhaben kann. Ihr Verlust hat mir eine Art von stoischer Indifferenz gegen Widerwärtigkeiten gegeben. Ich habe indessen einige wenige Personen von Ihrem Geschlecht gefunden, die ich sehr liebe, aber keine, wie ich Sie geliebt habe, und keine, die so viele, so manchfaltige und so eminente Vollkommenheiten und Reizungen hätte wie Sie. Nur eine einzige von diesen Personen hat in meinen Augen etwas Engelähnliches, wie Sie für mich haben, aber nicht in dem Grade. Sie ist mir deswegen die liebste, aber nach Ihnen.

Ich bin so glücklich gewesen, hier und in Winterthur einige Freunde zu finden, die mein ganzes Herz haben. Es sind Leute von der liebenswürdigsten Gemütsart und von nicht gewöhnlichen Qualitäten. Die wenigen Damen unter dieser freundschaftlichen Schar sind alle schon über 40 Jahre und mir um dessentwillen lieber. (Sie können nicht glauben, wie sehr mir nach *Ihrem* Verlust die jungen Mädchen gleichgültig sind.) Ich finde zuweilen ein großes Belieben, mit meinen Vertrautesten von Ihnen zu reden und ihnen unsere Geschichte zu erzählen, mit der ich schon bei manchen Tränen hervorlockte. Ihr Bild hat Ihnen schon viele Liebhaber und meine Erzählung von Ihrem Charakter viele Verehrer zuwege gebracht. Mich bewundert man als einen Helden, weil ich geduldig leide, was ich nicht ändern kann, als was ich, wenn es von mir abhinge, alle Augenblicke ändern würde. Jedermann hält es für seine Pflicht, Sie, wie ich tue, unaufhörlich zu lieben, und dieser Pflicht folgt mein Herz sehr willig. Ihr Bild fällt mir allemal ein, wenn ich an irgendeine weibliche Vollkommenheit denke, und noch itzt, wenn ich einen Engel in der Gestalt einer Grazie malen will, wird das Bild unvermerkt und ohne meine ausdrückliche Absicht das Ihrige – Ninon sagt, man könne einer Person keine ewige Liebe versprechen. Mir dünkt es so natürlich, daß ich Sie immer lieben, als daß ich, so lang ich lebe, immer Atem holen werde. Es scheint mir auch, wenn ich ganz gelassen und mit heitrer Vernunft alle Ihre Vorzüge und Liebenswürdigkeiten überdenke, ganz unwahrscheinlich, daß ich jemals eine Person finden werde, welche mich mehr einnehmen und bezaubern könnte als Sie, die sich eben so gut schickte, meine Freundin, meine Gesellschafterin und meine Geliebte zu sein wie Sie, und die so ganz und gar nach meinem Herzen und Geschmack wäre wie Sie. Sie werden also allem Ansehen nach immer den ersten Platz unter allen geliebten Gegenständen meiner Seele behalten, und da die verflossenen vier Jahre Sie nicht von dieser Oberstelle verdrängen konnten, was könnte im Stand sein, es künftig zu tun? Ich gestehe Ihnen, daß mir mein Schicksal zuweilen wunderlich vorkommt und daß es mich schmerzt, daß ich zu derjenigen Art von Glückseligkeit, die für mich die meisten Reizungen hat, gar nicht gemacht zu sein scheine. Was ist aber zu machen? Ich finde eine Art von Beruhigung darin, daß ich Sie um Ihrer selbst willen unveränderlich liebe; ich genieße immer noch das Anschauen aller Ihrer Vortrefflichkeiten, obgleich nur in der Einbildung, und so bin ich Ihrer nicht ganz beraubt.

Das sind nun sehr freie Liebesdeklarationen an eine vermählte Dame. Mich dünkt aber, sie seien in dem seltsamen und fast uniken Fall, worin ich mich befinde, nicht nur zu entschuldigen, sondern keiner Entschuldigung benötigt. Man kann nicht aufhören, Sie zu lieben, wenn man Sie einmal geliebt hat wie ich. Ich sehe auch nicht, warum es nötig wäre, oder was derjenige, der sich selbst etwas lange nicht so Billiges erlaubt hat, mit Recht dagegen einwenden könnte. Ich mache aber hiemit keinen Vorwurf gegen einen gewissen Herren. Wenn er sich bemüht, Sie glücklich zu machen, so verdient er meine Dankbarkeit. Aber in Absicht seines Betragens gegen mich schauet meine Seele sehr tief auf ihn hinab. Ich verschmähete jeden Atemzug, wenn ich fähig wäre, unedel zu handeln. Vergeben Sie mir, meine geliebte Base, mein Herz befahl mir, auch dieses zu sagen, und ich will Ihnen gerne *à mon tour* verzeihen, wenn Sie auf mich deswegen böse werden.

Ich zweifle nicht, Sie werden so gütig sein und auch von meinen äußerlichen Umständen einige Nachricht verlangen. Ich kann Ihnen davon nichts weiters schreiben, als daß ich hier überhaupt in einer sehr glücklichen Situation lebe und daß ich kaum glücklicher zu sein wünschen könnte, wenn ich nicht oft genug durch den Gedanken geplaget würde, daß ich, immer zu bald für meine Ruhe, von den besten Freunden werde scheiden müssen. Ich möchte wohl gerne unendlich viel mit Ihnen schwatzen. Aber wenn ich Sie auch sehen könnte, so dürfte ich's, ungeachtet meiner oben gemachten Rodomontaden, keineswegs wagen. Ich zweifle, ob ich ohne gänzliche Erschöpfung oder Zerrüttung meiner ohnehin schwächlichen Gesundheit nur eine Stunde Ihnen gegenüber sitzen könnte. Wer hätte das vor fünf Jahren gedacht! Und was kann Wunderlichers sein, als den Anblick derjenigen, die man am meisten liebt, am meisten fliehen müssen? So will es mein Schicksal! Man hat Exempel, daß Freude oder Schmerz, jedes allein, Leute plötzlich getötet haben. Ich glaube nicht, daß ich im Stand wäre, den Kampf zwischen Entzückung und hoffnungsloser Traurigkeit zu überstehen, den Ihr allzu liebenswürdiger Anblick in meiner Seele erregen würde.

Ich habe nun genug von mir geschwatzt. Erlauben Sie mir itzt, meine — ich finde keinen Namen für Sie, da ich diejenigen nicht schreiben darf, womit Sie mein Herz benennet – Erlauben Sie mir, Sie zu befragen, wie Sie sich befinden, wie glücklich Sie leben und wie viel oder wenig Ihre äußern Umstände Ihrem vortrefflichen Herzen erlauben, nach seiner eignen Art glücklich zu sein? Sie würden mich unendlich verpflichten, wenn Sie mir bis zur Schwatzhaftigkeit von Ihrem bisherigen Leben Nachricht geben würden. Tun Sie es doch, meine Sophie! Ein Brief, alle zwei oder drei Jahre ein Brief ist ja alles, was mir von Ihnen übrig geblieben ist!

Ich kann Ihnen nicht genug sagen, wie sehr es mich zuweilen

geschmerzt, daß uns aller Briefwechsel abgeschnitten worden, ob es mich gleich noch mehr geschmerzt hätte, wenn ich Ursache gehabt hätte, Ihrer Gleichgültigkeit gegen mich die Schuld davon zu geben. Ich will aber nichts weiter davon sagen, damit ich nicht der Versuchung unterliege, auf jemand zu schmälen.

Meine Freunde fragten von Zeit zu Zeit nach Ihnen, und wir waren vielmals nicht wenig bekümmert für Sie aus Besorgnis, der Ort Ihres Aufenthalts möchte an dem itzigen Krieg einen verdrieß-lichen Anteil nehmen müssen. Wir konnten nicht anders, als Sie sehr bedauern, daß Sie sonderlich bei den itzigen Zeitumständen in einer papistischen Stadt leben müßten und genötiget werden, alle Tage Proben eines wilden Religionseifers und pöbelhaften Hasses gegen den größten der Könige zu hören oder zu sehen, und so wei-ter. Vielleicht haben wir uns vieles schlimmer vorgestellt, als es war, und dagegen viel Angenehmes und Gutes nicht gewußt, wodurch Ihnen jene Bitterkeiten sind versüßt worden. An Ihrer Gesundheit, meine liebste Base, ist mir am meisten gelegen. Sor-gen Sie, auch um meinetwillen, so viel, als nur möglich ist, für die-selbe.

Von Ihrer Korrespondenz mit dem Abt von Paris, dessen Namen ich wieder vergessen habe, möchte ich gerne etwas sehen, wenn's möglich wäre. Sie haben mir einmal Hoffnung dazu gemacht.

Ich wünsche, daß wir beide unser 50. Jahr erleben mögen. Viel-leicht können wir alsdann an einem Ort leben, und dann wird weder meine eigene Passion, noch die *Jalousie* eines andern mir ver-bieten, Ihrer angenehmsten Konversation wieder zu genießen, deren Beraubung mir schmerzlicher ist als der Verlust des Besitzes einer Person, die in meinen Augen immer die angenehmste, hold-seligste und liebenswürdigste ihres Geschlechts bleiben wird.

Es ist Zeit, daß ich Sie von einem ziemlich unbescheidnen Korre-spondenten befreie. *Leben Sie wohl.* Mein Herz ist allezeit mit seinen heißesten Wünschen und mit seinen zärtlichsten Empfindungen bei Ihnen. Vergessen Sie nicht gänzlich Ihren ergebensten und getreuen Freund und Diener   Wieland.

16. Christoph Martin Wieland an Sophie La Roche

Biberach, 25. 10. 1760

So einzigartig das auch scheinen mag, es ist nichtsdestoweniger gewiß, Madame, daß der Hauptgrund für mein wenig verbindliches Schweigen das Bedürfnis nach Ihrer Gegenwart ist. Schon lange hat mich jener Furor der Schwatzhaftigkeit, den Sie einst an mir kannten, verlassen; die gewöhnliche Sprache der Sterblichen scheint mir die Wahrheit meiner Ideen zu verdunkeln und die Kraft meiner Gefühle zu schwächen; lieber schweige ich, als mich schlecht auszudrücken. Es gibt noch einen anderen Grund, durch den ich mich abgehalten fühle, Ihnen zu schreiben. Ich habe nämlich während dieser acht Jahre, die wir nun getrennt sind, so viele Veränderungen durchgemacht, daß wir einen Umgang von vielleicht mehreren Monaten nötig hätten, daß Sie mich wieder kennen würden oder vielmehr daß Sie sich ein wahres und deutliches Bild von meinem Charakter machen könnten. Briefe gäben Ihnen nur einige unzusammenhängende und ungeordnete Züge, die noch dazu durch das trügerische Kolorit verschiedener Stimmungen entstellt sind, die aus meiner gegenwärtigen unzuträglichen Lage entstehen; sie würden nur dazu dienen, Ihnen eine mißverständliche und irreführende Vorstellung von Ihrem alten Freund zu geben, dessen Identität Sie beim persönlichen Umgang unschwer erkennen würden, trotz der wirklichen und scheinbaren Veränderungen, denen er während einer so beträchtlichen Zeit unterworfen war. Ich stelle mir vor, daß Sie, meine liebe Schwester, sich in dem selben Fall befinden, und das läßt mich, vereint mit dem Bedürfnis nach Umgang mit jemandem, der fähig ist, mich zu verstehen, mit Ungeduld den Augenblick herbeiwünschen, in dem wir uns wieder sehen werden, obwohl ich, die Wahrheit zu sagen, nicht umhin kann, ihn zugleich zu fürchten. Für die Ruhe meiner Seele wünsche ich, daß Sie einigermaßen häßlich geworden sind, denn ich muß Ihnen gestehen, ich bin kein solcher waschechter Platoniker, daß ich die berühmte Versuchung des Herrn Saint Jacques d'Arbrissel bestehen würde; ich bin ein großer Anhänger der Sinne, und zumindest, wenn eine Frau meine Sinne nicht durch ihr kümmerliches Äußeres niederschlägt, hätte sie auch einen Geist wie ein Engel, wird sie mich nie zu der Überzeugung bringen, daß sie einen ätherischen Körper hat, und wird mich zu ganz anderen

Gefühlen inspirieren als eine Entelechie des Aristoteles. Fügen Sie zu dieser schönen Veranlagung noch die Kraft der Erinnerung und die Magie der poetischen Imagination hinzu, so werden Sie im Stande sein, sich selbst zu sagen, ob meine Befürchtungen gegründet sind. Vertrauen Sie meiner Philosophie nicht zu sehr; ich kenne mich und weiß, wie es damit steht; ich schwöre Ihnen, daß alle Philosophie der Welt nichts vermag gegen die Beredsamkeit eines Korallenmundes und eines Alabasterhalses. Ich erkläre Ihnen also, meine liebe angebliche Schwester, daß meine ganze Sicherheit in Ihrer Weisheit besteht und daß Sie allein für unsere gemeinsame Tugend aufkommen müssen. Es ist Ihre Angelegenheit, und wenn der Erfolg nicht den Erwartungen entspricht, wasche ich mir die Hände in Unschuld. Lachen Sie, soviel es Ihnen gefällt, ich errate alles, was Sie mir sagen wollen; ich erweise Ihrem Charakter die schuldige Gerechtigkeit, und ich bin nicht weniger überzeugt davon, daß es mit der Gefahr, von der ich gesprochen habe, ganz auf Gegenseitigkeit beruhen könnte. Es ist wahr, ich habe hinsichtlich meiner Gestalt keine Ansprüche anzumelden, ich sehe den Papefiguiers des La Fontaine ähnlich, ich bin kein Stutzer und habe keinen guten Ton; der gewöhnliche Ton meiner Seele ist der der Langeweile und Misanthropie, ich bin selten guter Laune, mein Geist liegt im Widerstreit mit fast allen Dingen unter dem Mond, und abgesehen von allem Respekt, den ich Ihnen schuldig bin, habe ich ein fühlsames Herz, und trotz so vieler Fehler behaupte ich, daß eine Frau von Geist bei mir ein bißchen in Gefahr geraten könnte, wenn sie nur das Unglück hat, ein zärtliches Herz zu besitzen. Ich überlasse Ihnen also die Sorge, daraus die Konsequenzen zu ziehen; ich habe meine Pflicht getan, ich habe Sie gewarnt; ich wollte Sie nicht darüber im unklaren lassen, daß meine gegenwärtige Tugend nicht mehr das ist, was sie mit 18 war, und daß Damen wie Sie vor mir nicht mehr so sicher sind, wie sie es früher einmal waren. Sprechen wir von etwas anderem. Ich nehme mit einigem Grund an, daß Sie es satt haben, Ihren alten Platoniker im Ton eines Schülers der Ninon reden zu hören. Ihre Frau Schwester, um deren Gesundheit Sie so sehr und mit so viel Grund besorgt sind, hat sich gerade von einem ziemlich gefährlichen katarrhalischen Fieber erholt und ist, wenn ich mich dieses Wortes bedienen kann, in ihrem gewöhnlichen Zustand der Langeweile wiederhergestellt. Wollte Gott, daß Sie hier wären; sie hat ein sehr starkes Bedürfnis nach einer schwesterlichen Freundin. Sie wissen, daß ihre Gesundheit durch die Ärzte nicht wiederhergestellt werden kann. – Ihr Bruder ist angekommen; ich wäre erfreut, wenn ich alles für ihn tun könnte, was meine Umstände gestatten; aber das ist ein Teil meiner Leiden, daß ich nicht immer der Neigung meines Herzens folgen kann. *Farewell, my dear sister, and be assured, notwithstanding all I have said in a way of plaisantry, that all the charms of Venus and her graces, concentrated in your person, would not be able to overpower in my heart the superior beauty of matronal virtue nor the sentiments of respect and sacred friendship with whom I am your most humble obliged servant* W.

17. Sophie La Roche an Christoph Martin Wieland

Mainz, 10. 11. 1760

Welch einen Brief haben Sie mir geschrieben, mein Bruder. Ohne das Englische am Schluß hätte ich niemals geglaubt, daß Sie ihn geschrieben haben. Sie sind also überzeugt, daß es Augenblicke gibt, in denen einen die Philosophie verläßt, sich in Wolken auflöst, um uns in aller Bequemlichkeit einen kleinen irdischen, ganz und gar materiellen Ausflug machen zu lassen; und Sie sprechen sogar in einem natürlichen Ton davon. Ich bin mit dieser Entdeckung zufrieden, ja ich freue mich darüber; ich bin sogar mehr entzückt darüber, als Sie vielleicht denken. Ich werde Sie öfter sehen, denn ich zweifle nicht daran, daß Sie diese hübsche Laune, in der Sie mir diesen Brief geschrieben haben, von Zeit zu Zeit wieder packt, und in diesen Momenten werden Sie den Geist von Warthausen lieben. Man wird es wagen, Sie zu uns zu bitten, hierher, wo man Sie schätzt und wo man nur Ihre Ernsthaftigkeit fürchtete, aber darüber werden wir im Monat März ausführlicher reden. Ich will Ihnen unterdessen sagen, daß Sie von meiner Figur nichts zu befürchten haben; sie ist einigermaßen häßlich, und Sie brauchen nur noch einen Schwamm zu nehmen, um mein Porträt auszuwischen. Angenommen, Sie haben es überhaupt noch. Denn acht Jahre, fünf Wochenbetten und mindestens ein Dutzend quälende Kümmernisse genügen, um auch die am besten gestalteten Züge unkenntlich zu machen, und die meinen waren das niemals, demzufolge waren sie auch leichter zu entstellen. Schließlich werde ich das Vergnügen haben, Ihnen von dieser Seite nicht das geringste Bedauern einzuflößen und auch nicht die kleinste Unruhe, und wir werden sehen, wie wir über den Rest einig werden. Ich fühle mich sehr mutig, seit Sie mir sagen, daß Sie zuweilen den anderen Sterblichen ähneln, denn ich weiß aus meinem Ovid, daß die schönen Damen schon damals viel besser den Männern zu widerstehen wußten als ihren Halbgöttern, wo Verehrung und Eitelkeit schon den Weg halbiert hatten, und ich weiß aus meiner heutigen Zeit, daß, wenn sich die Eigenliebe nicht einmischt, ihr Herren nicht so leichtes Spiel habt. Und dann habe ich Hofluft geatmet, ich weiß mich zu verstellen, ich weiß mir Zwang anzutun, ich habe einen kleinen Stich zu Schikanen, Intrigen und Finessen, und ich hoffe, von alle dem einen ziemlich guten Gebrauch gegen Sie zu machen. Fahren Sie fort, mir diesen Winter noch zu schreiben, Sie werden mich dadurch sehr verbinden, denn ich bin ganz allein, gehe kaum aus. Beginnen wir nur immer unsere Unterhaltungen bis dahin, um so den gefährlichen Schlägen schon im voraus zu parieren, die wir uns beibringen könnten. Adieu. Lassen Sie diesen Brief allein meiner Schwester geben. Nächstens mehr; die Post will abgehen.

Sophie La Roche

18. Christoph Martin Wieland an Sophie La Roche

[Biberach, Sommer 1764]
Seit elf oder zwölf Jahren, meine Freundin, erinnere ich mich nicht mehr, solche Träume gehabt zu haben, in denen mir Ihr Bild etwas bedeutet hätte, wie seit 15 Tagen. Zum ersten habe ich Ihnen gesagt – das konnte Ihnen gewiß nicht mißfallen – Träume sind vielleicht Prüfsteine für unsere Gefühle, die man gegenüber einer Person von Ihrem Geschlecht hegt. Wenn das zutrifft, sind die meinen für meine liebe S[ophie] sehr schön und ihrer sehr würdig. Ich kann nicht umhin, zu Ihnen noch von dem zu sprechen, was ich diesen Morgen tat, nach einer Schlaflosigkeit von mehreren Stunden, in denen ich wohlgemerkt überhaupt nicht an Sie gedacht habe. Ich gestehe Ihnen, daß meine Seele davon noch ganz in Extase ist. Gewiß muß sich unser guter Freund, der Genius, darein gemischt haben, der arme, ehrliche Kerl, dessen Sein oder Nichtsein an unsere Liebe geknüpft ist; er hatte recht, sich seinem Ende nahe zu fühlen, er siechte dahin, er zehrte sich auf, aber er sieht (möge es Gott nicht gefallen, daß mir diese liebe Hoffnung zu sehr schmeichelt), er sieht, daß ein Gefühl wie das, welches unsere Seelen ver-

band, nur mit ihrer Existenz selbst aufhören kann; er hat seine Lebensgeister wiedergewonnen, seine Schönheit, sein jugendliches Aussehen; die Wiederherstellung seiner natürlichen Form hat ihn froh gemacht und das Glück wohltätig. Von einem zärtlichen Mitleiden angeregt, als er Ihren Freund sah, verzichtet er für immer auf die trügerische Hoffnung, anders Ruhe für sein Herz finden zu können als in dem einzigen Herz auf der Welt, das für ihn geschaffen wurde; er sucht, seinen Verdruß und seine Sorgen wenigstens auf Augenblicke aufzuheitern und ihn schadlos zu halten durch Illusionen (die er allen Vergnügungen der Götter selbst vorzieht) der Beraubung seines Glücks – Doch was sage ich – O vergeben Sie, angebetete Freundin, ganz würdig, es zu sein, daß ich durch den Namen Illusionen das Bild entweihe und dieses göttliche Gefühl, das von dir auf dem Grund meiner Seele zurückgeblieben ist – Und Sie, Seele meiner Seele, Sie hätten es verloren? – Nein, dieser Traum, dieser liebe, unschätzbare Traum, dieser Traum, den ich mit meinem Leben nicht zu teuer bezahlt hätte, versichert mich, ist mir ein fester Garant, daß Sie niemals aufhören werden, S[ophie] für mich zu sein. – Sagen Sie nicht, daß ich mir Illusionen mache, oder lassen Sie mich aus Mitleid im selben Augenblick noch sterben. – Mehr als süße Erinnerung, bleibe bei mir, höre nie auf, dich auf dem Grunde meines Herzens fühlbar zu machen, sei meine letzte Vorstellung in der Stunde meines Todes, mein letztes Gefühl, letzte Regung meines Herzens – und ich werde, ja, dem Schicksal, der Fortuna zum Trotz glücklich sein. Ist es möglich, daß ein Traum meiner Seele alle Fühlbarkeit wiedergeben kann, den ganzen Enthusiasmus, den sie seit so vielen Jahren verloren hatte? – O! diese Frage würden Sie nicht stellen, wenn ich fähig wäre, Ihnen zu schildern, in welchem Zustand meine Seele war – Ich wiederhole es, es ist unmöglich, daß das ein Werk der Einbildungskraft war. Die Einbildungskraft geht nicht so weit, das Bild meiner S[ophie] und das der würdigsten aller Frauen, der besten aller Mütter, zu kombinieren, ja in ein einziges zusammenzugießen, um so der Menschheit Ehre zu machen. Sie geht nicht von ihrer eigenen Bewegung, die blind und mechanischen Triebkräften unterworfen ist, über zu dieser fast göttlichen Vollkommenheit, in welcher ich Sie gesehen habe, nicht zu dieser – ich sage nicht zuviel – englischen Reinheit aller Gefühle, zu der sie mich inspiriert hat. Ich werde Ihnen nicht mehr davon sagen, mir fehlen die Worte, und außerdem muß ich auch noch etwas für ein andermal aufheben. – Aber sagen Sie mir, kann es sein, daß Sie dieser Brief in einem Augenblick trifft, in dem Sie sich so wenig an Ihr *true self* erinnern, daß Sie glauben, ich schweifte aus? Nein, ich will es nicht hoffen; dieser Gedanke ist zu betrüblich für mein Herz. Ich habe Sie gesehen, ja, ich habe Sie gesehen, wie Sie in Wahrheit sind, von allen Schleiern entkleidet, welche die Umstände um die Seele meiner S[ophie] geworfen haben. Es ist eine wohltätige Gottheit, die Sie mir gezeigt hat, sie wollte mich nicht täuschen. Aber wenn sie mich nicht getäuscht hat, o sagen Sie es mir – nein, sagen Sie mir nichts, Sie könnten es nicht in dieser Sprache, oder unsere Seelen hätten sich in meinem Traum miteinander durch einen Blick verständigt, durch einen dieser Blicke, die das Licht des Himmels und die Seligkeit in meine Seele trugen – und ich muß Ihnen erst noch beweisen, daß ich einen solchen Augenblick verdiene. O lieber Freund! Neide mir nicht das Glück, in der Seele meiner S[ophie] einen Platz zu haben, der nur mir zukommen kann. Nein, du wirst eine solche Liebe nicht verstehen, wie ich sie zu ihr habe und immer gehabt habe. Sie sah einer gewöhnlichen und irdischen Liebe nie ähnlich. Zu der Zeit, wo sie dich noch nicht kannte, wo sie mir gehörte, mir – o! großer Gott, was für ein Gefühl war das – du allein weißt es – in dieser glücklichen Zeit war es ihre Seele, diese Seele ohne gleichen, die ich liebte und verehrte. Ich habe davon unbezweifelbare Beweise gegeben – nein, Intelligenzen können nicht mit größerer Reinheit lieben, nicht mit mehr Keuschheit, die sich bis auf meine Gedanken erstreckt, bis auf meine Träume, und die vielleicht nur für sie allein war und ist. Ich rufe Sie zum Zeugen auf, S[ophie], Sie wissen es, und ich bin sicher, daß Sie sich selbst in Ihrem letzten Augenblick nicht anders an die zärtlichsten, süßesten Augenblicke der Liebe unserer Jugend erinnern werden als mit Zufriedenheit. Lassen Sie mich also meine Gefühle genießen und die lebhafte Überzeugung, daß der Gott unserer Liebe mir soeben in diesem Traum, der mein Glück macht, die Überzeugung gegeben hat, daß Ihnen kein Unrecht geschah, indem er Ihnen zeigte, wie sehr ich wünsche, daß Sie mir eines Tages die Augen schließen werden. Man wollte uns täuschen, wir haben die Narrheit, uns selbst täuschen zu wollen, indem wir dieses göttliche Gefühl, das wir so oft und so lebhaft in Wirklichkeit gespürt haben, als Enthusiasmus, Illusion, Extravaganz behandelt haben. Die Erfahrung vieler Jahre, die Ehrbarkeit, die Reinheit unserer Freundschaft, seitdem wir uns wieder zusammengefunden haben, die Stimme unseres Herzens, die bei verschiedenen Gelegenheiten vernehmlich geworden ist, alles beweist uns ihre Wahrheit und Unveränderlichkeit. Kein Vergnügen, kein angenehmes Gefühl, kein Gegenstand, den ich an deine Stelle setzen wollte, o ewiger Zauber meines Herzens, konnte mich ganz zufriedenstellen und mich zu dieser Stufe intimen, ruhigen, unaussprechlichen Glücks erheben, zu der mich ein einziger deiner Blicke erhebt – dieser Blick, der mir in meinem Traum sagte: Lies in meiner Seele, Freund, schau, wie du geliebt wirst, wie ich allein lieben kann – O was haben wir zu fürchten von einem Gefühl, das immer nur tugendhaft war, das unsere Seelen verschönert, veredelt, geläutert hat. Zwingen wir uns nicht, es zu verbergen, als ob es nicht so schön wäre, wie es ist. Gottheit meines Herzens, wenn dein Genius und der meine mir nicht geschmeichelt hat, daß die Furcht, daß das Mißtrauen dich nicht hindert, dich dem zu zeigen, der deine Seele liebt, und daß du die seine liebst. Niemals, niemals wird es dich reuen; niemals wirst du den Schmerz haben, ihn eines Gefühls unwürdig zu sehen, dessen unendlichen Wert er allein, ja er allein fühlt, sieht und kennt.

Werde ich Ihnen diesen Brief schicken, Freundin? Ja, ich werde ihn Ihnen schicken. Er wird Sie am Sonntag abholen. Er wird Sie eine kurze Strecke vor dem Dorf erwarten. Sie werden um acht Uhr bereit sein, aber pünktlich, um ihn nicht der Trübsal zu überlassen, während er auf Sie wartet. Gute Nacht, liebe Base, ich werde mich schlafen legen. Ich werde die Vorstellung von Ihnen nicht dadurch entweihen, daß ich mich ununterbrochen mit ihr beschäftige; nur meine besten Augenblicke sind es und werden es sein, die ihr geweiht werden.

Liebe Freundin, werde ich nochmals in meinem Leben diese Tränen vergießen, die meine Augen füllten, als ich aus meinem Traum erwachte?

NB. Es ist kein Mißtrauen, aber es hat sich etwas in mir dagegen gesträubt, diese Zeilen auszustreichen, die meine Gedanken schlecht ausdrücken. Ich bin indessen bereit, Ihnen zu sagen, was es war, wenn Sie es wünschen. Ich wollte meine Seele in einem Stand haben, daß sie Ihnen in jedem Augenblick gezeigt und enthüllt werden könnte – Lieben Sie sie sehr, und sie wird es Ihnen erwidern, wie Sie es wünschen.

Ich finde in einem Buch, das ich beim Frühstück durchblättere, dieses Porträt – einfach in seiner Art, nicht durch übertriebene Naivität, aber von einer Richtigkeit des Geistes, dessen Grazien eben so natürlich sind, wie die Unschuld seines Herzens wahrhaftig ist; tugendhaft einzig durch das Vergnügen, es zu sein; bescheiden mit Edelmut; zärtlich durch das Gefühl; fröhlich ohne Leichtfertigkeit und höflich ohne Grimassen. Der Urheber glaubte, nach einer Idee der Vollkommenheit zu malen, er wollte nur ein Modell darstellen und hat das Porträt meiner Panthea geschaffen.

19. Christoph Martin Wieland an Sophie La Roche

Biberach, 12. 11. 1765

Meine vielgeliebte Base, tausend Dank von ganzem Herzen für die liebe Erscheinung, die Sie gestern bei uns gemacht haben; seien Sie überzeugt, daß ein Moment, den Sie uns schenken, uns wert und teuer ist. Meine kleine Frau weiß, wie Sie sehen, nicht auszudrükken, was sie fühlt; dieser Fehler setzt sie in ein sehr ungünstiges Licht gegenüber Leuten von Geist, aber entziehen Sie ihr nicht (ich verlasse mich dabei auf Ihr Herz) diese freundschaftliche und verständnisvolle Güte, die ich an Ihnen mit Befriedigung und unendlicher Erkenntlichkeit bemerke. Von Natur aus beschränkt und wenig lebhaft, hat die Art von Erziehung, die man ihr gegeben hat, ihre Seele in einer Art von Kindheitszustand gelassen, aus dem sie nur durch unmerkliche Schritte heraustreten kann; man muß ihr nicht allein Ideen geben und sie das Denken lehren; sie muß auch das Sprechen erst lernen, denn das gute Mädchen weiß von unserer Sprache nichts, als was es im Schoß einer Familie lernen konnte, in der kaum eine andere Lektüre in Frage kommt als Bibel und Almanach. Fürchten Sie indessen nicht, daß sie das in meinen Augen ins Unrecht setzte; ich liebe sie so, wie sie ist, ich bin zufrieden und brauche dazu keine Philosophie und sokratische Weisheit, um es zu sein. Seit sie die meine ist, hat sie mir keinen einzigen Moment Mißvergnügen oder Reue bereitet; ich spreche von unserem häuslichen Leben; denn in Warthausen und selbst hier außer Hause und den Leuten gegenüber, die wir bei der Zeremonie gesehen haben, hat sie mir zuweilen schon einzig und allein durch die Vorstellung Schmerz bereitet, daß dieser Mangel an Umgangsformen, dieses verlegene Aussehen, schließlich dieser Mangel an

Geist, der natürlich aus Unwissenheit folgt, nur einen ungünstigen Eindruck hinterlassen können. Aber in ihren Beziehungen zu meinem Individuum ist sie in jedem Sinne das, was ich wünsche. Ohne Launen, gleichmütig, ruhig, gefällig, leicht zu amüsieren, an eine beinahe klösterliche Lebensweise gewöhnt, mit allem zufrieden, wenn sie nur in meinem Gesicht (dessen verschiedene Ausdrucksweisen sie mit der ganzen Klugheit des Gefühls kennt) den Ausdruck meiner Zufriedenheit oder Zärtlichkeit liest – sie bequemt sich, ohne daß es ihr Mühe oder Zwang bereitet, nach meinem Geschmack, nach meiner Laune, nach meiner Lebensweise; ihre Zärtlichkeit macht mir immer Vergnügen, ohne mir jemals beschwerlich zu fallen; es gibt Augenblicke, in denen eine naive und kindliche Fröhlichkeit sie in meinen Augen charmant macht, und andere, in denen die Empfindsamkeit ihres Herzens, die in Gesellschaft verborgen ist wegen des Mangels, sie in passenden Begriffen zum Ausdruck zu bringen, sich durch die universale Sprache des Gefühls äußert, und zwar auf eine Weise, die für ein Herz wie das meine wahrhaft köstlich ist. Ich hatte die Klugheit, sie seit den ersten Tagen unserer Verbindung auf dem Fuß zu behandeln, auf dem ich sie immer behandeln werde; Vorsichtsmaßnahmen, wie sie Männer immer treffen müssen gegen ihre jungen Ehefrauen, insbesondere, wenn sie noch so neu sind wie die meine. Es gibt nichts Dümmeres als diese kochende Hitze, der man sich zu Beginn einer Ehe zu überlassen pflegt; ich bin fest überzeugt, daß es die Herren Männer selbst sind, die ihre Frauen verderben, und sie haben sehr unrecht, wenn sie dann lauthals protestieren gegen die Fehler und selbst Laster, die sie ihnen so angelegentlich selbst beigebracht haben. Ich sehe mit Gewißheit, daß ich von meiner kleinen Frau geliebt werde und daß sie sich glücklich schätzt; ich sehe sogar, daß sich ihre Seele von einem innerlichen Glücksgefühl nährt; die Natur, die ihr die Leidenschaften versagt hat, hat sie wohl entschädigt durch die Anlage zu einer ruhigen Fröhlichkeit und durch eine Art der Fühlbarkeit, die durch Dauerhaftigkeit ersetzt, was ihr an Lebhaftigkeit abgeht. Die Freiheit von Schmerz, scheint mir, macht sie glücklicher als das Vergnügen; es gibt nichts, das sie nicht zu tun bereit wäre, um Frieden zu haben; in den Urteilen, die sie über diejenigen fällt, die sie schon lange kennt, habe ich gesunden Menschenverstand gefunden; aber ich habe ganz allgemein beobachtet, daß sie sich nicht gern über die Fehler der Leute aufhält und daß sie gewöhnt ist, alles von der guten Seite her auf-zunehmen. Alles, was sie im väterlichen Hause von den Launen und der Heftigkeit ihrer Mutter gelitten hat (deren Sanftmut genauso trügerisch ist wie die einer gewissen Reichsgräfin), hat sich zu meinen Gunsten ausgewirkt, indem sie ihr voriges Leben mit demjenigen vergleicht, das sie mit mir führt; sie meint, nun erst habe ihr Leben begonnen, da sie mir gehört. Nehmen Sie das alles zusammen, meine liebe Freundin, und Sie werden sehen, Sie, die Sie mein Herz kennen, Sie werden genau verstehen, daß ich glück-lich bin und wie ich es bin. Meine schöngeistigen Freunde von frü-her hätten Mühe, etwas zu begreifen von meinem Glück mit einer Frau, die weder Geßner, noch Gellert, noch Hagedorn kennt, die nicht weiß, was ein englischer Roman ist, und die kaum meine *Moralischen Erzählungen* versteht, weil ihr die mit Bildern und poeti-schen Figuren gespickte Sprache wie Griechisch vorkommt. Aber die extreme Vorliebe für die einfache Natur, die ich immer schon hatte und die sich seither noch verstärkt hat, die Gewohnheiten, die mein Herz dazu angenommen hat durch die Leidenschaft, die ich so lange für die arme Christine hatte, die Ungleichheit und extreme Empfindsamkeit der Personen von Geist und Genie (bitte, meine Freundin, keine Anwendung; sie wäre ungerecht; wenn ich über solche Gegenstände spreche, nehme ich immer Julie und Sie von der gemeinen Regel aus, und das aus Kenntnis der Dinge und ohne Schmeichelei), die nahezu das Vergnügen des Umgangs mit ihnen durch Mißvergnügen aufwiegt; schließlich die Revolution, die schon seit geraumer Zeit in meiner ganzen Art zu denken stattge-funden hat, all das hat mich von langer Hand dafür empfänglich gemacht, auf diese Art glücklich zu werden, wie ich es nun bin. Ich verlange kein bißchen Geist von meiner Frau; ich habe so viel davon in meinen Büchern, und, die Wahrheit zu sagen, ich bin davon so gesättigt, daß ich selbst in den Büchern nur noch das ein-fache und natürliche Wahre liebe. Folgerung: ich bin zufrieden, meine liebe Base, und ich werde es so sehr sein, wie man es nicht mehr sein kann, wenn Sie weiterhin für meine junge, kleine Frau diese liebenswerte Herablassung haben werden für diejenigen, die unter Ihnen stehen an Vorzügen und Vollkommenheiten, die ich nur an Julie und an Ihnen erkannt habe, und die meiner Meinung nach das unfehlbarste Kennzeichen des wahren Verdienstes ist. Glauben Sie, liebe Freundin, daß Sie in meinen Augen ein Engel sind wegen der Nachsicht, die Sie für sie haben. Sie liebt Sie weit mehr, als sie es gegenwärtig zum Ausdruck bringen kann; ich weiß es, weil sie von Ihnen zu mir, zu meiner Mutter und zu Floriane gesprochen hat; Ihre Freundschaft, oder das, was sie davon aufzunehmen empfänglich ist, wird ihr unschätzbar viel Gutes tun. Der Grad moralischer Perfektion, dessen sie fähig ist, ist begrenzt; aber vorausgesetzt, daß sie dahin gelangt, bin ich zufrieden; denn lange schon habe ich auf das Ideale in jeder Art Verzicht geleistet; und dahin wird sie mit Sicherheit gelangen unter den Auspizien Ihrer Freundschaft und dieser Art von Zärtlichkeit, die ihr von ihrem Liebhaber und Tutor gleichzeitig zuteil wird, wie ich sie habe und ihr auch zu erhalten verspreche. Lebendige Erfahrung und die gute Philosophie des alten Lukrez und des modernen St. Evremont haben mich die Maximen gelehrt, die ich in die Tat umsetze und bei denen ich mich so gut befinde. Ich werde vernünftig werden, wenn auch allmählich einigermaßen dumm; aber dafür werde ich glücklicher sein; ich werde besser schlafen, und vielleicht werde ich auch länger leben. Da haben Sie nun, liebste Base, einen Teil von dem, was ich Ihnen sagen wollte und was zu sagen ich durch die Gegenwart der jungen Frau verhindert wurde. Sie werden mir sagen, was Sie dabei fühlten, wenn mich nicht Beichte und Abendmahl daran verhindern werden, den Sonntag in Warthausen zuzubringen. Noch etwas, liebste Freundin. Die gute Schmelzin flehet mir, Sie Ihres gütigen Versprechens zu erinnern. Es wird dermalen keine Wahl, sondern eine Substitution geben, und diese wird ohne Zweifel *nächsten Freitag* vor sich gehen. Eine Rekommendation von Ihnen wird, wie ich gewiß hoffe, dem Schmelz bei Herrn Burgermeister nutzen. Wenn (wie Sie dachten) La Roche das Seine dazu beitragen würde; wenig Worte von seiner Seite würden dem ein großes Gewicht geben. Herzen wie die Ihrigen brauchen dazu keine Beweggründe, um wohltätig zu sein; ich wollte, daß das des Bürgermeisters es ein wenig mehr wäre für das einzige Vergnügen, das göttlich genannt zu werden verdient. Adieu, liebe Base; die junge Frau Base küßt Ihnen mit mir die Hand mit den Empfindungen der zärtlichsten Hochachtung. Seien Sie ihre Mama, und sie soll Ihre gute, willige, lehrbegierige Tochter sein. Nochmals adieu, tausend Grüße an La Roche.

20. Christoph Martin Wieland an Sophie La Roche

[Biberach, Anfang April 1767]
Die unglücklichen Zufälle des vergangenen Jahres haben uns in ein falsches Licht gestellt, das den Erklärungen der Feder kaum günstig ist. Mir scheint, daß uns etwas zurückhält – ich weiß nicht, was es ist –, uns unsere wahren Gefühle zu gestehen. Hier also sind die meinen, so wie ich sie auf dem Grund der Seele finde; könnten Sie doch, liebe Base, damit zufrieden sein! Ich kenne Ihr Herz seit 16 Jahren – wenn sich das meine auch für jedermann ändern könnte, so kann es sich doch für Sie niemals ändern. Niemals im ganzen Verlauf dieser traurigen Angelegenheit habe ich auch nur einen Augenblick lang an der Güte und Ehrlichkeit gezweifelt, die das Wesen Ihres Charakters ausmachen – aber Sie, die mich gleichfalls kennen müßten, glaubten mich zu Dingen fähig, die nur eine schlechte und niederträchtige Seele ohne Abscheu sehen kann. Nicht um Vorwürfe zu machen, erinnere ich mich hier daran, sondern um Sie an die gegenseitige Nachsicht zu erinnern, die wir mit den Schwachheiten der menschlichen Natur haben müssen. – Meine Base, ich sage nicht, daß ich wohl daran getan habe, den Brief zu schreiben, der zu so viel Übel Anlaß gegeben hat. Aber aus Unbesonnenheit, nicht aus Bosheit habe ich mich dazu hergegeben. Ich glaubte nicht, Böses zu tun, und so unglaublich Ihnen das auch scheinen mag, ich rufe das höchste Wesen dafür zum Zeugen an, daß ich damals sehr überzeugt war, man würde diesen Akt des patriotischen Don Quixotismus vom selben Standpunkt wie ich ansehen und darüber lachen. Nun sehe ich die Dinge anders. Es ist vielleicht nur ein Dichter fähig, die Dinge in dieser Weise anzusehen, und unglücklicherweise gibt es keinen in W[arthausen]. Gegenwärtig könnte ich mit kaltem Blut diesen selben Brief nicht lesen, ohne daß er mir Schmerz bereitete. Ich verstehe nicht mehr, wie ich ihn verfassen konnte. Ich erkenne also meinen Fehler; wenn ich mich aber an all das erinnere, was man getan hat, um mich zu strafen, kann ich nicht umhin, mich ungerecht behandelt zu fühlen. Ob es nun der Graf ist, der sich die grausamsten Schläge ausgedacht hat, oder ob es L[a] R[oche] ist, weiß ich nicht; aber Sie werden zugeben, daß es, nach allem, was passiert ist, sehr schwierig ist, sie jemals davon zu überzeugen, daß ich vergessen könnte, wie der letzte Flegel behandelt worden zu sein – das ist ein ziem-

lich schlimmer Ausdruck, er genügt aber kaum, das auszudrücken, was jeder ehrliche Mann darüber denken würde, der all diese Briefe lesen könnte, die ich vor versammeltem Rat zu lesen verpflichtet war. Indessen bin ich im Grunde meines Herzens immer derselbe und werde es auch bleiben. Ich habe nicht das Gedächtnis verloren, ich erinnere mich sehr lebhaft der Freundschaft, die L[a] R[oche] für mich gehabt hat, der Gefühle, die ich für ihn hatte, wie sehr ich ihn geschätzt, geliebt habe, der Lobreden, die ich aus der Fülle meines Herzens meinen Freunden in der Schweiz und anderswo über ihn gehalten habe, wie glücklich ich war, der Herzensfreund Ihrer ganzen Familie zu sein; ich erinnere mich an alle die exzellenten Qualitäten des L[a] R[oche]. Wenn er aus der Rolle gefallen ist, weil er sich von einem Freund provoziert und verraten fühlte, ist er auch nur ein Mensch. Ich sage mir selbst alles, was man zu seiner Rechtfertigung oder Entschuldigung vorbringen kann. Schließlich fehlen mir die Worte für mein Bedauern, seine Freundschaft verloren zu haben. Aber wozu dienen all diese Erinnerungen und Gefühle? Ich wende mich an Sie, weil ich für Sie, indem ich mich an Ihre Stelle setzte, mehr gelitten habe als für mich selbst. Kennen Sie ein Mittel? Ist es möglich? Leider! Was? Ich sehe nichts, ich kann mir nichts vorstellen. Ich glaube, die menschliche Natur gut zu kennen. Kaum würde ich mich darüber meinem eigenen Herzen anvertrauen, das doch immer eins der besten war, wie Sie wissen. Überall, wo ich Menschen gefunden habe, habe ich Freunde gefunden. Warum war L[a] R[oche] mein Freund? Aber es gibt Augenblicke, in denen ich mich zu allem fähig fühle und in denen ich nicht in meinem Herzen diese moralische Unmöglichkeit finde, die Sie nicht mit mehr Schrecken sehen können als ich selbst – Was sage ich? Was kann ich sagen? Sie sind es, die mir das aufklären kann. Ich kann Ihnen gegenwärtig nur Bedauern und fruchtlose Wünsche zeigen. – Im allgemeinen wünscht man hier den Frieden. Herr von Zell hat gute Absichten und beträgt sich unmißverständlich. Aber es gibt hier auch unehrliche Leute, die in jedem Augenblick bereit sind, ihm dieselben friedlichen Absichten öffentlich zum Vorwurf zu machen, mit denen sie sich gegenüber W[arthausen] schmücken. Ich zweifle nicht daran, und es sieht von Zeit zu Zeit so aus, daß es falsche Zuträger gibt – was mich anbelangt, ich nehme davon keine Notiz; ich wollte in Frieden leben, und das einzige Mittel, sich gegen die

üblen Geister jener Klasse zur Wehr zu setzen, ist, sie zu verachten.

Ich wiederhole es, meine schätzbare und werte Base, ich werde
mich absolut von Ihnen leiten lassen, ich bitte Sie sogar, mir zu
sagen, was Sie denken, was ich tun könnte, oder was Sie wünschten, daß ich es täte. Mir ist nichts unmöglich, wäre es auch nur, um
Ihnen zu beweisen, wie sehr ich durchdrungen bin von der nieder-
schmetternden Vorstellung, Ihnen wider Willen soviel Böses zugefügt zu haben. Mein Gott! Was habe ich für ein Schicksal! Bin ich
also nur geschaffen, Sie unglücklich zu machen? Ich? Gibt es einen,
der Sie so hochschätzt und liebt wie ich? Wer kennt besser den
Wert Ihres Herzens und Ihrer Tugenden? –

Adieu, entschuldigen Sie diesen Erguß meiner Seele. Nur Ihnen
wage ich, sie zu zeigen. Adieu, seien Sie glücklich. Meine kleine
Frau küßt Ihnen voll Verehrung die Hand. Sie ist ein gutes
Geschöpf, das mich über viele Dinge tröstet, das mich aber leider
nicht trösten kann über den Verlust Ihrer Freundschaft.

21. Christoph Martin Wieland an Sophie La Roche

[Biberach] 2. 5. 1767

Gerade habe ich die *Anecdote Silesienne* gelesen oder vielmehr ver-
schlungen. Ich empfinde es tief, dieses Zeichen der Freundschaft
und des Vertrauens. Sie fordern, daß ich Ihnen sage, was ich darüber denke, und ich werde Ihnen mit großem Vergnügen gehor-
chen. Hier also zunächst das Urteil Ihres Vetters in seiner Eigenschaft als Autor: „Ich gäbe alles darum, was ich geschrieben habe,
seit ich eine Feder in die Hand zu nehmen im Stande bin, wenn ich
der Autor dieser *Anecdote Silesienne* wäre." Das sieht sehr nach
einem Kompliment aus; es ist aber genau das, was ich beim Lesen
gedacht habe; also kann es kein Kompliment sein. In meiner Eigenschaft als Kritiker sage ich, daß dieses kleine Werk, wenn man es
nur als Werk des Genies und der Einbildungskraft behandelt, her-
vorragend ist; es hat Wahrheit, Stärke, Wärme, Neues und Einzig-
artiges vor allem, aber dieses Einzigartige ist sehr liebenswert. Es
gibt wenig oder nichts zu bessern am Ausdruck, selbst am Stil,
wenn man eine gute Zahl Grammatikfehler nicht berücksichtigt,
die aber auf drei oder vier zurückzuführen sind, die häufig wieder-
kehren, zum Beispiel *je vas* statt *je vai*, *j'etoit* statt *j'etois* und vergleich-

bare, leicht zu korrigierende Kleinigkeiten; ausgenommen auch kleine Nachlässigkeiten des Stils, die ich hie und da bemerke, die in weiblichen Kompositionen ganz gewöhnlich sind und unter denen es sogar einige gibt, die eine gewisse undefinierbare Grazie haben, welche bei größerer Präzision verloren ginge, wie Sie wissen. Hier nun mein Urteil in meiner Eigenschaft als einfacher Leser, oder vielmehr das, was ich darüber denke nach dem Eindruck, den diese Komposition auf mich gemacht hat. Es gibt wenig Dinge, die ich mit mehr Vergnügen und Interesse gelesen habe. Es gibt vielleicht kein Feenmärchen der Welt, das weniger wahrscheinlich wäre als die Tatsache, die Gegenstand dieser Anekdote ist; indessen haben Sie ein Mittel gefunden, diesen Mangel an Wahrscheinlichkeit verschwinden zu lassen – man liebt es, man bewundert es, man betet es an, Ihr Fräulein G – ohne es als ein schimärisches Wesen anzusehen, oder so, als ob es aus einer anderen Welt gekommen wäre. Das beweist die *Wahrheit* dieses Charakters, man fühlt sie, man fühlt, daß es das in der Natur gibt; und sei es nun reines Genie, sei es Kunst, Sie haben ein Meisterwerk vollbracht, indem Sie sie mit verschiedenen kleinen Zügen der *Weiblichkeit* ausstatteten, der *Laune*, des Stolzes usw., Nuancen, die mit einer Kunst oder vielmehr mit einem Instinkt und Geschmack verteilt sind (denn ich habe den Verdacht, daß Sie das alles ohne Kunst machen, selbst in Ihren Kompositionen), zu denen wenige Autoren unseres Geschlechts fähig sind. Zum Beispiel: Der Zug, sich zu setzen, Laute zu spielen und ein italienisches Lied zu singen, um einen kleinen Knirps zu beruhigen, den Neffen von Madeleine, in Gegenwart dieser vier Damen, das ist ein Zug von höchster Schönheit, einer von denen, *die einen Charakter abrunden, die einem Bild Leben geben.* Durch solche Züge und solche Nuancen, von denen ich gesprochen habe, ist es Ihnen gelungen, aus einem *idealen Charakter* einen *wirklichen* zu machen, der trotz seiner Vollkommenheit sehr möglich erscheint – ich drücke mich schlecht aus – ich will sagen, man ist versucht zu glauben, Sie haben *ein Original kopiert,* und man hätte sich darin auch nicht getäuscht. Sehen Sie, wie gut ich ein Geheimnis zu erraten vermag; ich werde Ihnen geradezu sagen, wie Sie es gemacht haben, eine Erzählung zu verfassen, für die weder ich noch Madame Riccoboni, noch irgendein mir bekannter Autor genügend Genie besessen hätte: Nicht in Ihrem Kopf, meine Base, sondern in Ihrem Herzen haben Sie dieses Fräulein G gefunden. Sie haben sich frei gemacht von all dem, was nicht Sie selbst sind, von allem Zubehör, das gewöhnlich zu nichts weiter dient, als einen Charakter in ein falsches Licht zu setzen, und Sie haben sich an die Stelle dieses Fräuleins von H. gesetzt, diesem Herrn von K. gegenüber, der sicher kein imaginäres Wesen ist. Was es auch immer damit auf sich haben mag, es gibt nichts Liebenswerteres und nichts Schätzbareres als dieses einzigartige Mädchen. Die große Zahl nützlicher und notwendiger Wahrheiten, die aber wenig bekannt sind und dem Publikum zu selten vorgestellt werden, die in dieser Anekdote enthalten sind, gibt ihr ein weiteres vorzügliches Verdienst im Vergleich mit den meisten selbst der besten Stücke dieses Genres. Schließlich, meine Base, bin ich entzückt von diesem kleinen Werk, und ich bin ganz im Ernst willens, wenn es Ihnen gefällt, es nochmals vorzunehmen und ein bißchen zu bearbeiten, daß man es allen rechtschaffenen Leuten in Europa vorstellen kann. Glauben Sie nicht, sich darüber rechtfertigen zu müssen. Natürlich würde man Ihren Namen nicht daraufsetzen, man würde alle vorstellbare Dezenz darauf verwenden, aber es wird gedruckt werden. Ich wünschte aber in diesem Fall, daß man gar nicht wüßte, daß es von Ihnen kommt. Ich hoffe, wir werden über all das noch gemeinsam nachdenken. Im übrigen, ich gestehe es Ihnen, wäre es mir lieber, Ihre Anekdote deutsch geschrieben zu sehen und anschließend nach dem Original ins Französische übersetzt.

Sie wünschen, daß ich es ein bißchen *redigiere*, das bedeutet nach dem Sinn, den ich dem Wort beilege, daß ich alle Grammatikfehler korrigiere; ich habe Ihnen schon gesagt, daß es hie und da noch ein bißchen etwas zu ändern gäbe (Kleinigkeiten des Stils und des Ausdrucks, versteht sich), falls Sie dem Druck zustimmen. Aber selbst in diesem Fall wäre ich völlig unfähig, es über mich zu nehmen, ein einziges Wort wegzustreichen oder hinzuzufügen, es sei denn unter Ihren Augen und mit Ihrer Zustimmung. So schicke ich Ihnen also das Manuskript so, wie es ist (und ohne Ihnen zu schmeicheln: es ist etwas vom Besten), nur vollkommen in Übereinstimmung mit der französischen Grammatik, zumindest soweit ich sie selbst kenne. Indem ich Ihnen in meiner Eigenschaft als Autor schreibe, erinnere ich mich, daß ich selbst auch einer bin. Der zweite Band des *Agathon* ist begonnen, und der Bruder von Floriane meldet mir aus Paris, daß sich ein gewisser Herr Schwarz, weil er nicht weiß, was er mit seiner Muße anfangen soll, damit beschäftigt, ihn ins Französische zu übersetzen. Wir werden sehen, was daraus wird. *Idris* wächst und wird schöner, was ein Segen ist; gegenwärtig sind fünf Gesänge beendet, das macht mehr als 500 Strophen in *Ottaverime*, das ist etwa die Hälfte des bizarrsten Gedichts, das es jemals gab.

Meine kleine Frau, welche die Güte, die Sie für sie haben, sehr wohl empfindet, versichert Sie ihrer zärtlichen Hochachtung. Sie beenden Ihren Brief mit zwei Zeilen, die ich überhaupt nicht verstehe. Warum bitten Sie mich, Ihnen *den Rest meiner heftigen Gefühle gegen W[arthausen]* zum Opfer zu bringen? Bitte, meine liebe Base, sprechen Sie sich darüber mit offenem Herzen aus; was ich Ihnen darüber positiv und guten Glaubens versichern kann, ist das: Seit wir in diesem Jahr wieder in Verbindung miteinander stehen, gibt es keine lebendige Seele (außer meiner Frau und der Schmelz), die mich schlecht, das heißt über das Schlechte, das man mir in W[art-hausen] zugefügt hat, reden hörte – ja, mehr – Herr von Zell ist der einzige aller hiesigen Herren, Bürger und Einwohner, mit dem ich von W[arthausen] gesprochen habe, denn er ist es, der zuweilen von sich aus anfängt und der ein friedliches Verhältnis sehr wünscht, und obwohl ich mich auf ein gewisses Ehrgefühl glaube verlassen zu können, das er zur Schau trägt, habe ich stets nur ganz allgemein und mit aller möglichen Vorsicht gesagt, was ich denke. Also muß ich annehmen, daß man es für gut befunden hat, mich weiter zu verleumden und, was schlimmer ist, die Elenden, die sich daraus ein Handwerk machen, finden in Bönn[igheim] genauso Glauben wie in Wart[hausen]. Wenn das so weitergeht, sehe ich nicht, wie es jemals möglich sein sollte, zu einer gütlichen Einigung zu kommen. Ich versichere Ihnen von ganzem Herzen, daß mir dies das Leben verbittert. Ich unterdrücke alles, was ich über diesen Artikel in meiner Seele habe, aber ich wünschte, Sie hätten mir nicht solche Hoffnungen gemacht. Ihr Herz, liebe Base, trägt Sie bisweilen etwas über das hinaus, was um Sie herum ist. Meines geht nicht mehr so schnell. Adieu, liebe Base, adieu.

Ich habe Ihre Anekdote nochmals gelesen; aber ich habe meine Meinung geändert in bezug auf den Plan, die orthographischen Fehler usw. zu verbessern. Man müßte das ganze Papier damit verschmieren, und das würde nur dazu dienen, es zu entstellen. Diese

Fehler beeinträchtigen den Sinn nicht. Sie werden es mir eines Tages zum Kopieren geben – und dann wird alles sein, wie es sich gehört.

22. Julie Bondeli an Sophie La Roche

[Ende 1768]

(. . .) Unser Freund Kirchberg[er] hat mir ein Projekt angekündigt, das für mich das höchste Vergnügen und über das ich glücklich wäre: Sie wollen sich in der Schweiz niederlassen.

K[irchberger] spricht für das Waadtland; ich bin nicht seiner Meinung; ich habe viel nachgedacht, meditiert, kombiniert, gerechnet und Rat geholt über diesen Gegenstand, und nach reiflicher Überlegung habe ich nach Prüfung und Würdigung aller bürgerlichen, physischen und moralischen Umstände entschieden, daß es für Sie besser wäre, sich in der Grafschaft Neuchâtel niederzulassen. Dieses Land liegt zwischen Bern und dem Waadtland, das Klima ist sehr mild und vor allem weniger dem kalten Nordostwind ausgesetzt, der See von Neuchâtel und seine Umgebung kommen dem Genfer See gleich. Was das Bürgerliche anbelangt, würde ich ihm für Ausländer ebenfalls den Vorzug geben. Das Waadtland ist, wie der Rest des Kantons, in Pachtlose aufgeteilt. Diese Pachtlose gelten nur sechs Jahre, bald ist es ein Verpächter, mit dem man auskommt, bald ein anderer, und dann die Menge der Vasallen, die man bei erster Gelegenheit aufbieten muß, wenn man nicht selber Lehensherr ist. In der Grafschaft N[euchâtel] ist das anders; die Stände streiten sich schon seit 60 Jahren mit dem König von Preußen um die Rechte, die er ihnen zugestanden hat, weil sie Halbfreie sind und ihm vor anderen Fürsten den Vorzug gegeben haben, welche sie zu denselben Bedingungen haben wollten. Diese Streitigkeiten führen zu nichts; der König macht Reskripte und seine ergebensten Untertanen bleiben ihre eigenen Herren. Daraus ergibt sich eine erfreuliche Freiheit, welche den dort geborenen Einwohnern einen starken Zustrom von Fremden bringt. Wenn ich recht gesehen habe und recht urteile, ist das das freieste Land von ganz Helvetien; man sieht auch nirgendwo mehr Fremde; indessen muß man gerechterweise zugeben, daß im Fall von Prozessen oder Schwierigkeiten ein Fremder mehr Hilfe bei der Regierung von Bern findet, der Staat verteidigt sie mit Lanze und Schwert, wenn sie einmal unter seinem Schutz stehen. Was das Moralische und die Annehmlichkeiten der Gesellschaft anbelangt, steht das Waadtland so hoch über dem deutschen Teil des Kantons wie die Grafschaft N[euchâtel] über dem Waadtland. Die Neuchâteler, freie, arbeitsame und wohlhabende Leute, sind jetzt auf dem glücklichen Punkt, wo der Luxus die einfachen, milden und gastfreundlichen Sitten noch versüßt; der Titel Fremder ist ein geheiligter Titel, auch gibt es davon eine große Zahl in N[euchâtel]; nicht Zugvögel, sondern gut situierte Leute, die sich dort niederlassen. (. . .)

23. Julie Bondeli an Sophie La Roche

[Ende 1768]

(. . .) Sagen Sie Herrn von La Roche, er solle Krapp pflanzen, der bisher zu einem sicheren Vermögen verhilft, denn in unserem Land, in dem es überall von Baumwollfabriken wimmelt, wären Herrn L[a] R[oche] keine Sorgen aufgeladen, da er ein Landwirt aus Liebe zur Sache ist. Alles trifft zusammen, niedrigster Preis der Pflanzen und kostengünstige Anbauweise, dabei holt man 400 Livres aus dem Feld. Herr Tschifely macht dieses Jahr eine Ernte, die ihm das Doppelte und mehr einbringt. Man ist dermaßen erstaunt und aufgebracht über diese profitable Neuerung, daß man sagt, er glaube weder an Gott noch an den Teufel. Aber selbst auf die Gefahr hin, für atheistisch zu gelten, wenn man Krapp pflanzt, rate ich allen meinen Freunden, dasselbe zu tun. Apropos Atheismus, einer meiner Freunde, der erst kürzlich aus Paris zurückgekehrt ist, der unter Literaten und hübschen Frauen gelebt hat, kann noch nicht von dem dort herrschenden öffentlichen Ton abkommen. Was er davon erzählt, rechtfertigt für viele Leute die Ansichten, die Rousseau im *Glaubensbekenntnis eines savoyischen Vikars* geäußert hat. Er kannte diesen Ton, und man sieht nun, warum er sich so sehr gedrängt fühlte, die Moral davor zu bewahren, mit dem ganzen Gebäude abzubröckeln. Die Führer der Sekte sind Diderot und d'Alembert, sie haben zahlreiche Anhänger. Ein glänzendes Genie entgeht ihnen auch nicht in der entferntesten Provinz; alles wird ins Werk gesetzt, um es in die Hauptstadt kommen zu lassen, und dort ist es dann in Reichweite des Einflusses der neuen Lehre. Die hübschen Frauen mischen sich auch ins Handwerk; das entrüstet mich nicht, macht mich aber aus gutem Herzen lachen. Erstens ist eine Frau so wenig dafür geschaffen, nicht an Gott zu glauben, und dann sollte eine hübsche Frau auch wenig Muße haben, sich damit zu beschäftigen, auf welche Weise auch immer. Eine von ihnen, die über die Maßen galant war, brachte ihre geborgten Argumente bei einem Mann an, der an Gott glaubte; dieser antwortete ihr: „Madame, daraus, daß Sie einen Geliebten haben, folgt noch nicht, daß es keinen Gott gibt, ja, Sie können ein Dutzend Geliebte haben, ohne daß seine Existenz darunter leidet." Eine andere von diesen Frauen, die früher montags ein Diner *den Künsten,* freitags *dem Geist* gab, gibt nun mittwochs eines den Atheisten, und bei diesen Leuten ist auch der entschiedenste Deist nichts als ein trauriger Beklagenswerter, der einem Aberglauben anhängt (. . .)

24. Sophie La Roche an Johann Caspar Hirzel

Warthausen, 5.9. 1769

Ich wünsche sehr, verehrungswerter Hirzel, daß Sie sehen könnten, mit wie vielem Vergnügen ich den Auftrag des lieben La Roche verrichte, Ihnen, seinem geliebten, unschätzbaren Freund, diesen Hut zu überschicken, bei dessen Gebrauch Sie sich manchmal des ehrlichen, wohldenkenden Manns erinnern möchten, welchem Ihre Bekanntschaft, Ihre Verdienste und Ihre Güte immer wert und ohnvergeßlich sein werden. Ich war so glücklich, meinen liebenswürdigen Mann in bester Gesundheit und Zufriedenheit zu umarmen und hörte von ihm Zürich den größten Vorzug geben, indem er mir das Gemälde von dem Zirkel der verdienstvollen Männer machte, welche er da kennen gelernt. Und wie froh war ich, teurer Herr Hirzel, wie er mir sagte, daß er mich für künftiges Jahr zu Ihnen führen wolle. Der liebe, gütige La Roche will haben, ich soll das nämliche Glück, die nämliche Freude genießen, so ihm sein Aufenthalt in der Schweiz angeboten. Wie gern sehe ich den Winter kommen, da mir der folgende Frühling die beste Tage meines Lebens bringen wird, wo ich an der Seite des rechtschaffensten Manns seine würdigen Freunde kennen lernen werde. Ich bin überzeugt, daß Sie uns mit Vergnügen sehen und daß ich in der Madame Hirzel eine eben so liebreiche Freundin finden werde als La Roche an Ihnen einen Freund.

Dank, sehr vielen Dank vor die Mitteilung des Z[immermann-schen] Briefs; aber wie sehr machte er mich staunen, wie viele kleine Züge seiner Werke und andrer Briefe, über die ich gestutzt hatte, klärte er mir auf. Wie leid ist mir vor diesen verkehrten Gebrauch von großem Genie, Empfindsamkeit und Wissenschaft. Es ist gewiß ein sehr feindlicher Dämon, der die Gläser schleift, mit welchen dieser Mann derlei Begebenheiten betrachtet. Vergeben Sie, wertester Hirzel, diesen Ausfall, so ich gemacht habe; es war mir ohnmöglich zu schweigen. Je größer, je freundschaftlicher meine Ideen waren, um so stärker fühlte ich die Abänderung. Und zu was die große Aufmunterungen zu den neuen Vorstellungen der künftigen Welt? Mein Herz wünscht und hofft eine ganz andre; ich will in der andern Welt keinen Magen haben. Aber was werden Sie von mir, von meiner Feder denken – bin ich nicht zu freimütig gewesen? Konnte ich es aber mit einem Mann von Ihrem vortrefflichen Herzen zu viel sein?

Beurteilen Sie mich großmütig und nach dem Vertrauen, so mir La Roche für Sie gegeben. Ich bin mit wahrer, vollkommner Hochachtung Ihre gehorsame Dienerin   Sophie La Roche.

25. Fritz La Roche an Sophie La Roche

Meine allerliebste Mama.   [Erfurt, 15.9.1769]
Schon oft habe ich mich hingesetzt, Ihnen zu schreiben und Sie meiner kindlichen Liebe zu versichern, aber allemal ist es bei meinem guten Vorsatz geblieben. Liebe Mama, rechnen Sie die Ursache meines verzögerten Schreibens ja nicht einigem Kaltsinne von mir zu; ich werde aber diesen Fehler dadurch zu verbessern suchen, daß ich alles, was ich weiß, schreibe. Mit sehr großer Freude habe ich von Herrn Wieland vernommen, daß mein lieber Papa glücklich und gesund zu Hause angekommen sei und nunmehro schon wiederum eine Reise nach Würzburg getan habe, wozu ich denselben eine dauerhafte Gesundheit wünsche. Den 28. August ist die Anna Marie glücklich hier angelangt und von uns allen wohl aufgenommen worden, und ich zweifle nicht, daß ihr Bezeugen der Erwartung des Herrn Wielanden entsprechen werde. Sonsten befindet sich G[ott] L[ob] alles in unserm Hause recht wohl. Das Sopherlein hat ein Zähnlein bekommen. Seit einiger Zeit hat man hier einen Kometen gesehen. Von einem Erdbeben aber, wie in Schwaben gewesen sein soll, haben wir hier nichts verspürt. Herr Wieland haben mir ein grün, holländisch-tuchenes

Kleid mit schmalen goldenen Börtchen machen lassen, wovor ich Ihnen herzlichen Dank abstatte. Ich werd mir immer mehr angelegen sein lassen, durch einen unermüdeten und großen Fleiß in meinem Studieren zu bezeugen, daß ich Ihrer nicht ganz unwürdig erfunden werden möchte. Meine liebe Mama, ich umarme, ich küsse Sie, nebst meinem teuresten Papa und meinen lieben Geschwistrigen recht zärtlich und versichere Sie, bis an meinen letzten Atemzug mit kindlichem Respekt und Liebe zu verbleiben Ihr treu gehorsamster Sohn   Fritz La Roche.

Grüßen Sie mir die gute Cordel recht freundlich, und empfehlen Sie mich dem braven Herrn Liebethalen gehorsamst. Flor, Meyer und Anna Marie empfehlen sich Ihnen gehorsamst.

26. Christoph Martin Wieland an Sophie La Roche

Erfurt, 15.9. 1769

Hier haben Sie also, meine liebste Base, einen kleinen Brief von unserem Fritz. Ich weiß, Sie sind zu vernünftig, als daß Sie es gebilligt hätten, wenn ich ihm diktiert hätte, was er schreiben muß; so habe ich den Brief gelassen, wie er nun einmal ist. Seien Sie versichert, meine liebe Freundin, daß mir (trotz der geringen Fortschritte, die er bisher in der Kunst, die Sätze zu drechseln, gemacht hat, wie auch hinsichtlich des ganzen Rests der Literatur) diese Langsamkeit lieber ist als die Frühreife der kleinen achtjährigen Doktoren, auf die die heutigen Pädagogen so erpicht sind und die, wie die Zwergbäume, ihr ganzes Leben lang so gelehrt und weise bleiben, wie sie es mit zwölf Jahren waren. *Langsam kommt man auch weit,* vorausgesetzt, man kommt jeden Tag ein bißchen vorwärts. Wollte Gott, die Lehrmeister, die ich Fritz zu geben gezwungen war, folgten meinen Ansichten, wie ich es gerne hätte. Sie sind aber weit davon entfernt, und Sie können sich nicht vorstellen, wie schwierig es ist, Lehrmeister zu finden, die zugleich geschickt und rechtschaffen sind, zumindest in der hiesigen Gegend. Die Erfahrung hat mir gezeigt, daß er bei mir in einer Stunde mehr lernt als in vier Stunden bei seinen beiden Sprachlehrern.

Indessen liegt die wahre Ursache, daß er bisher in den Sprachen, die er lernt, so wenig Fortschritte gemacht hat, in seinem Alter und in seinen Gewohnheiten. Um ihn nicht einzuschüchtern, vermeide ich es, mit zu großer Strenge den Mentor herauszukehren. Ich könnte ihn in Gewahrsam halten, aber sicher wäre das keine gute Methode. Das bißchen Freiheit, das ich ihm lasse, erleichtert es ihm in Wahrheit, von Zeit zu Zeit kleine Fehler zu machen, aber ich gelange zu einer Besserung, indem ich ihn auf die freundschaftlichste und sanfteste Art zu dem Eingeständnis bringe, daß er im Unrecht war. Der Beweis dafür, daß diese Methode gut ist, liegt in dem Vertrauen, das ich in ihm geweckt habe, und statt der Lügen, zu denen er früher seine Zuflucht nahm, um meinen Verweisen zu entgehen, wagt er es nun, seine Fehler einzugestehen, und bisweilen ist er zu Tränen gerührt, wenn anstelle einer harten Zurechtweisung, auf die er gefaßt ist, weil er sie verdient zu haben glaubt, ich mich damit begnüge, in ruhigem Ton vernünftig mit ihm zu sprechen, und ihn schließlich zärtlich umarme und ihm das sage, von dem ich glaube, daß es am geeignetsten ist, Eindruck auf sein Herz zu machen. Ich bin sicher, Sie wären zufrieden, wenn Sie gelegentlich bei solchen Szenen unsichtbar dabei sein könnten. Schließlich weiß ich nicht, wie ich ihn anders behandeln könnte, wenn er auch mein eigener Sohn wäre. Ich sage das nicht, um mich zur Geltung zu bringen, sondern nur, um Sie ein für alle Mal über diesen Artikel zu beruhigen. – Ich muß schließen. – Meine Frau, die seit sechs Wochen schwanger ist und der es sehr gut geht mit Ihrer kleinen Sophie, umarmt Sie und bittet Sie, ihr Ihre Freundschaft zu erhalten. Adieu, liebe Freundin, und tausend Wünsche für Ihr Wohlsein von seiten Ihres treuen Freundes und Bruders   W.

27. Sophie La Roche an Johann Georg Jacobi

Amor an Jacobi   9. 11. 1769

Schon oft vermißte ich die sanfte, sittliche Grazie in den Werken der schönen Geister dieser Zeiten, aber in den Ihrigen, mein edler, liebenswerter Jacobi, niemals. Und seitdem ich Ihre *Sommerreise* lesen hörte, war ich überzeugt, daß sie nicht nur ihren Wohnplatz bei Ihnen genommen, sondern die beständige Gefährtin Ihres Genies und Begleiterin Ihrer Empfindungen geworden ist. Von allen, die Ihre Werke gelesen, hörte ich sagen, daß Sie in besonderer Gunst bei den Huldgöttinnen stünden. Viele freuen sich, in Teutschland mehr als Frankreich an Chaulieu zu besitzen, in jeder Linie Ihrer Schriften den Beweis zu finden, wie geschickt die teutsche Sprache sei, feine Empfindungen auszudrücken, durch die

Feder des Jacobi auch die zärtlichste Schattierungen moralischer Gemälde mit all ihren Abweichungen in ihr bestes Licht zu stellen. Von diesem, von der Größe Ihrer Kenntnisse, von der ganz eigenen Liebenswürdigkeit Ihres Genies werden Ihnen schon viele geredt haben; vielleicht aber war ich allein der Zeuge edler Empfindungen, die Ihre *Sommerreise* in einer guten Mutter und ihrer artigen 14jährigen Tochter hervorbrachte.

Seit einem Jahr habe ich den Auftrag, die ersten Eindrücke der Zärtlichkeit auf das Herz dieses Mädchens zu beobachten, und weil die Person, so mich darum bat, gesehen hatte, daß Kanonikus Jacobi, Gleim und ein edler, würdiger Freund meines teuren Wielands, der Dechant eines Stifts in Frankfurt ist, die Lieblinge dieses Hauses sind, so gab er mir auch einen Mantel und Krägel, um unter der gleichen Kleidung der Freunde auch einen Teil des gleichen Vertrauens zu erwerben. Der kleine Anschlag ist auch gelungen, denn ich wurde in dem Zimmer aufgestellt, wo man die Besuche echter Freunde annimmt und wo die Mutter die Tochter unterrichtet und lesen läßt; da konnte ich, ohne daß mich alle sahen, alles bemerken. Da hörte ich Wielanden das Genie von Jacobi anpreisen und mit dem feurigen Eifer seines edlen, von allem Talentenneid befreiten Herzens die schönste Stellen Ihrer Werke aufsuchen und seinen Freunden zeigen. Da hörte ich auch beklagen, daß Sie einige Monat vor seinem Beruf nach Erfurt Kanonikus geworden seien. Er würde sonst alles angewandt haben, Sie an sich zu ziehen, weil Sie ganz nach seinem Geist und Herzen wären und er sich von Ihrem Umgang viel versprochen hätte. In dieser Ecke sah ich auch die Würkungen Ihrer *Sommerreise*. Erst las sie die Mutter allein; ich sah das reine, wahre Vergnügen, so ihr ernster Geist, gefühlvolles Herz dabei empfanden, und daß sie Ihnen tausend glückliche Stunden für diejenige wünschte, welche ihr die Durchlesung Ihrer Betrachtungen gegeben. Sie setzte sich um die gewöhnliche Stunde an ihren Arbeitstisch, wo bisher ihre blühende Tochter bald im *Schauplatz der Natur*, bald die Briefe von Sévigné, die Werke der Lambert oder Geßners seine gelesen. Diesmal gab sie ihr das *Vermächtnis*, arbeitete fort und hörte auf den Ton des Mädchens, der sich bei dem rührenden Gemälde, so Sie machen, bald änderte und den sanften Laut des Mitleidens bekam. Mit einem Gesicht voll Seele sah sie ihre Mutter an und sagte: „O wie glücklich ist es, von sterbenden Armen gesegnet zu werden." Bei Adelaidens Kuß fragte die Mutter: „Was würdest du tun, wenn ein tugendhafter Mann dir eine solche Erzählung machte?" – „Ich liebte ihn und küßte seine Hand, die dem Armen Gutes tat, eben so herzlich, als ich die Ihrige küsse; aber ich weinte dabei wie jetzt." Würklich flossen Tränen aus ihren schwarzen Augen, da sie die Hände ihrer Mutter küßte. Bei dem Vermächtnis, das Sie von der armen Familie einem Frauenzimmer machten, kam wieder die Frage: „Mein Kind, würdest du auch gern ein solch Erb annehmen?" – „Ja, liebe Mama, ich würde all mein Spargeld und meine schöne Kleider darauf verwenden, aber ich glaube, es gibt in hiesigem Land keine Männer, die solche Vermächtnisse geben."

Nun weinte die Mutter, da sie ihr Kind umarmte und sagte: „Gott gebe, daß der erste Kuß deines Munds der Ausdruck einer zärtlichen Hochachtung für einen tugendhaften und edelmütigen Mann sein möge. Es gibt ihrer, mein Kind, ich will dir ihn suchen helfen und dir Anweisung geben, seines Vertrauens zu einem solchen Vermächtnis würdig zu sein. Ich habe dir das Vergnügen gegeben, den Geist desjenigen zu kennen, der dieses schrieb; glaube, daß ich dir mit Freuden die Bekanntschaft eines Mannes schaffen werde, der so edel wie dieser denkt. Vertraue dich darüber meiner zärtlichen, mütterlichen Liebe und sage mir, wenn du gute Gesinnungen an jemand bemerkst." Während dieser Rede weinte das Mädchen ganz zärtlich fort und ihr Herz klopfte noch von verhüllten Wünschen und Empfindungen für diesen Mann, wovon Jacobi das Urbild ist. Die Seele der Mutter segnete Sie für die Gelegenheit, so Sie gegeben, diese Gesinnungen in dem Herzen ihres Kindes zu entfalten und den ungesuchten Anlaß anboten, auf eine feine, nicht gebieterische Art das Vertrauen ihrer Tochter in diesem Punkt zu erhalten und dabei durch schickliche Anmerkungen über Ihre Betrachtungen auf der Reise das Herz ihres Kindes edel und sanft moralisch in allen Vorfallenheiten auf dieser Reise durch die Welt zu machen.

Die Kenntnis Ihres vortrefflichen Herzens überzeugte mich, daß Ihnen diese Würkung Ihrer Arbeit lieber sein würde als immer die Ehre und Nutzen, so Sie davon haben sollen; und da ich nur die ersten Augenblicke Zärtlichkeit bei diesem guten Kinde abzuwarten hatte und sie in den Händen ihrer Mutter nicht ausarten wird, so gönnen Sie mir irgend ein Plätzchen in Ihrem Zimmer, wo ich Sie moralisch glücklichen Mann in angenehmen Empfindungen bei Durchlesung der Briefe Wielands und Ihrer andern würdigen Freunde beobachten oder, wann Sie von Tugend und Grazien beseelt, sich hinsetzen und für das Vergnügen der besten und edelsten unter den Menschen arbeiten, für die, so meine Mutter, die Venus Urania kennen, und Ihnen ihren Liebling verehren –

28. Johann Georg Jacobi an Sophie La Roche

3. 12. 1769

An den unbekannten Freund oder an die unbekannte Freundin, an die Vertraute oder an den Vertrauten des Amors ist dieser Brief gerichtet, deren Vermittlung der Liebesgott sich bediente, mich auf die reizendste Art zu überraschen.

In einem öffentlichen Blatte muß ich Ihnen schreiben, denn ich habe nichts, was Ihren Namen oder Ihren Aufenthalt mir verraten könnte. Nach Ihrer zärtlichen Empfindung müßten Sie zu dem schönen Geschlecht, nach Ihrer männlichen Schreibart zu dem meinigen gehören. Das, was ich von Ihnen weiß, ist mir genug, Sie hochzuschätzen, und eine kleine Undankbarkeit wäre es, wenn ich Ihnen den Ausgang einer Geschichte nicht erzählen wollte, an welcher Sie so vielen Anteil haben. Zu meinem Glück gibt es einige Leser, die nicht darüber zürnen werden, daß ich sie auch ihnen erzähle. Schon oft hatten meine Freunde mit mir über meinen *Abschied an Amor* gescherzet. Einige lose Damen insonderheit hatten die liebenswürdigsten Spöttereien mir darüber gesagt; denn sie wußten wohl, daß Amor wie der alte Vertumnus unter verschiedenen Gestalten bei denjenigen sich einschleichen könne, welche die Tür ihm verschließen. An einem schönen Morgen brachte man mir von der Post ein versiegeltes Schächtelchen, dessen Aufschrift von einer unbekannten Hand war. Ich machte es auf, und . . . wären meine Leser eben so voller Erwartung, als ich war, mein angenehmes Staunen möcht' ich gern mit ihnen teilen. In die Büchse der Pandora hatten die Götter alles Unglück der Erde verschlossen, und in diesem Schächtelchen war das schönste, was die Götter geschaffen haben, alle Freuden des Olymps waren in demselben; denn als ich es aufmachte . . . meine Leserinnen erraten es schon, da flog Amor über mein Haupt hinweg . . . Sein erster Blick war auf vier Kupferstiche gerichtet, welche sein eignes Bildnis ihm zeigten. Auf dem einen spielt er mit einem unschuldigen Kinde; das andere ist der Amor von Coypel, weniger durch sich selbst, als durch Voltaires und Wielands Verse berühmt. Die beiden letztern stellen ihn vor, wie er bei seiner Mutter steht und von den Grazien sich tragen läßt. Zwischen diesen Bildnissen hängt dasjenige, welches die erste Reue wegen Antoinetten mir einflößte. Schnell flog der Liebesgott auf dasselbe zu, setzte sich auf den goldnen Rahmen, von dem er ... doch wie er von ihm herablächelte, kann ich unmöglich beschreiben. Noch hatte ich von meiner Verwunderung mich nicht erholt, und schon war er verschwunden. Aber ein zweiter Anblick überraschte mich; ich fand den Gott der Liebe in dem Schächtelchen wieder, doch jetzt nur ein lebloses Bild! Wie wünschte ich, eine Seele ihm einhauchen zu können; denn seine Miene war sanft, sein Mund hätte viel Schönes mir gesagt; ich klagte, wie Pygmalion, und da fand ich einen Brief neben dem Bilde.

Amor hatte die ehrwürdige Tracht gewählet, weil ihm aufgetragen war, die ersten Eindrücke der Zärtlichkeit auf das Herz einer vierzehnjährigen Schönen zu beobachten. Fiele nicht alles Lob auf diejenigen Schönen zurück, welche zu guten Handlungen meine Seele stimmten, so müßte ich hier abbrechen. In der *Sommerreise* wurde das *Vermächtnis* von der 14jährigen Tochter ihrer Mutter vorgelesen. Die junge Grazie weinte, küßte die Hand der würdigen Mutter und wollte mit Freuden ihren Putz auf ein solches Vermächtnis verwenden. – – Warum darf ich nicht alles abschreiben? Ich segne die Mutter, welche der Welt so edle Töchter zieht, und die Tochter, welche der besten Mutter wert ist; ihr wird die Liebe selbst einen Jüngling bilden; alle Jünglinge werden ihn beneiden, und für ihn und für seine Gattin betet einst ein Sterbender, der sein Brot aus ihren Händen empfing. – In dem kleinen zurückgelassenen Bilde will Amor bei mir wohnen. Sei mir willkommen, du kleines, liebenswürdiges Bild! Ich will mich oft nach dir umsehen und an die vierzehnjährige Tochter und an ihre Mutter denken; bei dir schwör ich, daß nie die Unschuld meine Lieder verwünschen soll!

Leben Sie wohl, mein unbekannter Freund oder meine unbekannte Freundin, wodurch soll ich das Glück mir erwerben, Ihren Namen zu wissen und die Familie kennenzulernen, deren Empfindung eine so süße Belohnung für den Schriftsteller ist. Jacobi

29. Sophie La Roche an Christoph Martin Wieland

Warthausen, 25. 2. 1770

Sie wollen in Zukunft lauter teutsche Briefe von mir haben, und Sie sagen mir so gute Ursachen dazu, daß ich diesen Vorschlag um mein selbst willen annehmen muß. Es ist also in ehrlich Teutsch, daß ich Ihnen, mein werter Freund, für Ihr Lob und Tadel meiner französischen Träumereien danke. Der Gabelstich ist glücklich ausgebessert und eine ganz tauglichere Vorstellung an ihren Platz gekommen. Ich würde beides gern in Teutsch setzen, wenn ich die Zeit nicht berechnete, die es mir nimmt und die ich gern für meine *Sternheim* verwenden möchte, die mir, wie die Gräfin Max sagt, mit ausgespannten Armen im Kopf umgeht und die ich endigen will, um für meine Max ein völliges Hausbuch, aber nur schriftlich, nach meinen eigenen Hausideen, zu verfassen. Diese Beschäftigung sollte ich vielleicht schon jetzt der Erfindung der Sternheimischen Geschichte vorziehen, aber es ist sehr hart, sich eines gewählten Vergnügens zu berauben; und seitdem Sie und La Roche mich gelobt haben, ist es mir ganz ohnmöglich worden. Seit den drei Briefen, die Sie gelesen, sind noch viere fertig worden, worunter ein Lehrbrief ist, der mich viel mehr Mühe gekostet als sechs historische. Ich schließe ihn bei und bitte Sie um unserer Freundschaft willen, einige Minuten zu seiner Durchlesung zu verwenden und Ihre Gedanken hie und da neben hin zu schreiben. Sind Sie zufrieden, wann Mylord K. Sidney wird und S. Derby? Es freut mich, daß Sie mit meiner Betrachtung über L. zufrieden waren. Ich habe keine Ursache zu klagen, dann die Seltenheit der Briefe wird durch den Ton derjenigen ersetzt, die ich bekomme. Was ich Ihnen schrieb, kam aus dem Unmut her, den ich über die Empfindsamkeit seiner Seele hatte, die zu lauter Schwachheit geworden ist, bei welcher der innerliche Wert meiner Ideen und Gesinnungen, womit meine Briefe erfüllt sind, zuviel verloren und gewagt hätten. Sie wünschen, mein lieber Vetter, daß ich etwas von dem Enthusiasmus meines Herzens verlieren möchte. Manchmal wünsche ich es auch; aber ich muß Sie bitten, mir zu sagen, was ich an den Platz dieser Triebfeder zu meinen besten Handlungen und Gegenwehr manches unvermeidlichen Mißvergnügens setzen solle. Nehmen nicht die Jahr und Erfahrungen immer etwas hinweg, und würde nicht, wenn ich neben dieser natürlichen

Abnahme es selbst verminderte, auf die späteren Jahre meines Lebens Frost und Schnee in meiner Seele liegen? Und dieses möchte ich nicht. Es ist mir leid, daß die Freundschaft in dem Herzen des Jacobi keinen Platz neben der Liebe findt; er scheint so reich an Empfindungen und Geist zu sein, daß er gar leicht eine richtige Austeilung machen könnte. Aber die Reize der Madame Hensel hätten nicht rühmlicher endigen können, als da sie sich einen Mann von den feinsten moralischen Empfindungen dienstbar machten.

Sie, mein Wieland, bedaure ich, daß Sie keinen Umgang haben, der Ihnen den Mangel unsrer Gesellschaft ersetzte, und bedauren machen Sie mich, daß ich meinen Briefen an Sie nicht genug Zeit widmen kann, um sie zu denken, dann in Wahrheit, sie sind nur geschrieben. Ihren Herrn Statthalter habe ich ganz lieb, weil er alles empfindet, was ein Statthalter für Sie empfinden soll. Herr von G[roschlag] ist wieder, dem Himmel sei Dank, ganz wohl, und Sie werden ihn sehen und sprechen.

Ihr *Diogenes*, mein Freund, gefällt der Geistlichkeit nicht, und kann den meisten nach dem „esprit de leur corps" nicht ganz gefallen. Ich bin froh, daß Wieland als Wieland nicht so von der Liebe und andren Bewegungen unsrer Seele denkt, als er als Diogenes davon spricht. Die Gräfin und ich waren ein paar Mal bös über Sie, da Sie uns bei dem Vorlesen erröten machten, weil wir nicht so geschwind waren, als La Roche es gewesen, Wieland und Diogenem zu unterscheiden. Eine Betrachtung kam mir dabei, die zu einer Frage wurde. Ich war sicher, daß die rotmachende Züge in Ihrem *Diogenes* eben so viel Mühe und Überwindung gekostet hätten, als mich der Charakter meines Bösewichts. Woher kommt aber, daß eben diese Stellen in Ihrem Buch und diese Briefe in meinem die lebhafteste sind und stärkere Eindrücke als die übrigen machen?

Die Samen und Ihr lieber teutscher Brief sind ankommen; am Mittwoch will ich diesen beantworten. Ich umarme herzlich Ihre liebe, wackere Frau, und von ganzer Seele wünsche ich ihr eine glückliche Stund ihrer Entbindung. La Roche will gern, recht sehr gern Ihr Gevatter werden. Mir ist leid, daß keines Ihrer Mädchen ganz mein sein kann. Lassen Sie mir also meine Sophie, die schon da ist, wann sie nicht meinen Armen gehört, so ist sie meinem Herzen eigen. Adieu, Wieland; und mein Fritz, ich umarme dich von ganzem Herzen –

30. Sophie La Roche an Christoph Martin Wieland

Warthausen, 3.4. 1770

Ich danke Ihnen, mein lieber Vetter, für Ihren schönen und guten, guten Brief vom 26. März, in dem Sie mir lauter ausgezeichnete Sachen sagen über meinen Geschmack und meinen Charakter. Ich sehe, daß alles wahr ist, weil ich nur um mich zu schauen brauche, um mich an das zu erinnern, was ich sonst schon gesehen und bemerkt habe. Und wie es nicht weniger wahr ist, daß alle unsere Charaktere eigentümlich bestimmt sind und daß wir uns, soviel wie möglich, an die Sachen und Ideen halten, die uns das größte Vergnügen gemacht und uns die festeste (oder, wenn Sie wollen, die dauerhafteste) Zufriedenheit gegeben haben, werde ich also über Geschmack und Absichten anderer urteilen, indem ich ganz leise meinen eigenen erhalte und nähre, an dem ich nicht so stark festhalten würde, wenn ich nicht an den anderen immer hie und da große und kleine Gefühle und Denkweisen bemerken würde, die ich an mir vervollkommnen will; und ich sehe sie bei schönen und guten Gelegenheiten wie Festtagskleider, in denen man sich gerne zeigt und glänzt. Entschuldigen Sie den gewaltsamen Vergleich, mein Freund, der mich vor allen andern der Schuld einer übertriebenen Eigenliebe überführen würde, während das auf dem Grund meiner Seele nur der letzte Grad der Überzeugung von der Richtigkeit meiner Gefühle über das Gute ist. Wenn ich also genügend moralische Reichtümer aufhäufen könnte, um alle Tage ein Sonntagskleid zu tragen, ohne Gold und Flitter, ganz wie mein nußbrauner Rock, hätte ich da Unrecht? Und wenn ich in diesem nußbraunen Rock zu lachen und den scherzenden Geist der Gräfin Max zu lieben weiß, wenn ich froh sein kann und mit Leichtigkeit über kleine, liebenswerte Dinge reden – bin ich dann zu ernsthaft? Und wenn – aber Sie haben recht: alle Wenn und Aber dienen zu nichts, und dann, wer will schon aus so großer Entfernung das Für und Wider in uns und in anderen bereden. Ihr Brief wird immer meine Aufmerksamkeit schärfen, nie durch die Meinungsverschiedenheiten, die ich mit ihnen habe, die zu verletzen, die mit mir leben. Und nun danke ich Ihnen von ganzem Herzen für all das, was Sie mir darüber gesagt haben, und es tut mir leid, daß Sie mich um Vergebung gebeten haben. Dumeiz kennt mich besser als Sie, mein Vetter, er bittet mich niemals um Vergebung, wenn er mir widerspricht, und daß er mir Gründe gibt, das sei aus Rache gesagt für den Kummer, den mir dieses „ich bitte Sie um Vergebung" gemacht hat. Bessern Sie sich, Sie werden damit sich selbst, mir und der aufrichtigen Freundschaft zwischen uns gerecht werden, und vergessen Sie nicht, mir eines Tages zu sagen, woher es kommt, daß Sie trotz meiner Meinungsverschiedenheiten mit anderen ständig den Geschmack für meinen Charakter bewahrt haben, warum mich Ihre Frau liebte und noch liebt, warum sich La Roche mir gegenüber nicht verändert hat, trotz der Schwierigkeiten einer unauflöslichen Verbindung, und sehen Sie, wenn ich nicht auch in all diesem Gründe fände, die mir sagen, daß ich nicht unrecht haben kann, daß aber Sie, meine ersten und liebsten Freunde, mich durch Ihre Freundschaft und Zuneigung bestärken im Ton meines Herzens und Geistes, aber vielleicht unterstützen Sie mich aus anderen Gründen, daher frage ich Sie: Warum liebt man die Farbe meines Charakters, die so sehr von anderen absticht?

Reden wir von dem großen, schönen Brief der großen, wahrhaft schönen Gräfin von Wartensleben; ich war gar nicht erstaunt über die Ideen und Gedanken, aber ich war es über den Ton und die Wendung, und ich war bereit zurückzugeben, daß Madame ihren Brief in schönem Französisch geschrieben habe und daß Lucius ihr geholfen habe, ihn anschließend ins Deutsche zu übersetzen, wie in der Komödie vom *Philosophen wider Willen*. Ich wiederhole Ihnen, daß sie schön ist, nehmen Sie zum Beweis dafür die bescheidene Wendung, mit welcher sie die Idee anführte: „Die Natur hat mir eine mittelmäßige Gestalt gegeben". Man sagt so etwas nicht ohne die innere Überzeugung, daß man schön sei; ich nehme nichts davon zurück. Figur, Umfang, Teint, Grazie, Haltung, Miene einer süßen Wollust, vollendet durch himmelblaue Augen, die sanftesten, die man nur sehen kann. Ich genieße die Wirkung, die all das auf Sie haben wird, denn Sie wird von Wien zurückkommen, wo sie einen großen, schlimmen Prozeß ihres Mannes führt, schlimm, weil es um Geld geht. Sie hat viel Geld, Kenntnisse, Geschmack; sie ist wohltätig gegen Arme und herzzerreißend gegen andere. Endlich werden Sie sie sehen, sie sprechen, ihr applaudieren, von ihr entzückt sein, und all das aus schönen und guten Gründen. Niemand wird diesen Brief sehen außer Ihren guten Eltern, die so erfreut sein werden, ihn zu lesen; ich möchte ihnen gerne alle Zärtlichkeiten Ihrer Abwesenheit zukommen lassen.

La Roche umarmt Sie, und auch ich umarme Sie für die Umarmungen, die Sie meinem Fritz gaben wegen seiner Freundschaft
für einen armen, von unserer Natur Mißhandelten. Die körperlich
Buckligen muß man bedauern und lieben, aber die am Herzen und
an der Seele Buckligen kann man nur hassen, verachten und verabscheuen. La Roche möchte wissen, ob Fritz ein lateinisches Buch
lesen und verstehen kann; er dankt Ihnen für alle Ihre Güte für seinen Anderi. Adieu, Freund Vetter, Gott erhalte Sie nebst denen, die
Sie lieben; ich umarme unsere Kinder und ihre kleine, liebenswürdige Mama von ganzem Herzen.   Sophie

31. Sophie La Roche an Christoph Martin Wieland

Warthausen, 11.4. 1770
Es scheint mir immer, meine Posttage sind leer und schlecht angewendet, wenn ich Ihnen nicht ein kleines Wort schreibe, denn von
Zeit zu Zeit ergreift mich die Lust, mit Ihnen öfter als mit anderen
zu sprechen, sehr lebhaft und läßt mich wünschen, Ihr Haus wäre
in meiner Nachbarschaft oder das meine bei Ihnen. Oft, mein Vetter, ergehe ich mich in der Vorstellung, daß La Roche, der schon
halb dem Kurfürsten von Mainz gehört, sich einen Dienst in der
guten Stadt Erfurt geben ließe und daß wir uns dann dort als gute
und liebenswerte Leute privaten Standes in einem schönen Haus
etablieren würden, mit einem schönen Garten, daß wir unsere Kinder aufziehen würden und daß Erfurt ihre Stadt, ihr Vaterland
wäre, daß meine Jungen dort eines Tages ein Plätzchen bekämen
... Und unterdessen würde ich zuhause, ganz für mich, Ihre
Gesellschaft genießen, auch die von Riedel, und unsere Häuser
gäben den Ton an und änderten den Ton der ganzen Stadt durch
das Angenehme, das wir unseren Gesellschaften zu geben suchten,
denen die Farbe der Ideen und der Ton der großen Welt von La
Roche und mir, das Kolorit der französischen Erziehung meiner
Töchter sehr eigen wäre, die Kenntnisse und die Erfahrung von La
Roche in allen möglichen Angelegenheiten, seine Aktivität, der liebenswerte Geist, den er in das gesellschaftliche Leben bringen
würde: wahrlich, mein Vetter, das wäre hübsch; ich würde meinen
nußbraunen Rock mit lichtem Blau und zartem Karmesin auszie-
ren, hätte die heilige und unumschränkte Freiheit eines eigenen
Haushalts, Freundschaft und Konversation würden eine Firnis über

diese Farben ziehen, die Ihnen dann sehr angenehm erscheinen würden ... Da haben Sie nun also mein thüringisches Schloß, das mir besser gefällt als das hiesige und das Bönnigheimer, die uns nicht gehören, wo meine Kinder nur das Ende eines Flügels von dem fliegenden Blatt des brüchigen Andenkens der so viele Jahre lang geleisteten guten Dienste erhalten können; ja, ich sage noch mehr: das *Erfurter Schloß* ist mir lieber als das in der Schweiz, weil die Vernunft zugunsten meiner Kinder entschieden für das erste spricht, wohingegen den Bau des helvetischen Schlosses die *Signora Imaginazione* leitete. Und wenn der dortige Herr noch ein *großer Herr* wäre und ein Grand Seigneur, der mit Sicherheit nichts dagegen hätte, sich einem La Roche zu überlassen ... Hier muß ich Ihnen eine Frage stellen, die ich Ihnen einmal bei anderer Gelegenheit tun wollte, nämlich: ob Sie nicht glauben, daß es einen Fall geben könnte, in dem man hervorstechendes Verdienst haßte, *bis ins dritte und vierte Glied*, wie man die Nachkommen derer haßt, die uns beleidigt haben ...

Sie werden sagen, daß ich sehr wenig zu denken haben muß, weil ich an all das denke, aber Sie wissen ja: Wenn man unzufrieden ist mit den Dingen hier unten, versetzt man sich schnell anderswohin, man wählt seine Wohnung, seine Freunde, man ist entzückt von seinem neuen Aufenthalt, man lernt *den Unterschied zwischen hier und dort* ertragen.

Aber in diesem Augenblick hat La Roche gerade meinen Brief gelesen und mein Schloß bei Ihnen besichtigt, er hat es mir mit barer Vernunft abgekauft und gibt mir noch obendrein umsonst einen schönen Pavillon in Bönnigheim mit dem Blick auf Ihr Tübinger Lusthäuschen, wo ich sehen werde, wie Sie Ihre weißen Haare mit Stolz tragen werden, und wo wir unsere wiedergewonnene Freundschaft miteinander verzehren werden, es ist wirklich noch Nebel auf den Höhen, wo sich Ihr Lusthäuschen befinden muß, aber der Sommer ist noch nicht zu weit vorgerückt, so daß die Sonne nicht mehr überall hinkommen würde; zuerst würde sie unsere Begegnung in Mainz erleuchten und dann durch einige Wolken hindurch den Rest. Ich wünsche leider sehr, daß sie das Schicksal der armen Frau Schmelz und ihrer Kinder aufhellte, deren Verzweiflung zu beschreiben unmöglich ist; ich habe zärtliche Tränen geweint mit dem guten Rudhardt, der gekommen ist, mir diesen unvorhergesehenen Todesfall zu melden, der nichts

hindert konnte, ein Tod, gegen den keines der angewandten Heil-
mittel etwas ausrichten konnte. Ich war sehr erschreckt und betroffen, um so mehr, als der gute Mann in Stuttgart und anderswo so
viel zu tun haben mußte. Was für Bösewichter hätte der Tod hin-
wegraffen können statt dieses ehrlichen Kerls, dessen gutes Betragen seinem Stand und seinem Schicksal Ehre machte. Die arme Floriane wird sehr betroffen sein, und Ihre Frau und Sie werden auch
daran teilnehmen. Gott erhalte nun die gute Mutter dieser vier so
wohlerzogenen Kinder; ich werde dafür tun, was ich kann.

Adieu, mein Freund. La Roche bittet Sie zu sehen, ob man nichts
tun könnte für die Liebe des Herrn Osterwald, der ihm diese Pro-
spekte geschickt hat, ob Ihre Freunde in Leipzig nichts tun könnten
oder wollten, ihm die Hand zu bieten.

Wie geht es meiner lieben Freundin Wieland, wann werde ich
wissen, daß sie niedergekommen ist und daß es ihr gut geht? Ich
umarme sie sehr zärtlich wie auch die kleine Sophie, die schon
gehen kann, und *meinen Fritz*. Adieu, Freund Vetter, Gott erhalte Sie.
Die Gräfin hat sich geirrt; in diesem Jahr wird man nach Mainz
gehen. Herr von G[roschlag] würde sich freuen, Sie dort zu sehen.
Adieu, liebes Haus.

32. Christoph Martin Wieland an Sophie La Roche

[Erfurt, Ende April 1770]

Allerdings, beste Freundin, verdient Ihre *Sternheim* gedruckt zu
werden; und sie verdient es nicht nur; nach meiner vollen Überzeugung erweisen Sie Ihrem Geschlecht einen wirklichen Dienst
dadurch. Sie soll und muß gedruckt werden, und ich werde ihr
Pflegevater sein. Reich soll sie in einer nicht üppig gezierten, aber
simpel schönen Ausgabe verlegen, und was er dafür bezahlen wird,
wird immer so viel sein, daß Ihr wohltätiges Herz sich viel von diesem göttlichen Vergnügen, dem einzigen, wofür es gemacht zu
sein scheint, wird verschaffen können. Aber es ist aus verschiedenen Gründen notwendig (das heißt aus *kaufmännischen Ursachen*),
daß die beiden Bände miteinander erscheinen. So wäre ich der
Ansicht, Sie schickten mir das Manuskript des ersten Bandes, und
während ich damit beschäftigt bin, ihm, wie wir Schriftsteller
sagen, den letzten Schliff zu geben und es anschließend für den
Druck abschreiben zu lassen, werden Sie den zweiten Band begin-

nen, dem ich, während man den ersten druckt, denselben Dienst erweisen werde. Gefällt Ihnen diese Einrichtung nicht, Base?

Ich bin gerade unterbrochen und aller Zeit beraubt worden, die ich für diesen Brief bestimmt hatte, und zwar durch eine Reihe ausländischer Besucher, von denen es in dieser Jahreszeit so viele gibt. Unter ihnen war ein Franzose, der aus Berlin kommt und mir versichert, daß sich dort mein *Diogenes* bei allen Damen auf dem Schminktisch findet, welche er gesehen hat – das heißt also aller hübschen Damen. Ein anderer, schwedischer Nation, hat mir ein unendlich größeres Vergnügen gemacht, indem er mir positiv versicherte, daß der Graf von Tessin ein Exemplar des *Agathon* einige Monate vor seinem Tod bekommen hat und eine merkliche Zufriedenheit mit der Passage im zweiten Band bezeigt hat, die ihn betrifft. (. . .)

33. Sophie La Roche an Johann Georg Jacobi

Warthausen, 30. 6. 1770

Ich weiß nicht, mein teurer Freund, ob Sie nicht denken werden, ich sei eine ungestüme Briefwechslerin, da Sie schon wieder etwas von mir lesen müssen; aber ich versichere Sie, daß ich schon viele Wochen das Verlangen unterdrückte, Ihnen für Ihre freundschaftliche Antwort zu danken und Ihnen zu sagen, daß ich froh bin, alle feine, alle edle Gesinnungen Ihrer Schriften und Briefe so lebhaft zu empfinden und die nämliche Fühlbarkeit in der reinen Seele meiner lieben Maximiliana zu sehen. Die Spaziergänge, welche ich mit meinen Kindern mache, waren allezeit die süßeste Stunden meines mütterlichen Lebens, indem ich ihr Herz bei ihrer Freude über das einfachste Grasblumchen mit Dank und Liebe für ihren Schöpfer zu erfüllen suchte; und niemals war ich eine glücklichere Mutter, als wenn sie mir um den Hals oder an meinem Arme hingen und die Stärke ihrer erweckten guten Empfindungen bei mir ausweinten. Vielleicht aber hätte ich den Ton dieser nützlichen Betrachtungen nicht oft genug abändern können und ihnen dadurch die Kraft des Eindrucks genommen. Dieses Übel haben Ihre Schriften gehindert, die mir den Geist und Herz meiner ältern Tochter ausbilden halfen und sie Anwendungen machen lehren, die sie recht artig für ihre jüngern Geschwister vernützt. Und Sie, wohltätiger, liebenswürdiger Schriftsteller, Sie haben Feinde! O, wenn diese Leute wüßten, daß sie sich selbst schaden und daß Jacobis Schriften der echte Maßstab der besten, edelsten Gesinnungen gegen den Schöpfer und Geschöpfe sind; aber mir ist gesagt worden, daß der verdorbene Witz und der falsche Geschmack allezeit die heftigste Widersacher des feinen Genie und der guten Empfindungen waren und daß wenigen Menschen daran gelegen ist, eine Seele zu haben oder zu zeigen. Lassen Sie sich, ich bitte Sie, nicht müde machen, durch Ihren sanften, liebenswürdigen Ton auch die kleinste Triebfedern unsers moralischen Lebens aufzusuchen und in Bewegung zu bringen; ich bin sicher, daß Sie mehr tätige Empfindungen erwecken, als die strenge, hochtönende, zerreißende Schriften und Reden niemals getan haben. Ich danke Ihnen, daß Sie das arme, wächserne Bildchen so freundlich verteidigen; Ihr Schutz und Ihre Gesinnungen machen es in Wahrheit unschätzbar. Kennen Sie das schöne griechische Mädchen in Kupfer: *Offrande à Venus, par Beauvarlet?* Meine Max übt sich im Zeichnen; wenn Sie es nicht haben, so will sie es kopieren und Sie bitten, es von ihrer Hand anzunehmen. Wieland und Zimmermann haben Ihnen Gutes von mir gesagt; diese Männer könnten mich in Versuchung bringen, viel von mir selbst zu halten. Wieland war der erste Mann, den mein Herz seinen Freund nannte, und er wird der erste davon bleiben. Zimmermann sagen Sie, sein gütiges Andenken meiner wenigen Verdienste hätte eine von den Tränen zurückgerufen, die ich vergoß, als er uns seinen Besuch versagte. Aber die Macht der Umstände streitet oft mit einer tyrannischen Gewalt über unser bestes Wollen, und es war über diese, daß ich weinte. Allezeit werde ich Zimmermann verehren.

Nun will ich aufhören zu schreiben und Ihnen versprechen, daß ich lange, lange Zeit bescheiden sein werde, und stillschweigend von Ihnen *gegen Sie allein* will ich die vollkommen zärtliche Hochachtung ernähren, die ich für Sie habe.　　　　　Sophie La Roche

34. Sophie La Roche an Christoph Martin Wieland

Warthausen, 6.7. 1770

Tausend Dank, lieber Wieland, für die Mühe, die Sie sich gemacht haben, mir in so großem Detail über meine deutschen Träumereien zu schreiben. Ich sehe und fühle alle Ihre Gründe und bin untröstlich über die Mühseligkeiten, die ich Ihnen mit dieser Phantasie aufgeladen habe; aber ich dränge so wenig, daß ich entzückt wäre, wenn es sich noch bis Ostern 71 hinzöge und auch länger, denn unser Wegzug von hier fordert meine Zeit und meinen Eifer für Dinge, die so weit von der Phantasie und vom Gefühl entfernt sind, daß ich nicht in Ruhe arbeiten kann. Ich werde Ihnen am Dienstag drei Briefe schicken, von denen Sie mir Ihr Urteil sagen werden, was Ideen, Gefühle und Charakteristik anbelangt, und zwar in Verbindung mit dem Ganzen – das ist immer der Hauptgesichtspunkt, den ich mir gegeben habe. Die extreme Nachlässigkeit und Einzigartigkeit meines Stils ist mir wohl bewußt, aber ich fühle mich unfähig, Abhilfe zu schaffen. Sagen Sie mir, mein lieber Freund, wie ist es mit meinen freundschaftlichen Briefen oder denen an Jacobi, an Riedel, sofern sie Briefe, das heißt gedacht sind, haben sie einen runderen Stil, einen süßeren Ton, oder sind sie auch von der Mühe gezeichnet, von dem, was Sie gerne das *„Je ne sais quoi"* nennen? Sagen Sie mir das, ich bitte Sie. Und dann muß man sagen, daß es ganz einzigartig ist, daß eine Frau das komponiert hat; ich mache mich auf verletzende Kritiken gefaßt, denn trotz Ihrer freundschaftlichen und väterlichen Sorge werden Sie mich nicht davor in Schutz nehmen können, daß man Wörter und Sätze zerpflückt. Aber wenn Originalität ein Verdienst ist, wird es mir wegen der Einzigartigkeit meines Stils zukommen. Schon mehrfach wollte ich damit aufhören wegen der Schwierigkeit, die ich mir selbst zugezogen habe mit der Komposition des *Bösewichts*, denn wenn man darangeht, seine Verbrechen zu vergrößern, muß man auch seinen Ton und seine Charakterzüge verstärken; ich habe gefunden, daß er mir richtig schien für den Klang der Seele und der Phantasie eines wollüstigen Verbrechers, dieser durfte sich aber im Kopf einer Frau nicht finden lassen, und auch deshalb kürze ich die Rolle dieser Person. Hier ist ein Blatt, das das Ergebnis eines Spaziergangs im *Annawäldchen* ist, wo ich ganz allein mit meinem Spa-Wasser gegangen bin und über den Plan zum zweiten Band meiner Komposition nachdachte; da fiel mein Blick auf die kleinen Zweige voller Blätter, welche zwischen den Wurzeln eines umgestürzten Baums wuchsen, Moos und hübsche, kleine Blumen, die darum herum standen, lieferten mir dieses Bild, das mir gefiel und das ich gleich nach meiner Rückkehr nach Hause zu Papier brachte. Ich gestehe Ihnen, lieber Wieland, mein Herz hängt doppelt an diesem Werk, einmal, weil man das, was man macht, liebt und weil mein

Charakter, dessen Triebfedern alle gehemmt sind, sich darin frei entfaltet, und dann, weil das Ergebnis eine Komposition sein wird, in der immer die Prinzipien des Wohltuns und der Guten herrschen werden. Ich bin immer bereit, mein Freund, mich den Ratschlägen der Vernunft zu beugen. Leider waren meine Gefühle immer gezwungen, das zu tun. Und immer würde, wer mir meinen Enthusiasmus nähme, mich gänzlich vernichten. Lange, ja lange schon würde ich nicht mehr leben, wenn ich nicht Hilfsmittel auf dem Grund meiner Seele gehabt hätte. Aber ich werde alles unterschreiben, was Sie für Ihr Töchterchen ins Werk setzen werden. Und das mit gutem Herzen. Ist Riedel verheiratet? Gehört zu den Stücken Jacobis, die in der vollständigen Ausgabe seiner Werke vergessen geblieben sind, auch seine Antwort an Amor in der *Hamburger Zeitung,* weil sie nirgends zu finden ist? Nur Wieland gestehe ich's, daß ich darauf rechnete, sie dort zu finden, und daß ich verstimmt war, sie nicht dort zu finden. Ich denke jetzt, daß Sie vielleicht überrascht waren von jener Idee in meinem letzten Brief an Jacobi, wo ich Sie den ersten Mann nenne, den mein Herz seinen Freund nannte, und daß Sie vielleicht an Bianconi dachten; aber es ist sehr wahr, daß Sie der erste waren, der zu meiner Seele sprach, daß Sie die Gefühle angesprochen haben, welche sie immer noch gern nährt, denn sie sind rein, gerecht und verträglich mit dem ganzen Kreis meiner Pflichten und mit allen Zeiten meines Lebens.

Ich danke Ihnen, daß Sie an Freund Dumeiz geschrieben haben, und ich freue mich schon im voraus jeden Augenblick darüber, daß wir uns bei ihm sehen werden. Adieu, guter Wieland. La Roche ist immer in Bönnigheim; von dort wird er Ihnen über das Verschwinden des Herrn von Groschlag berichten, das verursacht wurde durch die Turbulenz der Regierungsangelegenheiten. Er wird auch die Mainzer Kammer an die Bezahlung Ihrer Einkünfte erinnern.

Adieu für meine liebe Base und meine beiden Wielandkinder und für meinen Fritz La Roche. Ist er Ihrer Zuneigung noch wert? Gott wolle es!

Ich habe Ihren Eltern die größte Zufriedenheit gegeben, indem ich ihnen sagte, daß ich in Bönnigheim oft in die Kirche gehen und mich mit der Gemeinde der Gläubigen vereinigen werde. Ich war entzückt über die freundschaftliche Freude, die sie mir darüber bezeugten. Schon zweimal habe ich Ihnen adieu gesagt. Nun umarme ich alle miteinander, Sie und Ihr ganzes Haus, von Herzen. Gott erhalte Sie alle und bringe uns eines schönen, glücklichen Tages alle zusammen.

35. Sophie La Roche an Johann Georg Jacobi

Warthausen, 15.7. 1770

Wäre Wieland vorgestern noch in meiner Nachbarschaft gewesen, so würde ich ihn gebeten haben, die Freude zu beschreiben, welche mich das Geschicke bei Empfang des gütigen Geschenks Ihrer Werke empfinden ließ, denn ich erhielt es in der nämlichen Stunde, in der ich so glücklich war, durch einen freundschaftlichen Betrug einem sehr rechtschaffenen Familienvater seinen eigensinnigen Widerwillen gegen Arzneien zu benehmen und ihm dadurch das Leben zu retten. In dem Augenblick, da er von meinen Händen das erste Hülfsmittel nahm und ich mit tränenden Augen Segen dazu erbat, schickte mir die Post das Päckchen mit Ihren Büchern. Ich sah nur nach der Aufschrift und wollte es erst in Warthausen aufmachen, aber mein Name und *par Coblence* erregte meine Neugier. Du hast keine Bekannte in dieser Gegend, und wer soll da wissen, daß du Sophie heißt? Aufgerissen wurde es, und als ich Ihre Werke und Ihre Hand erblickte, empfand ich mit der zärtlichsten Rührung, daß Sie bestimmt waren, mich durch dieses freundschaftliche Geschenk für den Dienst zu belohnen, den ich der Familie meiner Freunde geleistet hatte. Allezeit hätten Ihre Schriften von Ihrer Hand mich erfreut, indem ich sie als ein untrügliches Kennzeichen Ihrer erhaltenen Achtung schätzen muß; aber bei dieser Gelegenheit wurden sie mehr als Kennzeichen. Denn alle Ihre schönen Gemälde der edelsten Fühlbarkeit unserer Seele wurden mein Eigentum in dem Augenblick, da mir mein Herz sagen konnte: Ich verdiene, sie zu besitzen. Dem Geschicke dankte ich die edle, die vollkommene Zufriedenheit, die ich dabei genoß, und Ihnen, mein teurer Freund, danke ich, daß Sie so gern dem Zuflüstern des wohltätigen Genius folgten, der Ihnen sagte: *Sophie La Roche soll auch diese Sammlung haben.* Ich hatte sie schon zweimal gekauft und artigen Mädchen gegeben und vorgelesen, und nach Abgang meines letzten Briefes an Sie genoß ich das traurige Vergnügen, daß mir nach dem Tod eines lieben, empfindungsvollen Mädchens von 17 Jahren, bei Zurücksendung Ihres *Elysiums,* noch ein Dank von dem guten Kind geschrieben wurde, weil sie mir, wie sie sagte, das Vergnügen der letzten Freudentränen schuldig gewesen.

Elysium kam zwei Tage vor ihrem Tod an und wurde ihr vorgelesen; alle Kräfte sammlete sie noch, und mit englischem Lächeln sagte sie: „O gewiß, gewiß werde ich auch im Elysium bekränzt – o süße Hoffnung." Sagen Sie, lieber Jacobi, halten Sie sich nicht für die schöne Arbeit Ihres *Elysiums* belohnt? Und konnte ich Ihrem Herzen einen angenehmeren und würdigeren Dank sagen als durch die Anzeige dieser Würkung Ihres *Elysiums?* Süßigkeit in die bittre Schale des Todes zu gießen: wie selig ist diese Empfindung. Wird Ihnen nicht auch dadurch der Jammer versüßt, den Sie in Ihrem Brief an Herrn Compagne beschreiben? Aber was, Jacobi, was soll ich Ihnen für eine Lorenzodose geben, wenn Sie noch eine hätten und Wieland Sie versicherte, daß dieses Geschenk von mir gewiß nicht entheiliget würde. Wollen Sie diese Anfoderung vergeben. Ihrer Freundin Sophie La Roche.

36. Sophie La Roche an Johann Caspar Hirzel

Warthausen, 16.7. 1770

Wollen Sie, lieber, rechtschaffener Hirzel, zufrieden sein, wenn ich in Abwesenheit des La Roche mich hinsetze, um Sie zu unterhalten. Ich werde keinen sehr muntren Ton haben, weil mein Herz traurig wird, wenn ich Sie und Zürich gedenke und an die Wendung mich erinnere, die das Schicksal meinen liebsten Hoffnungen gegeben hat. Gerne, mein Freund, hätte ich mit ruhiger Gelassenheit mich zurückführen lassen, wenn ich nur Sie gesehen hätte, und Sie in meinem offenen Gesichte alle die aufrichtige Freundschaft und alle die wahre Hochachtung gelesen hätten, die ich für Sie trage, und wenn Sie dann mir gesagt hätten: „Sophie, Ihr Herz hat Sie würdig gemacht, die Frau von La Roche und die Freundin edelmütiger Personen zu sein." – „Gott segne Sie, verehrungswerter Mann", hätte ich mit Tränen geantwortet, Ihre Hand gedrückt und mich in den Winkel meiner Kutsche verborgen. Fünf Sommertage wären hinreichend gewesen, meinem Herzen diese Freude für mein ganzes übriges Leben zu verschaffen. Aber ich muß Sie in der Ferne segnen, weil ich nicht weiß, ob La Roche mir dieses Glück noch geben kann, welches der liebreiche Mann gewiß gern tun wird, wenn das Geschick es seinem Willen überläßt. Ich liebe Ihre Briefe, und ich bin gewiß, daß Sie so freundschaftlich wären, uns zu versprechen, Sie wollen uns durch Schreiben über den Mangel Ihres Umgangs schadlos halten. Ich schriebe aber viel herzhafter an Sie, wenn Sie mich nur eine Stunde gesehen hätten, denn da würde ich mir sagen: „Hirzel ist nun überzeugt, daß du nicht, wie Fontenelle, *ein Stück Hirn anstatt des Herzens,* sondern ganz umgewendt, *ein Stück Herz anstatt Hirn* hast, und dieser liebe Mann, der so voll Seele ist, wird nun immer zufrieden sein, wenn er in deinen Briefen findt, daß du mehr empfindst als denkst." Merck, der beste, rechtschaffenste Mann, weiß es, daß ich meinen Kopf sehr ungern durch meine Feder gucken lasse, außer gegen Personen, die mich ganz kennen.

Haben Sie Wielands *Beyträge* schon gelesen? Und haben Sie nicht wie ich gewünscht, daß die drei ersten Abteilungen zurückgeblieben wären? Auf die Herbstmesse bekommen wir wieder schöne Verse von ihm in der Geschichte eines *Neuen Amadis.*

Die gesammelten Werke meines Freunds Jacobi (den ich meinem Mädchen zu danken habe) werden Sie auch mit Vergnügen lesen. Es ist wieder ein Vorspiel von ihm da, *Apollo unter den Hirten,* auf das Geburtsfest des Königs von England, wie *Elysium* für die Königin war. Ich liebe die Bemühung des Jacobi, alle Triebfedern des Guten in uns aufzusuchen und sie in das Licht der Freude zu stellen; denn ich halte einen Schriftsteller, der unsere junge Leute viel Unschuld und tugendhaftes Vergnügen lehrt, für ihren Wohltäter. Vergnügen ist der angewiesene Teil Glückseligkeit des Frühlings unsers Lebens, Strenge und Ernst verscheucht junge Leute und jagt sie oft ohne ihren Vorsatz und ohne böse Neigungen dem moralischen Verderben zu, indem sie nichts als ihre Rechte an Munterkeit und Vergnügen zu erhaschen denken. Aber was sagen Sie, daß J. J. Rousseau in Paris ist? Da in den Kaffechäusern umhergeht und Schach spielt, bis seine Opera *Pygmalion* aufgeführt sein wird? Ist es herablassende Weisheit und Güte? Will er dadurch verbessern? Oder dünkt es ihm zu lange, daß nicht von ihm geredt worden? Bös bin ich über ihn, bis ich seine Ursachen weiß. Nun ist mit meinem Geschwätz das Blatt voll. Sind Sie damit zufrieden? Ich umarme Ihre würdige Frau und empfehle mich Ihrer Freundschaft. Wollen Sie mir nicht etwas von Geßner schreiben und mir zwei Exemplare von der neuen Auflage der *Poetischen Werke* Wielands schicken? Gott erhalte Sie wohl und als gütigen Freund von

Sophie La Roche.

37. Sophie La Roche an Christoph Martin Wieland

Warthausen, 25.7. 1770

Kopfweh habe ich keines mehr, dafür habe ich nun aber auch keine Ideen mehr, und seit einiger Zeit, mein lieber Vetter, habe ich stark Lust, Ihnen Briefe mit Kopf zu schreiben, obwohl die Umstände eines Umzugs die Gedanken immer drunter und drüber zu werfen scheinen wie Möbel und Kleider.

Ihr lieber, kleiner Brief vom 9. hat mich getröstet über den Schmerz, den ich fühlte, so oft ich an die Fronarbeit des Korrigierens meiner mit Ungereimtheiten und unbehauenen Steinen angefüllten Phantasien dachte. Aber Sie sagen, daß meine Tochter Sie dafür schadlos hält; sie wird mir lieb, wenn sie Ihnen gefällt, und ich werde sie hochschätzen, wenn Sie auch den Rest ihres Herzens und Charakters billigen. Gegenwärtig befindet sie sich in Vaels bei Aachen bei Emilie, sie hat schon Ihren Namen geändert und denkt über den Plan der Gründung einer Gesindeschule nach. Das ist ein bißchen schwierig, aber ich werde versuchen, es zu schaffen.

Ich habe die Reisen durch England und Schottland gelesen, um zu erfahren, wo ich sie am entferntesten plazieren könnte, und ich werde sie in die *Leadhills* verfrachten, wo sie schöne Dinge tun wird; ganz strahlend wird sie zurückkehren . . .

Ich bin entzückt, daß Ihre kleine Caroline zu leben verspricht und Ihnen tausend Grazien bringt, wie auch über das Versprechen, das Sie mir so freundschaftlich wiederholen, daß Sie die Zeit herbeiführen werden, wo ich sie in meine Arme drücken und Sie und Ihr ganzes Haus sehen werde. Ihre Gefühle, mein Freund, und die meinen erinnern mich an die Wahrheit einer Devise, die ich von dem rechtschaffenen Schmelz gravieren lassen wollte. Es ist ein See der Liebe, dessen Enden sich weit in der Ferne die Hand geben, über Flüsse, Täler und Berge hinweg. Die Devise heißt: *Entfernung verbindet.* Sie werden nicht glauben, lieber Wieland, wie gerührt ich bin durch die Fortsetzung Ihrer Freundschaft für mich, wie sehr ich es bin durch die Anhänglichkeit, die Ihre liebe Frau mir bezeugt; sagen Sie ihr, daß ich sie bitte, mir zu glauben, daß ich sie schätze und von ganzem Herzen liebe und daß sie es erleben wird, wie diese Freundschaft im Lauf der Zeit noch zunehmen wird, denn gewiß bekommt mein Herz keine Runzeln und nimmt nicht ab, wie es mit meinem Gesicht und mit meinem Äußeren geht. Ich werde versuchen, meinen Wert zu erhöhen, wie es bei den Medaillen ist, wo die antike Patina zum inneren Wert des Goldes und Silbers hinzugerechnet wird. Haben Sie nicht auch schon gedacht, daß mir das Schicksal ein schönes Geschenk gemacht hat, indem es mich zu Ihrer Base machte und mir eine fruchtbare Einbildungskraft gegeben hat; im Lauf der Zeit und der Ereignisse ist das eine große Wohltat, und ich bin Ihnen dankbar, daß Sie sie in mir genährt haben.

Ich habe Ihnen, glaube ich, schon Antwort gegeben in bezug auf den Namen meiner Heldin. Sie und Riedel werden ihr schon einen zu zimmern wissen; glauben Sie mir, daß ich völlig zufrieden bin mit dem, was Sie gut finden werden.

Ich schätze unendlich das Herz des Herrn Riedel, sagen Sie es ihm; sein Kopf braucht von meinem nicht approbiert zu werden. Aber ich bin sicher, daß die Freundschaft eines Herzens wie des meinen bei ihm etwas gilt. Woher kommt es, daß dieser fühlende Mann bisher noch keine Frau für sein Herz gefunden hat, die sein Glück gemacht hätte, indem sie seine Gefühle erwiderte? Ich bin stark in Versuchung, meine Kunst des Liebens in einem meiner phantastischen Briefe zu entwickeln, ich werde dieses Gemälde dem meines Wissens von der Freundschaft an die Seite stellen und ich werde sehen, was Sie dazu sagen. Unterdessen adieu, guter Freund. Gott erhalte und segne Sie.

Ich weiß noch nichts über die Mainzer Reise als bis Bönnigheim, wo ich im Monat September sein werde. Ich umarme Sie von ganzem Herzen mit dieser heiligen Freundschaft, die ich bis zum letzten Augenblick meines Lebens für Sie haben werde.

Lieber Fritz, ich umarme dich und bitte dich, ein fleißiger und guter Mensch zu sein. Am Sonntag will ich dir mehr schreiben. Mein Kind! Bemühe dich, deinem Papa und mir die Freude zu geben, ein rechtschaffenes und wohldenkendes Kind in dir zu umarmen, wenn der Herr Wieland dich zu uns nach Mainz führen wird. Adieu, mein Sohn. Deine Geschwister grüßen dich herzlich – deine treue Mama   Sophie La Roche.

38. Christoph Martin Wieland an Sophie La Roche

Erfurt, 29.7. 1770

Den größten Teil meines Lebens bringe ich schreibend zu, meine liebe Freundin; meinen Augen geht es zuweilen so schlecht, daß ich gezwungen bin, ihnen etwas Ruhe zuzugestehen, und gegenwärtig befinde ich mich in diesem Fall. So werden Sie also nur einen kleinen, mit Unterbrechungen geschriebenen Brief erhalten. Ich habe Ihren Brief an Jacobi bekommen, der noch in Düsseldorf ist. Er wird ihm unendliches Vergnügen machen – und ich finde ihn sehr gut geschrieben, und das genau deshalb, weil, wie ich glaube, Sie beim Schreiben nichts anderes gemacht haben, als die Feder gehen zu lassen; offenbar hat Ihr Herz den Rest getan. Einer Frau wie Ihnen kann man nur eine einzige Kompositionsregel geben – nämlich: Folgen Sie beim Schreiben dem Antrieb Ihres Genies, schreiben Sie nur in den Momenten, wo Sie fühlen, daß entweder das Herz bewegt oder die Phantasie erhitzt ist; dann wird es Ihnen, wenn Sie ein Werk der Fiktion komponieren wollen, leicht sein, sich an die Stelle der Personen zu versetzen, die Sie reden oder handeln lassen wollen, vorausgesetzt, diese Personen sind Ihnen ähnlich. Was die Charaktere anbelangt, die Ihnen nicht ähnlich sind, zum Beispiel Mylord Derby, erreichen Sie – um Ihnen nicht zu schmeicheln – niemals mehr als Mittelmäßiges, zumindest was die Stärke des Genies und der Anstrengung betrifft, oder Sie müßten sich in einem Moment, wo man Ihnen übel mitgespielt hat und Sie in Zorn geraten, sich in die Verfassung bringen, die man dafür braucht. Sonst keine Regeln, keine Kunst, keine besondere Aufmerksamkeit auf die Anordnung und die Ausdrucksweise für das, was Sie denken, das würde nur dazu dienen, Ihrer Komposition ein Ansehen von Verlegenheit und Trockenheit zu geben, das unendlich viel weniger wert ist als die Nachlässigkeiten eines glücklichen Naturells. Das ist also alles, meine Freundin, was ich Ihnen über die Art der Komposition zu sagen habe.

Es ist zu spät für Sie, die Kunstregeln handhaben zu lernen, ohne daß man es merken würde, und ohne den natürlichen Ton zu verlieren, den man so sehr und mit so viel Recht liebt an Werken des Genies und des Geistes. Ich gestehe Ihnen, daß zum Beispiel in *Musarion* und *Idris* unendlich viel Kunst liegt, aber der Leser zweifelt nicht daran, und man wundert sich unaufhörlich über die extreme Leichtigkeit und das Natürliche, das man darin findet. Das ist das Sublime der Kunst, aber um dahin zu gelangen, muß man sehr frühzeitig beginnen, man braucht fast ununterbrochene Übung durch eine Reihe von Jahren und unendliche Einzelstudien. Es gibt nur sehr wenige Beispiele dafür, daß sich eine Frau in den Umständen befindet, die sich für diesen Zweck zusammenfinden müssen. Auch hat eine Frau von Genie das alles nicht nötig; und wenn sie nur ihre Gefühle wiedergibt, wie sie sie verspürt, und die Natur so malt, wie sie sie sieht, mit den Farben, die sie hat, oder denen, die sie ohne Anstrengung in ihrer Phantasie findet, wird sie es gut und besser machen, als die meisten Autoren unseres Geschlechts, denen bei aller möglichen Kenntnis der Regeln usw. Sensibilität und Genie abgehen.

Ich habe nichts mehr oder nur noch wenig zu sagen, insbesondere über die drei Briefe, die Sie mir kürzlich geschickt haben und die drei Wochen unterwegs waren. Ich weiß nicht, ob das die Wirkung einer Laune meinerseits ist, aber es scheint mir, daß sie im allgemeinen weniger gut geschrieben sind als die Mehrzahl der anderen. Und, unter uns gesagt, unser *sogenannter Bösewicht* scheint mir kein solcher Teufel, wie Sie uns glauben machen wollen. Er ist bei alle dem ein Mann, der mir sehr gefällt, und an seiner Stelle wäre ich ebenso erschüttert gewesen von der offensichtlichen Zimperlichkeit des Betragens von Madame. (. . .)

Ich bin vielleicht nicht deutlich genug über dergleichen Gegenstände; aber ich gestehe Ihnen, daß mir die Dame in dem Augenblick einen Spleen zu haben scheint und daß alles, was sie sagt, um ihr Verhalten zu rechtfertigen, mir nur sehr gesuchte Metaphysik scheint. Was Herrn Seymour angeht, wissen Sie, daß ich ihn schon lange nur noch aus Höflichkeit gern habe, und ich beginne jede Hoffnung zu verlieren, daß er jemals anders wird. (. . .)

39. Sophie La Roche an Christoph Martin Wieland

Warthausen, 5.8. 1770

Ihr letzter Brief, mein lieber Freund, hat mich sehr geschmerzt, nicht wegen des Tons, in dem er geschrieben ist, sondern wegen der Sache. Es wäre mir gar nicht lieb, wenn in Ihrem Alter schon ein Leiden begänne, und ich fürchte, Sie arbeiten zu hart. Denken Sie, Wieland, was Sie schon alles geschrieben haben; ich habe darüber nachgedacht, als ich die neue Ausgabe Ihrer *Poetischen Werke* von Hirzel geschickt bekam. Sie haben nur Kräfte des Geistes, Ihre Maschine ist sehr delikat; nützen Sie sie nicht vor der Zeit ab. Sie schreiben bitter und kurz, wie jemand, der leidet. Das hat meine Freundschaft mehr gefühlt als meine Eigenliebe die Trockenheit, von der Sie selbst auch reden.

La Roche ist zurück; er hatte da unten Geschäfte, die ihn beansprucht haben. Nun werden wir die ganze Woche einpacken, denn wir werden gegen den 28. dieses Monats abreisen. Ich bin sehr froh darüber; das wird den Augenblick unseres Wiedersehens näher bringen, welches ich auch in bezug auf Ihre Gesundheit wünsche, von der ich mich gerne mit eigenen Augen überzeugen möchte. Aber wir sagten, daß der Frühling am günstigsten wäre. Einmal, weil Sie nicht so sehr der Unbill der Witterung ausgesetzt wären. Die Tage wären länger, die Landschaft schöner Anfang Mai oder Ende April, und das ganze Rheinland steht da in Blüte. Aber alles hängt davon ab, wie es Ihnen bequem ist. Ab dem 1. November 70 bis zum 1. Juni 71 können Sie zwischen sieben Monaten auswählen, welcher Ihnen am besten paßt; zeigen Sie mir Ihre Wahl an und seien Sie sicher, daß ich in jedem Fall mit unaussprechlicher Freude zustimmen werde.

Meine phantastische Tochter macht mir Unruhe, wenn Sie Ihnen mißfällt. Ich werde auch nur ein Wort zu ihrer Verteidigung sagen hinsichtlich des Briefes, den sie nach der Flucht und heimlichen Heirat schreibt. Es schien mir sehr natürlich, daß ihr Geist geschwächt und ungleich erscheinen müßte, weil sie beunruhigt ist über den Schritt, den sie gewagt hat, und über das Ansehen der Heimlichkeit, die sie halten mußte, fühlte sie sich im Unrecht und befand sich in Bedrängnis, darüber sprechen zu müssen, sogar mit dem Freund ihres Herzens.

Was Derby anbelangt, wissen Sie, daß ich seine Eifersucht zur wesentlichen Triebfeder seiner Verbrechen gegen meine Heldin machen wollte; dann, daß es mir unmöglich ist, jemandem den Charakter der Bosheit ohne Gründe zu geben, wenn es auch wenig plausibel sein mag und die Eifersucht schon so viel Böses ins Werk gesetzt hat, daß diese verwirrende Leidenschaft, die zu einem gewissen Grad mit dem Ehrgeiz verbunden ist, der mit dem Tod des ältesten Bruders erwachte, mir ausreichend erscheinen konnte, mir und den anderen einen glaubhaften Vorwand zu liefern für seinen Entschluß, sie zu verlassen. Wenn ich irre, geben Sie mir die Hand, mich auf den rechten Weg zu führen; aber das drängt nicht, mein Freund; tun Sie ja meinetwegen Ihren Augen keinen Schaden.

Gott erhalte Ihre liebe Frau und Ihre Kinder; die Zufriedenheit, die sie Ihnen geben, wird Sie am Leben erhalten; die Übel der Seele sind am schlimmsten für einen Mann wie Sie.

Warum, Wieland, warum sind wir so entfernt voneinander; ich fühlte das bitterlich bei Ihrem letzten Brief. Leben Sie und sehen Sie mich nächsten Frühling. Sie werden überzeugt sein, daß ich Ihren Wert kenne. Adieu. Ihre Briefe sind ein Hauptpunkt des Glücks meiner vernünftigen Jahre, wie Sie, da sie die Herrschaft meiner Eigenliebe mildern, den Abend meines Lebens mit Freude füllen werden. Tun Sie nie etwas, diese Idee aus meinem Herzen zu entfernen, und glauben Sie, daß es keinen Augenblick gibt, den ich Ihrem Andenken widme, in dem mir nicht Tränen in die Augen kommen und in dem ich nicht Wünsche für Sie tue, für Ihre Familie und Ihr Glück. Ich werde in allem wieder ich selbst werden. Und an diesem Punkt, Wieland, dürfen sich Ihre Gefühle der Freundschaft nicht entfernen; denn wenn ich mehr ich selbst wäre, wäre ich näher bei Ihnen. Ich umarme Ihre Frau und Ihre Kinder mit dem Herz, das Sie an mir kennen.

Fritz, mein Kind, folge deinem väterlichen Freund, Herrn Wieland, in allem. Brauchst du auch deinen Lavor fleißig?

40. Sophie La Roche an Johann Caspar Hirzel

Warthausen, den letzten Tag,
wo ich die Schweizer Gebürge sehe
[Ende August 1770]

Bester, rechtschaffenster Mann, ich schreibe Ihnen mit aller Verwirrung, die das Einpacken und Abreisen eines ganzen Hauses mit sich bringt. Tausend Dank für Ihren letzten Brief; ich will das ganze liebreiche Schreiben Stück für Stück beantworten, wann mein Geist ruhig und meine Seele über den Schmerz des Verlusts ihrer liebsten und besten Wünsche besänftiget ist. Aber ich reiße auf immer alle reizende Hoffnungen und Aussichten aus meinem Herzen, sie kosten mich sonst noch die Gesundheit meiner Seele, nachdem sie meinen Körper so oft zerrüttet haben.

Meine Entfernung von der Aussicht auf Ihre Gebürge zieht auf

immer einen dichten, traurigen Vorhang über tausend Gegen-
stände, die mir lieb waren und womit ich seit vielen Jahren mein
Herz beschäftigt hatte. Gott erhalte Sie und die glückliche Madame
Hirzel, glücklich, weil sie die ganze zärtliche Hochachtung von
Ihnen genießt. Die Stelle Ihres Briefs, wo Sie von den Verdiensten
Ihrer Frau schreiben, hat mich mit zärtlicher Freude sagen machen:
„O wie süß ist das Lob eines Ehmanns wie Hirzel und La Roche."

Gott bewahre Ihr Herz vor dem Kummer, den Zimmermanns
Herz zu leiden hat. Leben Sie, und leben Sie auch für mich, für La
Roche, der Ihnen auch schreiben wird, der Ihnen herzlich ergeben
ist und Sie verehrt, so wie er mich gelernt hat, Ihren Geist und Herz
zu verehren. Adieu, liebe Gebürge! Hoffnung vom künftigen Jahr
einer Straßburger-, Basler- und Zürcherreise – warum schleichst
du dich in mein Herz? Sie macht mich unter Tränen lächlen und
unterstützt meine Mutlosigkeit. Soll ich sie wegstoßen? Nein, sie
zeigt mir Hirzlen und seine würdige Frau. Gott erhalte beide. Amen
von Ihrer ganz ergebenen   Sophie La Roche.

Sechs Gulden für Wielands Werke und einen Taler für Fritz
Porto. Sollte es nicht genug sein, so schreiben Sie es, lieber Freund.

41. Sophie La Roche an Christoph Martin Wieland

Bönnigheim, 29. 8. 1770

Nun sind wir hier, lieber Vetter, glücklich angekommen und einge-
richtet, obwohl stark beschäftigt und in Unordnung, weil wir
Möbel, Personen und Kleider arrangieren müssen; aber alles, was
Vergnügen macht, kostet wenig, sagt man, so daß mir alles Kommen und Gehen keine Mühe macht, weil ich mir jeden Augenblick
sage: was ich arbeite, ist für mich, für meine freie und ruhige Wohnung, und diese kleine Rede belebt mich wieder, und ich verdopple
meine Aufmerksamkeit darauf, daß die Strohhalme und Federn
meines Nestes in eine gute Ordnung kommen.

Ich habe Ihre lieben Eltern mit wahrem Schmerz verlassen; ich
habe sie so lieb, daß ich mich nur mit vielen Tränen von ihnen habe
losreißen können. Meine Schwester und die Schmelz haben mir
auch sehr zugesetzt. Darin liegt, sagt meine phantastische Tochter,
der Gegenwert für die Güter, die Sie hier erwarten – wirkliche
Schmerzen gegenüber der Hoffnung auf Besseres. Ihr Brief ist der
erste, den ich hier empfangen habe; das ist ein gutes Vorzeichen:

der Segen Wielands und die Versicherung des guten Betragens und des guten Herzens von Fritz. Nicht lange mehr habe ich eine Verbesserung meines Zustandes nötig, und dafür danke ich dem Schicksal und Ihnen.

Mir ist lieb, daß Jacobi meine Briefe gern hat; das beweist mir, daß er ein rechtes Gefühl hat und daß er meinen Ton kennt, denn, offen gestanden, es war ein bißchen Hasard gespielt, daß ich mich auf meinen Enthusiasmus verlassen habe; lassen Sie ihn mir immer, diesen Enthusiasmus, er tut mir in jeder Hinsicht gut, drängen Sie mich wenigstens nicht, ihn aufzugeben, ich bitte Sie, mein lieber Freund. La Roche umarmt Sie; es geht ihm zum Erstaunen gut, und Sie werden Ihr Geld durch die Mainzer Kammer bekommen. Er hatte Augenblicke der Indignation, weil Prälat Kolborn und der Pfarrer von Warthausen, die den Geist des Grafen von Stadion leiten, ihm Mißvergnügen verursacht haben; ich werde nicht versäumen, Ihnen davon in einem Brief im Detail zu berichten.

Ich erwarte Ihre *Grazien* mit mehr Begierde und Eifer, als die Frommen die seligmachende Gnade und –– Aber ich warte auch auf die Muße, mich mit meinen Gemälden und Porträts von Warthausen zu beschäftigen. Die Bas Lucia macht auch die Beschreibung von Grandisonhall, sogar von den Tapeten und Betten. Und wenn ein Gesicht schön ist, hat man es da nicht lieber, zu wissen, daß es existiert hat, als nur sagen zu hören: *das ist ein Ideal?* Die Gräfin Max hat eine schöne, sehr schöne Seele, wie sich in der letzten Zeit gezeigt hat. Ich habe kein Wort zuviel gesagt, eher zu wenig. Aber wenn Sie glauben, daß dieser Brief eine Art Parade von meinen Bekannten und einigen Frauen von Qualität wird, werfen Sie ihn ganz weg, wenn auch diese Bekanntschaft sehr natürlich scheinen mag bei einer Person, die, wie meine Heldin, an einem Hofe lebte. Sie werden sich, mein lieber Wieland, nie ärgern über all das. Ich versichere Ihnen, daß ich nie im Schlechten daran denke und daß all das in meiner Feder lag, sogar ohne Absicht, wobei ich mir allein sagte: aber warum solltest du deine Ideen nicht Wieland sagen; er wird sie sich ansehen und davon wegwerfen oder auswählen, was ihm gefällt und was er gut findet.

Meine Augen verweigern mir das Vergnügen fortzufahren. In wenigen Tagen werde ich Dumeiz sehen; er wird von mir erfahren, mit welcher Freude ich den Tag erwarte, an dem ich Sie sehen und sprechen werde. O es ist eine üble, sehr üble Sache, von den Freunden seines Herzens entfernt zu sein. Sie werden in meiner Physiognomie tausend Sachen lesen, welche meine Briefe entstellen oder verkehrt machen. Eine einzige Frage, eine einzige Antwort würde unsere Mißverständnisse vermeiden, die umso unangenehmer sind, weil man fast einen Monat braucht, um sie aufzuklären. Ärgern Sie sich also ja nicht über Ihre Freundin Sophie und erwarten Sie, sie mehr als jemals voller Gefühle für Sie zu sehen. Adieu Wieland, Gott erhalte Sie trotz des Mißbrauchs, den Sie von Ihren Kräften zu machen scheinen. Er möge Ihre Frau und Kinder erhalten, ich küsse Sie alle und schließe Sie in meine Arme; das ist die einzige Familie, für welche ich diese schwesterliche und mütterliche Zärtlichkeit fühle. Adieu.

Liebster Fritz, der Papa und ich umarmen dich herzlich für das Vergnügen, welches du uns gemacht hast, da du das Lob und die versicherte Liebe des Herrn Wielands verdientest. O folge ihm, mein Kind, und sei gut und fleißig. Adieu von deiner zärtlichen Mutter   Sophie La Roche.

42. Sophie La Roche an Christoph Martin Wieland

Bönnigheim, 9. 11. 1770

Sie haben mich empfindlich gerührt, mein guter und lieber Wieland, durch die freundschaftlichen Klagen, welche Sie wegen meines langen Stillschweigens an mich richteten. Nein, zu großer Zufriedenheit war nicht der Grund der Verspätung meiner Briefe, im Gegenteil, es waren Unzufriedenheit und Unsicherheit und eine starke Korrespondenz, in die ich mit Cateau verwickelt war, die den Vermittler abgab zwischen dem Herrn von Hornstein und La Roche. Die Gräfin Max gab mir alle Augenblicke, die sie sich nehmen konnte, und Dumeiz war auch da.

Unser Schicksal scheint nun geklärt; der Kurfürst von Trier tut und sagt alles, was einen rechtschaffenen Mann dazu bringen kann, ihn zu lieben und ihm seine Dienste anzubieten, dergestalt, daß ich mich nun in Koblenz sehe und daß ich Sie dort mit meinem Fritz erwarte, oder besser: Sie kommen nach Mainz nach meiner Reise Ende April, und wir werden uns ganz in Ruhe sprechen und sehen; rechnen Sie darauf, mein Vetter, daß das immer ein großer Punkt des Glücks für mein Herz ist und daß ich mich schon seit einem Jahr darauf stütze. Ich war betroffen von allem, was Sie sagen, von dem Verlust, der Ihnen entsteht, weil nun La Roche nicht im Mainzer Kabinett ist. Aber wenn nun eines Tages dieser Fürst Clemens Kurfürst von Mainz würde, was werden Sie dann sagen? Vielleicht ist da schon etwas unter der Hand, aber darüber darf um alles in der Welt nichts verlauten; Sie werden mehr darüber erfahren, wenn wir uns sehen werden. Unterdessen, mein lieber Freund, versuchen Sie, sich ohne Schrammen aus der Hölle des Neids und der Bosheit herauszuhalten, die sie in Erfurt umgibt. Es macht mir mehr Schmerz, als ich Ihnen sagen kann. Aber La Roche wird für Sie mit allen seinen Kräften bei Herrn von G[roschlag] arbeiten, und ich glaube, daß auch Ihr Besuch im Frühjahr etwas für Sie bewirken kann. Und da nun einmal meine armen Briefe bei Ihnen in Betracht kommen, hören Sie, mein guter Wieland, ich schwöre es Ihnen bei der heiligen Freundschaft, die uns vereint, daß mich in Zukunft nur eine tödliche Krankheit davon abhalten kann, Sie ohne Nachricht von Ihrer Freundin Sophie zu lassen; glauben Sie, daß es aller Hemmnisse und Schikanen bedurfte, die uns das Schicksal in die Waagschale geworfen hat, um eine so große Unterbrechung in meiner Korrespondenz mit Ihnen eintreten zu lassen. Habe ich Ihnen schon gesagt, daß ich an Frau von Schall nach Parma geschrieben habe und daß ich von ihr eine sehr zärtliche Antwort erhielt? Sie werden auch noch nicht wissen, daß ich Jacobi noch nicht auf seinen Brief vom August geantwortet habe, und, was schlimmer ist, ich habe ihm noch nicht für die Lorenzodose gedankt, die ich schon vor langer Zeit erhalten habe. Sie können den letzten Punkt ein wenig abmildern, indem Sie ihm sagen, ich hätte ihm meinen Dank rechtzeitig abgestattet, aber ich wollte mein wiederholtes Versprechen nicht brechen, ihm nur sehr selten zu schreiben, aber ich wollte den Jahrestag des Beginns meiner Korrespondenz mit ihm halten, und noch diesen Monat wird er einen Brief bekommen.

Ihre *Grazien* sind noch nicht angekommen. Vielleicht wird sie mir der Bote, der morgen von Heilbronn zurückkommt, bringen, und wenn das eintrifft, werde ich Ihnen nächsten Dienstag wieder schreiben.

La Roche umarmt Sie. Er ist sehr erfreut, daß Ihnen sein Brief so viel Vergnügen gemacht hat. Wieviel Vergnügen werde erst ich haben, mein Freund, wenn das Schicksal uns eines Tages die Gelegenheit gibt, Ihnen einen wesentlichen Dienst zu erweisen, und mir scheint, daß diese Gelegenheit, die noch in den Armen der Zukunft schlummert, eines Tages aufwachen wird, um mich auf den Gipfel der Freude zu bringen. Ich umarme meine beiden jüngsten Töchter und ihre Mama von ganzem Herzen; umarmen Sie dafür meinen ältesten Sohn. Gott segne Sie in Ihren Kindern für all das, was Sie dem meinen an Sorge und Güte angedeihen ließen. Habe ich Ihnen schon gesagt, daß mir die Frau Gräfin das lebhafteste Bedauern über die Abreise des La Roche zeigte und daß sie bitterlich weinte über den Kummer, ihn durch die Geschmacklosigkeiten, Ungerechtigkeiten und Unbequemlichkeiten zu verlieren, die man uns in Warthausen bereitet hat. Der kleine *Haus-Diophant* hat viele Federn springen lassen, um die angeborene Abneigung zu verschärfen zwischen den Leuten von Genie und denen, die keines haben. Ich versichere Ihnen, daß ich, was den Herrn angeht, sehr zufrieden bin, daß der junge Herr eine so fühlsame Seele für das Verdienst und den Geist hat, daß er Herrn Blumke, den Lütticher Bibliothekar, im Angesicht seines ganzen Hofes umarmte und ihm bei seiner Abreise mit Tränen in den Augen sagte, indem er ihm eine goldene Tabaksdose mit seinem Porträt gab:

„Mein lieber Blumke, erinnern Sie sich zuweilen an mich und glauben Sie mir, daß die fünf Tage, die Sie mir in Koblenz geschenkt haben, die angenehmsten waren, die ich seit meiner Wahl zum Kurfürsten hatte, denn ich habe keine fühlende und denkende Seele um mich."

Dieser Blumke ist ein intimer Freund von Dumeiz, ein Mann von Geist und freundschaftlichem Herzen, dem der königliche Kurfürst dies bei der letzten Michaelismesse sagte, wo Blumke, der dem Fürsten von Lüttich her bekannt war, von Frankfurt her durch Koblenz kam. Glauben Sie nicht auch, daß er La Roche von ganzem Herzen lieben wird? Adieu, Freund Vetter. Gott erhalte uns alle in guter körperlicher Gesundheit, denn unsere Seele ist, glaube ich, in guter Verfassung, und moralische Krankheiten sind bei uns nicht epidemisch. Dumeiz schreibt mir: „Ich verlängere meine Arme um 15 Meilen, um Sie zu umarmen." Um wieviel muß ich die meinen verlängern, um Sie mit Ihrer Familie zu umarmen?

43. Sophie La Roche an Johann Georg Jacobi

Bönnigheim, 22. 11. 1770

Möchten Sie nicht, teurer Freund, die Antwort wissen, die mein Kopf meinen Empfindungen gab, als sie ihm über seinen Vorsatz, Ihnen lange nicht zu schreiben, Vorwürfe machten? Gerne hätte ich Ihnen den Streit erzählt, welcher während meinem Stillschweigen zwischen meiner Achtung für Sie und meinem Vergnügen, mich mit Ihnen zu unterhalten, entstund. Aber die Vorsicht hat die Lebhaftigkeit dieses Gezänks durch die Hoffnung unterbrochen, Sie einmal in Person zu sehen und vielleicht einige Zeit in meinem Haus zu bewirten. Wollen Sie mir glauben, daß dieses der zweite Gedanke war, der sich mir zudrang, da La Roche als Geheimer Konferenzrat an den kurtrierischen Hof berufen wurde und mein Wohnplatz in Koblenz bestimmt war.

Mein Freund Jacobi, sagte ich, kommt alle Jahre nach Düsseldorf, gewiß führt ihn seine Gefälligkeit auf meine Bitte nach Koblenz; wie schön wird der Augenblick sein, in welchem ich diesem empfindungsvollen Mann meinen La Roche, meine Kinder und zu gleicher Zeit den liebenswürdigen Dechant von Frankfurt darstellen werde.

Machen Sie mir, ich bitte Sie, jetzt noch keine Miene von Zweifeln der Erfüllung dieses schönen Traums; Sie würden mich einer der angenehmsten Blüten von Zufriedenheit des künftigen Jahres berauben. Und Sie, Jacobi, ja Sie verlieren dabei, wenn Sie die Gelegenheit versäumen, den La Roche kennenzulernen, La Roche, von dem Sie einst lesen werden, daß er als ein Beweis der ohnendlichen Fähigkeiten unseres Geists anzuführen sei, weil er die Wissenschaft des feinsten Staatsmanns mit aller Gelehrsamkeit des Philosophen, der Kenntnisse des Physikers und des schönen Geists verbände, alle Werke der Kunst in seinem Begriff habe, verschiedene Sprachen gut redte und schrieb, Meister auf dem Klavier und in der Ackerbaukunst sei und daneben das beste, edelste und menschenfreundlichste Herz besitze. Kommen Sie, mein Freund, und sehen in mir die seltene Gattung weiblichen Stolzes, der sich auf das Glück stützet, die Frau dieses Manns, die Mutter seiner Kinder und die erste Freundin seines geliebten Wielands zu sein. Kommen Sie auch, einen Fürsten zu sehen, der die lebendigste Hochachtung für Verdienste empfindet, der die Freundschaft kennt und der die beste

Minister um sich versammlen möchte, um seinem Land viel Gutes zu tun.

Sehen Sie, mein Freund, wie entzückend die Aussicht in meine künftige Tage ist, aber Sie wissen noch nicht alles. Anfangs Mai werde ich mit meiner Familie von Heilbronn aus zu Wasser nach Mainz reisen, und dort werde ich unsern Wieland als den zweijährigen Pflegvater meines geliebten ältesten Sohns umarmen; Freudentränen werde ich bei dem Anblick meines Kinds und dem edlen, liebreichen Führer seiner wichtigsten Jugendjahre weinen.

Bin ich nicht zu glücklich? O wenn es mir möglich wäre, in die vollkommne Güte unsers Schöpfers einen Zweifel zu setzen, so würde sich eine schmerzliche Sorge unter die rührenden Empfindungen des Danks und [der] Freude mischen, die würklich meine Seele bewegen. Geben Sie, lieber Jacobi, Ihren Freunden La Roche einen zärtlichen Segen der wahren Freundschaft und versprechen Sie, uns den Teil Vergnügen nicht zu versagen, der in Ihren Händen sein wird, wenn Sie sich kommenden August wieder in Düsseldorf befinden. Meine Maximiliana beweint nun die Abreise ihres Zeichenmeisters, denn, sagt sie, diesen Winter über wäre ich geschickt worden, *L'offrande à Venus* unter den Augen des Herrn Jacobi fertig zu machen.

Leben Sie wohl, wertester Freund, und sagen Sie, ob Sie es wie ich bemerkt haben, daß es ein Jahr ist, daß wir uns kennen, und sagen Sie sich, daß ich alle Jahre meines Lebens bleiben werde Ihre wahre Freundin   Sophie La Roche.

Heut waren meine 40jährigen Augen krank und machten mich sudlen.

44. Sophie La Roche an Johann Caspar Hirzel

Bönnigheim, 30.3.1771

Wenn nur Sie, bester und rechtschaffenster Mann, die Unruhe gesehen hätten, welche mich seit drei Monaten durch zwei Reisen des La Roche, Krankheit meiner Kinder und dem Einpacken meines ganzen Hauses in einem Zirkel herumtreibt, so daß nicht nur meinem Kopf, sondern meiner Seele selbst hätte schwindelich werden können; doch habe ich immer von Zeit zu Zeit gedacht: „O du mußt an den lieben Hirzel schreiben." Denn gewiß, Sie sind dem La Roche und mir von ganzer Seele lieb; mir besonders deswegen, weil so viel Genie in Ihren Empfindungen ist. Und war es nicht der Genius Ihres Herzens, der Sie Ihren letzten Brief schreiben hieß? Ich habe ihn dem La Roche nach Koblenz geschickt; er mag selbst auf Ihre Vermutungen antworten. Und dann will ich Ihnen sagen, daß ich Sie darüber hätte umarmen mögen – aber vermuten andre auch so viel wie Sie? Ich hoffe es nicht, sonst bleibt die Folge zurück. Also (...) La Roche ist schon seit dem 19. März in Ehrenbreitstein, recht wohl und ohnendlich mit dem Kurfürsten zufrieden, der ihm gleich in der ersten Audienz sagte:

„Ich bin noch jung an Jahren und Erfahrung; ich habe aber den besten Willen, ein guter Regent zu werden; wenn Sie durch Ihren guten Rat und Arbeiten dazu helfen, so werden Sie mich zum glücklichsten Menschen machen."

Sie wissen, wieviel der erste Eindruck vermag, und gewiß freuen Sie sich, lieber Freund, daß Ihr La Roche bei diesem wichtigen Schritt der Veränderung seines Wohnplatzes und Diensten gleich in den ersten vier Stunden Liebe und Vertrauen für seinen Herrn bekam. Er hat mir geschrieben: „Liebe Sophie, fürchten Sie nicht die Anstrengungen meines Amtes, denn ich arbeite mit Herz und Seele für diesen guten Fürsten." All dieses, mein Freund, macht mich hoffen, daß La Roche im Stand sein wird, Ihrem Freund zu dienen. Es ist eine Reise des Kurfürsten im Anschlag, welcher den La Roche mitnimmt und die ihn über Basel führt. Was würden Sie da tun, lieber Hirzel? Den September könnte es sein. Anfangs Juni wird Wieland meinen Fritz zu uns bringen; da will ich Wielanden über den Ton reden, den Rechtschaffne gern in seinen Werken hätten. Ich bin nicht unter den Damen, deren Lob ihn verderbt, gewiß nicht. Bei dieser Gelegenheit will ich mir die *Madame* in Ihren Briefen an mich verbeten haben.

Ihre Frau, Ihre Kinder will ich umarmen; Gott gebe Ihnen alles Glück der besten Menschen. Übermorgen gehe ich mit meinen Kindern aufs Wasser. Adieu, lieber, teurer Freund von

Sophie La Roche.

Drittes Kapitel

„Die Nähe des Hofes, der Umgang mit Großen
dient meiner moralischen Empfindlichkeit
als eine Feile"

Briefe aus der Zeit des Salons
in Koblenz-Ehrenbreitstein
(1771–1780)

45. Sophie La Roche an Johann Georg Jacobi

Koblenz-Ehrenbreitstein, 6. 5. 1771

Nun sind Sie, teurer Freund, bei Ihrem Herrn Bruder, und Wieland ist heut von Erfurt abgereist, um hieher zu kommen. Sie versprechen mir einen Besuch; kommen, werter Jacobi, kommen Sie! Niemals können Sie mit größerer Begierde erwartet werden als von mir und meiner Familie. Ihr würdiger Bruder wünscht Wieland zu kennen; dieser wird den 13. Mai hier sein. Lassen Sie zwei Brüder mich das edle seltene Vergnügen genießen, in meinem Hause die erste Umarmungen der Freundschaft dreier verdienstvoller Männer zu sehen. Aber wollen Sie, mein Freund, den Geschäften des La Roche verzeihen, daß er seine Bücher nicht aufräumen konnte und daß dieses die Ursach ist, daß ich Ihnen kein Zimmer in meinem Hause anbieten kann. Aber ich halte Ihnen Zimmer in meiner Nachbarschaft zurechte, und Sie sollen bei niemand frühstücken und speisen als bei mir. Sie kennen mich nicht, sonst würden Sie wissen, wie leid es mir ist, daß ich Sie nicht gleich dieses Mal ganz in meinem Hause haben kann. La Roche und meine Maximiliana sagen Ihnen tausend freundschaftliche Sachen voll Hochachtung. Ihrem Herrn Bruder sage ich's, weil ich ihn, seinen Geist, sein Herz, sehr gut kenne. Für Ihren letzten Brief danke ich Ihnen; seit ich ihn gelesen, sehe ich den Rhein mit Rührung an, indem ich mir sage: Morgen fließt der Teil Wasser, den ich jetzt sehe, vor den Augen meines Freunds Jacobi vorbei, und er denkt vielleicht, daß meine Blicke mit seiner Erinnerung darauf geheftet waren. Adieu für Sie und Ihren Herrn Bruder   von Sophie de la Roche.

N.S. Sie sollen im Tal Ehrenbreitstein im *Weißen Roß* absteigen und ja gleich zu uns kommen. Aber ich will den Augenblick Ihrer Ankunft belauschen lassen. Gott führe Sie glücklich.

46. Christoph Martin Wieland an Sophie La Roche

Frankfurt, 20. 5. 1771

(. . .) Freund Leuchsenring war mir eine große Hilfe während der Reise nach Mainz. Meine Seele war eigentümlich dazu gestimmt, einer empfindsamen Metaphysik mit Aufmerksamkeit zu folgen, und diese Disposition zum Zuhören ließ mich, in Verbindung mit der seinigen zum Sprechen, in ihm ein Talent entdecken, das ich an ihm noch nicht kannte und das mich in Erstaunen setzte. Es ist das eines tiefen Metaphysikers, aber auf eine ganz neue und für einen Dichterphilosophen unendlich viel interessantere Weise als alle anderen Metaphysiker, die ich kenne.

Wir kamen zu spät in Mainz an, um noch jemand zu sehen. Den folgenden Morgen besahen wir die Stadionsche Malereien, worin ich acht Tage zuzubringen gewünscht hätte. Ich vermißte Ihre Gegenwart dabei, fand aber alles in vollem Maß gerechtfertigt, was Sie mir Gutes von den schönsten Stücken dieser Sammlung gesagt hatten.

Um 11 Uhr vormittags kamen wir zu meinem künftigen Herrn Statthalter. Er gewann mein Herz in den ersten Minuten, und der Enthusiasmus von Achtung und Freundschaft, der in seinem Bezeugen gegen mich herrschte, übertraf alles, was ich Ihnen davon sagen könnte. Nach der Tafel war ich eine Stunde mit Herrn von Dalberg allein, und da bekam ich Gelegenheit, ein Genie und einen Grad von *Talenten, Wissenschaft* und *Fähigkeit* in ihm zu entdekken, der mich in Erstaunen setzte.

Die Eigenschaften des Herzens dieses vortrefflichen jungen Mannes erhöhten den Wert seiner übrigen Talente so sehr, daß ich keine Worte finden kann, Ihnen zu sagen, wie sehr ich mit ihm zufrieden und von ihm eingenommen bin. Die warme und ganz cordiale Art, womit er mir öfters wiederholte, daß ich seine größte Ressource in Erfurt sein würde, und alle anderen Ausdrücke einer auf Sympathie des Geistes und Herzens gegründeten Freundschaft machten mich durch die angenehmsten Aussichten in die Zukunft so froh und glücklich, daß Sie, liebste Freundin, Ihre Freude an mir gesehen hätten, wenn Sie gegenwärtig gewesen wären. Nachher führte mich Herr von Dalberg selbst zu dem Grafen von Wartensleben und zu dem Vizekanzler von Bentzel. Beide überhäuften mich mit Politesse; mit dem ersten hatte ich eine kleine Explication, womit wir beide sehr vergnügt waren; wir speisten auch bei ihm zur Nacht, und ich brachte den Abend sehr vergnügt zu, zumal durch die Bekanntschaft mit der Gräfin von Grumpach, deren Umgang viel Reiz und Unterhaltendes hat.

Mittwochs vormittag langten wir in Höchst an, und um 11 Uhr

nach der Messe hatte ich Audienz beim Kurfürsten. Wiewohl ich keinen Introducteur hatte (denn Dalberg hatte gewisser Amtsgeschäfte wegen eine Stunde vorher nach Frankfurt zurückkehren müssen), so wurd' ich doch in eben dem Augenblick, da ich gemeldet wurde, in das Kabinett des Herrn eingelassen. Er empfing mich leutselig, wurde von Minute zu Minute immer freundlicher, behielt mich beinahe anderthalb Stunden ganz allein bei sich, redete *sehr viel* und *sehr gut*, ging in den Detail verschiedener Erfurtscher und andrer Dinge hinein, und entließ mich endlich mit den gnädigsten Ausdrücken und Versicherungen. Ich kann Ihnen nicht genug sagen, wie unendlich vergnügt ich mit dieser Audienz war und bin.

So liebenswürdig der K[urfürst] v[on] T[rier] ist, so wollte ich doch den meinigen um keinen andern Herrn in der Welt vertauschen. Wenn ich nach Erfurt zurückgekommen sein werde, sollen Sie mehr davon zu lesen bekommen, insbesondere alles, was er mir von meinem Freund La Roche sagte, nach dessen Befinden er sich sehr liebreich und mit Ausdrücken von Hochachtung erkundigte. Er empfiehlt Ihnen sehr, auf Ihrer Hut zu sein; L[a] R[oche] (sagte er) ist ein vortrefflicher Mann, voll Talente, Geschicklichkeit und Redlichkeit, aber dies alles ist nicht genug in einem Lande und an einem Hof, wo man ein völliger Fremdling ist. Man wird ihm auf allen Seiten *Fallen* legen, und ich leugne nicht, daß ich besorgt seinetwegen bin. – Eben sagt man mir, daß die Post abgehe. Ich muß also abbrechen. Heute abend gehe ich nach Darmstadt und morgen abends zurück nach Höchst, wohin Herr G[roschlag] kommt, mit welchem ich sonntags oder montags nach D[ieburg] gehen werde.

Adieu, mes cherissimes amis.

47. *Sophie La Roche an Christoph Martin Wieland*

Koblenz-Ehrenbreitstein, 31. 5. 1771

Lieber Wieland, ich wollte, daß die Zufriedenheit, die uns Ihr letzter Brief aus Frankfurt gegeben hat, in Ihr Herz zurückkehren könnte. Denn gewiß, unsere Freude über Ihre Zufriedenheit ist unaussprechlich; wir danken Ihnen tausend Mal für die Mitteilung derselben. Sie können nicht glauben, liebster Freund, wie glücklich wir uns schätzen, daß wir der Anlaß gewesen sind, daß Sie so viele vergnügte Tage zählen; dieser Frühling war also sehr blühend für

Sie, Gott lasse Sie lang darüber lächlen und Früchte des Glücks und Vergnügens davon einsammlen. Ihren Herrn Statthalter segne ich von Herzen. Er wird Ihr Leben erhalten helfen. Seine Unterstützung bei der Wartenslebischen Visite macht mir ihn besonders wert; ich habe schon lang viel Gutes von der Schwester der Gräfin von W[artensleben] sagen hören, ja man zog sie vor – dazu mag eine besondere Damenursache den Entscheid gegeben haben. Und der Kurfürst, der freut uns auch besonders, und wie sehr danke ich überhaupt der Vorsicht, daß sie Ihnen verspricht, Ihre künftige Tage heitrer zu machen, als alle vergangne waren. Danken werde ich ihr, wenn ich in dem angenehmen Kreise, den Ihre verschiedene Freunde immer glänzender um Sie schließen, meine kleine Ecke behalten werde und ein Blick Ihres Herzens mich manchmal sucht. Jacobi ist den Mittwochabend um halb neun Uhr zu Wasser weg; vollkommen, ganz vollkommen verehrt und liebt er Sie. La Roche umarmt Sie, und ich tu es auch, was kann ich sonst Deutliches von meinen Gesinnungen sagen. Gott erhalte Sie.

Nun sind Sie in Dieburg; Rosenduft und Azurwolken sollen in Ihrem ganzen Dasein diese Gefilde umgeben, denn gewiß wird der Zirkel der Stunden, die Sie mit dem geistvollen Herrn dieses Hauses durchleben, der reizendste sein, den Sie jemals durchgingen. Lassen Sie den La Roche und mich einst in einem Ihrer Briefe die Nachlese davon halten; wir teilen dann diesen Brief den Jacobiten mit und vermehren unsre Freude und die Ihrige. La Roche will, wenn Sie wieder zu Haus sind, selbst an Sie schreiben, aber er bittet Sie, für die honette Equipierung des Herrn Schwarz zu sorgen und ihn dann gleich zu schicken.

Schreiben Sie mir doch, wie Sie unsern lieben Dumeiz gefunden haben. Er leidet an Blutauswerfen, ich bin äußerst um ihn besorgt; er scheint mir gleichgültig für sein Leben, und in seinem Gemüte dünkt mich auch etwas zu liegen. Wenn Sie, lieber Wieland, für den rechtschaffenen, für den edeldenkenden Mann durch Ihren freundlichen Zuspruch [etwas] tun können, so versäumen Sie es nicht, ich bitte Sie.

Adieu, lieber Wieland. Gott führe Sie bis zum Ende Ihrer Bahn in Gesundheit und Zufriedenheit. Wenn Sie dieser Brief noch in Dieburg findet, nehmen Sie die Bitte günstig auf, Brechter bei Herrn Großmeister in Erinnerung zu bringen, für eine gute Pfarrstelle am Rhein, Sulzbach beispielsweise. Sie wissen, daß der ehrliche Brechter Ihrer Freundschaft und der Protektion des Herrn G[roschlag] würdig ist. Mein ganzes Haus, das heißt das meines Herzens und meines Innersten, grüßt Sie zärtlich. Aber ich mache Ihnen ein abscheuliches Gesicht wegen der Unkosten, die Sie auf der Reise für Fritz aufgewendet haben und bei der Abreise noch für meine Domestiken, für das schlechte Essen meiner verfluchten Köchin – o ich hasse sie doppelt seit Ihrer Abreise. – Lassen Sie es Ihre Freundin Sophie nicht entgelten.

48. Sophie La Roche an Johann Georg Jacobi

Koblenz-Ehrenbreitstein, 2.6. 1771

Habe ich recht getan, liebster Freund, daß ich Sie erst alle Erzählungen Ihres würdigen Bruders anhören ließ, ehe ich Sie um einige Minuten bat, in denen Sie meine Antwort auf Ihren lieben Brief lesen sollen.

Ihr gutes, rechtschaffenes Herz jammert mich; wie gerne möchte ich mit der liebenswürdigen Betty, mit Adelaiden und Ihren edlen Schwestern, mein Jacobi, mich vereinigen, um Beruhigung für Sie zu suchen und um Ihre edle, Ihre Freunde so glücklich machende Empfindlichkeit zu hindern, das Herz ihres Besitzers zu verwunden. Es schmerzt mich, daß ich nicht manchmal um Sie sein, Ihnen meine Hand reichen und mit der stillen, ruhigen Träne, deren Wert und deren Ausdruck Sie so gut kennen, sagen kann, daß die beste, die edelste Gesinnungen meines Herzens und der Herzen meiner ganzen Familie Ihnen gegeben sind.

Wie selig wäre für mich der Morgen gewesen, an welchem ich Sie, bester Mann, zu dem Busch geführt hätte, von dem Ihre edle Schwestern die ersten Rosen für Sie holten, und denn an den Bach gegangen wäre, der unter Ihrem Fenster rieselt, da hätte ich mit Ihnen das junge Schilf und die mannigfaltigen Grasblümchen gesehen, die in dem Bache sich baden; dann würde ich Ihre Hand gedrückt und Sie gebeten haben, sich zu ermuntern und Ihre Rechte zu genießen, denn ich kenne keine Seele, welche mehr Anspruch an die reine Freunden des blühenden Frühlings hat als die Seele meines Freunds Georg. Aber weil Sie, lieber Jacobi, so gütig an das sich erinnern, was ich von Ihnen erbat, so will ich von hier aus Sie anflehen, daß Sie um Ihrer Freunde und um der *übenden Tugend* willen gerne leben sollen und daß Sie keine Mittel und keine

Gelegenheit vorbeigehen, die etwas zur Stärkung Ihrer Gesundheit beitragen können, damit Ihr liebenswürdiger Geist ungestört in seiner Wirksamkeit bleiben und seinen moralischen Reichtum mit Vergnügen verspenden möge.

Zärtlich danke ich Ihnen für die Versicherung, daß Sie zufrieden in meinem Hause waren. Ihre und Ihres Bruders Edelmütigkeit allein macht den Grund dieser Zufriedenheit aus. Ihre Freundschaft für meine Maximiliane faßt ein großes Maß mütterlicher Glückseligkeit in sich, und ich segne Sie für die Tränen, für die schöne Röte der Wangen, welche Ihr Brief an das gute Mädchen ihr ablockte. Denn diese Empfindsamkeit für den Ton der Gesinnungen eines Jacobi sehe ich für eine Schutzwehre an, welche die Sorgfalt eines guten Geists um das Herz meiner Tochter zieht, damit sie niemals die Beute der Bemühungen eines geringschätzigen schönen Schwätzers werde.

La Roche umarmt Sie; er verehrt und liebet Sie mit der ganzen männlichen Zärtlichkeit seines Herzens. Er will, wenn er frühe genug von Augsburg kommt, mich und meine Max zu unsern ehrwürdigen Düsseldorfer Freunden führen. Wie sehr mich diese Aussicht freut, wie sehr ich wünsche, daß Sie noch da sein möchten, kann ich Ihnen nicht ausdrücken, aber Sie sollen diese Freude sehen. Adieu lieber und würdiger Freund, Gott erhalte Sie auch für Sophie La Roche.

49. Christoph Martin Wieland an Sophie La Roche

Erfurt, 17. 6. 1771

Meine sehr geliebte Freundin, Sie sehen in diesem Augenblick den Herrn Schwarz, den sich Ihr Herr Gemahl aufgrund der Vorstellung, die ich ihm von ihm gegeben habe, als Mentor für seine Kinder gewählt hat. Er wird Ihrem hübschen Zimmermädchen nicht gefährlich werden und auch nicht der armen Köchin, der Sie soviel Böses wollen; er ist kein solcher Teufel, wie er schwarz ist. Er ist ein junger Mann von Verdienst, er hat Fertigkeiten und ein Herz, das zur Zuneigung und zu Gefühlen fähig ist. Ganz davon abgesehen, daß er viel Latein weiß und ziemlich gut französisch schreibt. Er brennt vor Begierde, sich der Güte seines neuen Patrons würdig zu erweisen. Unter anderem habe ich ihm auch eine Definition der Dame des Hauses gegeben, in das er nun eintreten wird. Stellen Sie sich, sagte ich ihm, einen leuchtenden Engel vor, einen wohltätigen Genius in der Gestalt einer sehr liebenswürdigen Frau von 40 Jahren; das ist also die Definition der Madame von L[a] R[oche]. Auf diese Definition hin habe ich ihm geraten, Vertrauen in Sie zu fassen und sich von Ihrer Seite auf alle Fürsorge gefaßt zu machen, die das, was etwa an seinem neuen Stand Mühevolles wäre, abmildern kann.

Sehen Sie hier, liebe Freundin, eine Aufstellung der Kosten, die es brauchte, um ihn von hier loszubekommen, um ihn geziemend auszurüsten und für seine Reise. Ich habe einige Kleinigkeiten von mir dazugegeben. Er wird jedoch noch mehr nötig haben; der arme Mensch hat bisher zu wenig teilgehabt an den Gütern dieser Welt; er ist in dem unglücklichen Zustand, in dem es einem selbst am Nötigsten fehlt; auch ist es fast ein Wunder, daß seine Seele noch nicht ganz zusammengesunken ist unter dem Gewicht des Elends. Er ist, so sehr man es nur sein kann, durchdrungen vom Gefühl seines gegenwärtigen Glücks. In der Überzeugung, daß Sie ihm leicht beschaffen können, was ihm noch fehlt an Hemden, Strümpfen und andern Kleinigkeiten, habe ich ihn nur mit dem Allernötigsten versehen.

Ich hatte mich dieser Gelegenheit bedienen wollen, um die Bücher zu schicken, die der Kurfürst von mir verlangt hat. Aber weil man zuvor die meisten meiner Werke aus Leipzig kommen lassen und sie dann sauber binden muß, wird noch einige Zeit vergehen, bis ich das Ihro Durchlaucht gegebene Versprechen einlösen kann.

Ich habe in meinem letzten Brief wegen der großen Zerstreutheit, in der ich Ihnen geschrieben habe, vergessen, Ihnen für Ihren liebenswürdigen Brief vom 31. zu danken und für das empfindliche Vergnügen, das er mir durch all das Freundschaftliche für mich und die meinen gegeben hat.

Doch dies alles, liebste, beste Freundin, verstehet sich so von selbst, daß es würklich unnötig ist, einander solche Dinge zu sagen. Ihr Freund, Ihr Bruder Wieland soll Ihnen niemals sagen, wie innig er Sie verehrt, wie zärtlich er alles liebt, was Ihnen angehört, was von Ihnen kömmt, was Ihnen wert ist. Lesen Sie nicht in seinem Herzen, wenn Sie in das Ihrige sehen?

Meiner lieben Frau und meinen drei Töchtern geht es gut; die erste umarmt Sie zärtlich. Ihre kleine Sophie ist liebenswert und

Ihre Caroline das lebendigste, sprühendste und seelenvollste Geschöpf, das ich in meinem Leben gesehen habe.

Ich grüße die liebenswerte Max und ihren Bruder; ich umarme Carlchen und Wilhelm, den Prinzen unter den Knaben und das wahre Muster eines kleinen Amors.

Adieu, beste der Freundinnen!

Demnächst werde ich Ihnen von Ihrem Manuskript sprechen. Bisher hatte ich noch keinen Augenblick, es anzuschauen.

50. Johann Heinrich Merck an Sophie La Roche

Darmstadt, 27.6. 1771

Wenn ich wüßte, wie ich's anfangen sollte, Ihnen unbekannt zu bleiben, und Ihnen in einem Anfall von Schwärmerei eine Nachricht von den Schicksalen Ihrer *Sternheim* mitzuteilen, so würde ich die Unschicklichkeit begangen haben, ohne Unterschrift und Anzeige des Orts zu schreiben, um nur den Gedanken der Zudringlichkeit zu entfernen, den ich bei allen Menschen, die meine Verehrung und Liebe kennen, *nicht verdiene*. Ich weiß aus Leuchsenrings Munde, daß Sie mit Herdern, einem meiner ersten Freunde, sympathisieren, und also kann Ihnen sein Urteil, das, ohne alle Absicht, an die Freundin seines Herzens geschrieben war, ohnmöglich gleichgültig sein. Hier ist es:

„Das schönste Stück, und was auf mich den meisten Eindruck gemacht, ist *Fräulein Sternheim*, von Wieland herausgegeben. Vielleicht können Sie mir historische Nachrichten geben, wer dies Stück geschrieben hat, ob wirklich seine Freundin, wie ich fast glaube, oder er, in den Zeiten, da er noch etwas ernsthafter und feierlicher dachte. Aber sei Verfasser wer wolle; für mich hat das durchgehende Dämmernde, Dunkle und Moralischrührende eine Würde, eine Hoheit, die ich lange, lange nicht gefunden. Ich will, wenn die Geschichte fortgesetzt und geendiget wird, gern dies Stück dreimal lesen, ehe *Amadis*, den schönen und von einer Seite des menschlichen Herzens, aber wahrhaftig auch nicht von mehreren, sehr nützlichen *Amadis*, einmal. Und das Buch widerlegt Wielanden offenbar, daß es außer der bloß *leichten* Schönheit einer menschlichen Seele wahrhaft eine höhere, ernsthaftere, rührendere Grazie gibt, die noch keine Betschwester ist und mich unendlich mehr rührt. Lesen Sie, wenn Sie ihn noch nicht gelesen haben, den kleinen Roman. Welche Einfalt, Moral, Wahrheit in den kleinsten Zügen, und alle werden interessant! Ja selbst alle, die W[ieland] darin tadelt. Aber welch Ende bisher! Ich blieb so betroffen, und gleichsam auf meinem Lebenswege gehemmt, daß ich, weil ich just vorigen Freitag den Roman las und darauf Sonnabend eine Preidgt machen mußte, ich durchaus von nichts anderm predigen konnte, als daß es unglückliche Schritte gebe, die man nachher lebenslang nicht zurückholen könne; und was man nun tun solle?"

Glauben Sie meiner Aufrichtigkeit, wenn ich sage, daß ich fühle, wie sehr ich der ganzen Verehrung meines Herzens, die ich Ihnen schuldig bin, entsagen würde, wenn ich ein Wort zusetzte, das mich, unsern Zirkel, unsre Empfindungen bei Ihrer *Sternheim*, berührte. *Keine* Antwort wird Versicherung für mich sein, daß Sie mir Gerechtigkeit widerfahren lassen.

51. *Sophie La Roche an Johann Georg Jacobi*

Koblenz-Ehrenbreitstein, 28.6. 1771
Den Augenblick, da ich mich hinsetzte, Ihnen zu schreiben, gibt man mir Ihren letzten schönen Brief.

Gewiß, lieber George, Sie sind zu gut, und ich möchte sehr gerne etwas von dem Reichtum Ihres Gefühls entwenden können, um einige arme, unempfindliche Seelen damit zu begütern. Ich erinnere mich hiebei, daß Sie in Ihrem Hiesein gegen mich die ohngleiche Gaben des Schicksals in Ansehung der Glücksgüter beklagten und ebenso geneigt waren, eine Abteilung des Goldes zu machen, wie ich mit dem überfließenden Schatz Ihrer Gesinnungen vornehmen möchte. Sagen Sie mir, lieber Jacobi, bei diesem Anlaß, ob ich nicht recht habe, die unterhaltende Phantasie zu ernähren, mit der ich immer in der Reihe physikalischer Dinge und Begebenheiten *ein* mit jedem von ihnen in Verhältnis stehendes moralisches Wesen sehe, die beide durch ein geheimes, durch die Hand ihres Urhebers gewebtes Band verknüpft, in gleichem Schritt die vorgezeichneten Stufen zur Vollkommenheit befolgen ... Weiter mag ich heute mit dieser meiner Lieblingsgrille nicht herumschwärmen, aber ich bitte, ihr, wenn Sie sie haschen, die Flügel nicht auszureißen, weil sie keinen Mißbrauch davon macht, und all ihre Reisen in das Reich der Toleranz gehen ...

Nun muß erst Ihr Brief vom 12. Juni seinen Dank haben. Wie

reichlich belohnet darin Ihr rechtschaffenes Herz das Wohlwollen des meinigen, indem Sie mit einer so rührenden Erkenntlichkeit von meiner Freundschaft für Sie reden; aber mein lieber George lächelt mit einem tränenden Auge, und dieses schmerzt mich. Warum sollen die Blumen, die Sie auf den Wegen der Tugend und Freundschaft ausstreuen, nur für andre und nicht für die Freunde Ihrer Seele geblüht haben? Wie lieb sind mir Ihre Freundinnen durch die vereinigte Mühe, Ihnen Vergnügen zu schaffen. Herzlich werde ich jede von ihnen dafür umarmen und den Platz im Wald, wo Sie mit Betty, Fritzen und Adelaiden speisten und so süß träumten – den will ich auch sehen und mit Dank anlächeln. Ihre Predigt, mein Jacobi! Sind Sie zufrieden, wenn ich Ihnen sage, daß La Roche sie mit Bewegung vorgelesen, daß ich mit zärtlichen Tränen Sie segnete und meine Max in vollem Weinen sagte: „So lang ich lebe, will ich die Lehren dieser Predigt nicht vergessen!"

Und mir eignen Sie vieles darin zu? O Sie und Ihr würdiger, lieber Bruder erhöhen mir den Wert meiner Seele, und Dank, ewiger Dank sei Ihnen beiden, daß Sie auch zugleich das Maß meiner Pflichten vergrößerten.

Ihre schöne Verse, für mein moralisch empfindsames Auge schöne Verse – mein guter, liebenswerter Freund, freuen Sie sich, einen Geist zu haben, der die reinen Empfindungen Ihres Herzens so edel ausdrückt, und denken Sie dabei, lieber Jacobi, daß vielleicht die Ihnen am nächsten verwandte Seele auch oft einsam seufzet.

Wer Ihnen von einem zerstörenden Gewitter was erzählte, hatte unrecht, denn, dem Himmel sei Dank, wir hatten keines. Der Rüdesheimer Weinberg ist verschwemmt, das Übel traf aber meistens Reiche. Sie denken doch wohl nicht deswegen, daß ich ein Schadenfroh bin, aber der Starke trägt ja leichter eine Last als der Schwache.

Nun nehmen Sie noch die Versicherung an, daß ich Sie niemals mehr so lang auf Antwort will warten lassen. Einen angenehmen Auftrag geb ich Ihrem Herzen noch: meinem geliebten Düsseldorfer Zirkel alle meine besten Gesinnungen zu versichern. Adieu, würdiger und geliebter Freund, von Sophie La Roche. Die Max schreibt morgen.

52. Sophie La Roche an Johann Georg Jacobi

Koblenz-Ehrenbreitstein, 14. 7. 1771

Sind wir nicht, liebster George, ein neuer Beweis, daß empfindliche Seelen das Los ihrer Freuden teuer erkaufen müssen? Denn noch bei Ihrem liebenswürdigen Aussöhnungsbrief mischte sich eine Träne unter das Lächlen der Zufriedenheit. Aber diese Träne gehörte Ihrem erlittenen Jammer, denn schon lange hat mein Herz die Gewohnheit, viel lebhafter für andre als für sich zu empfinden. Ich bin froh, daß Sie beruhigt sind und daß Sie keine widrige Eindrücke von mir behalten haben, denn nun könnte ich einen Verlust in den Gesinnungen meiner Jacobis nicht ertragen. Ich habe mich während meiner Besorgnis darüber in dem Kreis meiner andren Freunde umgesehen, welche unter ihnen mich schadlos halten könnten. Aber da ich bei dem Gedanken eines jeden nur einige Minuten verweilte und gleich wieder an Ihre Erinnerung geheftet war, so fühlte ich, daß mir nichts zu einem Ersatz Ihres Verlusts helfen würde. Aber was ich nun zuerst tun will, ist, daß die Leute von der sogenannten großen Welt nicht mehr und keine andre Freundschaft von mir erhalten sollen, als die bei ihnen bekannt ist; denn das Bild dieser besten Glückseligkeit der Menschen ist bei ihnen kein ganzes Stück, sondern nur ein Torso, und wir, lieber George, wollen Sorge tragen, daß niemand die Gewalt bekomme, etwas an dem göttlichen Urbild zu verstümmeln, das unsere Herzen so gut kennen.

Indessen, mein Freund, haben wir durch dieses, wie Sie sagen, eine neue Seite unserer Charaktere kennen lernen, die den Wert unsrer Freundschaft erhöhet, und Sie können versichert sein, daß jede Silbe Ihrer Briefe mir heilig geworden ist. Und Ihr Herz! O mein lieber George, wie wert, wie teuer sind mir alle seine edle, zärtliche Bewegungen, die Ihr reiner Geist so schön ausdrückt. Ihr letztes Lied – Sie, mein Jacobi! Warum ist es mir nicht möglich, alles darüber zu sagen, was ich wollte? Wie glücklich achte ich die, so sich Ihre Miteinwohner nennen können. Wieviel selige Stunden und Minuten schöpfen wahre Freunde aus der Quelle der Nachbarschaft, und wie leicht wären Ihre Tränen getrocknet gewesen, wenn ich gleich die erste mit Ihnen hätte teilen können.

Sie bekommen mit Fritzens Bücher ein Exemplar von meiner *Sternheim.* Ich wollte zwar den 2. Teil abwarten und ein Exemplar mit Papier durchschossen beilegen und dann Sie bitten, auf die weißen Blätter zu schreiben, was Ihnen in dem Werk gut, mittelmäßig und gar nicht gefällt. Diese Anmerkungen würde ich als einen Schatz der Freundschaft verwahren. Aber bis dahin sagen Sie mir, lieber Georg, Ihre Gedanken über meine *Gouvernante,* die ich unserm Fritz zur Kritik schickte.

Ist Herders Mädchen nicht liebenswert! und Riedel nicht bedaurungswürdig? Aber unser Zimmermann noch mehr. Ich schreibe morgen an Hirzlen, um Nachrichten zu hören.

Sagen Sie unserm Fritz, die Augsburger Kanzlerstelle sei noch im weiten Feld, aber ich danke ihm für seinen freundlichen Schrekken darüber, und er solle Ihnen von Maxens Zeichnungen was erzählen. Die Briefe des guten Mädchens sind alle ihre eigene Arbeit; ich liebe die vermischte Züge der Kindheit und keimenden Vernunft, die so treue Zeugen von der Unschuld ihres Herzens und der Ohnerfahrenheit des Kopfs sind. Nach jedem Brief von Ihnen ist sie eifriger nach Tugenden und Kenntnissen. Ist Ihnen dieses nicht lieb, mein George? Adieu.

53. *Sophie La Roche an Johann Caspar Hirzel*

Koblenz-Ehrenbreitstein, 26. 7. 1771
Gestern, mein teurer, feuervoller Freund, erhielt ich Ihren gütigen Brief vom 19. und will meine Antwort mit der feierlichen Abbitte meines langen, unartigen Stillschweigens anfangen. Verzeihen Sie mir es, mit samt dem Aussehen von Undankbarkeit über die schöne und so edel ausgedrückte Wünsche auf meine Reise hieher. Schreiben Sie aber meine Nachlässigkeit ja keiner Berauschung meiner Seele zu, denn gewiß, die große Welt hat diese Gewalt nicht über mich; aber mein Geist wurde von einer Flut Zufälligkeiten sehr lange hin und her getrieben, bis alles in seine gehörige Schichten kam. Nun habe ich auf lange Ruhezeit, und während dieser will ich den ergötzenden Umgang meiner abwesenden Freunde genießen. Sie gehören in die erste Reihe, mein Hirzel, auch ohne den schmeichelhaften und reizenden Beifall, den Sie meinem phantastischen Mädchen geben. Ihr Lob und Zufriedenheit sind mir unschätzbar. Sie müssen aber auch die Veranlassung dazu wissen. Ich kam vor fünf Jahren von einer Straßburger Reise, wohin ich meine zweite Tochter geführt hatte, ganz traurig zurück. Mein ältester Sohn war

in eignem Zimmer mit einem Aufseher, und mein jüngerer war zu klein, um die schreckliche Leere meines mütterlichen Herzens und meiner Zimmer auszufüllen, welche die Abwesenheit meiner Töchter darin gelassen hatte. Ich ertrug die Gewalt der Mainzischen Gewohnheit, die Töchter in Frankreichs Klöstern zu erziehen, mit vielem Kummer, und ich kann sagen, daß dieses das Schmerzhafteste war, so mir vom alten Grafen widerfuhr. Ich konnte gegen niemand davon reden, als dem Helfer von Schwaigern, der drei Stund von Bönnigheim wohnte und zu uns kam. Die Lebhaftigkeit meiner Klagen und Empfindungen rührte ihn; er sah, daß dieser innerliche Unmut meine Kräfte zernagte, und bat mich, meine Gedanken und Betrachtungen aufzuschreiben, die sich, weil ich niemand zum Vertrauten hätte, beständig um meine Seele herumwänden und sie ermatteten. Mein lieber La Roche hatte unter dem nämlichen Joch etwas zu leiden; diesen wollte ich nicht mit Klagen quälen und ergriff das angegebene Hülfsmittel, welches mich erleichterte, indem ich darin einen Charakter nach meinen Gesinnungen bildete, aber ich mußte durch fremde Umstände gehen, und so entstund dieses Werk. Ich gab es Wielanden zu lesen; ein Enthusiasmus der Freundschaft machte, daß er es besonders lobte und schon vor länger als einem Jahr drucken lassen wollte. Würklich tat er's, und nun hat er den 2. Teil, und die Tochter meines Herzens ist in die weite Welt gejagt. Wenn ich einst meine Handschrift wieder habe, so möchte ich Sie sie lesen lassen können, so wie das Ganze aus meinen Händen kam. Indessen ist alle dieses nur für Sie, was den Anlaß zur Geschichte machte. Verzeihen Sie mir, daß mein Mädchen noch recht unglücklich wird. Aber ich wollte sie alles Glücks, aller Stützen der Eigenliebe beraubt, von allen äußerlichen Trostmitteln weit entfernt, allein in den Grundsätzen ihrer Erziehung und Empfindung Ruhe der Seele und Zufriedenheit am Rande des Grabes finden lassen. Das meiste ist aber nur für schwäbische Reichsstädte gemeint gewesen, und niemals hätte ich es drucken lassen, wenn ich nicht in der großen Teurung dadurch Geld für die Arme bekommen hätte. Nun wissen Sie alle Triebfedern meines öffentlichen Auftritts. Ich wollte unbekannt bleiben, aber diesen Wunsch hat mir das Schicksal versagt. Schreiben Sie mir, liebster, redlichster Mann, auch den Tadel, den ich in Ihrem Land erhalte; Sie müssen mich nicht allein in der Gefahr lassen, durch Ihr Lob stolz zu werden. Was sagte Ihre würdige Frau? Dachte sie nicht, eine Familienmutter könnte ihre Zeit besser verwenden? Sie hat recht, und ich umarme sie. Dank sei Ihnen für die tröstliche Nachricht von Herrn Zimmermann. Ich wünsche, daß Gott ihn lange erhalte, und Sie sollen nicht zu Sokraten gehen, bis auch Ihre Enkel Tugend und Rechtschaffenheit von Ihnen gelernt haben. Und dann wird Ihr Anblick ein Teil meiner Seligkeit sein. Adieu, teurer Freund von Sophie La Roche.

La Roche ist auf drei Monat nach Dillingen. Herrn Geßner danken Sie für seine Gesinnung gegen mich; seine sanfte geistige Muse wird ihm die bleierne Bürde seines Amts erleichtern. Er solle doch die Tortur abschaffen helfen, sie hat ja bisher nichts gebessert, also muß das Mittel falsch sein. Gott segne Sie, Hirzel.

54. Sophie La Roche an Johann Georg Jacobi

Koblenz-Ehrenbreitstein, 26.7. 1771

Hier, mein lieber George, haben Sie zwei Landschäftchen von der Max, wovon Sie sich eines wählen sollen. Sie liebt das von Numero 10, weil der alte Turm dabeisteht und Simons Häuschen ganz allein ist; aber sie dachte, es wäre für Sie zu einsam, und legt also das andre bei. Es ist eine reine zärtliche Phantasie, die mein Freund George freundlich aufnehmen wird, und zu der ich als Mutter die Hände recht gern reiche. Und wie gern, mein George, habe ich Sie von Ihrem Schreiben an mich weggehen sehen, weil Sie mich nur verließen, um durch Nachdenken zu einer Predigt einen kranken Lehrer zu erleichtern. Eben so sah ich La Roche abreisen, weil er hingeht, Gutes zu tun, und weil ich hoffe, daß ihn die Vorsicht deswegen erhalten wird.

Ich habe Bücher an unsern Fritz geschickt, teils, die er mir gelehnt, und auch die ihm La Roche anbot, aber für Sie ist meine *Sternheim* noch nicht dabei. Warten Sie, bis der zweite Teil auch kommt, dann gebe ich's Ihnen selbst. Lesen Sie indessen diesen Brief von Wieland und sagen Sie mir, ob Sie mit dem Ton meiner Moral zufrieden sind und ob Sie mir meine Gleichgültigkeit für das Urteil der großen Welt vergeben. Mein Ton kann ihr nicht gefallen, und ich will es auch nicht; ich habe nur Personen von meinem Stand und Herkommen Hülfsmittel wahren Glücks und Zufriedenheit anweisen wollen, indem ich so viele von ihnen von Begierden nach unerreichbarm Rang und Reichtum gemartert sah, weil sie den Wert dessen, was sie besaßen und erlangen konnten, aus falschen Begriffen nicht zu schätzen und zu lieben wußten. Es ist ohnmöglich, daß Wielands Geist, der noch in den reizenden Zaubergefilden des *Amadis* wandelt, mit Vergnügen auf die schottische Bleigebürge steige. Glänzender Witz und abwechselnde Ideen sind niemals die Gefährten des Leidenden gewesen, noch weniger eines Leidenden von meinem Charakter ... Wissen Sie noch, mein George, daß ich gute Ursachen zu haben glaube, mich zu freuen, wenn mein armes Mädchen den Pfarrherrn gefällt. Hirzel und Geßner haben mir für meinen ernsthaften Ton gedankt, und ersterer schreibt mir, daß unser Zimmermann wieder wohl ist und die Operation glücklich überstanden hat. Ich lege den Brief von Abbé La Chaux auch bei, um einen Ihrer Gedanken über die Erscheinungen zu hören, die Rousseau peinigen.

Darf ich Ihnen einmal den Aufsatz von fünf sehr moralischen Anekdoten schicken, die ich als Augenzeuge erzählen kann, und die unter einer Feder wie die Ihrige so schön werden könnten. Warum fragte Betty, ob ich *Sophiens Reise* geschrieben? Ist sie noch nicht zurück? Umarmen Sie sie; sagen Sie Fritzen das Beste, Freundschaftlichste von mir, Ihren liebenswürdigen Schwestern auch und Adelaiden. Adieu, mein lieber und nach seinem ganzen Wert geschätzter George, Gott erhalte Sie. Schicken Sie mir Riedels und der Flachsland Briefe zurück.

55. *Sophie La Roche an Christoph Martin Wieland*

Koblenz-Ehrenbreitstein, 27.7. 1771

Gott sei Dank habe ich Ihre Handschrift wiedergesehen; es ging mir schlecht während Ihres Schweigens; seit gestern fühle ich mich wieder sehr wohl.

Ich habe mir etliche Ihrer Hindernisse selbst gesagt, und ich liebe die am meisten, die Ihre Kinder verursacht haben, denn bei diesen finden Sie die reichste Erquickungsstunden für Ihren Geist und Herz; und der Gedanke, daß diese Erholung für Sie mit dem Geist Ihrer Kinder wächst, freut mich ohngemein. Gott lasse Sie dieses Gute lange, lange Jahre genießen.

Ihre Anmerkungen über meinen Fritz sind durch meine eigne Beobachtungen gegründet. Er wird wohl durch seine natürliche Neigungen den Beruf zu einem fetten Kanonikat haben. Schwarz sagt, er sei fleißig, und La Roche war bis auf seine Abreise immer mit Schwarzen zufrieden. Ich hoffe, er ist es auch mit uns und wird es noch mehr werden.

Ich bin froh, teurer Freund, daß Ihnen meine Grillenfängerin nicht gar zu viel Zeit raubt, und ich wundre mich nicht, noch weniger aber zürne ich, daß ihr Ton Ihnen nicht ganz recht gefällt. Bedenken Sie aber nur, lieber Wieland, daß meine Seele die ganze Zeit, worin ich an diesem Stück arbeitete und heckte, in einem gewaltsamen Zustande war, der die natürlich graue Farbe meiner Empfindungen dem Schwarzen näherte. Merck von Darmstadt schreibt mir, daß es ihn freut, daß meine Heldin noch recht unglücklich wird, daß er es erwartete und wünschte, um zu sehen, wie ich sie herausführen und sie darin handeln lassen würde. Hirzel und Geßner sind auch damit zufrieden, und bald möchte ich sagen, es freut mich Ihre Prophezeiung, daß es die Pfarrherrn sein werden; ich gebe ihnen sonst Verdruß genug, den guten Herren. Daß es getadelt und zerrissen werden wird, das arme Romanchen, das erwarte ich, wenn man nur nicht sagen kann, daß es schädlich ist. Tadle ich doch auch manchen Schriftsteller, wenn sein Hut meinem Kopf nicht paßt. Sagen Sie mir nur in einer Viertelstunde, wo Sie das Braune, Dämmernde leiden können, ob Sie im Gefach des Ernsthaften damit zufrieden sind und ob Sie nicht in tausend Verschiedenheiten unserer Umstände die Ursachen der Abweichung unsers Geschmacks gefunden haben. Denn ich leide ungern, wenn Sie so ganz gerad sagen, daß so viel Dissonanzen zwischen uns beiden sind. Ihr Geist und Ihr Charakter hat niemals Feßlen getragen, noch gelitten, daß man Ihnen welche näherte. Und dann besitzen Sie ein Reich von Kenntnissen, Erfahrung und Schätzen des Geists, und ich nur den Bezirk der Hütte eines Bleiminenknechts, wo meine Empfindungen herumgehen können. Ich gestehe Ihnen, daß, wenn ich mich zwischen Julie und die Gräfin von W[artensleben] stelle, so sehe ich mich so klein wie Schafgarbenkraut neben dem Lorbeerbaum, nur mit dem Unterschied, daß ich die Ursachen weiß, warum ich nicht auch Baum bin. O wenn Sie (aber nur in geraumer, Ihnen ganz gemächlicher Zeit) Muße genug hätten, in einem Exemplar der zwei Bände meines Mädchens Striche zu machen, wo sie Ihnen am besten gefiel, und mir dann dieses Exemplar schenkten, so wäre ich froh wie über meinen nußbraunen Rock.

Zimmermann ist glücklich operiert und hat Hoffnung, auf lange gesund zu bleiben. An was war er dann krank?

Adieu, Wieland, Gott erhalte und segne Sie. Schreiben Sie mir, wenn Sie wollen und können; ich will Sie nicht plagen und werde nicht mehr jammern und schreien, wenn Sie gezwungen sein werden, eine Zeitlang zu schweigen.

Frau von Schrautenbach und Mademoiselle Ravanel empfehlen sich Ihnen. Ich umarme Ihre Frau und Kinder mit aller Zärtlichkeit meines Herzens. Adieu.

56. Sophie La Roche an Johann Georg Jacobi

Koblenz-Ehrenbreitstein, 4. 8. 1771

Ich hätte Ihnen, lieber George, einige Tage früher antworten sollen; aber ich bin, mein bester Freund, nicht immer eigenmächtiger Gebieter über meine Stunden. Ihre Briefe und Ihre Zufriedenheit mit mir sind unschätzbare Bestandteile meiner Glückseligkeit geworden, und gewiß will ich sie sorgfältig zu erhalten suchen.

Elise wird Ihnen antworten. Sie können nicht glauben, wie froh das gute Mädchen über Ihre Freude ist, die Sie ihr wegen den Zeichnungen und der Geschichte von Simon und Perinne bezeugen. Und ich, lieber George, bin froh, einen Ihrer angenehmen Träume auf eine gewisse Art erfüllt zu haben. Wie oft, lieber George, ist unsere beste Freude nur ein Traum, und wie oft werden die schönste und besten Entwürfe zu Schattenbildern, weil eine fremde Gewalt die Tätigkeit unsers Herzen verhindert. Sie, und vielleicht unter vielen Sie allein, werden sich vorstellen können, daß die ernste und melancholische Grundzüge meines Romans, wie die blasse Grundfarbe meines Gesichts, aus dem oft erneuerten Gefühl des Kummers entstunden, den mir die gezwungene Unterdrückung der Bewegungen meines Herzens gab, wenn ich die Gelegenheit einer edlen Handlung leer vorübergehen sah, nachdem ich bei ihrem ersten Anblick mit aller Lebhaftigkeit meiner Seele schon zum voraus das Vergnügen gefühlt hatte, diese Handlung auszuüben oder ausüben zu sehen. Aber dies sind die vergangne Zeiten der fremden Gewalt, und nun kann ich sehen, was in ihrer Abänderung statthaben wird. Ohngenützt werde ich auch den geringsten Anlaß des freiwilligen Guten nicht lassen. Meine Kinder geben meinem Herzen die süßeste Übungen dazu, und dadurch allein, mein George, will ich auf die gewünschte Dauer Ihrer Freundschaft für mich zählen.

Ich war mit Elisen bei Ravanel in Neuwied und möchte Ihnen das Gefühl des guten Mädchens beschreiben können, welches sie bei dem Anblick der Ruhe und der Ausübung so vieler Talente bei den Herrnhutern äußerte; ich war sehr glücklich dadurch, wie sie mit tränenden Augen sagte: „O wie gut können die Menschen sein, wenn sie wollen." Glauben Sie nicht, lieber George, daß die kleine Weisung auf die Gelegenheit, welche sie habe, Gutes zu tun, die ich bei diesem Anlaß unter einer zärtlichen Umarmung ihr gab, einige unzerstörbare Wurzeln fassen wird?

Ihre Predigt, mein würdigster Freund (Gott segne Ihren der wahren Menschenliebe geweihten Geist), darf ich sie abschreiben lassen? Oder wird sie gedruckt? Nur ein Wort darüber.

Was sagen Sie, wenn ich Ihnen erzähle, daß ein verdienstvoller, sehr rechtschaffener Mann von edler Familie und Vermögen bis aus Königsberg Wünsche und Bitten um die Hand meiner Max an La Roche und mich schreibt? Und die Max sagt: „Er ist ein Offizier, mein Gott, ich würde weinen, wenn er vor Liebe sterben würde, aber ich würde ihn nicht heiraten. Sagen Sie es ihm schnellstens, meine liebe Mama."

Adieu, mein Freund, Gott segne Sie und beschütze Sie, schätzbarer und lieber Mann. Adieu von Sophie Panthea.

57. Sophie La Roche an Christoph Martin Wieland

Koblenz-Ehrenbreitstein, 24. 8. 1771

Ich soll Sie, liebster Wieland, im Namen der Noblesse ersuchen, uns eine gute teutsche Schauspielergesellschaft auf diesen Winter auszumachen und zuzuschicken. Die Hannövrische, die würklich in Wetzlar ist, wollten wir haben, aber sie ist schon gedingt, also bittet man Sie um Nachricht und Aushülfe. Lassen Sie mich, ich bitte Sie, bald antworten. Der Herr Graf von Metternich hat mir von Trier aus sehr angelegen darüber geschrieben. Wo ist die Abtische Gesellschaft?

Die Noblesse wird sich abonnieren, Seine Durchlaucht wollen auch beitragen, so daß eine Gesellschaft ganz gut stehen könnte. Wenn es tunlich ist, tun Sie es, ich ersuche Sie sehr.

Nun ein Wort Herzensangelegenheit. Ich schrieb Ihnen, daß ich nach Darmstadt von der Frau Landgräfin selbst eingeladen worden und daß ich diese Reise mit der Ankunft meiner Loulou in Frankfurt habe vereinigen wollen. Aber La Roche fürchtet sich vor den starken Reiskosten. Nun, wenn ich nicht eine Läppin gewesen und alles Geld meines ersten Teils ausgegeben hätte, ohne an meine Wünsche zu denken, so könnte ich diese Reise machen, und La Roche würde nicht geplagt. Aber so sieht es ganz anders aus. Nun erinnere ich mich, daß Sie mir bei Ihrer Abreise Geld für den zweiten Teil hier lassen wollten; also bekomme ich noch eins, wenn Sie mir nur melden könnten, wieviel, so bäte ich den La Roche um Erlaubnis, dieses Geld zu meinem Darmstadter Besuch anzuwenden. Sie dörfen mir's nicht schicken, sondern rechnen des Herrn Schwarzen Ausgaben ab. Wenn nur La Roche für meinen Spaß kein Geld von seinem Verdienst auslegen dörf. Aber schreiben Sie mir, lieber Wieland, bald, ich bitte Sie, nur [ein paar] Worte über meinen Artikel (. . .), damit ich Ihr Schreiben wegen der Komödie dem Grafen Metternich mitteilen kann. Verzeihen Sie, liebster Wieland, Sie haben viel zu arbeiten, und ich quäle Sie auch noch. Herr Statthalter sagt, man werde mit der Gräfin von Leyen auf einige Tage hieher kommen; ich hoffe, ihn zu sehen und von Ihnen zu reden und dann Ihnen unsere Reden zu beschreiben. Adieu, liebe Familie, die ich am ersten nah bei mir haben möchte, adieu.

58. Sophie La Roche an Johann Georg Jacobi

Koblenz-Ehrenbreitstein, 30. 8. 1771
Wie lange schon, lieber George, habe ich nicht mit meinen Düsseldorfern geredt und besonders Ihnen, mein allzeit würdiger, lieber Freund, nichts über Ihren letzten, Sie ganz malenden Brief geschrieben. Dieser schöne Brief hat meine zärtliche Hochachtung für Sie nicht vermehrt, sondern nur alle schon gezeichnete Züge sind tiefer gegraben worden; die Zeit wird sie nicht verlöschen, diese Züge, weil sie in meiner Seele haften.

Wie schön ist ihr Brief *An Aglaja*, wie sehnlich wünsche ich Ihnen, daß die sanfte Munterkeit Ihres liebenswürdigen Geists niemals unterbrochen werden möge. Aber der Zufall hat so viele Gewalt von dem Schicksal erhalten, daß er oft, nur zu oft, unsere edelste Freuden zerstöret. Ich erfahre es an meiner gewünschten Darmstadter Reise; sie wankt, und mit ihr wankt das Vergnügen, andern Vergnügen zu geben. Ich hätte für Brechter gesprochen, für eine meiner geliebten Damen von Stieben einen Plan gezogen, meine blinde Schwägerin umarmt und mein Kind einige Tage früher gesehen. Wenn all dieses ganz fällt, so werde ich die Stücke mit weinenden Augen betrachten und böse, sehr böse über den Zufall sein.

Was macht unsere liebenswerte Betty? Was Fritz, der Liebling Wielands? Sagen Sie ihm, er solle mir helfen, einen Plan zu erfinden, wie Wieland ohne künftige Sorgen und mit gegenwärtigem Vergnügen in Neuwied sich festsetzen könnte; er will hin. Wie glücklich wäre dieses für uns. Soll nicht Wieland seinen Entwurf einer Akademie wieder vorsuchen und den Hang des Grafen von Wied dazu benutzen? Liebste Jacobi, wie reizend wäre die Gegend des Rheins durch Erfüllung dieser Wünsche! Umarmen Sie, liebster George, unsere Betty in meinem Namen; unserm Fritz, dem vortrefflichen und zugleich so guten Mann, sagen Sie alles, alles Freundschaftliche und teilen Sie unter sich das reine Vergnügen der Edlen, wenn Sie wissen, daß der Gedanke Ihrer Verdienste und Ihrer Freundschaft einem guten Herzen glückliche Stunden gibt; Ihre Erinnerung, meine rechtschaffene, unschätzbare Freunde, schenkt sie   Sophien von La Roche.

Wenn meine Augen ganz gut wären, so überschrieb ich alles. Aber ich muß sie schonen und endlich mein Spa-Wasser trinken. Segnen Sie mir es, mein George. Adieu. Ihre Schwestern, Adelaide, alle liebe ich.

59. *Sophie La Roche an Christoph Martin Wieland*

Koblenz-Ehrenbreitstein, 7.9. 1771

Ich danke Ihnen, liebster Wieland, für die schnelle und freundliche Beantwortung dreier meiner Briefe. Sie hätten auf diesen nicht warten dürfen, wenn mich nicht ein Anfall Gallfieber vier Tage so hin und her geballt hätte, daß Leib und Seele matt und untätig wurde. Eine verkehrte Medizin brachte mich zu einem heftigen Erbrechen und heilte dadurch den Grund des Übels, hingegen ließ es mir Schmerzen in beiden Armen, die sehr empfindlich sind und mir wenig Bewegung erlauben, sonst hätte ich Ihnen meine ganze Seele bewegenden Wunsch, in Neuwied, meiner Nachbarschaft, zu wohnen, schon eher mit aller Wärme beantwortet. Wollte Gott, der Entwurf Ihrer Akademie käme da zustand, wie glücklich wäre dieses. Der Erbgraf und Erbgräfin sind vortreffliche Personen, und der Ort ohngemein angenehm und wohlfeil. Artig wäre auch *eine Akademie von Wieland* neben *dem Bau der Herrnhuter.*

Jacobis Lieder an Elisen sind edel, schön und rühren die beste Saiten der Seele. Leid ist mir, teurer Wieland, recht leid, daß der liebe George diese Gesinnungen so tief in sein gutes Herz faßte. Ich versichere Sie, daß ich es niemals dachte und suchte. Sie kennen mich, Wieland; Sie wissen, wie es mir zu Mut ist, einen Kummer zu sehen und ihm nicht helfen zu können. Georgens seiner schmerzt mich. Haben Sie Briefe von Fritz Jacobi? Ich erhalte schon seit dem 12. August keinen von Ihm. George schrieb mir indessen, aber ich fühle den Mangel der Briefe von Fritzen gar sehr.

Ich komme nicht zu Dumeiz, nicht nach Darmstadt. Fragen Sie mich nicht, warum, sonst machen Sie neue Risse in eine ohnehin ohnheilbare Wunde meines Herzens. Eine der edelsten besten Freuden meines vernünftigen Lebens ist mir entrissen. Ich habe immer das Glück der anderen und niemals mein eigenes. Tausend Dank für Ihre Mühe mit meinem Mädchen. In Zürich tadelt man ihre Ähnlichkeit mit Clarissen und das Vertrauen zu Derby. Aber artig ist, daß eine sehr verdienstvolle Dame von beinah 50 Jahren bei dem Charakter des Obrist in das heftigste Weinen geriet und endlich sagte: „Hier, hier ist die Ursache, warum ich ohnverheuratet blieb; einen solchen Mann liebte ich, und weil sein Stand dem meinen ohngleich war, durfte ich mich nicht mit ihm verbinden. Aber ich entsagte allen andren darüber." – Ihr Name, mein Wieland, macht das Buch mit der Lupe betrachten, und eben deswegen möchte ich mehreren Tadel und alles wissen. Haller hat auch einen Roman *en télémaque* geschrieben. Dank, vielen Dank für Ihre Antwort wegen dem Darmstädtischen Beifall. Mein Herz liebt die Stimme der wahren, ungeschminkten Freundschaft; ich will die Ihre, mein Wieland, immer verdienen und noch in *Tätigkeit* werden, was ich werden kann. Meine fünf Kinder sollen der Gegenstand davon sein, so daß Sie mir einst Ihre Sophie um so viel lieber anvertrauen sollen. Ihre Frau umarme ich; mit was Freude würde ich ihr nachbarliche Dienste tun! O Wieland, wenn Gott es wollte. Die Arien des *Re Pastore* kann ich erst schicken, wenn der Kurfürst und Hof wieder hier ist. Aber die von Glucks Opera sollen Sie nächstens haben. Adieu, Wieland; möchten Sie etwas von den edlen

Gesinnungen fühlen, mit welchen ich Ihren Namen schrieb. Was macht Frau von Wartensleben?

Adieu, mein Freund, adieu; ich umarme Ihre Familie –

Sophie La Roche.

60. Sophie La Roche an Christoph Martin Wieland

Koblenz-Ehrenbreitstein, 13.9. 1771

Unser liebenswürdiger Fritz Jacobi schickt mir diese Papiere, um sie zu lesen und dann gleich an Sie zu schicken. Liebster Wieland, warum sind wir niemals, was wir scheinen? Warum wird die Standhaftigkeit, die Großmut, die Ruhe des Philosophen von jedem Winde verjagt? Ich kenne freilich die ganze Wichtigkeit der Ursache nicht, warum Gleim mit dem ganzen Menschengeschlecht zürnet, aber ich hätte sehr gerne gehabt, wenn er so freundlich, so anakreontisch freundlich gewesen wäre, es nicht zu tun, und Spaldingen mit einer gelassenen Ernsthaftigkeit seine Gesinnungen geschrieben und denn gelächelt hätte.

Spalding macht seinen Freund seufzen und schreien, Gleim rächt sich ... Und wir übrige sehen den Kanzelredner und den schönen Geist garstige Sachen tun und sagen.

Wo sind sie denn zu haben, die Briefe, die den Zank anfingen, sie müssen artig sein.

Ich habe Michaelis *Pastor Amor* gelesen. Der Mann ist nicht mein Mann; sein Talent scheint mir auf einem verkehrten Weg zu wandlen, und dieser *Pastor Amor* wird gewiß nichts Gutes hervorbringen. Und warum wurde dieser Michaelis von Hannover verstoßen? Was ist er dann eigentlich? Verzeihen Sie, lieber Wieland, wenn ich Sie mit diesen Fragen plage, und antworten Sie nicht darauf, wenn Sie nicht just recht viel Muße haben.

Die Jacobi können uns kein Theater schaffen, und Sie, können Sie auch nicht? Wenn Sie mir wieder einen ostensiblen Brief schreiben, machen Sie doch darin des Graf Metternich mit einiger Achtung Frage. Er hat in Wahrheit viele Verdienste des Geists und ist im äußersten Grad rechtschaffener Mann. Sie krönen durch Ihre Achtung sein Verdienst und tun La R[oche] eine Freundschaft damit erzeigen. Schreiben Sie auch noch was andres Familiares dazu, damit der Brief gar nicht aussieht, als ob die Absicht, ihn lesen zu lassen, darin wäre; das Gute wird desto wirksamer sein.

Übermorgen gehe ich nach Neuwied, mit klopfendem, wünschendem Herzen geh ich hin. Ich möchte nur diesmal noch jemand eine Leidenschaft für mich geben können und sie für meine Wünsche um Sie verwenden. Denn es war den Großen und Reichen doch immer leichter, eine Frau als einen Geist zu lieben. Gott erhalte Sie, lieber Wieland, und segne Ihre Sorgen für Ihre Kinder, die ich nebst der guten, liebenswerten Mutter umarme. Adieu, mein lieber alter Freund, adieu von Ihrer alten   Sophie.

61. Johann Heinrich Merck an Sophie La Roche

Darmstadt, 20.9.1771

Was soll ich Ihnen antworten, meine verehrungswürdige Freundin? Ich tat nach Durchlesung Ihres Briefes, was ich beim Empfange solcher Nachrichten als ein bewährtes Mittel erfunden habe; ich umarmte meine Frau und Kinder und suchte in ihren Blicken und Liebkosungen den Trost, den ich nötig hatte. Ich erneuerte mein Gelübde, alle Freuden, die meiner außer diesem Zirkel warten möchten, als angenehme Träume nicht zu verscheuchen, aber wenn ich von ihnen künftig als Träumer erwachen würde, allzeit dahin zu fliehen, wo diese Tafel wahren Genusses für mich bereit stünde.

Soll ich Ihnen alle Schwärmereien sagen, die ich mit Ihrem Brief anfing? Er begleitete mich auf meinen einsamen Spaziergängen; ich zog ihn nie ohne Rührung aus der Tasche und steckte ihn nie ohne das vollste Herz wieder ein; voll von dem Werte des Ihrigen, das ich von so viel neuen vortrefflichen Seiten kennen lernte, und dann entzückte mich der Gedanke, daß Sie meine Freundin wären. Nach und nach verursachte der heitre Himmel über mir und die lachende Natur des Herbstes um mich, daß sich mein Schmerz in Tränen der Dankbarkeit verwandelte, und ich empfand, daß es ungerecht sei, länger zu klagen. Denn wie würde mein Herz der Vorsehung antworten, wenn sie ihm die Frage *vor nicht gar langer Zeit* vorgelegt hätte: Ob ich auf diese Bedingung einer fehl geschlagenen Hoffnung, Ihre Freundschaft als eins ihrer ersten Geschenke ansehen würde? – Ich beklage mich gegen unsre gemeinschaftliche Freundin R[oussillon]; aber sie sagte: Seid ein Mann, und bedenkt, wie oft unsre Landgräfin, die so viel verdient, sich ähnlichen Fällen unterwerfen muß. – Was konnte ich tun, als schweigen?

Gleim war hier. Soll ich Ihnen meine Meinung über diesen guten Mann sagen? In seinen Empfindungen scheint mir einige Schwäche zu sein. Er ist nicht zum Leiden gestärkt, weil er nie genossen hat. Er konnte sich nicht in eine freiwillige Umarmung finden, die ich ihm von unserer Fl[achsland] in der ersten Stunde unserer Bekanntschaft zuwege brachte. Er gestand, daß ihn nie ein Mädchen geliebt hätte. Hier hatte er einen kleinen Anfall von Kolik, die ihm bei Hofe die Verlassung seiner drei Schlafwämser zugezogen hatte, und sogleich wollte er sterben, so herzlich wir Umstehende auch immer lachten. Er konnte sich nicht in uns finden, daß wir immer den Autor von dem Menschen absonderten und ihn bloß wegen seines offenen, zur Freundschaft und Enthusiasmus geschaffenen Charakters, liebten und verehrten.

62. Sophie La Roche an Johann Georg Jacobi

Koblenz-Ehrenbreitstein, 8. 10. 1771

Kommen Sie, lieber Jacobi, eine halbe Stunde muß ich noch von denen haben, die Sie an unserm Rhein zubringen; ich wünschte, daß Sie die Rührung sehen könnten, mit welcher ich an Ihre weitere Entfernung denke und die gelbe abfallende Blätter betrachte. Der melancholische Einfluß, den das Weichen der angenehmen Jahrszeit in Ihren letzten Brief hatte, kostete mich Tränen und würde mich mehr kosten, wenn ich nicht wüßte, daß ein gewisser Grad sanfter Wehmut die beste Nahrung einer edlen Empfindlichkeit ist; und ohne diese wären Sie nicht Georg Jacobi geworden – ist dieses nicht auch Wahrheit, mein ganz unschätzbarer Freund?

Haben Sie auch gedacht, wie sehr mich Ihre leutselige Gedanken von der Wahrheit erfreut haben. Ich hatte ehender gott- und leutselig sagen sollen, denn allein Ihre echte Liebe des Schöpfers und der Geschöpfe gab Ihnen diesen sanft würkenden, aber ganz neuen Ton, der zu der menschenfreundlichsten Toleranz leitet. O mein George, wenn alle, die sich Apostel der Wahrheit nennten, diesen Ton gehabt hätten, sie würde nicht so oft verkennt und verstoßen worden sein. Mein Wahrheitston an Wielanden war nicht so fein; Ihr gütiges Lob, so sehr es mich freut, läßt mich dannoch diesen Mangel sehen. In diesem Einschluß an Herrn Dumeiz liegt eine Antwort von Wielanden, die meistens an ihn gerichtet ist; er wird Sie Ihnen und Ihrem Herrn Bruder weisen. Gewiß ist, daß mir Wieland meinen Brief lange nicht ganz vergeben wird; ich sehe Ursachen, die ich nicht nenne, aber er ist doch Wieland, und Sie *immer* George. Sie glauben doch, daß ich den ganzen Wert dieses *„immer"* kenne und zu lieben weiß. So weit Sie gehen, wird meine volle zärtliche Achtung und die beste Wünsche meiner Seele Sie begleiten, Sie teurer, würdiger Mann; Gott erhalte Sie. Mehr, nein, mehr Worte hat unsere Sprache nicht, die ganze Größe und Würde des Charakters meiner Freundschaft für Sie auszudrücken. Einer edlen, reinen Träne, einer Hand, die ich Ihnen reichte, wäre es gegeben, diese Gesinnungen auszusprechen; aber so viele Meilen Zwischenraum zernichten diese Beredsamkeit. Leben Sie, lieber George, leben Sie gerne, sorgen Sie für sich. Denken Sie, daß Sie der Gegenstand der heiligen Freundschaft so viel edler, tugendhaften Personen sind und daß Sie die Gewalt haben, eben diesen Personen so viel tugendhafte Freuden zu geben. Adieu, teurer, schätzbarer George, adieu. Gerne, recht gerne gehe an Ihrer Hand den Berg des Lebens hinunter, denn ich erkenne das Glück sehr wohl, welches in der Unterstützung eines solchen Freunds liegt. Ich hoffe, auch der Tod werde für mich nichts als eine tiefe Ruhe in einem kühlen, schattenreichen Tale sein. Wie selig, lieber George, ist die Freundschaft, in deren vollen Gefühl man einen heitern Blick auf diese letzte Szene werfen kann. Nochmals adieu. Mit der wiederkommenden Blüte reden wir einst mit eben meinen heutigen Empfindungen davon. Ist dieses nicht ein Stück blauen Himmels, das unter grauem Gewölke hervorblickt? Adieu, George, von

Sophie de La Roche.

63. Christoph Martin Wieland an Sophie La Roche

Erfurt, 6. 11. 1771

(. . .) Sprechen wir zunächst von Ihrer *Sternheim*. Sie hätten unrecht, meine liebe Freundin, sich vorzustellen, daß die Druckfehler diesem Werk etwas anhaben könnten. Es gibt nicht viele darin, und es erstaunt mich, daß es nicht zehnmal soviel sind. Ein Werk ohne Druckfehler wäre eines von den Dingen, die man noch nie gesehen hat. Ich werde nie bereuen, der Herausgeber eines Werkes zu sein, das ich für *nützlich* halte und das, meiner Ansicht nach, Ihrem Geschlecht Ehre macht. Aber Sie müssen es bereuen, mir die Erlaubnis gegeben zu haben, es in die Welt einzuführen. Dieser

Umstand macht, daß es scheel angesehen wird und von einer großen Zahl von Personen, die meine Freunde nicht sind, übel beurteilt wird. Die Art, wie es in der Göttinger und Braunschweiger Zeitung angezeigt worden ist, gibt eine Probe davon. Haller, welcher
der Autor der Göttinger Rezension ist, hat darin die *Sternheim mir
selbst* zugeschrieben, er spricht sehr kavaliersmäßig davon, aber mit
dem Anschein der Verachtung; indessen gesteht er, *daß die Moral
darin mehr wert ist als in einigen meiner übrigen Werke.* Die Braunschweiger Zeitung findet wahrscheinlich, daß ich selbst der Autor bin; sie
sagt *mit Kälte* etwas Gutes davon; indessen, sagt man, das Werk
sollte, wie uns Herr Wieland glauben machen will, original sein.
Denn wer sähe nicht, daß das Ganze eine Nachahmung von *Clarissa*
und *Charles Grandison* ist? – Hier haben Sie also eine kleine Probe
von der unverschämten und unfreundlichen Art, in der unsere literarischen Zeitungsschreiber kritisieren. Ich bin zu sehr daran
gewöhnt, um mich darüber zu grämen; ich glaube, daß Ihnen die
Zustimmung der empfindsamen und schönen Seelen genug sein
muß. Erinnern Sie sich an alle die falschen, dummen, ungerechten
und unverschämten Urteile, die man über die *Héloïse* von Jean-
Jacques gefällt hat. Man braucht nur ein bißchen Kenntnis der Literaturgeschichte haben, um fühllos zu werden gegen das schlechte
Betragen der Pedanten und Halbgelehrten. (. . .)
    Sie sagen von meinem *Amadis:* „Er ist sehr gut, aber *Agathon ist
sein König.*" Meine liebe Freundin, erlauben Sie Ihrem alten Freund,
Sie zu bitten, niemals in dieser Art zu urteilen, worüber auch
immer. Das ist genau die Art, wie unsere Zeitungsschreiber urteilen; sie kostet so wenig und ist so wenig gerecht. *Amadis* und *Agathon* sind zwei Wesen außerhalb jeden Vergleichs, man darf sie niemals in Parallele setzen; *Amadis* ist genauso der König *Agathons* wie
Agathon der seine ist. Es handelt sich darum, ob jeder in seiner Art
gut ist. Ich kenne Sie zu gut, um mir vorstellen zu können, daß
jemals ein komisches oder satirisches Werk Ihnen gefallen könnte.
Ich schmeichle mir, daß *Agathon,* wenn ich ihm erst einmal die letzten Federstriche gegeben habe und die *Philosophie des Archytas* hinzugefügt habe, ein Werk sein wird, in dem Sie *einige Stücke* finden
werden, die Sie zufriedenstellen. Aber *Amadis* – wenn er von einem
andern als von mir geschrieben wäre, würden Sie ihn unausstehlich
finden. Ich gestehe Ihnen im übrigen, liebe Freundin, *daß mich das
Geschäft des Autors auf höchste ekelt und daß mich die harte Notwendigkeit,*

in der ich mich befinde, mich alle Jahre drucken zu lassen, zuweilen so sehr peinigt, daß sie mir das Leben unerträglich macht. – Alle Mühe, die ich mir gegeben habe, Ihnen eine deutsche Komödie zu schaffen, war vergeblich. Es gibt nur drei reisende Schauspieltruppen, die verhältnismäßig etwas taugen; die Seylersche, die in Weimar engagiert ist, und die von Döbbelin und Wäser, die es andernorts sind. Aber diese beiden letzteren sind *mittelmäßig* und für Personen von Geschmack unerträglich. Die Abtische besteht nicht mehr, wenigstens gibt es kein Mittel, von ihr Nachrichten zu erhalten; wenn sie noch bestehen sollte, muß es ihr sehr schlecht gehen. Ich hoffe also, daß die Unmöglichkeit, Ihrem Hof und Ihrem Adel in diesem Punkte zu Diensten zu stehen, Ihnen und mir als Entschuldigung dienen wird; obwohl ich wohl weiß, daß große Herrschaften nicht gewohnt sind, sich mit derlei Entschuldigungen bezahlen zu lassen. Sie behaupten gewöhnlich, man erschaffe eine Unmöglichkeit, wenn es sich darum handle, ihnen zu dienen. (...)

Ich merke, daß der Farbton meiner Seele hart und schwärzlich ist. Man spürt es in diesem Brief. Wenn Ihnen das nur ja keinen Schmerz bereitet, liebe Freundin. Der Grund meiner Seele hat sich nicht im geringsten verändert. Er wird für Sie immer derselbe bleiben. Adieu, Sophie! Gehaben Sie sich wohl und melden Sie mir etwas von La Roche und von Ihren Kindern. Den meinigen geht es gut, und ihre Mutter entbietet Ihnen ihre zärtlichen Grüße.

64. Sophie La Roche an Johann Caspar Hirzel

Koblenz-Ehrenbreitstein, 8.11.1771

Es ist mir, mein lieber und würdiger Freund, ohnmöglich, Ihnen die Ursachen der langen Verzögerung meiner Antwort zu sagen; und auf Entschuldigungen zu sinnen, bin ich zu redlich. Verzeihen Sie mir, ich bitte Sie sehnlich darum, und glauben Sie mir, daß ich Ihnen für Ihre Vergebung recht sehr danken werde.

La Roche ist noch bis über die Hälfte des Dezembers abwesend. Er ehrt, er liebt Sie von Herzen und würde glücklich gewesen sein, wenn er Ihnen in Ihrem Freund hätte dienen können, aber eine fremde über seinen Willen herrschende Gewalt hindert die Erfüllung dieses Wunsches seines Herzens. Glauben Sie, teurer Hirzel, daß es ihn schmerze, aber er hat noch keinen eigenen Willen und ist froh, daß seine Kinder noch so jung sind, um noch nichts anders als Erziehungssorgen zu fodern, damit er auch für die noch nicht reden darf. Sagen Sie, mein Freund, sagen Sie, geschieht es nicht auch Ihnen, daß äußerliche Umstände Sie hindern, nach den Neigungen Ihrer Seele zu handeln? Nun komme ich auf zwei Ihrer gütigen Briefe. Sie wollen, da Sie die Tochter meines Kopfs kennen, auch meine andre Kinder von mir bezeichnet haben. Leuchsenring konnte dieses recht gut; hat er es nicht getan? So will ich für meinen nächsten Brief ein Familienstück fertig halten und es Ihnen senden. Dank, vielen Dank für den Tadel meines Mädchens. Man hat recht, sie ist nicht genug ausgearbeitet. Es sind im Ganzen allenthalben Lücken geblieben, teils im Gerüste, noch mehr aber in Ausführung der Gedanken. Anfangs dachte ich, in dem Namen einer dritten Person könnte ich mit aller Freimütigkeit meine Gedanken und Empfindungen entdecken; aber die forchtsame Behutsamkeit, welche ich mir in unserm Haus angewöhnt hatte, wo ich diese Seite meines Kopfs und Herzens nicht durfte sehen lassen, diese Behutsamkeit war so in mein Wesen verwebt, daß ich auch im Namen eines Dritten nicht alles sagte, was ich empfand und sah. Aber woher kommt's, daß der große Haller dieses Stückwerk eines Romans ganz geradezu als Wielandens Eigentum behandlet; Braunschweig macht es eben so. Nun können Sie den zweiten Teil haben und mir also Ihr Urteil über das Ganze schreiben. Tun Sie es, lieber, freundschaftlicher Hirzel, ich bitte Sie. Sie werden finden, daß meine Seele sich immer um einen Gegenstand gewunden hat. Auf der 230. Seite des zweiten Teils müssen Sie gleich auf der ersten Linie „was würde er sagen" und „weinst", die zwei Worte „über seine" (Vergessenheit) auslöschen, denn es soll nur eine Anrufung an die Vergessenheit sein, so daß nach dem Wort „weinst" ein langer Strich, und dann: „Vergessenheit! O nimm diesen Teil meiner Geschichte weg; laß ihn nicht mehr in mein Gedächtnis kommen!"

Ich, Hirzel, ich sollte Ihre Werke durchlesen, Ihre Muse sein? O mein Freund, warum gehen die beste Herzen über die Grenzen des Wahren! Sie müssen's gesehen haben, so wie ich es fühle, daß ich ein Stück Herz anstatt Hirn habe. Mit 13 Jahren wollte der große Brucker meine Erziehung und Bildung meines Geistes besorgen. Ich bat meinen Vater auf Knien um die Einwilligung, aber er wollte nicht, und meine empfindungsvolle Mutter bereicherte nur mein Herz, in welches alle Geschäftigkeit meines Geists übergetreten ist.

Meine Umstände haben auch bisher nur dieses in Übung erhalten. Und hiermit haben Sie die Historie meines Kopfs.

Leuchsenring ist ein würdiger, sehr rechtschaffener Mann, den man je mehr schätzt und liebt, je mehr man ihn kennt. Seine Freundschaft und seine Achtung für mich machen eine starke Stütze meiner Selbstzufriedenheit. Ihre Frau umarme ich und danke ihr für ihre gütige Beurteilung meiner Grillenfängerin.

Gott gebe Ihnen beiden Wohlsein und immer erwünschte Nachrichten von Ihren Herren Söhnen, denn ich weiß, o Hirzel, ich weiß, wieviel Balsam und wieviel Ätzendes gute oder schlimme Nachrichten von Kindern in das Herz ihrer Eltren gießen. Leben Sie wohl und vergeben mir, ich bitte, meine Nachlässigkeit.

Sophie La Roche

65. Johann Georg Jacobi an Sophie La Roche

Halberstadt, 21. 12. 1771

Lange schon, beste Sophie! hätte ich Ihnen die Klagen der Freundschaft über Ihr Stillschweigen geschrieben, aber ich erfuhr von unseren Düsseldorfern, daß auch sie keine Nachrichten von Koblenz erhielten, sie, die an den Ufern des Rheines wohnen; und da versicherte mich mein Herz: Sophie *könne* nicht antworten; sie seufze nicht weniger über die traurigen Hindernisse, die uns kein Wörtchen einander zuzuflüstern erlaubten. Wie konnt' ich durch meine Klagen Ihren Schmerz vergrößern? Denn ach! liebste Freundin, es wär' ein finsterer, jammernder Brief geworden. Nein, es gereut mich nicht, daß ich allein im Stillen trauerte.

Das aber glauben Sie mir, daß ich die Schönheit einer Seele gleich der Ihrigen, wenn ich einmal sie kenne, zu heilig verehre, um den kleinsten Argwohn auf dieselbe fallen zu lassen. Sie, teuerste Sophie, können vielleicht mich betrüben, mir selbst Tränen auspressen, aber gewiß werde ich mir immer sagen: Das wollte sie nicht.

Seit meiner Ankunft in Halberstadt bin ich ziemlich vergnügt gewesen, eine kleine Unpäßlichkeit ausgenommen, die mich vermutlich vor einer größeren bewahren mußte; der redliche Gleim, dessen Herz so tief verwundet war, fäng an, wieder aufzuleben, und liebt mich so zärtlich als jemals, und ist ein Verehrer meiner Freundin Sophie. Michaelis, ein gutdenkender, jede Probe aushaltender Mann, hat eins von meinen Zimmerchen in Besitz und leistet mir Gesellschaft. Die Halberstädter begegnen mir mit einer doppelten Freundlichkeit, und die Musen haben mir auch schon ein paar gefällige Blicke zugeworfen. Wäre es nicht unbillig, mit dem Himmel unzufrieden zu sein? Was aber mehr als alles andere meinen Geist aufrichtet, ist die Aussicht in Ihr liebes Tal, von dem ich mich selten wegwende. – Welch ein schöner Mai, der zwar vorüberging, aber ewig blühende Rosen für mich hinterließ! Und welch ein Mai in der Zukunft, wenn die Götter des Frohsinns unsere Feste segnen!

Da hängt die *Hütte von Simon und Perinne*! Wie sollte sie mich nicht aufheitern, wenn dunkle Stunden kommen! Sie nährt meine Seele mit allem, was Natur, Empfindung, Wohltätigkeit, Unschuld und Zufriedenheit Seliges haben, und läßt mich durch die Nebel des Winters einen neuen Frühling sehen.

Meine nächste Beschäftigung wird eine Kantate auf das Geburtsfest unseres Königs sein. Warum, meine Freundin, beredet man mich, Könige zu besingen! Mich, der ich mit Königen so gar nichts zu tun habe, der ich, in meiner Ruhe, lieber ein Lied an Elisen sänge, oder ein Lied an die gegen ihrem Fenster über trauernden Bäume? Was aber sollt' ich tun? Meine Halberstädter baten mich so sehr und in einem so artigen Tone, daß ich ihnen unmöglich die Kantate versagen konnte.

– – Und nun noch tausend Versicherungen von der ewigen Freundschaft   Ihres Georg.

66. *Sophie La Roche an Johann Heinrich Merck*

Koblenz-Ehrenbreitstein, 5 1. 1772

Wie gut, wie sehr gut sind Sie, mein werter M[erck], daß Sie einen Brief von mir mit so vieler Bewegung aufnehmen. Sind Sie denn nicht gewohnt, die beste Achtung und die beste Freundschaft zu genießen, daß Sie bei dem kleinen Abtrag, den ich Ihnen hie und da von diesen Gesinnungen entrichte, so empfindlich sind? – Indessen wünsche ich, daß Sie den Geschmack des Brots daran finden möchten, damit Ihnen die Dauer und Wiederholung dieser Gesinnungen immer angenehm bleiben möge.

Herr Dumeiz hat Ihnen gefallen, und Sie auch ihm. Wie schön ist in meinen Augen das Band zwei edeldenkender, rechtschaffener

Männer, die beide sich freuen, auf ihrer Reise durch die Welt einen liebenswerten, gleichgesinnten Gefährten angetroffen zu haben! Sie verdienen auch beide dieses Vergnügen; Gott wolle, daß es Ihnen auf der ersten Hälfte Ihres Weges begegnet sei! – Die Empfindung und das Staunen Ihres lieben Knaben rührte mich sehr; die Vorsicht lasse ihn zu einem künftigen Segen für Ihre jetzigen Tage erwachsen.

Aber was für ein fürchterliches Urteil fällen Sie über meine Bewunderin im Haag? Sie machen würklich, daß ich mich vor dem französischen Firnis fürchte, den sie meinem guten Mädchen geben will. Ich habe indessen einen Brief von ihr selbst bekommen, worin halsbrechende Sachen sind, NB. für den Hals meiner Modestie; ich bin auch in Wahrheit über die Antwort verlegen; doch will ich morgen dazu kriechen und Ihnen dann Schreiben und Antwort mitteilen.

Hier kommt Herder zurück. Sie verzeihen, daß ich ihn an La Roche zu lesen gab, der eine ungemeine Hochachtung für den Verfasser hat.

Wegen des *Robe de Chambre de Diderot* kann ich Sie versichern, daß ich solchen niemand als unserer Prinzessin gegeben, die mir die Blätter in einer Stunde wieder zurückgegeben. NB. ich hatte den Namen ausgekratzt und es weder Wielanden noch Jacobis gegeben, weniger sonst jemanden, aber ich redete in einem Briefe nach Stuttgart davon, und da schrieb man, es wäre im Metzler'schen Buchladen zu haben: doch mir ist es unendlich leid, daß Sie Unruhe haben.

Darf ich Ihnen sagen, daß Sie nicht hätten leiden sollen, daß gleich in den ersten Zeitungslättern Nonnen und Pfaffen angepackt werden; es hat einige Köpfe gestoßen.

67. Friedrich Heinrich Jacobi an Sophie La Roche

Düsseldorf, 18. 1. 1772

Um Ihnen verständlich zu machen, meine liebe Sophie, bis zu welchem Punkt ich zur Zeit beschäftigt sein muß, werde ich Ihnen sagen, daß ich seit sechs Monaten schon *L'an 2440* besitze und daß ich es noch nicht gelesen habe; daß ich seit zwei Monaten schon den zweiten Band von *Sophie Sternheim* habe und ihn noch nicht gelesen habe; daß ich seit vier Wochen schon im Besitz von *Usong* bin und ihn noch nicht gelesen habe. Inzwischen habe ich auf die wiederholten Aufforderungen unseres lieben Wieland die Lektüre von *L'an 2440* begonnen; ich vermag nicht auszudrücken, meine liebe Freundin, wie sehr mich dieses Werk entzückt. Ich weiß nicht, was ich mutmaßen soll, welcher unter den bekannten französischen Schriftstellern der Autor davon ist. Am Anfang habe ich Thomas geraten, aber in der Folge fand ich eine Anmerkung, wo mit Lob von den Produktionen dieses beredten Bürgers die Rede ist, was mich glauben machte, daß ich mich geirrt habe. Um so besser, denn dann haben wir ein großes Genie mehr, das bisher noch nicht hervorgetreten war. Ich war vor allem mit den Kapiteln XIX, XX und XXI zufrieden; während ich sie las, fühlte ich, wie mir das Herz aufging. Vielleicht, meine liebe Freundin, erinnern Sie sich noch an die Unterhaltungen, die wir über denselben Gegenstand hatten: Das sind genau meine eigenen Ideen, die sich der Autor des Traums zu entwickeln die Mühe genommen hat; deshalb verdient er meine Liebe aufs höchste. – Im übrigen ist dieses Buch von einem Ende zum andern mit großen und starken Ideen ausgefüllt: Das ist der wahre Enthusiasmus, der das diktiert hat, dieser Enthusiasmus, der das Auge des Genies ist, der die Prinzipien, aus denen die Wahrheiten und Irrtümer hervorgehen, entdeckt und sie den anderen sichtbar macht. – Ich war bekümmert, auf Seite 198 dieser Schrift, die der Menschheit gewidmet ist, einen Zug persönlicher Satire finden zu müssen. Sie enthält auch Fehler und zufällige Räsonnements, aber das kann nicht anders sein angesichts der großen Zahl von Gegenständen, die sie behandelt. – Wieland sagt mir, wo er von *L'an 2440* spricht: Dieses Buch ist eine ganz einzigartige Erscheinung, „ein wahres Zeichen vom jüngsten Tage der französischen Verfassung". Sie werden mit mir finden, daß unser Freund recht hat.

Ohne Zweifel wird Ihnen das Projekt, die *Geschichte des Agathon* auf Subskription herauszugeben, schon vom Autor dieses Meisterwerkes mitgeteilt worden sein. Wahrscheinlich werde ich in 14 Tagen von allen Abhaltungen, die ich seit so langer Zeit schon zu bekämpfen habe, befreit sein; dann wird die Ausführung dieses Projekts meine erste Aufgabe sein, und ich werde mir auch Ihre Unterstützung erbitten, von der ich schon im voraus weiß, daß Sie sie mir in jeder Weise gewähren werden. Wenn diese Angelegenheit Wieland nicht mindestens 3000 Taler einträgt, bin ich nur ein Dummkopf.

Eine Nachricht, die Sie, meine liebe Freundin, in Staunen setzen wird, ist, daß ich das Angebot angenommen habe, das mir unser Kurfürst gemacht hat, mich in den Finanzrat aufzunehmen, und zwar mit einer außerordentlichen Pension, wodurch ich zugunsten meiner Brüder und Schwestern aus dem Geschäft herausgezogen werde. Diese Änderung meines Zustandes ist mir angenehmer, als ich es Ihnen ausdrücken kann, und meine Freunde, die behaupteten, daß es ihnen Angst machte, mich als Kaufmann zu sehen, sind darüber aufs höchste erfreut.

Hier ist niemand, der die Frankfurter literarische Zeitung will; Sie werden also die Güte haben, für mich allein zu subskribieren.

Adieu, meine liebste, meine göttliche Freundin.

68. Sophie La Roche an Christoph Martin Wieland

Koblenz-Ehrenbreitstein, 19. 2. 1772

Ich hoffe, lieber Wieland, daß Ihnen unser Dumeiz das Bild und den Brief von Julien überschickt hat, den ich Ihnen zum reichen Ersatz meines lang ausbleibenden Schreibens geben wollte. Ich hatte eine Zeither nichts als Brechter in Gedanken, und die Hoffnung, ihn in Neuwied etabliert zu sehen, beschäftigte mich auch. Ich wollte darüber auch gleich richtige Antworten und Nachrichten geben, dennoch dauert es. Er wünscht jetzt, im Darmstädtischen versorgt zu werden, und Leuchsenring will sich um ihn annehmen. Dieser wird in acht Tagen bei mir sein und von der Schweiz mir erzählen. Von Ihnen möchte er was wissen. Julie hat mir in einem freundlichen Brief von acht Seiten über meine *Sternheim* geschrieben. Wollen Sie sie lesen und mir wieder schicken, lieber Wieland? Gemmingen sagt, die Portraits wären alle aus *Pamela* und *Clarissa*, doch mache es mir Ehre. Ist Wielands Bild aus der *Pamela*, sind es meine Gesinnungen für ihn? Der alte Stadion, La Roche und meine Damen sind's auch nicht. Gemmingen hat mich bös gemacht, und ich gönne würklich seinem Haller allen Spott, den sein *Usong* leiden muß.

Ihrem kleinen Blättchen über eine alte Inschrift gönne ich recht viel Gutes. Die Vorsicht erhalte Sie, mein Freund, und Ihren vortrefflichen Kopf noch viele, recht sehr viele Jahre, und lasse den

Reichtum des letztern niemals vermindert werden, weil Sie eine so gute Ausspende davon machen. Wie glücklich würde mich meine Freundschaft für Sie machen, wenn ich mit Juliens Geist denken könnte und mit ihrer Feder meine Urteile schriebe. Sie müssen wieder Freund mit ihr werden, mein Wieland, denn gewiß haben Sie unter Ihren männlichen Freunden keine Seele, die Juliens Seele gleicht. Künftiges Jahr soll ich sie hier sehen; möchten Sie nicht dabei sein, Wieland? Wie gerne legte ich in diesem Augenblick meine Hand auf Ihr Herz, um zu fühlen, um zu fühlen, ob es nicht etwas geschwind, aber sanft klopfte ... Meines wurde diesen Moment gepreßt; ich erhielt Georgens *Schmetterling* und drei Lieder. Das von der Auferstehung, *An Elisen,* schmerzt meine Seele. Der edle, liebenswürdige Mann! Wie tief liegt seine Liebe für mein gutes Mädchen in seinem Herzen, wie rein sind seine Empfindungen; und im Mai will er wieder bei uns sein. Die Max ist noch immer liebenswert; ihr Geist wächst, und sie bleibt dabei so naiv und so sehr empfindsam. O Wieland, warum wohnen Sie so weit, so weit weg! Warum ist Neuwied keine Akademie und Sie erster, und Jacobi zweiter Professor? Und warum haben Sie das Rezept noch nicht gefunden, meine Empfindlichkeit zu verringern, so wie man die Masse eines zu stark wallenden Bluts verringern kann; es wäre mir gut. Fritz Jacobi schreibt mir, daß Madame Abt in Düsseldorf ist, daß er und seine Frau sie sehr liebenswürdig finden und daß er ihre Geschichte wissen möchte; aber ich sage sie nicht. Am Montag, den 24. Februar, soll ich Mercken von Darmstadt, Dumeiz und Leuchsenring bei mir haben. Freut es Sie nicht? Wir werden viel von Ihnen reden; ich will das Hauptsächlichste merken und Ihnen schreiben. Adieu werter Wieland, ich umarme Ihre Kinder und die liebenswerte Mutter davon von ganzem Herzen. Man schreibt mir von Stuttgart, Sie würden Erfurt verlassen, weil Sie Riedlen verlieren. Ihre *Könige* erwarte ich sehnlich. Leben Sie recht wohl. La Roche umarmt Sie, es geht uns gut, recht gut, und alle Tag mehr. Ihrer alten   Sophie.

69. Sophie La Roche an Johann Georg Jacobi

Koblenz-Ehrenbreitstein, 15.3. 1772

Mein ohnvergeßlicher, aber oft versäumter Freund, können Sie mir vergeben, daß ich Ihnen so spat antworte und danke? Und wollen

Sie mich über alle Entschuldigungen hinausgehen lassen; was würde es Sie nützen. Große und kleine Hindernisse haben Ihre Macht ausgeübt, ich habe mir über meine Unterwerfung Vorwürfe gemacht und schreibe mit meiner alten zärtlichen Achtung an Sie über das Vergnügen Ihrer Freundschaft und über die angenehme Stunden, welche mir Ihr *Schmetterling* machte, teils da ich ihn selbst, dann mit meiner Max, mit La Roche, Dumeiz und Leuchsenring las. Alle diese sagen Ihnen ohnendlich viel Freundschaftliches und Schönes. Die zwei rechtschaffene, aber in ohngleiche Töne gestimmte Leute waren acht Tage bei uns, worin ich meistens mit Leuchsenring in der Schweiz umherwandelte und Julien und Marianna Fels noch viel näher kennenlernte als seit elf Jahren. Er ist mit dem Erbprinzen von Darmstadt nach Genf und wird wohl den Überrest dieses Winters mit seinen Schweizer Freunden zubringen. Darf ich Ihnen, lieber George, auch sagen, daß Dumeiz, La Roche und Leuchsenring, mich dazugezählt, sehr wünschen, daß Sie keinen König mehr besingen möchten? Andre Poeten sollen es tun, aber unser edler, sanfter George nicht. Wenn Sie böse darüber werden, so haben Sie unrecht; denn gewiß, alles, was dabei gesagt wurde, war Ihrer Verdienste und unserer Freundschaft nicht unwert.

Eine Frage, die ich allein mache, ist: ob Antonette die artige Verse über ihren Schleier gelesen hat? Und – vergeben Sie dem Eigensinn, der in mein ganzes Wesen ausgegossen ist, wenn ich bekenne, daß Sie mir nicht ganz lieb sind, wenn ich mich in den Platz von Antonettens Mutter stelle.

Unser unschätzbarer Bruder Fritz zürnt etwas mit mir über die Nachrichten von Wielands *Agathon,* weil ich die Feder über die Zweifel führte, die uns wegen der Würkung des Tons der Nachrichten ankamen, Leuchsenring hatte voraus und in seinem eigenen Eifer geschrieben, ich redte von mir, Dumeiz und La Roche nach Beobachtungen. Meine Seele leidet unter diesem Mißverständnis auf allerlei Art, und der Zufall hat mich zu dem Gelübde bewogen, meine beste Gesinnungen nicht mehr auszudrücken, und dieses hindert meine Erholung. Niemand kann die würdige Jacobi höher schätzen und besser lieben als ich; schöner sagen und mehr bezeugen, das kann man. Doch hier, lieber George, muß ich Ihnen bekennen, daß es mich hart ankömmt, weniger zu sagen als ich fühle; die Neigungen und der Geschmack meiner Seele sind in nichts geändert, mein Freund, glauben Sie es, bester Mann, Ihrer guten Panthea, und für Sie werde ich immer bleiben, was ich lange vor der Versicherung Ihrer Freundschaft war, und Ihre Freundschaft konnte diese etwas vermindern. Gemütsruhe und Vergnügen sollen alle Stunden Ihres Lebens begleiten, so wie jede meiner Erinnerungen an Sie und jeder Blick auf Ihre Werke mit Segnung und Wünschen erfüllt sind. La Roche umarmt Sie, und ich, George, reiche Ihnen die Hand mit edler Zärtlichkeit. Sophie

70. Sophie La Roche an Christoph Martin Wieland

Koblenz-Ehrenbreitstein, 7. 5. 1772

Ich bin, lieber Wieland, seit 14 Tagen in Frankfurt, Darmstadt und Mainz gewesen bei unserm Dumeiz, wo mir, ich bekenne Ihnen, der Gedanke, in dem Hause dieses unschätzbarn und bewährten Freunds zu sein, ein Teil meines Himmelreichs war. Ich genoß diese Freude nicht, wie ich wünschte; es war stückweise, weil immer allerlei Gattung Menschenkinder uns besuchten. Doch war es etwas; ich hoffe, Gott erhält ihn noch lange. Oft hatte ich Augenblicke, wo ich ihn und seine Wohnung, seine Kirchenkleidung mit der äußersten Bewegung ansah, indem ich fühlte, was für eine Menge Geist, Einsicht, Geschäftigkeit und Empfindungen zu einer Klasse Untätigkeit verbannt worden ist. Der edle, liebenswürdige Dumeiz, von den meisten ungekannt, die schönste Teile seines Verstands und Herzens im Schatten, so viele Leute um ihn, die ihn nicht zu schätzen und nicht zu ehren wissen. Er liebt Sie von Herzen und weiß recht schöne, recht gute Ursachen zu sagen, warum.

Merck kam nach Frankfurt, und mit ihm ging ich nach Darmstadt und wohnte mit der Max in seinem Haus. Mittwochs sah ich die Frau Landgräfin. O Wieland, was ist dieses für eine Frau, lauter Seele, so fühlte ich es. Sie war mit mir zufrieden und umarmte mich in ihrem Kabinett mit Zärtlichkeit. Mich deuchte auch, in allen Personen, die diese Frau umgeben, einen Strahl von ihr zu bemerken. Wie glücklich wäre ich gewesen, wenn ich um sie gelebt hätte. Alle, die ich sonst gesehen, sind zu hohlen, hölzernen Bildern geworden, und was ich nun sehe, scheint Backstein. Die Frau Herzogin von Zweibrücken, würdige Mutter der edelsten Fürstin, die Kinder dieser Frau: Ich werde niemals ohne Rührung davon reden. Merck ist ein vortrefflicher Mann, in allem Betracht. Er und seine Frau wollen mich hier besuchen. Das hessische Haus, die Flachsland, das liebenswerte Mädchen, Ihre Erinnerung wurde gefeiert, mein Wieland, und der Tod unsers Brechters beweint. Ist es Ihnen nicht leid um den würdigen Mann? Haben Sie noch Schriften von ihm? Geben Sie mir Nachricht. Wir sorgen für die Wittib und vier Kinder. In Mainz habe ich Herrn von Groschlag gesehen, der von Ihnen viel redte und auch von Verbesserung Ihres Einkommens, um Ihre Muse à l'aise zu setzen. Er hat auch in Frankreich für die Pränumeration des *Agathons* gesorgt, war aber mit dem Ton der Annonce gar nicht zufrieden. Ich war hier nicht glücklich; zwölf habe ich, mehr nicht, erhalten, und da hat Domherr von Hohenfeld drei genommen. Gott gebe doch allen Segen dazu. Sie können wenigstens wieder einmal eine Reise machen, und dies ist immer eine kleine Schadloshaltung für Abwesende. Die sehr schätzbare Frau von Keller und Fräulein Julie habe ich auch in Darmstadt, aber nur Augenblicke, gesehen. Sie haben eine edle und eifrige Freundin an dieser liebenswürdigen Dame. Fräulein Julie ist ein reizendes, gefühlvolles Kind, die mir viel von Ihnen sagte. Wie gern, mein Wieland, gönne ich Ihnen diese erquickende Nachbarschaft. Aber, mein Freund, wenn Sie ohnabhängig leben und ohnbeschränkt willkürlich arbeiten könnten und in der Nähe von mir wären – wie schön, wie glücklich wäre dieses. Lassen Sie sich ja an keinen Hof feßlen, ich bitte Sie, und lassen Sie mich Gelübde um Ihre Näherung machen. Alles will ich mit ganzem, vollem Herzen für Sie und für die Ihrige sein, was unsere alte Freundschaft und die Erfahrung meiner jetzigen Jahre geben kann. Adieu, mein teurer Freund. Gott gebe Ihnen, Ihrer mir lieben Frau und Kindern Gesundheit und Vergnügen. Ich umarme Sie alle mit der ganzen Zärtlichkeit meiner Seele. La Roche empfiehlt sich von Herzen. Ich bin ewig Ihre Freundin   Sophie La Roche.

71. Sophie La Roche an Johann Heinrich Merck

Koblenz-Ehrenbreitstein, 18. 5. 1772

Wollen Sie, teurer M[erck], meine Frage, warum Sie mir nichts von Ihrer Gesundheit und Gedanken sagen, für nichts anders halten als für das, was sie ist, nämlich ein Stück Sorge um die Würkung Ihrer Selterserwasser-Kur und ein anderes Stück einer ganz natürlich folgenden Achtsamkeit, ob nicht meine Erscheinung Ihre Vorstellung verlöscht habe. Sollten Sie in dem Gemische, welches vom Schicksale und Umständen in mein Wesen geworfen wurde, nicht das Wahre gesehen haben? – Vielleicht sahen Sie das Beste nicht, was ich in Darmstadt tat. –

Sagen Sie mir nur, sind Sie noch fest gesinnt, diesen Herbst hierher zu kommen, oder haben Sie Ursache, mir diese Aussicht zu nehmen? Reden Sie mir wahr, ich bitte Sie, denn so übermäßig empfindlich Sie mich etlichemal gesehen haben, so stark bin ich doch, auch das Niederdrückendste zu ertragen. Meine ganze vollkommene Achtung für Ihren Geist und Herz ist in Frankfurt und Darmstadt nicht so eigentlich vermehrt, aber ganz befestigt worden. Ihre Briefe an Leuchsenring, lange ehe Sie mir schrieben, hatten meine Gesinnungen bestimmt; Ihre persönliche Kenntnis hat mir das Vergnügen gegeben, daß ich recht hatte, zu denken und zu schreiben, wie ich tat. Alles zeigte ich nicht so, wie es in mir war; gerne hätt' ich es gehabt, wenn Sie das Warum gesehen hätten. Leben Sie wohl, sorgen Sie für Ihre Gesundheit – *que l'âme n'use pas le fourreau avant le temps.*

Warum, Merck, warum schrieben Sie mir vor meiner Abreise, ich könnte Ihnen und Ihrer Frau was Angenehmes erzeigen, wenn ich bei Ihnen sein würde, und da ich da war, sagten Sie mir nichts; ist es nicht, daß Sie etwas in meinem äußerlichen Bezeigen fanden, das Sie zurückhielt? Wenn dieses ist, o so dulden Sie, daß ich sage, Sie hatten unrecht; ich könnte es Ihnen durch einen Teil meiner Hülle, die in Darmstadt einen Teil meiner Seele umgab, bezeugen.

Schreiben Sie mir in Ihrem nächsten Brief die Versicherung, daß Sie mich mit Ihrer Frau Gemahlin besuchen werden. O wenn sie doch dieses Versprechen mit ihrem Namen besiegelte! Ich bitte sie darum als ein Zeichen ihrer Freundschaft und der Ihren. – In Bälde werden Sie La Roche sehen; urteilen Sie nicht nach seiner Erscheinung, denken Sie, daß 50 Jahre Pflicht, sich zu beherrschen, den Ton nach dem Willen und dem Geschmack von anderen einzurichten, ein Äußeres geben können, das nicht der Charakter ist. Aber ich müßte mich sehr täuschen, wenn er mit Ihnen nicht so wäre, wie er wirklich ist. Adieu, meine lieben und schätzbaren Freunde! Lieben Sie mich mit meinen Verdiensten und mit meinen Fehlern. Liebe Frau Merck, ich umarme Sie mit Ihren Kindern. – Frau von Pretlac hat mir mit vieler Hochachtung von Frau Merck gesprochen. Grüßen Sie mir Ihre Nachbarn in meinem Namen sowie Leuchsenring, den von Bergzabern.

72. Johann Heinrich Merck an Sophie La Roche

Darmstadt, 21. 5. 1772

Was ich von Ihrem letzten Briefe denke, meine würdigste Freundin? Mich schmerzt es, daß es nun einmal das Los der Menschheit ist, daß wir auch bei dem Genusse dessen, was das Edelste und Beste auf Erden ist: der Beifall des Herzens derer, die wir ehren – wenigstens an Gespenstern des Leidens uns müde tragen müssen. –

Sie versichern mich Ihrer ganzen Achtung; etwas, das ich mit allem Unschädlichen, ich will nicht sagen Guten, das durch mein Leben durchweben mag, verdienen möchte, und Sie glauben zugleich, daß Ihre Gegenwart alle Gesinnungen der zärtlichsten Verehrung, die ich Ihnen geweiht habe, verweht hätte. – Ist das möglich, daß Sie dieser Ahnung auch nur im geringsten Platz bei einem Menschen geben können, den Sie nun einmal dahin erhöhen, nach einem Gefühl, das Sie von Ihrem eigenen Werte haben müssen. – Sie wissen, was ich Ihnen Sonntag früh in Ihrem Zimmer zu Frankfurt über alle diese Furcht, Fehler sehen zu lassen, gesagt habe. Diesen Morgen und die Zeit, die wir zusammen im Wagen zubrachten, – fragen Sie sich selbst, wie glücklich ich damals war und was ich alsdann von Ihnen dachte und ausdrückte. Die übrige Zeit, glauben Sie, war für mich nichts anders als ein böser Traum, der schwer auf mir lag, ein Zustand des halben Wachens, wozu das Bewußtsein kam, wie viel mir von allen denen, die mich umgaben, entrissen wurde. Ein ewiges Reisen und Nichtankommen – ein Waten durch Sandwüsten – oder stellen Sie sich's vor, wie Sie es schrecklich genug finden. Hier werden Sie lächeln und finden, daß ich von neuem die Sprache des Schwärmers rede. Also will ich Ihnen ganz in Prosa und im trockensten Stil des Menschenverstandes versichern, daß ich allzeit weit entfernt sein werde, auf Leuchsenrings gutherzige Manier mein Rektifikationslineal anzuschlagen und zu bestimmen, was nach meiner Linie muß zugesetzt oder abgenommen werden. Wenn ich mir je Ihr Bild als ein Abstractum zu modeln hätte, so würden freilich viele Dinge weg sein, die jetzt da sind; allein dann wäre es nicht mehr ein menschlich Bild aus der Hand des großen Urhebers, sondern eine Lüge, ein Utopisches, Elysisches oder (. . .) Geschöpf, das, wenn es leben könnte, uns bald den Wunsch abnötigen würde, daß es kurz leben möchte. Wenn doch die Herren Menschenkenner ein wenig langsamer eilten, wenn sie bestimmen wollen, was Flecken und Fehler eines Charakters sind, und nur erst den Standpunkt zu wählen wüßten, aus dem sie das Phänomen anschauen müssen. – Allzugroße Achtsamkeit auf das Urteil und den Beifall auch des Geringsten in der Versammlung ist bei einem Charakter, der großen Einfluß haben darf und will, fast eben so notwendig wie das, was wir Knickerei in der Wirtschaft eines großen Handelshauses (aber oft mit Unrecht) nennen; und vielleicht wie die Federn, die wir nicht schwächen dürfen, wenn wir die ganze Elastizität der Seele nicht stören wollen. Ich habe sie allzeit bei den größten Menschen, die die meiste Wirksamkeit hatten, gefunden, und nachher so viele Züge der Freiheit und Unabhängigkeit zugleich wahrgenommen, daß es mir unmöglich einfallen konnte, dies mit dem Sklavennamen der Eitelkeit zu brandmarken. *Herder* ist einer von diesen Menschen. Also wenn ich dieses Mannes Wirtschaft nach dem Modell der meinigen rektifizieren und sagen wollte: Er muß wandeln wie ich, in eben dem geraden Wege des bürgerlichen Wohlstandes, auf der Landstraße des planen Menschenverstandes, von der sich der gemeine Mensch nicht entfernen darf, und wenn er es tut, dafür bestraft wird: Was bleibt *dem* übrig, dem die Natur weder Reichtum, noch köstliche Kleider hat zuwerfen wollen, als daß er die Türe der Hölle der Dunkelheit nur selten öffnet und seine kleinen Fenster nicht zum Anschauen, noch zum Herbeirufen, nur für die liebe Sonne hat; aber dabei seinen Bissen mit Ruhe und Zufriedenheit genießt, und hat er sauberes, frisches Stroh, sich der Länge nach ausstreckt. Ich muß wissen, was Diät der Seele und des Leibes für mich ist, aber nicht Königen und Herren meine Flasche nebst Gebrauchszettel aufdringen wollen.

73. *Johann Georg Jacobi an Sophie La Roche*

Bollheim, 21. 7. 1772

Nach einem Abschiede von Ihnen, beste Sophie, von unserem würdigen La Roche und von allem, was Ihnen beiden zugehört, konnt' ich nirgend besser hinflüchten als an diesen Ort, wo ich seit gestern mittag eine mir selbst unbegreifliche Ruhe empfinde. Die Gegend ist um mich herum schön und abwechselnd. Kleine Wälder, Wiesen mit Pappeln umpflanzt, Wasser, Äcker und in einiger Entfernung Bauernhäuser, von denen nicht das mindeste Geräusch zu uns herüberkömmt. Alles in meiner Nachbarschaft ist still, die niedrigen Bauernhäuser lassen mich genügsame Zufriedenheit in ihren Kämmerchen vermuten; und die Bäume stehen so ruhig da, die Sonne scheint so friedfertig auf die Wiese, daß jede heftigere Bewegung der Seele schweigen muß.

Noch immer fühl' ich den letzten Koblenzer Abend. Sophie und ihre Familie sind nicht hier! Das Gärtchen hinter Ihrem Hause mit den gestorbenen Maßliebchen und den neuen aufblühenden Blumen seh ich immer noch vor mir, und die Stufen des Gartenhauses, worauf ich so manchen Abend mich lagerte, und die Fenster, aus welchen ich den Rhein betrachtete. – Ach, meine Freundin! – Indessen wird meine Traurigkeit immer stiller. Es ist ein Abendgewölk, dem der aufgehende Mond einiges Licht mitteilt.

Dies ist alles, was ich jetzt von so vielen Dingen, die in meiner Seele herumschweben und sich vordrängen wollen, sagen kann. Das übrige nächstens. Es liegt mir daran, daß ich nichts von meinen Empfindungen schuldig bleibe.

Nun, beste Sophie, lassen Sie mich Ihre Hände küssen und Ihnen stillschweigend für alles das Gute und Schöne danken, was Sie mit einer so freundlichen Miene in Ihrem Hause mir anboten. Insonderheit danke ich Ihnen für jedes edle Gefühl, das Sie in meinem Herzen aufweckten. Bei den seligsten Augenblicken, in welchen ich Sie lächeln oder weinen sah und es zu sehen verdiente, schwöre ich Ihnen, daß nichts für mich verloren sein soll. Glauben Sie gewiß – doch keine Versicherungen! Sie haben mich Ihren Freund genannt, und so sollen Sie mich auch dann noch nennen, wenn ich einmal Ihrem Brechter Sophiens Tränen über seinen Tod erzählen werde.

Für Ihre Max werden Sie mit erster Post einen Brief von mir bekommen. Leben Sie wohl, bis ich mich weiter mit Ihnen unterreden kann. Auf meinen Wiesen, unter diesen Bäumen will ich Ihr Andenken segnen, und das Andenken an alles, was Ihren Namen hat, soll mir heilig sein. Geben Sie dafür einen freundschaftlichen, segnenden Blick zurück   Ihrem ehrlichen Georg.

74. Christoph Martin Wieland an Sophie La Roche

[Erfurt, 7.8. 1772]

Es ist hohe Zeit, meine teure Freundin, daß ich Sie an demjenigen Anteil nehmen lasse, was mir in diesen Tagen begegnet ist. Die Angelegenheit, von welcher ich Ihnen letzthin schrieb, hat nun den Ausgang gewonnen, den Sie zu wünschen schienen. Ich gehe als Hofrat und Instruktor des Erbprinzen in Weimarische Dienste, mit 1 000 Taler Gehalt, so lange mein Dienst währt, und mit 600 Talern lebenslänglicher Pension, wenn er zu Ende ist, das ist von dem Tage an, da der Erbprinz die Regierung antritt. Für meine Frau und Kinder habe ich für jetzt noch nichts weiter erhalten können als Versprechungen, auf den widrigen Fall, der sie meiner Fürsorge berauben sollte, für sie zu sorgen. Daran muß ich mir denn bis auf weiteren Bescheid genügen lassen.

Ich denke, daß ich meiner Freundin, die mein Herz so gut kennt, nicht zu sagen nötig habe, daß die wenige Verbesserung des Einkommens der Beweggrund nicht gewesen ist, der mich vermögen konnte, einen Entschluß zu fassen, wobei ich in mehr als einer Betrachtung so viel riskiere. Ich sehe nur gar zu wohl, daß in der Bestrebung, immer so viel Gutes zu tun, als wir Gelegenheit haben, etwas ist, das die Leute, die nur sich selbst lieben, Don Quixotterie nennen. Ich hätte hier in Erfurt, zumal bei dem neuen Herrn Statthalter, sehr ruhige Tage dahin leben können; es wäre nur bei mir gestanden, mir einzubilden, daß ich als Lehrer und Schriftsteller der Welt wer weiß wie große Dienste tue. Aber da, NB. wider mein ehemaliges Vermuten und ohne, daß ich den kleinsten Schritt getan hätte, die Sache zu befördern, der Antrag an mich kam, den Verstand und das Herz eines jungen Fürsten ausbilden zu helfen, der in wenigen Jahren regieren soll, so konnt' ich unmöglich anders, als denken, dies sei eine Gelegenheit, mehr Gutes zu bewirken, als ich in meinem ganzen bisherigen Leben zu tun im Stande gewesen bin. Ich habe um so mehr Ursache zu glauben, daß ich mich hierin nicht betrogen habe, weil die Herzogin sowohl als der Erbprinz sehr gut für mich denken, und der letzte insonderheit so glückliche Dispositionen hat (...) und so viel Neigung zu mir zeigt, daß ich das Beste hoffen darf. (...) Der Himmel gebe nun seinen Segen zu meinen Absichten; Fleiß und Mühe will ich mich nicht dauern lassen. Das übrige sei dem Schicksal anheim gestellt.

Die Hofluft soll mich, wie ich hoffe, nicht anstecken, und meine Feinde und Mißgönner sollen das Vergnügen nicht erleben, mich den Grundsätzen meines Danischmendes und Dschengis ungetreu werden zu sehen. Ich halte es nicht für wahrscheinlich, daß ich jemals ein Günstling werden, und für noch unwahrscheinlicher, daß ich mich an einem so schlüpfrigen Platz länger sollte erhalten können, als Danischmende und (. . .) bei der Würde eines Itimaddulef. Aber was ich gewiß weiß, ist, daß Sie, meine teuerste Sophie, die Freude haben werden zu sehen, daß ich keine andere Ambition kenne, als im Stillen und mit so wenigem Geräusche als möglich das Gute zu befördern, und keinen andern Eigennutz, als auf die rechtmäßigste Art für die unentbehrlichsten Bedürfnisse meiner Familie zu sorgen. Mit einem Wort, das Glück mag mich anlächeln oder angrinsen, so werde ich nach meinen Grundsätzen leben; und damit Punktum!

Es sind morgen 14 Tage, daß ich meine Dimission von Seiner Kurfürstlichen Durchlaucht verlangt habe. Zu eben der Zeit, als dies geschah, langte auch ein Schreiben von der Herzogin an den Kurfürsten und eines von dem Grafen von Görtz in ihrem Namen an den Herrn Großhofmeister in Mainz an. Ich sehe der Antwort mit Ungeduld entgegen, hoffe aber, sie werde um so mehr nach Wunsch ausfallen, da 1) eine solche Abrufung der hiesigen Akademie Ehre macht und 2) die Hochwürdigen und gnädigen Herren von [Mainz] meiner auf diese Art mit Ehren los werden. Denn dies ist doch, was die mehresten schon lange gewünscht haben, und der Herr [von Groschlag] selbst sollte sich freuen, daß er sich einen Mann, welchen er nicht ohne große Mühe protegieren mußte, so unverhofft vom Halse schaffen kann.

Schreiben Sie mir, beste Freundin, ob Ihr und mein La Roche mit meiner bevorstehenden Metamorphose zufrieden ist. Seine Zufriedenheit mit dem *Goldnen Spiegel,* deren Sie mich versichert haben, scheint mir von guter Vorbedeutung zu sein.

Daß die russische Kaiserin auf 20 Exemplare des *Agathon* subskribiert habe, habe ich vor etlichen Tagen in einer öffentlichen Zeitung gelesen, weiß aber bis dato noch nichts von nähern Umständen.

Unser Jacobi hat mir seit 14 Tagen keine Zeile geschrieben. Er vernachlässigt mich gänzlich. Ich berühre diese Saite ungern.

Auch Sie, liebste Freundin, sollten mir, dächte ich, entweder öfters schreiben, oder mir irgend eine gute Ursache geben, warum es nicht geschehen kann. Denken Sie nicht auch, daß ich ein wenig Recht habe, so zu denken?

Ist es wahr, daß die Gewitter in dem Trierischen so großen Schaden getan haben? Ich erschrak so sehr über diesen Artikel, den ich in einer Zeitung las, als ob ich wer weiß wie viel dabei zu verlieren gehabt hätte.

Der *Goldene Spiegel* hat sowohl zu Wien als zu Prag die Zensur der Bücherkommission glücklich überstanden. In Wien hat er seinen hauptsächlichsten Apologisten in einem Bischof gefunden, und zu Prag hat besonders die 180. Seite im zweiten Teile Wunder getan, wie mir ein Mitglied der Kommission selbst im Vertrauen gemeldet hat.

Wissen Sie nichts von Madame de la Fite und ihrer Übersetzung der *Sternheim?* Ich bin der guten Dame einen Brief schuldig, auf den sie vielleicht eben so begierig wartet, als ich auf einen Brief von Jacobi.

Leben Sie wohl, meine vortreffliche Freundin, schreiben Sie mir bald, und sagen Sie mir, daß Sie und La Roche mich immer lieb behalten wollen.

Auf die nächsten drei Jahre werden wir nun leider geschieden bleiben. Aber im vierten sehen wir uns unfehlbar, oder ich müßte nicht mehr in der Welt sein. Ich habe ein Gelübde getan, meinen Freunden nichts mehr von dem, was ich für sie empfinde, *vorzuschwatzen,* aber glauben Sie mir, ich empfinde darum nur desto mehr. Noch einmal adieu von Ihrem

ganz eigenen alten Freund.

75. Sophie La Roche an Christoph Martin Wieland

Koblenz-Ehrenbreitstein, 11. 8. 1772

Den Augenblick, liebster Wieland, wo ich von dem Lestisch meiner Kinder aufstund und an Sie schreiben wollte, erhielt ich Ihren Brief, für den ich Ihnen danke, und Ihre neue Bestimmung mit zärtlichen Wünschen der besten Freundschaft begleite.

Es ist wahr, daß La Roche und ich diesen Ruf besser fanden und mehr liebten als die übrige Vorschläge, die Ihnen gemacht wurden, weil wir mehr Grund und Sicherheit darin sahen als die andre nicht zeigen konnten.

Gott erhalte Sie und segne Sie, liebster Freund. Ihr Amt ist so schön als wichtig, aber da Sie guten Grund antreffen, so ist Ihre Aussicht auf die Ernte des Staats mit einer so süßen Hoffnung verbunden, daß alle Ihre Mühe dadurch erleichtert und Ihr Eifer unterhalten werden muß.

Ich fühlte in dem Innersten meiner Seele, wie sehr die Tage meines vernünftigen Lebens durch Ihren nahen Wohnplatz bei mir im eigentlichen Verstand *verherrlicht* worden wären; ich fühlte daher auch, was ich an wahrer Freude verlor, da ich für Weimar redte. Aber Ihr Bestes, und der *größere Teil Wohltuns,* der auf tausend und tausend Nachkömmlinge fließen kann, überwog. Und nun mischt sich die Träne über verlorne Hoffnung mit der von der Freude und der Wünsche, die Ihre jetzige Stelle von mir fodern.

Tun Sie es, lieber Wieland, tun Sie es, bleiben Sie sich und Ihrer vor den Augen der ganzen Welt genommener Verbindung getreu, bleiben Sie sich selbst gleich; Sie können nicht glauben, wie ohnendlich teuer Sie dadurch meinem ganzen Herzen werden.

La Roche umarmt Sie und wünscht Ihnen tausend Gutes. Er bittet Sie, Ihren jungen Fürsten die Kunst zu lehren, *Verdienste und Rechtschaffenheit zu kennen und zu lieben* und die Scheinfarben von den wahren zu unterscheiden.

Jacobis Stillschweigen gegen Sie wundert mich. Er wird schon wieder reden. Ich hätte mit Ihnen, mein Wieland, über den Aufenthalt der zwei Brüder bei mir reden mögen, aber nicht schreiben. Ich lerne übende Philosophie, mein Wieland, und diese ist wohl immer die beste für uns und andre. O mein Freund, wenn ich die selige Tage noch erlebe, wo aus Wielands Händen ein *edeldenkender Fürst* kommt, der wahres Glück in seinem Land verbreitet; was für Empfindungen werden in meiner Seele sein, wenn ich Sie da umarmen werde. Ich empfehle Sie der Vorsicht. Meine liebe Freundin Wieland und Ihre Kinder drücke ich an mein Herz, wer Seele hat, wird sie lieben, und Ihre Kinder werden viele Vorteile der Erziehung in Weimar genießen.

Herr von Groschlag soll nächstens hieher kommen und wird gewiß von Ihnen reden; ich will getreue Nachricht erteilen. Dumeiz war bei uns und ist auch über *Weimar* froh, umarmt Sie auch und macht Gelübde für Sie.

Leuchsenring will den Erbprinzen von Darmstadt wieder verlassen. Machen Sie es nicht so. Einen Wunsch habe ich noch: Reisen

Sie mit Ihrem Prinzen, o tun Sie's, Wieland, aber als Menschen, nicht als Fürstenkinder. Der würdige Graf Görtz und Sie mit zwei treuen Dienern sind genug. Und wenn Sie Holland sehen, so seh ich Sie, eh drei Jahr um sind. Frau von Keller und die reizende Julie liebe ich. Adieu Wieland. Bald, bald mehr.

76. *Johann Wolfgang Goethe an Sophie La Roche*

[Darmstadt, etwa 20. 11. 1772]

Warum auch nur ein Wort darüber, daß Ihr Brief nicht gleich auf den meinigen folgte; kenn ich nicht Ihr Herz und weiß ich nicht, daß es in Neigung und Freundschaft unveränderlich bleibt.

Seit den ersten unschätzbaren Augenblicken, die mich zu Ihnen brachten, seit jenen Szenen der innigsten Empfindung, wie oft ist meine ganze Seele bei Ihnen gewesen. Und drauf in der Glorie von häuslicher, mütterlicher Glückseligkeit, umbetet von solchen Engeln Sie zu schauen, was mehr ist: mit Ihnen zu leben! Meine Armut an Worten, meine Unfähigkeit, mich laut zu freuen, haben mir allein ausdrücken können, was ich fühlte, und Sie – Sie wissen am besten, was Ihr Herz für mich spricht.

Sie klagen über Einsamkeit! Ach, daß das Schicksal der edelsten Seelen ist, nach einem Spiegel ihres Selbst vergebens zu seufzen. Sie werden es nicht immer, und schon jetzt, mit welchem ganzen Gefühl sehen Sie zween Töchter unter Ihren Augen werden, die, wenn Sie Ihnen nicht alles sind, doch alles sind, was die liebe Gottheit Sterblichen von Glückseligkeit zu schenken vermag. Daß aber auch des Menschen Schicksal ist, daß der Reiche nicht lebendig fühlt seinen Reichtum! Glauben Sie Ihren Freunden, wie überwohl der Austeiler des Ganzen es mit Ihnen gemeint hat; wir nur wissen, was Sie haben, denn wir empfinden nicht, was Ihnen fehlt. Hundertmal freuen wir uns im Geiste nach über die Augenblicke, die wir in Gegenwart der schönsten Natur in dem seligsten Zirkel genossen. Madame Merck empfand die volle Wärme Ihres Briefs und grüßt Sie herzlich durch mich, erwartet auch sehnlich einen Brief von Mademoiselle Max. Merck sagt mir, daß Sie von Jerusalems Tode einige Umstände zu wissen verlangen. Die vier Monate in Wetzlar sind wir nebeneinander herumgestrichen, und jetzo acht Tage nach seinem Tode war ich dort. Baron Kielmannsegg, einer der wenigen, denen er sich genähert, sagte mir: „Das, was mir wenige glauben werden, was ich Ihnen wohl sagen kann, das ängstliche Bestreben nach Wahrheit und moralischer Güte hat sein Herz so untergraben, daß mißlungne Versuche des Lebens und Leidenschaft ihn zu dem traurigen Entschlusse hindrängten."

Ein edles Herz und ein durchdringender Kopf, wie leicht von außerordentlichen Empfindungen gehen sie zu solchen Entschließungen über, und das Leben – was brauch, was kann ich Ihnen davon sagen. Mir ist's Freude genug, dem abgeschiednen Unglücklichen, dessen Tat von der Welt so unfühlbar zerrissen wird, ein Ehrenmal in Ihrem Herzen errichtet zu haben.

Ich hoffe, Mademoiselle Max wird erlauben, daß ich manchmal schreibe; ich will Ihre Güte nicht mißbrauchen.

Leben Sie wohl, und wenn Sie fühlen könnten, wie sehr ich an allem Anteil nehme, was von Ihnen kömmt, Sie würden manchen Augenblick Beruf zu einem Briefe an mich empfinden, und Mademoiselle Max würde länger bei Ihren köstlichen Nachschriften verweilen.   Goethe

77. Sophie La Roche an Johann Caspar Hirzel

Koblenz-Ehrenbreitstein, 20. 12. 1772

Ich habe Sie, edler, rechtschaffener Freund, so lange versäumt, daß ich mir nicht mehr auf eine gute Art zurecht zu helfen wußte und darüber noch länger schwieg, bis endlich ein Brief von Salomon Geßner an La Roche hieher kam und mir den Einfall gab, La Roche zu bitten, er möchte mich die Antwort nach Zürich schicken lassen. Geßner bekommt seinen Brief spater, da er von Augsburg wieder hieher und dann erst zu Ihnen kommt, aber ich gewinne den schicklichen Anlaß, Sie, werten Freund, um Vergebung zu bitten, daß ich mich so lang begnügte, meine lebendige Hochachtung für Sie still zu ernähren, ohne Ihnen etwas von ihrer Dauer und dem immerwährenden Wunsch für Ihr Wohlsein zu sagen. Ihr La Roche ist seit dem August in Augsburg, wo er der Ehre des besten Fürsten und dem Vorteil seines Landes Dienste leistet, allem Ansehen nach auch den Auftrag bekommt, eine Reise nach Wien zu machen, so daß ich ihn erst in drei Monaten sehen werde. Aber er kann den Sohn von seinem Hirzel in Wien sehen, und vielleicht kann mein ältester Sohn in der nämlichen Gelegenheit den Ihrigen umarmen, denn ich hoffe, daß mein Fritz die Reise mitmacht. Sagen Sie der verehrungswerten Mutter Ihrer Kinder, daß es mich freut zu denken, daß eines meiner guten Kinder eines von den ihrigen an sein Herz drücken wird – ein kleiner Ersatz der Freude, die ich mir ehemals versprach, in der Reihe edler, erwählter Seelen in der Schweiz Hirzlen, seine Frau und Kinder zu sehen. Glauben Sie, mein Freund, die Nähe des Hofes, der Umgang mit Großen, dient meiner moralischen Empfindlichkeit als eine Feile, durch die sie noch mehr geschärft und so poliert wird, daß der geringste Hauch merksam ist.

Haben Sie dem väterlichen Herzen des Jerusalems nicht auch eine Träne gegeben, da Sie die Nachricht hörten, sein einziger Sohn habe sich durch einen Pistolschuß das Leben genommen.

Rechtschaffene Freunde des jungen Manns gaben ihm das Zeugnis, daß er das edelste Herz und einen scharfsinnigen Geist besaß, daß allein ängstliches Bestreben nach moralischer Vollkommenheit sein Herz untergraben und zu diesem traurigen Entschluß gebracht habe.

Sagen Sie unserm Geßner, der mit seinem Bleistift so viele Empfindungen bezeichnen kann, er soll einmal ein Kornfeld denken, auf welchem gebundne Garben und auf einem Teil geschnitten Korn liegt, unter einem einzelnen Baum aber 16 Schnitter und Schnitterinnen vor Arbeit und Mittagshitze abgemattet in seinem Schatten sitzen und sich einen Wasserkrug reichen, um etwas Kühle und Erquickung zu trinken. In der Nähe ist ein Gitter des fürstlichen Gartens, wodurch Clemens von Trier mit bewegtem Herzen die Leute sieht und zu La Roche sagt: „Ich möchte die gute Leute gerne mit etwas laben, die so viele harte Arbeit für uns übrige verrichten. Etwas Wein und gut Brot würde ihnen Kräfte geben." Dies wird geholt, und dann trägt eine schöne, liebreiche Fürstenfigur den Wein selbst in den Kreis, schenkt den Leuten ein, segnet ihren Trunk und ihre Arbeit. Die eben so edle, menschenfreundliche Schwester reicht das Brot in der Reihe und redt mit ihren armen Nächsten tröstlich und leutselig. Die Schnitter bewundern und danken. La Roche sieht seinen Herrn mit verdoppelter Liebe an. Ich segne ihn und hebe mit einer behenden Träne im Aug einen Strohhalm auf, den unser Kurfürst in diesem Augenblick betreten hatte. Jacobi war hier, wie es geschah, und besang es nicht. O wenn Geßner eine Idylle daraus machte. Adieu

von Ihrer Sophie La Roche.

Mein Freund, könnten nicht die zwei Abteilungen dieser Sommerbegebenheit in dem Köpfchen und Unterschale einer großen Bouillontasse in Zürcher Porzellan gemacht werden? Ich gäbe gern einige Karolins darum.

78. Sophie La Roche an Johann Georg Jacobi

[Koblenz-Ehrenbreitstein] 26. 5. 1773

In vielen Monaten gar keinen Brief und heut nur ein so kleines Blättchen: George, ich konnte lange nicht in meinem ersten Ton an Sie schreiben, und vielleicht wäre Ihnen Abänderung empfindlicher als Stillschweigen gewesen, also schwieg ich erst aus Vorsatz und dann aus Mangel schicklicher Stunden.

Ich schreibe wieder – aus einem Gefühl von Billigkeit, Unrecht und Wahrheit.

Billig ist es, daß ich jede edle Gesinnung, die Sie, mein Freund George, verdienen, für Sie unterhalte. Und Unrecht wäre es, wenn ich Ihnen nicht von diesen Gesinnungen redte, wenn ich weiß, daß sie Ihnen angenehm sind.

Wahr ist es, wenn ich Ihnen sage, daß es mir sehr leid ist, wenn Ihnen mein Stillschweigen Mißvergnügen machte. Wahr ist es auch, daß es mich freuen wird, wenn Sie mein Wiederkommen als *Freund George* aufnehmen; und wahr sind meine Wünsche für Ihr Vergnügen und für Ihr Wohlsein. Feiner Ausdruck über all dieses ist würklich nicht in meiner Gewalt, indem ich jetzt die Lage meines Kopfs und Herzens so wie die einer Gegend fühle, deren trüber Himmel und frostige Erde keinen heitern Gedanken und keine Blume entstehen läßt. Vielleicht kommt in einiger Zeit Wintergrün hervor, und die erste Sprossen sollen in meine künftige Briefe kommen, wenn Sie sie wollen, von Ihrer alten Freundin

Sophie La Roche.

79. Cornelia Goethe an Sophie La Roche.

[Frankfurt] 12. 8. 1773

Der gestrige Abend ist einer von den schönsten meines Lebens gewesen, und wer glauben Sie wohl, der ihn so schön gemacht hat? Niemand anders als unser lieber Dumeiz, der uns in seinem Garten ein vortreffliches Fest gab. Sie kennen den Garten, meine teure

Freundin. Stellen Sie sich die dunklen, stillen, einsamen Gänge illuminiert vor, die herrlichste Nacht von der Welt, Musik, ein mit erquickender Speise und Trank beladener Tisch – ich glaubte, in einem bezauberten Schloß zu sein. Wie oft ich Sie und Ihre liebe Max gewünscht habe, kann ich nicht sagen; Ihre Gegenwart fehlte noch, uns vollkommen glücklich zu machen. Wenn ich fähig wäre, mich auszudrücken, so wollt ich Ihnen die romantischen Szenen alle beschreiben: wie die Lichter durch die Traubenblätter versteckt waren und man keines sah, und doch den Schein von allen, wie die Obstbäume von oben herein hingen und durch die Nacht von außen und die Hellung von innen in ein ganz sonderbares Licht gesetzt wurden, wie auf dem Baumstück feierliche Stille herrschte und die Musik von weitem die angenehmste Würkung tat . . . Aber das kann ich nicht, will ich nicht tun. Ich würde Ihre Einbildungs-kraft mit Bildern beladen, die der Sache gar nicht angemessen wären. Nun muß ich Ihnen noch sagen, meine teure Mutter, was auf mein Herz den meisten Eindruck gemacht hat und in meinen Augen alles noch unendlich verschönte, das war, daß unser lieber Dechant das ganze Fest selbst zubereitet hatte und nach seiner angewandten Bemühung auch mit uns genoß und mit uns sich freute   Cornelia.

80. Sophie La Roche an Johann Caspar Hirzel

[Koblenz-Ehrenbreitstein] 1. 11. 1773
Wie lange habe ich Sie, meinen würdigen, schätzbaren Freund, ohne Antwort, ohne Nachricht von mir, von La Roche gelassen. Ich bin eine häßliche Frau; ich verdiene, von Ihnen vergessen zu sein. Ich will mich auch nicht beklagen, wenn Sie mich strafen. Lesen Sie nur noch Nachrichten von La Roche. Der ist seit dem April in Wien und arbeitet da sehr glücklich an Erleichterung des Joches, womit die österreichische Regierung schon 200 Jahre durch die bischöf-lich augsburgische Untertanen und Landinsassen beschweret und gequälet hat. Millionen sind schon angewendet worden, um Hülfe zu haben, aber alles vergebens; und nun schenkt die Vorsicht dem La Roche die Freude, ohne andre Kosten als die von seiner Unter-haltung diese Last auf ewige Zeiten von dem Nacken der guten Leute wegzuheben. Es ist wahr, ich entbehre die Gegenwart des besten Manns; aber wenn ich denke, daß er dem Ruhm des besten

Fürsten und dem Wohlergehen so vieler Tausende nützlich ist, bete ich nicht um seine Zurückkunft, sondern nur um seine Erhaltung und Segen seiner Arbeit. Alle Wochen habe ich von seinen Briefen, wovon mich jeder seiner daurenden Liebe versichert. Vier seiner guten Kinder habe ich bei mir, und der älteste Sohn ist bei ihm und genießt das Beispiel der edlen Verwendung der Talente und Lebens seines Vaters und auch zugleich einen Teil der Achtung und Liebe, die man La Roche beweist. Ich aber nähre mich wieder mit einigen phantastischen Briefen, die ich an eine gewisse Eufrosine schreibe und in welchen ich eine Reise durch die Schweiz nach den Briefen des La Roche und nach meiner Art zu sehen mache. Aber dieses sage ich nur Ihnen, mein Freund Hirzel. Und nun schenken Sie mir die Zufriedenheit, daß Sie mir meine Nachlässigkeitssünde vergeben und mich von Ihrem Wohl und Freuden des rechtschaffenen Familienvaters unterhalten. Sagen Sie mir auch etwas als Patriot von Ihren so guten Schulen. Die Aufhebung der Jesuiten macht in den katholischen Staaten viele Arbeit wegen dem Unterricht der jungen Leute.

Darf ich am End dieses Briefs Sie nochmals fragen, ob ich hoffen könnte, aus der Zürcher Porzellanfabrik die Bouillonschale zu bekommen, wovon Ihnen die Zeichnung beschrieben habe. Geßner soll die Schnittergeschichte nicht mehr schreiben, denn ich flechte sie in meine neue Briefe ein. Aber die Schilderung möchte [ich] in Zürcher Porzellan haben, die Schale etwas groß und ganz schön. Ich setze zehn Louis d'or. Sehen Sie, Hirzel, ob es geschehen kann. Ich schickte Ihnen die Beschreibung schon lange. Der Kurfürst muß ein hellblau Kleid mit kleinen Goldbörtchen und an einem roten Halsband ein Kreuz auf der Brust hängen haben und die Prinzessin eine blaßgelbe Sultane mit blauem Daffent ausgeschlagen, beide etwas längliche Gesichter. Leuchsenring gefällt sich in Paris sehr wohl und wird bis Februar da bleiben. Von Zimmermann habe ich einen schönen Brief erhalten, mit der Devise *Pain bis et Liberté* zugesiegelt; diese machte mich vieles denken. Adieu, mein werter und rechtschaffener Freund. Nehmen Sie die Versicherung meiner Freundschaft und Segens gütig auf. Sophie La Roche
Was sagen Sie zu dem *Teutschen Merkur?* Wie lieben Sie ihn?

81. Johann Wolfgang Goethe an Sophie La Roche

[Frankfurt, Mitte Februar 1774]

Ich danke Ihnen, liebe Mama, für die beiden Briefe; sie haben mir die ganze wahre Lage Ihrer Seele ausgedruckt, und ich bin gewiß, daß, wenn Sie fortfahren, in Ihrem eigenen Ton über vorwaltende interessante Gegenstände zu schreiben, das Ganze eine fürtreffliche Würkung tun muß. Nur müssen Sie mir erlauben, daß ich Ihnen über die Verbindung und Stellung der Teile meinen guten Rat erteile. So ist zum Exempel die Apotheose Brechters im zweiten Brief evident zu früh. Der Altar muß erst gebaut, geziert und geweiht sein, eh die Reliquien hineinverwahrt werden, und ich wünschte, daß die ganze Stelle erst weiter hinten, wenn der Charakter und der Sinn Rosaliens sich mehr entfaltet haben, eingepflanzt zu sehn, wie ich denn auch mit der süßen Melancholie von verirrter Empfindung, die den ersten Brief füllt, das Ganze gewürzt sehn möchte und Sie bitte, wenn es nicht zu sehr außer der Stimmung Ihres Vorsatzes liegt, die ersten Briefe mit ganz simplem Detail, wo Gefühl und Geist nur durchscheint, zu eröffnen. Hier haben Sie alles, was ich zu sagen habe. Das liebe Weibchen hat Ihnen was von einer Arbeit geschrieben, die ich angefangen habe, seit Sie weg sind, würklich angefangen, denn ich hatte nie die Idee, aus dem Sujet ein einzelnes Ganze zu machen. Sie sollen's haben, sobald's fertig ist. Nach Düsseldorf kann und mag ich nicht; Sie wissen, daß mir's mit gewissen Bekanntschaften geht wie mit gewissen Ländern: ich könnte hundert Jahre Reisender sein, ohne Beruf dahin zu fühlen.   G.

82. Sophie La Roche an Johann Caspar Hirzel

Koblenz-Ehrenbreitstein, 10. 3. 1774

Soll Ihnen meine Handschrift wieder fremd geworden sein, mein teurer Freund Hirzel? Ich hoffe nein, ohngeacht ich sehe, daß es vier Monate ist, seit ich Ihren letzten Brief erhielt. Verzeihen Sie der Gewalt der Umstände den elenden Gang meines Briefwechsels. Ich habe indessen meine älteste Tochter an einen sehr rechtschaffenen Kaufmann in Frankfurt verheuratet, bin mit ihr hingereist und drei Wochen bei ihr geblieben. Gestern, mein Hirzel, war es ein Jahr, daß La Roche von seiner Familie reiste, und vor acht Tagen erhielt ich einen Brief, der mir sagte, daß sein zweiter Aufenthalt in Wien wohl ein anderes Jahr dauern würde. Also seh ich, daß immer ein Teil meiner besten Freude und besten Glückseligkeit in der Ferne gehalten wird, sagte ich mir, und berechnete dies, was um mich ist und weit von hier liegt. Da kam die Freundschaft und die Briefe des würdigen und schätzbaren Hirzel auch in Anschlag, und mein Stillschweigen schien mir Undank gegen die Vorsehung zu sein, um so mehr, da Ihr gütiges Herz einen Wert auf meine arme Briefe legte. Das meinige segnet Ihre Schulanstalten, und ich bitte inständig um Übersendung von ein paar Ihrer Schulbücher und Plane.

Meinen neuen Grillenbriefen erweisen Sie zu viel Ehre; besonders bin ich wohl gar auf den Ausdruck böse, den Sie gebrauchen, daß sie in der Schweiz nützlich sein könnten, weil ich sagte, daß ich mich einiger Auszüge aus den Briefen des La Roche bedienen würde. Sie hätten mich beinah von dem Ganzen zurückgeschreckt, wenn mir [nicht] die Mittelklasse von Menschen eingefallen wäre, für die etwas darin sein mag, weil ich meist gesellschaftliche Zufälle und kleine Begebenheiten miteinflechte, die dem übrigen den Zutritt schaffen werden. Hätte ich nur jemand zum Abschreiben, so schickte ich Ihnen einen Probbrief, den auch Herr Geßner als Geist- und Buchführer beurteilen und schätzen könnte. Vielleicht tu ich's einer dieser Tage, denn ich bekenne, daß es mich ohnendlich freute, wenn Geßners Hand etwas am Titelblatt zeichnete.

Was macht meine Bouillonschale? Bekomme ich sie? Wird sie schön? Unser lieber Kurfürst kommt zu End Mai mit der Prinzeß hieher, und ich möchte die Schale in das Zimmer stellen lassen, eh sie kommt. Ein Teller, worauf die Schale steht, muß auch dazukommen. Lieber Hirzel, helfen Sie mir dazu, ich bitte Sie sehr.

Unserm rechtschaffenen Merck schreibe ich auch diese Woche. Es freut mich in dem Innersten meiner Seele, daß der vortreffliche Mann einen so würdigen Sohn aufwachsen sieht, der von Ihrer Hand ausgebildet wird. Merck gehört auch unter die Güter dieses Lebens, deren ich beraubt wurde.

Von Zimmermann habe ich nichts mehr gehört. Geld und Ehre ist nicht das wahre Maß Glückseligkeit. Die Vorsicht gebe es Ihren Kindern, mein Freund, so wie Sie es erhielten: Weisheit, Kenntnisse, Güte des Herzens, edle Menschenfreundlichkeit. Ich umarme die würdige Mutter von Ihren Kindern und Sie; ja, mein Freund, die Frau von Ihrem La Roche darf seinen Hirzel umarmen. Ich sehe Ihr Zürich oft im Herrliberger an und möchte die Straße wissen, wo Sie wohnen. Ist nicht noch ein Teil da? Adieu von

Sophie La Roche.

83. Johann Wolfgang Goethe an Sophie La Roche

21.10.1774

Wie wert ist mir Ihr letztes herzliches, wie wert alles, was Sie mir sein können. Ich lag zeither stumm in mich gekehrt und ahndete in meiner Seele auf und nieder, ob eine Kraft in mir läge, all das zu tragen, was das eherne Schicksal künftig noch mir und den meinigen zugedacht hat; ob ich einen Fels fände, drauf eine Burg zu bauen, wohin ich im letzten Notfall mich mit meiner Habe flüchtete. – Liebe Mama, ich gönn Ihnen die Stunden des Unmuts und Jammers, es ist Erleichterung wie die Ergießung im Gebet, aber wenn Sie dann auch aufstehn davon, erlauben Sie Ihrem Herzen eine freie Aussicht über all das Glück, das Ihnen in Ihren übrigen bereitet ist und das vielleicht noch über den unglücklichen Engel waltet. Leben Sie wohl und denken mein in Freud und Leid.   G.

84. Johann Wolfgang Goethe an Sophie La Roche

[Frankfurt, 20.11.1774]

Ich antworte Ihnen gleich, liebe Mama. Ihre Max habe ich in der Komödie gesprochen, den Mann auch, er hatte all seine Freundlichkeit zwischen die spitze Nase und den spitzen Kiefer zusammengepackt. Es mag eine Zeit kommen, da ich wieder ins Haus gehe. Das Meer verlangt Feigen! sag ich noch jetzo und lasse mich davon.

Lavater wird die Porzellanfabrik bezahlen, und zu ruhigerer Zeit wollen wir rechnen. Heut schlägt mir das Herz. Ich werde diesen Nachmittag zuerst den Ölpinsel in die Hand nehmen! – Mit welcher Beugung, Andacht und Hoffnung drück ich nicht aus, das Schicksal meines Lebens hängt sehr an dem Augenblick, es ist ein trüber Tag! Wir werden uns im Sonnenscheine wiedersehn. – Hier ein kurzes Rezipe für des werten Baron von Hohenfelds griechisches Studium! „So Du einen Homer hast, ist's gut, hast Du keinen, kaufe Dir den Ernestischen, da die Clärkische wörtliche Übersetzung beigefügt ist; sodann verschaffe Dir Schaufelbergs *Clavem Homericam* und ein Spiel weiße Karten. Hast Du dieses beisammen, so fang an zu lesen die Ilias, achte nicht auf Akzente, sondern lies, wie die Melodei des Hexameters dahinfließt und es Dir schön klinge in der Seele. Verstehst Du's, so ist alles getan, so Du's aber nicht verstehst, sieh die Übersetzung an, lies die Übersetzung und das Original, und das Original und die Übersetzung, etwa ein zwanzig, dreißig Verse, bis Dir ein Licht aufgeht über Konstruktion, die im Homer reinste Bilderstellung ist. Sodann ergreife Deinen *Clavem*, wo Du wirst Zeile vor Zeile die Worte analysiert finden, das Präsens und den Nominativum schreibe sodann auf die Karten, steck sie in Dein Souvenir und lerne dran zu Hause und auf dem Feld, wie einer beten möcht, dem das Herz ganz nach Gott hing. Und so immer ein dreißig Verse nach dem andern, und hast Du zwei, drei Bücher so durchgearbeitet, versprech ich Dir, stehst du frisch und frank vor Deinem Homer und verstehst ihn ohne Übersetzung, Schaufelberg und Karten. Probatum est!"

Im Ernst, liebe Mama, warum das alles so und so, und just Karten sein müssen. Nicht untersucht, ruft der Arzt! Warum muß das eben Nesseltuch sein, worin das Huhn gestoft wird? Sagen Sie dem hochwürdigen Schüler zum Troste, Homer sei der leichteste griechische Autor, den man aber aus sich selbst verstehen lernen muß.

Empfehlen Sie mich Herrn Geheimderat – Kommen kann ich nicht – Auch ist's besser, Sie haben Fritz allein –

Gerne, gar gerne möcht ich Herrn von Hohenfeld sprechen und das bei Ihnen, und weil ich's wünsche, wird's auch wohl geschehen.

Gruß an Lulu, die Kleinen, Trosson und Cordel. Klopstock ist ein edler, großer Mensch, über dem der Friede Gottes ruht! –

85. *Jakob Michael Reinhold Lenz an Sophie La Roche*

1.5.1775

Gnädige Frau! Ich halte mich für eben so berechtigt, Ihnen zu schreiben, als ein freier Geist, über alle Unterscheidungszeichen und Verhältnisse in der Welt herausgehoben, Ihnen seinen Beifall zulispeln würde, wenn er Sie irgend eine edle, große Handlung ausüben sähe. Ich habe von Ihnen weder zu hoffen noch zu fürchten, und um Ihnen die Wahrheit dessen und die Ungezwungenheit und Freiwilligkeit meines Urteils zu beweisen, sollen Sie meinen Namen nicht erfahren, aber erlauben Sie mir auch jetzt, mit aller der Hochachtung zu Ihnen zu treten, die das Anschauen Ihrer wundernswürdigen Eigenschaften in mir rege macht. Ich habe hie und da Nachrichten von Ihnen eingezogen, die alle dunkel und unzuverlässig waren, besser wußt' ich mich nicht zu wenden als an Goethe, der mir einmal einen Brief in Koblenz aus Ihrem Dintenfaß geschrieben hat. Und wie entzückt ich darüber sein muß, die Züge Ihrer Hand in meinen Händen zu sehen, dieser Hand, die die *Sternheim* schrieb, und von dieser soviel Gütiges für mich! „Das Gleichgestimmte meines Charakters" – wissen Sie auch, was das auf sich hat, gnädige Frau? Die göttliche Güte hat mich, da ich eben durch andere Vorfälle meines Lebens und Verirrungen meines Kopfs und Herzens bis zu Boden gedrückt war, auf einmal wieder erhöhen wollen, ich fühle ein neues Leben in mir, neue Aussichten, neue Hoffnungen und, ach Gott! wie selten kommt mir das, etwas von Ihrer Selbstzufriedenheit. – Erschrecken Sie über dies Wort nicht, Sie allein können es ohne Gefahr brauchen. So lange konnten Sie zusehn, daß Ihre *Sternheim* unter fremdem Namen, möchte ich beinahe sagen, vor der Welt aufgeführet wurde und mit halb sovielem Glück, als wenn jedermann gewußt, aus wessen Händen dieses herrliche Geschöpf entschlüpfte. O wahrhaftig starke Seele, müssen doch Männer vor Ihnen erröten und zittern. Lassen Sie mich aufrichtig reden, der Name des Verfassers komischer Erzählungen war keine gute Empfehlung für einen Engel des Himmels, der auf Rosengewölken herabsank, das menschliche Geschlecht verliebt in die Tugend zu machen, dieser Name warf einen Nebel auf die ganze Erscheinung, und ich danke Ihnen eben so eifrig, daß Sie ihn mir von den Augen genommen, als ich Ihnen das erstemal für Ihre Schöpfung gedankt haben würde. Und wie es mir in die Seele hinein Vergnügen macht, daß ich mich in der Ahndung auch um kein Haar verschnappt, W[ieland] habe nur die Noten und die Vorrede gemacht, denn sie sind so ganz sein würdig. Ich verkenne diesen Mann nicht, aber er hätte mit mehrerer Ehrfurcht dem Publikum ein Werk darstellen sollen, dessen Verfasserin zu groß war, selber auf dem Schauplatz zu erscheinen, und dies soll geahndet werden.

Gnädige Frau! nennen Sie Ihr Mädchen nicht phantastisch, ich hoffe, es werden Zeiten erwachen, die itzt unter dem Obdach göttlicher Vorsehung schlummern, in denen Leserinnen von Ihnen Ihr Buch, das sie jetzt noch als Ideal ansehen, zur getreuen Kopei machen werden. Wenn Sie doch für jedes weibliche Alter dergleichen Ideale schüfen! Sie würden alle einen Ton haben, weil sie aus Ihrem Herzen kämen, das sich in dergleichen Gemälden nur selbst abdruckt. Liebe, gnädige Frau! der Himmel belohne Sie. – Wär es auch nur für all die wollüstigen Tränen, die Sie mir haben aus den Augen schwärmen machen, und in denen die ganze Welt um mich her verschwand.

Wenn ich bedenke, daß und womit ich Ihnen Freude gemacht habe, so werde ich stolz auf mich selber und danke dem Himmel für die Stunde, in der er mich hat geboren werden lassen, für die Leiden, den schönen, krummen Pfad, durch den er mich bis zu Ihnen hinaufführte, daß ich wenigstens Ihr Angesicht sehen kann. Ich habe nur den ersten Brief in der *Iris* gelesen und Sie gleich wieder darin gefunden. Lebt solch eine Freundin wirklich, die mit den geheimsten Bewegungen Ihrer großen Seele vertraut ist, so sei sie dem Himmel gesegnet, mit Ihnen die Zierde unsers Säkulums. Was sollen wir schmeicheln, liebe, gnädige Frau, mich däuchte der erste Brief mit mehr Feuer geschrieben als die nachfolgenden. Binden Sie doch Goethen ja recht ein, mir wenn's möglich die nächstfolgenden im Manuskript mitzuteilen, ich werde mit diesem Heiligtum gewissenhafter umgehen als W[ieland]. Nicht ein Wort in diesem ganzen Briefe habe ich gesagt, das ich nicht mit der vollen Empfindung meines Herzens ausgesprochen, das ich nicht vielleicht weit stärker gebraucht haben würde, wenn ich in einer andern Himmelsgegend und Zeitraum von Ihnen gesprochen hätte.

Alles, alles schicken Sie mir, was Sie gemacht haben, auch das Französische. Ich muß Sie ganz kennen lernen und das grad in dieser Lage meines Herzens. Hier ist meine Adresse. Was kann's mir auch schaden, Ihnen meinen Namen zu sagen. Es ist so der kürzeste Weg. Und ich habe viele Namensvetter, die auch Goethen kennen.

86. Jakob Michael Reinhold Lenz an Sophie La Roche

Straßburg, 20. 5. 1775

Sie sind vielleicht schon jetzt auf der Reise, deren Sie in dem Briefe an Goethe Erwähnung taten. Nehmen Sie dahin meinen Dank mit (wenn anders der Dank eines Menschen wie ich Sie erwärmen kann) für den braven Mylord Allen; ein Portrait, das ich in meiner Galerie hoch anstelle. Er hat Erdbeben in meinen Empfindungen gemacht. Lassen Sie sich das neue linke Wort nicht verdrießen; ich rede einmal so, wenn ich mich nicht zwingen mag. Und gegen Sie zwinge ich mich nicht eher, als bis Sie mir dazu winken. Darf man mit Personen, die außer unserm Stande sind, nicht reden, wie's einem ums Herz ist, sage ich immer. Wie traurig wäre ihr Los dann?

Wenn Goethe bei Ihnen ist, so möcht' ich eine Viertelstunde zuhorchen. Warum lassen Sie ihn denn so viel Operetten machen? Freilich kann mein kaltes Vaterland großen Anteil daran haben, daß ich mehr für das Bildende als Tönende der Dichtkunst bin. Doch kann ich auch weinen bei gewissen Arien, die mir ans Herz greifen, und verloren bin ich (wenigstens in jeder Gesellschaft von gutem Ton), wenn sie gerad die Stimmung meiner Situation treffen. Wenn Sie denn doch seine Muse sein wollen, so verführen Sie ihn in ein *großes* Opernhaus, wo er wenigstens *Platz* für seine Talente finden könnte, wenn man es erst von Metastasios Spinneweben rein ausgefegt hätte. Nur weiß ich nicht, wie Goethe übers Herz bringen sollte, Helden anders als im Rezitativ singen zu lassen; oder die Arien müßten von einer Art sein, wie ich sie mir nicht zu denken im Stande bin. Ich schreibe Ihnen das, weil er mir ganz stille schweigt.

Was mir wieder einmal eine Zeile von Ihrer Hand sein würde – das darf ich Ihnen doch nicht erst sagen. Aber nur, wenn es niemand, niemand Eintrag tut. Ich will gern hinten an stehen.

87. Jakob Michael Reinhold Lenz an Sophie La Roche

[Juni 1775]

– – So führen Sie mich denn! Und da es einmal so weit gekommen ist, so muß ich Sie bitten, Sie mögen an mir Beobachtungen und Entdeckungen machen, welche Sie wollen; entziehen Sie mir Ihre Freundschaft nicht! Ich nehme das Wort in der strengsten, eigentlichsten Bedeutung; nichts mehr, aber auch nichts weniger ist mein Herz stolz genug, von Ihnen zu verlangen.

Ein gewisser Leichtsinn der oft nah an Unbesonnenheit grenzt, ist eine Gabe, die die Natur für gut befunden hat, mir besonders aufzuheben. Welchen Wert die hat, kann ich noch nicht bestimmen, aber mir ist sie bisher oft unentbehrliche Wohltat gewesen. Ich lege mich immer zu Bett, als ob ich den andern Morgen nicht aufstehen würde, und jedes Schicksal ist mir gleich. Sagen Sie mir, könnten Sie die Freundin eines solchen Menschen sein? So viel muß ich Ihnen dabei sagen, daß mir andre Menschen, deren Wert ich erkannt habe, heilig sind. Mag auch das Leben noch so barocke Szenen mir vorbehalten, und überhaupt das Schicksal über mich ergehen lassen, was es wolle, diese angenehme Sensationen und die Erinnerung derselben kann es mir doch nicht nehmen, und das ist meine Genügsamkeit.

Ich muß mich doch auch ein wenig ausstreichen; was meinen Sie? Damit Sie wissen, was Sie von meinen Urteilen zu halten haben. So muß ich Ihnen denn sagen, daß ich nicht der einzige bin, der Erkundigungen nach Ihnen macht; vielleicht nicht alle aus dem Motiv; indessen wer kann Motive beurteilen. Die Erscheinung einer Dame von Ihrem Range auf dem Parnaß (die so viele andre Sachen zu tun hat) mußte jedermann aufmerksam machen. Mich ärgerte nichts mehr, als – Gott weiß, daß ich die Wahrheit sage – als die dummen Noten, die mich allemal bei den seligsten Stellen in meinem Gefühle unterbrachen, gerad als wenn einem kalt Wasser aufgeschüttet wird. Gleich fühlte ich, daß in den Noten die Verfasserin nicht war; einige dunkle Klätschereien sausten mir um die Ohren, Sie hätten dem Umgange mit Wieland vieles zu danken; ich muß Ihnen aber zur Beruhigung sagen, daß alle diese Nachrichten von Frauenzimmern kamen, bei denen ich die Quelle leicht entdeckte. Verzeihen Sie mir! Auf den Punkt ist ein kleiner Neid auch manchmal bei edlen Personen Ihres Geschlechts sehr natürlich und mir also gar nicht einmal auffallend; nur ärgerte mich's, daß ich niemand von meinem Geschlechte hörte, der gesunden Menschenverstand oder Edelmut genug gehabt hätte, im Gegenteil zu behaupten: Wieland müsse Ihrem Umgange alles – alles vielleicht zu danken haben, was ihn schätzbar macht. Ich sagte noch neulich (und das rechne ich mir nicht zum Verdienst an) einer Frau von Stande, die auch mit dem zweideutigen Tone von Ihrer *Sternheim*

sprach: „Wieland könnte wohl viel Anteil daran haben", sehr trok-
ken (ohne damals die geringste Nachricht zu haben), ich hielte
W[ieland] nimmermehr für fähig, in seinem ganzen Leben so feine
moralische Schattierungen zu malen. In der Tat muß es jedem nur
halb gesunden Auge auffallen, daß sein Pinsel viel zu grob dazu
ist. Noch habe ich in einem Frauenzimmerbriefe (wo mit außerordentlichen Lobe von Ihrem äußern Betragen gesprochen wird) die
seltsame Bemerkung gelesen, Wieland könne Sie wohl bei seiner
Musarion in Gedanken gehabt haben. Das wußt' ich wohl, daß er
Ihnen unter dem Namen Danae die *Grazien* dediziert hatte. Mit
allen dem hätten Sie von einem ganz andern Pinsel gemalt werden
sollen, wenn er Reize der Seele zu malen verstanden hätte. Ein
Rousseau – O geben Sie mir doch den Schlüssel zum Verborgenen!
Wie hat Wieland Sie kennen gelernt? Und war seine Empfindsamkeit für Sie mehr Prahlerei als innere Rührung? Ich habe bisweilen
wunderliche Ideen im Kopf und bin nicht umsonst so aufdringend,
so neugierig. Bedenken Sie, daß auch ich älter werden kann und
daß der Wunsch jeder gut meinenden Seele Erhörung verdient, in
den Standpunkt gesetzt zu werden, hochgeschätzte Personen in
ihrem *wahren* Lichte zu sehen.

Auf meine Verschwiegenheit können Sie zählen; wenigstens *die*
Tugend hat mich meine Situation gelehrt, da ich als Vertrauter junger Herren gereiset und vier Jahre mich bloß dadurch bei Ihnen
erhalten habe. Ich habe keine Maitresse und keine Ergießungen
des Herzens als vor Gott. Bisweilen auch an dem Busen meines
Goethe, der nun freilich viel von mir weiß. Was könnt' ich nicht in
dem Fall! Rosalia! – Erlauben Sie mir diesen Namen! – Sein Sie so
gütig und fahren fort. Ach welchen Tag, welche Sonne Sie in diesem Herzen ausbreiten. – Rosalia!

88. Jakob Michael Reinhold Lenz an Sophie La Roche

[Straßburg, Juli 1775]
Schätzbare Armut! Ich werde durch meine Erfahrung lernen, nie
wieder Ihre Herzen zu verwunden durch anstößige Ideen und
Begriffe.

Da wollt' ich Sie haben, gnädige Frau! Hier leg' ich Ihr Buch zu
und umarme Sie im Geist. – Sehen Sie da den ganzen Plan meines

Lebens, meines Daseins, meines Komödienschreibens, vielleicht einst meines Todes.

Ach, fürtreffliche Frau! So ist denn dieser Nerve des Gefühls bei Ihnen auch angeschlagen. Könnten aber Personen von Ihrem Stande, Ihren Einsichten, Ihrem Herzen, sich jemals ganz in den Gesichtskreis dieser Armen herabniedrigen, anschauend wie Gott erkennen, was ihnen Kummer, was ihnen Freude scheint und folglich *ist,* und ihrem Kummer, der oft mit einer Handwendung eines erleuchteten Wesens wie der Stein von dem Grabe Christi wegge-wälzt werden könnte, auf die ihnen eigentümliche Art behandeln. Ach! das große Geheimnis, sich in viele Gesichtspunkte zu stellen und jeden Menschen mit seinen eigenen Augen ansehen zu kön-nen! Sie wären die erste Frau von Stande, die das gefühlt hätte. Ich bitte Sie, lassen Sie mich Sie umarmen.

Sie sollen einmal ein Stück von mir lesen: *Die Soldaten.* Über-haupt wird meine Bemühung dahin gehen, die Stände darzustellen, wie sie sind; nicht, wie sie Personen aus einer höheren Sphäre sich vorstellen, und den mitleidigen, gefühlvollen, wohltätigen Gottes-herzen unter diesen neue Aussichten und Laufbahnen für ihre Göttlichkeit zu eröffnen. Dazu gehört aber Zeit und viel Experi-mente. *Menoza* ist ein übereiltes Stück, an dem nichts als die Idee schätzbar ist. Das hier Beigelegte ist gleichfalls nur ein Gemälde aus meinem Leben heraus gehoben. Sie könnten mir keinen höhern Beweis Ihrer Freundschaft geben, als wenn Sie mir Ihr strengstes Urteil darüber zuschickten.

Sie haben recht; Ihre Anmerkung über meine Stücke habe ich mir zuweilen selbst gemacht, und in meinen künftigen sollen auch keine solche Schandtaten mehr vorkommen. Doch bitte ich Sie sehr zu bedenken, gnädige Frau! daß mein Publikum das ganze Volk ist; daß ich den Pöbel so wenig ausschließen kann als Personen von Geschmack und Erziehung und daß der gemeine Mann mit der Häßlichkeit seiner Regungen des Lasters nicht so bekannt ist, son-dern ihm anschaulich gemacht werden muß, wo sie hinausführen. Auch sind dergleichen Sachen wirklich in der Natur; leider können sie nur in der Vorstellung nicht gefallen und sollen's auch nicht. Ich will aber nichts, als dem Verderbnis der Sitten entgegen arbei-ten, das von den glänzenden zu den niedrigen Ständen hinab-schleicht, und wogegen diese die Hülfsmittel nicht haben, als jene.

Sie sehen, warum ich Wieland als Menschen lieben, als komischen Dichter bewundern kann, aber als Philosophen hasse und ewig hassen muß. Er glaubt, den Menschen einen Dienst zu erweisen, wenn er ihnen begreiflich macht, ihre Kräfte seien keiner Erhöhung fähig. Und wer läßt sich das nicht gern einbilden und beharrt [nicht] gern auf dem Sinnlichen, zu dem er die meiste Gravitation fühlt. Daß W[ieland] Sie lieben und doch so philosophieren konnte, bleibt mir, wie viele andre Dinge in seinem Charakter, noch immer ein unauflösliches Rätsel, wenn ich nicht den Aufschluß in dem großen Motiv aller im Schwang gehenden Autoren fände, daß er seine Rechnung dabei findet. Ich verdamme ihn deswegen nicht, ich zittre nur vor der Gefahr, einst in dieselbe Schlinge zu fallen.

Er liebte Sie in seinem siebzehnten Jahre; – O Wieland! daß du diese Eindrücke heilig gehalten hättest, daß sie sich nie aus deinem Herzen und Imagination verwischt hätten. Freundschaft ist nicht genug; er hätte Sie sein ganzes Leben durch lieben sollen, und er hätte die Tugend geliebt. Sie hätten allen seinen Gemälden die hohe himmlische Grazie gegeben, die man itzt an so vielen vermißt. Sagen Sie mir, welche Bewandnis hat es mit seinem *Agathon*, und spielen Sie auch eine Rolle darin? Durch welche wunderbare Mechanik in dem Kopfe des Dichters ward Psyche in den Schatten gestellt? Und ist Danae dieselbe, der die *Grazien* gewidmet wurden? Er malt sie so vorteilhaft als möglich, und doch schlägt jedes Herz für Psychen, so gern auch die Phantasei bei der Hauptfigur verweilet. – Wie war seine erste Liebe, und wo lernte er Sie kennen?

Verzeihen Sie meine Effronterie. Doch mein Herz straft mich, so bald ich mich darüber entschuldige. Das aber verzeihen Sie mir, daß ich Ihnen durch manche Ausdrücke meines letzten Briefes Ihr Publikum wider meinen Willen verleumdet habe. Wölkchen hangen immer noch vor Ihnen (wie es denn auch so sein muß, von Moses Zeiten an, dessen Angesicht das Volk nicht ertragen konnte), aber ganz verkannt sind Sie doch auch nicht, besonders von denen, die Sie gesehen und gehört haben, wie denn das sich auch leicht begreifen läßt. Überhaupt red' ich auch nur einseitig, und der Zirkel meiner Bekanntschaften ist immer eingeschränkt gewesen.

Ihre Erzählung: *Die Gouvernante*, ist ganz vortrefflich, und gerad das Seltsame des Einfalls veranlaßt die rührendsten Situationen. Ich liebe alle seltsame Einfälle; sie sind das Zeichen nicht gemeiner

Herzen. Wer in dem gebahnten Wege forttrabt, mit dem halte ich's keine Viertelstunde aus. Nur, meine liebe gnädige Frau, wie kommen doch alle Ihre Heldinnen dazu, die heilige Sternheim ausgenommen, sich immer nur auf Hörensagen zu verlieben. Es freut mich; aber sollte das wirklich ein Zug in dem Charakter aller empfindsamen Damen sein? Ich kann mir's freilich wohl denken: Ihre Phantasei erschafft sich den Gegenstand sogleich in der glücklichsten, gefälligsten Gestalt. Aber sollte das allemal der beste Weg sein, und könnte er nicht manchmal sehr fehl führen? Wie wär's, wenn Sie einmal ein Exempel von der Gegengattung dichteten, liebenswürdige Schwärmerin! (O Gott! ich kenne keine höhere Klasse erschaffener Wesen!) auf allen Fall auch zu warnen, wenigstens vorsichtig zu machen. Denken Sie, wenn ein Geschöpf wie Ihre Gouvernante in die Klauen eines gewöhnlichen Offiziers gefallen wäre – doch weg mit diesem Gedanken! Er zieht mich von der Sonne ins Meer hinab.

89. Jakob Michael Reinhold Lenz an Sophie La Roche

Straßburg, 31.7. 1775

– – Wenn ich mich recht erforscht habe, so ist der höchste Wunsch unseres Geschlechts, bei dem Ihrigen auf eine *schmeichelhafte* Art geliebt zu sein; vielleicht ist der höchste Wunsch des Ihrigen bei unserm, auf eine vorzüglich edle Art geschätzt zu werden.

Ganz inwendige Tränen muß ich Ihnen über Ihren 37. Brief schreiben, der die andern alle verschlingt. Das Höchste und Beste, was eine weibliche Hand jemals nieder geschrieben hat. Ja, meine Mutter! – Die Männer wollen nicht geliebt, nur geschmeichelt sein. Die größesten sind für die Besten Ihres Geschlechts verloren, und das kömmt, weil sie das schöne Gebiet des moralischen Kreises zu durchwandern verachten.

So wollustvoll mir der 27., so unterrichtend war mir der 25., der mit dem 26. das Kleeblatt ausmacht, das ich aus diesem Blumenstrauße vorzüglich an mein Herz drücke. Welch ein Licht wirft er auf Ihr Bild, erhabene Seele! Ja! sollten Sie mich hassen, so würde mir Ihr Haß werter sein als die Liebe einer andern Frau.

Mit welcher Simplizität da eine Wahrheit in die Welt hineingewälzt ist, die so lange dauern wird, als die Welt steht. In dem ganzen Briefe ist mehr Weisheit und tiefe Weltkenntnis, als in hundert

Alphabeten, die ein Wieland geschrieben hat und schreiben könnte.

Der hat eine vortreffliche Advokatin an Ihnen, und ich wünschte, ich könnte mich nun wieder mit ihm aussöhnen, obschon von seiner Seite dazu nun wohl keine Wahrscheinlichkeit mehr sein möchte, nachdem ich *öffentlich* sehr polternd mit ihm gebrochen. Wie gesagt; er soll uns nicht Philosoph und Lehrer des menschlichen Geschlechts sein wollen und seine Sachen für das geben, was sie sind. Die Ursache, die Sie angeben von dem Wege, den er genommen, macht mir ihn auf dieser Seite von neuem liebenswürdig, und vom Himmel herab kann nichts anders zu seiner Verteidigung gesagt werden.

Warum gehen Sie denn so freundlich mit mir um, da ich in Ihrem Briefe, mit der gefaßtesten Seele, nichts als den strengsten mütterlichen Tadel über mein Stück erwartete? Wie? Sie Ihren Einsichten nicht trauen? – Oder wollten Sie vielleicht so auf eine höchst feine Art das wieder zurück nehmen, was Sie mir zur Aufmunterung sagten, und das in der Tat mir für mein ganzes Leben neuen Schwung gegeben hat. O! Sie, im allereigensten Verstande, meine Mutter! Lassen Sie mich nun auch Ihre mütterliche Züchtigung erfahren! Ich kenne den Zirkel der feinern Welt noch nicht so genau, oder vielmehr, ich habe meine Achtsamkeit noch nicht so anhaltend auf denselben gewendet. Ihrem zarten und feinen Gefühl muß manches in meinen Stücken hart, unanständig und ungezogen auffallen. Das war es, was ich von Ihnen zu meiner künftigen Besserung zu erfahren wünschte; denn an meinen einmal geschriebenen Stücken feile ich nie. Ich habe es einmal tun wollen, es hätte mich aber fast das Leben gekostet, und Goethe ist auch da mein Retter gewesen.

Dürfte ich Sie um Ihre *Gouvernante* deutsch bitten, da Ihr deutscher Stil so unzählige Grazien hat – was auch der mir *darum* so verhaßte Wieland in seinen Vorreden darüber deraisonniert. Sie können das Feine und doch dabei so Simple (das eigentlich das wahre Erhabene macht) in Ihrem deutschen Stil so wenig selber sehen als Ihr Gesicht.

Ich habe mit Goethen Göttertage genossen, von denen sich nichts erzählen läßt. Sie werden ihn, meine ich, nun bald sprechen.

Um Wielands willen bitte ich Sie auf meinen Knien, sagen Sie mir alles, was zwischen ihm und Ihnen jemals vorgefallen ist. Ich möchte dem Mann nicht unrecht tun, und wenn ich ihn zu hart gestoßen habe und er eher Mitleiden verdient, ihm gern wieder Genugtuung geben.

N. S.

Ich habe Ihren Brief erhalten, gnädige Frau. Ja! ich gehe nach Italien. Diesen Winter werde ich wohl in Genf zubringen, um mich zu dem großen Fluge anzuschicken. Wenn ich in der Schweiz die Berge, in Italien die Statuen, in Holland die Festungen, in Frankreich Rousseau, in Engelland das Theater werde gesehen haben, so komm' ich zurück zu Ihren Füßen; Sie, meine Muse, sollen mich auf neue Bahnen leiten. O die Ruhe dann! – Götteraussichten, wie kräftig durchströmen, erfrischen sie mich. Wie? Sie wünschen mir eine Geliebte? Welche Güte der Seele ließ Sie gerade den Wunsch tun. O daß die – Ihr Bild trüge – obschon ich Sie beide nicht kenne. Nach Ihrer beider Briefen zu urteilen, muß eine wunderbare Übereinstimmung in Ihrer ganzen Art zu denken, zu leben und die Sachen anzusehen sein. Eine Gnade! Fragen Sie nie nach ihrem Namen, auch Goethen nicht.

Ihr Bild, gnädige Frau! Hintergangene Hoffnung ist das größte Unglück. Und wer kann wissen, ob ich lebendig wieder komme.

90. Christoph Martin Wieland an Sophie La Roche

Meine teuerste Freundin!   Weimar, 5. 8. 1775

Ich habe einen Punkt Ihres letzten Briefes in meiner Antwort nur obenhin berührt, da doch die Sache wichtig genug ist, um die aufmerksamste Erwägung zu verdienen. Lassen Sie mich diesen Fehler itzt verbessern!

Es betrifft die Idee, in Neuwied eine Art von akademischer Schule zu errichten und zu dirigieren. Sagen Sie mir, meine Freundin, ist diese Idee nur eine von denen, dergleichen Ihre wohltätige Phantasie alle Tage dutzendweise hervorbringt, weil sie, wie ehemals der gute Abbé de St. Pierre, alles Gute gerne realisiert sehen möchte? – Oder hat sie einigen Grund, auf den man bauen könnte? Wer ist der Graf von Neuwied? Ist er ein aufgeklärter Kopf, oder ein Pietist, Herrnhuter oder sonst was Guts? Hat er etwa würklich den Vorsatz, eine Erziehungsanstalt, die ein Modell aller übrigen zu werden verdiente, in seiner Domaine errichtet sehen zu wollen? Will er das Erforderliche dazu beitragen? Und wie weit erstreckt sich diesfalls sein guter Wille und sein Vermögen? Diese Präliminar-Fragen sind, wie Sie sehen, von entscheidender Wichtigkeit, und ehe diese hinlänglich beantwortet sind, kann ich Ihnen (auch auf den Fall, daß ich mich von hier loswinden könnte und wollte) weiter nichts als meinen allgemeinen Willen, alles Gute zu befördern, zeigen.

Sehen Sie nun zu, liebste Freundin, Wie Sie mir auf obige Fragestücke – NB. so bald als möglich – eine zuverlässige und befriedigende Antwort geben können; und wenn L[a] R[oche] inzwischen schon bei Ihnen angekommen ist, so hören Sie auch seine Gedanken von der Sache. Wenn der Graf kein Mann von philosophischem Kopfe, oder wenigstens nicht so aufgeklärt ist, als er sein muß, wenn Gemeinschaft des Geistes zwischen mir und ihm stattfinden soll, so brauchen wir uns weiter keine Mühe zu geben; so fällt das Projekt von selbst; denn ich habe, aus guten Gründen, den unwiderruflichen Götterschwur geschworen, mich alle übrigen Tage meines Lebens mit keinem Halbkopf in keine Unternehmung mehr verwickeln zu lassen.

Ich ersuchte Sie vorhin, mir über diese Sache sobald als möglich zu schreiben. Die Ursache dieser Eilfertigkeit ist ein Brief mit einem wichtigen ähnlichen Antrag, den ich mit gestriger Post erhalten habe. Ich gedenke mich in Dingen, die für die Welt und für mich selbst von Wichtigkeit sind, keineswegs zu übereilen. Man kann im Deliberieren nicht kalt und behutsam genug sein. Aber dem ungeachtet liebe ich wie Sie, meine Freundin, wenn so wenig Zeit in Verlust geht, als nur immer möglich. Das Leben ist so kurz und dessen, was wir zu tun haben, so viel!

Einer Frau, wie meiner Freundin Sophie, brauche ich nicht zu sagen, daß der Wunsch, näher beisammen zu sein, unsere Imagination nicht bestechen darf, die Umstände und Lage der Sachen in einem verschönernden Lichte darzustellen. Die Frage ist: wie sind die Sachen; nicht: wie wünschen wir, daß sie sein möchten. Alles, was ich Sie bitte, ist, die Geschäfte für wichtig genug anzusehen, um Ihre ganze Aufmerksamkeit darauf zu richten und in Ihrer nächsten Antwort mir so viel Gründliches zu sagen, daß ich wenigstens eine bedingte Entschließung für oder wider darauf fußen kann.

Leben Sie wohl, meine unschätzbare Freundin!   W.

91. Johann Wolfgang Goethe an Sophie La Roche

[Frankfurt] 11.10.1775

Liebe Mama! Ich geh nach Weimar! Freut Sie das? Ich will sehn, ob's möglich ist, mit Wieland auszukommen und seinen alten Tagen was Freundlichs auch von meiner Seite zu bereiten. Ich erwarte das junge Paar, und dann geht's. Schreiben Sie mir doch hin. Sie können's an Wiel[and] einschließen.

Die Max ist hold, wird in meiner Abwesenheit noch freier mit meiner Mutter sein, obgleich Brent[ano] allen Anschein von Eifersucht verbirgt, oder auch vielleicht mich jetzo für harmlos hält.

Für Buri habe ich nichts tun können; ich bin mit meinen Buchhändlern brouilliert, und ein neuer würde es als Gefallen tun und wieder ein Opfer von mir verlangen, doch will ich seinen Brief mitnehmen.

Wieland ist doch der alte auch in der Neuwiedischen Affäre; diese Weiberader wird mich, fürcht ich, von ihm abscheiden.

Hier *Menalk und Mopsus!*

Zimmermann ist gar brav! Ein gemachter Charakter! Schweizer frei geboren, und am deutschen Hof modifiziert. Er bezaubert alle Welt, sonderlich die Weiber. Merck ist häuslich, still und leidlich. Weiß sonst wenig von ihm. Sie kennen den Nichtschreiber, Nichtantworter! Ihr Fritz! Liebe Mama! Daß das Schicksal den Müttern solche Schwerter nach dem Herzen zuckt in den Momenten, da sie all der kleinlichen Sorgen Lohn im Großen einernten sollten – Halten Sie sich aufrecht! Wer vermag's sonst; und in müden Stunden lehnen Sie sich an unsre Liebe, die gewiß ganz und ewig ist.   G.

92. Sophie von La Roche an Johann Heinrich Merck

Koblenz-Ehrenbreitstein, 15.1.1776

Ich schreibe Ihnen heute nicht nur, um für Ihren Brief zu danken, sondern auch einen Wunsch und Vorschlag zu erzählen, aus welchen Sie den Gegenstand einer großen Freude für drei Ihrer ergebenen Freunde machen könnten.

Meine gute Max hat mich um die Gesellschaft ihrer Schwester Luise auf diesen Carneval gebeten, und sie ist auch würklich in Frankfurt angelangt, soll aber, wenn die größte Kälte vorbei ist, wieder hieher zurück. Nun kommt die Idee, daß ich mir vornahm, Sie zu bitten, dem guten Mädchen zum Begleiter zu sein und dadurch nicht allein mir, sondern auch Herrn von Hohenfeld und La Roche das Vergnügen zu geben, Sie auf einige Zeit bei uns zu sehen. Ihr Garten verliert noch nichts, und Sie gewönnen dabei die Zufriedenheit, zwei gewiß schätzbare Männer zu verbinden, Ihrer Freundin La Roche schöne Tage zu geben, neue Luft zu atmen, Bewegung zu machen und den Gang zu bemerken, welchen diese zwei Freunde von Ihnen den Köpfen und den Sachen hier geben. Lieber, teurer Freund! Werfen Sie diese Skizze von gruppierten Freuden des Geistes und Gefühles nicht gleich weg; wahre, gefühlte Hochachtung für Sie hat sie gezeichnet, lassen Sie mich, Hohenfeld und La Roche das Glück genießen sehen, Sie um sich zu haben, nachdem ich die Freude hatte, daß Ihnen beide den Preis des Vorzuges über meine andern Freunde gaben. Beide empfehlen sich und beide wünschen, daß Sie meinen Vorschlag annehmen mögen. Sie denken doch, daß Sie mir der liebste Begleiter meiner Tochter wären, mit der sie in einigen Wochen ganz leicht in einem Fahrzeuge herunter schwimmen könnten: versagen Sie mir's nicht ohne große Ursache, ich bitte Sie. – Soll's wahr sein, daß Goethe in Weimar'sche Hofdienste getreten ist? Er und Wieland antworten mir auf Briefe und Fragen nichts, urteilen Sie, ob der gute Buri nicht sehr irre geht, da er glaubt, ich dürfe nur meinem Sohne Goethe schreiben, und das Pflaster auf seine Liebeswunde würde gekocht und aufgelegt werden. Nun noch eins, aber nur Ihnen – Sie wissen, daß man in Neuwied Leuchsenring zum Erziehungsinstitute verlangte. Dieser schrieb mir, er wolle kommen, wenn ich ihm 12 000 Livres auf die Garantie der Prinzessin Luise von Darmstadt verschaffen wolle; in Neuwied wollen sie's geben, aber sie denken, er werde es zum Institut verwenden, und er braucht's in Paris, wo er krank und bekümmert ist. Ich bin mißvergnügt, daß dieser Mann seine Talente nicht besser und nützlicher brauchte, aber das Geld, wie soll ich ihm's schaffen? Dies alles muß Ihnen zeigen, daß ich Sie kenne, wie schrieb ich sonst von Leuchsenring an Sie? --

93. Sophie von La Roche an Johann Heinrich Merck

Koblenz-Ehrenbreitstein, 12. 2. 1776

Da will von Hohenfeld und La Roche haben, daß ich mich hinsetze und Reimhart dem Jüngeren für seine Rhapsodie danke, deren reiche Ideen ihnen gestern abend soviel Vergnügen gegeben hat. Ich versichere Sie hierbei, werter Fr[eund] M[erck], daß Sie gewiß von niemand mehr geschätzt werden können, als von diesen zwei Biedermännern. Ich sah vorgestern den Rhein mit vieler Freude sein Eis vorbeiführen, weil mir dieses die Hoffnung näher bringt, daß er bald Sie und meine Luise zu mir führen wird. Doch wenn Sie mir auf alle meine Fragen antworten möchten, so möchte ich wissen, wann es Ihnen am liebsten wäre, hierher zu kommen. Zu Wasser dünkt's mich immer gemächlich, geschwind und leidlich, dazu wird Brentano alles besorgen, und da ist mir ein Nachen auch lieber als eine Chaise.

Herr von Hohenfeld bittet Sie, ihm zu sagen, ob niemals nichts gegen die philosophischen Werke von Hume geschrieben worden, und wenn es wäre, wie er nicht zweifelt, möchten Sie die Güte haben, ihm das Werk anzuzeigen. Hier ist ein Brief von Wieland an mich, den ich letzt nicht gleich fand; erklären Sie mir doch, was ich unterstrichen habe, es grämte mich, wenn es den Charakter der jungen Herzogin anging, und es dünkt mich, daß es darauf zielt. – Gar gerne möchte ich jetzt die Weimar'sche Gesellschaft beim Tauwetter sehen, das Schlittschuhlaufen hat mich nicht so neugierig gemacht. Meine Max schrieb mir letzt, Wieland hätte Goethen unter dem Namen Otto im *Neuen Merkur* geschildert, wie ist's damit? Wie oft haben Sie Herders *Älteste Urkunde* gelesen? Fritz Jacobi liest sie wirklich zum fünften Mal. Wie haben Ihnen *Eduard Allwills Papiere* in der *Iris* gefallen? Doch ich plage Sie mit Fragen und leider kann ich Ihnen von hier aus nichts anders schreiben, als daß ich Ihnen für die Anweisung an die *Gothaische Zeitung* danke, denn sie gibt uns schöne Abende, da La Roche und Hohenfeld sie wechselweise bei meinem kleinen Tischchen lesen, während ich Strümpfe für meine zwei gute Buben stricke. Madame du Boccage hat mir mit ihren Briefen delicieuse Stunden gegeben, denn meine Buben und ihr Präzeptor, die ich alle drei französisch lehre, lesen sie bei mir und durchblättern zugleich Montfaucon und Sandrarten. Viele Keime vom Nützlichen und Empfindsamen sind daraus in sie gekommen. Mein Franz will, ich soll an die Frau schreiben und ihr für die Briefe danken; Leuchsenring hätte dies besorgen können, aber wie verschieden ist: Rede und Sache. – Doch wer Julie Bondeli versäumen kann, versäumt noch mehr. Was macht Ihr Heinrich? Ihre Adelheid und die Mutter dieser Kinder? was Sie, Vater davon, den ich verehre?

94. Sophie von La Roche an Christoph Martin Wieland

Koblenz-Ehrenbreitstein, 24.9. 1777
Ist es wahr, ist es möglich, Wieland, daß Sie mit Ihren Freunden La Roche völlig gebrochen haben? Konnte ich Ihnen so viel zuwider getan haben, daß ein Unwille von Jahren lang nicht hinreichend war, Sie wieder zu beruhigen? So müssen Sie doch diese Freude noch haben zu wissen, daß es mich schmerzt und daß mir leid ist, nichts von Ihnen, von Ihrer Frau Mutter, Ihrer Gattin und Ihren Kindern zu wissen.

Ihr *Merkur,* der in diesem vertrockneten und traurigen Geister-land kaum bekannt ist, ist also alles, was ich seit so langer Zeit von Ihnen weiß; und jede Hoffnung, Sie noch einmal zu sehen, ist also auch hin.

Adieu, seien Sie glücklich. Julie hat mich gebeten, sie Ihnen gegenüber nicht mehr zu erwähnen, weil sie sagt: es ist besser, ganz vergessen zu sein. Diese würdige Julie gibt es also nicht mehr; und ich, Wieland, was bin ich für Sie geworden? Sagen Sie! Ist das wirklich so? Und bleibt das immer so?

95. Christoph Martin Wieland an Sophie von La Roche

Weimar, 26. 10. 1777
Sophie – schier wäre mir Engel aus der Feder gefallen – im Herzen hatte ich's! – Sie sind doch meine gute, liebe Sophie – mit allen Ihren kleinen Weiblichkeiten und eben darum, warum wir andre Isegrimme manchmal mißmutig und rapplicht werden, nur desto liebenswürdiger! Verzeihen Sie mir, und vergessen Sie alles Ver-gangene, und lassen Sie uns wieder von vorne anfangen. Ich denke, wir sind alt und weise genug, um unseren Herzen den Lauf zu lassen und uns soviel lieben zu dürfen, als wir können. – Nicht

wahr, ich bin unartig? – Aber nehmen Sie mich nun just, wie ich bin. Viel Besseres finden Sie in dieser insipiden Welt doch nicht!

Sie sind eine herrliche Frau, daß Sie mit Ihrer Max nach Mannheim kommen und *Rosamunden* hören wollen. Der bloße Gedanke, Sie da wieder zu sehen, macht mich jauchzen. Ach! Sophie! Ein einziger Augenblick Gegenwart, von Angesicht zu Angesicht – wieviel Verworrenes und Dunkles löset und hellet der auf! Wie verschwinden da alle Zweifel, alle Mißverständnisse! Dann wollen wir auch von Julie Bondeli reden und Sie sollen mir dann sagen, ob ich nicht recht habe, daß ich auch mit dieser alten Liebschaft meiner Seele nicht eher, als bis ich sie wieder gesehen habe, briefwechseln will.

Ich glaube, *Rosamunde* wird Ihnen großes Vergnügen machen – nicht als ob ich glaubte, was ich dabei getan habe, sei ein großes Werk, sondern weil ich glaube, Sie werden in Ihrem Leben nie in solchem Grade erfahren haben, was die Magie der Musik ist, als in dieser Oper. Mein ganzes Verdienst bei der Sache ist, daß ich einige schöne Arien gemacht und Schweizern Gelegenheit gegeben habe, sein ganzes Talent zu deployieren. Sie werden alle Ihre Nerven nötig haben, um die Szene, wo die Königin mit Gift und Dolch zu Rosamunden kommt, auszuhalten, und in zwei oder drei andern Szenen werden Sie im Elysium zu sein glauben. Kurz! ich freue mich selbst auf meine Reise nach Mannheim wie meine Kinder auf den heiligen Christ. – Der Himmel gebe nur, daß nichts Fatales dazwischen komme! Es ist mir wieder so lange wohl und nach Herzenswunsch gegangen, daß ich mich ein bißchen vor der Waage fürchte, worin uns Freuden und Leiden zugewogen werden.

Meine beiden jüngsten Mädchen sind seit ihrer Inokulation gesünder als jemals – und meine süßesten Augenblicke sind, wenn ich das ganze Häufchen der kleinen krabblichten Mitteldinge von Äffchen und Engelchen um mich herum habe.

Meine Frau hat große Freude über Ihren guten, liebreichen Brief gehabt. Sie ist nun alle Stunden im Falle, entweder das Halbdutzend voll zu machen, oder (was ich nicht hoffe und auch im Grunde nicht wünsche) mir wieder einen kleinen Karl zu geben. Wenn nur Mutter und Kind wohl sind, so gilt mir das übrige so viel als gleich.

Wenn alles geht, wie es soll, so hoffe ich, um die Mitte des Dezembers in Frankfurt oder vielleicht gar schon in Mannheim zu sein. Denn ich höre, man wünsche sehr, daß ich meine Reise beschleunige. Der *Merkur* ist eine Hauptursache, warum ich sie verschieben muß. Denn ich bin ganz an Materialien ausgekommen und muß daher etliche Wochen arbeiten, was das Zeug halten mag, um mir wieder ein wenig Luft zu machen. Es mangelt mir jetzt gar zu sehr an Gehülfen. Fritz Jacobi ist so viel krank und hat so viel anderes zu tun, und Georgen macht noch immer seine *Iris* und seine Herzensangelegenheit oder Liebesnot vielmehr so viel zu schaffen, daß ich auf keinen von beiden viel zählen kann. Wünschen Sie mir Glück, liebste Freundin! Diesen Augenblick schenkt mir der Himmel einen Sohn, einen wohlgestalten, frischen, holden Jungen, den Gott erhalten wolle, und den er noch zu einem bessern Manne machen wolle als den Vater. Ich habe ihn der Tapferkeit und dem herrlichen Muttersinne des Engels, seiner Mutter, zu danken. Es ging härter her als jemals. Aber sie rechnet in solchen Fällen sich selbst für nichts, just dadurch das Kind und sich selbst erhalten. Beide befinden sich nun so gut, als man's in diesen Umständen wünschen kann. Freuen Sie sich mit mir und geben Sie Ihrem kleinen Vetter den Segen.

Adieu, liebe Sophie, von Ihrem Wieland.

P.S. Meine Mutter, der vor Mitleiden und Freude beinahe die Seele ausging, und die liebe Wöchnerin grüßen Sie tausendmal.

96. Sophie von La Roche an Anton Matthias Sprickmann

Koblenz-Ehrenbreitstein, 10. 12. 1777

Es freut mich, wertester Herr Hofrat, daß mein Wunsch, Briefe von Ihnen zu erhalten, in dem nämlichen Augenblick bei mir entstund, da Sie ihn gern gehört hätten. Ich hoffe, Sie haben Freimütigkeit in mir gesehen und glauben also, daß es wahr ist, wenn ich Ihnen sage, daß, wenn ein kleiner Briefwechsel mit mir Ihnen angenehm ist, so werde ich ihn mit Vergnügen fortsetzen. Noch angenehmer aber soll mir sein, wenn Sie einst auf etliche Tage bei uns sein können und ein Zimmer in meinem Haus bewohnen wollen.

Der Minister von Hohenfeld hat mit bescheidener, aber sehr wahren Zufriedenheit gelesen, was Sie mir von ihm schrieben, und versichert Sie seiner ganzen Hochachtung wie auch La Roche.

Ihr jeweiliges Schmachten und Dürsten nach gleichgestimmten Freunden weiß ich aus eigenem Gefühl zu beurteilen. Es ist eine seltene, aber innige Freude, hie und da eine Seele anzutreffen, in der Gleichlaut tönt. Dieses ist auch Ursach, warum ich mir so viele Mühe gebe, in die Herzen meiner Kinder Selbständigkeit zu legen, um diesen Mangel ertragen zu können. Werden Sie lang in Wetzlar bleiben? Könnten Sie wohl hin und her ein Viertelstündchen von Ihren Geschäften nehmen und einige Blätter meiner phantastischen Briefe lesen und Ihr Urteil mir schreiben? Und wollten Sie sich erinnern, was ich Ihnen sagte:

Ich weise Sie wie einer, der in eine Gegend reist, keinen Gefährten hat, unterwegs einen freundlichen Menschen fragt: bin ich auf dem rechten Pfad dahin? und sich dann freut, daß er nicht irrte, daß sein Aug ihn nicht trog.

Ich danke Ihnen für das Anteilnehmende, so Sie für meine Kinder zeigen, Sprickmann! Segnen Sie die redliche Mühe einer treuen Mutter, und möge die Vorsicht Ihnen Segen geben. Und sagen Sie mir, ist es wahr, haben Sie in dem, was Sie von mir wußten und was Sie bei mir sahen, etwas gefunden, so Gleichlaut heißt? Machen Sie Bekanntschaft mit dem jungen Baron vom Stein, der bei Hofmann wohnt; beide werden Sie freuen.   Adieu von Sophie La Roche.

97. Sophie von La Roche an Christoph Martin Wieland

6. 1. 1778

Guter Wieland! Wie spielt der Zufall mit den Freuden der besten Menschen.

Just, da ich bei der rückgängigen Reise unserer Jacobi darauf bedacht war, mit dem jungen Baron von Stein bis nach Frankfurt zu reisen, um von da aus mit Max und einem Freund aus Dieburg nach Mannheim zu kommen, so langt die traurige Nachricht des Tods von dem letzten des bayerischen Hauses an. Sie verlieren also, mein lieber Freund, die Hälfte des Vergnügens, so Ihnen von Karl Theodor zugedacht war; und ich, wie viel geht mir zu Grund! Sie so nah hier, den ich einige Tage hätte sehen und sprechen können, tausend Sachen fragen, tausend andre sagen. Ich werde Sie müssen zurückreisen lassen, ohne einen Augenblick zu genießen, was mir so lieb, so gewünscht war. O Wieland! was sagt man da? Ich weiß nichts, als aus den *Fragmenten* von Klopstock: Resignation und Ertragen ist eigentlich das Glück der besten Menschen. Aber ein teures Glück, und würklich mir sehr, sehr teuer bezahltes. Alles

Süße: von wiedersehen, wieder mit Ihnen über alles reden, bei meiner Max, bei Mama Goethe mit Fahlmer, auch dem mich so vergessenden Merck - es ist eine ganz unerträgliche Idee, die ich da ertragen muß.

Werden Sie, Wieland, Ihrem so wahren, ehmals so lieben Freund von Groschlag nichts sagen, ihn nicht besuchen? Er schickt Ihnen seinen Wagen und Leute. Geben Sie dem edlen Mann einen Tag von diesen, so [Sie] nun in Mannheim nicht genießen können. Er geht anfangs Februar nach Paris. Sie müssen ihn also noch im Januar sehen. Es wäre schön, wenn Sie es täten, und Groschlags Vergnügen wäre ein Ersatz dessen, so ich verliere. Lassen Sie Ihre Freundin Sophie noch etwas von sich hören, ich bitte Sie. La Roche hätte bald die Reis mit mir gemacht und sagt Ihnen tausend Freundschaftliches. Adieu; Ihre Hand – zu was? Ich kann sie nicht fassen.

98. Friedrich Leopold Graf zu Stolberg an Sophie von La Roche

Auf dem Lande bei Kopenhagen, 8.9. 1778

Ich kenne Sie schon so sehr, meine gnädige Frau! daß es mir innig wohl dabei wird, an Sie zu schreiben und Ihnen meinen warmen, herzlichen Dank zu sagen für Ihren lieben Brief, der mir lieb, ehrwürdig und überraschend war wie die Erscheinung eines guten Geistes einer andern Welt, und doch so freundlich und traulich wie ein Freund in meine Hütte kam, daß ich ihm gleich ansah, welches Geistes Kind er wäre, und ihm gleich gern aus der Fülle meines Herzens mit Dankbarkeit und Rührung und Freundschaft die Empfindungen anbot, die er in mir erregt hatte, wie man einem ankommenden Freunde gleich ohne Umstände den Vorrat seines Hauses mit freudigem Herzen auftischt. Das dacht ich nicht, als ich mit der lebhaftesten Rührung und der wärmsten Teilnehmung die *Geschichte des Fräuleins von Sternheim* las, daß die edle Verfasserin dieses Buchs mir auf den Flügeln eines lieben Briefes einen Seelenbesuch vom Rhein bis zum Ostmeer machen würde!

Dank Ihnen, daß Sie es getan haben! daß Sie mir erlauben, zur großen herzlichen Hochachtung, welche ich seit der Lesung Ihres Buchs und nach dem, was Wieland und Goethe mir von Ihnen gesagt haben, für Sie empfand, nun die Gesinnungen wahrer, herzlicher Freundschaft hinzuzufügen.

Gleich nach dem Empfang Ihres Briefes hätte ich ihn beantwortet, wenn ich nicht die Ankunft unserer Freunde und einen begleitenden Brief von Emilia erwartet hätte. Gestern abend wollte ich ihre Silhouette machen, aber es glückte mir nicht. Sie sollen sie indessen gewiß bekommen, und es ist mir nun lieb, noch so einen schönen Anlaß zu haben, bald wieder an Sie zu schreiben. Auch ein Grashälmchen von Odins Hügel schick ich Ihnen dann.

Ich hoffe, dafür ein Rebenblatt am Ufer des schönen Rheins an Ihrer Seite noch zu pflücken und mich aus voller Seele des Wonnebechers zu freuen, den Gott am Ufer dieses schönen Stromes seinen Lieblingen bereitet hat.

Möchten Sie doch auch einmal gereizt werden, das schöne wogenumrauschte Seeland zu besuchen. Es ist wahrlich der Mühe wert, eine Wallfahrt zu tun, um das Meer zu sehen und seinen Gesang zu hören. Wie würden Sie einen kleinen, liebenden Familien- und Freundeszirkel dadurch erfreun! Mein Bruder teilt meine Freude und Dankbarkeit über das, was Sie uns über unsre Gedichte sagen. Was ist angenehmer als das Bewußtsein, in den süßesten Stunden des Lebens für die Freude edler Seelen gesungen zu haben. Das Bewußtsein kennen Sie aus Erfahrung. Versichern Sie, ich bitte, Ihren Gemahl, von dem ich so viel Gutes höre, meiner ganzen Hochachtung.

F. L. Graf zu Stolberg

99. Sophie von La Roche an Johann Georg Jacobi

17. 10. 1778

Vor einer Stunde erhielt ich den 9. Teil des *Teutschen Merkurs*, las in dem Verzeichnis des Inhalts Rousseaus Namen, schnitt eilig die Blätter auf und fand Georg Jacobi und seinen Geist und sein Herz hingegossen an Rousseaus Grab. Meine ganze Seele dankt Ihnen, mein teurer, schätzbarer Freund George. Sie, besser und mit mehr Recht als andre, konnten und sollten von den Gefühlen, Denken und Schicksalen des edlen, mißkannten und mißhandleten Rousseau schreiben – Sie, auch so oft mißkannt und mißhandlet.

Freude, traurige, süße Freude haben Sie mir gegeben. Möge wieder irgendwo in einer wahren, empfindungsvollen Seele etwas entstehen und ausgearbeitet werden, das Ihnen zugeschickt und durch

Vergnügen des Durchlesens und Durchfühlens zu einer Belohnung für das werde, so ich würklich genoß.

Innig verehrte und liebte ich Rousseau in allem, was er war und
schrieb; innigen Anteil nahm ich an seinem Leiden. Ich bin wert,
teurer Georg! daß Sie, der alle dies als Mann noch stärker fühlten
als ich, mir die Hand über seinem Grabhügel reichen, die reine,
redliche Hand, die ihm in unserm Teutschland das erste Denkmal
stiftet; lassen Sie sie, von dieser, die Ihnen dafür dankt, fassen, und
nehmen Sie die Bestätigung der wahren Freundschaft und Hochachtung an, die ich immer, so lang ich Sie kenne und Ihre Schriften
gelesen habe, für Sie trug. Reisen Sie glücklich! Seien Sie glücklich
und bleiben Sie Freund von   Sophie La Roche.

100. Sophie von La Roche an Christoph Martin Wieland

23.10.1778

Wieland! Unsere Julie Bondeli ist den 8. August gestorben.
Bekommt sie kein Denkmal von dem Mann, den sie liebte, der
einst ihren Geist und Seele anbetete? Es hätte sollen neben Rousseaus Denkmal im *Merkur* erscheinen. Adieu, Wieland; ich muß
weinen. Denn erst heut schrieb es mir die Generalin von Sandoz
und schickt mir einen Brief zurück, den ich an Julien geschrieben,
und die edle, große Seele war schon von unserer Erde weg.

Ich umarme Sie. Adieu.   Sophie La Roche.

101. Sophie von La Roche an Christoph Martin Wieland

Koblenz-Ehrenbreitstein, 18.12.1778

Wieland! Ihnen übergebe ich noch diesen Einschluß an das Fräulein von Göchhausen und will Ihnen noch sagen, daß es mich
schmerzt, wenn Sie meinen zweiten Brief, der von Juliens Tod
schreibt, nicht erhalten haben. Denn mein Schmerz über ihren Verlust drückte sich in diesem zweiten sanfter und weiter aus als in
dem ersten, wo ich in der Tat nichts als bittre, abgeschlossene
Schrei tat und erst nach fühlte, daß es Ihnen weh tun mußte. Ich
weiß nicht warum, mein Freund, es geschehen ist, aber wir sind auf
einen Scheidweg geraten, ob wir schon die nämliche Gegend von
den Empfindungen und Gegenständen durchwandern, außer daß
Sie auf den Höhen und ich im Tal hingehe. So könnten wir uns

doch manchmal freundlich zurufen! Aber dieses gehörte unter süßes, edles Glück des Lebens, also muß ich mir sagen: warum sollt du es genießen? Bessere, Edlere haben es nicht! Und so geb ich mich zufrieden, setze mich und fange einen neuen phantastischen Brief an und würde niemals, *niemals* diejenige persönlich gekannt haben, deren Bekanntschaft meinem Herzen am angelegensten war. Ich war in Dieburg. Dort sind Sie geliebt und geehrt, so wie ich es gern hörte. Möchten Sie mit da gewesen sein!

Mama Goethe sagte mir, daß Sie bald wieder einen Zuwachs für Ihre Kinder erwarteten. Möge diese Stunde der Angst für Sie und Ihre liebenswerte Frau glücklich vorüber sein. Umarmen Sie sie und Ihre Kinder und die würdige Großmutter in meinem Namen von Herzen. O Wieland! Sie haben niemand um sich, der von Julien mit Ihnen reden kann so wie ich. Wollen Sie nicht von ihr reden, wollen Sie mich nicht etwas erleben lassen, was in Ihren Gesinnungen noch Julien gehörte? Ist Ihnen alles, alles näher geworden als ich? Mag es, mein lieber Freund und Verwandter, wenn es Ihnen nur recht wohl dabei ist, so soll mir alles lieb und wert sein. Man sagt, die Herzogin Luise sei nun in allem Betracht glücklich. Ich danke dem Himmel, denn ich liebe sie mehr, als ich sagen kann. Adieu, Wieland! Gott mache Sie zu einem der glücklichsten Menschen. Wunsch von   Sophie La Roche.

Sind Sie mit dieser Erinnerung an unsern alten Grafen zufrieden?

102. Sophie von La Roche an Wolfgang Heribert von Dalberg

Koblenz-Ehrenbreitstein, 28. 1. 1779

Der edle Verfasser von *Walwais und Adelaide* kann es nicht fremd und nicht unangenehm finden, wenn ihm auch von ganz unbekannten Personen mit Vertrauen zugeschrieben wird. Mir ist es in der Tat äußerst willkommen gewesen, den Anlaß zu haben, dem zweiten würdigen Bruder des verdienstvollen Baron von Dalberg in Erfurt von der Hochachtung zu sagen, die Ihre Gesinnungen so sehr verdienen. Haben Sie die Güte und lesen beigeschlossenen Brief. Die Gesellschaft wird sehr gelobt, und sie könnte, unter Ihren und Herrn Baron von Gemmingens Augen, noch sehr gut werden.

Erlauben Sie auch, daß ich hier dero Frau Gemahlin meine Verehrung bezeuge.

Herr Baron von Dalberg, den wir seit einigen Wochen hier gesehen, wird, hoffe ich, mit der doppelten Hochachtung, die ihm sein Name und sein liebenswürdiger Charakter allgemein erworben haben, zufrieden sein und gerne wieder zu uns kommen. La Roche wird sich Freude machen, ihm seine Ergebenheit zu bezeugen.

Ich glaube, Sie besitzen würklich in Mannheim zwei Personen, deren Verdienste und Güte ich seit 25 Jahren innigst verehre und liebe – Herr und Frau von Groschlag, die mir in den wenigen glücklichen Tagen, die ich diesen letzten November in Dieburg verlebte, mit dem größten Anteil von Ihnen sprachen und sich freuten, einige Zeit des Winters mit Ihnen hinzubringen. Darf ich bitten, daß Sie ihnen meinen Namen nennen und mir die Zudringlichkeit meines Briefs vergeben, dero gehorsamste Dienerin

Sophie de La Roche.

103. Sophie von La Roche an Christoph Martin Wieland

[Anfang Februar 1779]

Nein, lieber Wieland! Ich habe nicht gewußt, daß Sie wieder einen Sohn haben. Aber es freut mich, daß Sie mir es sagen und daß Ihre so schätzbare Frau dabei ganz wohl ist. Mama Goethe hat einen herrlichen Gedanken über den Tag gehabt, und es bleibt mir nichts, als amen dazu zu sagen und für mich zu wünschen, daß ich einst Sie und Ihre ganze Familie beisammen sehen möge und bei Ihnen auf einige Tage wohnen könnte; innig freute mich's, mehr als ich schreiben kann. Ich will für eine Silhouette von Engel Julie Sorge tragen, auf allen Fall aber auch Ihnen wie der Generalin Sandoz eine Kopie von Juliens Bildnis schicken, wozu ich eine von mir legen will. Das Stück Erinnerung, das Sie so lebhaft anwandelte, ist sonderbar. Ach Wieland, wenn nicht manchmal entfernte edle, gute Seelen uns umschwebten, uns in die Höhe hielten, stärkten, ermunterten, so glaube ich, wären die Besten oft zu beklagen. Es freut mich sehr, daß Sie mit dem Fragment meiner Briefe zu Stadions Andenken zufrieden sind. La Roche freut sich über dies, was Sie dabei anmerkten, und sagt Ihnen tausend freundschaftliche Grüße. Und nun hören Sie mich. Loben Sie doch in Ihrem *Merkur* meiner Rosalie Briefe einmal, daß man auch den zweiten Teil gern kaufen möge, und dann lassen Sie mich davon eine Reise von Ihrer und meiner Sophie bezahlen und bringen Sie guter Vetter sie zu mir …

Ach, warum war wieder eine Schiedwand zwischen uns, die mir nicht erlaubte, Sie wegen dem Gang der Ideen dieser Briefe zu fragen. Ich wäre so ruhig gewesen, wenn Sie mit Ihrem Passeport in die Welt gereist wären. Ich wollte Merck darum bitten, aber – La Roche ist wohl, und der Kurfürst schätzt ihn so, wie ihn das Land liebt; ich bin auch wohl und habe Ursache, vergnügt zu sein, weil mich gute Menschen noch immer lieben, sie mögen herkommen wo sie wollen, ob ich gewiß schon recht großmütterlich aussehe. Meine Max ist nun in einem recht schönen Haus, hat drei eigene Kinder, hier und da was zu leiden, aber auch Freude, und ist sicher, für sich und die ihrige unabhängig zu sein. Und ist das nicht viel, ist das nicht es Letzte?

Fritz ist als Oberlieutenant in Dillingen. Schönheit, Verstand, Fähigkeit, alles noch mit dabei, aber auch Leichtsinn und das übrige. Loulou ist ein hübsches, kunstloses, munteres, launiges Mädchen und hat mir schon von ein paar Leuten die Frage zugezogen, wie ich so sehr gescheute Frau es gemacht hätte, meiner Tochter das jetzt so seltene Unschuldsvolle, Frohe, Jugendliche, Gute, Naive zu geben und zu erhalten. Die Leute wissen nicht so gut als ich, daß das beste meiner Kinder von Mutter Natur, nicht von Mutter Sophie ist.

Carl und Franz sind zwei liebe Buben, die mich und ihren Vater mit Hoffnung erfüllen; wenn die Zeit dies, was blüht, Frucht werden läßt, so machen diese zwei Buben unser Alter schöner, als unsere Jugend war. Sagen Sie amen dazu und glauben, daß Ihnen mein Herz alle Vaterfreuden wünscht, wie ich mir Mutterfreuden gönne. Ich umarme alle die Ihrige innig, von der Großmutter an. Fritz Jacobi war auf drei Stunden bei mir, als er auf zwei Monate nach München reiste, und wird, wenn er zurückgeht, länger bleiben und dann auch von Ihnen sprechen. Graf Savioli läßt Ihnen viel sagen und nach dem Sonett seines Herrn Vetters fragen. Grüßen Sie mir Goethen und wer mich mag. Boden, der nun bei Ihnen ist, geben Sie den Einschluß, ich bitte, bald, mein lieber Freund! Es liegt mir daran, denn es gilt meine Briefe.

Noch einen Dank sollen Sie haben, für Ihre Ideen vom Philanthropinum. Sie wissen, lieber Wieland, ich habe nichts als einen Takt des Herzens über alle Gegenstände, die mir vorkommen, und auch dieses Gefühl machte mir die große Maschinen zuwider, die man für das Falten und Biegen der armen guten Jugendgeschöpfe aufrichtete.

Da, Wieland, ist ein Teil von meinen Briefen. Sagen Sie mir was darüber, ich bitte Sie. Soll ich's ausarbeiten, das Bilderbuch, soll ich? Sie sehen doch manchmal die Frau Herzogin.

La Roche, seine Kinder und ich küssen ihr die Hände. Nein, ich bin nicht eifersüchtig; es freut mich, daß sie La Roche liebt. Der Himmel gebe der Herzogin Luise eine glückliche Stunde und einen Sohn wie Ihnen. Schreiben Sie mir von Herder und Frau, ich bitte, bitte. Adieu, Wieland! von Ihrer alten Freundin   Sophie.

Was macht Baron Einsiedel?

104. Sophie von La Roche an Johann Heinrich Merck

Koblenz-Ehrenbreitstein, 12. 2. 1779

(. . .) Es würde La Roche und mich sehr gefreut haben, Sie in Frankfurt zu sehen, und wir danken Ihnen beide für die gütige Freundschaft, die Sie uns durch Ihre Reise nach Frankfurt bewiesen haben. Ich hätte nach meiner vieljährigen Achtung für Sie und Ihren Geist recht gern über alles mit Ihnen gesprochen, aber ich fürchte Sie auch seit einiger Zeit so sehr, daß es mir beinahe lieb ist, die Gelegenheit dazu verloren zu haben. Verzeihen Sie mir, daß ich es so ganz freimütig hinschreibe, es war doch würklich dies, das zu oberst in meinen Ideen lag; es kann Ihnen herzlich wenig daran gelegen sein, aber mir ist recht viel wahres Vergnügen dadurch verloren gegangen, das mir nicht ersetzt werden kann. Ich habe alle Ursache, mit dem Stück Teutschland, es mag den Boden, Städte und Leute angehen, zufrieden zu sein. Gottes Boden ist mir recht, wie er ihn schuf und werden ließ. Die Städte und Dörfer und Menschen freuen mich wegen der Verschiedenheit. Klopstocks Bekanntschaft gehört zu den seligsten Tagen meines Lebens, die edlen Stolberge sind unschätzbar, Mumsen u. a. m. sind herrliche Menschen, die Schimmelmanns alle und die Elbe und die Gärten umher. Die Neustadt Kassel freute mich auch, weil ich die Baukunst liebe. Einen Brief oder vielmehr mein kleines Tagebuch schickte ich Ihnen gerne, ob es schon arme Vergeltung für Ihre vortrefflichen Seebriefe wäre, aber, Merck, meine Furcht vor Ihnen hindert mich daran, der feine, liebenswürdige Scharfsinn Ihres

Genius ist so ätzend geworden, wie mich dünkt. – Haben Sie das häßliche Kupfer gesehen, so über Zimmermann gemacht worden? Mich freut, daß Sie Golowkin sahen, und ich wünschte die Würkung von Rousseaus Erziehung zu sehen. An Baron Einsiedel und an Madame Merck viele Gegenempfehlung. Herzog von Weimar will eine Reise nach Frankfurt und Nassau machen; sollte Goethe nicht mitkommen? Es geht auch nach Ziegenberg.

105. Sophie von La Roche an Wolfgang Heribert von Dalberg

Koblenz-Ehrenbreitstein, 29.2. 1779

Ich habe vom Directeur Abt eine Antwort erhalten, welche ich mit allen beigelegten Papieren übersende und wünsche, daß es zu Ihrer Zufriedenheit gereichen möge. Gewiß ist, wenn unser Teutschland ein gutes Theater bekommen solle, so muß es durch die Leitung edler Personen und an einem Ort geschehen, wo die schöne Künste einen Teil des Geschmacks geläutert haben; mich dünkt also Mannheim in allem Betracht dieser Ort zu sein. Ihre Bemerkungen sind sehr wahr und so richtig, daß ich die Gewalt haben möchte, Sie zu Ihrer Ausführung verbinden zu können, weil ich überzeugt bin, daß dadurch die Idee eines teutschen Nationaltheaters viel bälder erreicht würde, als es in Wien und Berlin nicht geschehen wird. Lassen Sie mich bitten, daß Sie während der kleinen Rasttage, die Ihnen die Abwesenheit des Hofs gewährt, diese schöne Unternehmung durchsetzen.

Ich weiß mir selbst vielen Dank für das Zutrauen, mit welchem ich mich an Sie gewandt habe. Denn gewiß, Ihre Achtung ist mir ohnendlich schätzbar, und es freut mich, wenn Sie etwas von meinem Geschriebe mit Vergnügen gelesen haben. Gerne möchte ich schon vor einem Jahr Briefe mit Ihnen gewechslet haben; dann hätte ich Ihnen meine auf Ostern erscheinende Phantasien meiner Rosalie zugeschickt. Es hätte Sie vielleicht einige Stunden unterhalten, so zum voraus in meinem Kopf zu blättern. Ihre Urteile hätten mir neue Ideen gegeben, die schon dastehende verbessert und so weiter. Dörfte ich wohl hoffen, daß Sie mir nach Durchlesung des ersten Bandes mit der Ihrem edlen Geist anständigen Freimütigkeit sagen werden, ob Sie es bei dem zweiten, der auf die Herbstmesse kommen wird, mit diesem Durchblättern versuchen wollen.

Die Güte, mit der Herr und Frau von Groschlag mich beehren, ist das Glück und der Stolz meines Kopfs und meines Herzens. Wie schön wären mir Tage in Dieburg, wenn gerad auch zwei Dalberge da wären! Wollen Sie hier lesen, was ich vor vier Jahren in Dieburg dachte, und wollen Sie mir sagen, ob ich das Bilderbuch ausschreiben soll. Sie sind Vater; Sie haben ein Recht zu ja und nein. Ihre Gemahlin ehre ich, und mit Tränen denke ich an ihr Leiden.

La Roche

106. Sophie von La Roche an
Johann Caspar Hirzel

Koblenz-Ehrenbreitstein, März 1779

Dank, werter, vortrefflicher Freund meines La Roche, für den lieben, trauten Brief, den Sie mir durch Herrn Wildenstein schickten.

La Roche umarmt Sie dafür und versichert Sie all seiner ersten Liebe und Hochachtung.

Ihr Wohl, das Wohl zweier Ihrer würdigen Söhne freut uns. Mich traf Ihr Schmerz um Ihre Tochter um so lebhafter, als meine so glücklich durch das dritte Kindbett gekommen war, und ich also einem Vater, den ich liebe, die nämliche Freude hätte gönnen mögen. Guter Hirzel! wie schätzbar ist die Demut, mit welcher Sie von Ihrer Wahl in den Rat sprechen, Ihre Trauer um den verdienstvollen Heidegger, von dem La Roche mir von Zürich aus schrieb, daß er jeden Augenblick Minister der größten Monarchie sein könnte, und sein Andenken innig verehrt. Das Unglück, so die Überschwemmung anrichtete, machte auf La Roche einen starken Eindruck, weil er sich die Gegend, die gute Menschen und die in Ihrer Gesellschaft genossene Stunden so lebhaft darstellte. Sie können nicht glauben, lieber, verehrungswürdiger Freund! wie viel mein Herz bei Elend und Jammer meiner Nebenmenschen fühlt, was für Fragen: warum? tief in meiner Seele an Gott entstehen und mir dann keine Ruhe kommt, als wenn ich mir sage: die Vorsicht hat eine ewige, weise Güte; sie läßt es geschehen; es muß kein so großes Übel sein; und dann bete ich an.

Ich habe verwichenes Jahr auch müssen Julie Bondeli verlieren, die der Schweiz gewiß eben so viele Ehre machte als Heidegger und Rousseau. Ich werde sie mein ganzes Leben beweinen und mich niemals über die Versäumnis trösten, sie persönlich zu kennen. Ich opferte 1769 das Glück, die Schweiz mit dem La Roche zu besuchen, meinen zwei jüngsten Söhnen auf, die in Wahrheit gute Kinder sind, aber ich hätte so viel gute, edle Menschen gesehen, die ich nun durch meine Entfernung aus Schwaben zurücklassen mußte. Wollen Sie die Güte haben, Herrn Lavater diesen Einschluß zu überschicken, so verbinden Sie mich. Es enthält die Auszüge des Lebens eines großen Manns, des Graf Stadion, um den La Roche 1769 die Trauer trug.

Sie sind doch noch mit Merck in Ravensburg Freund und schreiben sich? Der Mann ist einer der schätzbarsten, die ich kenne.

Gott segne und erhalte Sie und die Ihrige, teurer, rechtschaffener Mann. Lassen Sie sich den Dank meines Herzens gefallen für die selige Freude, die Sie mir geben, den Gang Ihres Charakters immer nach den nämlichen großen und wahren Grundsätzen fortführen zu sehen. Ich sah in hiesigen Gegenden so schwankende Schritte auf diesem schönen Weg, daß es mir weh tut.

Bald schicke ich Ihnen eine Sammlung Grillenbriefe von mir, wo ich meinem Verleger gönnen möchte, daß sie in der Schweiz auch gefielen und er viele absetzte. Sophie La Roche

107. Sophie von La Roche an Wolfgang Heribert von Dalberg

Koblenz-Ehrenbreitstein, 10. 3. 1779

Das Vertrauen, mit welchem Sie mir Ihre *Caroline* zuschickten, war mir unendlich schmeichelhaft; aber die Zeile Ihres Briefs, wo Sie mir sagten, daß es viel auf mein Ja oder Nein ankäme, hätte mich beinah abgeschreckt, es zu lesen, denn ich sage meine Gedanken sehr ungern, sobald man ihnen den prächtigen Namen einer Beurteilung geben will, und gewiß, niemals habe ich mich erkühnt, eines zu fällen. Doch sollen Sie wissen, was ich *empfand,* denn ich bin gerad das Gegenteil dessen, was von Fontenelle gesagt wurde: *Il avait un bout de cervelle en place de cœur, et moi: un bout de cœur en place de cervelle.* Der Ton Ihrer Seele ist edel und voll reiner Gefühle der Menschheit. Dieses schöne Gepräge liegt auf allem, was Sie schaffen. Ich segne Sie dafür. Es ist schön, einen edlen Namen mit dem Adel der Seele verbunden zu sehen. Schreiben Sie immer Schauspiele für Edelleute; malen Sie das Schöne mit glänzenden Farben, die Ahnenhelme sind ja auch mit Federbüschen ausgeziert und machen Freude dadurch, die Panzer glänzten ... Unsere Sinne müssen gewonnen werden, wenn für das große Gute was geschehen soll, nicht zurückgestoßen, nicht zum Verleugnen des Angenehmen gezwungen, wie gewisse Moralisten tun und dadurch den Fortgang der Tugend verhindern. Und, darf ich bitten, so zeichnen Sie gewisse Fehler nicht mit den schwärzesten Farben, weil mich dieses Hülfsmittel zur Besserung schon unwürksam dünkt. Lächerlich, wie Ihr Graf Sieburg, das ist vortrefflich. Es freut mich, daß Ihr Obrist Sternheim heißt. Geben Sie sie der Welt, Ihre *Caroline von Horrenberg*, sie ist eine würdige Schwester von *Walwais*. Und lassen Sie mich noch über etwas Freude haben. Sie schreiben Schauspiele für Edelleute und ich die Briefe meiner *Rosalie* für Ratstöchter, um Beamten- und überhaupt Gelehrten- und Mittelstandsfamilien ihr eigenes Verdienst, Vorzüge und Glück zu zeichnen, weil ich die Quellen von verschiedenem Weh und auch die von wahren und sanften Freuden kenne. Ihr Beifall soll mich ohnendlich freuen. Mein ganzes Herz wünscht Ihnen Glück zu der Genesung Ihrer würdigen Frau Gemahlin; Sie müssen viel mitgelitten haben.

Baron von Gemmingen ist hier durchgereist; ich hätte ihn sehen mögen. Wollen Sie nicht der Frau Mutter des Baron von Haak sagen, daß ich sie wegen dem Charakter und *Conduite* ihres Herrn Sohns unter die glücklichsten Mütter zähle.

Sehen [Sie], wie vertraut Sie mich machten. Vergeben Sie mir es. Machen Sie mir auch Aufträge und glauben, daß ich Sie verehre.

La Roche

108. Johann Georg Jacobi an Sophie von La Roche

Düsseldorf, 10.6. 1779

Liebe Sophie! Mir ist es wohl bei Ihnen gewesen, recht wohl; es hat mir wehe getan, von Ihnen zu scheiden, und von dem Augenblicke, da ich Ihnen gegenüber Ihr Gartenhäuschen erkannte, bis zu dem Augenblicke, da Sie zu Neuwied vom Ufer mir den letzten Abschied zuwinkten, werd' ich das Andenken an unser Beisammensein ganz und rein in meinem Herzen bewahren.

Dies, liebe Sophie, wird Ihnen lieber sein als alles, was ich Gutes von Ihnen empfing. Einen besonderen Dank aber muß ich Ihnen für die von Betty getane Versicherung sagen, daß Sie mich gerne länger bei sich behalten hätten. Noch dazu wollten Sie mich von einer artigen Sängerin einsäuseln lassen. O Sophie! Das Einsäuseln täte mir not. Seit ein paar Jahren bin ich so wenig zur Ruhe gekommen, habe mehr als einmal gewünscht, in den Schlummer gewiegt zu werden, von welchem man nie mehr erwacht.

Die Fahrt auf dem Wasser frischte meine Seele auf; ich weidete mich an den Weinbergen und Kornhügeln und Felsenschlössern umher, zeichnete, so gut ich konnte, verschiedene Gegenden, ruderte dann und wann, sah die goldnen Abendwolken am Himmel und ihren Widerglanz am Rhein, wie der Glanz immer schwächer und die sieben Berge immer dunkler und feierlicher wurden; kurz, ich hatte meine Lust an allem, fühlte nicht die mindeste Unbequemlichkeit und saß vergnügt auf dem Boden des Nachens, als wir an dem Bonnischen Ufer anstießen. Gleich nach meiner Ankunft in Pempelfort kritzelte ich ein paar Aussichten, die mir vorzüglich im Gedächtnisse geblieben waren. Auf dem einen Entwurf ist Neuwied; Sophie und M.S. stehen am Ufer, und wir fahren ab.

109. Johann Heinrich Jung-Stilling an Sophie von La Roche

Kaiserslautern, 4.7. 1779

Verehrungswürdigste Frau Kanzlerin!

Ihr letzteres Schreiben hatte ich beantwortet und einen Brief an Herrn Lipp beigeschlossen; beide sind aber verloren gegangen und nicht angekommen. Seit der Zeit habe ich auf einen Brief von diesem Herrn gewartet, und nun hab ich einen erhalten. Ich hab vernommen, daß unser Freund Jacobi ein paar Stufen höher geklettert und Geheimer Rat geworden ist; zieht er denn würklich hin nach München, und hat er Sitz und Stimme im Geheimen Ratskollegium? Ich wünsch ihm in aller Absicht Gottes Segen. Was macht denn aber Goethe? Ich vermute, Sie werden mehr wissen als ich, denn ich weiß nichts als ein widerwärtiges Gemurmel des Volks. Ach, möchten doch unsere großen Geister weniger Genie und mehr edle teutsche Männer sein, die ihre Riesenschultern, ein jeder in seinem Teil, dem schwankenden Vaterland unterstützen möchten. Ich kann des Klagens nicht satt werden, wenn ich so überschaue, wie viel die Schriften vieler unserer Modeschriftsteller verdorben haben; eine grenzenlose Empfindelei ohne Empfindsamkeit gegen das Wahre, Gute und Schöne, ohne Überwindungskraft gegen das Falsche, hat sich der Herzen der Jünglinge durchgehends bemeistert. Einer geht hin mit warmem Enthusiasmus und bewegt den Fürsten zu seinem empfindelten Plan verbesserter Ökonomie. Kaum beginnt er die Ausführung, so schwankt's in der Praxis, ihn rührt ein adliches Mädchen, er vermag nicht gegen die Leidenschaft zu kämpfen, er entführt sie.

Ein anderer zerdenkt sich im Reich der Phantasie, schafft sich furchtbare Ideale von Schönheit, tragisches Licht durchglänzt seine empfindsame Seele, er erhitzt immer mehr und mehr seine Schöpferin, wird endlich rasend und sucht den Tod, andere toben in philanthropinischer Raserei. Gott weiß! was am Ende aus dem allem wird, lauter Seifenblasenhascherei. Sehen Sie, hochgeschätzte Frau! So wollt's mir durch den Kopf, wenn ich mir Goethe und Compagnie denke, wie lieb ich ihn habe, und wie ein großer Kopf er ist; aber ich bitte sehr, behalten Sie dieses für sich. Soll ich Ihnen nun auch sagen, was Stilling gern möchte? – mit einem Wort: *würken, dieweil es noch Tag ist* – und da hat mich auch der liebe Gott hier auf einen Platz gesetzt, wo es brav noch was zu würken gibt.

Übrigens geht's mir wohl, und unsere Akademie gründet sich von Tag zu Tag je mehr und mehr. Sie werden wissen, daß der Königlich Schwedische Kammerjunker Gustav Freiherr von Blixen hier bei uns studiert, er ist ein fleißiger, wackerer, gesetzter junger Mann, an dem wir viele Freude haben. Er weiß nicht, daß ich an Sie schreibe, sonst würde er mir ein Kompliment an Sie aufgetragen haben. Vermutlich besucht er Sie aber diesen Herbst, oder ist er bei Ihnen gewesen? Er war kürzlich einmal einige Tage fort, ob er nun auch zu Koblenz war, darum habe ich ihn noch nicht gefragt. Meine gehorsamste Empfehlung an den Herrn Minister von Hohenfeld, desgleichen auch an Ihren verehrungswürdigen Gemahl. Ich bin mit ganz vorzüglicher Hochachtung ganz der Ihrige   Jung.

110. Sophie von La Roche an Wolfgang Heribert von Dalberg

Koblenz-Ehrenbreitstein, 30. 8. 1779

Ich habe auf meiner Hamburger Reise so oft Gelegenheit gehabt, mir zu sagen, daß das Los unserer Erde Unvollkommenheit ist, daß mir würklich diese Idee recht wohl zustatten kommt, da ich mir alles Glück denke, so ich in Dieburg hätte genießen können – und fort mußte. Sie, Frau von Dalberg und die mir so sehr interessante Gräfin Forbach – wieviel hätte ich da bemerkt, gehört und gesammlet. Sie denken leicht, was Herr und Frau von Groschlag mir sind und immer waren. Über wie vieles würde ich mit ihnen gesprochen haben: Leute, Sachen, Wahrheiten und Hirngespinste, Glück, Schönheiten, Geist, Tugend, und das in Dieburg, unter Schatten, von Groschlags Hand gepflanzt, von seinem Genius überschwebt, verschönert. Gewiß, künftige Briefe von Rosalien hätten das Gepräge davon gehabt. Denn wie viele gute, schöne Gedanken und Gefühle schlummern oft in unserer Seele, bis sie durch den Lichtstrahl des Geists unserer Freunde oder durch das sanfte Aufwallen einer neuen Empfindung geweckt werden. Sagen Sie sich selbst und der edlen, würdigen Gesellschaft, in der Sie sind, daß die Güte, mit der Sie mich beehren, einen großen Teil des süßesten, besten Glücks meines Lebens macht. Die Seele, die in meinen Rosalienbriefen wandlet, fühlt sich durch den Beifall schöner Seelen verherrlicht. Es freut sie sehr, daß Sie so zufrieden mit ihr sind. Der zweite Teil ist mir lieber. Möge er es Ihnen auch werden.

Ihre so stark, so den erschütternden Umständen gemäß redende *Elektra* können Sie nicht in Dieburg gedacht und geschrieben haben. Dieser Aufenthalt streitet in allem gegen das zerreißende Bild, das sie malten – gut, kühn malten. Oder sind die Eindrücke, die von Hofszenen in einer Seele wie die Ihrige liegen bleiben, mit Ihnen nach Dieburg und haben die Wendung genommen, unter der Sprache der Elektra Ihren Unmut über schwarze und niedrige Auftritte ausströmen zu lassen. Dank, innigen Dank für die Mitteilung.

Wollen Sie dem Herrn Bruder Statthalter schreiben, wie sehr ich ihn verehre, wie sehr viel Edles und Großes die beide Brüder von Stolberg von ihm und für ihn mir sagten. Ich hatte das Glück, zwei Tage mit der vortrefflichen Familie zu verleben, denn ich sah die zwei Brüder, zwei Schwestern und die Gemahlin von Graf Christian, eine Reventlow, sehr liebenswert.

Lesen Sie doch, ich bitte Sie, die *Briefe über Hagley, Envil und Leasowes;* Dieburg verliert nichts dabei, wenn schon diese Beschreibungen sehr schön sind.

Seit ich die Ehre habe, Sie zu kennen, so ist mir bei Erblickung

der Türme des Gräflich Leyischen Hauses der Abzug nach Blißcassel doppelt empfindlich; vielleicht würden Sie auch manchmal zu
einem Besuch hieher gekommen sein, und ich würde Sie gesehen
haben.   La Roche

111. Heinrich Christian Boie an Sophie von La Roche

Meine vortreffliche Freundin,   Hannover, 24. 9. 1779
Ihr Brief hätte nicht vier Posttage und länger bei mir unbeantwortet
gelegen, wenn ich gleich dem Antriebe meines Herzens hätte folgen können. Sie wissen ja wohl, welche große und kleine Ursachen
einen in der Welt öfters hindern können, das zu tun, was man am
liebsten tut. Jetzt soll mich nichts mehr hindern, und ich setze mich
hin, Ihnen zu schreiben, mit so ruhiger, heitrer Seele, als man hat,
wenn man bei Ihnen ist oder nur an Sie denkt. Ich komme von meiner, lassen Sie mich immer sagen: unsrer Freundin (denn das liebe
Mädchen kennt und liebt Sie, wie Sie geliebt werden müssen, wenn
man Sie kennt), und wir haben von Ihnen gesprochen. Sie hat mit
mir gezankt, daß ich Ihnen noch nicht geschrieben hätte, und will
meine Entschuldigungen nicht gelten lassen.

Was mir das ist, daß ich Sie nun kenne und an Sie als Freundin
schreiben darf, kann ich Ihnen nicht ausdrücken. Sie müssen mir's
angesehen haben, und ich will mich wohl hüten, das in Worte zu
kleiden, was ein Blick wie der Ihrige gesehen hat.

Was ich mir vornahm, ist geschehen: Fritz Jacobi und Fritz Stolberg sind Freunde, und ich – lassen Sie mich immer stolz darauf
sein! – habe zwei Edle in der Welt mehr zusammengebracht. Künftigen Frühling besucht Jacobi seine Kinder in Wandsbek, und wenn
nicht alles fehlschlägt, werden wir uns in der Gegend irgendwo
treffen und als Freunde umarmen. Ich schicke bald an Jacobi den
Anfang eines größern Gedichts von Stolberg, das ihn, wenn es
vollendet ist, unter den Dichtern zunächst an Klopstock stellen
wird; von ihm sollen Sie's bekommen und es mir dann zurück senden.

Da ich Ihnen eben sage, daß, was ich wünschte, geschehen ist,
muß ich auch hinzusetzen, daß auch das geschehen ist, was ich
fürchtete: Jacobi weiß die ärgerliche Anekdote aus Weimar von
Woldemar. Er will ihr auf den Grund kommen, und wenn sie wahr
ist, kann ein Bruch zwischen ihm und Goethen nicht fehlen. Es tut

mir leid, daß G[oethe] nicht ist, so nicht sein will, was er könnte und müßte. Die Geschichte mit Lenz kann ich nicht vergessen. Bewundern kann ich ihn immer, aber lieben nicht mehr.

Von den Stolbergen werden Sie so gut Nachricht haben als ich; also schreib ich Ihnen nichts davon. Noch immer macht das Andenken der Tage, die ich zwischen den Edlen gelebt, mich glücklich, und daß ich Sie und Ihre Frau Tochter in diesem Zirkel gesehen, verschönert das Andenken. Aber ich brauche auch solche Erinnerungen hier.

Von Ihrem Buche soll ich Ihnen meine Gedanken schreiben? Ich hatte es noch nicht im Zusammenhang gelesen, wie Sie hier waren. Seitdem ist dies eins meiner ersten Geschäfte gewesen. Ich bin kein Kunstrichter und möchte keiner sein, wenn ich auch könnte; aber Sie wollen nicht das Urteil der Kunst, sondern den Eindruck wissen, den *Rosaliens Briefe* auf mein Herz gemacht haben, und da kann ich Ihnen sagen, daß ich seit langer Zeit nichts gelesen, was mein Herz so in Bewegung gesetzt und angezogen hat. Die reine Moral, die Sie predigen, ist ein hohes Verdienst, und ich werde künftig kein junges Frauenzimmer schätzen, in deren Händen ich Ihr Buch nicht finde. Zusammen gelesen haben die Briefe weit mehr Interesse für mich, als sie einzeln in der *Iris* hatten. Mit Vergnügen hab ich unter den nicht gedruckten auch die Briefe angetroffen, die Sie mir in der Handschrift anvertrauten, als ich vor fünf Jahren das Glück hatte, sie zum ersten Mal zu sehen.

Luise sagt Ihnen auch Dank für die Briefe. Vielleicht wäre von allen Frauenzimmern hier meine Freundin die einzige für Sie gewesen, wenn Sie sie mehr hätten kennen lernen und von Herz zu Herz mit ihr reden können. Nicht allein Bescheidenheit hinderte sie, sich Ihnen mehr zu nähern. Sie hat mir nachher gestanden, daß sie gleich von Herz zu Herz mit Ihnen reden können, aber sie war den Tag überaus schwach. Die eingeschlossene Luft, die sie durchaus nicht vertragen kann, drückte sie unbeschreiblich nieder. Sie ist seitdem bald recht wohl, bald weniger, bald sehr schwach und noch schwächer gewesen als damals. Seit fast zweien Jahren trägt sie sich nun mit einem Fieber, woran selbst Zimmermanns Kunst scheitert, und ich hoffe kaum mehr ihre völlige Besserung. Um ihr Bild mit einem Zuge zu vollenden, sage ich Ihnen nur, daß mir Henriette im *Woldemar* kein Ideal ist.

Zimmermanns Antwort an Kästnern wird nun bald erscheinen,

und ich schicke sie Ihnen, sobald sie heraus ist. Was ich davon gelesen, ist mit Anstand und Würde geschrieben, und so mußte es sein, da er einmal nicht schweigen konnte. So ärgerlich wird der Streit nicht werden wie der zwischen Wieland und Nicolai. Ich liebe dergleichen Auftritte so wenig als Sie, und mein größtes Unglück wäre es, wenn ich je dem Publikum ein solches Schauspiel geben müßte. Zim[mermann] kann und will ich nicht ganz verteidigen, aber hier, dünkt mich, kömmt das Ärgernis doch nicht ganz von seiner Seite. Ich fürchte immer, daß Sie ihm ein wenig unrecht tun. Man muß den sonderbaren Mann ganz kennen, um ihm manches zu verzeihen, was man andern nicht verzeiht. In Absicht der Gräfin Auguste hat er am Ende alles getan, was er freilich besser gleich und von selbst getan hätte. Er hielt eine neue Untersuchung des Schadens nicht für nötig und behauptet noch, daß sie nicht nötig gewesen wäre. Indes hätte er die Kranke gleich beruhigen müssen, so bald er wußte, daß sie dadurch zu beruhigen war. Er hat seitdem mit Henslern über ihren Fall korrespondiert, eine neue Kur vorgeschlagen, und sie befindet sich, nach ihrem letzten Brief an mich, so gut bei dieser neuen Kur, als sie seit vier Jahren sich nicht befunden hat.

Sie vergaßen doch den Aufsatz Ihrer verewigten Freundin nicht, den Sie mich lesen zu lassen versprachen?

Ihre Briefe sind gleich befördert, wie sie's immer werden werden, wenn Sie mich ferner zu Ihrem Agenten machen wollen.

Die Nachricht von Ihren neuen Schulanstalten fürs *Museum* wird mir höchst angenehm sein. Wollen Sie gelegentlich Ihren vortrefflichen Minister fragen, ob er sich noch des kleinen Mannes erinnert, der vor fünf Jahren einmal mit ihm über den Rhein fuhr, und ihn meiner wahren Verehrung versichern? Auch mich unbekannter Weise Ihrem Herrn Gemahl empfehlen, den ich hochachte, wie wenige ihn hochachten können, die ihn nicht kennen? Und dann – wollen Sie mir diesen atemlosen Brief verzeihen, der nicht so weitläufig und nachlässig zu Ihnen reisen sollte, wenn ich Zeit hätte, noch einen andern zu schreiben?

Noch eins: die Geschichte des Bremer Mädchens, die ich Ihnen erzählte – vergessen Sie diese nicht, und nicht

Ihres ergebensten Dieners   HC Boie.

112. Sophie von La Roche an Anton Matthias Sprickmann

Koblenz-Ehrenbreitstein, 22. 10. 1779

Ich habe, mein werter Freund! Ihren Brief vom 18. September erst heute, und das von der Post aus Gießen, erhalten, Ihren Freund Rothmann also gar nicht gesehen, das ich bedaure, weil ich ihm hätte zeigen mögen, wie sehr ich Sie schätze, indem ich ihn gewiß als Sprickmanns Freund behandlet haben würde. Hätte er mir wohl auch einen Aufschluß über die beängstigende Stellen Ihres Briefs geben können? Ich glaube nicht, weil mich dünkt, daß Sie sich würklich in Ihr Weh einhüllen, wie ein edler Freund von mir sich in einem Sturm in seinen Mantel hüllte und dann ruhig den Augenblick des Untergangs erwartete, aber gerettet wurde, und als verdienstvoller, nützlicher Mann noch lebt und wohl ist. Wie gerne, Sprickmann! wäre ich in Ihrer Nachbarschaft, sähe Sie zuweilen, spräche über Welt und Menschen mit Ihnen und freute mich, mit Ihnen zu denken, so wie ich froh bin, daß Ihnen so manches in der *Rosalie* gefiel und Ihnen Gleichlaut schien. Ich wünschte, Sie könnten den zweiten Band im Manuskript durchlesen. Eine kleine Geschichte daraus will ich Ihnen schicken, weil sie für Ihr Herz taugen wird. Sagen Sie Ihrer würdigen Freundin Voigts, daß ihr Beifall und Wunsch nach meiner Freundschaft mir sehr schätzbar sei, daß ich und La Roche ihren Herrn Vater innig verehren und daß mich ohnendlich freuen soll, etwas für Frau von Voigts zu sein und in irgend einem Verhältnis zu stehen.

Wissen Sie nicht, daß ich in Hamburg war, Klopstock, den einzigen, würdigen Mann, oft sah; die zwei edle, liebe Stolberge, ihre Schwestern und den Claudius sah; Boie, den Guten, Redlichen, und André, und Windeme, und Eberten; glücklich war, wie Geist und Tugend ein für sie offenes Herz glücklich machen, ein Tagbuch hielt und vielleicht meine Rosalia damit bereichere. Vielleicht wissen und denken Sie das. Aber das dachten Sie nicht, daß der Eindruck der Wahrheit Ihres Charakters durch Ihr langes Schweigen nicht verloschen war, sonst würden Sie nicht geglaubt haben, mir so sorglich schreiben zu müssen. Nein, Sprickmann! ich werde niemals weniger Ihre Freundin sein, *mehr* aber wohl, und wünschte, daß meine Briefe, meine Hochachtung, mein Teilnehmen und meine Wünsche für Sie einen Wert haben mögen, den das Säuseln des kühlenden Winds für den müden Wanderer hat, wenn er lang

in Sonnenhitze über Sand und Steine ging und einen Baum findt, in dessen Schatten sich der Arme, Matte für einige Augenblicke hinwirft. Möchte ich wissen, wie ein mitfühlendes Herz Ihnen Trost geben könnte: wie gerne, gerne tät ich es. Doch der Himmel sieht Sie und Ihre Leiden; ihn bitte ich, Sie zu erquicken. Lassen Sie mich bald wieder was hören. La Roche versichert Sie seiner ganzen Hochachtung. Minister von Hohenfeld ist mit dem Kurfürsten in Essen, aber ich weiß, daß er Sie schätzt. Warum kommen Sie nicht wieder zu uns? Adieu –   Sophie La Roche.
Helfen Sie, daß mein Verleger viel *Rosalien* verkauft.

113. Sophie von La Roche an Christoph Martin Wieland

Koblenz-Ehrenbreitstein, 6.4. 1780

Ihr *Oberon*, lieber Wieland, ist gekommen, etlichen recht guten Menschen Freude zu geben. La Roche war just an einem bösen, häßlichen Geschwür im Nacken sehr krank und unmutig, seine beste Freunde wußten ihm nichts Zerstreuendes mehr zu sagen; seine Bücher und sein Naturalienkabinett hatten auch ihre Reize für ihn verloren: Da kam *Oberon*. Eilig bring ich ihn hinauf, La Roche lächelt ihn mit Hoffnung eines Vergnügens an, läßt mich gleich wieder gehen und liest, bis kein Buchstabe mehr zu lesen ist. Den Abend kommt unser Minister von Hohenfeld, dem sucht er diese, jene Stelle nach und erzählt auch mir, und den zweiten Tag liest er nochmals ganz, so daß ich ihn erst den vierten bekam und noch dem Minister lassen mußte. Nun soll ich Ihnen für das Vergnügen danken, das beide durch den *Oberon* genossen. Ihre Jahre sollen so viel und so glücklich sein als die Minuten, die *Oberon* ihnen beiden gab. Nur eine Frage entstund: Warum machen die Protestanten so oft spottende Anspielungen auf Teile der katholischen Religion?

Oberon gefiel Ihnen doch?

Sein Bau, der Geist, der in ihm lebt, wie soll das nicht gefallen! Und ich helfe doch auch Subskribenten für die schöne Ausgabe sammeln, zu deren Betrieb ich Sie aufmuntern solle, da die Frage mehr aus Besorgnis entstanden sei, es möchten die Religionsartikel Ihrem Buch schaden, weil das katholische Teutschland doch auch viele Menschen zählte. Aber ich weiß viele Katholiken, die im Ernst ärgerliche Sachen sagen und schreiben, das ist wahr, man erlaubt sich selbst aber mehr als einem Fremden. *Oberon* hat jede Vorsprache in sich und in guten Köpfen. So weit zwei Männer.

Mich, lieber Wieland! freut der Reichtum und die Heiterkeit Ihres Geists. Der Himmel laß Sie diese Güter lange genießen, und möchte ich die Hoffnung haben, Sie und Ihre Familie beisammen zu sehen. Ich wäre sehr glücklich, wenn ich Sie, die liebe, würdige Mutter Ihrer Kinder, die Großmutter davon und das rührende Gewühl von Wielands Kindern um mich her sähe, in Weimar, wo ich doch die nächste Verwandtin von Ihnen allen wäre und also auch Anteil an Herz und Blut fühlte. Es freute mich mehr, als ich sagen kann. Aber die beste Freuden sind Erscheinungen eines Ideals, erheben den Geist, machen das Herz wallen und entfliehen in die Welt des Vollkommenen, aus dem sie herunter steigen, uns einige Stunden recht süß, recht schön zu machen.

Die herrliche, zerreißende Bilder des 9. und 10. Gesangs, die Sie meinem Herzen gönnten, habe ich auch – ich kann sagen: geherzt. Ein Geist voll Obermacht hat Sie das Schmerzliche und Süße der Liebe malen machen. Dank, Wieland! tausend Dank, daß Sie mir es gönnten und eigneten.

Goethens Billet ist seiner und Ihrer würdig. Er hat alles in sich, was durchdringende Einsicht fodert. Der Zufall mag ihn, allem Ansehen nach, gegen mich bös gemacht haben! Ich bin nur Weib, aber ich werde nie ungerecht und nie klein sein. Aber wen verstunden Sie unter *profanen* Menschen? Und wo liegt's, daß Klopstock und die Stolberge und Goethe, die alle so glühend zusammen waren, nun kalt sind? Und die Jacobis? Ach Wieland, wo liegt das, in Männern voll Kenntnissen, voll Seele? Sagen Sie mir's, ich bitte Sie, lieber, teurer Wieland! wo liegt's? Lesen Sie doch, es liegt meinem Herzen daran, lesen Sie meine *Rosalie*. Wieland soll meine *Rosalie* lesen und die Güte haben, alte und neue Güte, mir was darüber zu sagen, ich bitte, bitte. Herder war meiner *Sternheim* gut; ich wollte, er wär es auch *Rosalien*. Seiner Frau, die ich so liebte, der ich anders dargestellt wurde – O Wieland! was Unterschied zwischen Feinheit des Gefühls der Seele, die zu verwunden fürchtet, und Feinheit des Geists, der nur Dolche schleift. Adieu Sie alle. Mein Fritz ist Lieutenant im französischen Regiment Zweibrücken und schifft nach Amerika. *Vogue la galère* – sagte der alte Graf.

114. Sophie von La Roche an Wolfgang Heribert von Dalberg

Koblenz-Ehrenbreitstein, 5. 10. 1780

Ihr gütiges Schreiben hat dem La Roche und mir eine sehr süße Stunde gegeben. Beifall und Anteil der Edlen sind in solchen Tagen Erquickung und Stütze. Ewig werden wir mit dankbarem Herzen diese Bewegung des Ihrigen erkennen. Ich bin froh, daß ich nun mit dem Gedanken des Unrechts so bekannt bin, als ob er Beweis der wahren, ungewöhnlichen Rechtschaffenheit meines Manns wäre. Unsere Pension ist auf 2 000 Gulden festgesetzt. Der würdigste, beste Freund, Minister von Hohenfeld, der alles getan, was Tugend und Edelmut fodern konnten, nimmt uns in sein Haus nach Speyer, und wir zählen schon auf Mannheim und auf Sie. Die würdige von Haak, *Oncle* und *Nepote*, haben hier schon ihren Charakter glänzen machen. Sie werden einst die Papiere lesen, die diese ganze Geschichte enthalten. Ehre und Schande der Menschheit liegen darin. Dem Himmel sei Dank, daß La Roche Leben und Heiterkeit des Geists aus diesem Sturm rettete. Hätten wir unser hergebrachtes Vermögen noch, so wären wir noch freudiger. Indessen werden wir immer beweisen, zu was Wahrheit und eine schuldlose Seele in trüben Tagen taugt. Mir ist es ein herrliches Gefühl, daß der Schlag, der meinen Mann traf, eine jede Fibre andrer Rechtschaffenen wie ein elektrisches Feuer rührte. Unser innerlicher Wert ist bestätigt und Sie halfen uns belohnen. *Pour savoir ce que tu vaux il faut soi-même valoir quelque chose.* Unser Sohn schrieb vom 1. August aus Rhode Island, daß die Flotte glücklich über die *Chaussée des Saints* passiert wäre. La Roche sagte da: „Und ich scheiterte dort." Bald werden unsere *Meubles* Mannheim passieren und wir auch. Dann werden ich Ihnen und der liebenswürdigen Frau von Dalberg mündlich meine Verehrung versichern und Ihnen den Geheimen Staatsrat von La Roche präsentieren. Der Kurfürst hat dem Graf Walderdorf und von der Leyen, die nach dem Auftrag des Kapitels die Ursache der Änderung mit dem Kanzler nachfragten, dem La Roche das Zeugnis eines ehrlichen, geschickten und uneigennützigen Manns gegeben, der ihm persönlich attachiert gewesen, dem er aber aus Gewissens- und Regierungsursachen seine Entlassung bewilligt habe.

Que Dieu le bénisse et qu'il conserve nos dignes amis.

La Roche schreibt dem Herrn Bruder. Alles, was sein Freund von Haak und er in dieser Gelegenheit äußerten, ist die schönste Blüte des Charakters eines geborenen Edlen. Sagen Sie ihm, daß ich ihm danke und daß mein Fritz einen sehr schönen Brief aus Amerika schrieb, den ich mitbringen und in 14 Tagen ihm selbst geben will.

Sophie La Roche

Viertes Kapitel

„Die Erinnerung,
daß gute Menschen mir wohl wollen,
macht den Grund meines Glücks"

Briefe aus der Zeit in Speyer
nach dem Sturz La Roches
(1780–1786)

115. *Christoph Martin Wieland an Sophie von La Roche*

Teuerste Freundin,   Weimar, 6. 10. 1780

Was soll, was kann ich Ihnen über die fatale Katastrophe sagen, die mir Ihr Brief vom 28. September kund macht? Ich stand mit dem Brief in der Hand, wie als ob ich bei heiterm Himmel über mir donnern höre, und konnte lange immer nicht weiter als bis zur sechsten Zeile kommen. Guter Gott! Ist es möglich! – doch was ist nicht möglich? was ist da nicht möglich, wo –

Ich bin dem Mittagspunkt meines Lebens nahe und habe zu viel von der Welt erfahren, um nicht zu wissen, was der Welt Dank ist, und mich über irgend etwas zu verwundern, was unterm Mond begegnet. Ein Mann wie L[a] R[oche] ist nie größer, als wenn er bloß in seinem eigentümlichen Wert dasteht; und sein Verdienst glänzt aus dem Dunkel, das ein solcher Glückswechsel auf einen Augenblick um ihn her macht, um desto heller hervor. Ich bedaure den [Kurfürsten], dem sein Gewissen nicht zuläßt, einen Mann wie L[a] R[oche] um sich zu behalten. Aber gesegnet sei der Edle, der für Rechtschaffenheit und Freundschaft zu tun fähig ist, was von H[ohenfeld] tut, und gesegnet sei das Haus, wo Sie mit einem Gemahl wie L[a] R[oche], mit einem Freunde wie von H[ohenfeld] die Süßigkeiten der Ruhe, der Freiheit, der Freundschaft und des Genusses Ihrer selbst schmecken werden!

Ich hoffe, es ist auf alle Weise dafür gesorgt, daß dieser Glückswechsel Ihr wahres Glück und die Ruhe Ihres Lebens nicht stören kann. Und wenn dies ist, so werden Sie bald Ursache finden, dem, der die Schickungen lenkt, für dieses wohltätige Unglück zu danken. (. . .)

Tausend Dank für die Freude, so Sie mir durch die guten Nachrichten von Ihrem ältesten Sohn geschenkt haben. Der versprochenen Mitteilung seines Briefs oder Journals sehe ich mit Ungeduld entgegen. Vielleicht, liebe Freundin, verschafft Ihnen einst die Muße, die Sie zu Speyer genießen werden, auch Gelegenheit, sich um meinen *Merkur* verdient zu machen, wo der bessere Teil der Welt Frauenzimmerbriefe, wie nur Sie allein schreiben können, eben so gern als ehemals in der *Iris* oder anderswo lesen wird.

Umarmen Sie, beste Sophie, Ihren La Roche in meinem Namen mit dem Ausdruck alles dessen, was ich für ihn empfinde, was ich nicht mit Worten ausdrücken kann, aber was Sie in meiner Seele lesen und in die seinige mit einem Blick hineinstrahlen können. Sagen Sie dem vortrefflichen H[ohenfeld], daß ich ihn verehre. Vielleicht – vielleicht bringt uns irgendein Oberon einst in dem schönen Winkel der Erde zusammen, wo Sie – glücklich sein werden.

Sie haben, wie es scheint, vergessen, liebe Sophie, daß ich Ihnen vor mehr als 16 Jahren *alle* Briefe, die ich von Julie B[ondeli] hatte, wieder geben mußte. Aber alles, was diesem Engel einst lieb war, und besonders das Haus der Obristin S[andoz], der trefflichsten Frau, die ich je gekannt habe, ist mir unvergeßlich. Setzen Sie mich nur in den Stand, daß ich den Sohn der Frau Generalin S[andoz] einem Fürsten zu dem einen oder andern, was seine Absicht ist, *aus Beweggründen, die bei Fürsten gültig sind,* empfehlen kann (denn noch weiß ich nicht das mindeste von ihm), so will ich mit Eifer Gelegenheit suchen, meinen guten Willen zu beweisen.

Adieu für diesmal, meine vortreffliche Freundin. Meine Mutter und Frau nehmen wahren Teil an allen Ihren Schicksalen und danken für Ihr liebreiches Andenken. Meine sieben Kinder gedeihen, daß es eine Lust ist, und ich kann Ihnen nicht bergen, daß ich starke Aussichten zum achten habe. Ich kann mir's unmöglich leid sein lassen. Die *alma mater Natura* ist eine gar gute Mutter, und der Vater aller Wesen ist ein gar guter Vater – und diesen Glauben soll uns keine Philosophie wegphilosophieren. Leben Sie wohl und glauben, daß ich mehr als jemals bin Ihr redlicher alter Freund und Bruder.

116. Sophie von La Roche an Wolfgang Heribert von Dalberg

Speyer, 23. 10. 1780

Am Donnerstagmittag bin ich Worms vorbeigefahren und habe aus den Fenstern der Eulenburg Herrnsheim mit einem Sehrohr betrachtet, mich gefreut, seinem edlen Herrn und Dame um so näher zu sein; und gewiß, jeder Blick war Segen und Verehrung für Sie. Wir eilten aber, unsern Wohnsitz noch bei früher Tagzeit zu erreichen, fanden unsern Schutzgeist auf dem halben Weg nach

Oggersheim, der uns als eine Eroberung mit dem Ansehen eines Siegers nach Haus führte, wo wir alles antrafen, was wir uns wünschen konnten. Es ist ohnmöglich, den Charakter der wahren, edlen Freundschaft in einem schönern Licht zu sehen, als in alle dem, was Herr von Hohenfeld für uns ist. Samstag führte er uns zur Weinlese in das Gebürge, wo wir mit Herrn Baron von Haak zu Mittag speisten und viel von Ihnen sprachen, als wir Mannheim [mit] dem großen englischen Telescop sahen und uns an dem großen, schönen Stück von Gottes Erdboden ergötzten, das vor uns lag. Wir haben nichts verloren, denn wenn ein Freund wie Herr von Hohenfeld gegen einen Fürsten, wie unser Herr [einer] war, gewogen wird, so ist unser Gewinst unschätzbar. Vergeben Sie, wenn ich etwas weitläufig war, aber Sie sind mir mit so edelmütiger Teilnehmung entgegengegangen, daß ich glaube, es freut Sie, unsers Wohls versichert zu sein. Ich hoffe, bald das Glück zu haben, Sie in Mannheim zu sehen und auch meinen Mann und Buben zu zeigen.

Sagen Sie doch dem Herrn Bruder tausend Schönes von mir und auch, daß der Herr von Hohenfeld ein Zimmer und Bett für ihn bestimmt hat, wenn er einmal zu uns kommt. Möchte er den Brief meines Fritz aus Amerika lesen, so bitte ich, dieses Billet an Herrn Baron von Stein zu schicken, der eine Abschrift mitteilen wird. Wenn Sie einst den verdienstvollen Herrn Statthalter von Erfurt bei sich haben, so lassen Sie es doch uns wissen; La Roche wünschte sehr, ihn zu sprechen.

Ich aber werde mich ohnendlich freuen, ein paar Tage in Mannheim zu verleben, wenn Sie wieder da sind, um dann Ihrer würdigen Gemahlin alles zu sagen, was sie mir zu denken und zu empfinden gab –   Ihre gehorsamste von La Roche.

117. Sophie von La Roche an Fritz von La Roche

Speyer, 5. 11. 1780

Gott erhalte dich auf dem festen Land, wie er dich auf den Wellen erhielt. Ich möchte wohl einst die Freude genießen, dich wieder zu sehen und mit deinem erfahrenen Geist über dein und unser Schicksal zu sprechen. Es ist eben so sonderbar, wenn ich an die Zeit denke, wo du bei Wieland Philosophie lernen und den Grund zu Staatswissenschaften legen solltest, und nun in Amerika bist, als es unglaubhaft scheint, daß dein Vater auf einmal sich von dem

Fürsten entfernte, dem er so attachiert war. Es hängt wirklich allein von uns ab, in preußischen Dienst zu treten, aber der Papa hat 61 Jahre, ist ruhig und Ruhe bedürftig. Ganz Deutschland, kann man sagen, nimmt Anteil an uns und bezeugt uns doppelte Achtung: Wir bekommen Besuche von allen Seiten, und Herr von Hohenfeld reist im Frühjahr mit dem Papa auf drei Monate in die Schweiz, vielleicht nach Berlin, um Friedrich den Großen zu sehen, der einen Obrist zum Papa schickte, um die Ursache seiner Entfernung vom trierischen Hof zu erfahren.

Gott gebe dir Gesundheit, Mut, Rechtschaffenheit und Freunde, die dich unterstützen. Deine Mutter segnet alle, die dich lieben und dir Gutes tun. Adieu, mein Kind.

118. Christoph Martin Wieland an Sophie von La Roche

Weimar, 26. 11. 1780

(...) Inzwischen, liebste Freundin, habe ich dem Hofrat Bode das an ihn eingeschlossene Briefchen zustellen lassen und erwarte nun auch die Ankunft des mir zugedachten um so ungeduldiger, da ich nicht nur von Ihrer neuen Einrichtung und Verfassung in Speyer einige Nachricht zu erhalten wünsche, sondern auch besonders ein paar Worte über meine freundschaftliche Anfrage: ob Sie nicht, von Zeit zu Zeit, einige Aufsätze, Briefe, oder kurz: einige Produkte Ihres Geistes, in welcher Form es Ihnen belieben möchte, an den *Merkur* von 1781 zu geben geneigt wären? Mir geschähe dadurch eine große Freundschaft, und der *Merkur* kann und soll Ihnen bessere Bedingungen machen als Fr[iedrich] Richter zu Altenburg. Wenn ich nur erst weiß, daß Sie sich mit mir einzulassen geneigt sind, so will ich mich über alles übrige sogleich näher erklären.

Hier haben alle Ihre Freunde und Bekannte wahren Anteil an den neulichen Veränderungen genommen; besonders auch die Herzoginnen beiderseits. Indessen sind wir alle überzeugt, daß L[a] R[oche] keiner Apologie bedarf, um alle verständige und ehrliche Leute auf seiner Seite zu haben, und glauben übrigens, daß ihm Freiheit und Ruhe nach einem so langwierigen, schweren Dienst der Eitelkeit (wie der alte Hagedorn mit gutem Fug es nennt) ungemein wohl bekommen werden; zumal da es, wie ich leicht voraussehen kann, in kurzem an vorteilhaften Anerbietungen und Lokkungen in andere Dienste nicht fehlen und also seine *Retraite* noch das *Agrément* der Freiwilligkeit haben wird.

Mein ganzes Haus empfiehlt sich Ihnen aufs beste. Alles darin befindet sich wohl; meine Kinder gedeihen, und wiewohl mich ihre Menge zu einer Art von kleinem Patriarchen macht, so unterhält mich hingegen auch ihr kindisches und jugendliches Leben, Weben und Streben in einem Jugendgefühl, und der innige Anteil, den ich an ihnen habe, in einer Tätigkeit, die mein eigenes Leben unterhalten und interessanter machen, als es sonst bei der großen Einförmigkeit desselben möglich wäre.

Leben Sie wohl, liebe Freundin, und lassen Sie uns dem Geist und Herzen nach desto näher zusammenrücken, je weiter das Schicksal uns von Zeit zu Zeit dem Leibe nach zu trennen entschlossen scheint.

119. Christoph Martin Wieland an Sophie von La Roche

Weimar, 13.12.1780

(. . .) Liebste Freundin, verlangen Sie nicht von mir, daß ich Ihnen eine andere Anleitung, was Sie für den *Merkur* schreiben sollen, gebe als eine sehr allgemeine. Was kann ich der Verfasserin der *Sternheim* und der *Frauenzimmerbriefe* aufgeben oder vorschreiben? Was ich von Ihnen wünschte, wären *kleine interessante Erzählungen in Form von Novellen* (wie zum Exempel die der Frau von Gomez, worunter sehr schöne sind) oder auch in Form von Briefen. Abwechslung ist hierin notwendig, und überhaupt kommt's, wie Sie wissen, in allen Dingen viel aufs Formale der Sache an. Wegen der *Ausführung* ist mir nicht bange; da wird weder Ihr Kopf noch Ihr Herz Sie jemals in Verlegenheit kommen lassen. Aber zum *Erfinden* haben selbst die originellsten Geister meistens fremden *Stoff, Data, Fakta, Winke* und dergleichen nötig. (. . .)

Um also Sujets zu finden, wird es gut sein, wenn Sie z.B. solche Lektüren machen, wie die *Cent nouvelles nouvelles de Madame de Gomez* und andere dergleichen sind. Da werden sich Ihnen gar bald *neue Kombinationen*, neue Arten, das nämliche Sujet unter andern Umständen noch interessanter zu behandeln oder den nämlichen Charakter in ein schöneres Licht zu setzen, besser zu entwickeln, oder gute Situationen anders und besser darzustellen, kurz: es werden sich einer Imagination wie die Ihrige tausend Mittel darstellen, aus alten Stoff neue Geschöpfe, die den Stempel Ihres eigenen Geistes tragen, hervorzuziehen. Dies ist alles, was ich Ihnen sagen kann, und es ist genug. Ich kann Ihnen nicht genug ausdrücken, wie mich's freuen würde, Sie auf diese Art zur Gehülfin zu haben – aber gut würde es sein, wenn Sie so lange das Incognito hielten als möglich. Von mir sollen Sie nicht verraten werden. Das Publikum will immer durch Neuheit getäuscht sein. Auch würde ich Sie bitten, daß jede *Pièce* nicht mehr als zwei bis vier, höchstens fünf bis sechs gedruckte Bogen mit der gewöhnlichen Merkurschrift ausmachte. Jede *Pièce* müßte nur eine Hauptsituation oder einen Knoten haben und gleich so zugeschnitten sein, daß es nicht unter den Fingern zu einem größern Werke anwachsen könnte. Doch möchte ich Ihnen auch hierin keine Fesseln anlegen, sondern Sie in allem Ihrem eigenen Genius überlassen.

Die Beschreibung Ihrer glücklichen Lage in Speyer hat mir große Freude gemacht. Ich gebe die Hoffnung nicht auf, Sie einmal dort zu besuchen. Wäre meine Lage zu Weimar minder gut und angenehm, als sie ist, so würde ich Projekte machen, zu Ihnen zu ziehen. Aber daran ist nicht zu denken, so lange die guten Fürsten leben, die so viel tun (und ich hoffe, sie sollen alle *mich* überleben), mir Ihre Achtung und Liebe zu zeigen und mir meine Existenz angenehm zu machen. *Ich glaube nicht, daß in ganz Deutschland jemand von meiner Klasse ist, der mehr Ursache hat, mit seinem Los zufrieden zu sein, als ich.* Auch bin ich es und schätze mich für einen der glücklichsten Sterblichen, weil ich die Gabe habe, mich des Guten, das mir zu Teil worden ist, zu freuen und mir den Genuß desselben nicht durch vergebliche Wünsche *per star meglio* zu verbittern. (. . .)

So viel für diesmal, beste Sophie. Ich bin auf einige Zeit mit Arbeit am Schreibtische bis zur Ermüdung überhäuft und habe überdies noch so viel Briefe vor Ausgang des Jahres 1780 zu schreiben, daß mir angst und bange davor wird. Auch in dieser Rücksicht, und damit ich wieder Lust bekomme, würde mir Ihre Beihülfe zum *Merkur* sehr wohltätig sein. Leben Sie wohl, teuerste Base. Empfehlen Sie mich Ihrem vortrefflichen, würdigen La Roche, den ich mit wärmster Freundschaft und Verehrung umarme. Gott segne Sie und die Ihrigen und gebe Ihnen und mir heitere, glückliche Tage für den Herbst des Lebens! Adieu.

120. Sophie von La Roche an Johann Heinrich Merck

Speyer, 24. 12. 1780

Ich antworte spät auf den teilnehmenden Brief, der mir und La Roche so viele Freude machte, aber seinen Endzweck nicht verfehlt hatte, uns Trost und Aufheiterung zu geben. Denn gewiß, in dem Augenblick, da schlechte Menschen uns quälten, war die Freundschaft und Mitleiden der Guten Felsengrund für uns. Lassen Sie, Merck! diesen Vorgang mit La Roche, diesen so bittern Kummer, der über mich ging, zum neuen, dauernden Gewebe einer freundlichen Verbindung werden. Kommen Sie einmal zu uns, sehen Sie Hohenfeld, den großen, seltnen Freund, was der tat und noch tut, es muß für Sie ein Festtag sein, so eine Erscheinung in der würklichen Menschenwelt zu sehen. – Kommen Sie auch, einen Metzger zu sehen, der Trauerspiele schrieb und drucken ließ, und einen Bäcker, der Klaviere macht, und unsern Baron Beroldingen, der nun bald wieder von Wien da sein wird, wo er im Namen eines Soldaten ein Lied auf den Tod der Kaiserin machte, das man unendlich wohl aufnahm. – Leben Sie wohl! Nehmen Sie meinen herzlichen Dank für Ihren Brief mit der alten Freundschaft auf, die Sie hatten für   Sophie La Roche.

121. Sophie von La Roche an Wolfgang Heribert von Dalberg

Speyer, 31. 1. 1781

Da kommt La Roche mit Herrn Baron von Stein, Königlich Preußischen Kammerherrn, die sehen Herrn und Frau von Dalberg und die übrige schöne Sachen, und ich bleib wieder zu Haus. Aber ein Tag wird doch erscheinen, wo ich allein wegen Frau von Dalberg nach Mannheim komme, nicht *Alceste,* nicht *Bernauerin,* nicht Naturalienkabinett, sondern eine liebenswürdige Dame zieht mich hin; und Ihnen, glücklichster von den glücklichen Männern, die ein schönes Los traf, Ihnen sage ich, daß, wenn ich Mann wäre, mit dem Herzen, so ich habe, so hätte Frau von Dalberg einen Menschen um sich, den ihr Schatten schon entzücken würde, und Sie einen Neider an mir; aber so kann ich Sie hochschätzen und das Beste meines Herzens Ihrer so würdigen Gemahlin geben. Ich küsse ihr die Hände und die zwei ganz liebenswürdige Töchter, die von ihrer Frau Mutter so viel Grazien bekommen haben, würde Wieland sagen; ich fühlte es im ersten Blick auf die holde Kinder.

Lassen Sie mich Ihnen immer sagen, wie sehr ich Sie beide verehre, und erhalten Sie mir Ihre Güte.

La Roche

122. Christoph Martin Wieland an Sophie von La Roche

Liebste Freundin,   Weimar, 14.2.1781

Ich bitte Sie tausendmal um Vergebung, daß ich so langsam bin, Ihnen für die freundliche Behendigkeit, mit welcher Sie meinen Wünschen entgegen gekommen sind, meinen besten Dank zu sagen; das Briefeschreiben ist nicht immer in meiner Gewalt, und zehnmal, wenn ich mich dazu hinsetzen will, findet sich, daß ich noch was Dringenderes zu tun habe. Sie können sich das alles so leicht selbst vorstellen, daß ich nichts weiter zu meiner Entschuldigung vorzubringen brauche, zumal bei einer Freundin, die schon so lange gewohnt ist, Geduld mit mir zu haben, und die sich in den Ursachen der Seltenheit meiner Briefe unmöglich vergreifen kann.

Ihre *Badebekanntschaft* wird natürlich für das itzige Monatsstück abgedruckt. Ich bin sehr damit zufrieden, und es würde mir gar lieb sein, wenn ich alle acht Wochen ein solches Stück, ungefähr von dieser Größe, geben könnte.

Warum die Welt nicht sollte wissen dürfen, daß Sie die Verfasserin davon sind, sehe ich nicht ein; Sie müßten dann Ursachen dazu haben, die mir nicht bekannt sind. In diesem Falle aber hätten Sie den Stempel Ihres Geistes und Herzens und die Ihnen eigene Schreibart, woran jeder, der Ihre vorige Schriften gelesen hat, Sie augenblicklich kennt, ganz anders verbergen müssen. (. . .)

Ich wünschte Ihrem Stil nichts, liebe Sophie, als was Sie von Jugend an an *Ihrer Person* so vorzüglich besaßen: größte Reinlichkeit mit der simpelsten, ungezwungensten Eleganz. Machen Sie über diesen Punkt wenigstens die Madame von Maintenon zu Ihrer Schutzheiligen, so will ich von den Murats und Riccobonis gerne nichts sagen. Wenn das Jahr 1781 vorbei ist, sind alle Ihre Aufsätze im *Merkur* wieder Ihr Eigentum, und Sie können solche zusammen drucken lassen und darüber disponieren, wie Sie wollen.

Noch um eins möcht' ich Sie bitten, liebste Base. Wenn Sie einer von den Erzählungen, deren ich noch manche von Ihnen zu bekommen wünsche, je wieder die Form eines Briefes an einen

Freund geben, so lassen Sie es eine *Dame* und nicht eine Mannsperson sein, welche schreibt. Nicht nur in Ihrem Stil, sondern in Ihrer ganzen Art zu denken, zu empfinden, Ihre Ideen zu verbinden, zu ordnen etc. ist etwas viel zu Weibliches, als daß man sich's denken könnte, daß ein Mann so schreibe, so erzählte. *Ce ton là ne nous va pas.* (. . .)

Doch ist es einmal Zeit, daß ich aufhöre zu schulmeistern, zumal da ich eben nicht so ganz sicher bin, wie Sie meine quintilianischen und aristarchischen Erinnerungen aufnehmen werden. Zumal da es ungefähr eben die sind, die ich Ihnen vor zwölf Jahren bei der *Sternheim* machte usw.

Ich will Ihnen also, liebe Freundin, ehe ich schließe nur noch melden, daß mir meine Frau am verwichenen Lichtmeßmorgen wieder einen Sohn gebracht hat, bei dem der Herzog und die Herzoginmutter aus eigenem Anerbieten und in eigener Person Pate gewesen und ihm den Namen Wilhelm August geschöpft haben.

Ich habe nun also eine ganz artige Nachkommenschaft um mich her, vier Mädchen und vier Jungen, alle so gesund und munter, gutartig und hoffnungsvoll, jedes in seiner Art, daß ich meine Freude daran habe und mich, gerade wegen dessen, was die meisten für eine große Last halten würden, für einen der glücklichsten Sterblichen auf Gottes Erdboden halte. Das Alter überschleicht mich ganz unmerklich mitten unter dieser um mich aufsprossenden und aufblühenden jungen Welt; ich erfahre je länger je mehr, daß alle wahre menschliche Seligkeit innerhalb dem Kreise des ehelichen, häuslichen Lebens liegt; ich werde immer mehr *Mensch* und in eben der Proportion immer glücklicher und besser. Arbeiten wird mir Lust, weil ich für meine Kinder arbeite, und auch davon bin ich im Innersten überzeugt, daß mein ruhiges Vertrauen auf die Hand, welche das Gewebe unserer Schickungen webt, weder mich noch die Meinigen betrügen wird.

Wollte Gott, daß ich über all dies mündlich mit Ihnen sprechen könnte! Alles, was aus dem Herzen kommt, wird so kalt und tot auf dem weißen Papiere!

Noch eins, liebe Freundin, ich habe den Brief des ehrlichen Junker H** weglassen müssen, weil der Ton darin, so gut er immer einen gewissen alten, ehrlichen, teutschen Baron am Rhein oder im Reich kleiden mag, wenigstens in unsern Gegenden nicht gefallen könnte, und die Art, wie er vom Unterschied zwischen altem Adel, neuem Adel und bürgerlicher Geburt spricht, gar zu vielen Leuten anstößig sein würde. So ein Brief kann dem Publiko nur in einer Sammlung präsentiert werden, wo z. B. gleich eine gescheute Antwort darauf folgt, worin dem Herrn der Kopf zu rechte gesetzt wird. In der *guten Gesellschaft* gilt kein Unterschied der Stände; *a gentleman* kann überall *tête levée* gehen und ist in der Sozietät was ein anderer; und *a gentleman* ist man nicht durch Geburt, sondern durch persönliche Eigenschaften. Ist's hie und da in Teutschland anders, so wollen wir wenigstens keine Notiz davon nehmen.

Leben Sie wohl, beste Sophie, empfehlen Sie mich Ihrem La Roche, und bleiben Sie meine Freundin, wie ich von ganzem Herzen der Ihrige.

123. Christoph Martin Wieland an Sophie von La Roche

Weimar, 4.4. 1781

Meine liebste Base, für's erste eine wehmütige Abbitte auf meinen Knien wegen der albernen kritischen Erinnerungen, womit ich Sie, wie Sie sagen, ängstlich gemacht habe. Ich möchte mich selbst dafür vor meine breite Stirne schlagen! denn auch nur mit dem allerkleinsten Gran von dem, was man Reflexion nennt, hätt' ich ja voraussehen müssen, daß meine Erinnerungen diese Würkung tun und also gerade meiner Absicht entgegen würken würden. Denn mit Ängstlichkeit macht man nichts in der Welt gut. Also wenn das Übel noch zu redressieren ist, so bitte und beschwöre ich Sie, bilden Sie sich ein, ich hätte nichts gesagt, und folgen Sie in allem, was Sie komponieren und schreiben, immer lediglich Ihrem eigenen Gefühl und der Eingebung Ihres Genius, ohne sich jemals im mindesten darum zu bekümmern, was ich dazu sagen werde. Es geht Ihnen wie mir; ich kann es auch nicht wohl leiden, wenn mir jemand sagen will, wie ich dies und jenes anders und besser machen könnte.

Wir sind beide schon über die Jahre hinaus, wo man sich in neue Falten legen läßt; wir *sind* nun einmal, was wir sein *können,* und ich denke, *sans nous flatter,* wir können mit dem, was wir sind, zufrieden sein. Noch einmal also, liebste Sophie, setzen Sie Ihren Kopf ganz *à son aise* und machen Sie, daß Sie mit umgehender Post etwas schikken können. Ist's Ihnen möglich, mich hinfüro *für jeden Monat* mit einem Stück zu versehen: so würde mir's desto angenehmer sein.

Denn, da ich von Georg Jacobi schon seit zwei Jahren gänzlich verlassen bin und auf Merck, der andre Sorgen hat, auch nicht mehr
zählen kann: so wird mir Ihre Beihülfe um so unentbehrlicher, zumal da ich mir auf diesen Sommer Freiheit des Geistes und Muße
zu anderen Arbeiten als für den *Merkur* verschaffen möchte (...).

Ich bin unterbrochen worden, liebe Freundin, und kann weder
fortfahren, noch will ich diesen Brief liegen lassen. Also bei nächster Gelegenheit ein mehreres, besonders von Ihrer Reise zu uns,
welche eine höchst angenehme Epoche in meinem Leben machen
wird. Leben Sie wohl, beste Frau, und lassen Sie je bälder je lieber
was von Ihnen lesen Ihren ganz eigenen etc.

124. Sophie von La Roche an Jean André de Luc

Speyer, 3. 5. 1781

Dieser Brief, mein würdiger und lieber Freund, wird Ihnen übergeben von Herrn Mazanti, Kapellmeister des Herzogs von Württemberg, einem Mann von Talent, Haltung und Anstand, wofür Baron
Gemmingen, der württembergische Regierungspräsident, durch
seinen eigenen, sehr schätzenswerten Charakter Bürge ist und
mich bittet, Herrn Mazanti eine Adresse zu verschaffen, die ihm als
Empfehlung dafür dienen kann, einige Zeit in London Unterricht
zu geben.

Madame de la Fite schrieb mir vor einigen Tagen, daß sie von
Ihnen Briefe bekommen hat, in denen Sie sich Ihrer Freunde von La
Roche mit all der Teilnahme erinnern, welche Ihnen die Güte Ihres
Herzens für uns eingibt.

Tausend Dank, mein schätzbarer Freund, für die Süße, die Sie in
das Bittere unseres Schicksals gegossen haben, indem Sie sagten,
daß der Fürst, den die Dienste des La Roche nährten, der sie und
die Treue des La Roche lobte, der seinen Verlust beweinte, durch
ein Vorurteil bis auf den Punkt gebracht sein könnte, ohne Prüfung, ohne sich über das Wahre und das Falsche des Lärmens zu
unterrichten, das darüber entstanden war, daß La Roche vor zwölf
Jahren, bevor er an Koblenz dachte, Autor eines kleinen Werkes
über die Mönche war, ohne damit auch notwendigerweise der
Autor des zweiten und dritten Bandes sein zu müssen, die 1780
erschienen.

Doch man muß, nicht wahr, auch gegen diejenigen gerecht sein, die uns unrecht tun; deshalb, mein würdiger Freund, gestehe ich zu, daß La Roche, wenn er der Autor dieser beiden letzten Bände wäre, wohl Strafe verdient hätte, weil sie tatsächlich aufrührerisch und anstößig sind.

Der römische Hof und die Mönche mußten in Aufregung geraten; aber unser Fürst hätte den Mann in Schutz nehmen müssen, den sie fälschlich anklagten. Zu allen Zeiten wurden die schwachen Köpfe von Vorurteilen beherrscht, und Ihr Freund La Roche hatte viele andere Fehler begangen. Er liebte das allgemeine Beste; er ergriff Partei für die Untertanen gegen ihre Unterdrücker; er war unbestechlich und gerecht ohne Rücksicht auf die Großen, wenn sie Ränke spannen gegen die Kleinen; Kriechen und Schmeicheln war ihm verhaßt; er sagte in allem die Wahrheit – O wie hätte er sich auch gegen eine Hofkabale halten sollen in einer Zeit, in der die Liebe zum allgemeinen Besten keine Tugend mehr ist, nach der man fragt und die man lohnt.

Wenn Sie wüßten, was Herr von Hohenfeld, unser würdiger Minister, getan hat, um seinen Freund zu retten; vier Tage lang machte er alle Abende um neun Uhr den Weg nach Kärlich zwei Meilen zu Fuß, überquerte den Rhein in einem kleinen Fischernachen, um La Roche zu besuchen und zu trösten, bis zu meiner Rückkehr, denn ich war in Frankfurt, als man diese schreckliche Szene spielte. Schließlich erklärt Herr von Hohenfeld, daß er nicht Zeuge des Unrechts sein wolle, das man La Roche zufüge, für den er in allem geradestehe, und verläßt seinen Posten, indem er uns sein Haus und seine Güter anbietet.

Ganz Deutschland nahm Anteil an diesem Ereignis, und wir haben sehr schmeichelhafte Briefe und Angebote von Stellen und Ämtern erhalten; aber La Roche will nicht mehr in Hofdienst gehen. Gott lasse ihn meine beiden jüngeren Söhne erziehen. Wir haben vergeben, und wir beginnen zu vergessen. Trosson geht es noch sehr gut; er hat eine bezaubernde Frau geheiratet.

Suchen Sie, ich bitte Sie, diesem Mann einige Bekanntschaft zu verschaffen; er hat Seele, Rechtschaffenheit und ein großes Talent. Vielleicht könnte Lady Egremont, Gräfin von Brühl, etwas für ihn tun, und Frau von Schwellenberg würde auch jemanden ansprechen; er ist dessen würdig.

La Roche ist in Mannheim, aber ich umarme Sie für ihn –

von La Roche.

Herr Mazanti wünscht für seinen Unterricht junge Leute zu finden, die noch keinen Gesangsunterricht hatten, weil er bei dieser Gelegenheit seine exzellente Methode unter Beweis stellen könnte.

Adieu, mein würdiger de Luc. O, Sie werden wie ich den Tod des Herrn de la Fite beweint haben. Diese schätzbare Frau und ich, wir mußten alle beide furchtbare Schicksalsschläge hinnehmen. Dadurch sind wir gezeichnet, und wir verehren die göttliche Hand, indem wir sie mit Tränen netzen.

Adieu, lieber de Luc!

Alle Freundschaft, die Sie diesem galanten Mann beweisen, werde ich als für mich selbst bestimmt ansehen.

Wissen Sie, daß Herr von Hohenfeld und La Roche für das kommende Jahr über eine Englandreise nachdenken? O, Gott erhalte Sie mit ihnen für diese Zeit.

125. Sophie von La Roche an Christoph Martin Wieland

31.5.1781

Hier, mein bester Wieland, ist anstatt einer Erzählung eine durch den gleich darin beschriebenen Zufall entstandene Träumerei. Ihr *Merkur* ist dem Kaiser gewidmet; wenn Sie denken, daß es verdiene zu erscheinen, so geben Sie ihm einen Platz.

La Roche hat mich machen eine Abschrift an einen Kabinettssekretär schicken ohne Unterschrift und alles, doch sagt er, wenn es im Publikum erscheinen [solle], so müsse es jetzt sein, sonst ginge es wie mit den Bonmots, die erst lange nach dem Anlaß dazu ausgebrütet würden.

Darf ich Sie bitten, dem Herrn Bertuch die zwei Exemplar vom *Don Quichote* zu bezahlen, davon ich die fünf ersten Teile habe. Und sagen Sie mir, ich bitte Sie sehr, etwas über die Blättchen, die Joseph gewidmet sind. Man machte mir den Vorschlag, ich soll meine Erzählungen auf Pränumeration mit Kupfer ausgeben; was raten Sie mir, Bester? Ich bekenne Ihnen, wenn ich so glücklich wäre, durch meine Feder dies zu erhalten, was ich zu meiner Kleidung und für mich brauche, und etwas daraus zöge, das hinreichte, die Ausgabe einer Reise in Ihre Gegenden zu machen, ohne daß La Roche seine Pension zu Hilfe zu nehmen [bräuchte]: das freute mich. Meine Kinder haben kein Vermögen durch mich; wenn ich also nur durch meinen Kopf und Herz etwas sparen helfen könnte, so wäre ich sehr glücklich. Eine artige Dame sinnt darauf, die Kurfürstin von [der] Pfalz zu bewegen, die Kosten der Kupfer über sich zu nehmen und als eine teutsche Fürstin einer teutschen Frau ihre Achtung dadurch zu zeigen. Ich will sehen, was daraus wird. Aber ich wünsche zu wissen, was Sie darüber denken, mein lieber Freund. Adieu. Meine Luise ist wieder nach Koblenz mit ihrem Mann. O Wieland! Was kostete mich das! Künftige Woche soll mein schöner Carl eine Reise in die Schweiz tun. Goeckingk war bei uns. Er hat viel von Ihnen gesprochen und ist uns sehr, recht lieb geworden. Adieu, liebe Wielande alle, groß und kleine. Eure Base Sophie umarmt euch.

126. Sophie von La Roche an Johann Caspar Hirzel

Speyer, 16.7. 1781

Wollen Sie, teurer Freund von La Roche und mir, unsern herzlichen Dank für die Güte annehmen, die Sie dem guten jungen Menschen bewiesen, den Sie als unsern Sohn behandelten. Es freut mich, daß Ihnen unser Andenken noch so lieb war, und mein guter Carl freute sich über Sie.

Dank auch für den edlen Eifer, mit dem Sie wegen der Fortsetzung der *Briefe über das Mönchswesen* sprachen; ich glaube, daß [es] Ihrem edlen und gütigen Herzen ein Schmerz ist, wenn Sie den Menschen sehen, der das Werkzeug zu dem Untergraben der Familie Ihrer Freunde war. Gott sei Dank, der Ruhm der Rechtschaffenheit und Menschenliebe ist mit uns; unser Schicksal war nicht Strafe, sondern Prüfung für unsern Geist und Grundsätze. Ruhe und Heiterkeit, Hochachtung aller Guten und die Wohnung eines der edelsten Menschen ist unser Teil geblieben; die Vorsicht lebt und wird für uns walten. Vielleicht führt uns künftiges Frühjahr nach Zürich. Gott erhalte Sie und jeden Edlen, den ich dann zu sehen wünschen werde.

Haben Sie die Güte, ich bitte Sie sehr, der Madame Geßner dieses Zettelchen zu geben und dem Herrn Tischbein für seine Freundschaft zu danken, die er meinem lieben Carl bewies. Herr Kayser versprach, mir zu schreiben.

Adieu, werter Freund, und eine Umarmung von La Roche und mir, Ihrer alten Freundin Sophie.

127. Sophie von La Roche an Johann Jakob Bodmer

Speyer, 16.7. 1781

Lassen Sie mich Ihnen danken, teurer, ehrwürdiger Greis, für die Güte, mit welcher Sie meinen Sohn aufnahmen, als er bei seiner Durchreise mit Herrn Willemer bei Ihnen war. Ich sehe diesen Augenblick als einen Segen für den guten Jüngling an und freue mich, daß ein Kind von mir Bodmern sah, so wie mein Mann sich freute, Sie gesehen zu haben. Das Gefühl, mit welchem der junge Mensch von Ihnen spricht, macht mir ihn wert und läßt mich hoffen, daß Weisheit und männliche Tugend immer Ansprüche auf seine Seele haben werden. So lang ich Ihren Namen, Ihre Schriften und Ihr Leben kenne, eben so lang liebe und verehre ich Sie. Glücklich wäre ich gewesen, Sie selbst gesehen zu haben. Aber die Vorsicht erfüllt nicht alle unsere Wünsche, selbst die wir für gerecht halten.

Wenn Sie den La Roche hätten seine Kanzlerstelle verwalten und verlassen sehen, so würden Sie mit ihm zufrieden gewesen sein; Wahrheit und Rechtschaffenheit ist eine große Stütze bei Arbeit und Unglück, so wie ein edler Freund wie unser von Hohenfeld ein Trost ist. Vergeben Sie, wenn mein Brief groß wurde, aber ich denke, es muß Sie freuen, wenn Sie wissen, daß Leute, welche Sie mit Ihrer Achtung beehrten, Ihrer wert waren und wenn Sie einen neuen Namen hören von einem Zeitgenossen, der der Menschheit Ehre macht, wie der des Baron von Hohenfeld, der seine Ministerstelle am trierischen Hof niederlegte, da er seinen Freund nicht retten konnte und nicht Zeuge der Ungerechtigkeit sein wollte, die dem La Roche geschah, sein Haus, sein Vermögen und seine Freunde verwendet, um dem gekränkten Mann alles zu ersetzen.

La Roche versichert Sie seiner Verehrung, und ich, gütiger Freund meiner jungen Jahre, ich küsse Ihre Hände, wie die meines Vaters, mit der Ehrerbietung und den Wünschen einer ergebenen Tochter   Sophia La Roche-Gutermann.

128. Christoph Martin Wieland an Sophie von La Roche

Weimar, 29.7. 1781

Ich bitte Sie sehr um Vergebung, liebste Freundin, daß Sie wiederum so lange auf meine Antwort haben warten müssen. Vielerlei Ursachen haben mich immer am Schreiben verhindert und ich möchte Ihnen gern verbergen, wenn ich könnte, daß diejenige, die mich weniger eifrig machte, die übrigen zu überwinden, die Verlegenheit war, Ihnen zu sagen, daß ich Ihrem Aufsatz über die Durchreise des Kaisers keinen Platz im *Teutschen Merkur* geben könne. Indessen ist's nun heraus, was mich schon seit 14 Tagen auf dem Herzen drückte, und da es doch einmal gesagt werden mußte, so sehe ich nun wohl, daß ich eben so gut getan hätte, nicht so lange damit zu warten.

Halten Sie mich darum nicht für einen solchen Tyrannen und Barbaren, daß ich den Aufsatz, in so fern er ein Erguß Ihres guten Herzens und ein Abdruck Ihrer Seelengestalt in den Tagen, worin Sie sich mit diesen Ideen beschäftigten, ist, ohne Vergnügen und Beifall gelesen hätte. Aber dem ungeachtet kann das Stück nicht im *Merkur* erscheinen, aus Ursachen, über die ich mich nicht gerne schriftlich erkläre, wiewohl ich kein Bedenken trüge, Ihnen solche mündlich mitzuteilen. Angenehm soll es mir indessen sein, wenn der K[aiserliche] Sekretär, an den Sie es haben gelangen lassen, Gelegenheit findet, einen Gebrauch davon zu machen, der irgend eine angenehme Folge für Sie haben kann. Ich meines Orts, obwohl ich *au bout du compte* nur ein armer Teufel bin und acht liebe Kinder zu ernähren habe, habe den Kaisern und Königen nicht ein einziges Wort zu sagen. (. . .) Sie haben ihren Lohn dahin und bedürfen keines Weihrauchs von mir. Die guten Fürsten, mit denen ich lebe – und ich weiß sehr wohl, was ich sage, indem ich sie *gut* nenne – sind die einzigen, von denen ich ohne Widerspruch meines Herzens etwas gelegentlich schreiben könnte, das so ausgelegt werden könnte, als ob ich ihnen *Cour* machte. Aber wer mich und meine Verhältnisse kennt, weiß doch wohl, daß Liebe und Dankbarkeit meine einzigen Bewegungen dabei sind; denn beides haben sie um mich verdient und verdienen's um so mehr, da sie keine Dankbarkeit *fodern* und auf die Liebe, die man für sie hat, einen Wert legen. Der Kaiser, so groß und gut er immer sein mag, ist zu weit von mir, zu hoch über mir, als daß irgend ein Verhältnis zwischen ihm und mir möglich wäre. Er nimmt keine Notiz von meinem Dasein, und ich bin kein solcher *Asino*, ihm dies zu verdenken; aber gewiß kann er auch nicht übel finden, daß ich ihm meine schuldige Pflicht bloß durch ehrerbietiges Stillschweigen und Verhüllen meines Angesichts erweise. Und so viel bei dieser Gelegenheit von den Herren der Welt.

Einige Stellen Ihres Briefes, liebe Freundin, haben mich, vermutlich ganz unnötiger Weise, Ihrer Lage und Umstände wegen in einige Unruhe gesetzt; denn, alles zusammengenommen, kann ich doch unmöglich glauben, daß La Roche die Freiheit, worin er itzt lebt, allzu teuer habe erkaufen müssen. Ich denke, Sie verstehen mich, und ich möchte wohl wünschen, daß Sie mir von Ihrer Situation nur so viel Bestimmtes sagen, daß ich wüßte, was ich *denen* antworten könnte, die solche für weniger glücklich und sorgenfrei halten, als ich es mir bisher eingebildet, daß sie *sei*. – –

Indessen habe ich mich ein wenig gewundert, daß Sie schon auf eine Sammlung Ihrer Erzählungen denken, da Sie deren doch meines Wissens erst zwei fertig haben. Machen Sie wenigstens erst das Dutzend voll, und dann, wenn wir sehen, wie etwan die ersten sechse im *Merkur* aufgenommen worden, wird's immer noch früh genug sein, an eine Sammlung und an eine neue Ausgabe, die durch neu hinzukommende Stücke anlockender gemacht werden kann, zu denken.

Wenn ich, liebe Freundin, in allem diesem falsch sehe, so verbergen Sie sich nicht vor mir, sondern eröffnen Sie mir mit dem Vertrauen, das unserer 30jährigen Freundschaft gemäß ist: wo und worin es je in meiner Gewalt ist, dies Vertrauen noch ferner um Sie zu verdienen. Sie werden gewiß nie Ursache finden zu bereuen, es gegeben zu haben Ihrem alten Freund und Vetter.

129. Sophie von La Roche an Johann Jakob Bodmer

Speyer, 12. 10. 1781

Bodmer! Sie sollen nur meinen Dank für Ihren Brief und für Ihre literarische Pamphlets lesen, nicht die Mühe nehmen, mir zu antworten. Gott segne Sie, würdiger, teurer Greis, für diese Freude, welche Ihr Brief mir und dem edlen von Hohenfeld, meinem Mann und meinem Sohn gab. Ihr Brief dient zu einem Beweis der Unsterblichkeit des Geists und unserer moralischen Gefühle. Wie voll Kraft und Leben reden Sie von Adel der Seele, von Weisheit und Recht und Güte, und wie schön war mir die Bewegung von Vergnügen und Ehrfurcht auf dem Gesicht meines Manns, seines Freunds und des Baron von Beroldingen zu sehen, der einst in Zürich war und auch Sie manchmal sah. Ich fand in Ihren Pamphlets das Andenken von unserm Heinrich IV., von unserm Friederich; dies ist die Ursache, warum ich mir die Freiheit nehme, Ihnen diese beiliegende Blätter zu schicken. Josephs Verordnungen gegen die Mönche, Heinrichs Schicksal, durch Pfaffenhaß erlitten, La Roche durch sie verfolgt – sind die Fäden, aus welchen dieses Gewebe entstund. Möge es Bodmern nicht mißfallen, möge es einige Minuten dieser Herbsttage ihn lächeln machen, so werde ich es als Glück achten.

Ich liebe Sie mit der Ehrfurcht einer Tochter und möchte verdienen, daß Bodmer mit der Güte des weisen Vaters die Gritzeleien und Träume läse, welche Erfahrung, Beobachtung und Wünsche in mir erzeugten.

Vergeben Sie mir diesen Zug von Eigenliebe; mich dünkt aber, daß ich nie was Bessers gewünscht habe, denn Ihr Beifall wär ja der Stempel für Echtheit und moralischen Wert der Seele meiner Bilder. In unsern Reichsstädten ist nur ein Schatten von Freiheit und Selbständigkeit, doch habe immer deutlich gefühlt, was es auf die Gesinnungen würkte und wie viel Widerstrebendes gegen Hofleben, Hofgrundsätze und Lüge in mir war.

Bodmer! Nicht wahr, Sie denken: Zunge und Feder der Weiber ist schwatzhaft, aber ich will Sie nie mehr plagen. Ich küsse Ihre Hände mit innigem Dank für jedes Wohlwollen, mit dem Sie mich seit so vielen Jahren beehrten; es gehört unter die besten Güter meines ganzen Lebens. Sophie Gutermann-La Roche

130. Sophie von La Roche an Karl Ludwig von Knebel

Speyer, 26.2.1782

Mit einem großen Lust, Sie noch immer wegen der Eile zu zanken, mit welcher Sie uns verließen, will ich Ihnen doch eine Menge von Bitten und Wünschen anvertrauen:

Sie sollen dem Herrn Pfeffel sagen, wie innig ihn mein ganzes Herz verehrt und liebt, wie oft ich ihn segne und wie sehr ich mich über den Anschlag freue, dieses Jahr mit meinen zwei guten jüngern Söhnen und unserm vortrefflichen Rektor Hutten eine Reise nach Kolmar zu machen, um den meiner Seele so ehrwürdigen Mann bei der Urne des Sokrates zu sehen und zu sprechen, ihn meinen Söhnen zu zeigen und ihn zu bitten, daß er seine Hand auf ihren Kopf lege, weil sie doch, da sie katholisch sind, nicht bei ihm bleiben können. Dann werde ich auch Sie und Lerse sehen, Ihnen viel von Ihren rechtschaffenen Brüdern sagen, die ich kenne, und von Ihrer liebenswerten Schwester Henriette, die ich diesen Winter öfter bei mir sah. Herr Lerse und ich sprechen dann auch von Goethe, und das alle wird einen schönen Tag in dem Herbst meines Lebens machen, und Sie werden sich freuen, daß ich es Ihnen voraus schrieb. Wünschen Sie nur indessen, daß wir alle wohl bleiben, und hören jetzt einen Gedanken, der vielleicht nur einer Grille ähnlich ist:

Herr Wieland brachte mich zu der Unternehmung, Moralische Erzählungen zu schreiben. Ich habe ihrer sechs beisammen, denn die zwei in dem *Merkur* zähle ich nicht mehr. Dies soll nun die letzte Unternehmung meiner Feder sein und auf Subskription mit Kupfern gedruckt werden, um meinen zwei lieben jüngern Söhnen ein kleines Andenken von ihrer Mutter zu lassen, denn ich habe dem La Roche kein andres Vermögen zugebracht als dies, was meine erhaltene Erziehung meinem Herzen an Empfindungen für das Gute gab. Diese Erzählungen wünschte ich dem würdigen Pfeffel bekannt zu machen, eh sie gedruckt werden, weil mir der Beifall seines Geists und seiner edlen Seele für den Beifall aller Guten Bürge wäre. Und dann wünschte ich auch von ihm beurteilt zu wissen, ob eine Übersetzung in das Französische meiner Absicht auch vorteilhaft sein würde. Darüber, mein werter junger Freund, schreiben Sie   Ihrer Dienerin Sophie La Roche.

131. Justus Möser an Sophie von La Roche

Osnabrück, 8. 5. 1782

Dasjenige, was man von seinen eigenen Empfindungen zu deutlichen Vorstellungen erheben und ausdrücken kann, wird allemal nur ein unendlich kleiner Teil des Ganzen sein, und die umständlichste Beschreibung einer Physiognomie von Lavater niemals den Totaleindruck, welchen eine Person auf uns macht, darstellen können. Verzeihen Sie also mir, edle Frau, wenn ich Ihnen nichts von der dankbaren Freude sage, welche ich bei Durchlesung Ihres so unvermuteten als angenehmen Schreibens empfunden habe. So wie es von Herzen gekommen ist, so ist es auch wieder zu Herzen gegangen, und dieses ist alles, was Sie von den Lesern Ihrer Schriften fordern, die bei jedem Zuge Ihres Ausdrucks dasjenige hinzuempfinden, was sich namentlich nicht mitteilen läßt.

Erlauben Sie mir übrigens, edle Frau, bei dem Schlusse Ihres gütigen Briefes die Bemerkung zu machen, daß es eben ein so gar übel Tausch nicht sei, wenn man ein Stück Herz statt Hirns von der Natur erhalten hat. Jenes enthält die Summe aller Totaleindrücke, welche die Natur oder die Gegenstände in derselben auf uns machen; dieses hingegen enthält davon nichts weiter, als was sich namentlich denken und ausdrücken läßt. Jenes kombiniert unendliche Größen mit unendlichen Größen, und ihr Produkt, das sich in unseren Handlungen zeigt, ist unendlich. Dieses aber kann bloß aus bekannten und bestimmten Zahlen oder Zeichen fließen. Jenes ist also der Algebraist, dieses ein gemeiner Rechenmeister, und es ist gewiß das seltsamste Verfahren, was ich kenne, wenn alle unsere Sittenlehrer die Regeln, welche ihnen das Hirn gibt, zur Richtschnur unserer Handlungen machen, grade als wenn sich unendliche Größen nach der *Regel de tri* berechnen ließen. Immer macht man noch den Schluß, daß wir Menschen das Gute kenneten und doch das Böse wähleten, ohne daran zu denken, daß hier die unendliche Masse von Totaleindrücken und dort ein kleiner Vorrat von gesammelten Begriffen würke. Doch nichts weiter von den Fehlschlüssen des Hirns.

Mein Dank für Ihre herzliche Zuschrift fließt aus ganzem Herzen.

J. Möser

132. Sophie von La Roche an Johann Caspar Lavater

Speyer, 24.7.1782

Hier ist die Geschichte, die ich Ihnen gern in Schwetzingen erzählt hätte; die Reihe guter Menschen, welche darin erscheinen, wird Sie freuen. Herr Grohe ist würklich in Mannheim mit der Galerie beschäftigt, und Sie werden ihn gesehen haben. Dieser erzählte mir das Ganze vor drei Wochen in meinem Haus. Ich hoffe, Sie sind glücklich in dem Ihrigen zurück. Gott gebe Ihnen alles Wohl und lasse Sie alles Gute tun, was Sie wünschen. Es freute mich, Sie wieder gesehen zu haben, aber es schmerzte mich ohnendlich, alles wieder in meiner Seele verschlossen mit mir genommen zu haben, was ich mit Ihnen sprechen wollte, und immer denken muß: Lavater sieht mich nur durch andre, nicht durch sich selbst; er sieht mich nur in der Hülle meiner Umstände, er! Mit der Feder bin ich, *was ich bin*; mit meiner Person, *was ich kann*. Zweimal sah ich Sie und muß dieses schreiben. Gott segne Sie in allem und gebe mir immer Kraft zu tragen, so trage ich gerne. Ich umarme Ihre Frau und Kinder von Herzen.　　　　　　　　　　　　　　　　　　Sophie La Roche

133. Sophie von La Roche an Johann Caspar Hirzel

Speyer, Oktober 1782

Es ist so spat, daß ich schreibe, daß ich den Tag nicht nennen will: nur danken eben so warm und herzlich, als ich es in der ersten Stunde getan hätte, da ich die zwei edle Jünglinge sah, die Sie uns als einen Besuch schickten.

Glauben Sie, teurer, ehrwürdiger Freund, es freute mich innig, ein Kennzeichen Ihrer Achtung zu erhalten und zwei schätzbare junge Leute zu bewirten. Die Bescheidenheit Ihres Vettern und die Lebhaftigkeit des Herrn Escher sind beide gleich schätzbar und haben uns alle in einem gleichen Maß ergötzt. Baron von Hohenfeld, mein Mann und Fremde, die bei uns waren, wünschten alle, daß jeder Vater und jede Mutter solche Söhne zu Haus und in der Ferne haben möchten. Sagen Sie es der Frau Escher und den Eltern des Herrn Landold. Lassen Sie auch beide in unserm Namen grüßen. Gott wolle die Seele dieser vortrefflichen jungen Leute zurückkehren lassen, wie sie aus dem Vaterland zogen. Und Sie, edler, lieber Freund, schicken Sie uns immer Ihre Bekannte zu; ich werde sie als einen Teil von Ihnen selbst ansehen und mich glücklich darin achten. Mein ältester Sohn geht wieder nach Amerika zurück, nachdem er sich von einem bei der Einnahme von Yorktown in dem so abwechslenden Kalt und Warm in Virginien bekommenen *Rheumatisme* geheilt hatte, da er zwei Monat in den Bädern zu Bourbon sich aufhalten mußte. Ihr La Roche und Herr Baron von Hohenfeld wollen meine zwei jüngern Söhne in die Schweiz führen, und ich möchte wohl mit, aber was macht man in fremden Landen mit einer Großmama! Es müßte nur mein leutseliger Hirzel sein, der mir auch von seinen Enklen erzählen könnte, wie ich ihm von den meinigen. Denn der Herbst des Lebens hat auch seine Freuden, und wie Bodmer beweist, selbst der Winter hat Gutes und Anmut. O empfehlen Sie mich dem ehrwürdigen Greis und sagen ihm, daß Joseph II. meine Phantasie über seine Reise gelesen hat und mit dem Gespräch Heinrichs IV. sehr zufrieden war. Ich schickte vor einem Jahr eine Abschrift davon an Herrn

Bodmer. Sagen Sie auch, daß ich 1783 eine Monatschrift *Pomona* für Frauenzimmer herausgebe und Bodmer um seinen Segen dazu bitte; tun Sie es auch, teurer Mann. Gott segne und erhalte Sie auch für   Ihre La Roche.

134. *Sophie von La Roche an Johann Caspar Lavater*

Speyer, 27. 10. 1782

Sie haben mir, teurer Freund, erlaubt, Ihnen manchmal ein Wort zu schreiben, und ich gebrauche diese Erlaubnis zu einer Bitte.

Ich gebe mit dem Jenner 1783 eine Monatschrift für Frauenzimmer aus, die *Pomona* heißt. In der sind zufällige Gedanken von mir, Auszüge aus englischen, italienisch und französischen Monatschriften, die für mein Geschlecht geschrieben werden, Gedichte von Frauenzimmer, Stücke aus Thomsons *Jahreszeiten*, ausgelegt, wie ich glaube, daß es für die weibliche Kenntnis nötig und nützlich ist, ohne uns von der heiligen häuslichen Bestimmung abzuziehen, und dann Moralische Erzählungen von mir. Ich habe an Frau Geßner geschrieben, daß ich wünsche, auch Leserinnen in der Schweiz zu haben, und daß eine Buchhandlung die Mühe nähme, Abonnenten für *Pomona* zu sammlen, daß ich für hundert Abonnenten des Jahrs hundert Gulden Erkenntlichkeit geben werde . . . *Pomona* wird sechs Bogen haben und 4 Gulden 30 Kreuzer Reichsgeld kosten.

Wollen Sie beitragen, daß ich Leserinnen bekomme? Sie tun Gutes an meinen Söhnen, denn ich schreibe *Pomona* für meinen Carl und meinen Wilhelm, um in etwa zu ersetzen, was ihnen die Feinde ihres Vaters raubten. Gott segne Sie. Segnen Sie mein Vorhaben und bieten Sie mir die Hand dazu –   Sophie La Roche.

Meine Erzählungen werden in London selbst übersetzt.

135. *Sophie von La Roche an Johann Caspar Lavater*

Speyer, 7. 11. 1782

Haben Sie Dank, teurer Freund! für die Eile, mit der Sie mir Freude machten. Gott erfülle Ihren Wunsch und Segen zu meiner Arbeit. O wie gern möchte ich, daß Sie die Manuskripte zu *Pomona* sehen könnten. Ich habe die Geßnerische Buchhandlung gebeten, sich um den Verlag anzunehmen, aber noch keine Antwort erhalten. Bis dahin, mein würdiger Freund, behalten Sie noch alles und – lassen Sie mich es sagen – ziehen Sie dann das Briefporto ab, denn ich schreibe Ihnen sonst mit Zittern über den Gedanken, daß ich Beschwerde gebe, da ich in Briefen, die ich bekomme, postfrei bin. Meine *Briefe an Lina* sind an ein Mädchen von 15 Jahr, Tochter eines Rats, der nicht reich ist. Mit der rede ich von Glück und Vergnügen, von Unterschied der Stände, von den Pflichten im Schlafzimmer, Wohnzimmer, Küche, Speiskammer, Speiszimmer, bei Visiten und Gerätkammer, wo Kleider und Weißzeug behalten werden, über Romane ... Alle Männer sagen, es sei das Beste, was ich schrieb.

Aus Thomson (nach der Übersetzung in Winterthur) hab ich den Winterabend genommen, wie ihn Gelehrte, das Landvolk und Stadtleute zubringen, und dies erklär ich nach meiner Art. Lesen Sie doch einmal in meiner *Rosalie* den 25. Brief 1. Teils und auch den 42. Ich schreibe Ihnen einmal, daß beide sich auf Sie beziehen und mich zum Gegenstand haben.

Adieu und Dank an Gott, daß er für Menschen, wie Sie sind, sorgt.

Baron Hohenfeld, La Roche und Petersen sagen Ihnen tausend Guts. Noch eins, lieber Mann: Wenn Sie in der Schweiz einen redlichen Mann wissen, dem der Vorteil des Verschlusses von *Pomona*, da ich sie den Buchhändlern für drei Gulden gebe wie dem Reichspostamt, wenn diesem Mann es gut täte, nun, so sagen oder schreiben Sie es ihm, aber er besorgt dann auch die Verschickung.

Sophie La Roche

136. Sophie von La Roche an Wolfgang Heribert von Dalberg

Speyer, 6. 12. 1782

Seitdem ich das Glück genieße, in Ihrem edlen Haus bekannt zu sein, so konnte ich auch immer, bei Erhaltung eines Briefs von Dalbergs Hand, auf die Freude zählen, ein neues Kennzeichen von Güte und Achtung zu finden. Ihr letzteres aber machte mich staunen, indem ich gewiß seinen Inhalt nicht vermutete.

Die Ehre, welche die *Teutsche Gesellschaft* mir zu erweisen gedenkt, konnte durch nichts mehr erhöht werden, als durch *Sie* selbst die Nachricht davon zu erhalten. La Roche wird Ihnen für sich schreiben. Ich kann nichts sagen, als: Wenn die würdige Gesellschaft würklich überzeugt ist, daß ich dieses Merkmal vorzüglicher Hochachtung verdiene, so nehme ich es mit Verehrung an. Aber wünschen muß ich, daß Adelung in Speyer wohnen möchte, um jetzo seinen Rat und Sprachkenntnis bei meiner *Pomona* zu benützen – denn gewiß, meine Gesinnungen sind besser und schöner teutsch, als es meine nachlässige Schreibart nicht ist. Dero mir so verehrungswürdigen Frau Gemahlin empfehle ich mich zu Gnaden. Gerne möchte ich den Monat Februar, den *Pomona* französischen Nachrichten widmet und auch Übersetzungen wagte, an dem Kamin der Frau von Dalberg vorlesen, um so gleich die Blätter, welche ihr feiner Geschmack nicht gut fände, in das Feuer zu werfen.

Nun erlauben Sie mir noch zu sagen, daß Ihre beiderseitige Verdienste von keiner Seele höher geschätzt und Ihre edle Güte von niemand mit vollkommnerer Dankbarkeit angenommen werden kann als von Ihrer gehorsamsten Dienerin   Sophie von La Roche.

137. Sophie von La Roche an Johann Caspar Lavater

Speyer, 3. 1. 1783
Hier, mein würdiger Freund, die erste Lieferung von *Pomona*. Möge dieses Paket Sie und die Ihrige wohl finden, und möge es Ihren Beifall erhalten, und Sie mir Ihre Erinnerungen dabei sagen. Noch einmal: ich segne Sie für Ihre Bereitwilligkeit und Ihr Briefchen; es tat mir so wohl. Sie behalten den Ertrag der 16 Hefte bis Ostern auf die Frankfurter Messe.

Gott, der meinen ältesten Sohn den 16. Dezember aus einem Schiffbruch rettete und ihm Mut und Geist gab, seine untergebnen 469 Mann und 4 Offiziere zu retten, segne und erhalte Sie mit der Seele, die er Ihnen gab –   Sophie La Roche.

138. Sophie von La Roche an Wolfgang Heribert von Dalberg

Speyer, 31. 1. 1783
Ich möchte beinah der Akademie von Mannheim die Preisfrage aufgeben, warum ich Ihnen nicht gleich den ersten Teil von *Pomona* schickte und warum jetzt beide Hefte zugleich. Der Aufschluß

wäre mir merkwürdig; am allerangelegensten aber ist mir, daß Sie
weder die Versäumnis noch die Art von Überladung zweier Hefte
auf einmal nicht ungütig deuten.

Meine *Briefe an Lina* sind wohl die Hauptsache des Nützlichen in
Pomona, und diese sind nur für einen gewissen Stand berechnet
und können also große Damen nur insoweit anziehen, als sie denken, daß es gewiß für jedes Land glücklich wäre, wenn der Mittel-
stand richtige Begriffe von Glück und Vorzügen bekommt, oder
daß eine Dame sehen will, was denn eine Frau dieses Mittelstands
von Kenntnissen, Pflichten und Verdiensten denkt, und endlich
auch mit edelmütiger Teilnehmung an der guten Absicht der Verfasserin und ihrer Person die *Pomona* schützen und ausbreiten hilft.
Das von Dalbergische Haus hat mich immer jedes edle Verdienst
bewundern und jede edle Güte genießen machen, und gewiß ist
Ihnen die ganze Verehrung und Dank von meiner Seele gewidmet.

Die wiederhergestellte Gesundheit der würdigen Frau Gemahlin
und Kindern freut mich innig. Der Himmel gebe Ihnen so vollkom-
menes Wohl, als meine Ehrerbietung vollkommen ist, mit welcher
ich bin Ihre gehorsamste Dienerin   La Roche.

139. *Sophie von La Roche an Elise zu Solms-Laubach*

Gnädigste Fürstin und Frau,   Speyer, 2. 5. 1783
Ich wünschte, daß es möglich gewesen wäre, daß dieselbe die
Bewegung gesehen hätten, welche das edle, unerwartete Schreiben
in meiner Seele erregte: nicht allein, weil es so ehrenvoll und so
schmeichelhaft für mich ist, sondern – Ihr Herz erlaubt mir, es so
ganz freimütig zu sagen – weil ich ausrufen konnte:

Gott sei Dank! Hier ist eine Fürstin, die mit jedem moralischen
Gefühl vertraut ist – Tochter, Gattin, Mutter und Freundin. Ich
segne die Stunde, in welcher ich *Pomona* schrieb, weil ich ihr die
süße Freude zu danken habe, an dem einbrechenden Abend meines
Lebens diesen moralischen Ton der Seele zu hören. Glauben Sie,
gnädigste Frau, daß ich mich ohnendlich glücklich schätzen werde,
wenn ich auf irgend eine Weise etwas für dieselbe sein kann; die
überfließende Güte Ihrer schönen Seele sieht zu viel Vorzüge in
mir, aber Sie sollen immer die vollkommenste Tugendliebe in mir
finden. Durch wie viele Erfahrungen hat die göttliche Vorsicht Ihre
Seele geleitet! Aber, gnädigste Frau! wenn Sie nun von der erstie-

genen Anhöhe Ihres Lebens herunterschauen, o so müssen Sie auch für den erlittenen Schmerz ein dankbares Auge zum Himmel erheben, der Ihnen die Kraft des Übersteigens gab. Leichter Genuß des Guten und der Gang durch ebene, lachende Gefilde erfordert keine Stärke; aber Verlust tragen, mit Beschwerden kämpfen: dazu gehört Größe und Ausharren. Nehmen Sie doch, gnädigste Fürstin und Frau, meinen Dank für Ihre Güte, meine Verehrung Ihrer Tugend und die Bitte gnädig auf, bei meiner ersten Reise nach Frankfurt zu Ihnen eilen zu dörfen.

Aber indessen befehlen Sie ganz über Ihre

untertänig ergebenste Dienerin
Sophie de La Roche.

140. Sophie von La Roche an Elise zu Solms-Laubach

Speyer, 25.6. 1783

Hier! gütige, geliebte Fürstin, schicke ich Ihnen Erzählungen durchzulesen, welche vielleicht bei einem Spaziergang nach dem Pyrmonter Wasser eine Zerstreuung von anstrengenden Gedanken geben können. Mögen sie zugleich Ihre gütige Achtung für mein Herz unterhalten helfen. Denn ich bin mehr Herz als Kopf. Möser sagte mir, ich solle zufrieden darüber sein, denn das Herz berechne unendliche Größen, der Kopf nur endliche. Dieser Ausspruch war ein herrlicher Text für mich, denn ich sagte mir dann: Der beste Geist ist der, welcher den Zirkel von Pflichten, in welchen Gott ihn stellte, getreu erfüllt, und mich deuchte, daß alles, was eine Frau zu tun hat, in dem würksamen Gebiet des Herzens liege, daß so gar kein Fall für unsern Verstand denkbar ist, welcher nicht auf diesem Grund steht, und sonach bemühte ich mich um den Geist des Herzens, wenn ich so sagen kann. Und diesen, meine würdige, geliebte Fürstin! werden Sie in diesen Erzählungen sehen. *Sir Weldone* ist der Inhalt der Geschichte des Unrechts, welches meinem Mann geschah. Herr Felsen hat den Charakter meines La Roche, und seine Grundsätze sind die, welche ihn und mich aufrecht hielten. Ich werde, weil sie diese durchgehen, meine *Miß Kerry* abschreiben, die dann zu dem End des Pyrmonter [Aufenthaltes] eintreffen wird. Gott segne jeden Tropfen für Ihr teures Leben und geben Ihnen die Freude, auch an mir den edlen, liebreichen Wunsch zu erfüllen, den Sie für mich machten. Mit wie viel außerordentlichen Prüfungen ist Ihre Laufbahn bezeichnet! Ich danke Gott für den Mut, welchen er Ihnen in Beschwerden, und für die Liebe zu jeder Tugend, welche er Sie so gut erkennen machte. Ich freue mich, daß er ein Geschöpf in Ihnen sieht, welches in jedem Verhältnis handlet, wie Sie tun. Müde muß Ihr Körper sich niederlegen, aber gewiß muß eine Träne des Danks in Ihrem einschlummernden Auge noch glänzen, daß der Ewige Sie Gutes tun ließ. Segen für das Hinführen des jungen Fürsten zu den abgebrannten Hütten. Der beste Engel leitete Sie. Und Glück, Glück, geliebte Fürstin, für den Seelentausch Ihrer Kinder. Ihr Prinz soll kein Krieger, sondern weiser, wohltätiger Vater seiner Untertanen werden, wie Franz von Dessau es ist. Aber Ihre Sophie, welche einst in ein fremdes Haus tritt und dort nicht den Geist des väterlichen finden wird – o wie nötig ist ihr dann der heroische Mut, tausend ihrem Genie, ihrer Herzensgüte widerstrebende Dinge zu tragen und zu vergeben. Der Ewige erhalte Elisabeth von Solms-Laubach. Er lasse Sie alles tun, was Ihr Herz tun will, und lasse mir die Güte dieses Herzens niemals rauben. Ich liebe Willen für die schöne allegorische Zeichnung und küsse die edle Hand, welche sie ausnähen will.　　Sophie La Roche

141. Gottlieb Konrad Pfeffel an Sophie von La Roche

Verehrungswürdigste, teuere Freundin!　　Kolmar, 12.7. 1783
Wie weit bin ich mit meinen Briefen gegen Sie zurück! Aber ganz gewiß nur mit meinen Briefen; denn nie hat sich meine Seele mehr mit Ihnen beschäftigt als seit meinem Stillschweigen. Oft fühlte ich ein unaussprechliches Bedürfnis, mit Ihnen zu reden, und Abhaltungen von aller Art hinderten mich, es zu befriedigen. Diese Verzichtleistung kostete meinem Herzen sehr viel; nun will ich sehen, wie weit es mir gelingen wird, mich zu entschuldigen. – Ihre teuere Zuschrift mit dem Beischluß an unseren Beroldingen erhielt ich zwei Tage vor meiner Abreise nach Olten. Es hing damals eine sehr dunkle Wolke über meinem Haupte. Ich hatte wenige Stunden vorher einen lieben Eleven, den zweiten in zehn Jahren, und zwar durch die bösartigen Blattern verloren (...), und hätte ich nicht wenige Wochen zuvor mein eigenes Kind inokulieren lassen, so läge es itzt neben meinem guten Pflegsohne begraben. Dieser Gedanke war mir ein neuer Beweis, daß mitten in den traurigsten Szenen meines Lebens die himmlische Vorsehung ihr Mutterauge

über mir offen hält. Ich könnte Ihnen ein halbes Dutzend solcher Züge erzählen, wovon einige kaum in einem Roman wahrscheinlich wären, und die für mich eine goldene Reihe von individuellen Beweisgründen für die Wahrheit der Religion geworden sind. Auch die Ankunft Ihres Briefes in diesen Augenblicken war mir Trost von oben, und die Versammlung in Olten, wohin ich am Tage nach der Beerdigung meines Thomann verreiste, war mir eine reiche Quelle von Aufheiterungen und lehrreichem Vergnügen.

Unser neuer Präsident Beroldingen wird Ihnen selbst gesagt haben, daß ich ihm Ihr Schreiben übergeben, aber vielleicht hat er Ihnen verschwiegen, daß er alles getan hat, um Ihre treffliche *Pomona* da, wo sie es noch nicht oder noch nicht genug war, bekannt zu machen. Aber ich habe dem Triebe meines Herzens gefolgt und mit verschiedenen Züricher und anderen Freunden viel darüber gesprochen. Alle lassen Ihrer edlen Absicht und der Ausführung Gerechtigkeit widerfahren. Verschiedene, worunter einige ebenso aufgeklärte als gute Männer gehören, wünschten, daß Sie die Spaziergänge nach Thomson mit anderen Aufsätzen vertauschten, weil dieser englische Dichter mit oder ohne Grund weniger als ehemals geschätzt und zumal in der Schweiz Geßnern und Kleisten weit nachgesetzt wird. Auch habe er zu viel Lokalitäten, die selbst mit Ihren einsichtsvollen Erläuterungen im Auslande ihr meistes Interesse verlören. Ich selbst, meine Freundin, glaube, daß diese Anmerkung gegründet ist, um so mehr, da auch die hiesigen Leserinnen diese Spaziergänge am wenigsten anziehend finden. Doch Sie scheinen diese Wirkung selbst geahnt und deswegen in den folgenden Heften diesen Teil Ihres Planes verlassen zu haben.

Eine andere Bemerkung, die ich selbst schon in der *Sternheim* und *Rosalie* machte und bei Ihrer herrlichen Erzählung wiederholte, ist Ihre Vorzugsliebe für die englischen Sitten und Moden, wovon ich Ihnen nie würde gesprochen haben, weil ich jedermann seine Lieblingsnation erlaube, ungeachtet ich selbst seit langer Zeit keine mehr habe. Allein da verschiedenen meiner Freunde dieser Umstand wie mir auffiel, so nehme ich daher Anlaß, Sie, edle Freundin, zu fragen, ob Sie nicht glauben, daß, da die meisten Ihrer Helden Engländer oder nach englischer Form gebildet sind, durch die Darstellung solcher Muster die Grundzüge des deutschen Charakters immer mehr verwischt und ihre Mädchen gewöhnt werden, in ihren Liebhabern nur das englische Gepräge so wie in ihren Moden nur den englischen Schnitt zu schätzen. Sie wissen nicht, verehrungswürdige Freundin, wie sehr und wie gern man Ihnen aufs Wort glaubt, und wie viel ein Genie wie das Ihrige zur Stimmung der besseren Hälfte Ihrer Nation beitragen könnte. Es wäre eine der edlen La Roche würdige Arbeit, die Grundlineamente des deutschen Charakters zu sammeln, von allen Auswüchsen der Gallomanie und Anglomanie zu reinigen und den deutschen Schönen deutsche Ideale von beiden Geschlechtern vors Auge zu stellen. Sie besitzen eine reizende Kunst, geschmackvolle Kleidertrachten und Mobilien zu malen, und ich bin gewiß, daß viele dieser Gemälde von Ihrer Erfindung sind.

Wie wäre es, wenn Sie es versuchten, einen deutschen Nationalgeschmack einzuführen und das, was Sie anderen Nationen allenfalls abborgen, entweder zu verhehlen oder doch so zu naturalisieren, wie Virgil die Gemälde des Homers in Rom naturalisiert hat! Die Frauenzimmer geben auch in Deutschland den Ton an; wenn Sie einmal diese gewonnen haben, so wird die Revolution schnell und glücklich auf unsere anglisierenden und französisierenden Stutzer wirken, und die Neuerungssucht des frei sein wollenden Deutschen wird seinen Nachbarn weniger Stoff zu Vorwürfen und Spöttereien darbieten.

Ich weiß nicht, ob ich mich betrüge, aber das weiß ich, daß Sie meine Anmerkung mit Nachsicht und Güte aufnehmen werden. Sie sind in der Eile hingeworfen, und nun, da ich sie überlese, finde ich, daß ich manches bestimmter und besser hätte sagen sollen. Allein ich habe nie Zeit, in meinen Briefen auf den Ausdruck zu denken, und in diesem ward ich bis hierher durch zween lange Besuche unterbrochen, die meine Ideen völlig zerstreut haben.

Vorgestern besuchte uns Ihr Herr Sohn, aber leider nur auf eine Stunde, weil er sich nicht von seiner Gesellschaft trennen mochte. Von ihm erfuhr ich die frohe Zeitung, daß sein Regiment auf den Herbst nach Landau kommt, wozu ich Ihrem Mutterherzen mit ganzer Seele Glück wünsche.

Nun, meine verehrungswürdige Freundin, sollte ich noch von der Episode reden, wodurch Sie mich im 7. Hefte der *Pomona* bis zum Erschrecken überrascht haben. Allein was kann ich sagen, als beschämt Ihre Hand ergreifen und sie mit einem „Gott segne Sie!" an meine Lippe drücken! Ich bekenne Ihnen, wie ich es Gott bekenne, daß ich Ihr günstiges Urteil nicht verdiene, aber auch das bekenne ich Ihnen, daß noch keine menschliche Stimme mich mächtiger aufgemuntert hat, nach dem vorgestreckten Kleinod hinaufzulangen und auf meinem mühsamen, aber doch wonnereichen Posten bis zur Ablösung mit heiterem Mute auszudauern. Ich habe schon oft gefühlt, daß die Orakel Gottes nicht immer hinreichen, um uns Standhaftigkeit und Freude einzusprechen. Die Stimme der Edeln unter den Sterblichen klingt uns traulicher, und ihr sympathischer Zug hilft der Hand des Allmächtigen, uns fortzuführen. Das, ich wiederhole es, tun Sie mehr als irgend eine Stimme, die noch in meine Seele drang.

Ich breche schnell ab; die Glocke ruft mich in meine Lektion.

Leben Sie wohl, meine innigst verehrte Freundin! Meine ganze Familie teilt mit mir dieses Gefühl für Sie und meine liebe, tolle Ergebenheit gegen die teuren Ihrigen. Pfeffel

142. Christoph Martin Wieland an Sophie von La Roche

Meine teuerste Freundin, Weimar, 21.7.1783

Verschiedene Zufälle, deren Erzählung für Sie nicht interessant sein könnte, haben mich abgehalten, Ihre letzte gütige Zuschrift früher zu beantworten. Ich bin überhaupt, wie Sie wissen, einer der saumseligsten Briefsteller von Europa, und wenn dann noch zum Überfluß besondere Verhinderungen hinzu kommen: so begegnet es nur allzu oft, daß ich zu meiner eigenen nicht geringen Mortifikation die Antwort von einer Woche zur andern, von einem Monat zum andern verschiebe, bis sie zuletzt gar in Vergessenheit gerät.

Den verdienten Beifall, den ich Ihrer *Pomona* schuldig bin, werde ich gegen Ende dieses Jahres als der schicklichsten Zeit im *Merkur* entrichten. Ihre lehrreichen und unterhaltenden Aufsätze werden in meinem Hause fleißig gelesen, und [Sophie] ist bloß durch ihre Bescheidenheit und den Gedanken, daß der Beifall und Dank eines Mädchens von 15 Jahren für eine Frau wie Sie von keiner Wichtigkeit sein kann, zurückgehalten worden, Ihnen, wie sie mehr als einmal Lust hatte, mit ihrer Schreiberei auf den Hals zu kommen. (. . .)

Was nun, liebe Freundin, Ihre vorhabende Reise nach Paris betrifft, so danke ich Ihnen recht sehr dafür, daß Sie bei dieser Gelegenheit an mich gedacht haben. Wäre in der Lage, worin ich bin und worin ich mich für einen der glücklichsten Sterblichen halte, der Gedanke einer Pariser-Reise auch nur mit dem entferntesten Begriff von Möglichkeit assoziiert, so bedürfte es gewiß keines stärkeren Beweggrundes als den, eine an sich selbst schon so angenehme Reise in einer so erwünschten Gesellschaft tun zu können wie die Ihrige und die von La Roche und dem Freiherrn von H[ohenfel]d. Ja, ich muß es sagen, diese Gesellschaft würde mein einziger Bestimmungsgrund sein, da alles übrige, was mich Ihrer Meinung nach nach Paris locken sollte, bei mir ohne Effekt bleibt – besonders die Vorstellung der Schätze, die ich durch eine Beschreibung meiner Reise (welche Beschreibung ich ganz unfehlbar nie machen würde) gewinnen könnte. Die Rechtfertigung meiner vielleicht seltsam scheinenden Denkart über diesen Artikel würde mich in einen allzugroßen Detail führen, der itzt um so überflüssiger ist, da eine Reise nach Paris und eine Wallfahrt nach Compostell oder Mekka für mich gleich mögliche Dinge sind. Denn wenn ich auch die Aufopferung von 40 bis 50 oder 60 Karolins (die gleichwohl auf meinem Finanzetat keine Kleinigkeit sind) nicht achten wollte, so ist die bloße Betrachtung meiner 10 Kinder und ihrer würdigen, so sehr um mich verdienten Mutter, einer Frau, die nun seit 18 Jahren ihr ganzes Glück darin setzt und findet, bloß für mich und unserer Familie zu leben, und die im höchsten Grade berechtigt ist, von mir ein billiges Reziprokum zu erwarten, für sich ganz allein schon hinlänglich, mir jedes Unternehmen, wodurch sie leiden würde, als unmöglich vorzubilden. Die Konstitution dieser in dem edelsten Sinne des Wortes guten Frau ist nach vierzehn Wochenbetten nicht mehr stark genug, um sich ohne Nachteil ihrer innern Ruhe und ihrer davon abhangenden Gesundheit mit ihren 10 Kindern acht bis zehn Wochen lang verwaist und verwitwet zu fühlen: und sie hat es wohl um mich verdient, daß ich die Attention für sie habe, ihr alles so viel möglich zu ersparen, was den Druck der häuslichen Last, die sie mit mir so willig und leicht zu tragen gewohnt ist, erschweren würde.

Ein anders wäre, wenn die Vorteile der Reise für mich selbst und die Meinigen von beträchtlicher Wichtigkeit wären, aber da es am Ende dabei bloß um ein entbehrliches Vergnügen für mich zu tun ist, so würde ich es durch das, was es der guten Frau kosten würde, viel zu teuer erkaufen. Was ich hier sage, könnte vielleicht in den Augen von Tausenden, aber gewiß nicht in den Ihrigen, meine Freundin, viel Schwäche auf meiner Frauen und meiner eigenen Seite verraten: Aber *Sie* können sich an unsern Platz setzen, in unsere Seele hinein denken; kurz, Ihnen kann's nicht schwer werden, jedem von uns Gerechtigkeit widerfahren zu lassen. Ich will also kein Wort weiter über die Sache sagen, und da ich in meinen Freunden eben so glücklich sein kann, als ob ich das Gute, das sie ohne mich genießen, mit ihnen teilte: so vergnüge ich mich an dem Gedanken, wie viel Angenehmes und Nützliches diese vorhabende Reise für Sie, meine Freundin, haben wird; und wie viel Schönes sich die Leserinnen und Leser zu versprechen haben werden. Der Himmel lasse Sie dieses Vergnügen ganz und unvermischt genießen! Ich bin versichert, daß Sie Vorteile daraus ziehen werden, die ich, nach meiner Art zu denken und zu sein, nie daraus ziehen würde.

Wenn Sie den Monsieur de Villoison, der beinahe ein Jahr an unserm Hofe gelebt hat, noch nicht von Person kennen, so werde ich Ihnen einen Brief an ihn mitgeben. Er lebt zu Paris in sehr guter Gesellschaft und ist die dienstfertigste Seele, die mir in meinem ganzen Leben vorgekommen ist. Er hat mich sehr in Affektion genommen, und ich glaube, er würde beinahe unsinnig vor Freude, wenn er mich in Paris sehen würde.

Mir werden die Nachrichten, die Sie uns nach Ihrer Wiederkunft in der *Pomona* (wie ich hoffe) von den Eindrücken geben werden, welche alles, was Sie in dieser *Capitale de l'Univers*, in diesem *Athène moderne*, in diesem *Paradis des Femmes et des Fous etc.* sehen und hören werden, auf Sie machen wird, ein größeres Vergnügen verschaffen, als ich genießen könnte, wenn ich die Gegenstände unmittelbar vor mir hätte. Ich mag alles das lieber durch *Ihre* Augen sehen als durch meine eigene. Und hiemit für diesmal genug! Leben Sie wohl, meine beste Sophie! bleiben Sie immer meine Freundin und glauben, daß ich nur mit dem Dasein aufhören könnte, der Ihrige zu sein.

143. Sophie von La Roche an Elise zu Solms-Laubach

Speyer, 2.8.1783
Die beste Fürstin vergibt mir meine versäumte frühere Antwort. Das Tagwerk meiner *Pomona* fängt an, etwas mühsamer zu werden, weil der Vorrat zufälliger Gedanken nicht mehr so reich ist. Meine Freude über Ihre Zufriedenheit mit *Sir Weldone* war sehr groß, denn es ist ein völlig aus meinem Herzen und nach der Wahrheit

geschriebenes Stück, nach welchem ich nun auch von meinen fünf Kindern schreiben kann.

Das älteste davon ist eine Tochter von 27 Jahr, welche in Frankfurt an den kurtrierischen Residenten Brentano verheuratet ist, ein liebenswertes Geschöpf von Geist und Herz, die am Vermögen ihres Manns nichts zu klagen, aber am guten Bezeugen, an Ruhe und Zufriedenheit des Lebens wenig genießt. Und warum? O beste, geliebteste Fürstin! weil der einzige, der geliebteste Freund meines Manns sie mit der heftigsten Leidenschaft liebte und nur Mittel suchte, sie nach Frankfurt in der Nähe zu haben. Da mißbrauchte er das Vertrauen meines Manns und das meinige, spiegelte uns Glück für unser Kind vor. Wir glaubten und gaben das holde, süße Mädchen in die Hände eines nur durch den Busenfreund bekannten Manns und wissen sie jetzo seit zehn Jahren in manchem tausendfachem Gemütsleiden. Dieser und meiner jüngern Tochter, welche in Koblenz an einen Hofrat verbunden wurde, weihte mein Herz den Gedanken der Frau von Wahren, „jeden Kummer als eine Gelegenheit zu Tugend und jede Beschwerde als Auffoderung zu Geist und Mut anzusehen". Denn ich kann – ach Gott! ich kann in der großen Entfernung und bei dem auf alltägliche Seelen würkenden Verlust des Glücks und Ansehens nichts andres für meine Kinder tun; ich bitte auch Gott allein um den Einfluß der Lehrsätze der Tugend. Ein Unglück meiner lieben ältren Tochter liegt in der herrlichen Anlage zu glänzendem Witz und Geist, die ihren Besitzer nie vergnügen, als wenn er in einem großen Zirkel auf alle Seiten strahlen kann. Und der Mann will sie immer zu Hause haben, und das rauh. Meine Jüngere ist ein Engel auf Erde, der sein Joch geduldig trägt; Ruhe, Güte, Tugend, Klugheit, Arbeitsamkeit ist der Zirkel, den sie durchläuft. Der Ewige, der sie sieht, der ihre gute Eltern durch den Glauben an Güte zu dem Entschluß brachte, ihre Kinder herzugeben, der Ewige leite beide auf ihrer beschwerlichen Bahn und lasse meine älteste, schätzbare Tochter ihre fünf Kinder wohl erziehen, denn die jüngere hat keines.

Mein ältester Sohn, der Lieutenant an dem französischen *Régiment Royal Deuxponts* ist, wurde mit den für Männer noch mehr als für Mädchen gefährlichen Gaben der Schönheit und artigem Geist geboren; ich hatte gar keine Gewalt über ihn, mußte ihn leiten lassen, wie andre es wollten, und er wurde durch Schmeichler und durch Schmeicheln leichtsinnig, verschwendrisch und nachlässig; kostete viel, sehr viel; aber jetzt ist er ein denkender junger Mann von 25 Jahr. Der Zug nach Amerika, die zwei Seeschlachten, die Belagerung von Yorktown und der letzt erlittene Schiffbruch, wo er sich vortrefflich betrug, haben herrlich auf ihn gewürkt.

Mein Carl von 16 Jahr, ein edler und hübscher Jüngling, still, tief, voll Verstand, und von Natur mit Überlegung begabt, wird ein schätzbarer Geschäftsführer werden und hat sich den Studien gewidmet. Aber das Schicksal seines Vaters hat ihm allen Glauben an Glück, alles Vertrauen auf Menschengüte genommen; alle Bilder der Hoffnung, des Versprechens und Aussichten sieht er mit Kälte und Mißtrauen an. Er baut allein auf seinen Fleiß und die Kraft, sich alles zu versagen, was nicht äußerste Bedürfnis ist. Ich danke Gott für diese Würkung des Kummers in seiner jungen Seele, weil er durch Leichtgläubigkeit nie irre und durch Begierde nach Überfluß nie in das Verderben geführt werden wird.

Franz Wilhelm! Der Jüngste, 14 Jahr alt, schön, voll flüchtigen Geists, Güte, Offenherzigkeit und Fähigkeit, ist Fähnrich in einem Kreisregiment und hat durch seines Vaters Großmut erst jetzo noch Unglück erlitten, wo sich der Charakter des Kurfürsten neu zeigt.

Mein Mann kaufte in dem ersten Jahr seiner trierischen Dienste eine Grenadierlieutenantstelle für unsern ältesten Sohn, 1800 Gulden. Vor vier Jahren, als dieser ohne andres sein Kriegsmetier ganz wissen und in Frankreich dienen wollte, sagte mein Mann: „Ich will die Stelle nicht verkaufen, sondern sie für den Franz ausbitten. Aber da es den ältren Offizieren leid tun würde, den Knaben über sich zu sehen, so will ich nur eine Fahne für ihn nehmen. Er ist jung und wird noch avancieren." Man lobt dieses freiwillige Geschenk seiner gekauften Rechte und nimmt's an, da doch unser Unglück schon im Werk war. Jetzo steht mein Franz vor einigen Wochen als ältester Fähnrich im Avancement; ein Hauptmann quittiert, und der Kurfürst hat die Grausamkeit, die Lieutenantstelle einem andren zu geben. Dieses *Passedroit* beraubt den lieben Jüngling des Ersatzes, den das Schicksal ihm machen wollte. O die fürchterliche päpstliche Religion, welche einem Erzbischof erlaubt, einem unschuldigen, rechtschaffenen Familienvater Elend zu machen und den unschuldigen Sohn noch einmal zu berauben. Für diese zwei jüngere Söhne habe ich *Pomona* unternommen. Gott segne meine Mutterarbeit und meine Kräfte. Die edelste, beste Fürstin vergibt mir, daß ich so viel schrieb. Ich war sogar in Versuchung, einen ganzen Auszug von meinem Leben zu machen, denn ich wünschte, Ihnen bekannt zu sein, wie ich es dem Himmel bin, weil ich eben so viele Nachsicht hoffte. Meine Seele, meine Grundsätze und ein Schattenriß meines innern Kummers liegen in dem 35., 36. und 37. Brief von *Rosalie*. Die Ursache unsers jetzt uns drückenden Mangels für unsere jüngern Söhne will ich auch zu Ihren Füßen legen. Mein Mann wurde von dem großen Grafen von Stadion zu einem Staatsmann erzogen und nach dessen Tod 1770 in kurtrierische Dienste *gesucht*, alle Vorteile versprochen. Wir hatten 18 000 Gulden im Vermögen. Unser Zug, unsere Einrichtung als Kurfürstlich Geheimer Rat, Silber, Kleidung, *Meubles* ... nahmen 4 000 Gulden hinweg. 1773 statteten wir die älteste Tochter mit 5 000 Gulden aus und kauften sie ab. Unser ältester Sohn kostete 6 000 Gulden. Die jüngere Tochter wurde auch verheuratet und losgekauft, weil ihr Mann einen sehr einträglichen Dienst erhielt und ich in der Witwenkasse stund. So hatten wir nur noch für die liebe jüngere Knaben zu sorgen. Der Kurfürst versprach für den treuen Dienst des La Roche, ihm von Maria Theresia 120 000 Gulden geschafft zu haben, ein Lehen für diese jüngere Söhne. Wir statteten zwei Bruderstöchter aus und taten Gutes, wie der Ewige es weiß. Keine Geschenke, keine von den Armen genau gesuchte Gelder, nichts floß uns zu. Eifrig, treu, redlich arbeitete mein Mann; aber er hatte den ersten Teil der *Briefe über das Mönchswesen* geschrieben, lang eh er in trierische Dienste trat. Baron von Groschlag in Mainz ließ die folgenden Teile arbeiten. La Roche heuchelte nie und liebte die Mönche nicht, redte gegen Eigennutz, wollte, daß seine Räte arbeiteten ... und wurde bei dem schwachen Herrn, der voll Aberglauben ist, untergraben, und meine jüngste Söhne verloren alles. Baron von Hohenfeld, einer der edelsten, würdigsten Menschen, Zeuge des Lebens meines Mannes, tat, was er konnte, aber Priester und Neider waren mächtiger als die Stimme der Wahrheit und Weisheit, die aus ihm sprach. Er legte seine Ministerstelle nieder, weil er nicht Zeuge sein wollte von dem Unrecht, welches dem ehrlichsten Mann geschah. Er nahm uns in sein Haus. Seine Freundschaft und Achtung tröstete uns, und Gott erhielt bis jetzo meinen Mann und mich aufrecht. Jede edle Seele nahm Anteil an unsren Leiden; unser Gewissen war unsre Stütze, die gesammlete Kenntnis und die ausübende Tugend versüßten alles und erheiterten uns.

Ich stehe um 6 Uhr auf und ziehe mich gleich an, schreibe oder lese für mich allein bis halb acht, wo La Roche und Baron von Hohenfeld zum Frückstück kommen und bis 9 Uhr bleiben. Dann geh ich in meine Küche und ordne an, weil ich selbst die Kochkunst verstehe, seh aller Arbeit im Haus nach, schreib meine Hausrechnung und dann bis 12 Uhr an *Pomona* und an Briefen. Um halb eins gehen wir zu Tisch, wo Baron Hohenfeld, La Roche und meine zwei Söhne, eine Stiefbruderstochter von meinem Mann, welche wir seit 23 Jahren als ein eignes Kind halten, und ich bis um 2 Uhr sind und nie mehr als sechs Schüsseln erscheinen – einmal, weil ich für meine Kostgänger sorgen muß, und dann, weil mein guter La Roche von Jugend auf gewöhnt war, an guter Tafel zu sein; da kann ich ihm mit 64 Jahr nicht alle Tag sein Unglück und seinen Verlust zurückrufen. So ist Suppe und Rindfleisch, Gemüs und Beilag, ein Ragout und Backnes heut, Braten und Backnes morgen der Zirkel der sechs Schüßlen. Um 2 Uhr, wo Kaffee getrunken wird, bis drei, wo die Briefe kommen, bleiben wir zu allerlei Unterredungen beisammen, dann geht jedes in sein Zimmer. Kommen Besuche, oder so lang die Männer sprechen und gelehrte Zeitungen in meinem Zimmer lesen, so arbeite ich fleißig mit meiner Nadel. Dann geh ich um 5 Uhr wieder in meine Küche und ordne das Abendessen. Um sieben kommen meine Söhne, die bei mir Französisch, die Geographie und Geschichte lesen. Süße Stunden, weil wir freundlich mit einander reden und moralische Grundsätze in ihre Seelen fließen. Bei Tisch, bei Besuch, bei Frühstück und Kaffee wird von nützlichen und angenehmen Dingen gesprochen. Mein Mann macht Besuche, ich nicht. Er geht mit Domherrn von Haak manchmal nach Mannheim, wie er jetzt seit zwei Monat mit von Haak und Dalberg in Holland und Spa ist. So fassen sich meine Stunden, so erfülle ich sie. Der Gedanke an Gott, an Wahrheit, die Erinnerung, daß gute Menschen mir wohl wollen, macht den Grund meines Glücks. Möchten Sie wissen, was Ihre Seele, Ihre Güte und das Bild Ihres edlen, durchlittenen Lebens mir sind: O so segneten Sie selbst die Stunde, in welcher Ihre schöne, Ihre geprüfte Seele den Entschluß faßte, an mich zu schreiben. Der Ewige lohne Ihre Tugend durch immer erneute Gelegenheit, sie zu üben, und durch die Freude, sie in Ihre fürstliche Kinder zu pflanzen. Lassen Sie mich, beste Fürstin! lassen Sie mich sagen: Durch Tugend wurde Ihre Seele zu dem schönen Dienst geweiht, die Tränen der leidenden Rechtschaffenheit zu trocknen. Ihre Briefe, Ihre Seele haben mich Freudentränen weinen machen, haben mir die Entzückung zu kosten gegeben, die man genießt, wenn man jemand segnet. Wer soll Sie nicht segnen, wenn man Sie auf der Wiese bei ihren Untertanen denkt, wenn Sie Ihren Sohn, den künftigen Vater dieser Untertanen, zu den rauchenden, abgebrannten Hütten führen, wenn Sie die Geduld für den kranken Schwiegervater, die Liebe für würdige Eltern, die Sorgen der Regierung erfüllen. O, meine Seele segnete, meine Seele liebte Sie, wenn ich dies alle aus Briefen an eine dritte Person wüßte; was mußte es würken, da ich es in Briefen an mich las. Ihr Denken, Ihr Charakter ist geläutertes Gold. Ich freue mich über die große Flügel der Zeit; die bringen die Tage, wo ich Ihre Hand küssen kann. Der Ewige erhalte Sie, und, o, vergeben Sie den großen Brief von   Sophie La Roche.

144. Sophie von La Roche an Elise zu Solms-Laubach

Speyer, 14.9. 1783

Die beste Fürstin vergibt mir die langsame Antwort auf das beste, liebe Schreiben. Mein Herz war sehr gepreßt und ängstig, denn mein Mann, der Vater meiner Kinder, war krank, war es auf dem Rückweg und dazu in Koblenz, wo er liegen bleiben mußte.Er kam hieher, erholte sich und wurde noch vor acht Tagen mit einer Schwäche im linken Arm und Fuß befallen, welche mich einen Schlagfluß befürchten ließ. Gott schenkte mir ihn wieder. Meine Seele atmet neu und genießt neu Leben und Glück der Liebe, der Freundschaft und der Beschäftigung. Ich küsse die edle, gütige Hand von Elisabeth für das schöne Bild Ihrer Reise nach Birstein, für die Bekanntschaft Ihres Oheims. Gott der Ewige erhalte den würdigen Greis und lasse ihn diese Erfüllung seiner Wünsche für Ihren geliebten Sohn erleben. Ich segne neu die Stunde, in welcher ich meine *Pomona* entwarf, denn diesem zufälligen Werk bin ich das Glück schuldig, die Seele der Fürstin von Laubach zu kennen. Sie vergeben mir, wenn ich Ihre Tugend höher schätze als Ihre Güte für mich. Eine Freude habe ich Ihnen zu machen, weil ich von ohngefähr eine Hofratsfrau von Hachenburg sah, die unter andrem sagte, sie eile nach Haus, um etwas von den Festen zu sehen, welche man dem Fürsten von Isenburg und seiner neuen Gemahlin geben würde. Dies erweckte alle meine Aufmerksamkeit; ich fragte nach

und hörte Victoria von Reuß nennen. Kennen Sie diese Prinzeß? O
ja, sie war einmal lang bei unserer Gräfin. Ist sie liebenswürdig? Ja,
nach der Güte ihres Herzens unendlich, aber die Blattern haben
ihre Schönheit verdorben. Schade um diese, dachte ich; der Himmel sei für ihre Güte gelobt. Also doch in etwas Sophie von Isenburg ersetzt, für meine geliebte Fürstin Elisabeth ersetzt. Ach, wäre
meine Brust Ihnen nahe gewesen, als Ihr Herz, von Wehmut
gepreßt, zwischen dem gestiften Armenhaus und der Grabstätte
sich umsah; wie gerne hätte ich die Träne aufgefaßt, die Sie diesem
teuren Andenken weinten, wie sehr hätte ich den Wert Ihrer Überwindung gefühlt, sich dem wahrhaft süßen Genuß Ihrer Trauer zu
versagen, um die Stunden des Oheims und der Kinder nicht zu trüben. O das, das ist Tugend, was wir für andre tun; was für uns
geschieht, ist Arbeit für unser Glück. Mögen Sie lange, lange Jahre
diese Übung fortsetzen und genießen. Wie selig ist die Stunde, in
welcher man das erstemal die Freuden der wahren Tugend
schmeckte, weil man eben so gern, eben so begierig jede Gelegenheit ergreift, sie wieder zu genießen, als die arme Verirrte sich
[nach] den schädlichen Gegenständen umsehen, bei denen sie Vergnügen hatten. Fertigkeit, das Gute, das Beste zu tun – seliges Los
des Lebens von Elisabeth von Birstein. Ich habe noch eine vortreffliche Fürstin, Luise von Dessau, kennen gelernt. Sie ließ mich nach
Mannheim laden, und ich reiste mit ihr nach Heidelberg, sah und
las eine schöne, reine Seele voll Kenntnis und Güte. Der Fürst kam
und besuchte uns. Er ist alles, was der wahre Menschenfreund sein
soll und sein kann. Wie süß ist es, von der Wahrheit und dem Edelmut über Weh getröstet zu werden, welches Unrecht, Verblendung
und Falschheit über uns goß. Meine *Miß Kerry* ist noch nicht abge-
schrieben, aber wird es bald sein. Dieses Heft, hoffe ich, soll einen
Blick von Ihrem Aug verdienen. Gott lasse die schönen Herbsttage
für Ihre Gesundheit und für Ihr Herz in der Gesundheit Ihrer fürstlichen Eltern und Kindern recht würksam sein.

Ich habe unendliche Freude, daß Prinz Friedrich Bücher und
Kupfersammlung liebt und die liebte, welche bei dem Großoheim
sind. Gut gewählte Bücher und Kupfer dünken mich die beste Nahrung für Geist und Geschmack.

Gestern hatte ich eine große Freude für meinen Kopf. Wir wurden von Engelländern besucht, die mein Mann in Spa gesehen
hatte, und die zwei Freund, welche mit kamen, sagten gleich, mein

Zimmer sei in dem wahren englischen Geschmack verziert. Es freute mich sehr, mit einer Frau von 28 Jahren zu sprechen, welche mit 18 nach Ostindien reiste, wo ihr Mann Gouverneur war, aber es nur zwei Jahre ausstehen konnte, zurückging und unterwegens starb, seine artige Frau mit 80 000 Guineen Erbe zurückließ, womit sie sich zu ihren Eltern begab, welche sie unaussprechlich liebt, und mit zwei Brüdern in die Schweiz reist, von denen sie sagt, daß einer 27, der andre 17 Jahr alt sind und in ihrem Leben keinen Fehler begangen haben, welche man an andren jungen Leuten sieht. O wie eifrig machte mein Herz den Wunsch, daß doch jede zärtliche Schwester dies sagen könnte. Was glückliche Eltern, der Vater und die Mutter von Lady Fletcher und Faybus sind. Wie gern wär ich mitgereist; sie wollte mich in die Schweiz, von dort nach Lyon, nach Paris und Calais nehmen und mir England weisen – aber Pflicht ist mehr als Vergnügen wert. Reisen würde meine herrschende Leidenschaft geworden sein. Gottes Erde, Menschen, Sitten, Künste und Arbeiten zu sehen.

Gewiß darf ich sagen, daß in dieser Erzählung ein Teil der Antwort über den Wert der Leiden guter Menschen ist. Gott sei gelobt über die Art, wie Sie von Trübsal der Guten denken; dies ist das Bild der Prüfung des ewigen Vaters. Im Glück brauch ich wenig starke Tugend so wie ich, wenn alles eben geht, wenig großen Geist brauche.

Der Dalberg, von welchem ich sprach, ist ein Bruder dessen, von dem Sie ohne Zweifel das *Universum* und *Über den moralischen Wert* gelesen haben. Er ist Statthalter in Erfurt, ein höchst edler, vortrefflicher Mann.

Ja, ich kenne beide Stolbergs; nie sah ich einen schönern, edlern, interessantern Mann als Friedrich Leopold. In meinem nächsten schreibe ich meine Bekanntschaft, denn alle Tage erwarte ich eine Schwester von Stolberg. Heute küsse ich eilend Ihre beide Hände, teure, geliebte Fürstin von   Sophie La Roche.

145. Sophie von La Roche an Johann Caspar Lavater

Speyer, 25. 1. 1784

Die so sehr üble Witterung war Ursache, daß die Hefte dieses Monats so spat abgehen mußten. Deswegen kommt auch mein Dank für Ihre treue Freundschaft eben so spat. Haben Sie Dank, nicht nur für die Sorge, mir so viele Abonnenten gegeben zu haben, sondern auch für das, was Ihre Art dabei Edles hat. Glauben Sie nicht, Lavater, daß der Vorteil, den Sie mir schafften, der Grund des Danks ist, den ich Ihrem Bezeugen sage. Ich danke Ihnen wie alle denen, welche mich die Wonne genießen lassen, mir Schönes zu zeigen. Gott sei Dank, daß er mich alles Schöne so herzlich lieben und fühlen läßt. Mehr will ich Ihnen nicht sagen; ich weiß, daß es Sie nicht freut. Gott segne Sie und erhalte Sie. Mein Sohn ist nach Dessau. Der edle, würdige Fürst hat viele Güte für ihn. Wünschen Sie, teurer Freund, daß er sie immer verdienen möge. Ich bitte Gott, daß er meinen Sohn leite. Die Fürstin, eine vortreffliche Frau, welche Sie nun viel besser kennen, als ich es nicht kann, hat viel Gnade für mich. Es tut wohl, so Menschen unter den Fürsten zu sehen, deren persönliche Eigenschaften ihren Gesinnungen einen Wert geben, der mehr ist als die Durchlaucht und als die Majestät. Da ich die letzte nenne, so lege ich das bei, was ich von Joseph schrieb, was er las und wovon er sagte, daß ihm die historische Anwendung sehr wohl gefalle. Mein Carl kommt nach Berlin in die Königliche Bergwerkschule, umsonst. Herr Minister von Heinitz nimmt ihn in sein Haus und an seinen Tisch. Dieses Glück ist Erbgut von der Freundschaft der Frau von Stein.

Mein Franz kommt im Mai nach Kolmar in unsers Pfeffels Militärschule, und ich nehme eine von Pfeffels Töchtern zu mir. Den Franz will ich selbst nach Kolmar führen und habe so großen Lust, bis nach Zürich zu gehen, welches ich meinem Franz zeigen möchte, und in Zug besuchte ich Frau von Uttinger, an die ich Sie bitte, den Pack zu schicken, der an sie überschrieben ist, denn sie wird ihn holen lassen. Mein Mann war am End des Jahrs todkrank. Gott heilte ihn wieder, und er will den Carl nach Berlin führen zu der Zeit, da ich die Schweiz sehen werde. Soll ich diesem Plan folgen? Wollen Sie mir auch sagen, ob und wie weit *Sie* mit *Pomona* zufrieden sind? La Roche grüßt Sie herzlich. Meine Tochter Brentano liegt mit dem sechsten Kind in den Wochen. Herr von Beroldingen grüßt Sie auch und ein Bruder vom Statthalter Dalberg. Ich grüße und segne Sie.   Sophie La Roche

146. Sophie von La Roche an Johann Caspar Lavater

Speyer, 19.2. 1784

Ich erhielt Ihren freundschaftlichen, im Bett geschriebenen Brief gestern nachmittag mit der nämlichen Post, welche mir den unverhofften Tod meiner geliebten Freundin Jacobi anzeigte. Gott wolle, daß Sie heute wieder gesund und unser schätzbarer Fritz Jacobi gestärkt sei, diesen Verlust zu tragen. Ich konnte mich nicht enthalten, tief in meiner Seele zu sagen: Ach Gott! Warum dieses vortreffliche Weib? Warum nicht diese und jene, die nicht solche Gattinnen und Mütter sind, wie Betty es war? Aber sie starb den schönen Tod der treuen Mutter und Frau, denn vor drei Wochen schrieb sie mir die Krankheit und den Tod eines lieben eilfjährigen Sohns, von dessen Krankenlager sie immer auch an das Bett des sehr kranken Vaters ging. Sie erschöpfte ihre Kräfte als doppelte Wärterin, und nun ist sie, wo Gott die geprüfte Tugend lohnt. Ich weine um das Glück, das ich mit ihr verlor. Ich weine um tausend Gutes, das sie noch getan hätte, um ihren verlassenen Mann und Kinder und um den Schmerz, den sie noch litt, als sie ihren Mann und ihre Kinder sich dachte. Lavater! gewiß, gewiß, ich glaube an Vorsehung, ich halte mich an sie, ich danke ihr für Leiden und Freude, ich bitte Gott, meinen Kindern Glück und Verdienste zu geben, aber auch in dem wahren Verdienst die Kraft, das Unglück zu tragen; doch muß ich hinzusetzen, daß ich nicht weniger eifrig wünsche, daß meine Kinder immer einen wahren Begriff von Glück und Unglück haben mögen, denn es wird soviel mit diesen Namen geprägt, dessen innerer Gehalt es nicht verdient.

Ich weiß nicht, lieber Freund, was der Fürst von Dessau mit meinem Sohn will; Gutes gewiß, das bin ich sicher; die Karlsruher sagten, er habe Absichten, meinen Sohn zu dem seinen zu nehmen. Wenn es so ist, so werde ich Gott alle Tage bitten, meinem Sohn alle Weisheit und Güte zu geben, die gewiß an dieser wichtigen Stelle alle Tage nötig ist. Gewiß hat Luise eine königliche Seele, in dem eigentlichen Verstand. Ich freue mich, sie gesehen zu haben. Sie dient mir zu einer großen Berichtigung des Begriffs von Fürstenseelen bei meinem Geschlecht. Aber auch sie bestärkte die mir so lieb gewordene Auskunft, welche ich mir in tausend und aber tausend Gelegenheiten gebe: *Wie viele, viele Formen des Guten* – auf dieser unvollkommnen Erde.

Ich werde, lieber Freund, erst zu End April von hier abreisen. Wenn es dann noch früh genug für Ihren Sohn ist, so habe ich einen Platz für ihn frei. Haben Sie Dank für alles, was Sie für *Pomona* taten, ich bin mit ihrer Übergabe an Orell sehr wohl zufrieden, und die manglende Exemplare des ersten und zweiten Hefts sollen mit dem März kommen. Die überschüssige lassen Sie liegen, bis ich zu Ihnen komme, so wie ich auch gern bis dahin Ihr Urteil über *Pomona* erwarte, ob Sie schon selbst ganz natürlich finden werden, daß ich es gerne früher hören wollte.

Ich bekenne freimütig, daß ich mich noch begieriger fühle, die Größe und Schönheit der Natur in der Schweiz zu sehen als die Bewohner, weil ich glaube, mir von den letzten einen deutlichen und ganz gefühlten Begriff machen zu können (ausgenommen die Berg- und Landleute). Gott erfülle den Wunsch, welchen Sie für die Blicke und Tage meines Aufenthalts machen. Ich werde auch weinen, wenn ich gegen Neuchâtel hinschauen werde, und denken: dort liegt Julia Bondeli begraben, die ich mit der ganzen Innigkeit meiner Seele liebte und ehrte. Gott erhalte und segne Sie, Lavater, und Ihre Gattin und Ihre Kinder. Wie wäre es, wenn Sie ein Wort an den guten, edlen Fritz Jacobi schrieben, der so viel verlor. Adieu von La Roche und mir.

147. Sophie von La Roche an Christoph Martin Wieland

Speyer, 9. 5. 1784

Verzeihen Sie, lieber Wieland! Ich werde Ihnen nur mit wenig Worten für Ihre würklich *au pied de la lettre* auserlesenen Gedichte danken. Ich rüste mich zu einer Reise in die Schweiz und werde an diese im August eine nach Paris anknüpfen. Nach Bern gehe ich nicht, auch nicht nach Neuchâtel, denn ich habe nicht Stärke genug, weder die Wiege noch das Grab von Julie Bondeli zu sehen. Aber Lausanne, den Genfersee, Zürich und eine Bauerhütte will ich sehen. Das gibt dann einen artigen Kontrast. Wunder der Natur in der Schweiz, Wunder der Kunst in Frankreich. Und davon eine lebhaft gefühlte Reisebeschreibung gemacht, auf die ich mich wie ein Kind freue, welches neue große und kleine Puppen bekommt und eine Menge Lappen vorrätig hat, die Puppen darin zu kleiden. Ich habe in Paris nichts zu zeigen, aber viel zu sehen, und bin würklich weise genug, mich mehr über dies zu freuen, als mich einst freute,

da man nach mir sah. Teurer, alter, schätzbarster meiner Jugend-
freunde! Der Himmel lasse mich noch auch Sie und die Ihrige
sehen; unsere Stunden werden auch schön sein, wenn schon meine
schwarze Haare ganz weiß geworden sind – meine Seele ist heiter
und mein Herz immer gefühlvoll. Adieu.

Haben Sie Freundschaft für Wucherer? Er verdient's recht sehr.
La Roche umarmt Sie und ich auch, aber ich schließe noch die Mutter, Kinder und Großmutter an mein Herz. Himmel, gib mir noch
den Tag, wo ich diese Seligkeit der Freundschaft würklich kosten
kann. Sophie

148. Sophie von La Roche an Gottlieb Konrad Pfeffel

Speyer, 13. 5. 1784

Noch, mein teurer, edler Freund! bin ich hier gebunden durch
Umstände, deren eiserne Ketten ich nicht abwenden, nicht brechen
konnte. Erst am End Mai kann ich abreisen. Meine Tochter kommt
nicht früher, ihrem Vater Gesellschaft zu leisten. Dann erwarteten
wir Rosenstiel von Berlin, der Nachricht von meinem Carl bringen
soll. Und mein Vater, der freilich weit von mir in Augsburg starb,
aber doch Familiengeschäfte gibt. Und die junge Gräfin Werthern,
Tochter von der mir so innig lieben Louise von Stein, um welcher
willen ich nach Lausanne [gehen] werde. Alle dies hielt mich hier
wider meinen Wunsch und Willen, denn ich hätte gar zu gern die
Blüte der Bäume im Elsaß und am Zürcher See gesehen. Aber so
verliere ich dies und vielleicht noch mehr, da der edle, gute Herr
von Beroldingen mein Bild mit tausend vorteilhaften Ideen
schmückte, mich begierig erwarten machte und dadurch mit der
großmütigen Hochachtung mir schadete, so wie ich durch meine
Erscheinung seiner Urteilskraft Nachteil bringen werde.

Der große Friedrich soll tot sein!

O wie wird mein Sohn Fritz bereuen, daß er so weit weg ging,
ohne den endlichen Schluß von uns zu erwarten. Aber davon
mündlich.

Man sollte nie einem jungen, feurigen Mann große Aussichten
zeigen, wenn der Erfolg noch nicht sicher ist. Gute Menschen in
Karlsruhe taten das bei meinem Fritz und legten den Grund zu
Eigennutz und dem übereilten Quittieren seines Regiments. Gott
gebe Ihnen heitre Frühlingstage und lasse Ihre Güte für meinen

Franz fortblühen, wie meine Verehrung und Liebe für Sie immer wachsend bleibe.

Ich umarme Madame Pfeffel und die würdige Töchter von Herzen –   Sophie La Roche.

Darf ich bitten, edler Freund! den Herrn Kirchberger von Gottstatt aus Bern in meinem Namen um Nachricht von einem Herrn Bondeli aus Königsberg zu bitten, der Milizenhauptmann in Bern war. Der edle Kirchberger würde mich sehr verbinden, mich, die ihn seit mehr denn 30 Jahr verehrt und kennt, durch Julie Bondeli kannte und durch Wieland.

149. Sophie von La Roche an Elise zu Solms-Laubach

Speyer, 25.9. 1784

Endlich läßt mir die große Schweizer und die kleine Nassauer Reise eine Stunde Erholung für mein Herz, und ich widme sie der edlen, gütigen Fürstin zu Laubach. Herr Götz von Hanau, ein sehr schätzbarer, rechtschaffener Mann, sagte mir, daß Sie wohl sind und daß er die Ehre habe, Sie zu kennen. Ich freute mich, mit dem Mann von Ihnen zu sprechen, aber seine Gesundheit war so übel, daß er nach Hause zurück eilte und ich nichts mit ihm reden konnte.

Sie waren also diese Sommermonate wohl, und wenn die Ernten Ihrer Untertanen geraten sind, waren Sie, beste Fürstin! gewiß auch glücklich. Denn eine Seele wie die Ihrige kann als Regentin kein süßer Glück genießen als das Wohl ihres Landes. Der Zufall, welcher so viel Einfluß auf unser Leben und auf unsere Entwürfe hat, hinderte dieses ganze Jahr meine Reise nach Frankfurt, an welche die nach Laubach so fest gebunden war. Dieser Zufall beraubte mich auch der Freude, Lavatern zu sehen, denn er reiste einige Stunden vor meiner Ankunft in Zürich in das Pfäfershad, und ich sah nur seinen äußerst interessanten Sohn, da ich doch so gern ihn, seine Frau und Familie gesehen hätte. Von Gottes Erde aber sah ich viel Schönes, von seinen Menschen viele hochachtungswürdige Leute und auf den savoyschen Eisgebürgen Bauren aus dem Tal von Chaunion mit einer Freiheit der Gesinnungen und Bezeugen, die an einem Hofe glänzen könnten. Ich habe über alle das ein kleines Tagbuch für meine Töchter gehalten, dessen Ausarbeitung nach dem End der *Pomona* meine Wintertage beschäftigen wird, und wenn meine Freundin von Bordeaux dabei bleibt, daß ich sie

nach Paris begleiten solle, so kommt noch dieses Journal hinzu.
Möge es einst Ihnen, schöne, wahre Seele, gefallen; möge ich
immer Ihrer Güte und Ihres Beifalls wert sein, es ist für mich auf
dieser Erde das nämliche, was einst in der andren Welt die Liebe
verklärter Geister sein wird. Gern möchte ich meine geliebte Fürstin fragen, was für Schriften Sie selbst, und welche unser geliebter
Prinz Friederich über die Pflichten des Regenten liest, und gerne
möchte ich bitten, daß Sie die *Principes de Morale de l'abbé Mably*
durchläsen; es dünken mich vortreffliche Grundsätze und Gefühle
zu fassen, die sich von einem Regentengeist ausziehen und anwenden lassen, denn man kann ja nichts so gerad zu brauchen wie es
steht, sondern muß es auf seine Umstände anpassen, wie man den
Stoff oder Leinen zu einem Kleid anpaßt, indem man Stücke
abschneidet oder anders zusammensetzt.

Ich freue mich unendlich über den erweiterten Zirkel Ihrer Tätigkeit, denn da kann Ihr Herz vieles in Taten legen, was seine Empfindungen belebt und wodurch Ihr Leben verzehrt würde, wenn
alle die gute Entwürfe, alle das Wohlwollen durch eine fremde
Gewalt verhindert würde. Und dann: in Übung erlangen wir Kräfte
zu den großen Gedanken. Gott bezeichnete den Kreis der Pflichten
meiner Geliebten entfernt von dem Zirkel, welchen ich durch-
wandle. Ihre Lotte muß ihre Tugenden auf einem andren Platz von
Gottes Erde üben. Und Sie, beste, geliebteste Fürstin, müssen der
Segen von Laubach werden durch Sie selbst und durch die Bildung,
welche Sie der Seele Ihres Sohnes geben.

Sie sind zu viel moralischer Stärke berufen, immer Opfer von
dem zu machen, was Sie lieben und wünschen; aber es ist schön
vor den Augen des Himmels und der besten Menschen. Gott lasse
Sie die Schönheit Ihres Lebens kennen und gebe Ihnen alle Stärke,
welche die Tugend im Leiden braucht. Ich hoffe, Ihnen noch zu
schreiben und dann im November wieder nach Haus zu kommen,
nachdem ich keine Reise mehr vor mir sehe als Frankfurt und Laubach.

Edle, geliebte Fürstin! würdiger Sohn! und Tochter von Elisabeth! Nehmen Sie den Segen und die Liebe des Herzens von

Sophie La Roche.

150. Sophie von La Roche an Johann Georg Jacobi

Haben Sie Dank, teurer, lieber Georg! für Ihr freundliches Briefchen und für die Bereitwilligkeit, Speyer zu besuchen, wenn es Sie nicht von Ihrem Weg ableitete, da Ihre Stunden und Tage gezählt sind. Wenn Sie, bester Mann, Ihren geraden Weg nach Emmendingen nehmen, wie ich glaube, weil Freiburg nur zwei Stund von dort ist – Da Sie nun in Frankfurt sind, und es ein Weg ist, ob Sie über Heidelberg oder Mannheim nach Durlach dem nächsten Weg nach Freiburg zu gehen, und die Wege in der Bergstraße verdorben, hingegen die über Mainz ganz vortrefflich sind, wo Sie immer dabei den Rhein im Gesicht behalten, so ist Ihr Besuch bei uns nicht um, und Sie kommen gerad in mein Haus, wo eine freundliche Stube und jede Gesinnung der Liebe und Hochachtung Sie erwartet. Nur eines muß ich Sie bitten, lieber Freund! Erkundigen Sie sich, ob Madame Bethmann nach Bordeaux abgereist ist, denn in diesem Fall wäre ich nicht hier, sondern würde Sie End Novembers in Emmendingen sehen. Wenn aber Madame Bethmann noch in Frankfurt ist, o so machen Sie den Weg, den hier La Roche aufschrieb, weil Sie dabei noch eine halbe Post gewinnen. Der Herr Baron von Pasch, Präsident in Freiburg, ist einer der besten Wiener Freunde des La Roche gewesen, und er wird gebeten werden, unsern Jacobi zu lieben und zu ehren. Gott segne diesen neuen Platz für Sie, daß Sie alles Gute tun mögen, was Sie wünschen, und alles genießen, was Sie verdienen. Nützlich sein ist der Wunsch edler Menschenfreunde und Tätigkeit ihr wahres Leben. Mögen Sie, teurer Jacobi, die Freude haben, die Liebe des Schönen und Guten zu verbreiten. Ihr sanfter Charakter verspricht mir, daß es Ihnen gelingen soll. Denn ach! Heftigkeit macht selbst das Beste widerlich. Ich sah dieses mit Schmerz aus den Arbeiten und Beschäftigungen vortrefflicher Menschen hervorkommen. Ich preise den Himmel, der Sie nach Freiburg führt, weil in dem fürchterlichen Vorgang, welchen das Schauspiel *Die Räuber* unter den Studierenden hervorbrachte, Beweis von der Empfänglichkeit und Stärke ihrer Einbildung ist, welche unter der Leitung des edlen Genius meines Freundes Jacobi auf den schönen Weg edler Gefühle und edlen Denkens kommen wird.

Lassen Sie sich die Geschichte erzählen, da ein Baron von Baden sich zum Oberhaupt einer jungen Räuberbande machte, und die Entführung der schönen Fräulein von Goldegg, das Anzünden eines Hauses und Totschießen aller, die ihnen nachsetzen würden, der erste Auftritt ihrer Verbrüderung sein sollte.

Adieu, teurer Freund! Wenn Gott und Freiburg Sie erhält, so lebt die Hoffnung, unsern Bruder Fritz Jacobi zu sehen und eine Schwester zu sehen auch wieder auf. Herzlich glückliche Reise von uns allen gesagt Ihnen, den wir alle lieben, wie ich Sie alle liebe. Ihre alte Sophie La Roche.

151. Sophie von La Roche an Elise zu Solms-Laubach

27. 12. 1784

Wie ungern habe ich meine größere Antwort an die Beste verzögert, aber ich konnte in dem kleinen Zirkel, in welchem ich mich umtreibe, dennoch keine Zeit erhalten, wo ich ruhig gewesen wäre.

Danken muß ich Ihrem gütigen, edlen Herzen, welches alles so wohl aufnimmt, und beten werde ich immer, daß Gott dieses von ihm gebildete Herz segne und lange erhalte. Geben möchte ich Ihnen, was Sie andren mitteilen. Sie gießen Freude und Vergnügen um sich. Sie arbeiten als die beste, treueste Mutter, leben als Tochter zum Beispiel für andre, beschäftigen Ihren Geist mit den schweren, aber gewiß für Ihre Seele süßen Sorgen der Regierung eines Landes, sind dabei die edelste, zärtlichste Freundin, voll Tugend und Tugendliebe. Lassen Sie mich wünschen, daß Ihre Betrachtungen über sich selbst und Ihre Laufbahn ruhig seien und Ihre Augen sich mit dem dankenden Blick zu Gott erheben, der Ihnen diesen Beruf und diese Verdienste gab, und daß diese Blicke auf den Himmel und Ihr treues Herz Ihnen immer neue Stärke, neuen Mut und Freude gebe. Ach, wenn einst mein glücklicher Tag kommt, wo ich Sie einzige, gewiß in vielem Betracht einzige Frau sehen werde, so werde ich auch wagen, über manches mit Ihnen zu reden, was ich zu der nötigen Beruhigung Ihrer tätigen Seele gut achte. Denn als Briefe erhalten Sie von denkenden Männern mit vieler Einsicht Rat und Unterhaltung, ohne daß mein Scherflein noch etwas tun sollte. Aber mein eigen Herz sagt mir so viel, was ein liebendes Herz alles bedarf. Ich habe so viele Jahre in Bedrängnis der Freundschaft gelebt, daß ich mehr als der größte Mann weiß, wie schmerzlich der Mangel ist, allein mit einem hohen Maß Gefühle zu wandlen,

niemand zu haben, in dessen Busen das Überfließende zu vergießen wäre. Ich danke dem Himmel, daß er Ihnen so viel für andre zu
tun gab, denn dieses ist Ihrer edlen Güte am würdigsten. Und
gewiß, Sie möchten kein Gut haben, welches Sie nicht mitteilen
sollten, und Sie wissen auch, daß wir nichts für andre tun, für
andre sein können, als immer auf Kosten von unserm Wohl,
unserm Vermögen und Ruhe. Aber wie sollte eine großmütige
Seele nur das Gute tun wollen, das gemächlich zu tun wäre. Teure,
edle Fürstin! Sehen Sie auf dieses endende Jahr zurück. Alles was
seinem Zirkel von Ihren Händen und Ihrem reinen, gefühlvollen
Herzen erreicht werden konnte, muß Ihnen Zeugnis der treuen
Erfüllung Ihres mannigfaltigen Berufs sein. Ich habe Ihre mir mit
überfließender Güte geschriebene Briefe durchlesen. O lassen Sie
mich dabei die ruhmvolle Erinnerung des Ausspruchs gebrauchen,
daß ein Freund das zweite Gewissen ist. Nehmen Sie meinen
Segen, meine innige Verehrung für die Bekräftigung des Zeugnis-
ses Ihres Gewissens, und lieben Sie die Tränen der Rührung und
Freude über Ihre Grundsätze und Ihre Handlungen, und genießen
Sie die stärkende Freude, in so viele Herzen moralische Freude ausgegossen zu haben. Und, o teure! verehrte! geliebte Fürstin! lassen
Sie mich noch etwas für das Glück meines Herzens wünschen –
daß Sie diesen Sommer eine kleine, einfache Reise nach Mannheim
machen, Graf Friederich, Gräfin Sophie die Sternwarte, den Antikensaal, das Naturalienkabinett, die Gemäldesammlung und
Schwetzingen zeigen. Es würde Erholung für Sie Mutter und täti-
ger, wirkender Teil der Erziehung für die beste Kinder sein. Ich
lebte so lang in Mannheim als Sie und erquickte mich an der Beobachtung, was die Betrachtungen aller dieser die Geschichte der
Natur, der Menschen vor uns und der Künste auf die zwei reine
Seelen und angehaute Vernunft Ihrer Kinder machten. Ich wun-
sche, daß Sie den Einschluß lesen können. Im nächsten Brief
schreibe ich Ihnen die schöne Liebesgeschichte dieser schönen
Seele, von welcher ich doch nach ihrem Wunsch den Namen ver-
schweigen mußte. Ich küsse Ihre Hände und segne Sie, wie ich
zärtlich Sie liebe, edelstes Herz, Ihre ganz ergeben

Sophie La Roche.

152. Sophie von La Roche an Johann Georg Jacobi

Mannheim, 20. 1. 1786

Ich schreibe Ihnen, lieber George! mitten aus den Szenen des Carnevals, wohin mich Peggi Pfeffel führte, denn da mein Franz in Kolmar so viele Komödien, Bälle und Konzerte genießt, so muß wohl Pfeffels Tochter bei mir auch was haben, und Papa La Roche liebt die Schauspiele, welche hier würklich sehr artig gegeben werden, wenn man Iffland, Beck und Beil in ihren für ihre Stärke taugende Stücken sieht.

Aber was ein Wirbel für mich, und wie erhöht alle das die Ruhe, welche von den Lindenbäumen des Vorhofs der lutherischen Kirche in Speyer in mein Zimmer und meine Seele fließt.

Ich habe Schillers *Kabale und Liebe* spielen sehen. Das ist für mich abscheulich und sollte nur von Teufel und Wahnsinnigen vorgestellt werden. Menschen, welche des Eindrucks und Vorstellung edler Gesinnungen fähig sind, können die Hälfte der Rollen ohne schmerzhaften Zwang der Seele und des Körpers ohnmöglich spielen. Ich sah auch *Günther von Schwartzburg* – ich war in der Dalbergischen Loge – die Musik ist so schön, daß ich sie mir zu den Szenen voll Adel und Größe der Seele Ihres *Orpheus* dachte und mich nicht enthalten konnte, dem Herrn von Dalberg von Ihrer vortrefflichen Opera zu reden, und das mit den Gefühlen, welche mich bei dem Vorlesen hingerissen und eingenommen haben. Nun, lieber George, war es wohl nicht leicht anders möglich, als daß Herr von Dalberg auch eingenommen wurde und den andren Morgen zu mir kam, um mich alles wiederholen zu machen, was ich abends gesagt hatte. Am Ende beschwor er mich, Ihnen zu schreiben und Sie zu bitten, ob es nicht möglich wäre, daß Sie dieses herrliche Stück hier aufführen ließen. Er will Kleidung, Szenen, Musik alles auf das Größte und Beste verfertigen lassen, alle Kosten dazu anwenden, die Sie nur wünschen können, um Ihrer Komposition Ehre zu machen und Gerechtigkeit widerfahren zu lassen; Sie sollen alles bestimmen, alles verlangen, was Sie wollen.

Nun habe ich meinen Auftrag ausgerichtet und füge nur noch die Bitte hinzu, ob es nicht möglich wäre, daß Sie mir ein Fragment Ihres schönen, edlen Gedichts anvertrauten, um Dalberg die Freude zu machen, es nur auf einer Ecke zu sehen?

Jetzo Freude meinem teuren Freund über seine Zufriedenheit in

Freiburg. Segen über die, welche ihn lieben, und Segen für Madame Bethmann, welche mich anfangs März nach Paris führt, von wo ich meinen Rückweg über Kolmar nehmen und von dort aus meine Schlosser auf einige Tage mit La Roche besuchen werde. Den 10. Februar bin ich wieder in Speyer, aber ich bitte Sie, um des guten Herrn von Dalberg und um meinetwillen, antworten Sie mir nur mit wenigen Zeilen auf diesen Brief, was Sie tun können und tun wollen. Die Begierde nach Ihrem herrlichen *Orpheus* können Sie niemand verargen; ich werde selbst in Paris die Leute entzünden, soweit ich kann.

Der lieben, teuren Tante! dem rechtschaffenen Schlosser tausend Freundschaft von La Roche und mir. Ich freue mich mit meiner Seele auf Schlossers Haus. Denn Paris freut nur eine Ecke meines Kopfs und die Hoffnung, den Plan auszuführen, meine Schweizerreise und ihre Wunder der Natur neben der Pariserreise zu Wundern der Kunst neben einander zu stellen. Hätte ich Zeit, so käme ich bis nach Bordeaux und ging nach drei Monat mit dem Hofmeister und Söhnen der Bethmann wieder zurück, NB. ohne daß die Reise mich kostete. Petersen war freundschaftlich für Sie und wünschte, Ihr Verwandter zu werden, aber die Tante ist sorgfältig und klug, da sie haben will, daß Sie sich sehen, und so soll das Ganze ruhen, bis die Blumen wieder erwachen. Adieu von

Sophie La Roche.

Ihr Fragment vom *Orpheus* soll nicht aus meinen Händen kommen, sagt La Roche, er verspreche es.

153. Sophie von La Roche an Elise zu Solms-Laubach

Mannheim, 30. 1. 1785

Dank meiner edlen, gütigen Fürstin von Laubach für Ihren bescheidenen, edlen Brief; und Dank mir selbst, daß ich Anlaß war, Sie zu bewegen, diese Seite Ihres Charakters zu enthüllen. Ich segne die Stunde, in welcher ein so wahrer Zug von Bescheidenheit in Ihre Seele kam. Und nun, geliebte! von ganzer Seele geehrte Fürstin! nichts mehr von alle diesem in den Briefen, welche ich Ihnen schreiben werde.

Ihr Urteil über die liebenswürdige Schwärmerin von Truchseß-Zeil und den Orden, welchen die gute Frau zu stiften hoffte, ist, wie es Klugheit und Menschenkenntnis fällen mußte. Ich freute mich aber doch, in einer blühenden Frau von 23 Jahren, einzige Tochter eines österreichischen Generals, eine so feine moralische Phantasie zu sehen.

Sie werden sich vielleicht wundern, woher es kam, daß ein Mann von 65 Jahr wie La Roche und ich mit meinen 54 nicht Vorrat genug hatten, noch einen Winter in Speyer zu verleben, und daß wir den Mannheimer Carneval (nach Young) um das „Almosen eines Zeitvertreibs" baten. Aber der Tausch, welchen ich mit meinem jüngsten Sohn gegen eine Tochter von Pfeffel machte, ist Ursache daran. Im Elsaß sind die guten Mädchen so sehr an Tanz, Konzert und Komödie gewöhnt, daß ich dem 19jährigen Geschöpf die jähe Stille von Speyer nicht ganz zumuten konnte und also auf vier Wochen mit La Roche, welcher das Theater sehr liebt, hieher zog – wo das erste Stück, welches ich sah, *Jeanette* war, das mir den zweiten Tag den Besuch des Prinzen Moritz von Isenburg zuzog, der mir sagte: Er hätte meine Bekanntschaft schon lang gewünscht und seine Frau auch. Er habe mich gestern in der Dalbergischen Loge ansprechen wollen, um mir zu sagen, daß ich die Geschichte seiner Heurat spielen sehe . . . Es jammerte mich, daß ein Mann sich in die Verlegenheit gesetzt hatte, eine solche Schutzschrift für sich voraus zu sagen, denn die Antwort gibt auch Verlegenheit. Endlich sagt er: Ob Sie mir niemals von seiner Heurat gesprochen hätten? Ich konnte wohl versichern: Nein. Er klagte über Vorurteil, und ich wunderte mich in mir selbst, da er meine *Pomona* liest und meine Grundsätze über das Tadelhafte ungleicher Heuraten kennen muß, doch dieses Gespräch mit mir führte. Man nimmt ihm hier übel, daß er fodert, die Damen sollen seiner Frau Besuche machen, und ihr, daß sie Besuche geben wollte. Ich kann die Damen nicht tadlen; warum sollte man das Unterbrechen der Ordnung und der Landesgesetze begünstigen? Ich habe noch keinen Mann von Stande gesehen, welcher nicht in seiner Klasse hundert Frauen finden könnte, die zehenmal seiner wert sind. Ich bekenne, daß ich nicht die mindeste Neigung habe, diese Frau zu kennen, denn mich deucht, ich sah sie in ihm und in dem Schritt, wozu sie ihn führte.

Tadlen Sie mich, beste Fürstin! wenn Sie denken, daß ich hier unrecht habe; aber ich glaube es noch nicht.

Madame Bethmann von Frankfurt war hier, mich aufzufodern, Wort zu halten und anfangs März mit ihr nach Paris zu gehen. Ich habe es versprochen und nach Straßburg geschrieben, wenn das

Küstchen an Graf Buffon noch da sei, es aufzubewahren. Der Brief wird wohl auch noch gelten, und mein Mann will mir auch Stücke aus seinem Naturalienkabinett mitgeben, die ich dem würdigen Mann zu dem Küstchen legen werde.

Über das D.I. möchte ich mit Ihnen sprechen. Das harsche, laute Denken darin, besonders über Religions- und Gesetzesgegenstände, dünken mich gewagt und geradaus schädlich. Vielleicht ist aber mein Gesichtspunkt zu begrenzt, vielleicht halte ich zu fest an den Grundsätzen, welche meine gute Tage besser und traurige erträglich machten. Ich ertrage den Übermut sehr ungern, der seine Stärke prahlend zeigt, manchem Schwachen den Lust gibt, auch über eine Kluft zu setzen, und ihn umkommen macht.

Gott segne meine Fürstin Elisabetha, welche ihr Vergnügen opfert, wenn es das Vergnügen der andren fodert. Meine Wünsche sind Ihnen geweiht. Gott erhalte Sie und Ihre würdige Kinder.

Ihre La Roche.

154. Sophie von La Roche an Elise zu Solms-Laubach

Speyer, 21.7. 1785

Ich fühle, daß ich der gütigen, geliebten Fürstin, deren schöne Züge ich bei Wille in Paris sah, viel früher hätte schreiben sollen, wie Graf Buffon das Küstchen aufnahm und wie viel Achtung er mir, wegen Ihrer Güte für mich, bewies. Vergebung, daß es nicht geschah! und Güte wie ehmals. Mein Journal, das ich so fleißig schrieb, und die Begierde, alles zu sehen und zu lernen, nahmen mir von den vier vollen Monaten, die ich in Frankreich verlebte, alle Minuten hin. Ich war acht Tage in Straßburg, vier Wochen in Paris, eben so viel in Bordeaux, wieder vier in Versailles; 14 Tage für Normandie und Havre de grâce, weil ich das Meer sehen wollte. Ich sah auch, sprach und speiste mit der höchstliebenswerten Gräfin Genlis, sah ihre Elèves und die Wahl der acht Lehrer, des Gartens von St.Leu, wo sie den Sommer ist. Alles beweist unendlich für die Seele dieser seltnen Frau, die würklich mitten in dem Zauberlande aller möglichen Künste und Verdienste ein Wunder ist.

Lassen Sie, edle erhabene Seele, mich wünschen, daß das Ende der mütterlichen Leitung Ihrer fürstlichen Kinder eine Reise sein möge, damit ein wahres Bild von allem, was gesagt und erzählt wird, in den Geist der vortrefflichen Geschöpfe komme, welche Ihre Hand bildet. Möchte ich als Bonne Sie begleiten und an Ihrer Seite wieder genießen können, besser sehen und genießen, als ich allein konnte und tat.

Gott gebe mir gute Nachrichten von Ihrem Wohl, und das Schicksal gönne mir die Zusicherung Ihrer ehmaligen Gnade. Glaubt Ihre gütige Seele, etwas über das Land und Leute hören zu können? Ich erwarte Befehle und werde glücklich mich schätzen, etwas zu besitzen oder etwas zu tun, womit ich meine ehrfurchts-volle Ergebenheit bezeugen kann, untertänigste

Sophie von La Roche.

155. Sophie von La Roche an Elise zu Solms-Laubach

Speyer, 24. 8. 1785

Die beste, geliebteste Fürstin vergibt mir, daß auf die gütige Zeilen nicht so bald antwortete.

Ich war seit drei Wochen am Krankenbette meines Mannes, der sehr, sehr übel war und in einem geschwächten Geist die Überreste des Wehs behält, welches ihn angriff.

Ich schreibe würklich die Stelle meines Tagbuchs ab, wo die Grä-fin Genlis erscheint, und hoffe, es bald zu schicken. Indessen Segen, Ruhe und Freude auf die Tage von der Fürstin Elisabeth zu Laubach   aus dem Herzen von Sophie La Roche.

156. Sophie von La Roche an Johann Caspar Hirzel

Speyer, 6. 10. 1785

Ich wünschte, teurer Freund! daß Sie selbst die staunende Freude gesehen hätten, welche Ihre so gütige Erinnerung in mir und unserm guten, noch kranken La Roche erregte. Wie edel haben Sie mein Stillschweigen bestraft und wie tief mich mein Unrecht füh-len machen.

Dank sei Ihnen dafür, guter, rechtschaffener Mann! so viel Dank für den Schmerz der Beschämung meiner Nachlässigkeit als für die süße Verwirrung, welche Ihr zu gütiges Lob mich schmecken ließ. Sie haben mich für alles belohnt, was je Gutes in mir war. Denn die Achtung und der Beifall guter, edler Menschen ist das größte Glück, so die Erde mir geben kann; dieses haben Sie mir nun öffentlich geschenkt und zugleich Ihrem Herzen, wie dem Ihrer glücklichen Miteinwohner, ein Denkmal errichtet, in welchem eine nachsichtsvolle Güte sich zeigt; denn diese beurteilte mich so günstig. Sie haben mir auch in diesem Bogen eine Freude gegeben, welche mir die liebste ist: Sie haben mir in allen Klassen edle Menschen gezeichnet – Dessau, Baden, Quirini, Pfarrer und Amtmann; und Ihre Bauren Klein Jogg, Johann Lang und Alexis; was schöne Bilder! Ich segne Sie dafür, daß Sie diese Züge der Menschheit aufsuchen, darstellen und lieben, und danke Ihnen herzlich, daß Sie mich zu ihnen gesellten. Menschen von wahrer Güte sind Vorschmack des Lebens der bessern Welt, wo nur dieses Unterscheidungszeichen gelten wird.

Ich war dieses Jahr vier Monat in Frankreich, wo ich Paris, Versailles, Bordeaux und Havre de grâce sah, und jetzo beschäftigt bin, dieses Journal neben das von meiner Schweizerreise zu setzen. Die Genesung meines La Roche von einer heftigen Krankheit mir wieder etwas Ruhe des Geists gewährt. Er umarmt Sie mit alle der herzlichen Freundschaft, die Sie ihm vor 16 Jahren einflößten, und mit alle der Dankbarkeit für Ihre ehrenvolle Erinnerung seines Namens und Charakters. Sie haben ihm einen schönen, hellen Tag gegeben; der Himmel lohne Ihre erlebte Tage dafür. Man ladet mich auf das neue zu einer Schweizerreise ein, da will ich mir aber einen Teil davon in Ihrem Hause vorbehalten. Ich umarme Ihre schätzbare Gattin und blühende Tochter. Herrn Sohn und Schwiegertochter empfehle mich auch. O sagen Sie alle den Zürchern, welche Ihnen so gut von mir sprachen, meinen Dank und meine Wünsche für Zürichs Glück. Ihre ergebene Sophie La Roche. Baron Hohenfeld ist würklich in Paris.

157. *Sophie von La Roche un Elise zu Solms-Laubach*

Speyer, 20. 1. 1786

Die schöne, gütige Seele von Elise von Solms vergibt mir das Warten meiner Antwort auf einen Brief, welcher allein die Wahrheit Ihrer Güte bestätigte, wenn ich auch nie einen von Ihnen erhalten hätte. Gott segne Sie für alles, was Sie mir bis jetzo waren und was Sie mir in Ansehung andrer sind. Denn ich verehre nicht nur eigennützig Ihre edelmütige Gesinnungen für mich, sondern mit Menschenliebe die, welche Sie andren auf so vielfache Weise zeigen.

Der Himmel segne den Orden, welchen Sie zieren. Obergewalt hindert mich, mit Ihnen verbunden zu sein – meine ganze Seele war einstimmend. Möge das Ganze Ihre Gesinnungen erhalten.

Der Begriff von Aufklärung, welchen Sie haben, ist gewiß der einzig wahre, weil er einzig zum tätigen Guten führt; und tätiges Gute ist allein wahre Tugend und Glaube.

Ich hoffe von Gott dieses Jahr einige Tage, wo das Glück mich Sie mit meinen Augen wird sehen machen. Der Ewige erhalte Sie und Ihren edlen Friedrich und Sophie. Mein Herz klopft bei dem Gedanken des Gefühls, Sie von Angesicht zu sehen; Gott gönne mir es.

Hat Ihnen der gute, liebe Lavater auch vom Magnetisieren geschrieben, welches er an seiner Frau erprobte? Ich sah das Spiel auch in Paris und Straßburg. Ich will nicht urteilen. Aber der Zug des Anhängens an das Außerordentliche und Wunderbare, so durch die ganze Menschengeschichte läuft und so sehr hinreißt, gab mir Zweifel und Widerwillen an den Auftritten, die ich sah – und dies am meisten, weil die Proben dieser neuen Kunst immer nur an Personen meines Geschlechts gemacht werden. Ich küsse Ihre Hände mit Dank, mit Liebe und Verehrung.

Untertänige La Roche.

158. Sophie von La Roche an Gottlieb Konrad Pfeffel

Speyer, 12.2.1786

Teurer, würdiger Freund! vergeben Sie meine Saumseligkeit, aber ich war in vieler Verwirrung, seit ich Ihren lieben Brief und die noch liebere Oltner Rede las; für beides danke Ihrem Geist wie Ihrer Freundschaft, denn Sie könnten mir ja gut sein, ohne es mir auf eine so vortreffliche Art zu sagen, oder könnten alle Ihre Wissenschaft ohne das edle, menschenfreundliche Herz besitzen, welches einen so schätzbaren Gebrauch von den Gaben Ihres Geists und den Verordnungen des Schicksals macht. Mein teurer Freund sagt mir jetzt, ob ich ihm nicht für seine Güte für mich und die Meinen danken solle.

Unsere Caroline ist wohl und hat einen großen Beweis von Vernunft und gutem Herzen gegeben, da sie so gern den Carneval von Mannheim verließ und mir in das einsame Speyer zu dem unpäßlichen La Roche folgte, ohngeachtet mir würklich wegen ihr leid ist, daß mein Aufenthalt unterbrochen wurde, weil sie, nachdem sie bei Frau von Erthal speiste, auch bei Groschlag und Dalberg Essen und von mir Winke zu edler Nacheiferung des Tuns und Wesens erhalten hätte, welche ich ihr in dieser Gesellschaft vorzeigen konnte. Ich habe unsere Betten dagelassen und hoffe, es noch ein-zuholen, denn ich wollte Liseta nicht ohne mich dalassen, und es ist auch gut, wenn man ein wenig Resignation lernt.

Von Dalberg will Ihnen eine Visite machen, denn man wünscht den einzigen Sohn eine Zeitlang unter Ihrer Leitung zu haben, als Externe mit dem Gouverneur, der ein schätzbarer Mann ist. Viel-leicht komm ich im Frühjahr mit zum Besuch. Schicken Sie mir einen Plan der Erziehung; meine Papiere sind verschoben, aber mein Herz nicht, welches Sie und Madame Pfeffel liebt und ehrt –

Sophie La Roche.

159. *Sophie von La Roche an Elise zu Solms-Laubach*

Speyer, 4. 3. 1786

Wie lange habe ich der besten Fürstin nicht geschrieben; aber wie lieb ist mir doch, es nicht eher getan zu haben, denn ich hätte Ihrem edlen Herzen Kummer gegeben, wenn ich von dem neuen trauri-gen Anfall gesprochen hätte, der die Gesundheit des La Roche betraf und viele Wochen dauerte. Nun ist's besser, und Sie nehmen Anteil an der Freude, wie Sie es an dem Weh genommen hätten. Ich hoffe, der Winter in Laubach war so sanft, wie die Luft es in hiesi-gen Gegenden war, und daß die wohltätige Natur dadurch Ihrem Körper die Kraft gab, die Erschütterung zu tragen, welche die Tren-nung von Friedrich Sie kosten wird. Denn Ostern nähert sich, und dies ist, wie ich weiß, die bestimmte Zeit der Abreise und völligen Ausbildung.

Der Allmächtige erfülle die Wünsche der treuen Mutter, schreibt und betet mein Herz. Ich habe indessen von meinen jüngeren, abwesenden Söhnen vortreffliche Zeugnisse erhalten, besonders von meinem in Berlin als Königlicher Eleve bei dem Bergwerk ste-henden Carl, von welchem der Herr Minister von Heinitz alles sagt, was meine Seele von Gott selbst für meinen Sohn erbitten könnte: Talente, Fleiß, Sicherheit, daß er ein geschickter, nützlicher Mann wird, und *untadelhafte Sitten.* Erlauben Sie mir, daß ich Sie hier einen Brief von dem jungen Mann lesen lasse, und lassen Sie mich auch bitten, den Jüngling nur mit einem Wort zu segnen, denn Tugend und Kenntnis ist alles Glück, was seine Eltern ihm geben können.

Darf ich noch eine fremde Bitte beifügen, die meinem Herzen eben so teuer ist – für eine junge Dame von Stande um eine Stelle als Gesellschaftsdame sorgen zu helfen, welche nicht schön, aber wohlgewachsen, voll Güte, Heiterkeit, Anstand, Kenntnis und höchstliebenswertem Umgang ist, Französisch und Englisch spricht und gewiß von einer edeldenkenden Dame als Tochter geliebt würde, wenn sie sie einmal kennt, zur Freundschaft geboren ist und viel Geschmack in schöner Kenntnis hat, auch sehr reines Teutsch redt und artige Talente daneben besitzt; ich kenne sie und liebe sie unendlich, ohne zu viel gesagt zu haben.

Ich verlor indessen meine Freundin Baldinger in Kassel und erhielt von Kästner die Abschrift der Verse, welche er auf ihren Aschenkrug schrieb:

> Durch Witz belebt, durch Kenntnis aufgeklärt,
> War gut zu sein doch ihr noch größrer Wert.
> Treu ihrer Pflicht, zu glänzen unbemüht –
> Nun lohnt sie Er, der ins Verborgne sieht.

Sie vergeben gnädig mein Schweigen und erlauben die Bitte um Nachrichten von Ihrem Wohl und von der Dauer Ihrer Güte für

Sophie La Roche.

Ach, morgen ist Friedrich; Ewiger! segne den Sohn von Elise Solms.

160. Sophie von La Roche an Elise zu Solms-Laubach

Speyer, 17. 3. 1786

Es ist unmöglich, daß Elise von Solms irgend etwas begehren kann, ohne daß mein Herz Freude hätte, es zu tun. Möge ich oft so leicht Ihre Befehle erfüllen können wie den letzten. Das *Musikalische Archiv,* sagen unsere Kenner, sei gut und verdiene, gesucht und gekauft zu werden.

Ihre Bemerkungen über musikalische Übungen und Kenntnisse sind sehr richtig. Es ist hierin wie in allem wahr: Dem Reinen ist alles rein. Cäcilia wird bei dem Klavier eine Heilige. Andre werden zum Wanken gestimmt und machen nachdem durch ihr Talent auch andre strauchlen. Doch dünkt mich immer das Klavier weniger verderblichen Reiz zu haben als die Harfe und die Laute, denn schon die Stellung des ganzen Körpers und der Arme ist viel anlockender als bei dem ersten. Musik, als Hauptsache geübt, hat wenig Einfluß auf Verbesserung, wie man es bei allen sieht, die als Nahrungszweig damit umgehen, und ich glaube wie Sie, daß es daher kommt, weil die Musik die Seele zu weich macht. Als Nebensache wird sie Erholung, Besänftigung, Freund, der in Angelegenheiten, wo gute Ursachen hindern, sein Herz niemand zu öffnen, uns hört, uns antwortet, tröstet und das Überfließende auffaßt, ohne daß wir Verräterei zu fürchten haben. Ich werde Ihnen also das *Archiv* zuschicken. Dieser Brief muß aber heut weg, weil ich Ihnen schreiben mußte; mein Herz führte mich dazu, weil Sie von dem Klavier sprachen, wie ich im Ideal es dachte. O wenn! wenn kommt die Zeit, wo ich Sie sehen werde, Sie reden hören werde. Sie fliegen dahin, die Jahre, auf den großen Fittichen des grauen Manns, der uns das Sandglas mit den langsam abfließenden Sandkörnern zeigt. Jugend, Kräfte, Freude und Hoffnungen fliehen mit; wenn nicht Kenntnis und Rückerinnerung einer guten Tat uns blieben, wie viele Tränen weinten wir dem Alten nach.

O lassen Sie, lassen Sie mich wünschen, daß Ihre Seele nach der Abreise Ihres edlen, würdigen Sohns ein Bedürfnis großer, schöner Zerstreuung fühlen möge und daß Sie durch dieses Gefühl mit Ihrer Sophie, mit einem rechtschaffnen Mann und einer Kammerdienerin in eine Kutsche getrieben ganz einfach nur mit Ihrer im moralischen Gebiet so ausgezeichneten Seele nach Mannheim reisten, mir einen Wink gäben und dann im Naturalienkabinett, in der Galerie, im Antikensaal und auf dem Observatorium sich umsähen und die Eindrücke bemerkten, welche alle dies auf die liebenswürdige Tochter machte. Sie kämen, wenn die Kurfürstin weg ist, wären also nicht geniert und machten Sophie La Roche sehr glücklich.

161. Sophie von La Roche an Jakob Sarasin

Speyer, 20.7.1786

Gestern, teurer Freund Sarasin, erhielt ich Ihren Brief, und vorgestern ging einer von mir an Sie ab. Ich freue mich unendlich, daß Sie mit meiner Freimütigkeit, Ihnen Herrn Merck zuzuschicken, zufrieden waren, und danke Ihnen, daß Sie dieses mir schreiben. Sie lieben rechtschaffene Leute, deren Herz und Gesellschaft mir so gute Tage gaben! Herr von Hohenfeld sagt Ihnen beiden tausend Schöns, und ich will Ihnen einen kleinen Streit sagen, welchen ich mit ihm hatte. Er führt meinen Carl nach Engelland und mich mit seiner Frau Schwester nach Spa und Holland, ja, wenn letzte wohl genug bleibt und wir als gescheute Weiber uns aufführen, nicht kremplen, nicht delikat tun wollen, so sollen wir in Zeit von sechs Wochen Spa, Holland und London sehen. Mein La Roche ist in Frankfurt bei seiner Schwester recht wohl und gönnt mir diese sechs Wochen recht gern. Nun möchte Herr von Hohenfeld einen Kreditbrief auf 3 000 Gulden nach London haben, könnte ihn durch die Bethmänner leicht erhalten, aber der Charakter dieses Hauses gefällt ihm nicht. Ihr Brief, mein Freund, kam eine halbe Stunde nach dieser Unterredung, und ich sagte: Sarasin gibt Ihnen diesen Kreditbrief gewiß mit viel mehr honetten Bedingungen als Bethmann. Nun möchte Herr von Hohenfeld wissen, wohin er einen Depot von diesem Betrag für Sie niederlegen und dann den Kreditbrief in 10 Tagen von Ihnen erhalten könnte. Wir wollen die Reise so sparsam machen als möglich, ohne Bedienten, ohne Jungfer, wenig Kleider zu Prunk, nur Verstand und Freundschaft die Fülle. Ich werde der Schwamm von der Gesellschaft sein, der alles in sich saugen wird. Wünschen Sie mir eine gesunde Seele und Augen, um alles zu bemerken und wieder mitzuteilen. Der Himmel segne die Luft zu Pratteln für Sie, schätzbarer Mann, für Ihre so liebenswürdige Frau und Kinder. Haben Sie Dank für Ihre Freundschaft für mich, erhalten Sie sie mir. Leben Sie, so wohl Sie es verdienen. Und weil Sarasin mit seinem guten Auge mich dennoch als gutes Weib mit seiner teuren Frau umarmte, so umarme ich ihn und sie, wie die beste ältere Schwester mit stolzer Zärtlichkeit einen würdigen jüngeren Bruder und jüngere Schwester umarmt, und die holden, lieben Töchter alle von Herzen – Ihre La Roche.

P. S. Vergessen Sie den Brief an Cagliostro nicht und machen Sie, daß er mir gut ist, der edle Mann.

162. Sophie von La Roche an Elise zu Solms-Laubach

Speyer, 4. 11. 1786

Nur wenige Worte an die beste Fürstin. Ich bin seit acht Tagen wieder zurück, schicke mich an, meinem schätzbaren Mann nach Offenbach zu folgen – Offenbach, wo ich unter dem Schutz Ihres Hauses stehen werde – eine Freude für mich und die Gewißheit, Sie, höchst edle, geliebte Fürstin, bald selbst zu sehen. Der Himmel gebe Ihnen alles Wohl, das mein Herz Ihnen wünscht, und mir das daurende Wohlwollen des Ihrigen.

Meine Reise kostet mich manches; aber Engelland ist Mühe, ist Kummer wert.

O Sie edle, wahre Frau! sollen ganz sehen die Seele

von Sophie La Roche.

Wie viel Schöns aus der Schweiz und von Karls[ruhe] über unsern Solms. Segen über seine Stunden.

163. Sophie von La Roche an Jakob Sarasin

Speyer, 11. 11. 1786

Da bin ich wieder, liebe, teure Sarasins, gerne wieder, ohngeachtet Engelland das Land sein würde, welches mich neben der Schweiz im Wählen wankend machen sollte.

Mein kleiner Londoner Brief hat Ihnen von den zwei Besuchen bei dem merkwürdigen Grafen Nachricht gegeben. Ich sah ihn nachher nicht wieder, und er nahm auch meine kranke Freundin nicht weiter an. Ich glaube, es geschah, weil er viel Verdruß von Morandes auszustehen hatte und von den Ärzten auch verfolgt wurde; da schloß er sein Haus allen, ausgenommen dem George Gordon. Er liebt Sie und freut sich, von Ihrer Liebe zu hören. Sie ist eine gute, artige Frau. Aber von all diesem bald mehr. Ich muß einpacken. La Roche will in Offenbach wohnen, weil ihm Luft und Ärzte mehr bekommen . . . Sophie von La Roche.

164. Sophie von La Roche an Johannes von Müller

Speyer, 9. 12. 1786

Kommen Sie, teurer Freund Müller! Sie sollen den letzten Brief haben, welchen ich in meiner lieben grünen Stube in Speyer schreiben werde, denn mein guter La Roche ist überredet worden, in Offenbach zu wohnen, und ich will morgen früh zu ihm reisen. Ungern verlaß ich das einsame, stille Speyer, ungern verliere ich den unterrichtenden Umgang und die erlesene Büchersammlung des Herrn von Hohenfeld; ich verliere alles, was ich am meisten schätze, aber ich folge meiner Pflicht und bitte den Himmel, den Einfluß der ausgewählten Luft und Gesellschaft für meinen Mann zu segnen. Ich schrieb Ihnen aber sehr wenig vor meiner Abreise nach Holland und Engelland, schickte Ihnen einige Blätter von dem Reisejournal eines sehr wackern jungen Mannes, welcher vielleicht jetzo oft mit Ihnen und dem schätzbaren Heinse sein wird, denn er soll künftige Woche sich bei Frau von Coudenhove zeigen, und dann geschlossen werden, ob er die Verdienste eines Hofmeisters mit denen eines klugen, erfahrnen und gefühlvollen Mannes vereint. Er liebt Kinder ungemein, welches man im ersten Moment bei seiner Lebhaftigkeit nicht so denken sollte. Ich empfehle ihn Ihrer und Herrn Heinses Freundschaft. Herr Neckermann verdient sie, nicht nur wegen seinem Verstand, sondern wegen seiner edlen Rechtschaffenheit des Charakters.

Jetzo müssen Sie mein Schweizerjournal haben, teurer, werter Schweizer! Ich bitte Sie inständig, sagen Sie mir was darüber in einem Brief, welchen ich Sie bitte, nach Offenbach zu schicken. Ich weiß kein Wort mehr, was ich darin schrieb, aber es ist mir, seit es gedruckt ist, herzlich bange für das arme Ding, welches ich meinen Töchtern zueignete, und ihnen treuherzig erzählte. Meine englische Reise würde der schönste Punkt meines ganzen Lebens geworden sein, wenn nicht meine Entfernung von Speyer unmittelbar darnach gefolgt wäre, denn, teurer Müller, nach den großen Gedanken und Gefühlen, welche meine Seele bei den Wundern der Schöpfung und dem Glück der Freiheit in der Schweiz empfand, konnte Engelland allein jedes edle und erhabene Bild der Natur und Menschenarbeit mir darstellen. Es ist herrlich, erst über das Meer, mit dem Kampf der Menschenkraft gegen dieses Geschöpf der Allmacht auf die schöne Insel kommen, dann sich der großen Auftritte der Geschichte des Landes erinnern und dann alles sehen, was die liebe Mutter Natur und der Genius dieses glücklichen Landes an Schönheit, Fruchtbarkeit, Wahrheit, Geschmack, Kenntnis des Edlen, Großen hier verbreitete. Es sind selige Erinnerungen für den Abend meines Lebens, sollte ich auch nur an die Denkmäler in

Westminster mich erinnern und noch Segenstränen über die weisheitsvolle Menschenliebe von Doktor Monro weinen, wie ich Bedlam sah. Ich hoffe, Sie und Heinse einst in Offenbach zu sehen. Adieu von Ihrer Freundin   Sophie La Roche.

Fünftes Kapitel

*„Es sammlet sich eine gute Gesellschaft
edler Seelenfreunde zu meinem Empfang
in Elysium"*

Briefe aus der Zeit in Offenbach bis zum Tod
des Sohnes Franz Wilhelm
(1786–1791)

165. Sophie von La Roche an Elise zu Solms-Laubach

Offenbach, 20. 12. 1786

Nun bin ich, edle, gütige Fürstin, in einem Ort, wo Ihr Geburtsname heilig ist, bin näher bei Ihnen, habe nähere Hoffnung, Sie einst und vielleicht bald zu sehen, wenn der Himmel meinen Mann wieder in etwas herstellt.

Vergeben Sie, wenn ich kurz bin; mein Mann leidet würklich an einer Art von Lähmung der rechten Seite, da bin ich und sein jüngster Sohn viel für ihn.

Ich habe den Fürsten und Fürstin von Birstein voll gütiger Achtung für mich gesehen, habe unlängst jemand gesprochen, der in Gießen den geliebten Sohn von Laubach als edlen Jüngling sah und über die Verdienste des Geheimen Rat Boehm entzückt ist, wie ich es über die erneute Versicherung Ihrer Güte sein werde. Der Himmel gebe Ihnen und Sophie heitre Wintertage. Noch eine Bitte, edle Seele! Wenn Sie eine Fürstin wüßten, welche gerne eine vortrefflich erzogne junge Dame von etwa 27 Jahren um sich hätte, welche keinen großen Gehalt verlangt, indem sie selbst etwas Einkünfte von 300 Sächsischen Talern hat, Englisch und Französisch vollkommen weiß, viele Kenntnis, Artigkeit, Heiterkeit und ein vortrefflich Herz hat – o so schreiben Sie mir, wenn Sie eine solche Frau wüßten, und vergeben [Sie] mir meine Bitte. Das edle Geschöpf hat einem großen Haus das Opfer gemacht, die Hand des Bruders des regierenden Fürsten auszuschlagen, und wünscht nun in Entfernung von diesem Hof zu leben.

Ich drücke Ihre Hände an mein Herz –

Ihre ergebenste La Roche.

166. Sophie von La Roche an Christian Friedrich von Blanckenburg

Offenbach, 29. 12. 1786

Sie haben mir schon edelmütig Freundschaft bewiesen; lassen Sie mich Sie bitten, nach meinem geliebten, *tugendvollen* Sohn Carl von La Roche, preußischer Bergkadett, zu fragen. Er ist seit dem

6. Dezember von Erfurt weg und noch den 23. nicht in Berlin angekommen, da doch ein Wechsel dort erhoben wurde, welchen er bei sich hatte.

O Herr von Blanckenburg! was kummer- und trauervolle Bilder sind in meiner Seele. Der edelste, beste junge Mann! Göttliche Vorsicht! Ich muß den Schmerz allein tragen; sein Vater ist erst von einer Krankheit genesen. Tun Sie alles. Ich ersetze alles.

Sophie La Roche

167. Christoph Martin Wieland an Sophie von La Roche

Weimar, 3. 1. 1787

Ohne Zweifel, meine teuerste Freundin, sind Sie, bereits ehe Sie dieses Blatt erhalten, nicht nur durch einen Brief unsers vortrefflichen Barons von Dalberg, Statthalters zu Erfurt, sondern auch eigenhändig von Ihrem liebenswürdigen Carl aus der Todesangst gerissen worden, worin Ihr letztes an mich (vom 29. Dezember) geschrieben war. Wofern Sie aber auch wider Vermuten noch keinen Brief von Ihrem Carl hätten, so können Sie doch den Nachrichten, die ich aus des Herrn Statthalters eigenem Munde habe, zufolge seinetwegen ganz außer Sorgen sein, wie Sie aus dem Detail ersehen haben werden, den Herr von D[alberg] Ihnen geschrieben zu haben versichert. Kein Unglück kann dem lieben jungen Mann nicht begegnet sein, dies ist gewiß (denn sonst hätten wir schon lange Nachricht davon, selbst in den öffentlichen Blättern der hiesigen Gegenden), und daß der Wechsel, den er bei sich hatte, in Berlin bezahlt wurde, ohne daß er selbst da war, beweiset weiter nichts, als daß er selbigen unterwegs, da er seinen Reiseplan änderte und wegen Besuchung der mansfeldischen und andrer Bergwerke eine ziemliche *Détour* zu machen vorhatte, an jemand negoziierte, weil er vermutlich Geld brauchte. Doch, wie gesagt, über alles dies müssen Sie jetzt bereits von ihm selbst beruhigt sein.

Gebe der Himmel, liebste Base, daß dieser Kummer Ihres mütterlichen Herzens auf viele, viele Jahre der letzte sei! Meine zärtlichsten Begrüßungen an Ihren La Roche, den ich von ganzer Seele verehre und liebe. Möchte mir nur einmal noch in meinem Leben gegönnt sein, ihn und Sie zu sehen und mich mit Ihnen auf die Trennung zu letzen, die uns allen unvermeidlich bevorsteht! Mein ganzes Haus empfiehlt sich Ihnen, und von der Großmutter bis zur Urenkelin ist in meiner patriarchalischen Familie alles gesund und wohl und mit seinem Zustande zufrieden, mit Einschluß Ihres alten und unwandelbaren Freundes.

168. Sophie von La Roche an Fritz von La Roche

Offenbach, 5. 1. 1787

Nur zwei Worte, mein Sohn! Wir haben Ihren Brief aus Amsterdam, der uns aus einer großen Furcht errettet hat, weil Privatbriefe gemeldet hatten, der Chevalier de la Roche sei arretiert worden. Mein Sohn! Halten Sie, im Namen des Himmels, einmal inne in Ihrer Unentschlossenheit; wenn, wie Carl sagt, nichts als die geringe Schönheit einer Person Sie daran hindert, sich in eine Verbindung zu begeben und in Ehren Ihren Wohlstand zu genießen, gehen Sie doch ein wenig mit sich zu Rate. Wenn ihr Charakter sanft ist, ihr Herz gut, wenn sie Sie liebt – mein lieber Freund! Sie, der Sie das Glück lieben, der Sie Vernunft und Grundsätze haben, Sie dürfen nicht Ihrerseits das Vergnügen Ihrer Augen der Aussicht opfern, ohne Mühe und Sorgen zu leben. O mein Sohn! denken Sie daran, was Ihr Vater von Ihrer Instabilität leidet – von mir ganz zu schweigen; ich zähle nicht mehr, außer in den Augenblikken, wo ich etwas für meine Kinder und ihren Vater tun kann. Ich bin mit Ungerechtigkeiten überhäuft worden. O wenn doch alle glücklich wären, und Sie, mein Sohn, an erster Stelle, aber edel, mit einem großzügigen und ehrlichen und guten Herzen. Mein Sohn! Sie verstehen es, Liebe zu erwecken. Machen Sie edlen Gebrauch von dieser Gabe der Natur, und legen Sie das zum Grund Ihres Glücks und desjenigen Ihres Nächsten.

Man sagt mir, der Prinz von Dessau habe eine hübsche Mätresse, die Tochter seines Wörlitzer Gärtners. Die Prinzessin ist taub geworden; es wäre vielleicht besser, sie wäre blind.

Adieu von Papa, der nicht selbst schreiben kann, und von Franz und von Cordula und von mir. Kommen Sie, ich bitte Sie, von Zeit zu Zeit. Adieu und meine Wünsche für Ihr Glück.

Ihre Mutter von La Roche, geborene von Gutershofen.

169. *Sophie von La Roche an Fritz von La Roche*

Offenbach, 31.1.1787

Mein Freund! zuerst muß ich Ihnen melden, daß ich soeben die Silhouette der Frau de l'Espinasse erhalten habe; sie verspricht viel Herz und Geist; sagen Sie ihr, daß Ihr Vater und Ihre Mutter ihr für das Vergnügen danken, das sie uns bereitet hat, indem sie uns ihren Schattenriß zusandte, und daß wir sie segnen, nicht nur für das Glück, das sie über Ihre Tage ausgießen wird, sondern auch für die großmütige Freundschaft, die sie für Ihre Eltern zeigt, da sie den Abend unseres Lebens verschönern will durch ihre Gesellschaft und auch durch die Ihrige, indem sie die Zustimmung gibt, hier mit uns zu leben. Es ist gut, mein Freund, daß sie alle angeborenen Tugenden Ihres Herzens neu belebt, indem sie so lebhaft in die Ausübung der Pietät eines Kindes gegenüber seinen Eltern eintritt, die Sie belebt; sagen Sie ihr, daß ich entzückt bin, daß sie Sie lieben lehrt, denn geben Sie es zu, Sie verstanden dies bisher nicht. Aber es macht mir ein großes Vergnügen, daß Ihr Herz erst durch die Qualitäten erfüllt werden konnte, die Sie an Ihrer Freundin Elsy bewundern. O mein Fritz, wie liebe ich Sie für diese Liebe; wie würde ich meine Schwiegertochter lieben, die Sie Ihr eigenes Herz fühlen macht.

Schätzbare und liebe de l'Espinasse! Ich wende mich an Ihr Herz; Sie sind Mutter, Sie sind Freundin; denken Sie daran, was die Mutter von Fritz von La Roche für Sie empfinden muß, wenn sie in den Briefen Ihres geliebten Sohnes liest: „Die Tugend hat das Herz meiner Freundin gebildet, und dieses Herz bedeutet mein Glück." Meine würdige Freundin! Gott segne Sie; lassen Sie mich Ihnen versichern, daß Sie sich, wenn Sie Ihren Fritz lieben, damit auch die Liebe seiner Eltern verdienen werden.

Adieu! meine Kinder; Papa und ich umarmen Sie und segnen Sie mit Zärtlichkeit. Jeder Sonnenstrahl macht uns Vergnügen, weil er uns dem schönsten Frühling unseres Lebens näher bringt.

Das Glück unseres ältesten Sohnes, die Hände der tugendhaften Liebe – o meine Tochter! meine würdige Tochter. Wie ich Sie liebe, und Sie auch, mein Sohn. Adieu!

170. Sophie von La Roche an Elsy de l'Espinasse

Madame, Offenbach, 4. 3. 1787

Ich bin an einen angenehmen und freundschaftlichen Briefwechsel
gewöhnt, aber ich versichere Ihnen, daß ich noch nie einen Brief
empfing, der durch seinen Ton und Inhalt mein Herz so direkt
berührt hätte wie derjenige, den mir mein Sohn von Ihnen vorlegte.
Sie sind Freundin und Mutter; Sie wissen, bis zu welchem Punkt
man stets die Übereinstimmung der Gefühle mit einer Person
wünscht, mit welcher man in Verbindung treten muß; Sie wissen,
wie sehr eine gute Mutter das Glück ihres Kindes wünscht, und ich
finde das eine und das andre vereint im Charakter und im Herzen
der schätzenswerten Madame de l'Espinasse. Mir scheint, daß ich
auf alles, was Sie in Ihrem lieben Brief sehen lassen und zum Ausdruck bringen, nicht würdiger antworten kann als dadurch, daß ich
aus meines Herzens Grund sage: Gott segne Sie. Sie haben mir
einen geliebten Sohn erhalten; Sie haben ihn sichergestellt gegen
den Kummer, den ihn die Ungerechtigkeit der Menschen fühlen
ließ. Ihr Herz ersetzt ihm das Gute, das er getan hat, und Ihre Zärtlichkeit gibt ihm das Glück, das er verdient. Gleichzeitig schenken
Sie mir eine Tochter, die ich mir zur Freundin gewählt hätte, wenn
es möglich gewesen wäre, daß ich Sie trotz der Entfernung hätte
kennenlernen können. Ich empfange Sie, meine Freundin, als ein
Geschenk der Vorsehung; empfangen Sie als Gegengabe die Versicherung meiner Hochschätzung und Freundschaft von meiner ganzen Familie, von mir aber alle Empfindungen einer zärtlichen und
empfindsamen Mutter. Wenn Sie mich sehen und beobachten,
werden Sie finden, meine würdige Madame de l'Espinasse, daß in
diesem Brief mein Herz und die Wahrheit liegen.

Mein Gatte denkt über Sie wie ich; er ehrt Ihre Tugenden, er segnet Ihr Herz dafür, daß Sie das Glück unseres Sohnes gegründet
haben. Wir vereinen uns alle, um Sie in unserem Schoß die Empfindungen der Liebe einer Familie wiederfinden zu lassen, die Sie
für unseren Sohn verlassen. Versichern Sie Ihrer Frau Mutter, daß
ich vor Gott ihre Stelle einnehmen und ihre Pflichten erfüllen
werde. Sie werden, meine liebenswürdige Tochter, eine schöne,
lachende Gegend finden, einen schönen Fluß, der den Saum jenes
Landstücks umspült, das wir zu Ihrem Garten bestimmen, eine
Gesellschaft sehr ehrenwerter Leute, alle wohlhabende Refugié-

Familien, freundlich, fröhlich und gebildet; die Nähe der Stadt Frankfurt bietet Ihnen eine Auswahl der ausgebreitetsten Bekanntschaften, Schauspiele, Bälle und Konzerte. Die hiesigen Häuser Bernard und d'Orville unterhalten eine Theatergesellschaft, veranstalten zwanglose Assembleen und Konzerte. Glauben Sie nicht, meine würdige Freundin, daß ich die Annehmlichkeiten des Wohnorts Ihres Freundes La Roche verschönere. Ich wage zu sagen, daß Sie es besser finden werden, als ich es male. Mein Fritz sagte mir diesen Morgen: „Mama! Helfen Sie mir, daß ich bald zu meiner Freundin zurückkomme. Sie werden nicht glauben, was ich in den Stunden fühle, in denen ich sie sonst um mich zu haben pflege." Ich habe es ihm versprochen, und ich verspreche es Ihnen, würdige Frau, die Sie bewiesen haben, daß er zu lieben fähig ist. Ich gebe Ihnen darüber Rechenschaft, meine Freundin; wir werden uns eines Tages hierüber an den Ufern des Mains unterhalten. Inzwischen, liebe Freundin! will ich, daß Sie mir alles sagen, was Sie hier zu finden wünschen; ich bitte Sie, mir zu glauben, daß Ihre Mama von La Roche glücklich sein wird, es Ihnen zu verschaffen. Nun habe ich noch einen Auftrag von Papa La Roche für die junge Elsy de l'Espinasse; er ist entzückt von dem Geschenk, das sie ihm mit ihrer schönen Handschrift gemacht hat, und dankt ihr vielmals für dieses Zeichen ihrer Freundschaft. Wenn seine Hand nicht zittern würde, hätte er Ihnen, Madame, und der liebenswürdigen Elsy selbst geschrieben. Sagen Sie es ihr, ich bitte Sie, mit tausend schönen Sachen meinerseits, aber zeigen Sie ihr meine Handschrift nicht; sie würde sich über mich lustig machen, daß ich so alt bin und keine schöneren Buchstaben malen kann; dafür werde ich ihr aber hübsche Geschichten erzählen und sie sehr lieben.

Empfangen Sie, Madame und liebe Tochter, die Versicherung meiner wahren und zärtlichen Hochschätzung, und glauben Sie, daß Sie bei edlen Seelen sein werden, die Sie zu lieben wissen und die Ihnen teuer sein werden.

Gott erhalte Ihre Gesundheit und segne Ihre Tage. Ich umarme Sie mit einer Ihrer und meiner würdigen Empfindung, denn Papier und Zeit befehlen mir zu schließen. Ich bin, Madame, von ganzem Herzen

Ihre zärtliche und glückliche Mutter   Sophie von La Roche.

N. B. Meine Freundin! Der arme Fritz konnte nicht mehr schreiben.

171. Sophie von La Roche an Elise zu Solms-Laubach

Offenbach, 8. 3. 1787

Da der Sohn, welcher sich verheuraten will, würklich hier ist und vieles erzählt, so kann die Mutter nicht viel schreiben, aber doch danken der lieben Fürstenseele, welche so hold und freundlich mir schrieb.

Dieser Sohn Ihrer Sophie La Roche ist der älteste und Kavalleriehauptmann in französischen Diensten, heuratet eine Holländerin, die Wittib von 25 Jahr und Frau eines großen Verstandes und guten Herzens bei großem Vermögen ist. Sie kaufen sich hier ein Haus und Garten an. Im Juni wollen sie hier sein, wie ich im Mai die Pfingstfeiertage in Laubach sein werde.

Ihr Papa Boehm wird mich freuen, weil er Ihnen so lieb ist und so verehrungswert. Mein Freund, der Professor Wucherer in Karlsruhe, einer der besten Köpfe und Charaktere, hat mir mit *Enthousiasme* von ihm gesprochen. Der Himmel erhalte den vortrefflichen Mann und ersetze Ihnen durch seine Hand den Verlust, den Sie litten. Möchten Sie nicht einen Zögling von Professor Jung zum Forstmeister haben? Herr André will die sanfteste Töne vereinen, um zu Jacobis Lied eine würdige Melodie zu finden. Ich muß also um die Gnade bitten, es mir wieder zu schicken, wie die Abschrift von Salis' Versen an Pfeffel, welche Ihnen nachher wieder senden werde. Der Brief war nicht von Georg, sondern von Helene Jacobi. Diese ist am Sterbbette des edlen, frommen Manns, ein äußerst schätzbares Mädchen voll männlichen Geistes.

Hier kommt der Pränumerationsplan wieder zu Ihnen; behalten Sie ihn, und wenn es möglich ist, denken Sie an die edle Keralis für mehr Subskribenten. Die Castalische Parodien kenne ich nicht, will sie aber suchen kennen zu lernen. Das böse Herz eines Mannes von Geist ist eben so gefährlich für die Menschheit, als das böse Herz eines Fürsten, der viele Gewalt hat.

Der Fürst und die Fürstin von Isenburg waren lange in Kirchheim und seit vier Tagen hier, morgen gehen sie nach Birstein zurück. Diesen Nachmittag sehe ich sie noch, das gütevolle, edle Fürstenpaar.

Ich küsse Ihre Hände und drücke sie an mein Herz –

La Roche.

172. Sophie von La Roche an Elise zu Solms-Laubach

Offenbach, 10.4. 1787

Vergebung, edle, gütige Fürstin! über mein Schweigen. Ich war im Traum mit der *Geschichte meiner Lony* und dann bei den Wachenden meines Hauses. Darf ich Elise von Solms fragen, ob Sie das Denkmal von *Miss Lony,* so wie es aus meiner Feder ohne Verbesserung und Feile dasteht, lesen möchten, ob Sie mir mit der so verehrungswerten Freimütigkeit sagen wollten, was gut, was nicht gut ist? Ich bin in einem sonderbaren Gedränge wegen drei Erzählungen. Der ehrliche Mann, welcher das Materielle meiner armen *Pomona* besorgte, erhielt einige Briefe, in welchen der Wunsch geäußert wurde, daß doch meine Erzählungen *à part* gedruckt würden. Ich war es zufrieden. Er veranstaltete es während meiner Pariser Reise. Aber anstatt von den zwölf Erzählungen zwei kleine Bändchen zu machen, setzt er in jedes nur fünf. Dies wär auch gut gewesen, wenn er nur nicht das dritte Bändchen mit den zwei übriggebliebenen angefangen und mich die Druckkosten hätte bezahlen machen, so daß ich entweder dieses ausgelegte Geld verlieren oder um der Gleichheit mit den zwei ersten wegen nun noch drei Geschichten liefern muß, von denen *Lony* eine ist.

Vergebung! beste Freundin, für die Zudringlichkeit mit dieser Träumerei, aber sie liegt mir nah, und da man behauptet, die erste Skizze einer Arbeit sei immer am nächsten bei den wahren Gesinnungen des Verfassers, so möchte ich wohl ganz wahr vor Ihnen dastehen, einen gütigen Blick verdienen und mich über die Beweise Ihrer Güte in Bemerkung der Fehler freuen –

Ihre La Roche.

173. Sophie von La Roche an Jakob Sarasin

Offenbach, 19.4. 1787

(. . .) Ihre Frau umarme ich herzlich, gerade dafür, daß sie mir nicht schreiben wollte, denn ohne dieses hätte ich ihres Jakobs Brief nicht erhalten, der mir würklich nicht nur seines Inhalts wegen, sondern als Beweis Ihres schönen Gehorsams ungemein wert ist. Aber bei alle dem machte mich Ihr Brief beinah an Hexen und Teufel glauben, denn Sie wissen, daß diesen Leuten die Gewalt zugeschrieben wird, Schätze zu zeigen und mitzuteilen. Da ich nun auf den vier Blättern Ihres Briefes den Schatz Ihrer Kenntnisse erblickte und genoß, so dachte ich natürlich: Sieh da! Hexen habe ich dieses zu danken. Und dann mag ich gar gerne mit verschiedenen Personen um einen Gegenstand herumgehen und jede davon sprechen hören. Es kommt so viel Liebes zu Tag. Ich wußte wohl, daß Jacques Sarasin einen guten, lieben Kopf hat; aber was nützte mich dies, so lange ich nicht in diesem Kopf spazieren gehen konnte, wie in einem gut angebauten Garten? Aber Dank sei meiner Eigen- und Ihrer Herzen-Liebe, nun habe ich ein schönes Stück des Gebiets Ihres Geists gesehen. Daß hübsche, weiße Weiber was bei Ihnen gelten, mag ich wohl leiden, wenn dieses nur nicht Ursache ist, daß Sie gegen die häßlichen Teufelgestalten Nachsicht haben. Schauern machte mich Ihr ruhiger, philosophischer Ton, mit dem Sie sagten, die Leute müßten immer etwas zum Verbrennen haben und es gab ihrer immer, die sich verbrennen lassen wollten. Dieser Teil Ihres Briefes, mein teurer Freund, traf doch gerade gegen die Religion, welcher Sie wegen der schönen Bilderungen einen Vorzug geben. O Sarasin! Keine Religion der Alten hatte eine Inquisition; keine erlaubte und befahl, Leute zu verbrennen, weil eine kranke Kuh keine Milch gab, wie viele hundert Magistratspersonen und Theologen der Christen zuließen ... Die Statuen der Alten, ihre Geschichtsbücher und Poesien liegen ohne Flor und Nebeldunst vor uns und beweisen, daß ihre Imagination schöner, menschenfreundlicher, Gott und der Natur näher war. Das Beste der katholischen Kirche, das Bild der Mutter der Liebe, die Schutzengel, schöne, heilige Nonnen wie Theresia sind doch nur Nachahmungen der Venus, der Genien und der Vestalen. Ernsthaft von meiner Hexenidee zu reden, betraf meine Frage allein den Gedanken, welchen ich bei meinem Abscheu äußerte, daß der Glaube an Satan und das Übergeben an ihn aus der gefährlichen Lehre der Theologen entstanden sei, da sie ihm die Gewalt über Reichtümer und Wollüste zuschreiben. Die Alten gaben ihren Faunen nichts als Weinschläuche zu verteilen, und diese waren nur für die Bacchantinnen anziehend.

O wenn doch Tage kämen, wo Sarasin und seine Frau ohnbeschäftigt in ihrem lieben Hause wären, Lavater zu ihnen käme, Schlossers da wären und ich Sie an der Seite von Ihrer Zoë sprechen hörte, manchmal auch eine Frage oder Anmerkung machte, liebe, liebe Freunde! was wären das für Tage!   S. v. La Roche

174. Jakob Sarasin an Sophie von La Roche

[etwa Mai 1787]

Es ist gewiß über Teufel und Hexen nie nichts Niedlicheres gesagt worden, als Sie mir in Ihrem Briefe sagen, und da Sie diesen Stoff so liebenswürdig und einnehmend behandeln, so erlauben Sie, daß ich Ihnen aufs Neue den Krieg ankündige, um, wann es Ihnen nicht lästig fällt, die Fehde länger dauern zu lassen.

Tun Sie mir nicht unrecht, verehrteste Freundin? Es ist nicht trokkene Philosophie, wenn ich die Menschen ansehe für dasjenige, was sie von jeher waren. Nicht die kleine Anzahl der Auserwählten gedenke ich dadurch zu kränken. Diese haben durch alle Jahrhunderte und alle Jahrtausende der Schöpfung die *ecclesia pressa* ausgemacht. Aber alle, die so am Staube des Erdenlebens kleben, haben von jeher verfolgt, was sie nicht erreichen konnten. Nicht nur die Inquisition der Katholiken hat getobt unter der Klasse der freidenkenden und freihandelnden Menschen: Sokrates wurde vom überklugen Areopag zum Giftbecher verurteilt, weil sein Genius den Eigensinn hatte, ihm die Verteidigung zu verbieten; Seneca wurde ein Schlachtopfer seines eigenen Schülers, weil er seine gräßliche Politik nicht billigen wollte.

Von den Geschichten, die zur Fabel geworden, von einem Apollonius und von der Verfolgung gegen die Pythagoräer will ich nicht einmal etwas erwähnen.

Wie viele ähnliche Geschichten gibt's noch, die nicht einmal bis auf uns gekommen sind! Ich werfe nur her, was mir eben in die Feder kommt; nein, Freundin, wir sind ungerecht gegen unser Zeitalter, wann wir das Altertum allzuhoch erheben. Es war immer der Fehler der Geschichtsschreiber, daß sie über dem Ausmalen ihrer Lieblingsbilder die Hauptzüge auf eine solche Art verunstalteten, daß gar keine Wahrheit mehr rein darin übrig blieb.   J. Sarasin

175. Sophie von La Roche an Fritz von La Roche

Offenbach, 14. 5. 1787

Hier, mein Sohn, das schöne Geschenk, um das unsere gute Elsy mich bittet. Es haben viele Dinge gemeinschaftlich daran mitgewirkt, daß meine braunen Haare weiß geworden sind; aber der Schnee auf meinem Haupt bedeckt, wie der auf dem Ätna, ein feuervolles Herz für alles Gute und Schöne. Erst durch die Hand des Todes wird es zu Eis erstarren. Sie werden es sehen, meine Tochter! Sie werden sehen, wie ich zu lieben und zu schätzen weiß.

Natürlich habe ich den Verlust der Kräfte und der Freude bedauert, die es dem Papa früher erlaubten, Reisen zu machen. Ich bedaure es doppelt, weil uns dies absolut verhindert, dem Herzensfest unseres ältesten Sohnes beizuwohnen, bei dem er mit der schätzbaren Freundin verbunden werden wird, die ihm Gott gegeben hat. Aber, meine guten Kinder! obwohl ich nicht nach Amsterdam kommen kann, werden Sie Ihre Mutter auf halbem Wege treffen; es ist mir unmöglich, Ihre Ankunft ruhig in meinem Hause abzuwarten. Meine Tochter Luise wird hier bleiben, um Papa zu versorgen, ich werde mich, wenn ich Ihre Niederlassung arrangiert haben werde, mit Chevalier Franz auf den Weg machen, um meine Tochter Elsy einige Tage früher in die Arme schließen zu können; unterdessen werde ich Gott um Segen bitten für meine Kinder in Amsterdam.

Diesen Augenblick, mein Sohn, kommen so viele Leute von Frankfurt mit Körben vollen Blumen zum Sophientag, daß ich Sie verlassen muß. Haben Sie die Stoffe bekommen, zwei Stücke, die an das *Hôtel des Armes* in Amsterdam adressiert waren?

Adieu, meine Kinder und meine Enkelin. Die liebenswürdigen d'Orville und Bernard erkundigen sich mit viel Freundschaftlichkeit nach Ihnen; ich denke mir, daß ihre Nachtigallen für Sie schlagen. Adieu.

176. Sophie von La Roche an Leonhard Meister

Offenbach, 6.8. 1787

Ich hätte bald gegen mich selbst gesprochen und gesagt, daß es zuviel sei, Ihre Schriften zu lesen und dann auch Briefe von Ihnen zu erhalten, aber Sie haben durch das menschenfreundliche Auffassen meines Wunsches so was Schönes getan, daß es ein Beweis Ihrer Kenntnis des wahren Schönen ist. Sie haben wohl auch die doppelte Wohltätigkeit davon gesehen; meine Geßner erspart eine Mühe, und ich verliere eine Sorge. Also wünsche ich Ihnen Glück zu dem vortrefflichen Gedanken, zwei guten Weibern eine edle Gefälligkeit zu erzeigen. Salomons Muse verdient wohl, von Ihrem Genius einen Dienst zu erhalten, denn ich bin sicher, daß Sie sie manche schöne Stunde belauschen und wohl schon oft froh waren, daß unsere Freundin Judith so edelmütig jede trockene Beschäftigung über sich nimmt, damit Geßner um so ruhiger kosen könne und daß es der liebe Mann wie alle Eroberer macht, daß er gerne erzählt, was die schöne Geliebte ihm zuflüstert, auch in reizenden Bildern sie zeigt und sich an der Lüsternheit ergötzt, welche er nach ihrer Gunst erregt, so wie ich sicher bin, daß das sanfte, aber durch Geßners Liebe stolze Mädchen gerne hat, daß Meister nach ihr sieht; und [da] ich schon manchen Philosophen voll Koketterie gekannt habe, so vermute ich, daß Sie wechselweis gerne mit der klugen, großmütigen Frau sprechen, den glücklichen Mann als Freund sehen, um auch hie und da einige Augenblicke zu haschen, das Bild von Geßners Glück zu betrachten. Dieser Genuß verdient wohl, daß Sie etwas Mühe dafür übernehmen, und das ist gerade ein kleiner Briefwechsel mit mir.

Keine Zirkelbriefe sollen es nicht werden, denn ich bin etwas neidisch; und dann soll nicht jeder wissen, was ich Meister sage.

Leuchsenring hat unrecht, daß er Ihnen nicht schreibt. Ich will [mich] ein wenig nach ihm umsehen und dann von ihm schwatzen, weil Sie doch wie alle Große etwas Schwatzwerk zu lieben scheinen.

Magnetisieren lerne ich in künftiger Woche, da sollen Sie auch neue Sachen in meinen Briefen sehen. Was machen Sie dann mit Cagliostro? Die gute Sarasin und der gute Schlosser – o Meister! woher kommt es, daß ein Schlosser den Cagliostro für einen großen Mann hält? Apropos – gehörte die Teetasse meiner Geßner, welche Sie verbrachen? Ich möchte den Schaden ersetzen helfen; aber die Trauer Ihrer Mitwerber um das Sekretariat kann ich nicht mindern, denn der kleine Überrest meines ehmaligen Mutwillens führt mich zu einer Art von Sympathie mit Ihnen, und diese gibt Ihnen das Amt mit meiner ganzen Hochachtung.   Sophie La Roche

177. Christoph Martin Wieland an Sophie von La Roche

Weimar, 10.9. 1787

Das Ansinnen des Herrn M[eiste]r, meine liebste Freundin, ist in der Tat *seltsam* und *wunderlich,* wie Sie es nennen; ich setze noch hinzu: *unbescheiden* und *undelikat,* und glaube, Ihnen damit meine Meinung davon hinlänglich gesagt zu haben. Perikles, wie Sie wissen, hielt es den atheniensischen Frauen nicht für rühmlich, wenn viel von ihnen gesprochen wurde, und ich, an meinem Teile, finde die *sorte de célébrité*, die mir in der *Bibliothèque universelle des Romans, Janvier 1785, vol. 2,* beigelegt wird, schon so drückend, daß ich allen Damen, die ich ehre und liebe, eher die obskurste Obskurität, als irgend eine Sorte literarischer, politischer oder moralischer Zelebrität wünschen möchte.

Wenn man nun aber einmal das Unglück hat, auf den Lippen der Menschen herumflattern zu müssen (wie es der alte Ennius, denke ich, nannte), so mag es denn wohl eben so gut sein, den Leuten eine richtige Notiz von sich selbst statt der schiefen und albernen zu geben, die gewöhnlich von berühmten Personen in der Welt herumläuft. Ich würde es daher gar nicht übel getan finden, wenn Sie Herrn M[eister], der (wie es scheint) einige Rechte an Ihre Freundschaft zu haben glaubt oder wenigstens zu haben wünscht, eine leichte *Esquisse* von Ihren Lebensumständen und der Geschichte Ihrer Seele mitteilten. Daß *unsere* zärtern und feinern Verhältnisse, besonders die von den Jahren 1750 und 51, nur leicht berührt werden müssen, brauche ich einer Frau von Ihrer Delikatesse, meine Freundin, nicht erst zu sagen.

Was mich betrifft, so sehe ich mich durch die höfliche Zudringlichkeit des besagten Herrn M[eister] genötigt, etwas zu tun, was ich zwar schon lange hätte tun sollen, aber aus Abneigung, von mir selbst zu reden, immer aufgeschoben habe, und endlich einmal einige Beiträge zu einer künftigen Biographie meines werten Individuums in den *Teutschen Merkur* einzurücken, womit ich in künftigem Monat Oktober den Anfang zu machen gedenke, und dies ist es, was ich dem Herrn Professor M[eister] in Antwort auf sein unterm 28. August an mich erlassenes Requisitionsschreiben (welches ich Ihnen hiermit kommuniziere und mir gelegentlich wieder ausbitte) unter heutigem Dato geantwortet habe.

Der Koadjutor von Dalberg wird, wie es heißt, beinahe täglich zu Erfurt erwartet. Ich gestehe, daß ich seinetwegen nicht ohne Sorgen bin und von einer *Recidive* der Hämorrhoidalkolik, die ihn letzthin dem Grabe so nahe brachte, sehr übel denken würde. Er wird unendlich viel Klugheit und Politik nötig haben, um durch alle die Syrten, Scyllen und Charybden, die ihn von allen Seiten umgeben, unbeschädigt durchzukommen. Die menschliche Unmoralität ist und bleibt sich selbst in allen Jahrhunderten überall immer gleich; die Kollisionen der Leidenschaften und Interessen müssen immer die gleiche Würkung hervorbringen; nur sind diese Kollisionen um so häufiger, je mehr Verhältnisse die Verfeinerung, Aufklärung, Erweiterung des Würkungskreises etc. der Menschen gegen einander gibt, und eben dadurch werden auch die Mittel, einander zu schaden, zahlreicher, feiner und verdeckter. (. . .) Was ist itzt zu tun? Mit so reinem und unbefangnem Herzen, als uns der Himmel gegeben hat, so viel Gutes zu tun, als wir können, und uns übrigens in die Notwendigkeit fügen, ebenfalls so gut wir können; zu mehr sind wir nicht verbunden.

An dem Glück Ihres ältesten Sohnes, den ich seit seiner letzten Erscheinung in meinem Hause ungemein lieb gewonnen habe, nehme ich mit allen den Meinigen herzlichen Anteil. Möge es Ihnen, meine Freundin, und allem, was Ihnen gehört, immer so wohl ergehen, als Ihnen wünschet Ihr 37jähriger Freund.

178. Sophie von La Roche an Leonhard Meister

Offenbach, 4. 10. 1787

Könnte ich nicht eine Menge guter Ursachen anführen, warum ich so spat antworte, so hätte ich beinah gar nicht mehr geschrieben, so wie man undankbar wird, wenn man zu viele Verbindlichkeit fühlt.

Ich erlasse Ihnen die Mühe, meine Entschuldigungen zu lesen, und bitte nur, sie für gültig zu halten, da ich sogleich zu dem angelegensten Punkt eile, den Ihr gütiger Brief anzeigte.

Freuen würde mich, durch Sie gezeichnet zu werden, aber, teurer Mann! das ganze Bild mag wohl keinen großen Aufwand verdienen; alles, was ich selbst überzeugt bin, ist, daß die Natur vieles für mich und die Umstände vieles gegen mich taten. Mein Vater war ein sehr gelehrter, aber sehr harter Mann; meine Mutter eine gefühlvolle, sanfte Frau. Er ermunterte meinen Kopf zum Wissen, sie mein Herz zur Güte. Er leitete mich zu Natur- und Völkergeschichte, sie sorgte für Haushaltungskenntnis und gute Anwendung der Stunden in Französisch, Musik, Zeichnen und Malen in Wasserfarbe, auch in der Stickerei und andren. So wuchs ich bis in das 16. Jahr, da der Zufall den Herrn Bianconi, Leibarzt des Fürsten von Augsburg, der als Sächsischer Resident in Rom starb, in unser Haus führte und ihn den Plan entwerfen machte, mich zu seiner Gattin auszubilden und jede Fähigkeit meines Geistes anzubauen.

Rohaults Mathematik, dann seine eigene Philosophie, alle Poeten seines Vaterlands, schöne Künste, Liebe zu eingezogenem Leben mit Büchern war, was der edle Mann in drei Jahren mir mitteilte und, ich darf sagen, eigen machte. Natürlich nährte er auch die Anhänglichkeit an ihn. Mein Vater, der sehr zufrieden mit dieser Heirat war, reiste mit ihm nach Bologna, aber versagte mich ihm, da alle Kinder katholisch sein sollten. Bianconi wollte mich entführen; ich wollte nicht ohne den väterlichen Segen aus dem Haus, und da wurde das Schicksal meines Geists entschieden. Bianconi war nach Dresden; mein Vater sah mich traurig und wollte das Andenken an diesen Mann auslöschen. Ich mußte also Briefe, Bücher, Schriften, alles, was ich hatte, bringen und sehen, wie mein Vater alles zerriß und verbrannte. Als er meine mathematische Übungen angriff, fiel ich auf meine Knie und bat ihn, mir nur die Früchte meines Fleißes zu lassen; er tat es nicht und zerriß und verbrannte auch diese. Meine Seele wurde empört. Ich hatte dem kindlichen Gehorsam meine Liebe geopfert und hielt mich mißhandelt. Ich wollte katholisch und eine Nonne werden. Der Bischof, an den ich schrieb, sagte es dem großen Bruder, dieser machte Vorstellungen in meiner Familie, und man erkannte, daß die Maßreglen unrecht waren. Bianconi war mir noch einer der beste, liebste und verehrungswürdigste Sterbliche. Ich konnte nichts mehr für ihn tun, aber ich tat ein Gelübd, daß nie kein Mann mehr mich Singen, Klavierspielen oder Italienisch reden hören sollte, daß jede Kenntnis, die er mir in Berechnung des Glücks seines Lebens gegeben, in meiner Seele verschlossen bleiben sollte. Ich hätte ihm alle Liebe geopfert; nun weihte ich seinem Andenken das Opfer jedes Lobes, das ich durch diese Talente erhalten konnte, die ich in hohem Grad besaß. Sie sehen, daß ein einziger Zug Leidenschaft den schönen Gang edler, gründlicher Kenntnis in mir unterbrach, und, ich glaube, die romantische Saite würkte, die durch alle meine übrige Handlungen tönte. Ich kam zu Wielands Eltern in die Kost, damit der rechtschaffene Mann mich in der Religion befestige. Dort lernte ich unsern großen Wieland und durch ihn die teutsche Literatur kennen und lieben. Ich wurde ihm bestimmt und durch das Schicksal entrissen, erhielt die Hand eines edlen, geistvollen Manns aus dem Zirkel der großen Welt, wo nichts als französische Literatur galt, wurde also mit dieser bekannt. Liebe zu Kenntnis war in mir geblieben. Bianconi hatte mit einer mir unbekannten Kunst die Saiten meiner Seele für Wissenschaft und Liebe in ewigem Einklang gehalten und muß sie mit einer Meisterhand gestimmt haben, denn sie schlagen immer noch mit gleicher Stärke an und haben immer in dem größten Kummer meines Lebens, in Stürmen des Unglücks selbst, die Schmerzen der Seele gelindert und mir Ruhe geschenkt. Segen sei seiner Asche dafür. Ihm danke ich, daß ich von jeder Wissenschaft den Wert und Umfang zu schätzen weiß und jede innig liebe. Ihm danke ich das lebendige Gefühl für alles Edle und Schöne und die Wärme, mit welcher mein Herz das Verdienst ehrt und liebt; der Ton Zärtlichkeit für Mann, Kinder und Freunde – alles ist von ihm. Sie sehen daraus, wo der dünne, aber schimmernde Faden von wahrer Kenntnis, welcher das Gewebe meiner Ideen erhebt, sich entspann, und warum kein großes Ganzes daraus wurde. Meine *Sternheim* war die Frucht des Schmerzens, daß ich meine Töchter in ein Kloster geben mußte, meine *Briefe an Rosalie* eine Erleichterung für meinen Kopf, der nicht laut reden durfte, wo ich war, meine *Pomona* treue Mühe meines mütterlichen Herzens, um bei dem Umsturz unsers Wohlstands etwas für meine jüngere Kinder zu erwerben. So sind meine Journale eine kleine, zufällige Regenquelle geworden, aber Buchhändler haben mich in sehr großen Verlust gebracht und in Dessau verlor ich 160 Exemplare der *Pomona*, in Heidelberg 200, anderwärts auch nah bei 300, ohne die Menge des zweiten Jahrs, so liegen blieben. Nun, teurer Freund, wissen Sie alles von mir. Verzeihen Sie, daß ich bei Kleinigkeiten mich aufhielt, und sagen Sie mir – würde wohl jemand in der Schweiz mein englisches Journal gekauft haben? Und was erhielte ich für den Bogen?

Sagen Sie meiner teuren Geßner und ihm tausend Schönes und Gutes von mir.

Sagen Sie es dem edlen Zirkel am Samstag und sich selbst.

Ich habe Bertola gesehen, es ist ein recht lieber Mann und verehrt meine Zürcher Freunde.

Leben Sie alle, alle recht wohl und glücklich, und erhalten Sie mir Ihr Wohlwollen.   Ihre ergebene Freundin von La Roche

Ich habe an Wieland geschrieben; er will in seinem *Merkur* von sich schreiben und mit Oktober anfangen.

179. Sophie von La Roche an Johannes von Müller

Offenbach, 28. 1. 1788

Endlich, mein schätzbarer helvetischer Freund! schreibe ich Ihnen wieder, wiederhole jede vorhergegangene Versicherung meiner vollkommnen Hochachtung, sage Ihnen meine Wünsche, *Italien* gesehen zu haben und den Anteil, den ich an dieser Freude Ihres Geistes nahm, und wiederhole aber auch mit Übersendung dieses Buchs eine Bitte, die ich der *edlen* Güte Ihres helvetischen Herzens empfehle, indem ich zugleich mit schwäbischer Offenherzigkeit Ihnen sage, daß Sie eine edle Tat tun, wenn Sie den Verkauf befördern. *Unrecht* hat Unglück über uns gebracht; wir müssen häuslich und sorglich leben und haben nun unsern lieben, jüngsten Sohn zu Marburg. Dieses Buch nützt uns nicht, es ist eine Bibliothekszierde, und Le Bret von Stuttgart sagte, obgleich schon viel von diesem Papst bekannt sei, so hätte dieses Buch noch eigne, distinguierte Blätter ... *Enfin*, ich will nach dem, was ich als Beweggrund des Verkaufs schon sagte, nichts zusetzen als: Mein teurer Freund Müller tut *eine Wohltat*, wenn er es für die Bibliothek erkaufen macht ... Es ist zu Unterstützung meines Sohns in Marburg bestimmt. Oft wird eine gewisse Summe als edle Gabe für Familien gegeben und nichts dabei gekauft. Veredlen Sie den Kauf. Aber, o Müller! Sie dörfen nicht sagen, daß es von La Roche ist, denn ein alter Unwille über den Großvater des Stadion, welchem mein Mann ergeben war und sein mußte, ruht noch im Geist des Kurfürsten, welcher sehr beleidigt wurde, und dies würde meine Hoffnung stören.

Möge ich Sie bald sehen und sprechen. Anteil nehme ich an Ihrem Wohl, nehmen Sie welchen an meinem Kummer. Ich verehre Sie und bin Ihre ergebene Freundin   von La Roche.

180. Sophie von La Roche an Johannes von Müller

Offenbach, 21.2. 1788

Ich danke Ihnen, teurer Herr Hofrat, für die Mühe, welche Sie sich wegen dem Manuskript gegeben, denn ich bin überzeugt, es würde Sie gefreut haben, meine Bitte und meine Hoffnung zu erfüllen.

Ich kenne Mainz genug, um zu wissen, daß der Kauf nicht für private Sammlungen wäre; mein Irrtum bestund in der Idee, die ich

Ihnen schrieb, daß man manchmal in großen Bibliotheken das Manuskript eines Buches liebe. Ich wollte Ihnen, mein Freund, nichts zumuten, als was auf dieser Idee ruhen konnte. Der Ausdruck Ihres Briefs: „Niemand will glauben, daß Ihnen was fehle", zeigt, daß Sie die Mühe nahmen, mit mehreren Personen von meinem Wunsch zu sprechen. Diese Personen haben recht; mein Mann und ich haben zu leben, weil wir uns einzuschränken wissen.

Mein Tochtermann Brentano in Frankfurt ist wirklich reich und streckt uns Geld vor, wenn wir in einem Fall was nötig haben, aber er hat zwölf Kinder und kann uns nichts schenken.

Mein ältester Sohn hat eine reiche Frau geheuratet, wir brauchen ihm also die 400 Gulden nicht mehr zu geben, welche wir ihm als Zuschuß geben mußten, solang er in französischen Diensten war. Meine zweite Tochter ist in Koblenz verheuratet und kann von dem Dienst ihres Mannes leben.

Mein Sohn Carl, der nun 21 Jahr alt und im Bergwesen im Preußischen studierte und erst seit einem Monat mit 300 Taler angestellt ist, genoß die Tafel, Wohnung und freie Studien unter dem Schutz des besten, edelsten Mannes, Baron Heinitz, mußte aber auch bis jetzt des Jahrs 200 Gulden haben.

Der jüngste, 19 Jahr alte, ist Fähnrich im schwäbischen Kreis mit Lieutenantstitel und wollte neben dem Soldatendienst was Nützliches lernen, studiert also in Marburg Forst- und Finanzwesen, bekam alle dazu einschlagende Bücher aus dem Rest der Bibliothek seines Vaters, welcher dann dieses Manuskript als ein ihm und seinen Söhnen unnützes Werk verkaufen wollte, um den jüngsten davon in etwas zu unterstützen, zugleich wäre diese Summe an der Ausgabe von der Pension erspart worden. Mein Mann war *uneigennützig* und, wie ich, *wohltätig*, wir versorgten arme Verwandte, und unser ältester Sohn kostete uns, wie in vielen Familien oft geschieht, sehr viel, das wir nicht mehr bekommen. Die Aussteuer der Töchter und Erziehung der andren kostete auch. In der Zeit, da wir uns zu erholen dachten, wurden wir unglücklich gemacht ...
Sollte jemand sagen, daß meine Reisen kosteten, so sagen Sie nur: *Ja*, aber die in *die Schweiz* zahlte Graf Werthern mit 80 alten *Louis d'or*, und ich bekam für den Bogen vom Buchhändler einen Karolin. Die nach *Frankreich* zahlte meine Freundin Bethmann, mit der ich reiste und wieder von Richter einen Karolin vom Bogen hatte. Die *nach*

England war auf Kosten einer sehr edlen Freundin, und mein Journal zahlt sich aus. Von diesem Ertrag stütze ich eine Schwester und mich in allem, was ich brauche, neben einer *Nièce* von La Roche. Unsere Kapitalien sind weg. Wenn La Roche verfällt, so fällt die Pension. Überleb ich ihn, o Müller, so wird *niemand* durch mich beschwert werden, ich bin in der Wittibkasse ... Dieses Bild ist für *Sie*, so wie es vor Gottes Augen ist. Aber ich habe durch Ihren Brief viel bemerkt. Ich bin ruhig und still. Nur eine Bitte, Müller: Glauben Sie *mir*, daß die Schweigende ganz unrecht haben. Es soll mich freuen, Sie wieder zu sehen. Leben Sie und alle, mit denen Sie sprachen, *glücklich* in allem, ohne *Mangel*. v. L. R.

Darf ich bald um das arme Manuskript bitten?

181. Sophie von La Roche an Elise zu Solms-Laubach

Offenbach, 7. 3. 1788

Ich wollte der besten Fürstin nicht schreiben, bis ich das herrliche, und besonders gegen das End ganz herrliche Werk von Herder, *Gott*, ausgelesen und ausgedacht hätte. Mich deucht, mir hat noch niemand, am wenigsten ein Theolog, mit der Würde und innigen Wahrheit von meinem Urheber gesprochen. Herder scheint mit der Quelle der Weisheit bekannt, ich liebe ihn, Theophron ist mein Mann. Haben Sie Dank, gütige, edle Elise, für die Mitteilung; es ist mir doppelt süß, es von Ihnen erhalten zu haben, gerad aus Ihrer Hand in meine erhalten, und nun so wieder zurückgebe. Es wurde nicht entheiligt, im Gegenteil; es heiligte, es erhob und stärkte mich. Ich glaube, ich bin auf einer größern Höhe der moralischen Welt.

O wie herzlich preise ich den wohltätigen Mann, der die Schreibkunst, und den, der die Druckerei und Papier erfand.

Wie traurig flössen meine Tage ohne diese Erfindung dahin, und wie segne ich den Genius der Güte, der Sie, Einzige, beseelt.

Der Himmel erhalte Sie und lasse Ihre Kinder Lohn Ihrer Tugend werden. Der Erbprinz von Isenburg ist kein gutes Kind und Prinz Moritz kein guter Bruder. Der Fürst leidet viel zwischen beiden und die gute Fürstin Viktorie auch.

Lavater sagt, Luise Winkler sei Kronen wert – Der gute Lavater würde Kronen noch seltsamer austeilen, als der Zufall nicht tut.

Darf ich Ihnen, da ich meiner Schwiegertochter als Wöchnerin mit einer Sophie einen Teil Zeit geben muß, diesen Brief im Original, so besudlet, als ich ihn erhielt, schicken und um *Eugenie* zurück bitten.

Was Ausdrücke bei Turlows Silhouette! Bald, wenn die Korrektur meines englischen Journals und das Schreien über böse Wege vorbei ist, bald kann mein Herz sich sagen: Diesen Tag hast du das Glück, die Fürstin in Laubach zu sehen.

Sie vergeben mir gewiß, daß ich einen Brief von Minister von Heinitz und Oberbergrat Rosenstiel von Berlin wegen meinem Carl mitteile; meine zwei jüngere Söhne sind mein Glück und mein Stolz, denn bei denen kann ich sagen, daß ich den Boden bereitete, auf welchen Heinitz und Jung säen und pflanzen; möge es mein Verdienst bei Ihnen sein. Ganz Ihre La Roche.

182. Sophie von La Roche an Christoph Martin Wieland

Offenbach, 30. 5. 1788

Ich muß an Wieland schreiben, muß fragen, was er macht, und muß ihm für die Freude danken, die ich hatte, zu hören und zu lesen. Noch nie hat Teutschland so etwas Deliziöses gelesen und hervorgebracht als Wielands *Lukian*. Er gehört zu den schönsten Kronen seines Ruhms und seiner Verdienste. – – Warum geht alle Welt nach Italien, und warum Sie nicht? Der Boden würde Sie gewiß gern tragen. Es ist das einzige wichtige Stück von Europa, das ich nicht sah; machen Sie die Reise dahin mit mir – auf einen Winter. Ich habe einen Freund in Mailand, einen in Florenz und in Rom, dann zwei Freundinnen in Neapel; wir gehören zu den Leuten *qui voient ce qu'ils regardent.* Ihr Geist ist schon lang mit dem Land bekannt, und in drei Monaten sind wir gemächlich hier und dort, wenn wir keine Zeit verlieren und das Unnütze lassen, wo es hingehört. Ein lieber, schöner Traum, eine Reise mit Ihnen! Ich mußte ihm etwas nachhängen und es Ihnen sagen. Mag es Ihrer glücklichen Laune doch zu muntrer Unterhaltung dienen; ich freute mich darüber, denn es muß Ihnen gesund sein, wenn Sie sich über etwas lustig machen können.

Ich, teurer, alter Freund, wünsche innig, Sie und die Ihrigen alle noch einmal zu sehen, und ich hoffe es; denn es wäre sonderbar, wenn ich nach London, Paris und Bordeaux gekommen wäre, und nicht nach Weimar.

Werden Sie nichts von Heinses *Ardinghello* sagen? Es ist doch artig, daß der Erzbischof von Mainz vier merkwürdige Protestanten um sich versammelte – Forster, der die ganze Welt durchreisete; Müller, der das Gebiet der Geschichte, Heinse, der das von der Einbildungskraft, Sömmering, der als großer Anatomiker die Maschine vollkommen kennt, welche die erstern fähig machte, alle Unternehmungen auszuführen.

183. Johann Heinrich Jung-Stilling an
Sophie von La Roche

Marburg, 15.6.1788

Dank, tausend Dank! für die übersandte Reisebeschreibungen, beste, mütterliche Freundin; sie sind die Krone aller Ihrer Arbeiten und machen Sie auch für dieses Leben unsterblich. Auch Stillings vierter Band ist fertig und wird jetzt zum Druck ins reine geschrieben. Ich verwandte die schönen Frühlingstage darauf und verlebte manche süße Wonnestunde in der Erinnerung so mancher glücklicher überstandener furchtbarer Leiden. Daß Sie, meine auserwählte, beste Freundin! eine merkwürdige Rolle in dieser Geschichte spielen, können Sie leicht erachten; ich hab Sie auch kühn mit Namen genannt, denn das war ich Ihren Verdiensten um mich schuldig.

Sobald das Werk gedruckt ist, bekommen Sie's, mein Bildnis wird *en medaillon* vorgedruckt.

Unser Franz bleibt, was er war, das Muster eines edlen Jünglings und Studenten, sein Fleiß ist ohne Grenzen und seine Aufführung ganz nach Wunsch, er und sein Freund Engelbach wohnen nun beisammen; sie haben einen Zirkel der besten jungen Leute um sich, und sie leben zusammen wie die Engel.

Meine gute, liebe Selma hätte sich selbst schriftlich bedankt, allein sie steckt bis über die Ohren in der großen, generalen Frühlingswäsche, und da wissen Sie als Hausmutter, was das zu sagen hat; ich muß alle Augenblicke nach der Wetterfahne auf dem Schloßturme gucken, denn es regnet, und das ist für sie jetzt ein leidiges Schicksal; indessen bleibt die Fahne hartnäckig, was sie ist, sie weist immer nach dem Regenloch hin, und der Wind hat nicht soviel Höflichkeit gegen eine so honnette Dame, daß er auch nur einen oder zwei Tage die Wolken an einen anderen Ort treibt und die Sonne auf unsere nassen Kleider wohltätig würken läßt. Nun, der Äolus war für sein Lebtag ein eiserner, unerbittlicher Kopf, er wird sich auch jetzt in seinen alten Tagen nicht mehr ändern. Man muß also Geduld haben. Neues weiß ich weiter nichts; denn daß es uns bis auf die fatale Wäsche unbeschreiblich wohl gehe, ist Ihnen nichts Neues. Empfehlen Sie uns Ihrem teueren Herrn Gemahl und sämtlichen Lieben.

Ich bin mit der wärmsten, ehrerbietigsten Liebe

Ihr ganz eigener Jung.

184. Sophie von La Roche an Elise zu Solms-Laubach

Offenbach, 12. 8. 1788

Vergeben Sie, gütigste und gewiß geliebteste Fürstin! mir und meinem Schicksal, das wirklich durch ein Gespenst mich erschreckte und den schönen Weg zu einer der süßesten Freuden abschnitt. Alles war richtig, um halb vier Uhr wollte ich weg. Der gute, schätzbare Buff wartete mein um halb fünf am Friedberger Tor. Morgens um sechs des Montags kam ich zu La Roche, er schlief noch. Um sieben steht er auf und schwankt, sagt: „Alles treibt mit mir um, in meinem Kopf wallt es . . ." Auf diese Art hatte der letzte Zufall angefangen, der Mut zur Freude entfiel mir, und um halb acht schickte ich einen Boten nach Frankfurt an das Postamt und bat, sogleich eine Stafette nach Laubach zu schicken. Vergeben Sie mir meine kühne Bitte und Vorschlag; nie, nie mehr will ich so einen Mißbrauch Ihrer unbegrenzten Güte machen und nun auf das Schicksal lauren . . . Vergeben Sie und vergessen Sie das Mißvergnügen, so ich Ihnen machte.

Ewiger Dank meines Herzens bleibt Ihnen und Ihrer Güte geweiht. Heute habe ich alle meine Kinder bei mir, denn der Älteste kam am Sonntag aus Holland und diesen Morgen mein Carl aus Berlin, welcher in Marburg den Jüngsten mit sich nahm; meine Tochter von Koblenz war schon bei ihrem kranken Vater und die in Frankfurt ist so gut durch ihr neuntes Kindbett gekommen, daß sie in der dritten Woche mit ihrer Kleinen an der Brust heraus gefahren ist. Es war eine erschütternde Szene; die Kinder freilich nach den Gesetzen der Natur alle blühend und der Vater hinfällig, die Mutter verwelkt, aber doch nur mit dem herbstlichen Ansehn einander umschlungen hielten. Ich war froh, daß alle Neugekommne sich den Vater viel gebrechlicher und sterbend gedacht hatten, also ihn mit Entzücken besser fanden. Aber als bei dem Sprechen der Mangel des Gedächtnisses und die Schwäche der Überlegung fühlbar wurde, da litt das Herz meines denkenden Carls am meisten. Tausend und tausend Erinnerungen traten vor mich . . . Ach, vergeben Sie diese Ergießung. Am Samstag erschien mir Frau von Günderode von Hanau und sprach viel von der Fürstin von Laubach, deren Schattenriß sie bei mir sah, viel von Graf Vollrat, der in Karlsruhe bei ihr war.

Hat der edle Graf keine Nachrichten von den Reventlows? Die Gräfin Julia soll an Blutspeien leiden und sehr krank sein. Es schmerzt mich, das vortreffliche Wesen so nah an seiner Zerstörung zu wissen, aber Blumen vergehen am ersten.

Gott, die Tugend und das Glück lohnen Ihre Güte, Ihr Wohlwollen für die arme   Sophie La Roche.

185. Sophie von La Roche an Elise zu Solms-Laubach

Offenbach, 9. 9. 1788

Sie gehen vorbei, die Tage, und vergehen wie Stunden, welchen die alten Poeten nicht ohne Ursach Flügel an die Achsel und an die Füße gaben. Aber diese Stunden nehmen auch viele Freuden und Leiden, Hoffnungen und Kummer mit sich hinweg, so wie ihre nachfolgende Schwestern ihrer wieder bringen. Ich mag sie nicht ausschreiben, die Ideen, welche mit diesen zusammenhängen. Viele beziehen sich auf die edle, geliebte Fürstin Elise, beziehen sich auf süßes Glück meines Lebens, das unter dem Vorhang der Zukunft liegt.

Aber jetzo muß ich wissen, wie die beste, liebenswürdigste Frau lebt, und ob Ihre edle Güte für mich nicht erloschen ist. Ich hätte meinem Schicksal noch mehr Klagen nachzuweinen. Aber die Tugenden Ihrer Seele können sich [nicht] verlieren, Ihre Ausübung kann nicht stocken. Also kann ich den Ersatz genießen, der mir übrig blieb.

Ich habe diese vergangne Wochen einen neuen Zirkel von Ideen durchloffen. Meine fünf Kinder waren versammlet, der eine Schwiegersohn, die Schwiegertochter auch. Es wurde alles verabredet, wie es nach dem Tod des guten alten Vaters gehalten werden soll. Die Mutter war mit allem zufrieden, machte aber in dem

Innersten ihrer Seele Betrachtungen über die Verschiedenheit, welche Jahre und Umstände in die Gesinnungen ihrer Kinder mit ihr und unter sich gebracht haben. Gewiß, Luft und Nahrung erneuren die Lebensgeister, hemmen und fördern ihren Gang; denn die, welche aus meinem Herzen in die Brust meiner Kinder flossen, sind schon lange verdrängt, verschwunden. O Fürstin Elise! es war ein großer, wichtiger Text zum Nachdenken. Wie deutlich der Unterschied zwischen der Zeit, wo ich meine Kinder an meine Brust drückte, und der, wo sie auf mein Herz drücken ... Doch das beste, was aus den Veränderungen, welche unter Lebenden vorgehen, und der, welche der Tod hervorbringen wird, entstehen kann, ist *meine Freiheit*, nach meinem Charakter zu leben, in der Tat nach ihm zu leben, wie bisher nur mit meiner Feder geschehen konnte. Einziger Erdentrost, einziger Ersatz für alles – Segen, bester Segen der Weisheit und Tugend auf die Tage von Elise von Solms nach den Wünschen   von Sophie La Roche.

186. Sophie von La Roche an Elise zu Solms-Laubach

Offenbach, 16. 10. 1788

Ein kleines Briefchen an meine edle, geliebte Fürstin Elise. Mein Mann ist sehr übel und leidet nun zu meinem Schmerz mit Bewußtsein an Krämpfen. Die Anfälle des Schlags waren mir erträglicher, weil er nicht litt. Indessen ist er unter der Hand der Natur und allem Ansehen nach sehr nahe an dem Ende seiner Laufbahn. Sein gütiger Schöpfer wolle ihm die letzten Schritte erleichtern. Sie Edle, Gütige! Nehmen Sie mich dann ein paar Tage an, denn ich bekenne freimütig, daß ich bei dem Gedanken an den Verlust und an die Trauer auch auf Trost und Erholung bedacht bin. Die Fürstin Elise, Ihre Seele, Ihre Güte für mich, trat vor mein Herz, und ich sagte: Ja, wenn sie vorüber ist, die trübe Stunde der Trennung, welche nur ein Gut, die Freiheit, mir läßt, dann eile ich nach Laubach und lasse dort meine betrübte Seele sich erholen. Nicht wahr, ich darf? Mögen die schönen Herbsttage wohltätig für Ihre Gesundheit gewesen sein und heitere Stunden Ihnen gegeben haben, wie der Himmel es war. Die liebe, teure Gräfin Sophie soll mir verzeihen, daß ich nicht schrieb, und der edle Vollrat glücklich sein Glück genießen. Weiß er nichts von Julie Reventlow? Möchte er mir nichts davon sagen? Ich bin in Sorge für ihre Gesundheit.

Segen für Sie edle drei, und Ihre wohlwollende Güte für Sophie La Roche.

187. Sophie von La Roche an Elise zu Solms-Laubach

Offenbach, 24. 11. 1788

Edle, gütige Fürstin Elise! Gott hat meinen teuren, geliebten Mann erlöst, denn er litt unaussprechlich und meine Seele nicht minder. Nun ist er in den Schoß seines Urhebers und des ewigen Friedens, der die vollendete Tugend umgibt. Familienarrangements halten mich einige Tage noch, aber nun kann ich die teuer erkaufte Freiheit zu edlem Genuß meiner übrigen Tage bestimmen. Meine Seele haftet fest an der Aussicht auf Laubach. Ich weiß, Sie sind immer da und werden zu jeder Zeit mit edler Güte mich aufnehmen. Gott segne Sie für den lieben letzten Brief. Bald mehr von der würdigsten Fürstin mit zärtlicher Ehrfurcht ergebenen   Sophie La Roche.

188. Sophie von La Roche an Elise zu Solms-Laubach

Offenbach, 12. 12. 1788

Dank sei der edlen, gütigen Fürstin Elise für alles, was sie in diesem Zeitpunkt mir ist. Ich habe nach dem willigen Ertragen des Verlustes eine harte Aufgabe bekommen. Indem ich bei dem Kurfürsten von Trier um die Erhaltung der Pension à 400 Gulden für meine jüngeren Söhne bat, mußte ich alle Versicherungen und Versprechen von Gnade abkopieren, welche mein teurer Mann erhielt, als er in Dienste gelockt, und auch die, als er durch Unrecht und Gewalt daraus kam. Dieses Abzeichnen des Bildes unseres ehemaligen Wohlstandes und des von unserm Unglück rief mir Verdienste, Glück und Leiden meines geliebten Gatten so lebhaft zurück, daß meine Gesundheit litt. Ich bin nun wohl, aber in der unruhigen Erwartung dessen, was diese Kopien der eigenhändigen Briefe des Fürsten und der Anstellungsdekrete neben den Bitten bewirken werden. Und ehe ich darüber sicher bin, kann ich keinen Schritt von hier, weil sie vielleicht noch was verlangen.

Meine gütige Fürstin lesen gerne, was meine Feder sagt. Sie, meine Briefe, sind selten von Gehalt. Ich wage also, am Montag eine Handvoll mühsam zusammengeschriebener Blätter zu schikken, damit doch meine Seele Elisen umschwebt, vor ihr offen liegt,

bis ich von Angesicht Sie sehen und alles sagen kann, was mein
Herz für Ihre Tugend und Güte fühlt. Julie Reventlow ist sehr übel,
die edle, schöne Seele. Gott segne Sophie und Vollrat und die edle
Mutter nach den Wünschen von Sophie La Roche.

189. Sophie von La Roche an Leonhard Meister

Offenbach, 10. 1. 1789

Es war eine edle, schöne Bewegung Ihrer Seele, welche Sie die
Feder ergreifen machte, um mir über den Verlust meines teuren,
unvergeßlichen Mannes zu schreiben. Dank sei Ihnen auf ewig
dafür. Danken werde ich Ihnen zu End Juni, wo mein Sohn und
seine Frau mich nach der Schweiz führen und da lassen wollen, wo
ich gerne mich aufhalten werde, während sie die Gegenden sehen
werden, die ich schon kenne. Gewiß, meine unschätzbare Geßner
und Sie, verehrungswerter Freund! halten mich dann, meine Seele,
in Zürich, und ich besuche den Sihlwald, spreche in einem kleinen
Zirkel *traulich* über dies, was man glaubt, daß ich sagen könne, und
frage nach dem, was mich noch unterrichtet. Dank für Ihre liebreiche Einladung. Dank für die gütige Gesinnungen, welche Sie mir
auch von andren edlen, wohlwollenden Freunden ankündigten.
Sagen Sie ja, daß mich der Gedanke glücklich macht, daß in Zürich
so viel Güte für mich lebt und daß ich *innig* den Wert davon fühle.
Jetzo eine Bitte an Sie für die Ruhe einer der ersten Familien unsers
rheinischen Adels. Können Sie mir nicht sichre Nachrichten über
die Person und Umstände des Herrn von Buol geben, der Kaiser-
lich-Königlicher Agent in Graubünden ist, Güter da hat und
24 000 Gulden Einkünfte haben soll. Sein Sohn wirbt um eine liebenswürdige Dame von 18 Jahren aus einem respektablen Haus,
der Reichsgrafen von Kesselstadt, und diese Verwandten bitten
mich um Nachrichten. Die junge Leute lieben sich, und alles würde
gut, wenn die Umstände ganz wahr sind. Ich versprach zu fragen,
aber nicht durch wen, und *werde es nie sagen*. Aber die Tätigkeit und
Gutmütigkeit Ihres Geistes macht mich meine Zuflucht zu Ihnen
nehmen und um Erkundigung bitten. Tun Sie es, teurer Freund,
und bald, um den großen Dienst vollkommen zu machen.

Ich werde Wieland und Goethe sehen, ehe ich in die Schweiz
komme, und dieses mag mir wohl einen eignen Wert geben, denn
ich hoffe, mit Freunden auf etliche Tage nach Weimar zu kommen,

wohin ich mit völlig aufgeräumtem Kopf gehen will, um dies, was ich von diesen Männern fassen kann, ganz in Ordnung zu legen und zu bewahren.

Wollen Sie in einiger Zeit die Subskription auf zwei meiner Moralischen Erzählungen mit lieben, äußerst schönen Kupfern in Ihren Schutz nehmen, so tun Sie was Edles, Großes für meine Freude. Oder fragen Sie, ob Zürich eine Buchhandlung hätte, die sich darum annehmen wollte. Das eine Kupfer ist eine schöne Person mit etwas Melancholie in der Miene, die eine Laute weglegt, da sie eben die Arie sang:

> offender non so –
> ma perdonar a chi m'offende
> è la scienza del mio cor.

Geschichte von Miß Lony. Das andre: Ein junges Frauenzimmer in einer Laube vor einem Rasenaltar, auf welchem sie vier Blumenkränze zusammenbindet, *Der schöne Bund,* eine vierfache Familiengeschichte. Die Zeichnungen von Professor Langer aus Düsseldorf, der gewiß der erste Teutsche ist, dessen Hand ganz mit griechischem Geist und Grazie begabt scheint, dessen Geschichte ich Ihnen geben werde. Thelott, sein Schüler, der gerad aus England kommt, wo [er] die Kupferstecherkunst lernte, sticht sie. Das Ganze erscheint in Großoktav, und man sagt, die Erzählungen seien rührend und belehrend. Hätte ich dies nur von Ihnen gehört! Wissen Sie, daß mein Doktor Luther die Laute spielte? Was spielte Ihr Calvin? Denn dies ist sehr charakteristisch. Adieu. Segen über Zürichs Himmel, See und Berge von   Sophie La Roche.

O was leiden unsere Arme vom Frost und Mangel an Mehl! Geht es den Ihrigen in der Schweiz nicht besser?

190. Sophie von La Roche an Elise zu Solms-Laubach

Offenbach, 15.1.1789

Hier kommen sie, die fehlende und fehlerhafte Blätter, welche Sie mit edler Güte durchgehen und eben so edler Freimütigkeit beurteilen mögen. Glücklich für mich, wenn die Fürstin Elise einige Augenblicke Zerstreuung, Vergessen des Anstrengenden darin fand und finden kann. Mein Hauswesen ordnet sich, und meine Seele wird frei sein wie meine Person, um bei Frühlingsblüte nach einem lange ausgeharrten Winter Blumen für mich sprossen zu sehen, sie aufzusuchen und zu genießen. Meine jüngste Tochter kommt und hilft, das Inventarium machen. Alle Rechnungen sind bezahlt, und ich kann für 600 Gulden des Jahrs artig mit meiner Nichte leben.

Die Bibliothek bleibt im Hause so lang ich lebe, und man muß sie mir wohl lassen, weil man haben will, daß ich lebe, da ich [in] Leibrente bin. Aber, beste Fürstin, o denken Sie, wie mir ist . . .

Man sagt mir, Herr von Heinitz habe seine Stelle niedergelegt, und mein Carl hat also in einem Monat Vater, Protektor und Pension verloren. Er soll nach Spanien – soll ich es zugeben? Ich küsse die Hand, die mir schrieb: Ich liebe   Sophie La Roche.

191. Sophie von La Roche an Leonhard Meister

Offenbach, 2. 2. 1789

Ich darf wohl auf einem kleinen Blättchen Ihnen danken für jede schöne, freundliche Zeile Ihres letzten Briefs, darf bitten, daß, wenn Sie noch fernere gute Nachrichten von der Buolischen Familie hören, sie mir mitzuteilen. Und Sie nehmen auch auf diesem Blatt die Versicherung der Freude an, die ich habe, daß ich Ihnen und der Geßner-Orellschen Handlung von diesen Anzeigen schicken darf. Sie machten mich neu fühlen, was ich in meiner *Rosalie* sagte: Wenn man die Hand segnen kann, aus welcher der Dienst fließt . . .

Schicken Sie doch den kleinen Einschluß an seine Adresse. Der Mann war so freundlich in einem Brief 1787 gegen mich. Die Aufträge an Wieland sind besorgt. Ich habe ihm vorgeschlagen, mit mir zu reisen, wenn ich ihm nun den Besuch in Weimar mache, um seine Frau in dem 14. Wochenbett zu sehen, Wielanden unter 13 Kindern und drei Schwiegersöhnen, er solle der Herzogin von Weimar entgegen, die ihre Rückreise aus Italien durch die Schweiz nehmen will.

Gewiß, mein teurer, edler Feund! das wäre schön, wenn Wieland mit Doris Zürich besuchte . . . In den Sihlwald, o gewiß, dorthin wallfahrte ich, opfere Tränen und innige Verehrung dem einzigen Mann.

Warum sagten Sie mir nicht ein Wort von dem allerliebsten Stück *Liebe und Ehe*? Möge meine *Lony*, mein *Schöner Bund* so viel gelten, so viel sein. Ich hoffe nur, es soll niemand reuen, die Erzählungen gelesen und die Kupfer angesehen und gekauft zu haben für 1 Gulden 12 Kreuzer.

Wir sind hier sehr froh, [von] der Eisdecke des Mains befreit zu sein. Sie war drei Schuh dick. Jetzt können [wir] wieder Holz zugeführt und Mehl gemahlen bekommen, da beides mangelte.

Meine innige Verehrung an den edlen Zirkel, den ich samstags bei Geßner sah, und an meine Judith zärtliche Hochachtung von

Sophie La Roche.

192. Georg Forster an Sophie von La Roche

Mainz, 12.7. 1789

Sie erhalten hiebei, meine verehrungswürdige Freundin, den herzlichen Dank meiner Therese für Ihr schönes Geschenk. Unser Aufenthalt im Rheingau, den ich noch 14 Tage verlängern werde, wird durch Arbeit und Lektüre gewürzt, und da hätte Ihre *Miß Lony* nicht zu einer glücklicheren Stunde kommen können. Die Reihe, sie zu lesen, kommt nun bald an mich; meine Frau und Mademoiselle Dieze, die Sie hier gesehen haben, sind schon damit fertig und haben mich noch lüsterner gemacht, als ich es schon war. Therese sagt, besonders gefalle ihr die *Weiblichkeit* der Miß und das reine, einfache, ungekünstelte Gefühl, das durch Ihr ganzes Werk atmet.

Es ergötzt mich sehr, teure Freundin, daß meine Übersetzung des Dupaty Ihnen einige Unterhaltung gewährt hat. Ich bin sehr dafür, daß man die Menschen nehme, wie sie sind; und wenn ich denn etwas auszeichnend Gutes an ihnen finde, so seh ich es als Gewinn an und verzeihe ihnen dann dafür ihre menschliche Schwachheit, die ich doch nicht hinwegzaubern kann. Dupaty hat viele Flecken; teils sind es Nationalfehler, teils eigene; aber sein Gefühl war wirklich für Natur und Kunst empfänglich, und wo er sich demselben überläßt – es ist nicht erkünstelt – ist es ein schöner, hinreißender Strom, mit dem wir gern dahinschwimmen. Die meisten Menschen urteilen anders. Sie fordern immer etwas Hochvollkommenes, und haben also fast immer das Mißvergnügen, getäuscht zu werden; ein Flecken ist hinreichend, ihnen Ekel zu machen; daher kommt es gar bald mit ihnen auf den Punkt, daß sie gar nichts genießen können, als was einen gewissen Zuschnitt oder Anstrich hat; allein die Folge dieser Verwöhnung ist Parteigeist,

Einseitigkeit des Urteils, Schiefheit der Empfindung und zuletzt Unfähigkeit, etwas zu genießen, Überdruß an allen, außer den eigenen oder mit den eigenen genau übereinstimmenden Ideen. Diese Leute – und oft sind es von Herz und Kopf die vorzüglichsten – haben denn im moralischen Sinn einen verdorbenen Magen und geschwächte Verdauungswerkzeuge, sie sind literarisch hypochondrisch wie andere es physisch sind. Das wahre Mittel, die Produkte des menschlichen Geistes in seinem größten Umfange und mit Vorteil zu genießen, ist wohl kein anderes, als was der heilige Paulus schon empfohlen hat: alles prüfen und aus allem das Gute behalten. Denn überzeugt einen bald die Erfahrung, daß auch beinah in allem etwas Gutes sei; allein freilich gehört oft ein gesunder Magen dazu, um alles zu verdauen. Ich setze nur noch hinzu, daß man die verschiedenartigsten Produkte der Literatur zu ihrer Zeit genießen kann, wenn man sie nicht alle auf einmal, oder zuviel verschiedenartige miteinander verschlingen will. Es gehört zu jedem eine eigene Stimmung. Doch genug in Bildern gespielt; wenn man einmal hineinkommt, hält es schwer, sich hinauszufinden. Sie verstehen mich indessen.

Für Herrn Langenhöffels Bekanntschaft bin ich Ihnen vielen Dank schuldig. Er ist ein wackrer Mann, hat sehr viel gesunde Urteilskraft in seiner Kunst und seltenes Studium des Altertums dabei. Ich freue mich, ihn künftig in Mannheim näher zu kennen. Mein liebes Weib umarmt Sie von ganzer Seele. Sie genießt die schönen Sommertage auf dem Lande mit sichtlichem Gewinn für ihr Wohlsein. Ich küsse Ihre Hand mit der wärmsten Hochachtung.

Ihr ergebenster Forster.

193. Sophie von La Roche an Elise zu Solms-Laubach

Offenbach, 11.8. 1789

Gestern, meine edle, gütige Fürstin! war ich in Frankfurt bei meiner lieben Frau von Holzhausen, welche mir auch sogleich, nachdem ich alle Fragen über Laubach beantwortet hatte, einen von den schönen Stühlen holen ließ, die ich zu sehen wünschte. Sie sind würklich schön, in Arbeit, Geschmack und Darstellung lebender Blumenbukette. Holzhausen und ich segneten die Mütterliche, welche dem Sohn die Regierungssorgen erleichtert und der Tochter

Ruhesessel stickt. Mit Staunen hörte ich, was eine kurze Zeit dazu verwendet wurde. Aber ich teilte auch [mit] der Freundin die Sorgen für der Fürstin Elise ihre Gesundheit; ja, ich sagte gerad: Die Fürstin sorgt nicht genug für sich. Alles, was sie tut, ist nur um Öl in die für andre brennende Lampe zu gießen, damit sie noch länger dienen und leuchten könne. Und da jammerten wir und schickten vereinte Wünsche zum Himmel, daß er die edelmütige Vormünderin segnen und erhalten möge. Meine Feder wiederholt es heut aus dem Grund meiner Seele; Gott erfülle es mit Kraft der Allmacht. Ich freue mich der schönen Tage, welche auch auf Laubachs Gegend verbreitet sind und Ihrer Gesundheit wohl tun werden. Heute früh habe ich einen Kampf gestritten; mein Sohn und Schwiegertochter taten alles, was Bitten und Vorstellungen tun können, um mich zu ihrer Reise nach Italien zu bewegen. Mein Geschmack am Schönen, Großen, meine Kenntnis der Geschichte des Landes: alles dies reizte mich von sich selbst, aber ich widerstand; der Himmel lasse es zu einer guten Stunde geschehen sein und segne meine Beweggründe zum Besten meines Franz.

Eine sonderbare Erfahrung machte ich in Frankfurt in Vergleich der, welche Marburg mir gab. Wenn ich da nach dem Kaiser oder andren Weltleuten fragte, sprach man immer von Immanuel Kant, und in Frankfurt frag ich nach neuen Schriften, und man spricht von der Königin von Frankreich und der Revolution. Ich bin auf eine Idee begierig; die Königin ist kränklich geworden, und ich hörte 1785 in Frankreich sagen, sie würde nicht 34 Jahr alt werden. Ich möchte Kant fragen, woher die nahe Verbindung des Artigen, Leichten, Glänzenden und Weichen mit dem Unbarmherzigen, Gefühllosen, Ausgedachten, Boshaften komme, wie man es in dieser Nation so oft bemerkte. Ich freue mich auf Gegenstände ruhiger Unterhaltung mit der lieben, moralischen Fürstin Elise im kommenden Frühjahr, freue mich, daß unsere Seele und ihre Neigungen unsterblich sind und daß also alles, womit sie sich beschäftigt, diese Eigenschaft mit ihr teilt.

Ich soll, sagt meine Schwiegertochter, doch mit ihr bis nach Straßburg und Kolmar; Kolmar reizt mich wegen dem guten Pfeffel gar sehr, und dann wäre ich an der Quelle der Nachrichten von Frankreich. Wenn ich auf 14 Tage weggehe, so schreibe ich noch am Freitag nach Laubach.

Gottes Segen träufle auf die Gefilde, welche Sophie und Vollrat nun oft durchreisen werden. Dieser Segen allein wird die edle, würdige Mutter lohnen, trösten und entschädigen.

Darf ich sagen, daß, als ich bei Bethmann von den schönen Stühlen und der Fürstin sprach, Madame Bethmann eine Fürbitte für die -steinische Kinder zu Ihren Füßen gelegt haben wollte, daß die Mädchen keinen Abzug von den Kleidern geben dürften. Vergebung für La Roche.

194. Sophie von La Roche an Elise zu Solms-Laubach

Edelste, gütigste Fürstin! Offenbach, 25.11.1789
Ich kam erst vorgestern von meiner glücklichen Schweizerreise zurück, fand Ihr gütevolles Briefchen vom 18. August und danke Ihnen erst heute dafür bei Übersendung der mir an Sie aufgegebenen Pakete, glücklich, etwas für Sie zu sein, für Sie zu tun. Ich habe viele schöne Teile der Schweiz auf dieser Reise neu gekostet, viele neue, vortreffliche Bekanntschaften gemacht und wünsche der edlen, würdigen Fürstin in Laubach auch einmal diese Freude des Geists und der Seele als Lohn der so lang ausgeübten treuen Regenten- und Muttertugend.

Die fehlenden Exemplare der *Lony* sollen nun nächstens anlangen. Verzeihen Sie die Verzögerung und Unordnung der Sache.

Morgen gehe ich in die Stadt und hoffe da, bei Frau von Holzhausen Nachrichten von dem Glück des würdigen Paares Sophie und Vollrat zu erhalten. Gott segne die treue, nun einsame Mutter Elise und Graf Friedrich zu neuer Freude für Sie, nach den Wünschen Ihrer alten La Roche.

195. Sophie von La Roche an Leonhard Meister

Offenbach, 10.1.1790
Sie können und werden mir, teurer Herr Professor, gewiß vergeben, daß ich Ihr so gütiges Schreiben erst heut beantworte. Ein garstiges, unfreundliches Nervenfieber, das mich an meiner Haustüre erwartete, viele Arbeit und Menschen, vielleicht auch Grillen, zögerten meinen Gang zu meinem Schreibtisch. Jetzo bin ich wieder mein, aus den Händen des Arztes befreit, und habe wahrlich meine Feder geküßt wie eine alte, treue Freundin, die ich lange nicht umarmt hatte. Nun nahm ich meine erhaltene Briefe vor und

legte gerad Ihr Schreiben an die oberste Reihe, vielleicht eher, weil Sie mir am meisten schmeichelhafte Sachen sagten, als weil ich Sie vorziehe. Doch treibt mich auch Dank dazu für die Gefälligkeit, mit welcher Sie mir die Kopie der *Aperçus* zukommen ließen. Das *Vaterunser* von Klopstock ist wohl nun auch [in] Ihren Händen, und bald wird die Musik dazu erscheinen, denn ich habe den Kapellmeister André aufgemuntert, es in schöne Rezitative mit Chören zu setzen, und es soll recht schön werden.

Nun aber doch zu Ihrem Brief, der würklich für meine Eigenliebe eine Art Konzert ist, in welchem einzelne und volle Stimmen mit ihrem gütigen Beifall mich beglücken. Dank sei Ihnen, daß Sie mir es schrieben, und Dank sei dem freundlichen, guten Geist Ihres Vaterlandes, der so vieles Wohlwollen mir zeigte. Mögen Sie alle glücklich sein und die Fehler Ihrer Nächsten immer mit so viel Nachsicht behandlen, wie Sie bei meinen Unvollkommenheiten taten. Nie, nie werde ich Zürich und die edle, gütige Freunde vergessen, die ich da fand, nie den Geist der Wahrheit und Freimütigkeit, der Zürich bezeichnet.

Sagen Sie doch Madame und beiden Mademoiselles Meister tausend Freundschaftliches von mir. Ich bin über die Zärtlichkeit dieser Frauenzimmer gegen mich unendlich gerührt und freue mich doppelt dabei, einmal, weil es natürlich Freude gibt, geliebt und geachtet zu sein, und dann auch, weil es immer das glücklichste Gefühl meines Lebens war, wenn ich gute Menschen kennenlernte. Sie sind wirklich einer der glücklichsten Männer, die ich kenne, in der Verwandtschaft, in der Sie stehen, die Gesellschaft, in der Sie leben, Ihr Humor, Ihre Kenntnisse ... Nun, der Himmel lasse Sie lange in diesem Zirkel und führe dieses Jahr wieder meinen Franz und mich zu Ihnen allen, denen ich tausend Gutes wünsche.

Den lieben, blühenden, jungen Freundinnen, welche ich Ihnen zu danken habe, sagen Sie, daß ich sie nie vergessen werde, sie sollen auch ihre alte Freundin lieb behalten.

Ach, machen Sie Wünsche für mich. Man plagt mich um den vierten Teil von *Rosaliens Briefen* und ich arbeite daran. Der Himmel gebe mir helle Stunden und schnelle Finger dazu. Sophie La Roche

196. Sophie von La Roche an Elise zu Solms-Laubach

Offenbach, 27. 1. 1790

Segen des Allmächtigen geleite Sie, edle, geliebte Fürstin, in dem 38. Jahr Ihres wirksamen, tugend- und tatenvollen Lebens, so wie meine herzliche Verehrung Ihnen, so lang ich lebe, geweiht ist.

Segen jedem Schritt des würdigen Sohns einer der besten Mütter auf jeder Stufe seiner Verdienste und seines Ruhms.

Ich freue mich, Ihnen Zerstreuung gegeben zu haben. Hier noch, was ich von Wielands Briefen in der Eile fand, denn die *Suite* ist unter der ungeheuren Menge meiner übrigen Papiere begraben. Ich weiß nicht, was in diesen ist; aber ich weiß, an wen ich sie schicke.

Dabei lege ich als wahre Zerstreuung und Zeichen meines Vertrauens auf Ihre edle Güte die erste Briefe des vierten Bandes von *Rosalie*. Lesen Sie sie, edle Fürstin, als Denkart meiner Seele, die in der Gestalt des Romans wie in einem Maskenkleid auf der Schaubühne der Welt erscheint.

Ich darf nicht viel schreiben, Weikart verbietet es; aber eine Bitte muß ich hinzufügen:

Lesen Sie das Schauspiel, und wenn Sie eine Gelegenheit zu einer Sekretärsstelle wüßten, so gedenken Sie an Vulpius, nicht wegen des Schauspiels, nicht wegen der Zueignung, sondern wegen seinem Verdienst in Geschäften und Denken und weil er unglücklich ist und Brot wünscht, wie er es verdient. Er wird mit wenig zufrieden sein, und Sie tun ein edles, gutes Werk an einem gewiß guten Menschen.

Nein, Wieland hat mich nicht verlassen, sondern ich ihn. Darüber einmal den ganzen Roman, der es verdient.

Haben Sie Klopstocks *Vaterunser* in Versen? Sonst schicke ich es. Tausend Schöns und Wünsche an die Frau Gräfin Sophie von Assenheim von Sophie La Roche.

197. Sophie von La Roche an Johann Heinrich Heidegger

Offenbach, 14. 2. 1790

Ich danke Ihnen, teurer Herr Amtmann und Freund, unendlich für den Beweis Ihres Wohlwollens sowohl in dem gewünschten Wechsel als auch in den Vorschlägen wegen dem Manuskript meiner

Briefe. Ich greife mit Überzeugung von Ihrer Güte und dem Vorteil den Vorschlag, mich mit dem Risiko der Sozietät zu verbinden und werde bei Wieland und andren den Trommelschlag besorgen, auch noch unter der Hand Freunde und Liebhaber zu wecken suchen. Ich sammelte allein für meine Person dem Ettlinger über 1 200 Subskribenten für *Lony*. Das Schicksal wird wohl für diese Briefe meine gütige Zürcher Freunde nicht weniger begünstigen und ich hoffe, daß das mir bisher so geneigte Vorurteil noch die Gewalt der Vorurteile zeigen wird.

Sagen Sie meiner teuren, geliebten Freundin, Ihrer würdigen Schwester, tausend Grüße von mir. Ich schreibe ihr und dem braven Heinrich nächster Tage; ich komme erst von einer kleinen Reise nach Mainz zurück und traf Ihren lieben Brief vom dritten an, wofür nochmal danke und dem ehrwürdigen Samstagszirkel mich bestens empfehle, aber auch frage, warum mir Herr Professor Meister nichts von Klopstocks *Vaterunser* sagt.   Sophie La Roche
Ihrer schätzbaren Frau und Babi viel Schöns. Adieu.

198. Georg Forster an Sophie von La Roche

Mainz, 15. 3. 1790

Das ist doch ein wahres Vergnügen, meine teuere Freundin, daß man in gewissen Fällen so mit ganzem Vertrauen sich an Menschen von Herz wenden darf, wenn man etwas von ihnen zu bitten hat. Ich komme jetzt so zu Ihnen und weiß gewiß, Sie verargen mir meine Freimütigkeit nicht, wenn Sie mir auch meine Bitte nicht gewähren können. Doch glaube ich wenigstens, daß auch die Gewährung Ihnen möglich ist; denn, kurz gesagt, ich gehe auf fünf oder sechs Wochen nach London und wünsche von Ihrer lieben Hand ein Empfehlungsschreiben an Madame Hastings zu erhalten, oder auch an Herrn von Hastings, wie es Ihnen beliebt. Ich wünsche diesen interessanten Mann und diese interessante Frau, Ihre Freunde, kennen zu lernen, und wünsche, da mein Studium des Menschen und der Natur es mit sich bringt, mich von Indien und seinen Bewohnern mit beiden zu unterhalten, um zu sehen, wieviel ich von meinen Otahaitiern im Indier wiederfinden kann, von dem sie doch wahrscheinlich entsproßten. Dies, gütige Freundin, ist meine Bitte, der ich noch hinzufüge, daß Sie mir Aufträge geben mögen, wie Sie glauben, daß ich fähig sei, sie auszurichten.

Meine Gesundheit heischt eine starke Bewegung; meine schriftstellerischen Arbeiten können durch Einsammlung von Materialien in England gewinnen; ich kombinierte das, und so ward meine Reise reif. In künftiger Woche gedenke ich abzureisen.

199. Sophie von La Roche an Georg Forster

Offenbach, 17.3. 1790

Haben Sie Dank, teurer, schätzbarer Freund! für das Zutrauen, mit welchem Sie mich beehren und mir die Freude gaben, etwas für Forster zu tun. Hier kommt der Brief. Ich freue mich auch deswegen, weil ich nun in einiger Zeit sichere Nachricht von den Hastings haben werde, da ich schon lange keine Briefe hatte. Sollten sie nicht in London sein, so sind sie bei Windsor zu Beaumont Lodge, wo Sie zugleich Kühe und Schafe von den tibetischen Gebürgen finden. Ach wäre mein Franz hier; ich nähme den Ertrag des vierten Teils meiner *Rosalie* und bäte Sie, den lieben, guten Jungen an Ihrer Seite mit hinüber schwimmen zu lassen. Ich fühlte das Glück, diese selige Insel gesehen zu haben, in meinem Sohn doppelt, und meinen Franz mit *Ihnen* zu wissen, wäre eine unendliche Glückseligkeit für mich. Darf ich doch fragen, wie Sie reisen, ob allein oder in Gesellschaft? Der Himmel segne Ihre Wallfahrt mit Gesundheit und allen Freuden des Geistes. Wenn Sie ohne große Beschwerde zwei Exemplare von meiner *Lony* mitnehmen könnten, so würden Sie mich unendlich verbinden. Eines wäre für Madame Hastings und das andre für Madame La Fite, Vorleserin der Königin. Sehen Sie doch, gütiger Mann, ob dies sein kann. Und wenn Ihnen von mir und meinen Familienumständen gesprochen wird, so sagen Sie freimütig, daß ich und meine zwei jüngere Söhne durch den Tod des verdienstvollen, aber *ungerecht* behandelten Mannes und Vaters alles verloren haben und daß ich alles für meine jüngere Söhne tu, was ich kann. Sagen Sie es besonders Madame Hastings.

Ich hoffe, meine teure, liebenswerte Madame Forster während Ihrer Abwesenheit zu sehen und ihr zu zeigen, wie sehr ich sie auch wegen dem neuen Beweis ihres lieben, schätzbaren Geistes schätze und liebe, daß sie mit dieser Reise so zufrieden ist.

Grüßen Sie in meinem Namen und meiner Seele die Küsten von England und Richmonds Hügel. Ach Forster, wenn ich diese noch einmal sehen könnte! La Roche

200. Georg Forster an Sophie von La Roche

Mainz, 19. 3. 1790

Ich danke Ihnen, gütigste Freundin, daß Sie meine Bitte so bereitwillig erfüllen; ich danke es Ihnen insbesondere so gern, denn es ist ja nicht gleich viel, wem man zu danken hat und danken mag. Von den Hastings sollen Sie nun durch mich sichere Nachrichten erhalten; ich hoffe auch, sie noch in London zu finden, da die fatalen Verhöre in Westminsterhall ihm jetzt viel Zeit rauben müssen, weil er eben an seiner Rechtfertigung arbeitet, da die Lungen seiner Kläger endlich müde zu werden scheinen. Sobald ich sie gesehen habe, schreibe ich Ihnen. Ihren Auftrag werde ich mit Vergnügen besorgen. Begleiten Sie das Exemplar von Ihrer *Lony* an Madame La Fite auch mit einigen Zeilen? So wäre es mir lieber, denn Sie wissen, wie schwer es fällt, in England Zutritt zu erhalten und aus dem Ton der fremden, kalten Zurückhaltung zu kommen.

Ich reise in Gesellschaft des jüngeren Herrn von Humboldt, nicht meines Wilhelms, sondern eines auch sehr liebenswürdigen, braven, geistvollen und kenntnisreichen Jünglings, Alexanders. Meine Absicht bei dieser freilich nur gar zu kurzen Exkursion nach London ist, außer dem, daß meine Gesundheit etwas Schütteln erfordert, die Einsammlung von allerlei Materialien zu meinen schriftstellerischen Arbeiten, zumal im Fache der Natur- und Menschengeschichte, wie auch im Kunstfache, worüber ich in Archenholz' diesjährigen *Brittischen Annalen* aus meiner Erinnerung großenteils Abgezogenes gesagt habe.

Beim Worte Kunst fällt mir ein: Lesen Sie wohl die *Thalia* von Schiller? Im neunten Hefte ist ein Aufsatz *Die Kunst und das Zeitalter*. Der Verfasser ist ein Mann von 36 Jahren, der aber die Fähigkeit zu schwärmen noch nicht verlernt hat und nach Art der jugendlichen Schriftsteller seinen Gegenstand von *einer* Seite recht scharf ins Auge faßt, indem er es mit Fleiß zu vergessen scheint, daß mehrere Seiten daran zu betrachten sind. Gelegentlich, liebe Mama, Ihr Urteil darüber, denn der 36jährige Schwärmer bin ich.

Außer diesen Beschäftigungen hoffe ich, einige Bekanntschaften teils zu machen, teils neu anzuknüpfen, die mir nützlich werden können; denn was ich von meinen Jahren Ihnen schreibe, erinnert mich, daß dies die Zeit sei, zu säen und den Acker zu bestellen, damit auch bald eine Ernte für die Meinigen daraus wachsen möge.

Für mich allein wäre ich schon mehr als zufrieden mit dem, was ich habe; ich hoffe auch nicht einen Zuwachs an Glück und wahrer Zufriedenheit; aber als Gatte und Vater muß ich sorgen und als Mensch, der individuelle Bestimmung und Wirkungskreis fühlt, muß ich nützlich und tätig zu werden suchen. Alles Pfund darf ja nicht verscharrt werden, so lange es Wucher bringen könnte. Ich setze nicht hinzu, daß Sie mir diese Herzenserleichterungen vergeben sollen, denn ich ehre Ihren Geist zu sehr, um zu wissen, daß ich einer solchen Entschuldigung bei Ihnen nicht bedarf. Mich dünkt, wenn man mit Menschen von einer gewissen Höhe, von einem gewissen Seelenadel spricht, so ist der Detail über eigne Angelegenheiten des Individuums nur eine Fortsetzung des Studiums der Menschheit, welches jenen Menschen eigen zu sein pflegt.

201. Sophie von La Roche an Ludwig X., Landgrafen von Hessen-Darmstadt

Durchlauchtigster Landgraf,
gnädigster Herr!   Offenbach, 20. 4. 1790
Euer Durchlaucht vergeben gütigst, daß eine Ihnen beinah ganz fremde Frau [Ihnen] eine der größten und wichtigsten Bitten zu Füßen legt. Mein jüngster, 22 Jahr alter Sohn, welcher die Ehre hatte, Hochdenselben vorgestellt zu werden, hat nun drei Jahre die Forstwissenschaft sowohl theoretisch als praktisch studiert und von seinen Lehrern die beste Zeugnisse von Fähigkeiten, Wissenschaft und Fleiß erhalten. Diesen bitte ich Euer Durchlaucht! in Ihre Dienste zu nehmen und ihn einstweilen zum Assessor bei dem Forstamt, auch anfangs ohne Besoldung, zu ernennen, teils um sich noch in Geschäften zu üben, teils um Rechenschaft von seinen Kenntnissen abzulegen, und sonach demselben die Hoffnung auf eine Forstmeisterstelle zu versichern. Euer Durchlaucht erlauben, daß ich, obschon die Mutter des jungen Manns, hinzusetze, daß Euer Durchlaucht an dem guten Kopf und rechtschaffnen Herzen meines Sohns einen ewig dankbaren, treuen Diener erhalten werden, für dessen Glück nicht nur seine Mutter, sondern gewiß die edelste, beste Menschen, die seinen verdienstvollen Vater schätzten, Euer Durchlaucht segnen und danken werden.
Die Hoffnung vieler Tausende ist auf die edle Güte von Euer

Durchlaucht gegründet, viele sind schon glücklich durch diese Güte, setzen Sie, gnädigster Landgraf und Herr! meinen Sohn zu dieser Zahl und erhören gnädigst die Bitte seiner Mutter, welche mit der vollkommensten Ehrerbietung sich nennt

Euer Durchlaucht untertänigste Dienerin
Wittib von La Roche.

202. Sophie von La Roche an Elise zu Solms-Laubach

Offenbach, 12. 5. 1790

So lange habe ich die würdigste Fürstin Elise aus dem Auge, aber gewiß nicht aus der Seele verloren. Ich hoffe, Wohlsein, glückliche Aussicht auf den Juni in Assenheim und gute Briefe des edlen Sohnes sind eingelaufen und haben alles um Sie verschönert, wie die Natur selbst es war.

Nun, beste, gütigste Fürstin, hat der Himmel die hohe, letzte große Erdenfreude gegeben. Mein Franz ist versorgt. Der Landgraf von Darmstadt hat ihn zum Assessor bei dem Oberforstamt gemacht mit Versicherung des *Avancements*. Dies hat vielfaches Glück für mich. Mein Kind darf sein Brot nicht unter den Mördern seines Vaters essen, und ich habe ihm durch meine Arbeit seit drei Monaten die Mühe erspart, an Türen zu pochen. Er darf jetzt nur Verdienste, Fleiß und Rechtschaffenheit zu Tag legen, so wird er seinen Wunsch erfüllt sehn, bei einem protestantischen Fürsten ein Hüttchen in einem Wald zu haben. Morgen gehe ich nach Darmstadt, um wenigstens herzlich für die wirklich graziöse, edle Art der Bewilligung meiner Bitten zu danken. Dann hoffe ich Briefe von Driburg zu finden, die mir sagen werden, wenn ich nahe bei Assenheim vorbeireisen werde, und ich will dann fragen, ob ich Laubach im Hin- oder Herweg betreten darf oder ob ich mein altes Feengesicht der Wiege in Assenheim nähern kann.

Tausend Wünsche für die edle, würdige Großmama und für die liebenswürdige junge Mutter und den Vater, der Söhne und Enkel nachzuziehen verdient.

Ich habe einen Tag zwei Michaelis bei mir gehabt. Sie sind sehr liebenswerte Gesellschafterinnen und wissen sehr viel, sprechen eine liebe deutsche Sprache, und man trägt sie nicht auf den Achseln, wie es oft mit Gästen geschieht. Wenn alle Göttinger Mädchen gezogen werden wie diese und Forsters Frau, so ist es

angenehm, da zu leben. Ich bin ewig der verdienstvollen Elise
dankbar ergebene   La Roche.

203. Sophie von La Roche an Elise zu Solms-Laubach

2.2.1791

Darf ich, nach einem so lang gedaurten Schweigen, noch bei der
edelmütigen Fürstin Elise erscheinen? O wenn Sie wüßten, wie oft
mein Herz litt, daß ich Sie, edelste, gütigste Frau, versäumte, und
dann noch wegen den armen beiliegenden Briefen versäumte, die
so lang ausblieben und die ich beilegen wollte, dann Anfälle von
Nervenfieber mich plagten, die auch sich durch nichts als den
ungefähr geratenen Tee von Quinquina vertreiben ließen.

Ach vergeben Sie mir gütig und lassen Sie mich durch Ihre Edelmütigkeit eine Zusicherung des kleinsten Teils Ihres ehmaligen
Wohlwollens erhalten.

Frau von Holzhausen fand mich einmal in meinem Bette und
sagte mir von Ihrem Wohlbefinden und den reinen, wahren Fami-
lienfreuden in Assenheim; der Himmel erhalte alle dieses als Lohn
und Krone Ihrer mit Muttertugend und Mutterpflichten erfüllten
Tage.

Mein Franz ist seit dem neuen Jahr als Jagdjunker und Forstassessor mit 300 Gulden und Fourage für zwei Pferde in Darmstadt, ist geworden in Kenntnis, Grundsätzen, Bezeugen und Person, was ich wünschte, verdient meinen Segen und meine Liebe.
Sie vergeben, daß er hier eingeflochten wurde, aber sein nun
gegründetes Etablissement ist immer, seit vielen Monaten, der
erste und letzte Gedanke meiner Seele gewesen.

Nehmen Sie, gnädige, gütevolle Fürstin, die armen, in Denken
und Druckfehler mangelhafte Briefe an. Ich glaube wirklich, daß
von der ersten Auflage des *Eulenspiegel* bis zum Kalender des *Hin-
kenden Boten* nichts mit so viel Druckfehler erschienen ist, als diese
arme Briefe, die mich jammern wegen dem Anstoßen, das die Leser
fühlen müssen, und wegen dem Zweifel, der in meine gesunde
Vernunft gesetzt werden muß; doch ich empfehle mich zu Indul-
genz.

Ich habe an Präsident von Gemmingen in Stuttgart einen 37jähri-
gen Freund verloren und an Madame Sarasin in Basel eine Freundin, die alle Hochachtung verdiente. Es sammlet sich eine gute

Gesellschaft edler Seelenfreunde zu meinem Empfang in Elysium. Möge ich nach langen, von Ihnen verlebten glücklichen Jahren unter denen sein, welche Sie unter früh vor Ihnen Entschlafenen wieder zu sehen wünschen. Ich weiß gewiß, daß ich hier und dort ausübende Tugend in Ihnen verehren werde als ewig ergebene

alte Dienerin La Roche.

204. Sophie von La Roche an Elise zu Solms-Laubach

Offenbach, 21.6. 1791

Würdige, gütige Fürstin Elise! Ich war acht Tage in Mainz, und man hat dann meine Briefe noch einige Tage in Frankfurt gehalten, weil ich nicht sogleich den andren Tag schrieb, daher bin ich so spät, Ihrem Herzen zu der Erhaltung Ihres würdigen Sohns Glück zu wünschen. O was müssen Sie gelitten haben. Gott sei Dank, daß dieser Sturm vorüber ist. Gott sei Dank, daß er Ihnen innere Kräfte gab, wie der Adler nur in die alles belebende Sonne zu schauen. Wie sehr bin ich neu überzeugt, daß, wer so viele Kraft zum Tragen und Arbeiten unter Seelenmühe erhält wie Sie, der ist auch von der Vorsicht zu Proben und Last bestimmt. O Sie werden nicht aus der Acht gelassen, edle, so vielfach, so lang geprüfte Mutter, Gattin, Tochter. Was für einen Feiertag hat mir Ihr Brief, Ihre Betrachtung in der blühenden Laube bereitet! Wie innig segnete ich Sie dafür. Wie sehr freute ich mich, daß Sie alle das aus sich schöpften, alle das in sich finden können, geliebte, edle Frau. Gewiß, es gehört in die Reihe meines moralischen Glücks, Sie zu kennen, wie Sie sind. Gott der Allmächtige erhalte Sie und segne Sie auch für Ihre Sonntagsfeier. Haben Sie Geßners *Idyllen?* Darf ich Ihnen für den Sommer meine große Edition mit den Kupfern schicken, die Geßner selbst radierte und zeichnete? Wollen Sie nicht Dalbergs *Ästhetik* lesen? Und meinen Marc Aurel? Ach edle, liebe Fürstin! Lassen Sie mich an ein paar Tage denken, die ich bei meiner Rückreise von Braunschweig bei Ihnen verleben könnte. Und lesen Sie doch diesen Originalbrief eines Sohns von Salomon Geßner.

Ich war in Mainz, wohnte bei Demokraten und brachte die Tage in dem Hause von Steinberg zu. Es präpariert sich eine Szene in unserm Teutschland, und ich muß bei dem Betragen der Höfe denken: die Vorsicht will Ändrung haben; deswegen müssen die Höfe taub und blind handlen, um die Verändrung desto eher zu bewirken, sonst wäre dieses Betragen unmöglich denkbar.

Ich sah auch viele französische Offiziere, bejammernswert umso mehr, da ihre Erziehung nichts ist, da einer der ersten sagte: Der Kaiser muß den Kurfürsten enorme Pensionen geben, daß sie einen so großen Aufwand machen können. In Mannheim, in Worms will man sie wegen Verderbnis der Sitten ausjagen. Sie sind nun sehr traurig, daß der Kaiser in Triest die Nationalflagge anerkannt und salutieren lassen. Kennen Sie den Professor Crome in Gießen? Die Unterredung mit Leopold und ihm ist äußerst merkwürdig und macht Leopold lieb und wert. Gottes Segen auf Ihre Tage, auf die von Graf Friedrich und Assenheim, das ich wohl auch sehen werde. Erhalten Sie Ihre Güte für die alte Sie verehrende La Roche.

205. Sophie von La Roche an Heinrich Geßner

Teurer, lieber Heinrich Geßner!   Offenbach, 26.6. 1791
Verzeihen Sie, wenn dieser Brief spat kommt, denn er blieb lang in Frankfurt liegen, und dann war ich acht Tage bei meiner mit starkem Husten geplagten Luise; jetzo aber habe ich mit der Korrektur meiner *Rosalie* und dem zweiten Teil meiner *Lina* vor einer lieben Reise so viel zu tun, daß ich auch auf Ihren lieben, schönen Brief wenig antworten kann. Aber das muß ich sagen, daß ich mich freue, diesen Brief von Ihrer Freundschaft für mich erhalten zu haben, und der Gedanke, daß Heinrich Geßner so schreibt, ist mir für Ihren so würdigen Vater, für die Mutter, Geschwister, Steinbrüchel und Vaterland eine noch viel größere Freude. Herzlich segne ich Sie, teurer Heinrich, und ist mir lieb, daß Sie nun auf dem Weg sind, in allem Vergleichspunkte zu sammlen, um richtig über Kenntnis, Geschmack, Gesetze und Tatsachen zu urteilen. Um so glücklicher wird die Zeit Ihres Lebens sein, wenn Sie als Geschäftsmann die Tagarbeit angeordnet und verrichtet haben werden, nachdem Erholungsstunden mit edlen Freunden und guten Büchern halten. Gott führe Sie glücklich durch die Probezeit des Vergnügens und der Zerstreuung, wie ich ihn bitte, mich noch einmal in meine liebe Schweiz zu führen, wo mir noch letzt durch meine geliebte, verehrungswerte Judith der große Dienst geschah, daß ich mein Geld von den *Briefen über Mannheim* ganz erhielt.

Wie froh bin ich, daß Sie meinen Carl kennenlernten. Gehen Sie ja zu ihm, lieber Heinrich, Sie finden gewiß einen schätzbaren jungen Mann an ihm. Franz grüßt Sie herzlich. Sein Oberjägermeister war bei uns hier, ich frage nach meinem Franz, und er sagte: „Ich habe vier Söhne, die ich gerne alle zu Forstleuten ziehen möchte, und wünsche, daß sie in Fähigkeit, Eifer und guten Sitten Ihrem Sohn ähnlich werden mögen."

Das war mir genug. Lieber Sohn meiner Geßner! wünschen Sie, daß es immer fort so bleibe.

Dank, mein junger Freund, daß Schönheit der Natur Ihnen überall lieb ist und daß Sie finden, man könne für etliche Groschen eben so viel Vergnügen bei der Tasse Tee und einer Pfeife Tabak haben, als wenn man Taler ausgibt. Edlen, philosophischen Stolz soll mein Sohn Geßner haben, nie etwas zu tun oder zu sagen, das Salomon und Judith Geßners unwürdig wäre, und artig soll er werden, so weit reine Vernunft und Wahrheit es gut heißen. Lassen Sie mich, lieber Heinrich, nur alle sechs oder acht Wochen in einem Zettelchen lesen, daß Sie wohl sind. Gott erhalte Sie und segne Ihr Tun. Adieu herzlich von der alten Mutter La Roche. Laustern Sie doch, was die Leute von den *Briefen über Mannheim* sagen und welches Buch man jetzt am besten achtet. Dalbergs *Ästhetik* liebt man hier.

206. Sophie von La Roche an Elise zu Solms-Laubach

Offenbach, 20. 7. 1791

Hier, meine gütige und geliebte Fürstin Elise, kommt mein Geßner, der gewiß verdient, von Ihnen gelesen und beherbergt zu werden. Gott gebe Ihrem edlen, gewiß mit dem vortrefflichen Manne in Sympathie stehenden Herzen schöne, erquickende Stunden. In dem einsamen Lesen [lernen] Sie die gute Klasse des Landmanns lieben, müssen Geßnern gerne lesen. Mir ist leid, daß er Ihren letzten Brief nicht lesen kann. [Aus] Ihrer Heuerntegeschichte würde [er] eine Idylle erschaffen haben. Dank sei Ihnen für die Einladung nach den Wochen der liebenswerten Gräfin Sophie. Der Himmel gebe ihr eine glückliche Stunde und mir bald die Nachricht davon. Sie vergeben meine Art von Eile, aber der elende Austritt, welchen der Kriegsrat Merck aus der Welt nahm, hat mir unangenehme Arbeit zugezogen, indem ich wegen einer neuen Auflage meiner

Pomona mit ihm verwickelt wurde. Ist es nicht ein elender Ertrag von fünfzig Jahren des Lebens, von einer so großen Summe Geist, Kenntnis, Erfahrung und edlen Freunden, in der Verlegenheit des Ehrgeizes mit einem Pistolenschuß zu enden, zwei unmündige Söhne, eine hochschwangere Tochter und die Frau mit allen Bekannten so zu verlassen? Gott erhalte Sie edle, würdige Mutter von edlen, würdigen Kindern. Bleiben Sie gewogen Ihrer ergebenen

alten La Roche.

207. Sophie von La Roche an Elise zu Solms-Laubach

Offenbach, 14.9.1791

O edle, gütige Fürstin Elise, bedauern Sie mich. Gott nahm meinen teuren Sohn Franz an einer Entzündungskolik. Tief gebeugt bitte ich um Ihre Teilnahme. Mein Schmerz ist unaussprechlich. Ergebung ist eine schwere Tugend in so einem Fall. Man will mich in die Schweiz führen. Ach, nirgend find ich wieder, was ich verlor. Bitten Sie, daß Gott mich stütze und meinem Carl erhalte, der mich dieses Jahr noch nötig hat. Ich geh mit Frau von Steinberg zu Tissot, um ihren sieben Jahr alten Sohn retten zu helfen, und mein 23 [Jahr] alter ist tot. Früh zur Ewigkeit reif, fiel er als reine Blüte der Tugend und des Verdienstes. Ewig glücklich ruht neben seinem Vater mein bestes Kind, das am meisten mich liebte und das meine Verehrung verdiente.

Gott erhalte Sie und die Ihrigen bis zur Sättigung des Lebens. Bedauernd lieben Sie Ihre

arme La Roche.

Sechstes Kapitel

„Was ist aus Teutschland
und seinen Fürsten geworden?"

Briefe aus den letzten Jahren in Offenbach
(1791–1807)

208. Sophie von La Roche an Charlotte von Zanthier

Lausanne, 24. 11. 1791

Edle, würdige Freundin meines verewigten Sohns!
Haben Sie Dank, daß Sie mir schrieben; ich habe erquickende Tränen geweint. Denn ach, nie, nie werde ich meinen Franz ohne Tränen denken, nennen hören oder seinen und den Namen seiner Freunde lesen.

Charlotte von Zanthier wurde von ihm verehrt; einige Ihrer Briefe zeigte er mir in den Tagen meines Glücks, da *er* lebte und mich Ihre persönliche Bekanntschaft hoffen ließ. Sie sind mir also nicht fremd, so wie ich es Ihnen, mein teures Fräulein, nicht sein kann. Dank sei Ihnen, daß Sie mit mir weinen. O ich bin zu bedauren; ich habe alles Glück meines Herzens verloren und habe so wenig Stärke gesammlet. Dies ist Ursache, warum die Tochter meines Herzens noch keinen Brief von mir hatte. Es war mir unmöglich, an sie zu schreiben; umfassen, sie an mein gepreßtes Herz drücken, anblicken, immer um sie sein – dies hätte ich tun können, aber schreiben nicht. Doch hier, Charlotte, einen Brief an Henriette, die ich im kommenden Jahr sehen will und mit ihr einen Briefwechsel unterhalten werde. Innig, rein, zärtlich wurde sie von dem besten, schätzbarsten jungen Mann geliebt; geliebt wird sie von seiner Mutter, es ist ihr Erbteil, es war das Vermächtnis seiner Seele. Man führte mich in die Schweiz, um mich zu zerstreuen, weil man wußte, daß ich die Wunder und Schönheit des Landes liebte, daß ehmals mein Herz sich da über Unrecht und Unglück tröstete; aber, Charlotte! ich hatte diese seligen Gefühle das erste Mal an der Seite meines 16 Jahr alten Franz genossen, war glücklich, seine so rein aufgeblühte Seele in Entzückung zu sehen, wenn eine neue Schönheit der Gegenden vorkam. Jetzo ist mir die Erde nichts als sein Grab; die ganze Schweiz ist mir nichts. Nur einen Moment heftete ich mein Auge mit Zufriedenheit auf einen Fleck im Savoyischen, St. Julien, wo ich vor zwei Jahren aus Liebe für meinen Franz auf die Reise nach Italien Verzicht tat. Es war mir Altar der treuen Mutterliebe für ein verdienstvolles Kind. Ich überwinde meinen innern Kummer, um die Tage der andern nicht zu trüben. Es wird mir wohltun, Charlotte, wenn ich jemand schreiben kann, der *meinen Franz kannte.* Ich werde mich glücklich achten, etwas für seine Freundin zu sein. *Ich war seine Mutter:* dies ist meine Würde, so wie es mein Stolz und mein Glück war. Vergeben Sie; ich kann heute nicht weiter. Lassen Sie mir die Hoffnung, die Franz mir gab, Sie einmal bei mir zu sehen. Ach, Henriette sollte einige Zeit bei mir wohnen. O Charlotte! Wo sind sie, diese Aussichten? Gott sei Dank, daß die Ewigkeit auf uns wartet. Ich bin Ihre wahr ergebene Freundin   Mutter von Franz La Roche.

209. Sophie von La Roche an Elise zu Solms-Laubach

Lausanne, 29. 11. 1791

Edle, geliebte Fürstin Elise! Gott lohne Sie durch das Leben und das Wohlsein Ihres würdigen Sohnes für die Tränen, welche Sie meinem geliebten Franz und seiner armen Mutter gegeben haben. Ich kann Ihnen erst heute dafür danken, weil meine Kinder in Frankfurt und Offenbach alle Briefe an mich zurückhielten, indem ich nur einen Monat abwesend zu sein glaubte. Dank, ewigen Dank für Ihr Mitleiden und Ihre Fürbitte um Kraft. Ach, im Anfang wünschte ich sie nicht, die Kraft zu tragen. Ich würde meinen Schmerz geliebt haben, wenn er mich ganz niedergedrückt hätte. Noch kann ich keine deutliche Idee von meinen Empfindungen geben, und Ihnen sei es gesagt, ich mag sie auch nicht genau untersuchen. Zudem hat Gott selbst der Zeit allein den größten Teil des Besten der ganzen Menschheit übergeben, ohne Zweifel wollte er mich nach Maßgabe des 23 Jahre lang genossenen vollkommenen Mutterglücks auch leiden lassen. O Fürstin Elise, ich leide! Diese Reise sollte mich zerstreuen, sie beweist mir meinen Verlust. Größe, Schönheit der Natur, Geist der Menschen, alles ist mir nichts mehr in der Schweiz, und ich sah dieses Land das erste Mal mit meinem Franz. Ewiger Gott, er ist tot, er, der mich über alles andere tröstete, schadlos hielt, der mich schützte, schützen wollte. Nun sieht er die Ursache, warum seine arme Mutter ihn verlieren mußte, sieht, daß ich leben muß und warum. Man kann ohne Glück leben, das fühle ich täglich, denn dieses Streben kenne ich nicht mehr. War aber der Beruf nicht sonderbar, in dem Zeitpunkt, wo ich meinen Sohn verlor, mit einer anderen Mutter zu reisen, um ihren Sohn retten zu helfen, täglich Tissot zu sehen und zu denken, ach, Tissot hätte vielleicht deinen Franz gerettet. Ich weiß, ich sagte mir gleich, wenn Gott ihn hätte wollen leben lassen, so würde ihn ein Tropfen Wasser geheilt haben. Und dann weine ich allein, schweige, lese, arbeite, bin froh, daß die Tage schnell gehen. Ich möchte bald zurück, um auch bei Tag viel allein zu sein. Danke Gott, daß Menschenliebe in mir wohnt und mir sagt: Trübe die Stunden der anderen nicht. Ich tue es aber in diesem Augenblick, ich trübe die Ihrige. Ach, vergeben Sie, gütige, geliebte Frau! Vergeben Sie mir alles. Ich habe meinen Franz verloren. O hätten Sie ihn leiden, hätten Sie ihn sterben sehen! Sie würden den schönen, edlen Jüngling verehren. Und denken Sie, drei Wochen vor seinem Tod ward er Bräutigam von Fräulein von Bülzingslöwen, die nun dem bittersten Kummer zum Raub wird. Ihre erste Liebe, wie die seinige so rein. O geliebte Fürstin Elise! Vergeben Sie mir dieses Mitteilen, bedauern Sie mich und erhalten mir Ihre Güte.

Ich bin ewig Ihre   arme La Roche.

210. Sophie von La Roche an Caroline von Keller

[etwa 1792]

Der edlen, wahren Güte, welche das Herz von Caroline von Keller belebt, vertraue ich die Geschichte der Heuraten meiner zwei Töchter, so wie sie vor den Augen Gottes liegt. Von vielen Menschen mißkannt und nach dem Anschein mißdeutet, habe ich viele Jahre über meine Verurteilung gelitten. Möge die reine Wahrheit mich nur bei Caroline von Keller rechtfertigen, so will ich mich über andre als schadlos gehalten ansehen.

Der einzig gebliebene Jugendfreund meines Manns, Dechant Dumeiz in Frankfurt, besuchte uns in Warthausen, als meine Max 14 Jahr alt war und ein liebenswürdiges Wesen zeigte. Dumeiz, der uns und unsere Kinder liebte, sagte da: Die Max muß die Frau meines Vetters von Strauß werden, welcher damals schon mainzischer Geheimer Rat war. Wir wußten, daß Strauß ein rechtschaffener und geschickter junger Mann mit vielem Vermögen war und zeigten unsere Zufriedenheit mit dem Vorschlag. Dumeiz führte die Sache auch bei seinem Vetter so, daß, wie wir nach Koblenz zogen, alles sicher war. Niemand als wir wußte davon. La Roche, welcher vor mir nach Koblenz kam, hörte aber von dem augsburgischen Hofrat von Eplen, daß die trierischen Landeskinder etwas unzufrieden wären, weil der Kurfürst schon wieder einen Fremden in einer guten Stelle eingesetzt habe, daß La Roche mit der Gabe der Beredsamkeit auch die besten Etablissements für seine fünf Kinder erhalten würde, wodurch die ihrigen verlören. La Roche sagt: Die Leute kennen mich nicht, aber ich nehme ihnen die Sorge nicht übel. Sagen Sie doch bei Gelegenheit, daß man von meinen Kindern so bald nichts zu fürchten habe, denn meine älteste Tochter ist an Herrn von Strauß in Mainz versprochen. Meinem ältesten Sohn habe ich eine Lieutenantstelle im augsburgischen Kontingent für 1 800 Gulden gekauft. Diese beiden sind also keinem Koblenzer Kind im Weg, und bis die drei andre erwachsen sind, hoffe ich, die Freundschaft und das Vertrauen des Landes so weit verdient zu haben, daß man ihnen ein Etablissement gönnen wird . . .

Dies war gut und wirkte für uns. Indessen hatten in Mainz Herr von Groschlag und Kanzler von Bentzel die Regierung in Händen, wollten unter dem Kurfürsten Emmerich Joseph manches Gute stiften, wurden aber oft gehindert, weil der Regierungspräsident von Erthal nicht vergessen konnte, daß von Groschlag seinen Witz an ihm geübt und ihn oft lächerlich gemacht hatte, so daß von Erthal auch den großen Ruhm des von Groschlag als Premierminister schmälern wollte und viel erschwerte, was Groschlag wollte, sobald es durch die Regierung mußte. Denn alle Präsidenten sind Domherren, und diese werden von den Räten als eine Art von Erbprinzen geachtet, haben also auch Einfluß. Nun sagten von Groschlag und von Bentzel bei einer Sache, die sie ausführen wollten: Es wird auf der Regierung nicht gehen; von Erthal liebt uns nicht. Könnten wir ihn doch entfernen! Aber wie? Absetzen konnte man nicht; man schickte also Herrn von Erthal nach Wien, eine Angelegenheit zu besorgen, welches Briefe getan hätten. Herr von Erthal benützte die Gelegenheit, sich den kaiserlichen Hof für den Kurhut zu sichern. Mein Mann kommt in Augsburger Geschäft nach Wien, wird beliebt; der Reichsreferendar von Leyken (der ihm seine Stelle zu danken hatte) sagt einmal: Bleiben Sie hier, man liebt sie! Mein Mann dankt und antwortet: „Freund! In unserm Alter lebt man für seine Kinder." Und erzählt von der Heurat der Max (wozu Dumeiz Vollmacht eines Vaters erhalten hatte). Leyken schweigt, geht aber sogleich, als La Roche fort war, zu Herrn von Erthal: Eure Hochwürden haben mir in Ihrem Vertrauten, Herrn von Strauß, einen Tochtermann versprochen; der heuratet die Toch-

ter des La Roche. – Unmöglich! – Gewiß, ich habe es soeben vom
Vater gehört ... Nun läuft ein Brief an Strauß: Was, Sie! der mein
ganzes Vertrauen hat, die Tochter des Lieblings meines Todfeindes
von Groschlag zur Frau zu nehmen ... Von Strauß klagt gegen
Dumeiz: O warum hat La Roche geschwätzt? Jetzo kann ich die
Max nicht nehmen; Erthal wird unser Kurfürst! – Wir trugen das
ruhig; aber als Strauß zum Zollkonvent in Koblenz bestimmt
wurde, sagten die Leute: O, da wird auch die Hochzeit mit der La
Roche sein! Und das unglückliche *„qu'en dira-t-on"* (da La Roche aus
Herzensgüte von Heurat gesprochen) ergriff uns, und wir hielten
es für Schande, daß die Heurat nichts wurde. Dumeiz wurde um
Hülfe gefleht. Der spricht von einem liebenswerten, viel reichern
Mann. Alle Negoziantenweiber in Frankfurt sind glücklich, sagten
wir, und gaben unsere Max dem Brentano, da man, NB. nur von
drei Kindern, zwei Söhnen und einer Tochter, nichts andres sagte,
so wurde meine Max Frau Brentano, hatte in den ersten Jahren viel
von der *Jalousie* ihres Mannes und seiner zu großen Häuslichkeit zu
leiden, ist nun sehr glücklich und sieht auch das Vermögen Ihrer
Kinder gegründet.

Bei der Heurat meiner Louise ist Caroline von Keller nicht
unschuldiger als ich, das weiß Gott und eine der verehrungswür-
digsten Personen unsers Geschlechts, Fräulein von Nauendorf,
Hofdame der Prinzeß Kunigunde von Sachsen, welcher ich mit
Entzücken von der Hoffnung sprach, daß ich eine von den sechs
Töchtern des rechtschaffnen Hofrat von Eplen zu versorgen wüßte,
indem der Hofrat Möhn, der 60 000 Taler besitze, die Therese heuraten würde, daß die Eltren so zufrieden seien und ich mich so
freute, einen reichen Menschen dahin gebracht zu haben, ein
armes, artiges Mädchen zu nehmen ... Ich kann nicht in das Detail
eingehen, wodurch ich wegen Vorstellungen, die dem La Roche
gemacht wurden, dahin gezwungen ward, den Eplens diese gegebene Hoffnung wieder zu nehmen und zu sagen: Möhn wolle und
erhalte unsere Luise. Fräulein von Nauendorf sah meine Tränen,
hörte meine Klagen, und Gott sah, was für ein Widerwillen in meiner Seele entstund, etwas tun zu müssen, das gegen meinen ganzen Charakter, gegen meine herrschende Leidenschaft des Wohltuns, des Mitteilens war. Hier, kann ich sagen, entstund eine Entfernung zwischen La Roche und mir; nie habe ich mehr gelitten,
nie mehr geopfert und in nichts mehr getragen als an diesen Ver-

mutungen, da allein *ich* genannt, *ich* verdammt wurde, als die Verbindung unglücklich war und Tadel erhielt; Kraft genug, um geduldig das Unrecht zu tragen, weil bei dem Stand und Amt meines Manns ehender die Frau als der Mann dieses getan haben mußte. Aber mein Herz wurde erbittert, ob ich mich schon niemals rechtfertigte und heut zum ersten Mal es bei Caroline von Keller vornehme, weil ich Sie kenne und hoffen kann, Sie urteilen edelmütig über mich und La Roche, den Freunde zu Ändrung meines Plans bewegt hatten. – Lassen Sie Lavater diese Blätter lesen, sagen Sie ihm, daß mich seine Verurteilung über mich wegen der unseligen Heurat außerordentlich schmerzte, daß dieser Schmerz mich zum Niederschreiben dieser zwei Familiengeschichten leitete und daß ich *Sie* bitte (so bald als Lavater, den ich schätze, dem ich herzliches Wohl und Gutes wünsche, es gelesen) zu verbrennen und zu vergessen – nur dieses nicht: Daß es unmöglich war, daß La Roche und ich glauben sollten, es gebe Männer, die als Freunde unsere liebenswerte Töchter in Hände geben würden, wo sie ungewöhnlich zu leiden hätten und daß das Innere einer Sache anders ist als die Außenseite. Und nach dem vergeben Sie mir den Zug von Eigenliebe, der mich diese Blätter schreiben machte, weil ich gewiß durch den Tod meines Franz so gebeugt wurde, daß ich nichts mehr zu tragen vermag. Vergeben Sie einer Mutter, die alles verlor.

211. Gottlieb Konrad Pfeffel an Sophie von La Roche

Kolmar, 1.2.1792

Nun, meine schätzbare Freundin, da sich meine laufenden Beschäftigungen und meine außergewöhnlichen Arbeiten und das Unglück der Zeiten schon so sehr aufgehäuft haben, bleiben mir einige Augenblicke, um mich mit Ihnen zu unterhalten und Sie ins besondere nach Ihrer Gesundheit zu fragen, wegen der wir aufgrund Ihres letzten Briefs sehr unruhig sind. Leider, meine würdige Freundin, kann ich mich an Ihre Stelle versetzen; ich kenne den Zustand, in dem Sie schmachten, er ist grausam, und Gott allein vermag uns daraus zu befreien. Ich werde es nie unternehmen, Sie zu trösten, das wäre die anmaßendste Prätention des menschlichen Stolzes, eine Wunde heilen zu wollen, die man bluten lassen muß, bis Zeit und Religion den ersten Verband anlegen. Außer unserem gemeinsamen Sohn hat das zu Ende gehende Jahr

339

noch drei meinem Herzen sehr liebe Personen hinweggenommen: meine Schwester Sarasin, meine Schwägerin Hoffmann und meine zärtliche und tugendhafte Freundin Lehs, die in Hannover einer auszehrenden Krankheit erlegen ist. Der Tod meiner lieben Zoë vor allem, mit der ich gewöhnlich jedes Jahr einmal, zu verschiedenen Zeiten, zehn Tage verbrachte und die mir 16 Jahre lang bei jeder Gelegenheit Freundschaft bezeugt hat, war für mich ein unersetzlicher Verlust. Wenn ich einerseits im vergangenen Jahr nichts als Gräber sehe, eröffnet mir andererseits das kommende nichts als Szenen der Zwietracht und Blicke auf Ruinen. Seit bald drei Jahren leben wir in beständigem Alarm; keine Erhebung hat uns die Wahrheit gebracht, nur unsre Ruhe gestört, aber die Lage meines armen Vaterlandes, die Bezeugungen unsrer Nachbarn, die Fehler unserer Gesetzgeber, Wut und Fanatismus im Politischen und Religiösen, die Geißel der Assignaten, die Opfer, die ich bisher gebracht habe, um mein Institut zu erhalten, all dies, meine schätzbare Freundin, muß einem Bürger und Familienvater das Innere zerreißen, der zusehen muß, wie ihm ohne seine Schuld die Früchte einer zwanzigjährigen Arbeit zwischen den Fingern zerrinnen und der nicht weiß, ob ihm in sechs Monaten die inneren und äußeren Feinde noch die traurige Freiheit übriglassen, die Nächte unter seinem eigenen Dach zuzubringen, Nächte, die von Sorgen und Qualen einer chronischen Schwäche und durch Schlaflosigkeit gezeichnet sind. Ich war froh über die Revolution, weil sie notwendig war, weil sie die schändlichen Ketten zerbrach, die uns in der drückendsten Sklaverei hielten, aber ich kann nicht froh sein über eine Verfassung, die bisher fast nichts als Unglück bewirkt hat und die an die Stelle der Freiheit die Anarchie setzt. Ich weiß wohl, daß unsere Konstitutionsakte in vieler Hinsicht ein Meisterwerk an Schönheit ist, aber eine schöne Frau ist nicht immer eine gute Frau, und ein im Prinzip schönes Gesetz kann sehr schlecht sein in seiner Anwendung. Bevor man die Menagerie öffnet, muß man die dort eingeschlossenen Löwen, Tiger und Hyänen gezähmt haben. Unser Adel war ohne Zweifel gezeichnet von Ungerechtigkeit, ja von Grausamkeit, aber man muß auch zugeben, daß ein Teil dieses Adels anfangs die Hauptsache bei der Umwälzung aller Dinge und bei seiner eigenen Zerstörung war. Wie unsere Parlamentsabgeordneten wollten sie alles behalten oder alles verlieren, und mit dieser Halsstarrigkeit haben sie einen Dünkel verbunden und eine Verachtung des dritten Standes, bei dem das erste Gefühl seiner Stärke notwendig den Wunsch wecken mußte, dafür Rache zu nehmen. Was mich betrifft, ich wollte frei sein, aber ich wollte kein Tyrann sein, ich wollte glücklich sein, aber nicht auf Kosten meiner Brüder, ich wollte die Erneuerung meines Vaterlandes, aber nicht die Abtrennung einer so großen Zahl seiner Glieder, die man hätte erhalten und mitwirken lassen können am allgemeinen Glück.

Ich hoffe immer, meine schätzbare Freundin, daß wir diejenigen sein werden, die Sie umarmen, wenn Sie die Schweiz verlassen, und daß Sie uns wegen unserer Teilnahme an Ihren Leiden würdig finden werden, uns dieselben nicht zu verbergen. Nehmen Sie die Huldigung unserer zärtlichen und respektvollen Verehrung entgegen.   Pfeffel

212. Sophie von La Roche an Elsy von La Roche

Château Nyon über dem Genfer See, 6. 3. 1792
Gott sei Dank habe ich die Handschrift meiner Elsy wieder gesehen; sie hat ihre arme Mutter La Roche nicht vergessen. Meine Kinder sind bei der würdigen Madame Merkus angekommen. Das ist seit langer Zeit das erste, was mich glücklich macht.

Gott erhalte und segne Sie nach meinen Wünschen, meine gute, meine schätzbare Elsy! Seien Sie geduldig in Ihren Urteilen über die Familie, in der Sie so viel Gefühl zeigten, in der Sie soviel unverdientes Unglück sahen. O meine Elsy! ich kann mich kaum halten, und ich werde mich niemals trösten bei der Erinnerung an all das, was Sie gelitten haben. Mein Herz zerspringt bei der Vorstellung, daß ich nach Offenbach in mein Haus zurückkehre und das Ihre sehen muß. O meine liebe und werte Freundin. Ich bedaure, ja, ich bedaure das Glück, das Sie auf die Tage meines Sohnes ausgegossen haben, er wird es Ihnen nie vergelten, Sie nie entschädigen, Elsy, und Sie werden Ihre Mutter La Roche erst in der anderen Welt kennen, wo wir sein werden, weil Papa, der schätzbarste Mann, so viel Unrecht erdulden mußte und ich (die nie jemanden verletzte) soviel Kummer, soviel Schmerz.

O wenn mein Franz aus seinem Grab Ruhe senden könnte in das Herz seines älteren Bruders, dann würde ich seinen Tod für ein Gut halten ... O meine Elsy! Sie sind eine gute und zärtliche Mutter. Denken Sie daran, was ich leiden muß, wenn ich mir sage, daß mein jüngster Sohn tot ist und mein ältester zur selben Zeit in die Ferne geht; ich wäre gestorben in Basel, wenn ich alle zum letzten Mal hätte umarmen müssen. Madame Bethmann hat mir durch alles, was geschehen ist, fürchterliche Pein bereitet. Brentano desgleichen. Die erstere will schließlich noch meine Rückkehr abwarten, die im April sein wird: O, ich werde tun, was ich kann. Ich weiß, daß ich immer das Gute, Edle, Gerechte wollte; aber, meine Freundin, ich hatte niemals denselben Einfluß wie auf die Personen meiner Romane; ich werde ohne die Zufriedenheit aus der Welt gehen, meine Prinzipien bei denen wirksam zu sehen, die ich lieben wollte. Ich habe der Bethmann geschrieben und werde ihr nochmals schreiben, um den Gang ihrer Absichten aufzuhalten, daß sie nicht, wie Sie fürchten, nach Bordeaux kommt.

Ich habe, mein Kind, nur den Brief erhalten, den Herr Le Vade gebracht hat, und ich werde ihn mein ganzes Leben lang lieben für diesen Trost, den ich so nötig hatte. Meine Kinder! Gehen Sie also in eine andre Hemisphäre? Können auch Ihre Mutter Merkus, die Philosophie und die Gedanken, die Sie sich selbst darüber machen, nichts mehr daran ändern? O schreiben Sie mir bald, geben Sie Ihrer armen Mutter La Roche diese Zufriedenheit; lassen Sie mich wissen, daß Ihre Gesundheit und Ihre Aussichten gut sind. Ich kann von nichts anderm reden. Meine Augen sind geschwächt; ich habe zuviel geweint und weine noch; ich mache keine Wünsche mehr für mich, aber auf Knien bitte ich für Sie. Meine Kinder La Roche! Ich schließe Sie in meine Arme und segne Sie, wenn Sie in Europa bleiben.

Ich hoffe, Sie noch einmal wiederzusehen. Ich werde Sie sehen. O lassen Sie mir diesen Traum so lange, wie ich ihn haben kann. Adieu, und tausend Sachen für Ihre würdige Mutter Merkus, für Ihre schätzbare Schwester ... O diese Mama Merkus. Welche Schmerzen häufen sich auf sie und auch auf Sie. Meine Elsy, mein Fritz! Sophie, George! junge Elsy! Die Vorsehung möge für Ihr Wohl sorgen nach dem Gebet von Mama La Roche.

213. Sophie von La Roche an Charlotte von Zanthier

Lausanne, 10. 3. 1792

Verzeihen Sie, liebe, teure Charlotte, daß ich Ihnen so spat und nur in einem so kleinen Brief die Bitte schreibe, wegen allem Vergangenen, was unsern Franz betrifft, ganz ruhig zu sein. Sie haben als edle, wahre Freundin gedacht und gehandelt. Henriettens Bekanntschaft war ein wirklicher Teil des wahren Glücks des Lebens für den jungen Mann. Liebe müssen sie alle kennen; Hoffnungen der Liebe, Wünsche der ersten Liebe sind nach dem Geständnis aller guten Menschen das süßeste, innigste Gefühl. Mein Franz genoß es in der tugendhaften Liebe zu einem tugendvollen, edlen Geschöpf. Er genoß das Glück, eines der klügsten, edelsten Frauenzimmer zur Freundin, zur Vertrauten zu haben. Teure Charlotte! Nehmen Sie nochmals den Dank und den Segen seiner Mutter dafür. Denken Sie mit Vergnügen an die zärtliche Hochachtung, die er für Sie hatte, und lieben Sie mich und seine Henriette desto mehr. Ich denke an ein Geschenk, so ich erhielt und als Zeichen meiner Freundschaft mit Ihnen teilen will. Es ist ein Bild eines in einem Zypressenhain aufgestellten Denkmals, an dessen Fuß eine traurende Frau sitzt; eine Engelsgestalt faßt sie bei der Hand, weist mit der Rechten den Himmel. Auf dem Denkmal ist der Name von Franz von La Roche und die Aufschrift: *Wen Gott liebt, der stirbt als Jüngling.* Diese Zeichnung will ich kopieren lassen und Ihnen, sobald ich zu Haus bin (das im April sein wird) schicken, auch dann mehr schreiben als von hier. Lassen Sie mich einen Brief mit Nachrichten von Henriette finden, ich bitte Sie.

Ich habe hier durch das Kämpfen gegen meine Trauer viel gelitten. Ich werde besser sein, wenn ich in meinen Haus, soviel ich will, an Franz denken kann – ach! in dem Haus, wo er starb. O Charlotte! Nichts kann mir mehr innige Freude, nichts mehr innigen Kummer geben; das Grab meines Franz verschließt das alles. Und Schlosser sei Dank, der mir schrieb: „Freuen Sie sich Ihres Alters, das Ihnen die Sicherheit gibt, Ihren Franz bald wiederzusehen." Liebes Kind! Erst nach meiner Zurückkunft kann ich sagen, wenn und wie ich Sie und Charlotte sehen werde. Jetzo sehe ich hier meist trauervolle, unglückliche französische Familien, die der Tod des Kaisers ganz niederdrückt. Erdeleben! Was bist du? Wenn man froh sein muß, daß die blühende Tugend zu Grabe gebracht ward. Wie oft sagte mein Franz: „Liebe Mama! Es steht ganz Europa eine Verändrung vor; ich glaube, in zehen Jahren gibt es keinen Jagdjunker und Forstmeister mehr." Die Bauren liebten ihn, redten vertraut mit ihm, kamen acht Stunden weit, weinten auf seinem Grab und sagten: „Wir haben unsern Schutzengel verloren."

Aus diesen gesammelten Gesprächen zog er den Schluß einer sich auch bei uns nähernden Empörung. O auf wie vielfache Weise lebt sein Andenken in mir.

Charlotte! Sie, die ihm so wert waren, lieben Sie seine arme Mutter, die mit ihm das Beste verlor, was die Welt noch für mich hatte. Ich umarme Sie herzlich.

Wittib von La Roche, geborne von Gutermann

214. Sophie von La Roche an Elise zu Solms-Laubach

Offenbach, 15. 10. 1792

Ich staune über die Möglichkeit, der edlen, gütigen Fürstin Elise so lange nicht geschrieben zu haben. Und doch ist es wahr. Aber wieviel ist seitdem mit dem Lauf von drei Monaten vor sich gegangen! In Monarchie, Provinzen, Großen und Privatfamilien, wie viele Szenen des Grauens und der Verwirrung. Edle, geliebte, gewiß unvergeßliche Fürstin! O wie glücklich erachte ich mich, mit Ihnen über das alles zu sprechen, durch Sie überzeugend zu hören, was nur als Ahnung in mir ist, daß Gott durch den Tod Josephs und seine letzten Jahre, durch den Anfang der Revolution in Frankreich, durch die Ermordung des Königs in Schweden, den Tod Leopolds, die schnelle Anhäufung der Auftritte in Frankreich und durch das Schicksal unserer Armeen Fingerzeige gibt, die Beherzigung verdienen. Wie reich müssen Ihre einsamen Betrachtungen sein. Gott gebe den Frieden, den man hat. Vermutungen mag ich nicht wagen, aber ich lese mit Eifer und Nachdenken Gibbon *Über den Zerfall der römischen Monarchie* und denke, es sitzen in engen, vergessenen Kämmerchen Männer, welche die Fragmente des Zerfalls der französischen Monarchie sammeln und die Berechnung führen, wieviel unser Jahrhundert durch seine bereicherte Aufklärung gewonnen und wo der moralische Gewinst liegt. Möge ich dieses noch hören und lesen; es würde mich freuen, noch diesen Blick auf die handelnde und denkende Welt zu werfen. Ich kopiere mein letztes Journal und kann mich oft nicht fassen über alles, was seit einem Jahr vorkam.

Sie haben Ihren würdigen Sohn gesehen und ihn wieder aus dem Gesicht verloren. Edler Eifer treibt und leitet ihn. Möge er durch Handhabung öffentlicher großer Gerechtigkeitspflege einer der Wohltäter seines deutschen Vaterlandes werden und damit sogleich unsere Konstitution schützen. Zwei Jahre sind so bald vorbei, besonders für die, welche sie mit Denken und Arbeit erfüllen. Gott stärke Sie zur Ausdauer, beste, verehrungswürdigste Frau!

Ich sah meinen Sohn Carl mit seiner artigen Frau von 20 Jahren, Tochter des Majors von Stein, sah ihn vielleicht das letzte Mal, denn sein Amt hat mit vermehrten Einkünften vermehrte Pflichten gegeben. Mein ältester Sohn ist mit Frau und Kindern nach Amerika gesegelt. Gott lasse ihn Weisheit, Klugheit und Glück finden. Ach, seine Mutter kann nun nichts weiter für ihn tun, als Wünsche machen. Den 11. September habe ich den Sterbetag meines Franz gefeiert. Ach, gütige Fürstin Elise, was ein trauervolles Andenken. Doch sagte mein Sohn Carl in einem Brief: „Den Toten ist wohl, liebe Mutter, nur die Lebenden werden mühsam glücklich."

Ich und Holzhausen kommen nicht nach Assenheim. Vieles hinderte. Ach, ich mag dem Zufall nichts mehr vertrauen und wenig von ihm hoffen, aber Wünsche und Verlangen lege ich zu den Füßen der Vorsehung, obschon mir Klopstock tausendmal mit dem Ausspruch einfällt: *Das Glück der besten Menschen besteht in Resignation und im Ertragen.* Wie oft, wie viel kann man dieses für sich und seine Freunde sagen. Haben Sie Herders *Ideen zur Philosophie der Menschheit* gelesen? Es ist Ihres Geistes wohl wert. Wollten Sie Neckers *Sur le pouvoir exécutif* lesen oder de Lolme *Sur la constitution d'Angleterre?* Wie glücklich achtete ich mich, es Ihnen zu schicken! Sie sehen es, Sie müssen es denken, ich suche den heiligen Faden meiner Verbindung zu Ihrer Güte und Tugend wieder anzuknüpfen. O lassen Sie mich edelmütig es finden, das abgebrochene Stück, gönnen Sie mir, innigst verehrte Frau, Ihr Wohlwollen ferner! Sagen Sie, kann ich was für Sie sein, was zu Ihren Diensten tun, als ganz ergebenste

La Roche.

Von Offenbach möchte ich sprechen, aber viel mündlich.

215. *Sophie von La Roche an Fritz von La Roche*

Offenbach, 27. 11. 1792

Alle meine lieben Kinder. Gebe Gott, daß Sie dieser Brief wohlbehalten antrifft, wo Sie zu sein wünschten. Er möge Sie erhalten, mein Sohn! meine Elsy! Er möge Ihre Mühen und Hoffnungen segnen, auch Herrn van der Kämpf für alles, was er für Sie tun wird; o Ihre Mutter kann nichts für Sie tun als beten und Wünsche tun. Ich hoffe nur, für sie 1 200 Gulden bei den Neuville zu erhalten, wenn Gott meine Sorge dafür segnet. In Deutschland ist alles verändert; die Preußen und Österreicher sind geschlagen; Brabant ist in den Händen der Franzosen; Mainz, Frankfurt, alles gehört ihnen; in Speyer und Mainz haben sie Bürgermeister eingesetzt, von Frankfurt zwei Millionen Schatzung genommen. Schließlich tut Custine, den mein Sohn von Amerika kennt, in Deutschland Erstaunliches, wie Dumouriez in Brabant und Montesquiou in Savoyen. Gott will eine völlige Änderung; deshalb ist alles umgestürzt in den moralischen Empfindungen, in den politischen Ideen, und alles überschlägt sich dergestalt, daß wir schon bald den Ausgang von alle dem sehen werden. Man sagt, es gibt kein wahres und festes Glück mehr als in Amerika. Gott, der große Gott möge dieses Glück über meine Kinder ausgießen, die sich unter diesem fernen Himmelsstrich befinden. Ich beschwöre Sie alle, mich doch bitte nicht ohne Nachrichten von Ihnen zu lassen. Ihre Schwester Max und ihr Mann sind aus Frankfurt geflohen, weil Brentano Bankier französischer Prinzen und kurtrierischer Resident war. Willemer floh, weil er in preußischen Diensten war; seine arme Frau, die hochschwanger war, hat mit ihrem Leben für ihre Rückkehr nach Frankfurt bezahlt, weil man Willemer als Geisel ergriff bis zur Zahlung der ersten Million Schatzung, obwohl auch andere Kaufleute, unter ihnen Franz Brentano, ergriffen wurden. Die arme Meline wurde dadurch so erschreckt, daß sie niederkam und wenige Tage später starb.

Cordula umarmt Sie, Luise desgleichen; die Offenbacher Arbeitsleute erinnern sich mit Bedauern und Dankbarkeit an Sie, da sie nun sehen müssen, wie sie von Geelfink und Amerongen behandelt werden.

Adieu, meine lieben Kinder! Ich strecke meine Arme aus und drücke Sie alle an mein Herz. Gott, großer Gott, erfülle meine Wünsche und Gebete für sie. Fritz, Elsy! Tochter Elsy, Sophie und George! Ach, Sie werden Ihre Mutter Sophie La Roche erst in der anderen Welt kennen. Liebe Enkelin, die ich liebe und schätze. Gott erhalte Dich und segne Dich. Adieu von Ihrer armen Mama, die Sie liebt, bedauert und segnet.

216. Sophie von La Roche an Elise zu Solms-Laubach

Offenbach, 13. 1. 1793

Edle, gütige Fürstin Elise! Nun kann ich doch mit freiem und unge-
drücktem Herzen schreiben, weil wir sicher sind vor den Franken-
horden. Gott sei ewig gelobt. Denn die Zeit, wo ich alle Leute pak-
ken sah, alle Kutschen und Karren flüchtend vorbeieilten und ich
dann die kleine Sammlung Gemälde anblickte, welche als einziger
Überrest des Vermögens für meine zwei gute Kinder da sind, so
drückte etwas mein Herz wie in einer Presse. Jahrhunderte hatten
einige so schön existiert, und nun sollten die Wilden Guerchino,
Carlo Dolce, Rembrandt u. s. w. zerhauen. Kein Pferd war hier
mehr zu haben; der Hof hatte sie für sich und Bernard bestellt. Gott
hat es wohl gemacht und mich mit den andern gerettet. Aber wie
traurig büßt ein Teil der pfälzischen Lande die niedrige Politik und
den Geiz für seine natürlichen Kinder, welche den Kurfürst von der
Pfalz beherrschen. Es sind trauervolle Bilder, die [sich] in den Landen Saarbrücken, Zweibrücken, obere Lande von Trier und Huns-
rück zeigen; der Teil vom Elsaß, den die Teutsche inhatten – ach
was Jammer statt Hoffnung! Und warum? Gott! Aus *Jalousie* einiger
wenigen – der Himmel vergebe ihnen! Nun weiß niemand mehr
was Sicheres von Engelland, nicht von den Ideen der Preußen und
Russen. Das Frühjahr wird wohl in der moralischen Welt Sprossen
treiben wie in der physischen und uns von Blüte und Frucht eine
Aussicht geben.

Hier ein Gedicht, in einer Kirche zu Kolmar gesungen, und ein
Brief. Gerne möchte ich, daß Sie einen der schönsten Männer,
Landsmann von der Sévigné, Graf Châteaubourg, sehen könnten,
der sich mit der vortrefflichsten Miniaturarbeit Geld erwerben will,
um im Frühjahr nach der Vendée zu ziehen. Der Chevalier de La
Lance, der schön Klavier spielt und komponiert; Marquis du Frêne,
der nun bei einem Kupferstecher als Landschaftszeichner arbeitet;
Vicomte Châteaubourg, der Glasschneiderei lernte; alle vom Prinz
Condé an meinen Tochtermann empfohlen und nun auf einen
Monat hier. O beste Fürstin, wenn der Miniaturmaler das Bild seiner Frau und seines Kindes zeigt, wenn La Lance von seiner Mutter
spricht und von den Barbareien in Frankreich – man wird unglücklich mitten in seiner erhaltnen Ruhe. Ich hoffe, Assenheim zu
sehen, *Musik,* Bücher und ein Journal von einer armen Stiftsdame

mitzubringen; aber Assenheim macht hier Aufsehen. Sie danken mir, edle, gütevolle Frau! Sie danken mir also für die Freude, die ich Ihnen gab, *jemand* Gutes zu tun. Ach, Gott segne diese Freude Ihres edlen Herzens durch Erfüllung Ihrer Bitten und Fürbitten.

Braucht Solms-Braunfels nicht eine vortreffliche Erzieherin, Nichte der Madame La Fite, Vorleserin der Königin von England? Die Person vereint mit der besten Erziehung und französischen Sprache auch das Englische, Zeichnen, Sticken, Klavier. O ich bringe eine Stickerei von Göttingen mit. Wissen Sie denn, daß die neueste Mode auf Westen Vogelköpfe sind, von aller Art, vom Kolibri bis zum Lämmergeier? Herr Graf sollte eine solche Weste haben.

Mein ganzes Herz ist in Assenheims Frühstückszimmer und segnet jeden Tropfen, der genossen wird.

Meine Verehrung, meine Liebe und Dank für alle. Ich soll den Augenblick aufhören. Adieu, edle, edle Seele!   von Ihrer La Roche.

217. Sophie von La Roche an Elise zu Solms-Laubach

Offenbach, 5. 3. 1793

Bedauern Sie mich, edle, gütevolle Fürstin Elise! daß ich so lang das Glück entbehrte, Ihnen zu schreiben; aber ich habe die lange Zeit traurig zugebracht, wurde also nicht schadlos gehalten für den Verlust der Freude, mit Ihnen zu sprechen. Ich bereitete mein armes Journal der dritten Reise nach der Schweiz zum Druck, hatte also jedes Blatt die Erinnerung meines verlornen Franz vor mir, und dann kamen die Auftritte in der Champagne, in Mainz, in Frankreich nach, jetzo das Harren des größern, weitern Übels, die Beklemmung, welche man über die in Frankfurt versammelte Große fühlt. O edle, teure Frau! Mich dünkt oft, meine Seele höre auf zu fühlen, so wie mir die Ausdrücke fehlen, um den Abscheu und das Staunen über die nun aufgeführte Szenen des Grauens zu zeigen. Sagte ich mir nicht, Gott wollte eine Änderung des Ganzen, so litte ich zu viel, und gewiß, ich hatte soviel für andre gelitten, daß ich am Ende dahin kam, mit dem Verlust meines Franz zufrieden zu sein, daß ich sein Porträt ansehen kann und kein Zerreißen, sondern nur sanfte Wehmut des Herzens fühle.

Ich nahm Ihren den 21. Oktober geschriebenen Brief vor mich und muß mir nun sagen: Ach, was würde in der Seele von Elise

vorgehen, wenn sie Mainz jetzo sehen sollte. Mir kommen von
Zeit zu Zeit Erscheinungen davon, wie ein so guter, edler Graf Stadion, der in Frankfurt, bei Preußen und Braunschweig die Angelegenheiten der Mainzer Untertanen besorgt, ein Graf Walderdorff,
schätzbarer, lieber Mann, der soviel für Bürger, Bauer und
Gelehrte getan, den unfruchtbaren Sand anbaute und nun sein
Vaterland auf ewig flieht.

Scheint nicht eine moralische Hefe auf das End dieses Jahrhunderts ergossen, die alles auf dem [Grund] der Seelen Verborgne in
Gärung bringt, einzelne schöne Gesinnungen und, nach Anlage,
viel große Verbrechen zu Tag bringt. Wie verabscheuungswert
steht die französische Nation vor uns! Und wo sind wir? daß nur
die Fehler und Verbrechen der Neufranken den Rest unserer
Tugend und Vernunft retteten und tätig machten. Denn gewiß,
hätte Custine nicht die zwei Millionen von Frankfurt gefordert, so
wäre ganz Frankfurt französisch gesinnt geblieben. Hätte er nicht
das tolle Manifest gegen den Landgraf von Kassel ausgestreut, so
wären die Hessen nicht gegen ihn erbittert geworden. Ach, beten
Sie um Weisheit für unsere große Sachwalter, von welchen man gar
nicht urteilen kann und mag.

Segen, ewiger Segen ruhe auf der Stunde, in welcher Ihr Geist
die Bahn des Denkens betrat, auf welcher Sie sind, und da Wahrheit, Gerechtigkeit, Güte und richtigen Gesichtspunkt für alles fanden. Meine innige Liebe und Verehrung für Sie spricht diesen
Segen. Ich freue mich, daß Elise von Solms wahre Ideen und Glück
genießt. Sie haben Forster mit so viel Vergnügen gelesen; ach, ich
kenne ihn persönlich, ich liebte ihn. Was soll ich nun, da ich die
Falten seines Innern kenne und den niedrigen Neid des Stolzes
über *Größere*, den noch niedern über *Reichere* und den schwärzesten
Undank gegen den treuesten, größten Freund in ihm weiß? Ach, es
ist nur zu wahr, daß Teutschlands Unglück in der Klasse seiner
gelehrten Söhne entstand. Wir haben selbst hier Menschen dieser
Art, welche mit Vergnügen den Umsturz des Ganzen sehen würden, wenn nur die Klasse der Höheren zu Grund gerichtet würde,
so wie wir Holländer haben, die mit Freuden hören, daß ihr Vaterland in Gefahr ist, von Franken überschwemmt zu werden, weil sie
hoffen, daß die Anhänger des Statthalters leiden werden. O Men-
schenherz! was bist du? was kannst du werden? Gott lasse nur alles
wahr finden, was Engelland hoffen läßt. Diese Nation allein kann

das Ganze retten; ich lese jetzo auch nur englisch, im Teutschen den *Naturkalender* von Madame Unger aus dem Englischen übersetzt und wert, von Ihnen gelesen zu werden, sowie Hallos *Stunden der Ewigkeit gelebt* und Schillers *Kleine prosaische Schriften*. Gewöhnt, meine Feder bei einer Art Arbeit zu haben, übersetze ich jetzo das Leben von Fénelon und seine 1703 erschienene *Verbesserung der Erziehung der Töchter* für meine sechs Enkelinnen, womit ich die Anzeige alle des Großen, Guten verbinden werde, welches unter Louis XIV., XV. und XVI. geschah, damit sie einst eine richtige Idee von einem französischen Bischof, von ehmaligen Religionsideen und der so herabgesetzten königlichen Regierungsart in Vergleich der Republik, mit welcher sie aufwachsen, haben mögen.

Sagen Sie, Edle, Gütige! ob Sie mit dieser Verwendung meiner Tage zufrieden sind!

Dank sei Ihnen für den Anteil, welchen Sie mich an den Nachrichten von Ihren würdigen Kindern nehmen lassen. Gott erhalte und segne alle für dies, was sie sind und tun. Graf Friedrich, Vollrat und Gräfin Sophie – o einmal muß ich Sie sehen in dem Zirkel von Enkeln, welche in Assenheim aufblühen. Möge nur die Palme des Sieges für Teutschland und Ölzweige des Friedens für die ganze Welt aufwachsen, damit man ohne Sorge für sich und ohne Schmerz für andre Gutes genießen kann.

Sie haben sich mit Güte meines Franz erinnert. Lesen Sie hier den letzten Brief seiner Braut. Ich habe ihren Bruder gesehen; ach, es war ein harter Tag, denn Franz und Bülzingslöwen wurden in der nämlichen Stunde verlobt. Dieser Major von Hompesch ist ein höchst merkwürdiger Mensch und war wütiges Werkzeug der vorhabenden Revolution in Ungarn. O wie sehr hat [sich] der preußische Staat seit Friedrich dem Großen geändert. Mein Herz küßt Ihre Hände und wünscht Sie zu sprechen – ganz Ihre La Roche.

218. Sophie von La Roche an Georg Wilhelm Petersen

Offenbach, 10.4. 1793

Teurer, lieber Freund! Young sagt: „Bist du traurig, hast du Kummer in deiner Seele, lies in der Bibel, versöhne dich mit einem Feind oder tu einem Leidenden Gutes, so wirst du Trost empfinden". – Ihre Seele, edler, schätzbarer Mann! ist würklich gequält. Gewiß niemand auf der Erde kann mehr Anteil nehmen an Ihrem

Weh als ich, und doch kann ich Ihnen keinen andren Trost anbieten als den, einem Leidenden wohl zu tun, und das bin ich. Deswegen schreibe ich an den guten König von Preußen und bitte die gute Frau Landgräfin, die Bittschrift mit einer Fürbitte zu begleiten. Der König sprach mir gnädig von meinen Werken, und ich bitte um die einzige Gnade, 100 Exemplare von den zwei Jahrgängen der *Pomona* als zur Erziehung der Töchter geschriebenen Büchern von mir zu kaufen. Ich bin in Umständen voll Kummer, woraus der edelmütig bezahlte Preis dieser 100 Exemplare à fünf Taler das Exemplar zu sechs Bänden mich ziehen würde. Der König macht so viele Tausende glücklich, ist so gut. Die Frau Landgräfin, ihre Frau Mutter, die zwei so glücklich blühende Prinzessinen von Mecklenburg haben Güte, haben mich Güte versichert und Güte erzeigt. Ach mein Freund! helfen Sie mir, diese gute teutsche Fürstinnen zu einer großmütigen Fürbitte für mich zu bewegen. Der Wert dieser 100 Exemplare ist 500 Taler, die mich auf immer von allen Vorwürfen meines Tochtermanns befreien und, wie Sie in der Beilage sehen, mich in den Stand setzen, meinem guten Carl die 100 Taler zu schicken, um die er bittet, meine arme, an dem Krebs an der Brust sterbende Schwester in Augsburg zu unterstützen. Schon lange Jahre half ich ihr von dem Ertrag meiner Feder, aber die 500 Gulden von dem vierten Teil der *Rosalie* gab ich Franz zu der Reise nach Berlin. Dies, was meine neue Schweizer Reise trägt, wird mir erst nach der Leipziger Messe vollends bezahlt, indem ich wegen Vorwürfen des Brentano dem Carl 100 Gulden voraus davon gab (denn der reiche Mann gibt mir nichts) und will, ich soll meinen etablierten Söhnen auch nichts mehr geben von dem, was mein ist, für meine Schwester zu retten keinen Pfennig Wohltat. O lieber Freund! lesen Sie diese Beilagen; bedauren Sie mich, und bitten Sie bei den Fürstinnen für mich. Aber man muß einen Brief dem König selbst, nicht an irgendeinen Minister geben. Ich flehe auf den Knien um diese Gnade.

Nie, nie mehr brauche ich Freunde oder einen Menschen plagen, aber jetzt, da ich für meinen Franz noch bei Cavalli 100 Gulden zu zahlen und Carl und meine unglückliche Schwester sterbend stützen muß, ach jetzt ist es Wohltat, großmütige, wohlangewandte Wohltat an Ihrer armen Freundin La Roche.

Hier ein Exemplar von der letzten Reise nach der Schweiz. Der Buchhändler machte den Titel, weil sein Geiz glaubte, er verkaufe dadurch mehr Exemplare.

219. Sophie von La Roche an Elise zu Solms-Laubach

Offenbach, Juni 1793

Wer sollte mir je gesagt haben, daß ich die Antwort auf das gütige Schreiben der edlen Fürstin Elise so lange ohne Antwort lassen, so auf Ihre Nachsicht und Herablassung sündigen würde; und doch ist es geschehen. O vergeben Sie dem reuvollen Gestraften, denn ich fühle meine Reue im Fehler und im Verlust der edlen, hohen Freude, etwas von ihnen gehört zu haben, in vollem Maß, so wie es sein soll.

Indessen haben sich neue Begebenheiten mit der Erde täglicher Wendung in unserm Europa, besonders aber in unserm Teutschland zugetragen. Was soll, was kann man sagen über die, so uns gehören, über Großes, was man nah, und das Kleine, was man um sie sieht? Nichts, als daß die Vorsicht Gutes aus Bösem, Großes aus Kleinem hervorbringen kann. Man wird doch auf einer Seite durch die Wirkungen des Unrechts zu Erkenntnis des Rechts geleitet. Frankreich schadet sich selbst, und sein Nationalcharakter wird das Gründliche, Feste, Gute immer hindern. Gott gebe nur, daß die Wut des Nachahmens bei andren Nationen durch dies, was man jetzo von dieser *aufgeklärten* Nation sah, vor immer verhindert werde.

Unser vortrefflicher Kaiser, hoffe ich, soll auch darüber wirken. Ich bete herzlich für ihn und segne ihn für den *großen, wahren* Fürstenentschluß, seinen Hungern die von ehmaligen Oberherrn gesicherte Freiheiten und Wohltaten zu geben und auf ewig zu sichern, Belgien alles Beleidigende zu verzeihen und alle Wünsche zu erfüllen. Wie gerecht, wie weise! Denn gewiß soll der Herr dies, was er versprach, halten, wie er genau fodert, daß der Untertan nie gegen seinen Eid fehle. Der Weg des Guten, Großen ist so plan, und immer werden Schleichpfade gesucht. Der Kaiser hat auch den Landleuten am Oberrhein 40000 Taler für den Schaden an Feldfrüchten gezahlt. Dieses alles wirkt Verehrung und Liebe. Der durch seinen Charakter und Schicksale außerordentliche Major von Hompesch, der von den Hungarn in ihren Klagen gebraucht wurde, ist nun auch der, welcher von ihrer Verehrung für Franz II. spricht.

Ach ja, ich habe mit Friedrich Wilhelm gesprochen; er wollte mich sehen, war gütig wie gegen alle. Freunde wollten was daraus ziehen, aber es wurde von Elenden vereitelt. Doch meine Julie Bondeli schrieb mir einmal: *Man kann nicht alles mit Dinte sagen.* Frau von Holzhausen und ich wollen, noch *eh Frieden* ist, unsere edle, gütige Fürstin Elise sehen; wenn und wo ist noch nicht festgesetzt und ausgesehen. Wir dachten es doch mit Dank gegen den Himmel, der uns soviel Ruhe gab, um an glückliche Stunden zu denken, die nirgends mehr moralische Schönheit haben könnten als bei Ihnen. Aber auch wir könnten nirgend unsere Herzen mehr öffnen als bei Fürstin Elise.

Unsere Isenburgs, Fürst, Fürstin, Prinz Carl, sind wieder da, sind wohl. Gott gebe Ihnen glückliche Zeiten ... Prinzeß Reuß hatte den Schmerz, eine Schwangerschaft vereitelt zu sehen. Ich hatte zwei Monate Generalin von Bischoffswerder im Haus und Los, sah Marquis Luchesini, seine Gemahlin und den General Bischoffswerder, habe Wöllner, Struensee und andre gesehen, welche lauter Werkzeuge sind ... Die beiden Herzoge von Braunschweig ... O meine edle, edle Fürstin Elise! Gott segne Sie für dies, was Sie an den Untertanen und Untergebnen getan, das Ihnen jede Flucht unnötig macht. Ich weiß, daß ich jetzo das Glück nicht verdiene, mit Ihnen zu sein, aber ich sehne mich nach der Erlaubnis, im künftigen Monat eine freundliche Gelegenheit zu benützen und mich Laubach zu nähern. Ihre holde Güte fragt nach allem. Meine Kinder in Amerika sind wohl in New York, haben 25 000 Morgen Lands gekauft, verpachten davon auf Erbgüter und bauen dann für sich an. Mein Carl ist in Schönebeck glücklich mit seiner Frau und erstem Kind. Meine Tochter Brentano ist wohl aus ihrem zwölften Wochenbett hervorgegangen. Meine Luise wird mich einige Zeit mit der Frau von Hügel verlassen, deren rechtschaffner Mann, am trierischen Hof verfolgt, nach Regensburg versetzt wird.

Vorgestern sah einen Mann aus Rußland aus Dankbarkeit mich suchen, weil wir ihm auf die Bahn des Glücks geholfen. Er zeichnete mir den Kanal, durch welchen Katharina das Baltische Meer mit dem Schwarzen vereint und dem Norden den Weg nach Ostindien abkürzt.

O ich muß schließen. Darf ich dies beilegen und fragen, ob Sie vielleicht von andrer Seite meine *Dritte Schweizerreise* haben? Ich küsse Ihre Hände und segne Ihr Leben als

ganz ergebne La Roche.

220. Sophie von La Roche an Georg Wilhelm Petersen

26.6.1793

Gottlob, teurer, lieber Freund! ich kann Ihnen und der gütigen Frau Landgräfin einen Freudenbrief schreiben; der König hat mir 100 Exemplare der *Pomona* mit 100 *Frédéric d'or* bezahlt. O danken Sie mit mir der edlen, gütevollen Frau Landgräfin. Bald mehr. Indessen dies zu lesen und die Anzeige des Endes der Leiden meiner Schwester. Ach, mögen die Leiden aller Unglücklichen geendet werden wie die meinige. Mögen alle Gute einen Freund finden wie Sie sind für Sophie La Roche.

221. Sophie von La Roche an Elise zu Solms-Laubach

21.11.1793

Gütige, geliebte Fürstin Elise! Ich kann nicht viel schreiben, aber meine zerrissene Seele sucht den Trost Ihrer edlen Teilnahme. Meine Tochter Brentano ist den 19. gestorben, und sieben Ihrer Kinder sind trostlos um mich. Die liebenswerte Märtyrin ist glücklich bei Gott, leidet nicht mehr, weder an Leib noch Seele, kann nicht geplagt werden. Segen auf ihren Staub und Tugend ihren Kindern. Stärke wünschen Sie, Gütige, Ihrer armen   La Roche.

222. Sophie von La Roche an Jean André de Luc

Monsieur,   Offenbach, 30.1.1795

Da ich bezweifle, daß meine erste Antwort auf Ihren letzten Brief sie erreicht hat, will ich die Gelegenheit durch diesen schätzbaren Nachbarn benützen und Ihnen für all das danken, was Sie mir gesagt haben, um mich über den empfindlichen Verlust unserer würdigen Freundin de la Fite zu trösten. Sie verdiente es wohl, aus einer verkehrten und mit Unglück erfüllten Welt herausgenommen zu werden, ja ich danke Gott sogar dafür, ihr den Schmerz erspart zu haben, den sie bei der Nachricht von der Invasion Hollands verspürt haben würde. O mein Freund, was für ein Ereignis! Und die Zerstörung des irdischen Glücks scheint der Verderbnis der Sitten und Grundsätze auf dem Fuß zu folgen. Ich will Sie nicht mit den Übeln Deutschlands unterhalten, da Ihre Seele tief betrübt sein muß von den Übeln Ihres Vaterlandes; ich leide unendlich durch all das, was ich von dorther höre, und bin ganz allgemein überzeugt, daß das Schicksal die Lebensweise der Europäer ändern will, daß es Werkzeuge für die Strafe nötig hatte und daß die beweglichste Nation, die in den Mitteln des Handelns am wenigsten wählerische, die geeignetste war, seinen Willen zu erfüllen. – Mögen Sie das verdienstvolle Werk vollenden können, an dem Sie arbeiten, und Gott segne Ihre Tage durch den Lohn, Sie noch das Gute sehen zu lassen, das Sie bewirken. – Sie wissen, daß sich die Sterblichen leicht an die Hoffnung klammern und daß selbst das vorgerückte Alter sich noch damit amüsiert, vernünftige Vergnügungen zu wünschen; so sehe ich die Idee mit Zufriedenheit an, mit der Familie Bethmann nochmals England zu sehen, und zwar so: Der Verlust des trierischen Landes zog den meiner Einkünfte nach sich; die Vorsehung hat dieser Bedrückung vorgebeugt, indem sie mich 14 Tage vorher meine Zustimmung dazu geben ließ, den jüngeren Sohn dieser Familie und seinen Hofmeister bei mir in Pension zu nehmen. Ich finde darin meinen Lebensunterhalt einschließlich meiner alten Nichte, meiner jüngeren Tochter und einer Dienstmagd. Ein Auszug aus der Naturgeschichte, den ich zum Unterricht junger Mädchen schreibe, war mir auch eine Hilfsquelle, und eine Geschichte unter dem Titel *Resignation* fügt einiges für die weiteren Bedürfnisse hinzu. Diese Familie, die zu unseren reichsten Frankfurter Bankiers gehört und zugleich zu den ehrlichen und empfindsamen Seelen, hat soeben einen Sohn in London als Bankier installiert und will nun eine Englandreise machen, um ihn zu besuchen und sich ein Jahr dort aufzuhalten. Da die Mutter weiß, wie sehr ich diese glückliche Insel liebe, sagte sie mir, daß ich sie begleiten solle. So hätte ich das Glück, Sie zu sehen und zu hören und gleichzeitig Madame Bethmann einen Dienst zu erweisen, indem ich bei der Erziehung ihres jüngsten Sohnes mithelfe. Möge ich Sie glücklich und ruhig finden. Ich will Ihnen keine Fragen stellen, aber meinen Wünschen für Sie aufs kräftigste Ausdruck geben. Ich hoffe, den Sohn unserer verstorbenen, hervorragenden Freundin zu sehen, der eine Art von Reliquie für mich sein wird. Meine Gesundheit ist so gut wie seit Jahren nicht mehr. Möge die Ihre mit gleicher Stärke gesegnet sein und auch die Ihrer Frau, die von Mademoiselle de Luc und Ihrem Herrn Sohn, auf daß der Abend Ihrer verdienstvollen Tage vorübergehe wie der eines schönen Sommertages für den getreuen Arbeiter.

Dürfte ich es wagen zu hoffen, Monsieur! daß Sie diesen Einschluß in die Hände von Lord Malmsbury gelangen lassen, der die Prinzessin von Wales nach England führt. Sie würden mir damit viel Gutes tun. Gott segne Sie, würdiger Herr de Luc, und erfülle die Wünsche Ihrer tugendhaften Seele in allem. Erhalten Sie Ihre Güte für   die alte La Roche.

223. Sophie von La Roche an Johann Georg Jacobi

Offenbach, 8.7. 1795

Wie lange, meine teurer Freund! haben wir nichts voneinander hören lassen, weil die eiserne Arme der Umstände alle Verhältnisse unterbrachen. Aber diesen unterliegt alles; nur die Gesinnungen der Seele und ihre Grundsätze sind den grausamen Umständen unerreichbar. Deswegen bin ich Ihres Wohlwollens überzeugt, so wie ich hoffe, daß Sie meiner herzlichen Verehrung für Ihren Geist und Charakter sowie meiner innigen Wünsche für das Glück Ihrer Tage gewiß sind. Nur weiß ich nicht so sicher, ob Sie, wie ich, ein Vergnügen haben würden, uns wieder zu sehen. Doch wenn es der Himmel wollte, so denke ich, mein edler, sanfter Freund würde nicht zürnen. Die Schlossers wollten, ich sollte Ihnen ein Exemplar dieser Träumerei schicken; nehmen Sie es gütig an und sagen Ihrer schätzbaren Marie, daß ich sie und Ihren Sohn herzlich umarme und segne. Gott erhalte Sie *beide* lange in dem stillen, wahren Glück, welches Ihnen zuteil ward, und bewahre Sie vor den Stürmen, durch welche ich geprüft wurde. Adieu, teurer, verehrter Freund! von Ihrer alten,   ergebenen La Roche.

224. Sophie von La Roche an Elise zu Solms-Laubach

Offenbach, 20.8. 1795

Wie gütig ist Fürstin Elise, aber auch wie geliebt und gesegnet von denen, welche *Sie ganz kennen*. Möchte ich nur Sie hören und Ihnen antworten, wie ich es wünsche. Der *Friede* – ja, der soll wankend sein, wie Gervinus von Paris an Herrn von Lepel schrieb, obgleich auf einer andren Seite behauptet wird, Wurmser werde nur zum Schein feindlich in das Elsaß eindringen und bis in Lothringen vorrücken, weil diese zwei Provinzen dem Kaiser statt Niederland und Limburg gegeben werden sollen.

Materielle Ruhe wird der Friede wohl bringen; ob die im Krieg

in Bewegung gebrachte Kräfte dann für die Herstellung des sitt-
lichen Denkens und Lebens arbeiten werden, ist beinah ungewiß.
Doch da das Weltmeer nach den heftigen Stürmen wieder so ruhig
wird, daß der reine Himmel auf seiner Oberfläche wie in einem
Spiegel glänzt, so kann es ja auch in der moralischen Menschenwelt so werden, daß wahre Gottesfurcht, Weisheit und Edelmut
den Menschen neues, schönes Erdenglück bereiten. Und das muß
wohl auch geschehen, wenn nicht alles, was ich gelehrt wurde,
trüglich war, von Übereinstimmung der physisch und moralischen
Welt. In die erste [wurde] bei ihrer Erschaffung so viel materielle
Kraft ergossen, welche das Ganze in allen Verschiedenheiten durch
Jahrtausende in hervorbringender und unterhaltender Ordnung
alle Jahre neu zeigt. Eben so viel moralische Kräfte des Geists und
der Leidenschaften [wurden] in das Reich der Seelen gegeben,
immer wirkend, in allen Jahrhunderten, in Kenntnis und Tugend
bald diese, bald jene vorzüglich, wie als ob die die moralische Welt
auch Jahreszeiten, stärkende, nährende Gewächse in freier Luft,
andre in Treibhäusern hätte, Mißjahre und gesegneten Reichtum
des Gebiets des Geistes durchwanderten. Abbé Rosier fällt mir hier
ein, der behauptet, daß das Stück Erde, welches mit der Schaufel
umgegraben würde, viel reicher trage, als was man umpflüge. Ist
dies vielleicht Ursache, daß der treue moralische Fleiß einzelner
Menschen, Kopf und Herz zu bessern, mehr wirkt, als das allgemeine Pflügen, Säen und Eggen ... Ach wie schön wird sich in
Utphe davon sprechen lassen!

Der Himmel segne vorzüglich, was Utphe angeht. Mein Gott,
was führte einen jungen Fürsten zu dem Feuerwerkerhandwerk!
Man kann aber bei der Betrachtung der Arbeiten und des
Geschmacks der meisten unter dieser *vorzüglich unglücklichen* Klasse
nur immer jammern und weinen, daß sie bei vielen Mittlen des
Wohls für sich und andre Weh bereiten. Das Schicksal des armen
Prinzen ist schauderhaft.

O wieviel Unbegreifliches liegt hinter dem Fürhang der vergang-
nen Zeiten. Das Blatt des würdigen Herrn Sohns folgt zurück, und
eines von einem lieben Korrespondenten liegt bei. Solche Briefe
sind mir wie Sonnenblicke in trübe Wolken, aber leider zeigen sie
die Gewitterwolken nur umso schwärzer.

O Sie innigst Verehrte und Geliebte! vergessen Sie nie die alte,
so ergebne   La Roche.

225. Sophie von La Roche an Elise zu Solms-Laubach

Offenbach, 15.8. 1796

Ich bin wieder zu meinem Herd zurück und habe die Erfahrung gemacht, daß, wenn man den Mut faßt, einem Gespenst recht nahe zu treten, man es am Ende nicht mehr so sehr fürchtet, oder vielmehr finde ich, daß, wenn man lange und viel Böses hörte, das mindeste Gute eben so hoch gerechnet wird, als man das erste fürchtete; denn wir glauben wirklich die Franken nicht so schlimm, als sie in der Ferne uns schienen. Offenbach hat auch nicht zuviel Einquartierung, nur Ab- und Zugehende, bald gemeine Soldaten, bald einen Offizier über Nacht, wo Bett und Essen gegeben werden und höflich gesprochen werden muß, indem die Hauptzüge des Nationalcharakters sich nicht verbergen, welches zu Erleichterung der jetzigen Bedrückung dient. Die dem isenburgischen Land angesetzte Kontribution von 75 000 Livres wird wirklich in Hanau negoziiert; der Himmel wolle, daß es bei dieser Summe bleibe. Aber ich fürchte die Winterquartiere auf dem rechten Ufer des Rheins; der Frieden wird so lange verzögert, bis man sagen kann: Es ist nicht mehr möglich, Truppen marschieren zu lassen. Die einzelne unter den Franken wünschen Frieden und nichts als die alten Grenzen Frankreichs, erzählen auch, Teutsche selbst hindern den Frieden. Der Himmel sieht dies alle am besten und wird es zum Besten lenken.

Innige Freude habe ich, Sie einzige, Verehrte, Geliebte in dem Haus der vortrefflichen Floretischen Familie zu wissen, und achte es als einen schönen Zug Ihres Schicksals, daß die Flucht vor bösen Geistern Sie in die Behausung von Engeln führte. O sagen Sie diesen edlen Menschen, daß ich ihnen Glück wünsche, durch ihren Charakter der Trost von Fürstin Elise zu sein, und daß ich ihnen meinen herzlichen Segen dafür gebe.

Daß Graf Friedrich bei Ihnen ist, las ich nicht allein in Ihrem gütevollen Brief, sondern hörte es von dem hannovrischen Minister von Schwarzkopf, welcher mit der vollkommensten Verehrung und Ergebenheit von Graf Friedrich von Solms-Laubach spricht und sich Hoffnung macht, ihn bei sich in Frankfurt zu sehen. Schön ist der Beweggrund, welcher den edlen, würdigen Sohn von Fürstin Elise von Wien zu ihr führte. Ewiger Segen werde ihm dafür in allem.

Die gute Holzhausen war vorgestern mit Frau von Closen aus Zweibrücken bei mir. Die Szene des Wegführens ihres Manns als Geisel war schauerlich, weil das mitten in der Nacht mit aller Rauhigkeit geschah. Ach was sind Menschen für schreckliche Wesen gegen Menschen, und dann als Laubachs, Assenheims, Florets für wohltätige, trostvolle Erscheinungen.

In die politische Welt mag ich nicht sehen und nicht denken, besonders seit Mallet du Pan eine Anzeige gegen Thugut machte. Läßt mich Gott die Zeit erleben, wo Fürstin Elise wieder ruhig in Utphe lebt, dann wird meine Seele Erquickung bei ihr suchen und bei ihr den Wert des Verdienstes und des Glücks dieser Erde ab-[zu]wägen suchen.

Ein Mann aus Kurland sagte vorgestern, unsere jetzige teutsche Kaiserin und der allmächtige Minister Thugut seien die Quellen unsers Unglücks. Sie können darüber Aufschluß haben. Mich schmerzte der Gedanke: Eine Kaiserin tut so viel Übels und die andre nicht so viel Gutes, als sie kann. O meine gütige Fürstin Elise! Was für eine Distanz zwischen Ihrem Denken und dem Denken dieser zwei Fürstinnen!! Gott segne und erhalte Sie.

Ich lege hier einige Blätter zu den Füßen der Türme von der Kirche der Heiligen Elisabeth, worin auch ein Maßstab von Verschiedenheit zwischen Ihnen und dieser guten Fürstin liegt. Ach warum kann ich nicht mit Ihnen Gebäude und Gegenden von Marburg sehen! Wie ganz anders wäre dieses als der Gang mit Fürstin von Dessau bei den Ruinen des Schlosses zu Heidelberg. Segen sei Gräfin Sophie, Graf Vollrat und Kindern. Wie glücklich alle, welche Sie nun sehen und hören. Ich will nichts mehr zusetzen; mein Kopf und Herz würden überfließen.

Ich gehe und mache mit der nämlichen Feder, welche diesen Brief schrieb, Auszüge aus einem englischen Moralisten für die letzten Blätter des dritten Bandes *Briefe an Lina*. Wie gerne, gerne küßte ich die Hände von Fürstin Elise. Fragen Sie doch Graf Friedrich nach Groschlags. Ganz Ihre La Roche.

226. Sophie von La Roche an Johann Caspar Lavater

Offenbach, 11.9. 1796

Auch ich, guter, ehrwürdiger Lavater! antworte spat auf Ihr mir so sehr willkommnes Briefchen durch die *schätzbare* Frau Waser; aber es ist nicht aus Rachgierde wegen Ihrem Schweigen geschehen. Ich mußte den dritten Teil meiner *Briefe an Lina* endigen und schob alles andre auf. Gott wolle, daß Ihre Reise Ihrer Gesundheit wohlgetan habe. Ich wünschte sehr, daß der Abend Ihres Lebens voll ruhiger, ohne Leidensgefühl hinfließender Genuß der Erinnerung sein möchte, wünschte wohl auch noch, mit gesunder Seele einige Stunden dieser Erinnerungstage mit Ihnen zuzubringen, von unbereuten Freuden der Illusionen des Glaubens an alles mögliche Gute zu reden und herzlich allen die erlittene Mißdeutung und Mißbrauch zu vergeben. Ich danke Gott, daß ich von der Höhe von 66 Jahren über Verblendungen und bittre Erfahrungen, wie Sie von Ihren schönen Bergen über unter Ihnen hinschwebende Wolken, herabsehe. Was für Kampf und Wirkungen der Leidenschaften zeigt dieser Krieg. Kultur der Sprache und Beredsamkeit – zu was gefährlichen, tödlichen Waffen wurden sie. Aber verflossene Jahrhunderte sprechen von dieser Menschengeschichte.

Sie hatten Wieland wieder in Ihren Mauren nach einem Umlauf von mehr als vierzig Jahren. Es wollte mich jemand hinführen, aber ich wollte durch die Erscheinung der 66jährigen Doris den schönen Auftritt von Wieland nicht verderben und zur Farce werden sehen. Aber ein geheimes Tagebuch von Wieland und seinen Freunden möchte lesen.

Gräfin Truchseß ist mir Antwort schuldig und war mir Erscheinung nach einer Korrespondenz von 13 Jahren. Auch diese Frau rief mir eine Idee von Wielands jungen Jahren zurück: *Alles, was im Physischen und Moralischen möglich ist, muß sein.*

Adieu und innige Wünsche für Sie und die Ihrige. Bei Jakob Sarasin möchte ich Sie noch einmal sehen, sprechen und mich zeigen. Dem Himmel sei dieser unschuldige Wunsch vertraut.

O möchten Sie die Freude hiesiger Bürger gesehen haben, als Kaiserliche uns von Franzosen befreiten, und mögen Sie nie die Greuel hören, welche die Franzosen im Rückzug verübten. O was sind Menschen für Menschen! Gott ist für uns alle. Er segne Sie nach Wunsch der alten La Roche.

227. Friedrich Schiller an Sophie von La Roche

Jena, 23. 1. 1797

Ihr Brief, meine edle, vortreffliche Freundin, den ich heute erhielt, hat mir eine unbeschreibliche Freude gemacht. Sie haben mich also nicht ganz vergessen, ja Sie sind so gut und lieb, daß Sie mich an dem schönen Eindruck wollen Teil nehmen lassen, den eins meiner Lieder auf Sie gemacht hat. Ich werde dieses Lied von nun an höher halten und mit mehr Liebe daran hängen, da es mir eine so verehrte, liebe Freundin zurückgibt und fähig gewesen ist, ihre eigene Empfindungen auszusprechen und die Trauer ihres mütterlichen Herzens zu sanfter Wehmut zu mildern. Wie wohltätig sind doch die Musen! Sie wissen das schönste Band zwischen denen zu flechten, die sich ihrem Dienste weihen, sie haben mir auch das schöne Herz einer Freundin gewonnen, für die ich lange ein fremdes Wesen war!

Meine Lotte dankt Ihnen aufs herzlichste für Ihr Andenken, sie hat sich Ihrer stets mit Liebe erinnert. Ich weiß, meine edle Freundin, daß Sie an unserm Glücke aufrichtigen Anteil nehmen, und so erfreuet es Sie gewiß zu hören, daß ich im stillen Kreis meiner Familie, mit meiner lieben Frau und zwei gesunden, hoffnungsvollen Knaben, davon der älteste bald vier Jahr ist, mich recht glücklich fühle und meine eigene schwache Gesundheit leicht verschmerze.

Erhalten Sie mir Ihr liebes Andenken, teuere Freundin, und glauben Sie, daß ich den Augenblick, der mich der Fortdauer des Ihrigen versicherte, unter die angenehmsten meines Lebens rechne.

Möge Freundschaft und Liebe um Sie geschäftig sein, Ihr Leben zu erheitern und zu verschönern!

Ewig der Ihrige mit der herzlichsten Verehrung   F. Schiller.

228. Clemens Brentano an Sophie von La Roche

Meine liebe Großmutter!   [Leipzig, Februar 1797]

Ich bin nun in Leipzig nach einer sehr langweiligen und traurigen Reise, in Leipzig, der Stadt, die durch die Unfälle des Krieges ebenso gelitten hat, als in der Ruhe des Friedens gediehen ist – und wunderbar! ich finde gar keine Befriedigung meiner Neugierde, nur Langeweile und Überdruß genug. Wir haben die berufene

Nikolaikirche gesehen, sie ist schön, aber ich vermisse ganz den Endzweck eines Tempels, das Hehre, Andachteinflößende fehlt ihr und sogar das Majestätische, sie ist elegant und weiter nichts. Gemälde von dem Professor Oeser hängen drinne, die elend sind; die Zusammenstellung der Säulen ist gotisch, sie selbst römisch, und die Kanzel ist eine chinesische Arabeske, und unser Begleiter war ein Kandidat, der den Augenblick erst aus der Stärke gekrochen zu sein schien, so steif war das Menschlein. Der Richtersche Garten, *Plan de Repos*, das sind lauter schöne Sachen, aber ich fühlte, als ich sie sah, daß auch im dichtesten Schatten des sömmerlichen Laubes ich dort die Plätzchen freundlicher Mitteilung nicht finden würde. Ich habe alle Kaffee-Häuser besucht, ich habe alle Promenaden durchlaufen, und überall ist das Sprüchwort: „In Sixen und Saxen, wo die schönen Mädchen auf den Bäumen wachsen" eine skandalöse Lüge, es ist wunderbar, kein artiges Menschengesicht, lauter verstellte, traurige Reste. – Für allen meinen Ärger bin ich gestern so entschädigt worden, daß das Herz mir heute noch pocht. Wir haben bei dem alten Herrn Schroepfer Tee getrunken und zu Nacht gegessen und sind von seiner schönen, liebenswürdigen Schwiegertochter den ganzen unvergeßlichen Abend unterhalten worden. Ich bin ganz traurig, wenn ich denke, daß ich vielleicht einst kein so gutes Weibchen bekomme. Sie ist von Dessau, vereinigt alle Reize des Verstands mit allen Reizen der Seele und des Körpers. Sonst machen mich schöne Weiber stumm und betäubt, und ich glaubte, dies sei die größte Wirkung der Schönheit, aber bei Emilie Schroepfer strömten meine Worte mir so leicht, so ungezwungen – –

Ich freue mich sehr auf Arbeit und Beschäftigung, und diese kommt mir auch jetzt recht gesund, denn ich glaube, daß das Gefühl einer unbekannten Sehnsucht (wie es die Leipziger Dachstübler in ihren Oster- und Michaelisprodukten nennen) bei mir bald und sehr heftig hervorbrechen wird, wenn es nicht schon da ist. Ich glaube wirklich, eine vernünftige Liebschaft könnte mir zur Besserung nicht schaden usw.

Liebe Großmutter, lassen Sie sich über meine Radoterien nicht bange werden. Seien Sie immer der Meinung, daß ich ein guter Mensch und in fünf Jahren ein recht guter Enkel meiner lieben Großmutter bin. Empfehlen Sie mich der lieben Tante.

Ihr treuer Enkel   Clemens Brentano.

229. Sophie von La Roche an Elise zu Solms-Laubach

[vor dem 17.10. 1797]

O wie lange, edelste, gütigste Fürstin! habe ich das Glück entbehrt, mit Ihnen zu sprechen. Einer der allerheftigsten Katarrhe hat mich bei einem Monat geplagt und Tag und Nacht erschüttert. Dann mußte ich einen Enkel in die Richte bringen, der voll Talenten und ebenso voll Starrsinn ist, sollte daneben die *Briefe von dem See Oneida* durchsehen, und dies zusammen gab mir eine sonderbare Stimmung meines Kopfs und Herzens, die der Fürstin Elise nicht ganz würdig sein konnte und mit dieser Fürstin möchte ich nur von dem Besten sprechen. Und wo trifft sich dieses? Beinah werden mir meine Bücher weniger, als sie mein ganzes Leben mir waren. Nur eine Grille hatte Wert: Ich wollte, eh der Abend meines Lebens sich in Nacht verliert, noch die Menschengeschichte neu lesen, und da die Zeit nicht erlaubt, daß es im ganzen Detail geschah, so nahm ich Schlözers Vorstellung der *Universalgeschichte.* Da erschien mir neu die Idee:

Als Gott dieser Welt und ihren Geschöpfen das Dasein gab, goß er wirkende Kräfte in alles, gab ihnen ewige Gesetze, welche nun seit Jahrtausenden die physische Welt im Kreislauf halten; in die moralische gab er auch, auf alle Menschenalter, *Fähigkeiten* des Geists und der *Gefühle des Herzens,* die immer in tausend Gestalten der Kenntnisse, des Denkens und der Kunstwerke, edler, wohltätiger oder schädlicher Leidenschaften im Großen und Kleinen einen Kreislauf durch die Menschheit machen. Denn es ist nicht mehr Masse des Lichts, nicht mehr gärender Stoff der Empfindung in der Welt als ehmals; sie zeigen sich nur in andrer Gestalt und andren Ecken, wirken durch Jahrhunderte wie die Kraft, die Pflanzen, Tiere und Steine erhält. O die Geschichte der alten Zeit, besonders die, welche den Namen griechische Geschichte, bis zu dem Erlöschen dieses Namens, trägt, unter welchem höchste schöne Kultur in allem, und als die Hefe erschien, das schrecklichste Schauspiel zeigte, wie unsere lang als Modell gepriesene Franzosen getan haben – o sie [sind] nichts, als ewiges Wirken der gegebenen Kräfte.

Geschichte der Teutschen mag nicht lesen; es schauert mir vor dem *gewesenen Sein* unserer Nation.

Gestern hörte von Herr von Schwarzkopf, König hatte zwei offne

Füße gehabt, die seien ohngeachtet aller Mühe des Offenhaltens geheilt, und er habe nun die trocken Wassersucht. Sein Sohn denke nicht wie er, und Paul I. habe dem König geschrieben, alle Mühe anzuwenden, Europa einen ehrenvollen, baldigen Frieden zu schaffen. Es geschehe also.

Sie haben den guten Justizrat Buri glücklich gemacht durch einen vortrefflichen, gütigen Brief.

Alte La Roche wird sich glücklich achten, wenn Fürstin Elise diese Blätter gern annimmt von dankbarer, ergebenster alter Dienerin.

230. Sophie von La Roche an Elsy von La Roche

Offenbach, 17. 10. 1797

Meine liebe und würdige Tochter! Ich werde Ihnen den Schmerz nicht schildern, den mir Ihr Brief vom 17. August aus Philadelphia bereitet hat. O meine Elsy! Ein Blitz, der in mein Haus geschlagen hätte, hätte mich nicht mehr in Schrecken versetzen können. Nach den Briefen, die Herr Hess gebracht hatte, war ich in vollkommener Sicherheit, und nun dieser schreckliche Umsturz! Den detaillierten Brief, von dem Sie sprechen, habe ich nicht erhalten, meine Freundin! So sehe ich mich in einem Abgrund von Schmerzen und zerreißenden Unsicherheiten, meine schätzbare Elsy. Und die unglücklichen Kinder, und das durch meinen Sohn! Es gibt keinen Ausdruck für meinen Schmerz, der um so größer ist, als Sie hinzufügen, ich solle etwas für meinen Sohn tun, den Sie nicht wieder sehen können. O meine Elsy! Er hat sich also schwer persönlich an Ihnen vergangen, sonst hätte Ihr Herz und Ihr Charakter es nicht zugelassen, daß Sie sich von ihm trennten. Meine Freundin, ich bin sicher, daß er es ist, der im Unrecht ist. Schreiben Sie mir darüber. O warum bin ich nicht im Stande, Ihnen zu sagen: Kommen Sie zu mir! O mein Kind! Seit 1794 lebe ich mit Luise und Cordula von der Pension für den jungen Bethmann und seinen Hofmeister; denn seit die Franzosen Koblenz genommen haben, ziehen weder Luise noch ich einen Pfennig von unseren Pensionen. Und die Teurung der Lebensmittel, die durch die Menge der französischen und kaiserlichen Truppen hervorgerufen wurde! Die drei jüngeren Töchter der Max sind bei mir und zahlen Pension wie Fremde; das ist anständig gehandelt von Herrn Franz Brentano, der dadurch nach dem Tod des Vaters meine Lage erleichtern wollte. Großer, großer Gott! Ich versinke in Verzweiflung.

Sie! Schätzbare und großmütige Frau! Sie und Ihre Kinder in einer so grausamen Lage, durch meinen Sohn! O meine Elsy! Nichts kann ausdrücken, was ich durch Ihre Situation und meine Machtlosigkeit leide. Wenn Friede geschlossen würde, wenn ich wieder zu meinen kleinen Einkünften käme, würde mich mein Herz zu Ihnen leiten, zu meinen Enkeln, zu Ihrer Elsy, Sophie und George; aber nun, da ich seit drei Jahren nichts habe . . . O meine Freundin! Wie froh bin ich, daß ich nicht mit Ihnen die Reise nach Italien gemacht habe, daß ich es zurückgewiesen habe, Ihnen diese Unkosten zu machen. Denn der Ewige weiß, daß Fritz seinem Vater nie etwas gegeben hat außer den tausend Gulden, die er für das in Paris ausgegebene Geld erstattete. Weder ich, noch Franz, noch Luise erhielten oder verlangten jemals etwas von ihm. Glauben Sie Ihrer unglücklichen Schwiegermutter, deren Herz Gott sieht. – O wie recht hat die Königin von England, die sagte: „Es ist süßer, um ein totes Kind zu weinen als um ein lebendes." – O Gräber meines Franz und seines Vaters. Ich segne euch und das Ihrer Frau Mutter. O die würdige Frau, sie sieht das Unglück Ihrer Elsy nicht mehr. – Bedauern Sie die unglückliche Mutter des Unwürdigen, der Sie leiden macht. Madame Rondeau! Ich liege zu Ihren Knien für Elsy und ihre Kinder!   La Roche

O meine Tochter! Meine liebe und tugendhafte Elsy! Schreiben Sie mir bald. Ich weiß noch nichts von – wie soll man ihn nennen, denjenigen, der Sie ins Unglück brachte, der mir mein Grab schaufelt; denn wie kann man dem zerreißenden Gefühl wiederstehen, Sie mit Ihren Kindern ohne Hilfsmittel zu wissen, Sie, ohne Hilfsmittel, durch meinen Sohn! Elsy! Die Hölle liegt in dieser Vorstellung. Gott erhalte Sie, liebe, liebe Tochter. O! Gebete, Segen und Hoffnungen, alles ist verloren, alles ist zerstört durch diesen Unglücklichen.

Ich adressiere diesen Brief an Ihre Frau Schwester. Mein Herz, das Sie verehrt und segnet, weigert sich, Ihnen unter seinem Namen zu schreiben, unter diesem Namen, dessen er nicht wert ist. Luise weint mit mir und will, daß ich Ihre Adresse schreibe.

231. Sophie von La Roche an Elsy von La Roche

Offenbach, 26. 1. 1798

Das Schicksal von Mainz und dem linken Rheinufer drückt mir die Feder in die Hand, um meine liebe und würdige Elsy zu beschwören, sich für die in Düsseldorf gebotene Anstellung zu entscheiden. O meine Freundin! Der Kurfürst von Trier hat bald nichts mehr; leider ich ebenfalls; denn weit entfernt davon, eine Entschädigung für einen Verlust von drei Jahren hoffen zu können, ist vielmehr mit dem linken Rheinufer nun alles verloren; ich werde also nichts zum Leben haben als das, was mir die Vormünder der Kinder meiner Tochter Max aus Barmherzigkeit zugestanden haben: 1 000 Gulden, von denen man 200 für Zinsen abziehen muß für 4 500 Schulden, die noch auf dem Haus lasten; bleiben mir also 800 Gulden, um sieben Personen zu ernähren: die drei Pensionäre, Luise, Cordula, mich und die Magd. Wie könnte ich also etwas für Elsy und ihre Kinder tun? O das Herz blutet mir und zerbricht an alle dem. In Gottes Namen, nehmen Sie doch die Stelle an, dieses Kind zu erziehen; Sie werden 600 Reichstaler haben oder 900 Gulden Reichsgeld; Sie werden mehr zum Leben haben als ich, für weniger Leute, in einer Stadt, wo man billig lebt. O meine Elsy! Gott sieht, daß dies alles wahr ist; er nehme mir nicht den Trost, Ihnen einen Dienst geleistet zu haben; er drücke mich nicht nieder durch die Vorstellung, daß Sie mich dem Schmerz aussetzen, außer Stande zu sein, Ihnen zu helfen; denn, mein Gott, wie sollte ich Sie alle vier ernähren mit den Pensionären, die meine einzige Stütze sind, während Ihnen die wahrste Freundschaft und Hochachtung die Arme öffnet und Sie es in der Hand haben, etwas Gutes zu tun, indem Sie für ein Kind von sechs Jahren sorgen und für diese geringe Mühe 900 Gulden erhalten.

O meine Elsy! O meine Elsy! Die schleichende Hoffnungslosigkeit, die mich durch Ihre Weigerung angreift, wird mein Leben aufzehren; Sie werden darüber von unnützem Bedauern erfüllt sein; glauben Sie mir, daß die Vorstellung meines ältesten Sohns den Grund meines Herzens schon genügend zerfrißt; Ihre Lage zerbricht mich – o zerstören Sie nicht die Hoffnung, die mir die Freundschaft gegeben hat, Ihnen zu helfen. Sie haben gesagt, daß Sie alles tun würden. Elsy! Schätzbare Frau! Machen Sie mir dieses Vergnügen, oder vielmehr: tun Sie mir dieses Gute. Nehmen Sie diesen Vorschlag an; glauben Sie mir, Sie werden glücklicher sein, wenn Sie allein in Ihrer Wohnung sind, wenn Sie es in der Hand haben, sich selbst Ihren Haushalt einzurichten, glücklich, von Ihrer Anstellung zu leben und geschätzt und geliebt von der schätzenswertesten Familie. O meine Elsy! Mein grausamer Sohn hat die würdigen Jacobis schlecht eingeschätzt; meine Tochter! glauben Sie mir, folgen Sie ihrem Vorschlag; sie werden Ihnen jeden Dienst leisten. Mein Gott! Wenn ich etwas hätte, ließe ich nicht einmal den Jacobis den Vorzug, meiner Tochter Elsy zu dienen; aber ich habe nichts, Gott weiß es. Die Bethmann entzieht mir ihren Sohn; wenn das eintrifft, kann ich nicht mehr leben; ich kann die Möbel nicht mehr behalten, die ich mit der Hälfte vom Wert des Hauses behalten wollte. Sie werden nach meinem Tod erben; beschleunigen Sie diesen Tod nicht durch den Schmerz dieser Ablehnung. O meine Elsy! Ich flehe Sie an, haben Sie Mitleid mit mir, mit sich und Ihren Kindern. Adieu; geben Sie mir bald Nachricht, ich zehre mich auf in Sorge; Ihre arme Mutter La Roche.

Ich hoffe, daß dieser Brief bald zu Ihnen gelangen wird und daß Sie mir sogleich aus Barmherzigkeit antworten werden, da ich mich in einem Zustand der Angst befinde im Hinblick darauf, daß diese Hoffnung auf Ihren edlen und ehrenwerten Unterhalt zerstört werden könnte. Sie bringen mich dazu, meinen Sohn zu verabscheuen und zu verfluchen, weil er es ist, der Sie gegen diese würdige Familie eingenommen hat, die uns beiden die Hand bietet. Gott, Gott, der meine grausame Lage sieht, leite den Entschluß meiner Tochter; mein Leben hört auf mit Ihrer Ablehnung, denn ich werde diesen Schmerz nicht aushalten.

232. Sophie von La Roche an Clemens Brentano

Offenbach, 11.7. 1798

Ich sage meinem geliebten Enkel Clemens etwas spat, daß mir sein großer freundschaftlicher Brief ohne Datum wahre Freude machte und daß ich herzlich wünsche, auf irgendeine Art etwas zu des guten, irregehenden jungen Mannes Glück beizutragen. Aber bekenne, lieber Sohn! daß die Großmutter sehr vergeblich Bilder und Vorschläge ausdenken würde. Ich danke dem Himmel, daß dein Vater mit dem Fleiß von vielen Jahren deinen Lebensunterhalt versicherte, denn, liebes Kind, du bist noch nicht auf dem Weg, ihn selbst zu sichern oder zu finden. Im Gegenteil, mein guter Clemens ist noch in dem Lauf eines Zauberzirkels jugendlicher Imagination, worin es sich so schnell bewegt, daß ihm eigentlich – nach der gemeinen Redensart – hören und sehen vergeht; *hören* auf Vorstellungen und *Umsicht, Rücksicht* und *Vorsicht.* Da bete ich für dich und hoffe, [daß] das viele Gute, so in dir liegt, einmal die Oberhand nehme und behalte. Wirklich wäre Anlage zu abenteuerlichen und artigen Geschichten in dir, wenn eine solche Arbeit nicht anhaltenden Eifer foderte. Romanestoff, der nach deinem Feuerkopf paßte, liegt nicht unter meinen grauen Haaren. Dein dich immer treibender Geist wird dich schon zu einer Quelle führen. Ob es Freund Hein tun wird, der neben deinem Sitz hängt, zweifle sehr; ehender der öftere Anblick der edlen Dichterin Mereau. Ich würde es eine schöne Stunde nennen, diese liebenswerte Frau zu sehen, und würde mich freuen, wenn ich wüßte, daß ihr etwas von mir gefallen hat.

Hier ist das Gedicht vom Gräschen und die Kopie des Verdienstes der Zither. O lerne sie ganz spielen; übe deine Stimme dazu, ich bitte dich. Du hattest so schöne Anlage zum Zeichnen; hättest du es nicht versäumt, es läge ein eigens Talent zu ausdrucksvollen Bildern in dir. Aber du bist noch nicht *stet* in deinen Ideen, so kann man nichts sagen als: Gott erhalte dich als rechtschaffnen Mann und lasse dich bald mit festem Schritt den Pfad des Verdienstes betreten. Ich will dafür sorgen, dich bald an einen braven Mann zu empfehlen. Du wirst aber für einen wilden Brauskopf gehalten. Adieu von alter, treuer Großmutter   La Roche.

[Es folgt ein Auszug aus der *Encyclopédie.*] Erinnere dich, daß vor wenig Jahren noch ein alter Invalide in den Ruinen des Schlosses Rheingrafenstein wohnte und jeden schönen Sommerabend vor der Türe seines Gewölbes auf dem Felsen saß und alte Lieder zu seiner Zither sang. Ich will dir ein schönes Einsiedlermorgen- und -abendlied mit der Klaviermusik schaffen. Zeichne mir den alten Mann auf dem Felsen dazu. Adieu und viele Grüße von uns allen.

233. Sophie von La Roche an Georg Wilhelm Petersen

Offenbach, 2. 10. 1798

Gewiß dachte mein edler, gütiger Freund, der Geheime Rat Petersen, niemals, daß ich einen auch nur gleichgültigen Brief von ihm so lange ohne Antwort lassen würde. Ich bin selbst darüber erstaunt, daß unangenehme Familienbriefe von meinem in jedem Sinn unglücklichen ältesten Sohn und seiner Frau mich den Ausdruck meines Danks für Ihr Wohlwollen zurücksetzen lassen konnten; und doch geschah es. Vergeben Sie Ihrer stets neu von dem Schicksal gebeugten Freundin, und erlassen Sie mir das Detail des unsterblichen Wehs, das mein ältester Sohn über seine Familie brachte, und begleiten Sie meinen Wunsch mit Ihrem Segen, daß ja kein schmeichelndes, schönschwätzendes Kind zuviel Gehör finden möge! Teurer, teurer Freund! Wieviel hatte ich *ohne meine Schuld* darüber zu leiden und leide noch. Wünschen Sie mir Stärke, den Bündel Dörnen und Ketten ruhig fortzutragen, welche das Fatum mir auflegte.

Nun will ich auch von Blumen sprechen, welche die Hand der treuen Freundschaft über die Dörnen streute. Dank, ewiger Dank sei Ihnen und Herrn Bruder für dies, was Sie wollten, aber ich habe die Hände durch manche Rücksicht gebunden und muß warten, bis der Himmel durch den Frieden und Entschädigung geläutert ist. Die Geschichte meines Schreibtisches ist in Ihrem Schatten entstanden und soll unter seinem Schutz existieren; die Hälfte ist schon in Leipzig. Sie nehmen es als Freund auf. Wie soll, ach wie soll eine Königin Freundin sein, einen wahren Freund überwiegen. Nein, sie bleibt, die erste, natürlichste Bestimmung, durch welche allein die Kraft daurend blieb, den Gedanken auszuführen. Nehmen Sie nur die Kritiken, welche über den Einfall entstehen könnten, nicht als Beleidigung für Sie selbst auf, und freuen Sie sich mit mir, daß schon die erste Hälfte meines Werkchens mir den Vorrat meines Winterholzes gab. Daß Sie in den wenigen Büchern, welche Ihnen bei letzter Erscheinung mitgab, etwas fanden, so Ihnen und Freunden angenehm wurde, freut mich ungemein; noch viel mehr aber Ihre Noten über Bücher und dies, was Ihnen in Eile sagen konnte. Sie, Ihr Schicksal würde mir Klopstocks mir so liebe Idee wiederholen, wenn ich sie je vergessen könnte: *Das Glück der besten Menschen besteht in Resignation und in Ertragen.* Sie wissen, daß ich es Ihnen schon zueignete und wundre mich nicht, daß so vieles im *Précis* der Frau von Genlis auf Sie zutraf. Ich teile Ihnen einen Brief aus Berlin über Frau von Genlis mit, welchen Sie mir mit dem *Précis* wieder schicken. Auch teile Ihnen einen Bonstetten auf das neue mit nebst einem Brief aus Lausanne. O mein Freund! es geht schlimm unter dem Mond, und das meiste über den Traum einer vollkommnen Regierung ... O glauben Sie, ich habe Resignation nötig, so oft ich denke, daß Sie nicht an dem Ort wohnen, wo ich lebe, und ich Sie nicht sprechen, hören kann, so oft ich es wünsche. Sie wissen, daß Schlosser nach Frankfurt kommt! O wünschen Sie mir Glück zu dieser Hoffnung, die für mich viel, sehr viel ist. Möchten Sie es sehen können, das Ideal meines Glücks, wenn Sie in unserem Offenbach und nun Schlosser in Frankfurt lebte. Doch renunzierte gerne, wenn Sie, Ihre Grundsätze und Kenntnis, im tätigen Kreis des Besten, Klügsten benützt würden; mein Egoismus wiche dem gemeinen Besten eines Landes, das ich liebe, weil mein Franz da lebte und geschätzt war und weil *Sie* da so viel in die Seele des jungen Mannes legten. Ach mein Freund! Ich wende mich ab, segne aber diese eingelegten Keime und bitte den Himmel *à propos*, Tau und Sonnenblicke darauf zu gießen. An *Sie* freut mich, daß Sie Unrecht *verachten*, welches Ihnen geschieht. Gott segne meinen teuren, würdigen Freund mit eben soviel Gesundheit des Körpers, als er ihm Gesundheit der Seele gab. Wollen Sie nicht *Mémoires de Gibbon* lesen? Es ist Ihrer würdig.

Sagen Sie mir nur mit einer Zeile, daß Sie mein lang Schweigen vergeben, und ob ich Ihnen nicht einen Brief von de Luc mitschickte. Adieu und Segen und Verehrung von   alter La Roche.

Man sagte mir letzt, der Enthusiasmus für den König in Preußen sei sehr vermindert. Wissen Sie nicht warum? Der kaiserliche Gesandte in Berlin, Prinz Reuß, soll seine Freundin, die geistvolle Israelitin Meyer, geheuratet haben. Was für eine Begebenheit in Teutschland! Sagen Sie, was wirkt der Auszug eines Briefs auf Sie, den ich soeben las?

Ich danke Gott, daß ich nicht in Rastatt bin. In meinen alten Tagen würde ich noch hypochondrisch. O Gott! Welcher Anblick! Germanien mit Füßen treten! Doch ich bin ein schwärmerischer alter Tor, daß ich Germanien als eine Einheit nenne; seit dem barbarischsten, unmenschlichsten aller Frieden, dem Westfälischen, gibt es kein Teutschland mehr.

Sind wirklich 40 000 Russen auf dem Marsch nach Teutschland, *Europa* zu retten, so versöhne ich mich mit Paul I.

20.12.1798

Kann man wirklich der besten Fürstin und ihren guten Untertanen Glück wünschen zu dem armen Reichsfrieden und Abzug der Franken? Sind sie weg aus den Gegenden der Lahn? Gott wolle es. Denn der Geist und das Herz werden müde über dem schwankenden, bald zögernden, bald rückwärts gelenkten Gang der hoffenden Ruhe. Nun tönen Stimmen, welche behaupten, das linke Rheinufer bleibt teutsch oder wird wenigstens wieder teutsch, indem der Kaiser Franz und Friedrich von Preußen es in Besitz nehmen werden. Mögen Sie! Wenn wir nur der fürchterlichen Nachbarschaft loswerden. Das Isenburgische war glücklich vor allen anderen Gegenden des Rheins und Mains, wenn der Himmel uns so läßt und die arme Brabanter segnet und schützt, denn für diese zittre ich jetzt. Doch scheint der Bogen im ganzen so gespannt zu sein, daß in den eroberten Landen nichts mehr dauren kann, und die Kraft der Verteilung ist mächtig. Mich freut, daß General Mack in Italien zeigen kann, was er in Teutschland getan haben würde, hätte Kabale nicht mehr gewirkt als das Verdienst. Wenn nur die 40 000 Bauren, welche er bewaffnete, getreue Leute sind. Halten Sie das Journal *London und Paris?* Die Frage fließt in meine Feder, weil ich Nelson dachte und kein Kupfer von der Beleuchtung wegen diesem entscheidenden Sieg sah. Ich halte das Journal mit vier andren Personen, mir aber bleibt's. Es zerstreut, und Zerstreuung ist in gewissen Zeiten das einzige Mittel, um Atem und Kräfte zum Tragen zu behalten. Ich schickte es Ihnen, edle Frau, zu diesem Zweck, dieses Journal. Große Stützen der Seele manglen Ihnen nicht, das weiß ich, aber man hält oft diese für zu heilig, um sie bei dem kleinen, neckenden Übel zu gebrauchen. Dann helfen Zerstreuungen wie diese, die nicht von dem Gegenstand entfernen, sondern nur eine leidentliche, hellere Seite zeigen. Ich bin mit der in Wahrheit neckenden Geschichte meines Schreibtisches auf die Begebenheiten meines vor 30 Jahren mit Julie Bondeli [geführten Briefwechsels] zurückgekommen. Ach da war es schön in unserm Teutschland und in der Schweiz. Da schrieb ich muntre Briefe aus Koblenz, da blühten meine Kinder alle um mich, und noch kein teutscher Gelehrter war treulos geworden an seinem Vaterland.

Haben Sie, würdige Frau! wohl auch gehört, daß Prinz Heinrich mit 72 Jahren auch mit der durch unsern Kaiser dem König von Preußen entdeckten Konspiration verwickelt war? Es schauderte mich, und noch mehr, daß der preußische Gesandte in Paris auch Anteil hatte. Wenn ich mir den Geist denke, welcher die Relationen dieses Mannes an seinen König leitete! Wie viel moralisches Verderben ist in allen Klassen! Gott gebe, daß dieser Wust alle in das Auskehricht dieses Jahrhunderts komme, damit unsre Enkel den Weg zum Wahren, Edlen, Guten wieder frei wandlen können. Erlauben Sie mir, gütigste Frau! daß ich bei dem Wandlen meiner Ideen unter sich berührenden Gegenständen Ihnen diesen Brief mitteile, welcher von 3 000 Schulen spricht, wobei man wohl Gelübde zum Himmel schickt, damit der dort auszustreuende Same glücklich aufkeime und wurzle. Den wirklich schön erwachsnen jungen Herrn von Moulon sehe wenig; sein Onkel sagt immer, er sei nicht wohl. Ich gab dem letzten meinen Marc Aurel zu lesen neben viel andren Büchern, aber diese werden unter Lotteriebilletten, welche er zu verkaufen sucht, nichts wirken können. Ich arme Frau träumte immer, wenn ich sagte: Wer mich so ruhig und heiter in meiner Hütte sieht und von meinem Schicksal hörte, muß doch glauben, daß der Grund meiner Heiterkeit in meiner Seele und ihrer Nahrung liege. Deswegen teile ich dann die Bücher mit, welche mich nährten und welche mich ermunterten; aber nicht alle Mittel wirken gleich bei ungleichen Konstitutionen. Also träume ich nicht mehr auf dieser Seite. O wünschen Sie mir doch, daß meine Bitte an Professor Feßler in Berlin, die Geschichte der Zenobia zu dramatisieren, nicht zum Traum werde.

Der Ewige erhalte und segne Ihre Tage als von der besten, edelsten Frau und gönne mir stets die Dauer Ihres Wohlwollens, so wie meine Seele Sie Einzige ewig verehren wird als

ganz Ihre eigne La Roche.

235. Sophie von La Roche an Elise zu Solms-Laubach

Offenbach, 16. 5. 1799

O wie wahr ist es, edelste, reineste Frau! daß es in den Herzen und den Ideen der Menschen schwarz aussieht. Gottes Auge allein kann sie durchsehen, diese Hülle, welche der Bosheit so nötig ist. Meine Seele tröstet sich mit dem festen Glauben, daß es unmöglich sei, daß Gott der physischen Welt so unstörbare Kräfte des Schö-

nen und Wohltätigen für Menschen und Tiere gab und nicht den
nämlichen Segen in die moralische Welt gelegt haben sollte. Aus
der schwarzen Erde sprossen die besten Pflanzen, die herrlichsten
Blumen, aus düsterm Kummer die glänzendsten Tugenden hervor.
O beste, verehrungswürdigste Frau! es muß besser werden, das
Schlimme ist hoch genug gestiegen, Gutes muß auch seine Reihe
wieder finden. Einverstanden bin ich, daß nie, nie die schwarze
Flecken des Gesandtenmords abgewaschen werden können; mir ist
um den Fleck des teutschen Bodens leid, auf welchem sie verübt
wurde. Schaudern machte mich diese Stelle Ihres gütigen Schreibens, wo Sie sagen: Ich danke Gott, daß mein Sohn und andre
Gesandte aus Rastatt sind. Auch das Gebet: „Die ewige Liebe
errette die Menschheit und lasse sie wieder handlen aus Menschenliebe", widerhallte in meiner Seele wie der Seufzer: „Schreck-
liches philosophisches Jahrhundert!" Gewiß, man kann nicht mit
Vertrauen unter Menschen umherblicken, und ich bekenne, daß
meine ruhigste, süßeste Momente in meinem Gärtchen verfließen,
wo die Bäume mir alle Menschenwohnungen verdecken, und nur
Himmel und Pflanzen mir sichtbar sind. Mich freut, daß Herders
Predigtfragmente Ihnen Vergnügen gaben; mache ich je meine
Reise dorthin, so sammle mehr. Aber ich denke nicht an diesen
Genuß, bis meine Tochter Luise wieder ganz wohl ist, welche vor
drei Wochen nur mit Blasenpflaster auf der Brust von einem töten-
den Husten gerettet wurde, und es war ein trauriger Tag, an welchem ich auf die alte, 80jährige Nichte des La Roche und mich blik-
kend im Herzen sagte: Soll diese und ich alles überleben? Es ist
besser und Hoffnung zu ganzem Wohlsein. Der Brief von meiner
Schwiegertochter muß unverständlich gewesen sein, weil ich, mir
unbegreiflich, versäumt hatte, von dem Unglück des verlorenen
Vermögens und Trennung von meinem leichtsinnigen Sohn zu
schreiben. Ach, ohne diese Vorgänge wäre meine Freude über das
Etablissement von Elsy nicht so groß, weil das Wohlsein der gan-
zen Familie darauf ruht, da der Onkel seiner Frau den Genuß seines
Vermögens nur lebenslang überließ, nach ihrem Tod alles an den
Neffen fiel, welcher nun meine Stiefenkelin heuratete und also das
Ganze mitteilt.

Hier der letzte Teil von Rosa und ein Gedicht von der höchst
unglücklichen Bandemer. Ich hoffte auch, meinen armen *Schreibtisch* beizulegen, aber mein Verleger spielte mir den Possen, zu

schreiben, er hebe es auf, das Paket, bis ich komme. Nun erhalte es durch Postwagen und dann lege ein Exemplar zu den Füßen der Fürstin Elise, wo Verehrung und Liebe liegen von alter La Roche.

236. Sophie von La Roche an Elise zu Solms-Laubach

Oßmannstedt, in Wielands Hause, 20. 7. 1799

Seit einigen Tagen, gütigste Fürstin und Frau, bin ich mit meiner Enkelin Sophie Brentano hier bei dem besten Mann und Freund, wurde aufgenommen als älteste und geliebteste Freundin von *allen;* da wird allein alles gesagt, denn Wieland hat sieben Kinder und vier Enkel um sich. Mir war wie taumlig, denn da der Weg von Weimar hieher sehr schlimm ist und ich bei dem ganz fremden Kutscher ängstlich gewesen, so machte der Übergang zu einer unaussprechlichen Freude eine sehr heftige Wirkung auf meine Seele und Körper. Bald ging es in süße Tränen über, und als ich mit Wieland und seiner Frau allein stille blieb, so kam ruhiges Vergnügen und Dank zum Himmel so ganz zu meiner Hülfe, daß ich von da an zu genießen anfing, in Wieland den alten, weisen Freund, den patriarchalischen Familienvater und immer gleich regen, tätigen Genius bewundre und liebe, mit ihm seine schöne Bibliothek und seinen großen, in Terrassen eingeteilten Garten durchwanderte und ihn von Feldarbeiten sprechen hörte, wie er vor 49 Jahren von Griechenlands Sitten, von Aspasia und Musen sich tagelang unterhielt. Erinnerungen alter Zeit gingen uns immer zur Seite und kamen in unser Gespräch. Abends, da wir mit den sieben Kindern vereint zu Tisch saßen, war alles so einer freundlichen Familie ähnlich, daß unsere einfache Mahlzeit dadurch gewürzt und erheitert ward.

Weimar machte bald Ansprüche an meinen Besuch, aber ich sagte freimütig, daß Wieland der Hauptgegenstand meines Aufenthalts in hiesiger Gegend sei, ich ihn auch erst ganz sehen wollte. Doch habe schon bei der verwittibten Herzogin auf ihrem Landgut, so nicht weit von hier ist, gespeist, viele Erinnerungen von Italien gehört, bin aber dabei in einem ganz englischen Park spazierengegangen, weinte mit der Herzogin eine Träne bei dem schönen Denkmal ihres verstorbnen Sohns Constantin, dachte an meinen Franz, und Tränen folgten nach, aber das stille Abwenden und der Gang über die Brücke über die Ilm gab Ruhe, und in einem Saal von lauter Rosenbüschen, wo alles sich sammelte, verloren sich auch die hehre, heilige Gefühle. Goethe war mit uns, mit alle seiner Kraft und Herrlichkeit immer ein wunder- und sonderbarer Mensch, bei welchem am Freitag speisen und seine vortreffliche Kunstsachen sehen werde. Herder soll ich dann bei dem Tee im Römischen Haus kennenlernen, und dieses durch die regierende Herzogin, welche ich seit 1771 kenne.

Dennoch, beste, in Bescheidenheit und Wohlwollen gehüllte Fürstin Elise! dennoch habe ich ein Auge auf dem Rückweg nach meiner ländlichen Hütte und der Hoffnung nach Utphe gerichtet. Bald kommt mein Carl, mich zu holen, und dies achte ich schon für Anfang der Rückreise.

Segen umgebe die edelste Seele; Gott erfülle alle [Wünsche], welche Sie für das Wohl Ihrer Untertanen machen und die, welche mein Herz für Sie macht. Amen.

O lesen Sie ja bald Wielands *Agathodämon,* und Wort für Wort; Ihr edler, wahrer und weiser Geist wird sehr zufrieden sein und sich nicht wundern, daß mir dünkt, dieser letzte Band der gesammelten Schriften Wielands sei der *beste,* männlichste, nützlichste. Nun gehe auf zwei Tage nach Weimar, küsse noch Ihre Hände und schreibe dann wieder von Glück alter Freundschaft und Vergnügen neuer Bekanntschaften. Erste geht mit mir, und zweite finde.

Von Krieg und Frieden hört man hier gar nichts, als ob kein Direktorium in Paris, kein Pitt in England und kein Suworow in Italien wäre.

Vergebung des schlechten Schreibens und Erhaltung der Güte für   alte La Roche.

25.7.1799

237. Sophie von La Roche an Johann Isaak von Gerning

Schönebeck, 29.8.1799

Zwischen Feuer und Wasser sitzend, will ich meinen Neffen nach seiner Gesundheit und seinen Nachrichten von Frankfurt fragen, aber auch Aufträge geben; einen nach Oßmannstedt, den lieben Einwohnern dort tausend Schönes im ganzen, Wieland aber einen Auszug aus einem Brief der sagt: *Wenn Sie bei Wieland sind, so sagen Sie ihm, daß er mit Horaz seit 20 Jahren meine irdische Seligkeit ist; Klopstock ist für mich, was Kant unter den Philosophen, Wieland aber ist reines Licht, wo alles sichtbar und wo nichts blendet. Gott segne Wieland und Herder, daß sie den Genius der Finsternis bestürmen.* In Herders Hause, lieber Neffe, alles neu, was Sie schon lange wissen, wie ich für die Fürtreffliche denke.

Ich bin glücklich bei meinen Kindern, habe aber jetzo immer ein Auge auf den Weg meiner Abreise gerichtet. War und bin hier in eine neue Welt gekommen, doch der Himmel hat überall gute Geschöpfe. Ich werde über Leipzig zurück, weil ich den Weg über Eisleben nicht mehr berühren kann, ohne dort vor Angst und Ärger zu sterben, und ich will meine Hütte in Offenbach noch einmal sehen. Adieu. O grüßen Sie Weimar, *en bloc et en détail*. Unserm Landsmann Goethe viel und Ihnen selbst auch von der alten Tante La Roche.

Der Minister von Struensee will uns zum Essen und einer Lustreise auf der Elbe, und gestern habe mich in einen 80 Jahr alten Feldmarschall verliebt. Da schreibe keine große Briefe mehr an andre Leute.

238. Sophie von La Roche an Elise zu Solms-Laubach

Edelste, gütigste Frau!   22. 10. 1799
Ich setzte mich letzt hin, um die kleine Läppchen auszusuchen und anzureihen, auf welche ich die Noten von meiner Reise schrieb, als mir die so fürchterliche Nachricht von *Schlossers Tod* zukam und wirklich alles Schöne und Angenehme meiner Erinnerungen verscheuchte. Lange hat mich nichts so geschmerzt, nichts war mir unerwarteter, da ich nicht nur nichts von seiner Krankheit wußte, sondern durch Versäumnis der Brentano diesen Brief von Schlossers Frau erst hier, Freitag den 18. früh, erhielt, mich über ihn freute, Schlossers Tochter munter meine Ankunft schrieb und abends diese Antwort kam, welche mich wie ein Blitzstrahl in die Seele traf. Schlosser, der beste, redlichste, verdienstvollste Teutsche, nicht mehr; er, den [ich] so wohl verließ, bei welchem [ich] mein Testament niederlegte. Ich kann noch nicht an genossenes Gute und Freudige denken und mache nun noch die Erfahrung, daß der Verlust des Besten in der moralischen Welt keinen so großen Eindruck macht als der Verlust des Goldes und des Überflusses, denn wen ich sehe, der spricht nicht von Schlosser, dem *Edlen*,

Einzigen, sondern von Bernard und d'Orvilles 600 000 Gulden, von den Millionen in Hamburg und London.

Sie, würdige Fürstin und Frau! Sie bedauern gewiß, daß der Himmel diesen Mann uns entriß. Ich achte diesen Tod als böse Vorbedeutung für alles. Noch weiß ich die Details nicht, aber es war ein vernachlässigter Katarrh, der zu Lungenentzündung wurde. Vergeben Sie gütig, ich kann von sonst nichts sprechen. Ach die vielen Männer, welche sah und hörte – keiner ist Schlosser; alle ihre Verdienste verehre innig. Schlosser war in moralischer Schattierung von Geist und Herz meine Lieblingsfarbe. Ach ich kenne sie nun alle: Wieland, Goethe, Herder, Jean Paul, Falk, Schiller.

Sagen Sie doch dem edlen Grafen Vollrat, daß Schillers *Almanach von 1800* nur ein Gedicht *Die Schwestern von Lesbos* enthält, Arbeit von dem schönen Fräulein von Imhoff, welche ihr mit 900 Karolins bezahlt wurde. Man kann nichts Liebenswerters sehen als diese junge Dame, die eben so gut von Herzen, eben so geschickte Malerin als Dichterin ist. Ihr Vater war erster Mann von Madame Hastings.

Der Himmel erhalte Otto von Laubach, Eltern und anbetungswerte Großmutter, welche schon lange des noch Ungebornen Wohltäterin war. Mir sind alle Bücher doppelt wert, welche eine Zeitlang in Ihren Händen waren; möchte ich nur Zeichen gefunden haben von dem, was Ihnen vorzüglich gefallen hat.

Möchte ich bald Ihre Hände persönlich an mein Herz drücken, wie ich es jetzo in Geist und Seele tu.

Jeder Sonnenstrahl sei Vermehrung Ihres Wohlseins, und der Himmel erhalte mir zugleich Ihr Wohlwollen –

ewig ergebne Dienerin La Roche.

Den zweiten Band bitte mit Güte aufzunehmen; und, sagen [Sie], war nicht erster besser Papier?

239. Sophie von La Roche an Georg Wilhelm Petersen

Offenbach, 19. 4. 1800

Ich darf meinem besten Freund wohl ganz freimütig sagen, daß die Musik und der Text von der *Schöpfung* von Haydn meiner Tochter die Erschaffung der Welt im schwäbischen Original, welches Ihnen vor einem Jahr gab, zurückrief und daß Sie mich bat, es wieder von Ihnen zu bitten. Wollte Gott, Sie bekämen Lust, die Musik von

Haydn selbst zu hören und mir das seltsame schwäbische Produkt auch selbst zu überbringen. Ich bin nun in wenigen Tagen mit der Fronarbeit meiner *Schattenrisse* fertig, würde also das Glück, Sie zu sehen und zu hören, genießen können und auf alle Ihre Fragen über Weimar und Oßmannstedt so gerne antworten.

Ihre Seele tut so gern etwas für andre, selbst auf Ihre Kosten und mit Mühe. Ach nehmen Sie den Entschluß, unsere Bäume blühen zu sehen. Indessen lesen Sie diese zwei eingeschloßne Briefe, aber *nur Sie,* und lächeln über Philosophen der heutigen Tage in Männer und Weiber. Madame Veit ist eine Tochter von Mendelssohn und soll am meisten von ihrem Vater Geist haben. Adieu. Ich lege noch einen Pariser Brief bei. Fast wäre einer der seltensten Reichsgrafen dazugekommen, welchen Sie sehr lieben würden, und zu dem ich Sie deswegen bringen möchte.

O mein Freund! zeigen Sie doch, daß Rechtschaffenheit, Kenntnisse, edler Sinn und Herzensgüte wohl und glücklich macht. Trauren Sie nicht über Toren, und bleiben aber Freund der alten phantastischen La Roche.

240. Sophie von La Roche an Sophie von Pobeckheim

Offenbach, 21.6. 1800

Dank, unendlichen Dank, teure, beste Frau! für Ihren so gütigen letzten Brief, der mir so vielen Anteil zeigt. Vergeben Sie mein langes Schweigen. Ach meine Freundin, ich war an einer Fronarbeit so sehr beschäftigt und seit dem 6. Dezember 1799 habe ich mein 70. Lebensjahr angetreten. Die Ärzte wollen mich nachmittags nicht schreiben lassen, und die *Schattenrisse der merkwürdigen Tage in Schönebeck, Oßmannstedt und Weimar* sollten zum Druck fertig werden, weil sie mir was tragen sollten. Nun habe nur noch ein paar Bogen, und meine liebenswerte Pobeckheim muß wenigstens den Dank für ihre edelmütige Unruhe um mich lesen. Doch der Himmel weiß, ob Ihnen mein Brief zukommt, da Sie in dem letzten mir die Straße nicht nannten, wo Sie jetzt wohnen, und ich auf Geratwohl noch die erste Aufschrift wage. Warum sagen Sie mir kein Wort, wie es Ihnen ergeht? Glauben Sie, daß ich weniger Anteil an Ihnen nehme als Sie an mir? Gute, Liebe! Wie ungerecht gegen Sie selbst und mich! Nehmen Sie auch meine Glückwünsche zu der Rückkunft der edlen Humboldte. Sagen Sie der lieben Frau, daß ich hoffe, sie werde doch einen Blick auf den Rhein werfen und auch auf meine Hütte, Rheingauer Trauben essen, ich wolle mit auf den Johannisberg gehen. Ich gab Herrn Basset einen großen Brief an sie mit und schrieb noch einen; mir ist unendlich leid, daß sie keinen erhielt. Ich dachte so viel hineingelegt zu haben in diese zwei Briefe, denn sie interessiert mich so sehr, diese Frau. Wird sie nicht Madame Staël kennenlernen? Dann sieht sie auch Camille Jordan, welchen in Weimar traf, und er mich hier zweimal besuchte. Wenn ihn Frau von Humboldt trifft, soll sie ihn nach der artigen Geschichte der drei Sophien fragen.

Wenn meine *Erscheinungen am See Oneida* übersetzt werden, so bitte meine Freundin Pobeckheim um ein Exemplar. Rochefoucault Liancourt kann von den Wattines sprechen; er sah sie an dem See in ihrer Kolonistenwohnung, und dann kann meine Freundin urteilen, was mein Kopf und Herz aus der wahren Geschichte machten. Sagen Sie Frau von Humboldt, ich hätte mit der vortrefflichen Frau von Wolzogen in Weimar gar nicht sprechen können, da ich sie nur bei Herzogin Amalia, bei einem unermeßlichen Diner bei Goethe sah und sie meinen Besuch wegen Geschäften nicht annehmen konnte. Mir war es sehr, sehr leid; aber viel, sehr viel wurde Seifenblase von alle dem, was ich hoffte, was ich wollte. Frau von Humboldt soll den mit schöner Hoffnung verbundenen Wunsch, *sie* zu sehen, nicht zu Seifenblase machen. Sagen Sie ihr, ich hätte den Namen *Dachröden* sehr oft von Minister Struensee bei meinem Carl gehört. Ich umarme Caroline Dachröden innigst. Ihnen, Liebe, Gute, sage als Auszug meines Reisetagbuchs, daß ich vieles bemerkte und empfand, was ich auf das Grab meines Franz legte; das ist, seit seinem Verlust sage ich zu jedem Weh, zu jeder verlornen Hoffnung: *Was willst du? Habe ich doch meinen Franz verloren;* lege dich zu den Füßen seines Grabs, du hast kein Recht, mich zu verwunden ... Ach liebe Freundin! Ich war es doch sehr tief, als ich hörte, daß mein ältester Sohn in Paris arretiert sei. Er ist wieder frei. O wieviel Geist, Talent, Erfahrung, Glück, Schönheit und Herz, durch Eigenliebe zernichtet in diesem Sohn! – Veit war in Jena bei der Schlegel-Michaelis; sie wollen nun alle nach Wien, wird mir geschrieben. Veit dünkt mich unglücklich, denn ihr Mann hat zu Bedingnis der Scheidung gemacht, daß sie nicht Religion ändre und nicht heurate, sonst hört die Pension auf. Eine Frage meiner grauen Haare: Was bleibt von der Leidenschaft übrig, wenn man sie in einer Lucindengeschichte in Worten ergoß? O könnt ich jetzo mit meiner Pobeckheim sprechen über dies, was ich seit ihrem Verlust sah, hörte, las und dachte. Adieu, teure, liebenswerte Freundin meines Franz. O Sie wissen nicht, was dieses für mich ist. Ich umarme und verehre Sie. Meine Tochter Möhn sagt Ihnen tausend Schöns. Was macht Ihre Sophie? Sagen Sie mir etwas von dem deistischen Gottesdienst in der Kirche St. Sulpice. O wenn der Genius von Paris unparteiisch berechnen wollte, was die *katholische Religion* und was die *philosophische* Ideen über Leidenschaft vermochten und bewirkten; es würde ihn schaudern wie mich; wenn er die Geschichte der Menschheit durchgeht, wird er finden, daß Glauben an Vielgötterei allgemein länger dauerte als die schöne Idee des Einzigen ... Ach, wie soll ich mich da einlassen, die ganze Geschichte beweist die mir traurige Bemerkung, daß die irdische Welt in ihrem moralischen Teil auch stets mit Licht und Dunkel wechselt und daß Wahrheit und Vollkommenheit nicht bei uns sein können. Liebe! Sie sind in der Welt, wo mein Franz ist, wir haben nur Ahndungen und Schattenrisse von ihnen. Adieu von Ihrer mütterlichen Freundin La Roche.

Das Industriecomptoir in Weimar bittet den Herausgeber der Blätter von den Moden, doch immer sogleich, was Neues erscheint, ein Exemplar an das Industriecomptoir nach Weimar zu schicken, NB. mit Briefpost; es wird gerne, gerne bezahlt. Liebe, Gute! Besorgen Sie doch dieses, ich bitte Sie recht sehr.

241. *Sophie von La Roche an Elise zu Solms-Laubach*

Edelste Fürstin! Offenbach, 29. 7. 1800
Solange das Schicksal unsers guten Offenbach noch in den Händen der polnischen Legion stand und von beiden Seiten der Straße alle Gartenwände durchgebrochen waren, um sich wechselseitig zu unterstützen, solange konnte und wollte nicht schreiben. Aber nun sind wir zu der Ehre des französischen Hauptquartiers gekommen, unsere Gartenwände wieder hergestellt. Das Land Isenburg hat 36 000 Schaden gelitten, und wir können wieder etwas ruhig schlafen oder wachend von bessern Zeiten träumen. Denn, gütigste Fürstin, es wird immer mehr bekräftigt, daß Gutes hoffen Traum ist. Auch höre ich niemand mehr an, lese keine Zeitung und frage nur nach dem Nächsten, so man zu tun hat.

Die Providenz weiß alles besser als ich. Gott [hat] die Allmacht und läßt es so gehen. Ich will anbeten und schweigen. So bin ich ruhiger geworden und lese und arbeite um so mehr. Meine Enkelinnen wurden zu ihrem Bruder geholt, und ich blieb gerne bei meiner Tochter und der 80 Jahr alten Base. Eine Erfahrung des Lebens habe ich mehr gemacht in den letzt verflossenen drei Wochen und mich oft an Frau von Steinberg erinnert, welche zu sagen pflegte: „O Liebe! Was ist es für eine dreckige Sache um Menschen!" – *Excepté les âmes blanches,* antwortete ich. Aber so gewiß als Gott von dieser Gattung in Utphe, Assenheim, Laubach und andren erwählten Stellen hat, so gewiß sind von der ersten Gattung in Offenbach gewesen, selbst untern Bürgern, die Häuser zum Plündern anzeigten. Dem Himmel sei Dank, es geschah nicht so viel als man fürchtete. Nun aber ist Frankfurt gesperrt; alles Fuhrwerk darf hinein, aber nichts heraus, und sie sollen 800 000 Livres bezahlen. Auf Neutralität zählen wollen sie nicht und haben nun 2 000 Mann Exekutionstruppen, bis am Samstag der abgeschickte Kurier die Entscheidung von Buonaparte bringt. O wenn ich diesen Menschen denke, der die Ruhe, den Segen und die Verehrung von ganz Europa in seinen Händen hat und nur *Gerechtigkeit* und *Güte* ausüben dürfte, um der größte Sterbliche zu werden. Ich hoffte, er solle diesen Ehrgeiz haben, aber seit er Ludwigs XVI. Zimmer bezog und darin schlafen konnte, glaubte ich es nicht mehr und sage: Als nichts da war, sprach der Ewige: *Es werde,* und alles war; nun ist allgemeine Verwirrung, nur der Ewige kann sagen: *Ordnung entstehe wieder.* Und bis dorthin dulde ich und bedaure ich. Alle Lesebücher sind mir odios geworden; die Geschichte allein, mein St. Pierre Bernardin, sind mir was neben der Mathematik und schönen Romanen. Ich lese jetzt Ciceros Briefe, habe Platos seine gelesen; die Leidenschaften wirkten blind wie jetzt, und die Wahrheit wurde nur gehört, wenn diese ausgetobt hatten, also Geduld. Möge ich nur, ehe ich meine 70 Lebensjahre erreiche, Utphe und die verehrungswürdige Fürstin daselbst gesehen und gehört haben; keinen andren Plan mache nicht mehr, keine Wünsche, keine Hoffnungen nähre nicht mehr, aber diesen Ersatz für vielfaches Weh – ach, wer will es mir nicht erlauben. Beste, gütigste Fürstin und Frau! O wünschen Sie aus Großmut die Erfüllung dieser schönen Bitte. Ach, nicht alle Bitten sind um moralisch Schöns und Gutes wie diese.

Ist, gnädigste Frau, die Gesundheit von Ihrer Person wie die von Ihrer Seele? Nur eine Zeile bittet   Ihre ganz eigne La Roche.

Der Engel Wilhelmine leidet noch, sagt mir Frau von Heiden, und Herr von Steinberg verlor seine 18 Jahr alte blühende Tochter, voll Grazie und Geist, und behält von vier Kindern den Sohn, der durch Epilepsie blödsinnig ist. O Schicksal! Warum?

242. Sophie von La Roche an Georg Wilhelm Petersen

Offenbach, 8.8. 1800

Wie lange, mein würdiger Freund, habe ich Ihren lieben, großen Brief ohne eine angemessene Antwort gelassen! Ich bin froh, daß Sie indessen in Darmstadt mit so mancherlei Begebenheiten beschäftigt waren, daß Ihnen der Mangel meiner Grillen nicht merklich sein konnte. Zudem hat mein teurer Freund auch die Unruhe nicht gefühlt, welche ihm seine Güte und seine Delikatesse gegeben haben würden, wenn ein Blatt von mir ohne Antwort auf seinem Schreibtisch läge.

Ihre Zufriedenheit mit Chamfort machte mir viel Freude, weil es ein Faden mehr zu den Banden der sympathetischen Gesinnungen ist, welche Ihre Freundschaft mir zusicherte. Ich liebe Chamfort auch und teile Ihnen hier eine Note mit, welche ein Mann, der ihn persönlich kannte, mir mitteilte. O möchten Sie die Randglossen schreiben, möchten Sie Supplementen zu Chamforts Ideen und Bemerkungen geben, teurer Freund! Dieses würde Sie erleichtern und könnte andren Freude geben. Tun Sie es aus Großmut, um mich für die Mitteilung dieses Buchs zu belohnen. Mir ist leid, daß mich meine Enkelinnen um zwei Bände brachten und ich nur noch einen mit ein paar Theaterstücken habe, welche Ihnen das nächste Mal mitgeben will, wenn, wie Frau von Amerongen mir sagt, Hoffnung ist, Sie bald zu sehen. Mögen die Bände von Popens Briefen Ihre Heiterkeit unterstützt haben; harmonisches Denken finden Sie in den besten von Ihnen, und Popens Zeit dünkt mich in allem eine schöne Zeit der Briten.

Was Sie über Wielands Anzeige wegen der ihn betreffenden Note in (. . .) sagen, ist nur zu wahr; die lange Ausdehnung über die Sache ist weit von der männlichen Würde entfernt, mit welcher ein Wieland antworten sollte. Aber liegt nicht die Gabe des Ausdehnens in allen seinen Schriften? Und wer für das Kleine empfindlich ist, kann selten aufhören. Meine Enkelin Sophie ist wieder in Oßmannstedt bei Wieland, und wir werden in seinem nächsten Werk das Bild von ihrem Geist und Charakter gezeichnet sehen. Mein Sohn, der Bergrat, ist seit dem 8. Juli auch in Weimar gewesen, weil ihn der Herzog wegen seinen Salzwerken wünschte.

Was sagte mein Freund zu dem Tod von Lerse, welchen Sie auch, wie ich, im *Merkur* gefunden haben werden? So treten immer welche von der Szene des Lebens, bald früher, bald später, ab. Goethe muß sich freuen, daß sein Haus die letzte Freude von Lerse war. Ich beweinte erst kurz die schöne, 18 Jahr alte Sophie von Steinberg, welche ein Nervenfieber hinwegnahm. Wie vieles *erlebt*, wieviel *überlebt* man.

Prinzessin Luise sagt, man ist schon nach Köthen abgereist; der Himmel mache sie glücklich. Mich freut, daß die liebe, junge Fürstin ihren neuen Wohnsitz noch in günstiger Witterung zu sehen bekommt, und bin sicher, sie wird besser zufrieden sein, als man hoffte.

Ich zähle auf die Bekanntschaft mit Herrn und Frau von Humboldt, welche von einer Reise nach Spanien zurück nach Paris gekommen sind, indem sie den Bruder Alexander Humboldt nach Cadiz begleiteten, welcher jetzo schon in Mexiko anlangte. Wenn der Wilhelm mit seiner Frau und Kinder mir eine sichere Zeit bestimmen, so rufe ich Sie zu diesem außerordentlichen Paar deutschen Adels. Ich mag nichts von Politik und Krieg wissen. Ich weiß mir mit nichts als Frömmigkeit zu helfen. Die Erde ein Haufen Kot und die Menschen Ameisen. Doch verdrießt mich, daß Sie und ich zu den letzten gehören. Adieu von *vieille* Roche.

243. Sophie von La Roche an Christoph Martin Wieland

Offenbach, 11. 10. 1800

Haben Sie Dank, mein Freund! für die Tränen der Wehmut und Dankbarkeit, welche ich bei Ihrem Brief weinte; ich fühlte eine Art Glück bei der Überzeugung, daß *Wieland mich bedaurte*. Es ist herb, mein Schicksal, seit Jahren nahm es mir ein Gutes nach dem andern und nun auch in Sophie den Ersatz, in welchem mein Herz sich schadlos gehalten achtete. Was machte es aus der Erinnerung meiner Reise, aus dem Namen Bethmann, welcher so oft in meinem Hause tönt...

Dank, Segen sei Ihnen, mein ältester Freund! meine teure Freundin Wieland! und allen Ihren Kindern für alles, was *Sie alle* für Sophie waren, welcher ich den 16. Mai, als sie Abschied bei mir nahm, noch unter meiner Haustür Grüße an die Lindenallee und an die einsame, so schöne Stellen des Birkenwäldchens gab, wo ich mit so vieler Rührung an meinen Franz dachte. War es nicht Ahndung? O Wieland! Ich kann noch nicht viel, noch nicht lang von meinem Weh sagen, es ist groß und unsterblich. Gott sei Dank, daß ich den 6. Dezember 70 Jahr alt werde, also nicht mehr lange zu tragen habe. Gott erhalte Sie lange, und lohne Sie mit edlem Glück für dies, was Sie Sophien waren. Er hat die Großmutter arm werden lassen. Adieu heute, von alter Sophie La Roche.

244. Sophie von La Roche an Friedrich von Gotha-Altenburg

22. 2. 1804

Die alte Mama wollte schweigen, solange die Beredsamkeit in der Nachbarschaft des Prinzen Friedrich bliebe, aber das dauert zu lange und beraubt mich des Glückes, Nachrichten von Ihnen zu erhalten.

Ich bitte jeden Tag, daß Sie gut sein mögen, wie ich auch täglich meinen Segen all den Mitteln mitgebe, welche man Sie verschlukken und brauchen läßt. Man läßt mich fürchten, daß die Elektrizität und das Galvanisieren Ihre Nerven irritieren könnte, aber die Nähe des Frühlings beruhigt mich durch den Gedanken an die balsamischen Lüfte Italiens, welche Sie atmen werden und die mit den Bädern und der Nahrung sich mit jedem Tropfen Ihres Blutes und Ihrer Säfte vereinigen. Im Monat März blühen schon die Mandelbäume bei den heilkräftigen Quellen; alles, was sich Ihren Blicken darbieten wird, die Blumen und die Ruinen, wird Ihre Seele erfreuen und Sie stärken; mit einem Worte, meine Hoffnungen und Wünsche bauen auf den Himmel und auf die Wunder der italienischen Erde; so sei es mit der einzigen Bedingung, daß der Weg nach dem Lande des Heils bei uns vorüberführe. Denn ich glaube, daß die Dummheiten des Generals Moreau in nichts die Pläne für das Wohl eines deutschen Fürsten hindern werden. Dieser Satz ist, glaube ich, nicht zu schmeichelhaft, und es sei mir erlaubt, im stillen noch manches hinzuzusetzen. Ich weiß, mein Prinz, daß Sie gern von der Gesundheit und dem Wohlergehen der alten Roche hören. Die Natur, unsere alte, gute Mutter, hat mir einen milden und gesunden Winter geschenkt.

Der Tod Herders hat mir weh getan; aus verschiedenen Gründen. Auch die Verzögerung der Versammlung der Kommissare, welche die Bezahlung der Rückstände ordnen sollen, auch die Auslassungen deren Gegner tun wir nicht wohl, weil mir schmerzlich klar wird, welcher Unterschied zwischen schönen Versprechungen und gegenteiligem Handeln besteht. Unterdessen bereitet mir der Zufall unerwartete Freude.

Sie werden schon wissen, edler Prinz, daß die Verfasserin der Aufsehen erregenden *Delphine* zweimal in meiner Hütte war und daß ich nicht den Mut hatte, mit irgendeiner Frage oder einer Bemerkung mich diesem Strome der Beredsamkeit zu nähern, dessen Goldinhalt ich wohl zu würdigen weiß. Aber was ist es auch, sich eine halbe Stunde lang zu sehen und zu sprechen. Überhaupt trennte uns, Madame de Staël und mich, mein hohes Alter und unsere verschiedene Denkungsart – aber etwas Homogeneres zeigte sich für mich in der Seele der Verfasserin von *Valérie*. Diese hielt sich (auf dem Wege nach Riga, wo ihre Mutter erkrankt ist) in Frankfurt auf, wo sie ihre Kreditbriefe erneuern lassen mußte. Dieses ließ sie von ihrem Sohn besorgen und ging zu Herrn Eßlinger; er gab ihr das zu lesen, was ich ihm in meiner ersten Begeisterung nach dem Lesen dieses durch Schönheiten der Moral und des Stils ganz einzigen Werkes gesagt hatte. Frau von Krüdener liest es und sagt: „Wo ist Frau von La Roche?" – „Eine Meile von hier." – „Einerlei, ich will sie noch heute abend sehen und ihr danken für das Glück, welches mir ihr Urteil über *Valérie* bereitet hat." Gegen sechs Uhr am 7. Februar kommt ein Wagen vor meine Hütte angefahren, aus dem zwei mir unbekannte Damen steigen, und im Augenblick, da ich frage, mit wem ich die Ehre habe zu sprechen, öffnet das interessanteste der Wesen die Arme, wirft sich an mein Herz und sagt: „Die Verfasserin von *Valérie*, die Ihnen danken will für Ihr Urteil und für alles, was Sie seit zwanzig Jahren geschrieben haben." Sie setzte sich an denselben Platz, den Prinz Friedrich von Gotha eingenommen hat; sie sagte mir tausend liebenswürdige Dinge und zog sich in mein Schlafzimmer zurück, um sich von ihrer tiefen Bewegung zu erholen. Sie sagte mir auch noch später: „Die Geschichte von Gustav ist wahr, der Charakter des Grafen ist

wahr, ich habe Auszüge aus ihren Briefen gemacht." Bernardin de
St. Pierre ist ihr intimer Freund. Ach, mein Prinz! Ich kenne
Madame de Genlis, Madame de Staël, aber unsere Schwedin Krüdener kann vor Gott erscheinen mit *Valérie* in der Hand. Diese Frau
ist eine Heilige im protestantischen Sinne und ihre sechzehnjährige
Tochter das reizendste Wesen der Welt. Kann ich noch etwas hinzufügen? Nein! sagt die Wahrhaftigkeit und die Empfindsamkeit
der   Sophie La Roche.

245. *Christoph Martin Wieland an Sophie von La Roche*

Teuerste Freundin!   Weimar, 20. 12. 1805
Mit Beschämung überreiche ich Ihnen hier die Fortsetzung des
Ihnen bestimmten Exemplars des *Journals deutscher Frauen*, die Ihnen
hätte monatlich zugeschickt werden sollen. Meine Nachlässigkeit
in solchen Dingen ist eine so eingewurzelte Untugend und wird
durch eine seit mehreren Jahren immer zunehmende Vergeßlich-
keit so sehr vermehrt, daß ich nicht daran denken mag, mich darüber zu entschuldigen, und lieber will ich es Ihrer grenzenlosen
Gutherzigkeit überlassen, ob sie Ihnen einige Beweggründe darbieten wird, einige Nachsicht mit Ihrem alten Freunde zu tragen.
    Wenn mein Gedächtnis mich nicht auch in diesem Punkt (wie
beinahe in allem, was die Chronologie meines Lebens betrifft) hin-
tergeht, so ist heute der Tag, an welchem vor 75 Jahren eines der
liebenswürdigsten und besten weiblichen Wesen unter allen, die
jemals gelebt haben, jetzt leben und künftig leben werden, das
Licht zuerst erblickte. Wie wichtig war dieser Tag, an welchem das
Glück so mancher edeln und guten Menschen hing, auch für mich
und mein ganzes Leben! Mit Rührung und Dank gegen die
unsichtbare Hand, die unsere Schicksale lenkt, erinnere ich mich
der seligen Tage, die ich, ewig teure Sophie, in den Jahren 1750, 51
und 52 mit Ihnen lebte und des wunderbaren, und wo nicht ganz
beispiellosen, doch gewiß höchst seltenen und mir durch seine Folgen so wohltätigen Zaubers, den Sie mit dem ersten Blick auf mein
ganzes Wesen warfen. Damals kannte ich freilich weder Sie noch
mich selbst, ich hatte keinen Begriff davon, daß es möglich sei,
nicht *mit Ihnen* und *für Sie* zu leben. Aber es war eine *idealische*, eine
wahre Zauberwelt, in der ich lebte, und selbst die Sophie, die ich so
innig und doch so schwärmerisch liebte, war nicht die wahre

Sophie Gutermann, sondern die *Idee der Vollkommenheit,* die sich in ihr verkörpert darstellte, mit ihr sich identifizierte, und also ganz natürlich diese seltsame, wunderbare, platonische Liebe hervorbringen mußte, wovon ich späterhin im *Agathon* und mehrern andern meiner Werke einige Schattenbilder zu entwerfen suchte und deren süße Täuschungen einen so mächtigen Einfluß auf meine ganze innere und äußere Existenz gehabt haben. *Nichts ist wohl gewisser, als daß ich, wofern uns das Schicksal nicht im Jahre 1750 zusammengebracht hätte, kein Dichter geworden wäre.*

Sie mußten, um der moralischen Welt so wohltätig zu werden, als Sie es in der Folge, bis auf diesen Tag, gewesen sind, Sophie La Roche werden; und ich bin aufs innigste überzeugt, daß die einfache, kunstlose, von der Natur allein, aber in einer Form, die sie auf ewig zerbrochen hat, wie absichtlich für mich gebildete Dorothea Hillenbrand die einzige war, mit der ich, ohne in meinem Laufe gehindert zu werden, glücklich und so glücklich sein konnte, daß meine Anhänglichkeit an sie mit den Jahren immer inniger wurde und daß in den 35 Jahren unsrer Ehe auch nicht ein einziger Augenblick war, wo es mich gereuet hätte, mein Leben mit dem ihrigen verflochten zu haben.

Doch es ist Zeit, daß ich allen den Gedanken und Betrachtungen Einhalt tue, wozu mich der heutige Tag veranlaßt. Die Gefühle, wovon sie begleitet sind, lesen Sie in meiner Seele, und sie würden durch Worte nur entheiligt werden. Die Wünsche, teure Sophie, die ich in diesem Augenblick und in jedem andern, der mich an Sie erinnert, für Ihr Leben, für Ihre Zufriedenheit und für alles, was Teil an Ihnen hat, zum Himmel schicke, sind zu rein und zu gerecht, um nicht erhört zu werden; und eine innere Ahnung sagt mir, daß Sie sich, während *meine* Kräfte unvermerkt abnehmen, in der seltenen Jugendkraft des Geistes, welche alle Welt an Ihnen bewundert, noch lange erhalten werden; und kurz, daß Sie, so wie Sie bestimmt waren, meinem Geiste den Schwung und die Richtung zu geben, wodurch ich, was ich bin, werden sollte, auch dazu bestimmt sind, mich zu überleben, einige Blumen der Liebe und Freundschaft auf mein Grab zu werfen und mein Andenken unter den guten Menschen bewahren zu helfen.

Und so leben Sie wohl, liebste Freundin, und erfreuen bald mit einigen Zeilen Ihrer lieben Hand

Ihren ewig zugeeigneten, treuen Freund.

246. Sophie von La Roche an Georg Wilhelm Petersen

Offenbach, 13.11.1806

Mein teuerster, geschätztester Freund!

Ob ich schon nicht glaube, von Ihnen gute und helle Aussichten angezeigt zu bekommen oder Ihnen so was zu melden, so ist es mir doch süß und tröstlich, an Sie zu schreiben, weil ich sicher bin, den Widerhall der Stimme der wahren Klugheit und Menschenliebe zu hören, welche so selten geworden sind und am wenigsten an Ort und Stelle gehört werden, wo sie am nötigsten und wirksamsten sein könnten. O mein Freund! Was ist aus Teutschland und seinen Fürsten geworden, weil sie diese Stimme nicht kannten? Nun müssen Millionen guter Untertanen mit Wohlstand und Leben aufgeopfert werden ... Ach, es scheint Gottes Ratschluß zu sein und selbst die Sonne, gegen die Gewohnheit dieser Jahreszeit, alles Übel [zu] begünstigen. Man muß sich also fügen und harren, bis Nemesis beruhigt ist. Wir wollen den Rheinischen Bund segnen, der wenigstens jetzo unsere Ruhe sichert!

Gott schütze uns auch künftig!

Gestern hörte einen Brief von Weimar lesen, der sagt, daß die edle, heldenmütige regierende Herzogin wohl ist und den innigsten Segen von allen genießt, deren Unglück sie geteilt und durch ihre Fürbitten endigte. O wie heilig ist die Stätte, auf welcher sie kniete und um Erbarmen bat! Ich schrieb schon an den Direktor der Akademie der Malerkunst, dieses Bild durch sein bestes Gemälde zu verewigen! Aber ich hörte in dem nämlichen Brief die Ursache, warum keine Antwort erhielt: Der rechtschaffne Direktor ist an den Mißhandlungen bei der Plünderung gestorben ... O wieviel Weh und Greuel in Sachsen! Teurer, teurer Freund! Helfen Sie, ich bitte, ein Weh verhindern, worüber die unglückliche Gefangne und mit ihnen viele Gute klagen: daß die darmstädtische Offiziere und Soldaten die arme Leute, selbst die Blessierte, so mißhandlen; vieles kann bewiesen werden. Dies sollten Freie, Gesunde und Glückliche nicht tun. Verzeihen Sie mir diese Bitte, edler Freund, und erfüllen sie, im Namen der gerechten Menschlichkeit!

Haben Sie den *Voyageur qui repose* noch nicht gesehen, so schicke ihn.

Gott erhalte und segne Sie und Erbprinz –   nach alt La Roche.

247. Sophie von La Roche an Elise zu Solms-Laubach

9.2.1807

Alte La Roche leidet seit sechs Tagen an heftigem Magen- und Rük-
kenweh, hofft aber, bald alle ihren Dank für überfließende Gnade
auszudrücken, denn der Doktor will helfen.

Segen der Fürstin Elise wird es vollkommen machen.

248. Luise von Möhn an Elise zu Solms-Laubach

Gnädigste Frau, Frau! Februar 1807

Nichts ist härter für mich, als Ihre Durchlaucht mit dem großen
Verlust bekannt zu machen, den ich am 18. dieses Monats abends
gegen sieben Uhr durch den Tod meiner besten Mutter erlitt. Doppelt empfindlich ist mir es, Ihnen, gnädigste Frau! zu schreiben,
daß eine Frau, die das große Glück genoß, von Euer [Durchlaucht]
einen so ausgezeichneten Vorzug zu erhalten, dieses auch so tief,
so innig empfand, nicht mehr ist. Ach! ihr Herz sprach noch auf
ihrem Krankenbett die Worte: die Edle! die Vortreffliche! die Gütige! Sie war auf ihrem Krankenbett so, wie sie lebte: ruhig, sanft,
geduldig, ergeben. Schmerzen hatte sie in den letzten acht Tagen
gar keine, gänzliche Entkräftung war ihr Tod. Verzeihen Ihre
Durchlaucht, daß ich in diese Details einging, aber Sie liebten ja
diese gute Mutter, die nun mir entrissen ist. Erlauben Sie, daß ich
mich mit schuldigstem Respekt nenne

Euer Durchlaucht gehorsamste Dienerin
von Möhn geborene von La Roche.

Anhang

Der Herausgeber dankt den folgenden Institutionen
für die Genehmigung zum Abdruck bisher unpublizierter Briefe
von Sophie von La Roche:

Zentralbibliothek Zürich
Stadtarchiv Offenbach
Pfälzische Landesbibliothek Speyer
Universitätsbibliothek Freiburg im Breisgau
Bayerische Staatsbibliothek München
Freies Deutsches Hochstift/Goethe-Museum Frankfurt am Main
Deutsches Literaturarchiv/Schiller-Nationalmuseum Marbach am Neckar
Stadtbibliothek Schaffhausen
Wieland-Museum Biberach an der Riß
Gesamthochschul-Bibliothek Kassel
Hessisches Staatsarchiv Darmstadt

Zur Briefauswahl

Wie manche ihrer Zeitgenossen war Sophie von La Roche eine flei-
ßige Briefschreiberin (ein Verzeichnis der Briefe von und an Christoph Martin Wieland umfaßt mehr als 5 500 Nummern!). Wieviele
tausend Briefe sie tatsächlich schrieb und erhielt, vermag ich nicht
anzugeben. Die Anzahl aller in irgendeiner Form erhaltenen Briefe
von und an Sophie von La Roche (sei es im Original, in einer
Abschrift oder in einem Druck) beläuft sich auf etwa 1 600. Ich habe
versucht, sämtliche einzusehen, teils im Original in den Archiven,
teils auf dem Weg über Fotokopien oder Mikrofilme, die mir von
einigen Archiven auf Anfrage dankenswerterweise angefertigt und
zugeschickt wurden, teils in früheren Drucken. Den allergrößten
Teil konnte ich so im Lauf der Zeit lesen; ein Rest ließ sich nicht
beschaffen; sei es, daß früher bekannte Briefe inzwischen verschollen sind (etwa einige Briefe, die früher in der Schloßbuchsamm-
lung Assenheim in Hessen waren), sei es, daß man mir vorhandene
Briefe vorenthalten hat. Kopien von Briefen aus den Nationalen
Forschungs- und Gedenkstätten der klassischen deutschen Literatur in Weimar und aus dem Gleimhaus in Halberstadt erreichten
mich leider erst nach Abschluß des Manuskripts und konnten für
diese Ausgabe nicht mehr ausgewertet werden. Aus der Menge der
mir bekannt gewordenen Briefe habe ich auswählen müssen; teils
aus sachlicher Erfordernis (Wiederholungen, teilweise identische
Briefe an verschiedene Empfänger); teils, um eine Publikation
überhaupt zu ermöglichen. Das Ergebnis ist eine Auswahlausgabe,
von der ich hoffe, daß sie geeignet ist, kulturgeschichtliche, literarische und allgemein menschliche Erkenntnisse zu vermitteln, die
ferner auf Sophie von La Roche hinweist – auf ein interessantes Leben und auf ein von der Fachwissenschaft vernachlässigtes Werk.
  Der Band enthält ungekürzte Texte von 248 Briefen, von denen
133 schon an anderer Stelle (an 30 verschiedenen Fundorten) veröffentlicht waren, 115 hier erstmals (aus 11 verschiedenen Archiven
der Bundesrepublik Deutschland und der Schweiz) veröffentlicht
werden. Ich gestehe jederzeit, daß die von mir getroffene Auswahl

nicht zwingend und zum Teil subjektiv ist. Zufällig ist sie aber nicht. Meine Kriterien für die Auswahl waren: 1. Unveröffentlichte Briefe verdienen mehr Interesse als schon bekannte; bei gleichwertigen Stücken habe ich also den unveröffentlichten den Vorzug gegeben. 2. Ziel des Buches ist die Dokumentation eines ganzen Lebens; die chronologisch angeordneten und nach Lebensepochen in Kapitel eingeteilten Briefe sollten daher nicht nur die literarisch hauptsächlich relevante Phase von 1771 bis 1780 dokumentieren, zu der verhältnismäßig viele gedruckte Briefe vorliegen, sondern das ganze Leben einschließlich der Jugend (sofern Briefe erhalten sind) und des Alters (durch eine strenge Auswahl aus der Überfülle der späten Briefe). 3. Im Vordergrund sollten die von Sophie von La Roche selbst geschriebenen Briefe stehen (180 von 248), unter den an sie gerichteten wurde stärker ausgewählt; insbesondere dann wurden solche aufgenommen, wenn ihre Gegenbriefe sämtlich nicht erhalten sind (Goethe, Lenz), teilweise aber auch dann, wenn sie zum Leben Sophie von La Roches Aspekte beisteuern, die in ihren eigenen Briefen nicht enthalten sind (zum Teil nur durch die Zufälle der Überlieferung; das gilt beispielsweise für Briefe von Wieland, Merck oder Pfeffel). 4. Die Auswahl ist nicht nach literarischen Gesichtspunkten im engeren Sinne getroffen worden. Kontakte mit Berühmtheiten und Nachrichten über Berühmte wurden nicht besonders akzentuiert. Im Zweifelsfall wurde danach entschieden, ob eine Beziehung für das Leben Sophie von La Roches von Bedeutung war oder zur Erkenntnis ihres Wesens entscheidend beitragen kann.

Zur Textgestalt

Wissenschaftler wünschen gewöhnlich einen möglichst originalen und genauen Text; Leser wünschen einen möglichst lesbaren. Insofern sich diese Ausgabe zwar an ein breites Publikum wendet, aber auch für Fachwissenschaftler Neues bringt, galt es, einen vertretbaren Mittelweg zu finden. Ausgeschlossen werden mußte unkontrolliertes Eingreifen in die Texte mit der Intention, von Fall zu Fall das Verständnis zu erleichtern; zugleich aber galt es, Mißverständnisse möglichst zu vermeiden und bestmögliches Verstehen ohne einen komplizierten technischen Apparat zu ermöglichen. Deshalb wurden bei der Textgestaltung die folgenden Prinzipien zugrundegelegt:

1. Alle Briefe sind ungekürzt wiedergegeben. Das Zeichen (...) weist also nur auf fehlende Teile hin, die entweder aus Schäden des Manuskripts resultieren oder Kürzungen früherer Herausgeber darstellen (wobei die Originale nicht erhalten sind oder dem Herausgeber nicht zugänglich waren).

2. Orts- und Datumsangaben werden einheitlich an den Briefkopf gesetzt, auch wenn sie im Original am Schluß standen. Orts- und Datumsangaben sind durchweg standardisiert: Für Orte wird die heute übliche Schreibung bzw. die heute übliche Bezeichnung angegeben (also „Speyer", nicht „Speier"; „Kaiserslautern", nicht „Lautern"). Datumsangaben sind einheitlich nach dem Muster 11.11.1799 gegeben, auch wenn im Original „11 9br 1799" stand oder „11 November 1799"; dementsprechend steht „6.1.1780" auch dann, wenn es im Original „den 6ten des Jahrs 1780" hieß. Eventuelles „den" (bzw. das entsprechende Kürzel) zwischen Ort und Datum wurde vernachlässigt. Erschlossene Daten stehen in eckigen Klammern; über die Datierung ist in den Anmerkungen zu jedem einzelnen Brief Rechenschaft gegeben.

3. Die in den Briefen Sophie von La Roches (fast) völlig willkürliche Klein- oder Großschreibung wurde, um dem Leser das Erkennen von Substantiven, Eigennamen und Satzanfängen zu erleichtern, der heutigen Norm angepaßt.

4. Für die Interpunktion ist allein der Herausgeber zur Rechenschaft zu ziehen. Das ist gewiß ein schwerwiegender Eingriff, bei dem willkürliche und anfechtbare Entscheidungen wohl unvermeidlich sind. Er scheint aber gerechtfertigt durch den Befund: Die Interpunktion Sophie von La Roches ist nicht etwa differenziert, gestisch oder sprachrhythmisch gestaltet und in sich logisch, sondern spontan, willkürlich und zufällig. Ihr gewöhnliches Satzzeichen ist ein waagerechter Strich, welcher Punkt, Komma, Semikolon und auch jedes andere Satzzeichen vertreten kann. Häufig setzt sie auch Kommata, und zwar gerade dort, wo wir heute keine zu setzen pflegen: zur Abtrennung von Objekten, adverbialen Bestimmungen usw. Selten sind bei ihr Fragezeichen (trotz häufiger Fragen) und Ausrufezeichen (trotz häufiger Ausrufe). Doppelpunkte, die wir heute meist in spannender, vorausweisender Funktion verwenden, hat sie genau umgekehrt in trennender, abschließender Funktion. Dies alles ließe sich in einer kritischen Ausgabe nachvollziehen. Entscheidend ist aber, daß sie am Zeilenende Satzzeichen auszulassen pflegt. Eine kritische Ausgabe müßte also immer noch das Zeilenende im Manuskript als Stelle eines potentiell ausgefallenen Satzzeichens markieren. Alle bisherigen Versuche, Briefe Sophie von La Roches in originaler Interpunktion zu bieten, sind deshalb als gescheitert anzusehen: Sie führen öfter originalgetreu in die Irre als zu einem vernünftigen Verständnis des Gemeinten. Die Konsequenz aus dieser Einsicht ist die radikale Neuordnung der Interpunktion nach den heutigen Richtlinien durch den Herausgeber.

5. Die Textwiedergabe richtet sich nach dem Prinzip der Erhaltung des Lautstandes; im übrigen ist in allen rein die Schreibung, nicht die Lautung betreffenden Fällen eine Anpassung an die heutige Norm vollzogen worden. Ich schreibe also „Reichtum" für „Reichthum", „Freiheit" für „Freyheit", „Herz" für „Hertz", „Stärkung" für „Stärckung", ändere aber nicht „Würkung" in „Wirkung", nicht „Phantasei" in „Phantasie", nicht „gemeldt" in „gemeldet", nicht „schröcklich" in „schrecklich". Fremdsprachige Wörter, die ins Deutsche keine Aufnahme fanden, sind als solche belassen, allenfalls groß geschrieben worden, sofern es sich um Substantive handelt; sie werden kursiv geschrieben *(cordial, Agrément, Retraite)*. Wo sie im Deutschen als Fremdwörter üblich geworden sind, wurde auf eine Kennzeichnung verzichtet und die einge-

deutschte Schreibung gewählt, wenn diese heute üblich ist („Publikum" statt „Publicum", „Kommission" statt „Commission", „Sekretär" statt „Secretaire").

6. Eigennamen werden in der heute üblichen Form geschrieben, und zwar sowohl Städte- als auch Personennamen: also „Köln" für „Cöln", „Mainz" für „Mayntz", „Celle" für „Zelle"; „Goethe" durchgehend, auch wo „Göthe" stand, „Shakespeare" auch für verschiedene andere Schreibungen im Original.

7. Im Original französische Briefe oder auch nur Abschnitte wurden ins Deutsche übersetzt. Genaue Rechenschaft darüber wird in den Anmerkungen zu jedem einzelnen Brief gegeben. Einzelne fremdsprachige Sätze, Zitate, Sprichwörter, Redewendungen und Begriffe sind stehen geblieben; sie sind jeweils in den Anmerkungen übersetzt. Ich denke, daß sich meine Übersetzungen nicht sehr von den deutschen Originalbriefen unterscheiden. Das war anzustreben, schon deshalb, weil ja oft genug Deutsches und Französisches gemischt vorkommt. Ich habe versucht, meine Erfahrung im Lesen von Sophie von La Roche in die Übersetzungen einzubringen. Aber ich habe mich bemüht, mich nicht anzubiedern, Manierismen aus dem Wege zu gehen und nicht nachzuäffen. Ob mir diese Gratwanderung gelungen ist, mag der Leser entscheiden.

8. Hervorhebungen im Original werden durch Kursivschrift kenntlich gemacht, wo sie bedeutungstragend sind. Rein routinemäßige Unterstreichungen des Anredepronomens, der Personennamen usw. wurden dagegen getilgt. Dafür wurden die Titel von Büchern, Gedichten, Zeitschriften usw. (auch ungenau zitierte) ebenfalls kursiviert; solche Hervorhebungen sind zwar in den Originaltexten nicht durchgehend üblich, kommen aber gelegentlich auch dort vor. Im allgemeinen sind Titel im Original stärker als heute üblich in den Text eingebunden; es ist auch nicht in allen Fällen deutlich, ob ein Werk oder die gleichnamige Hauptperson (z. B. Sternheim) gemeint ist. Die Kursivierungen wollen hier verdeutlichen; Irrtümer und Zweideutigkeiten sind aber nicht ausgeschlossen.

9. Abkürzungen wurden grundsätzlich aufgelöst, ohne daß dies durch eckige Klammern o. ä. angezeigt wäre. (HE = Herr, P. = Professor, u = und, usw.) Beibehalten wurden lediglich drei Abkürzungen: usw., etc. und N. B. Dagegen wurden die häufig nur durch Anfangsbuchstaben vertretenen Eigennamen, die von mir oder von

früheren Herausgebern erschlossen wurden, sicherheitshalber nur in eckigen Klammern vervollständigt.

10. Offenkundige Versehen und gelegentliche Schreibfehler wurden stillschweigend berichtigt.

11. Syntaktische Eingriffe (etwa bei falschen Konstruktionen, unrichtig zu Ende geführten Sätzen usw.) wurden nicht vorgenommen. Sehr sparsam nur wurde gelegentlich zum besseren Verständnis ein Artikel, Personalpronomen o. ä. in eckigen Klammern hinzugefügt.

12. Die bei den Briefen Sophie von La Roches angewandten Prinzipien wurden der Einheitlichkeit halber auch auf die Briefe anderer Schreiber ausgedehnt.

Anmerkungen zu den Briefen

Die Anmerkungen zu jedem einzelnen Brief sind nach folgendem Muster standardisiert: Auf die Nummer des Briefes folgt der Nachweis der Druckvorlage, also entweder (bei ungedruckten Briefen) die Angabe des Archivs, in dem sich das Original befindet, oder (bei gedruckten Briefen) die Publikation, die für den Text herangezogen wurde. Publizierte Briefe sind nach dem Druck zitiert, ausgenommen in den Fällen, bei denen der Druck sich als unzureichend erwies (d.h. gekürzt oder durch Fehler entstellt war) und deshalb ein Rückgriff auf das Original erforderlich wurde. Bei mehreren Drucken ist nur derjenige angegeben, nach dem sich der hier wiedergegebene Text richtet. – Auf den Nachweis der Druckvorlage folgt gegebenenfalls ein Hinweis auf die Übersetzung, bei sprachlich nicht homogenen Briefen mit detaillierten Angaben über die Textvorlage. – Auf diesen Übersetzungshinweis folgt gegebenenfalls eine Bemerkung zur Datierung, nämlich immer dann, wenn Briefe im Original nicht datiert sind oder die Datierung im Original angezweifelt wird. Folge ich bei schon gedruckten Briefen in der Datierung einem früheren Herausgeber, so verzichte ich meist auf eine Erörterung. – Falls erforderlich schließen sich daran einige Angaben über den Adressaten des Briefes an. – Die Erläuterungen zu einzelnen Briefstellen betreffen:

1. *Sprachliches:* Ausdrücke, die inzwischen im Deutschen nicht mehr üblich, sehr selten oder in anderer Bedeutung im Gebrauch sind, werden erklärt. Fremdsprachige Wörter und Wendungen werden übersetzt.

2. *Biographisches:* Personen wurden weitestgehend nachgewiesen und bezeichnet. Ausgelassen wurden einige wenige, die weder im kulturellen noch im politischen Bereich jemals eine Rolle gespielt haben, die mit Sophie von La Roche nicht verwandt, verschwägert oder nahe bekannt waren und über die sich auf keine Weise etwas herausfinden ließ.

3. *Literaturgeschichtliches:* Literarische Werke wurden grundsätzlich nachgewiesen, zumeist mit genauem Titel und Jahreszahl, oft

auch mit Erscheinungsort, in manchen Fällen mit einigen charakterisierenden Worten.

4. *Historisches:* Hinweise und Anspielungen auf historische Ereignisse sind durchgehend knapp erläutert.

Erstes Kapitel

1. Wielands Briefwechsel. Herausgegeben von der Akademie der Wissenschaften der DDR, Zentralinstitut für Literaturgeschichte, durch Hans Werner Seiffert, Bd. 1: Berlin 1963, S. 1/2. – Aus dem Französischen übersetzt von M. Maurer. – In diesem und in den folgenden Briefen bedeutet *englisch* meist „engelhaft", „engelgleich". In manchen Fällen wußten Wieland und seine Zeitgenossen selbst nicht, ob „englisch" nun „angélique" oder „anglais" meine. (Wieland fragte Sophie von La Roche beispielsweise einmal danach, von welchem Wort das Augsburger Kloster der „Englischen Fräulein" seinen Namen herleite.)

2. Wielands Briefwechsel (wie 1.), S. 2/3. – Aus dem Französischen übersetzt von M. Maurer. – *Wolff:* Christian Wolff (1679–1754), schulbildender Aufklärungsphilosoph. Sein philosophisches System gilt als das geschlossenste und wirkungsreichste zwischen Leibniz und Kant. Seine die Psychologie betreffenden Werke sind: „Vernünftige Gedanken von Gott, der Welt und der Seele des Menschen", Halle 1720, ³1725; „Psychologia empirica", Frankfurt und Leipzig 1732; „Psychologia rationalis", Frankfurt und Leipzig 1734. *Base:* Wieland pflegte Sophie als „Cousine" oder „Base" anzusprechen. Genaugenommen verhielt es sich mit ihrem Verwandtschaftsverhältnis so: Wielands Großmutter mütterlicherseits, Maria Christina Rauh (1689–1765), und Sophies Großmutter mütterlicherseits, Maria Jakobina Rauh (1681–1750), waren Schwestern, nämlich Töchter des Biberacher Apothekers und kaiserlichen „poeta laureatus" Georg Ludwig Rauh (*1654).

3. Wielands Briefwechsel (wie 1.), S. 5–10. – Aus dem Französischen übersetzt von M. Maurer. – Datierung: Seiffert datiert 24.8. 1750, wobei er sich auf Wielands Ode „Und ich seh dich doch nicht" (Wielands Gesammelte Schriften. Herausgegeben von der Deutschen Kommission der Königlich Preußischen Akademie der Wissenschaften, 1. Abteilung: Werke, Berlin 1909 ff.; Bd. 1, S. 444) stützt, in der es heißt: „Sey mir heilig, o Tag, da Sie empfindungsvoll, / ... mich / Ansah, da mir ihr Aug ewige Treue schwur, / Dreyundzwanzigster des Augusts / Sey gesegnet!" Nach den Schlußzeilen zu

schließen sei dieser Brief am Morgen darauf geschrieben. Mir scheint jedoch, daß zwischen dem eigentlichen Brief bis zur Ankündigung des Spaziergangs mit dem Vater und dem letzten Abschnitt ein Bruch ist; ich möchte also annehmen, daß der Hauptteil des Briefes noch an jenem 23.8. 1750 geschrieben ist und daß nur der letzte Abschnitt, der im Original beginnt: „Il faut que j'ajoute à présent ...", am Morgen darauf hinzugesetzt wurde. Daher meine Datierung auf den 23./24.8. 1750. *Spectator:* Eine der ersten und gewiß die bedeutendste der englischen „Moralischen Wochenschriften" (1711/1712, 1714), herausgegeben von Joseph Addison (1672–1719) und Richard Steele (1672–1729). Seiffert weist darauf hin, daß Wieland damals noch kein Englisch konnte und den „Spectator" wohl in einer französischen Übersetzung gelesen haben wird (Wielands Briefwechsel (wie 1.), Bd. 2 (1968), S. 29). *La Bruyère:* Jean de La Bruyère (1645–1696): „Les Caracteres de Théophraste, traduits du grec, avec les Caractères ou les mœurs de ce siècle", Paris 1688. *Pamela:* Samuel Richardson (1689–1761): „Pamela, or Virtue Rewarded", London 1740/41, einer der meistgelesenen Romane des 18. Jahrhunderts, charakteristisch durch Briefform und bürgerliche Empfindsamkeit; wirkte auch auf die „Geschichte des Fräuleins von Sternheim" von Sophie von La Roche. *Molière:* d. i. Jean-Baptiste Poquelin (1622–1673), der maßgebliche, klassische Dramatiker des Zeitalters Ludwigs XIV. („L'avare", „Le misanthrope", „Le bourgeois gentilhomme", „Le Tartuffe ou L'imposteur"). *Destouches:* Philippe Néricault-Destouches (1680–1754), von englischen Vorbildern geprägter französischer Dramatiker, in dessen Werken das moralische Element im Vordergrund steht. *Barbier:* Marie-Anne Barbier (1670–1745), Dramatikerin („Tragédies et autres poésies", 1719; „Théâtre", 1745); ihr bedeutendstes Drama ist „La mort de César"; ihre Zeitgenossen warfen ihr vor, sie habe zu viele Liebesgeschichten in die Tragödie eingemischt. *Scudéry:* Madeleine de Scudéry (1607–1701), Prosaschriftstellerin, „Clélie, histoire romaine", Paris u. Amsterdam 1654–1660, „Conversations sur divers sujets", Amsterdam 1686. *Die Vernünftigen Tadlerinnen:* Wochenschrift von Johann Christoph Gottsched (1700–1766), erschien 1725/26 nach dem Vorbild des „Patrioten". *Der Hamburgische Patriot:* Die von Michael Richey (1678–1761) und Barthold Hinrich Brockes (1680–1747) herausgegebene Moralische Wochenschrift erschien 1724–26 in Hamburg.

4. Wielands Briefwechsel (wie 1.), S. 19–21. – Datierung nach Seiffert. – Von den in diesem Brief genannten poetischen und prosaischen Versuchen der Sophie Gutermann ist nichts erhalten. – *Châtelet, Bassi, Gottschedin:* drei der berühmtesten Frauen der Zeit. Gabrielle-Emilie Marquise du Châtelet-Lomont (1706–1749): eine Dame der

ersten Gesellschaft in Frankreich mit mathematisch-naturwissenschaftlichen Interessen. Voltaire wohnte bei ihr 1733–1749 auf Schloß Cirey nahe der französisch-lothringischen Grenze. Sein „Essai sur les mœurs et l'esprit des nations . . ." ist an sie gerichtet, ebenso seine Epistel „A Madame la Marquise de Châtelet, sur la philosophie de Newton". Louise Adelgunde Victorie Gottsched geb. Kulmus (1713–1762), die als „Deutschlands erste Journalistin" gilt, übersetzte u. a. auch den „Spectator" ins Deutsche; Komödiendichterin („Die Pietisterey im Fischbein-Rocke", 1736). Übrigens veröffentlichte sie auch „Zwei Schriften, welche von der Frau Marquise von Châtelet und dem Herrn von Mairan, das Maaß der lebendigen Kräfte betreffend, sind gewechselt worden" (Leipzig 1741). Laura Maria Catarina Bassi (1711–1778): in ihrer Heimatstadt Bologna zum Dr. phil. promoviert, erhielt sie noch im selben Jahr 1732 ebenda eine Professur: sie lehrte in erster Linie Experimentalphysik, war aber auch in den schönen Künsten bewandert und Mitglied mehrerer Akademien. *Michaelis:* 29. September. *Messias:* Friedrich Gottlieb Klopstocks (1724–1803) berühmtes Gedicht „Der Messias" erschien zwischen 1748 und 1773.

5. Hans Werner Seiffert: Ein empfindsamer Briefwechsel, in: Hans Werner Seiffert (Hg.): Beiträge zur deutschen und nordischen Literatur. Festschrift für Ludwig Magon, Berlin (Ost) 1958, S. 158–160. – Die folgende Korrespondenz entstand auf Wunsch von Sophie Gutermann durch Wielands Vermittlung. Der Pfarrer Johann Heinrich Schinz gehörte zu den Zürcher Bekannten Wielands. Schinz war mit Barbara Meyer, der Tochter des Zürcher Landschreibers Meyer, verlobt. Auf Wielands Betreiben schrieb man sich als *Daphne* (Barbara Meyer) und *Doris* (Sophie Gutermann). Die Korrespondenz endete mit Sophies Heirat. – Diesem Brief ist ein kurzes Schreiben an Schinz angefügt, auf das hier verzichtet wurde. – *Lambert:* Anne-Thérèse de Marguenat de Courcelles, Marquise de Lambert (1647–1733), unterhielt einen berühmten Salon in Paris, verfaßte „Avis d'une Mère à son fils et à sa fille", Paris 1728 (bis zum Ende des 18. Jahrhunderts sehr oft aufgelegt, auch deutsch), sowie „Reflexions sur les Femmes" („Œuvres", Lausanne 1747).

6. Seiffert: Ein empfindsamer Briefwechsel (wie 5.), S. 164–166. – *Wespersbühl:* Landgut bei Zürich. *Rauhe:* Elizabeth Rowe geb. Singer (1674–1736), englische Prosaschriftstellerin; von ihr erschienen in deutscher Sprache: „Moralische und kurzweilige Briefe in Versen und Prosa", Göttingen 1743; „Die Freundschaft nach dem Tode, in Briefen der Verstorbenen an die Lebendige", Leipzig 1770 (eine französische Ausgabe Genf 1753), „Die Freundschaft im Leben, oder moralische und unterhaltende Briefe", Leipzig 1771. *Schwestern:*

Jakobina Barbara (1737–1777, heiratete 1766 Dr. med. Gmelin, Neuenburg) und Katharina Christine (genannt „Cateau"; 1734–1800, heiratete schon 1753 Johann von Hillern, Kanzleiverwalter und Bürgermeister in Biberach).

7. Bernhard Seuffert: Der älteste dichterische Versuch von Sophie Gutermann-La Roche, in: Euphorion 13 (1906), S. 469/470. – Datierung: „3. 1. 1753" bei Seuffert wohl ein Druckfehler; das Original (Zentralbibliothek Zürich) zeigt deutlich lesbar „30 jnr. 1753". – Der Adressat: Johann Jakob Bodmer (1698–1783), Professor am Gymnasium in Zürich, gab 1721–1723 zusammen mit seinem Kollegen Johann Jakob Breitinger (1701–1776) die Moralische Wochenschrift „Die Discourse der Mahlern" heraus, übersetzte 1732 „Johann Miltons Verlust des Paradieses", verfaßte Gedichte, Dramen und alttestamentarische Epen, auch historische Werke; ferner ist seine Entdeckung mittel- und althochdeutscher Dichtungen später für die Romantik folgenreich gewesen. *Deborah, Thamar und Cerenhapuch:* So heißen die Töchter Siphas in Bodmers geistlichem Epos „Noah", 1. Gesang 1752. *Vorsicht:* bedeutet hier und im folgenden oft Vorsehung. *Asenat:* vgl. den folgenden Brief.

8. Wielands Briefwechsel (wie 1.), S. 128/129. – *Asenat:* Weibliche Person aus Bodmers „Jacob und Joseph. Ein Gedicht in drei Gesängen", Zürich 1751. Vgl. auch „Der erkannte und der keusche Joseph, zwei tragische Stücke in fünf Aufzügen, nebst Briefen über Joseph und Zulika", Zürich 1754. *vor mein Herz:* für mein Herz. Auch in den folgenden Briefen steht oft „vor" an Stellen, wo wir heute „für" sagen würden.

9. Seiffert: Ein empfindsamer Briefwechsel (wie 5.), S. 167–169. – Datierung nach Seiffert. – *Bruder:* Jakob Imanuel (1744–1783?), wurde, von Wieland protegiert, Stadtgerichtsassessor in Biberach. *Young:* Edward Young (1683–1765): „Night Thoughts on Life, Death and Immortality", London 1742–1745. Sophie erlernte das Englische erst im Jahr darauf, wird Young also wohl zuerst in Johann Arnold Eberts (1723–1795) Übersetzung von 1751 gelesen haben.

10. Wielands Briefwechsel (wie 1.), S. 157–159. – Datierung nach Seiffert. – *Hagedorn:* Friedrich von Hagedorn (1708–1754): „Oden und Lieder in fünf Büchern", Hamburg 1747 („*Phryne*": S. 132 f., „*Die Alsterfahrt*": S. 174 f., „*Das Heidelbergerfaß*": S. 152 f.). *Zürcherseefahrt:* Klopstocks berühmtes Gedicht „Der Zürchersee" (in: Sammlung vermischter Schriften, von den Verfassern der Bremischen neuen Beiträge zum Vergnügen des Verstandes und des Witzes II, 5. Stück, Leipzig 1751).

11. Wielands Briefwechsel (wie 1.), S. 188. – *Ihre Vermählung:* Sophie Gutermanns Vermählung mit Georg Michael Frank genannt La

Roche wurde fünf Tage nach Abfassung dieses Briefes, am 27.12. 1753, in der Schloßkapelle von Warthausen vollzogen.

Zweites Kapitel

12. Wielands Briefwechsel (wie 1.), S. 189–191. – *Ismene:* Es muß also noch einen solchen empfindsamen Briefwechsel wie den zwischen Sophie Gutermann alias Doris und Barbara Meyer alias Daphne gegeben haben, der aber nicht bekannt ist.

13. Wielands Briefwechsel (wie 1.), S. 193/194. – *aufgetragen:* unterstellt. *Simson:* Anspielung auf jenen Simson, der sich im 16. Kapitel des „Buchs der Richter" im Alten Testament mit Gottes Hilfe an seinen Feinden, den Philistern, rächt, indem er die Hauptsäulen eines Gebäudes eindrückt, das über ihm zusammenstürzt und ihn mit seinen Feinden erschlägt. *Graf:* Friedrich von Stadion (1691–1768). *seine Kinder:* Maria Anna (1727–1783), seit 1746 verheiratet mit Graf Ferdinand von Schall zu Bell, bergischer Landhofmeister und kurpfälzischer Geheimrat in Düsseldorf. Therese Sophie (1729–1797) heiratete 1754 den Reichsgrafen Franz Joseph von Spaur, Pflaum und Vasur, Kammerrichter in Wetzlar. Johann Philipp (1733–1800), Domherr zu Mainz, Bamberg und Würzburg. Franz Conrad (1736–1787) wurde, wie sein Vater, kurmainzischer Geheimer Rat und Oberamtmann in Tauberbischofsheim. Maximiliane (1737–1816), Stiftsdame zu Buchau am Federsee, seit 1775 Fürstäbtissin ebenda. *Hier gibt mir* (. . .) *La Roche einen Brief an Sie:* abgedruckt in Wielands Briefwechsel (wie 1.), S. 192/193. *Mainzer Reise, Bönnigheim:* Als Mittelpunkt seiner Besitzungen im Zabergäu hatte Stadion ein Schloß in Bönnigheim, wo er sich in regelmäßigen Abständen aufzuhalten pflegte. In Mainz, am Sitz seines Erzbischofs und Dienstherrn, hatte Stadion bei Hofe zu erscheinen, und mit ihm La Roche als sein Sekretär.

14. Wielands Briefwechsel (wie 1.), S. 196–198. – *Don Fulgoran:* Held aus dem „Amadis", einem damals noch sehr volkstümlichen Ritterroman aus Frankreich. *Dort trennt . . . Klopstock:* „Ode an Daphnen", in: Vermischte Schriften (vgl. 10.), I, 3. Stück (1749).

15. Wielands Briefwechsel (wie 1.), S. 308–312. – *Ninon:* Ninon de Lenclos (die Angaben über ihr Geburtsjahr schwanken: 1614, 1615, 1616 oder 1620?, ebenso die über ihr Todesjahr: 1705 wahrscheinlich, manche nennen aber auch 1704 oder 1706), die Frau, die dem jungen Voltaire ein Guthaben zum Kauf von Büchern vermachte; sie war berühmt durch ihren Salon; ihr literarischer Ruhm beruhte auf ihren „Lettres" (1671). Die angeführte Stelle ist im 19. Brief. *à mon tour:* mei-

nerseits. *Rodomontaden:* Großsprecherei (nach der literarischen Figur des Mohren Rodomonte, dem Typ des Großsprechers in Lodovico Ariostos (1474–1533) Epos „Orlando Furioso"). *itziger Krieg:* Im Siebenjährigen Krieg (1756–1763) stand der Erzbischof von Mainz auf kaiserlich-österreichischer Seite. Nach Friedrichs des Großen Einfall in Sachsen war gegen ihn ein Reichsexekutionskrieg wegen Verletzung des Westfälischen Friedens beschlossen worden. Die *Proben* (. . .) *eines pöbelhaften Hasses gegen den größten der Könige* richteten sich also gegen Friedrich II. von Preußen. *Abt von Paris:* La Chaux. Mit diesem korrespondierte Sophie von La Roche im Auftrag Stadions an Stelle ihres Gatten.

16. Wielands Briefwechsel (wie 1.), Bd. III (1975), S. 21/22. – Aus dem Französischen übersetzt von M. Maurer. – *La Fontaine:* Jean de La Fontaine (1627–1695), vor allem bekannt durch seine Fabeln. *Ninon:* vgl. 15. *Schwester:* „Cateau", vgl. 6. *Bruder:* vgl. 9. *Farewell . . .:* (engl.) „Leben Sie wohl, meine liebe Schwester, und seien Sie versichert, daß, trotz allem, was ich auf eine scherzhafte Art gesagt habe, der Zauber der Venus und ihrer Grazien, vereint in Ihrer Person, nicht im Stande wären, in meinem Herzen die höhere Schönheit der mütterlichen Tugend zu überwinden, noch die Gefühle der Hochachtung und heiligen Freundschaft, mit denen ich bin Ihr bescheidenster, untertänigster Diener".

17. Wielands Briefwechsel (wie 1.), Bd. III (1975), S. 23. – Aus dem Französischen übersetzt von M. Maurer.

18. Wielands Briefwechsel (wie 1.), Bd. III (1975), S. 56–59. – Aus dem Französischen übersetzt von M. Maurer. – Datierung: Nach Seiffert „um die Jahreswende 1761/62". Diese Angabe halte ich allerdings für unwahrscheinlich. Der einzige konkrete Hinweis in diesem Brief, aus dem sich Rückschlüsse auf die Datierung ziehen lassen, steht gleich am Anfang: Seit elf oder zwölf Jahren habe er nicht mehr so von Sophie geträumt, schreibt Wieland. Seiffert bezieht das offenbar auf den im Brief vom 23./24.8. 1750 geschilderten Traum. Dagegen ließe sich geltend machen, daß Wieland wohl seit dem Verlust seiner Verlobten rechnen wird – seit dem Dezember 1753. Aus Gründen des Inhalts und der Stimmung scheint mir der Brief in den Sommer 1764 zu gehören. Damals war die Verbindung mit Christine Hagel, die von ihm ein uneheliches Kind empfangen hatte, das aber im Sommer 1764 schon gestorben war, endgültig abgerissen. Wieland schrieb von neuem enthusiastische Briefe an Sophie von La Roche (vgl. etwa die Briefe vom 17. (?) August und Ende (?) Oktober 1764: Wielands Briefwechsel (wie 1.), Bd. III (1975), S. 295/296, 315–317). *true self:* wahres Selbst. *Intelligenzen* bedeuten in diesem Fall reine, unkörperliche Wesen aus nichts als Geist. *Panthea:* unter die-

sem Namen besang Wieland Sophie; Panthea soll eine schöne Frau aus Smyrna gewesen sein, Geliebte des Kaisers Verus; als solche besang sie Lukian (120–180 n. Chr.), den Wieland gut kannte und später auch übersetzte.

19. Wielands Briefwechsel (wie 1.), Bd. III (1975), S. 360–362. – Aus dem Französischen übersetzt von M. Maurer. (Gegen Ende sind einige Sätze auch im Original deutsch: der zweit- und drittletzte, der sechst-, siebt-, acht- und neuntletzte.) – *meine kleine Frau:* Wieland war zum Zeitpunkt der Abfassung dieses Briefs gerade 22 Tage mit der Augsburger Kaufmannstochter Anna Dorothea von Hillenbrand verheiratet. *Reichsgräfin:* Anspielung auf eine gemeinsame Bekannte, eine der Töchter Friedrichs von Stadion, Therese Sophie von Spaur (vgl. 13.). *Geßner, Gellert, Hagedorn:* Drei der berühmtesten Dichter der Zeit. Salomon Geßner (1730–1788) wurde bekannt durch seine „Idyllen" (1756). Christian Fürchtegott Gellert (1715–1769) war am populärsten durch seine „Fabeln und Erzählungen" (1746/48). Zu Hagedorn vgl. 10. *Christine:* Christine Hagel (vgl. 18.). *Julie:* Julie Bondeli (1731–1778), durch ihre kritische Intellektualität und ihre Beziehung zu Rousseau berühmte Schweizerin, die Wieland in Bern kennengelernt hatte. *Floriane:* Wielands Dienstmädchen. *gute Philosophie, Lukrez, St. Evremont:* Titus Lucretius Carus (99/96 – 55 v. Chr.), lateinischer Philosoph und Schriftsteller („De rerum natura"). Charles de Marguetel de Saint-Denis, Seigneur de Saint-Evremont (1610–1703), Militär, Hofmann, Historiker, Literaturkritiker („Discours sur Epicure", 1684). Das Gemeinsame beider liegt darin, daß sie Epikuräer waren.

20. Wielands Briefwechsel (wie 1.), Bd. III (1975), S. 441–443. – Aus dem Französischen übersetzt von M. Maurer. – Datierung nach Seiffert. – Diesem Brief liegt die Entfremdung zwischen Wieland als dem Biberacher Kanzleiverwalter und La Roche als dem Stadionschen Sekretär zugrunde. Die Streitigkeiten zwischen der Reichsstadt Biberach und dem nur wenige Kilometer vor der Stadt auf seinem Schloß Warthausen sitzenden Potentaten brauchen hier nicht im einzelnen aufgerollt zu werden (vgl. dazu Friedrich Sengle: Wieland, Stuttgart 1949). Entscheidend ist nur, daß Wieland sich in einem Brief, dessen Zustandekommen er hier zu erklären sucht, zum Anwalt seiner Vaterstadt gegen den Grafen und seine persönlichen Freunde La Roche zu machen schien, was von Warthausen aufs härteste sanktioniert wurde (beispielsweise wurde Wieland das „Palatinat" wieder entzogen, eine Art Vollmacht zu persönlichen Standeserhöhungen, die Stadion Wieland in Aussicht gestellt hatte). Im vorliegenden Brief versucht Wieland, die Beziehung privat wieder anzuknüpfen, mit einem Brief an seine „Base", die sich gerade in

Straßburg befand und also außerhalb der Reichweite von Warthausen.

21. Wielands Briefwechsel (wie 1.), Bd. III (1975), S. 452–454. – Aus dem Französischen übersetzt von M. Maurer. *Weiblichkeit* und *Laune* sind auch im französischen Original deutsch. – *Anecdote Silésienne:* Erschien erst fünf Jahre später im Druck nach dem Erfolg der „Geschichte des Fräuleins von Sternheim", und zwar in einem Bändchen mit dem Titel „Les Caprices de l'amour et de l'amitié, anecdote angloise, suivie par une petite anecdote allemande", Zürich 1772 (ebenda im selben Jahr auch deutsch). *Madame Riccoboni:* Marie-Jeanne Riccoboni, geb. Laboras de Mezières (1714–1792), französische Schauspielerin und Romancière, damals gerade im Gespräch durch ihren Roman „Ernestine" (1766). *Agathon:* Wielands berühmter Bildungsroman, dessen erster Teil bereits 1762 entstand, erschien 1766/67 und 1773 als Fragment; gerundete Ausgabe letzter Hand erst 1794. *Idris:* Wielands Versepos „Idris und Zenide" erschien 1768 als Fragment in fünf Gesängen mit 538 Strophen. *Ottaverime:* Stanze, Strophe aus acht elfsilbigen, jambischen Versen.

22. Sophie von La Roche: Mein Schreibetisch. An Herrn G. R. P. in D., 2 Bände, Leipzig 1799; Bd. II, S. 199–203. – Aus dem Französischen übersetzt von M. Maurer. – Datierung ungewiß, jedenfalls nach dem Tod Friedrich von Stadions (28. 10. 1768). – *Kirchberger:* Samuel Kirchberger (Kilchberger, 1735–1786), Freund Wielands, Ratschreiber seiner Vaterstadt Bern 1772, Stadtschreiber 1784. *Neuschâtel:* Nach dem Aussterben der Fürsten von Neuchâtel aus dem Hause Orléans-Longueville 1694 und dem Tode der Regentin Marie de Némours 1707 entschieden sich die Stände unter 15 meist katholischen Prätendenten für den protestantischen König Friedrich I. von Preußen als neuen Landesherrn, der die „Articles généraux et particuliers" unterschreiben mußte; das Land wurde in Personalunion mit Preußen verbunden. *Reskripte:* Erlasse.

23. Mein Schreibetisch (wie 22.), Bd. II, S. 246–249. – Aus dem Französischen übersetzt von M. Maurer. – Datierung ungewiß, gehört in denselben Zusammenhang wie der vorstehende Brief. – *Krapp:* Färberröte; die gelben Blüten dieser Pflanze verwendete man zum Färben von Textilien. *Rousseau:* Jean-Jacques Rousseaus (1712–1778) „Confession de foi du Vicaire Savoyard" erschien 1756. *Diderot, d'Alembert:* Denis Diderot (1713–1784) und Jean Lerond d'Alembert (1717–1783) sind vor allem bekannt durch ihre „Encyclopédie", die seit 1751 erschien; in ihr spiegelt sich das Denken der französischen Aufklärer nicht am genauesten, aber mit der breitesten Wirkung; sie ist eine Bestandsaufnahme des Wissens der Zeit (insbesondere auch der Technik!), aber unter den philosophisch-kritischen Vorausset-

zungen der Aufklärung. *Deist:* einer, der glaubt, daß Gott zwar existiere und die Welt erschaffen habe, seit diesem einmaligen Akt aber nicht mehr in die Geschichte hereinwirke.

24. Zentralbibliothek Zürich. – Dieser Brief folgt auf die mehrmonatige Schweizerreise, die La Roche im Sommer 1769 mit dem Plan unternahm, zu prüfen, ob sich die Familie vielleicht in der Schweiz niederlassen könne (vgl. die beiden vorstehenden Briefe). Auf dieser Reise lernte La Roche in Zürich den dortigen Stadtarzt Johann (Hans) Caspar Hirzel (1725–1803) kennen. Hirzel war auch politisch und schriftstellerisch tätig. Über die Schweiz hinaus wurde er bekannt durch sein Buch „Die Wirtschaft eines philosophischen Bauers" (1761), in dem er das Mustergut des „Kleinjogg" Guyer beschrieb: Begeisterung für die Natur und das Einfache, aber auch die zeitgenössische Vorliebe für die Landwirtschaft und den Bauernstand verschafften dieser Schrift eine unerwartete Resonanz.

25. Wielands Briefwechsel (wie 1.), Bd. IV (1979), S. 30/31. – Als Wieland 1769 als Professor nach Erfurt berufen wurde, gab man ihm den ältesten Sohn, Fritz La Roche, zur Erziehung mit. Fritz war, als er diesen Brief schrieb, noch keine zwölf Jahre alt. Das *Sopherlein* ist Wielands älteste Tochter Sophie. *Anna Marie* ist ein Dienstmädchen, das sich Wieland aus Oberschwaben bestellt hatte. *Cordel* ist wahrscheinlich Cordula, eine Nichte La Roches, die jahrzehntelang bei La Roches im Haushalt lebte. *Flor* (= Floriane), *Meyer* und *Anna Marie* sind die Wielandschen Dienstboten, sämtlich aus Oberschwaben mit nach Erfurt gebracht.

26. Wielands Briefwechsel (wie 1.), Bd. IV (1979), S. 31/32. – Aus dem Französischen übersetzt von M. Maurer. *Langsam kommt man auch weit* ist als Sprichwort auch im französischen Original deutsch. – Der vorliegende Brief ist der Begleitbrief zum vorigen.

27. Victor Michel: Lettres de Sophie de la Roche à C.-M. Wieland. Précédées d'une étude sur Sophie La Roche, Paris, Nancy, Strasbourg 1938, S. 100–102. – Diesen Brief schrieb Sophie von La Roche anonym, in der Rolle des Amor, und schickte ihn zusammen mit einer Statuette des Amor, die als Kanonikus gekleidet war, an Johann Georg Jacobi (1740–1814). Jacobi war damals bekannt als ein tändelnder Dichter des Rokoko, befreundet mit Wieland, angezogen von Gleim, auf dessen Betreiben er 1768 Kanonikus in Halberstadt geworden war. – *Sommerreise:* „Die Sommerreise, dem Verfasser der Musarion gewidmet" (1770), in: Sämtliche Werke von Johann Georg Jacobi, 2. Bd. Halberstadt 1770, S. 97–176. *Chaulieu:* Guillaume Amfyre Abbé de Chaulieu (1639–1720), Meister der leichten Poesie, Rokokodichter; wirkte wesentlich erst im 18. Jahrhundert, vor allem durch das Element der Rührung. *14jährige Tochter:* Maximiliane La

Roche. *Gleim:* Johann Ludwig Wilhelm Gleim (1719–1803), Dichter von großem persönlichem Einfluß, Kanonikus und Domsekretär in Halberstadt; „Versuch in scherzhaften Liedern" (1744, 1745, 1758), „Preußische Kriegslieder in den Feldzügen 1756 und 1757, von einem Grenadier" (1758). *Dechant eines Stifts in Frankfurt:* Damian Friedrich Dumeiz (1729–1802) war Dechant am Leonhardsstift in Frankfurt. *Schauplatz der Natur:* [Noël-Antoine Pluche] „Schau-Platz der Natur, oder Unterredungen von der Beschaffenheit und den Absichten der natürlichen Dinge", 8 Bände, 1751–1761. *Sevigne:* Marie de Rabutin-Chantal, Marquise de Sévigné (1626–1696), ihr Beitrag zur klassischen französischen Literatur besteht in einer großen Zahl meisterhafter Briefe.

28. Mein Schreibetisch (wie 22.), Bd. II, S. 93–99. – Dieser Brief erschien nach der Angabe in „Mein Schreibetisch" in der „Hamburger Zeitung" am 3.12. 1769. – *Abschied an Amor:* in den „Nachtgedanken" (Sämtliche Werke (vgl. 27.), Bd. I (1770), S. 256–261). *Vertumnus:* römischer Gott etruskischer Herkunft, dem hauptsächlich die Kaufleute opferten. *Amor von Coypel:* Der französische Hofmaler Charles-Antoine Coypel lebte 1694–1752.

29. Wielands Briefwechsel (wie 1.), Bd. IV (1979), S. 96–98. – *Madame Hensel:* Friederike Sophie Hensel geb. Spaarmann (später verheiratet mit dem Theaterprinzipal Abel Seyler) (1738–1789) war eine der berühmtesten Schauspielerinnen der Zeit. *Statthalter:* Emmerich Joseph, Freiherr von Breidbach-Bürresheim (1707–1774), 1763–1774 Erzbischof von Mainz, als solcher auch Statthalter in Erfurt, für das er, nach geltendem Recht, evangelische Professoren anstellen mußte. *Groschlag:* Carl Friedrich Willibald Groschlag, Freiherr von Dieburg (†1799), einer der hervorragendsten aufgeklärten Staatsmänner des 18. Jahrhunderts, unter Emmerich Joseph 1764 kurmainzischer Konferenzminister und Vizegroßhofmeister, bald darauf Großhofmeister, später auch Vizedom von Aschaffenburg. Er wurde 1774 nach dem Tod Emmerich Josephs gestürzt. *esprit de leur corps:* Geist ihres Standes.

30. Wielands Briefwechsel (wie 1.), Bd. IV (1979), S. 117–118. – Aus dem Französischen übersetzt von M. Maurer. – *Gräfin Max:* Stadions Tochter Maximiliane (vgl. 13.). *Dumeiz:* vgl. 27. *Le philosophe sans le savoir* (Der Philosoph, ohne es zu wissen): 1765 uraufgeführte „bürgerliche" Komödie von Michel-Jean Sédaine (1719–1797). *Wartensleben:* Wieland hatte an Karoline Friederike Gräfin von Wartensleben (*1737) seinen „Diogenes" geschickt. Der Antwortbrief der Gräfin, um den es hier geht, ist in Wielands Briefwechsel (wie 1.), Bd. IV (1979), S. 98–100 abgedruckt. *Anderi:* offenbar Kosename La Roches für seinen Sohn Fritz (vielleicht zu griech. *ander, andros* = Mann?).

31. Wielands Briefwechsel (wie 1.), Bd. IV (1979), S. 132/133. – Aus dem Französischen übersetzt von M. Maurer. *bis ins dritte und vierte Glied* steht auch im französischen Original deutsch. *Erfurt:* gehörte schon seit der mittelalterlichen Ostkolonisation dem Erzbischof von Mainz. *Riedel:* Friedrich Just Riedel (1742–1785) war, wie Wieland, seit 1768 Professor der Philosophie in Erfurt. *französische Erziehung meiner Töchter:* Nicht nur Maximiliane, auch Luise war in Straßburg im Kloster. *Signora Imaginazione:* (ital.) Frau Phantasie.

32. Wielands Briefwechsel (wie 1.), Bd. IV (1979), S. 140/141. – Aus dem Französischen übersetzt von M. Maurer. Der Anfang des Briefes ist deutsch; ab „Aber es ist aus verschiedenen Gründen notwendig" ist er französisch bis zum Ende, ausgenommen *aus kaufmännischen Ursachen,* das auch im Original deutsch ist. – Datierung nach Seiffert. – *Reich:* Der Leipziger Verleger Philipp Erasmus Reich (1717–1787) war seit 1762 Teilhaber der Weidmannschen Buchhandlung in Leipzig.

33. Universitätsbibliothek Freiburg im Breisgau. – *Offrande à Vénus, par Beauvarlet:* Opfer für Venus, von Jacques-Firmin Beauvarlet (1731–1797), Kupferstecher in Paris.

34. Wielands Briefwechsel (wie 1.), Bd. IV (1979), S. 163/164. – Aus dem Französischen übersetzt von M. Maurer. Die Wörter *Bösewicht, Anna-Wäldchen* und *Hamburger Zeitung* sind auch im französischen Original deutsch. – *meine deutschen Träumereien:* „Geschichte des Fräuleins von Sternheim". Der erste Band erschien dann tatsächlich, von Wieland herausgegeben, an Ostern 1771, der zweite im Herbst 1771. *Je ne sais que:* (frz.) ein unbestimmtes Etwas (wörtlich: ich weiß nicht was). *Spa-Wasser:* Damals waren Trinkkuren mit Mineralwasser sehr verbreitet; in diesem Fall also mit Wasser aus Spa (im heutigen Belgien). *Antwort an Amor in der Hamburger Zeitung:* vgl. 28. *letzter Brief an Jacobi:* Es ist der vorstehende. *meine beiden Wielandkinder:* Wielands zweites eheliches Kind, Caroline, war Mitte Mai 1770 zur Welt gekommen.

35. Wieland-Museum Biberach an der Riß. – *par Coblence:* Postversandvermerk bei der Adresse: über Koblenz (nämlich von Düsseldorf). *Ihre Werke:* „Sämtliche Werke von Johann Georg Jacobi", Bd. I und II Halberstadt 1770. *Brief an Herrn Compagne:* „An den Herrn von Compagne, Referendarius zu Berlin", in: Sämtliche Werke. Bd. II, S. 225–229. *Lorenzodose:* Eine von Johann Georg Jacobi aufgebrachte Mode der empfindsamen Zeit. Tabaksdosen aus Horn mit dem Bild des Franziskaners Lorenzo (nach Laurence Sternes „Sentimental Journey through France and Italy by Mr. Yorick", 1768) sollten an die Pflicht liebender Duldung erinnern.

36. Zentralbibliothek Zürich. – *Fontenelle:* Bernard le Bovier de Fonte-

nelle (1657–1757). Seine Leistung liegt weniger im Dichterischen, als vielmehr im Popularisieren der Wissenschaft seiner Zeit in aufklärerischer Perspektive („Entretiens sur la pluralité des mondes", 1686). *Merck:* Ravensburger Bekannter der La Roches. *Wielands Beyträge:* „Beyträge zur geheimen Geschichte der Menschheit" (1770), in denen sich Wieland mit Rousseau und der Geschichtsphilosophie seiner Zeit auseinandersetzte. *Neuer Amadis:* „Der Neue Amadis", Verserzählung von Wieland, wurde 1771 gedruckt. *Rousseau, Pygmalion:* In Rousseaus „scène lyrique" „Pygmalion" (1770) erweckt der Künstler Pygmalion die von ihm geschaffene Statue Galathée durch Liebe zum Leben. Mit dem Wort „Moi" (ich) tritt sie in das Bewußtsein ihrer selbst.

37. Wielands Briefwechsel (wie 1.), Bd. IV (1979), S. 175/176. – Aus dem Französischen übersetzt von M. Maurer. Der Ausdruck *sogenannter Bösewicht* ist auch im Original deutsch.

38. Wielands Briefwechsel (wie 1.), Bd. IV (1979), S. 176–178. – Aus dem Französischen übersetzt von M. Maurer. Der letzte, an den Sohn gerichtete Abschnitt ist auch im Original deutsch. – *meine Tochter:* im übertragenen Sinne; die Sternheim. *Leadhills:* im Roman: „Bleigebürge".

39. Wielands Briefwechsel (wie 1.), Bd. IV (1979), S. 185–186. – Aus dem Französischen übersetzt von M. Maurer. Die letzten beiden Sätze sind auch im Original deutsch. – *phantastische Tochter:* Tochter der Phantasie, das Fräulein von Sternheim. *Derby:* der „Bösewicht" in der „Geschichte des Fräuleins von Sternheim". *Lavor:* Waschbecken.

40. Zentralbibliothek Zürich. – Datierung: Der Brief gehört jedenfalls zwischen den aus Warthausen am 5. 8. 1770 noch datierten Brief an Wieland und den aus Bönnigheim vom 29. 8. 1770 datierten Brief an denselben. Im ersteren heißt es: „Wir werden gegen den 28. dieses Monats abreisen." Ob das der genaue Abreisetag war, steht nicht fest. Daraus ergibt sich also nur eine ungefähre Datierung auf „Ende August 1770" oder „um den 27. August 1770". – *Kummer, den Zimmermanns Herz zu leiden hat:* Zimmermanns Frau Katharina geb. Meley war damals gerade gestorben.

41. Wielands Briefwechsel (wie 1.), Bd. IV (1979), S. 192/193. – Aus dem Französischen übersetzt von M. Maurer. Der Schlußabschnitt ist auch im Original deutsch, ebenso ein Satz zwischendurch, der mit „Die Bas Lucia . . ." beginnt. – *Prälat Kolborn und der Pfarrer von Warthausen:* Karl Joseph Hieronymus Kolborn (1744–1816), Kirchenrechtler und geistlicher Referendar in Mainz, war mit Friedrich von Stadion nach Warthausen gegangen. Mit dem von Kolborn geleiteten Grafen ist der Sohn Friedrich von Stadions, sein Nachfolger Conrad Franz von Stadion (vgl. 13), gemeint. *Grandisonhall:* der familiäre

Deckname für Schloß Warthausen, naheliegend bei der Anglophilie des alten Grafen; abgeleitet von Samuel Richardsons (vgl. 3.) drittem großem Roman: „The History of Sir Charles Grandison" (1751 ff.). *Gräfin Max:* Maximiliane von Stadion (vgl. 13). *Aber wenn Sie glauben, daß dieser Brief eine Art von Parade . . . :* bezieht sich nicht auf den vorliegenden Brief, sondern auf einen Brief des Briefromans „Geschichte des Fräuleins von Sternheim".

42. Wielands Briefwechsel (wie 1.), Bd. IV (1979), S. 214/215. – Aus dem Französischen übersetzt von M. Maurer. – *Cateau:* Sophies Schwester (vgl. 6.). *Herr von Hornstein:* kurtrierischer Minister, der nicht weit von Warthausen Besitzungen hatte. Er kannte also La Roche schon und scheint sich für seine Berufung nach Trier eingesetzt zu haben, so daß La Roche schließlich nicht in die Dienste des Kurfürsten von Mainz, sondern in die des Kurfürsten von Trier trat. *Verlust, der Ihnen entsteht:* Wenn La Roche Minister des Kurfürsten von Mainz geworden wäre, hätte er sich bei diesem, Wielands Dienstherrn, für Wieland einsetzen können. *Fürst Clemens:* Clemens Wenzeslaus Hubertus Franziskus, Herzog von Sachsen (1739–1812), 1763 Bischof von Freising und Regensburg, 1768 Kurfürst und Erzbischof von Trier und Fürstbischof von Augsburg. *Groschlag:* vgl. 29. *Frau von Schall:* Schwester des Grafen Friedrich von Stadion (vgl. 13.). *Lorenzodose:* vgl. 35. *meine beiden jüngsten Töchter:* nicht im buchstäblichen Sinne; gemeint sind Wielands Töchter. *Frau Gräfin:* wohl die oben genannte Gräfin Max (vgl. 13.). *was den Herrn angeht:* Gedankensprung; gemeint ist der neue Herr La Roches, Kurfürst Clemens Wenzeslaus von Trier. *der königliche Kurfürst:* insofern Clemens Wenzeslaus aus königlichem Hause kam, des Königs von Sachsen nämlich.

43. Universitätsbibliothek Freiburg im Breisgau. – *Dechant von Frankfurt:* Dumeiz (vgl. 27.).

44. Zentralbibliothek Zürich. – Die Aussage La Roches (ab „Er hat mir geschrieben . . .") ist im Original französisch. – *Ton (. . .), den Rechtschaffne gern in seinen Werken hätten:* Für Sophie von La Roche und die Zürcher Kreise waren Wielands Versepen „Musarion", „Idris und Zenide" usw. zu frivol. *Madame:* Die Anrede „Madame" will sie sich, als zu förmliche, nun, da sie mit Hirzel schon besser bekannt ist, nicht mehr gefallen lassen.

Drittes Kapitel

45. Universitätsbibliothek Freiburg im Breisgau. – *bei Ihrem Herrn Bruder:* Friedrich Heinrich Jacobi (1743–1819), Kaufmann im väterlichen

Unternehmen in Pempelfort bei Düsseldorf, nahe am Rhein. Damals stand er noch im Schatten des berühmten älteren Bruders Johann Georg; später aber gewann er Konturen als Romanautor („Aus Eduard Allwills Papieren", 1775/76; „Woldemar", 1779) und Philosoph („Über die Lehre des Spinoza in Briefen an den Herrn Moses Mendelssohn", 1785).

46. Wielands Briefwechsel (wie 1.), Bd. IV (1979), S. 297–299. – Der erste Absatz wurde aus dem Französischen übersetzt. Der Rest des Briefes ist deutsch geschrieben. – *Leuchsenring:* Franz Michael Leuchsenring (1746–1827), seit 1769 Hofmeister des Erbprinzen Ludwig von Hessen-Darmstadt, den er auch auf Reisen begleitete. *zu meinem künftigen Herrn Statthalter:* Carl Theodor Anton Maria Cämmerer von Worms genannt Dalberg (1744–1817) wurde 1772 kurmainzischer Statthalter in Erfurt und Wirklicher Geheimer Rat, 1780 Rektor der Würzburger Universität, 1781 Titularerzbischof von Tarsus, 1787 Koadjutor des Erzbischofs von Mainz und Worms, 1788 auch des Bischofs von Konstanz, 1800 Bischof von Konstanz, 1802 Erzbischof von Mainz, 1803 (als der Erzstuhl von Mainz nach Regensburg verlegt wurde) auch Erzbischof von Regensburg, ausgestattet mit den weltlichen Fürstentümern Aschaffenburg und Regensburg sowie der Reichsstadt Wetzlar. Beteiligt an der Gründung des Rheinbundes, wurde er Fürstprimas von Deutschland, 1810 von Napoleon zum Großherzog von Frankfurt gemacht. Als Napoleons Waffenglück nachließ, wurde er 1813 auf das Erzbistum Regensburg beschränkt. *Audienz beim Kurfürsten:* Emmerich Joseph von Breidbach-Bürresheim (vgl. 29). *Wiewohl ich keinen Introducteur hatte:* Obwohl ich von niemandem eingeführt und vorgestellt wurde. *Kurfürst von Trier:* Clemens Wenzeslaus (vgl. 42.). *mes cherissimes amis:* meine liebsten Freunde. *Bentzel:* Anselm Franz von Bentzel-Sternau (1738–1785).

47. Wielands Briefwechsel (wie 1.), Bd. IV (1979), S. 300/301. – Der erste und der letzte Abschnitt sind im Original französisch; sie sind hier übersetzt von M. Maurer. – *Brief aus Frankfurt.* der vorstehende Brief. *Dieburg:* in Dieburg (bei Darmstadt) war der Sitz Groschlags (vgl. 29.). *Jacobiten:* Johann Georg und Friedrich Heinrich Jacobi. Den scherzhaften Plural „Jacobiten" bildete zuerst Gleim. *honette Equipierung des Herrn Schwarz:* ehrenhafte, d. h. standesgemäße und nicht geizige Ausstattung des Herrn Schwarz. Joseph Schwarz, der sehr arm war, ein ehemaliger Jesuitenschüler, der aber als Student in Erfurt unter dem Einfluß Wielands und Riedels in den Bann der Aufklärung geriet, wurde durch Wielands Empfehlung Hofmeister Fritz La Roches, nachdem dieser nicht mehr unter der Aufsicht Wielands stand und ins elterliche Haus zurückgekehrt war. Schwarz, der die dreißig schon überschritten hatte, war zwei Jahre Hofmeister bei

den La Roches in Koblenz-Ehrenbreitstein und wurde dann durch Vermittlung La Roches Gymnasiallehrer in Mainz.

48. Universitätsbibliothek Freiburg im Breisgau. – Der letzte Satz ist im Original französisch. – *Betty, Adelaide, Schwestern:* Betty ist Elisabeth von Clermont (1743–1784), seit 1764 mit Friedrich Heinrich Jacobi verheiratet. Die Schwestern (eigentlich Halbschwestern) sind Charlotte (1752–1832) und Helene (1753–1838) Jacobi.

49. Wielands Briefwechsel (wie 1.), Bd. IV (1979), S. 306/307. – Aus dem Französischen übersetzt von M. Maurer. Der fünfte Absatz ist auch im Original deutsch. – *Schwarz:* vgl. 47. *Manuskript:* der 2. Band der „Geschichte des Fräuleins von Sternheim".

50. Herbert Kraft (Hg.): Johann Heinrich Merck. Briefe, Frankfurt 1968, S. 47/48. – *Freundin seines Herzens:* Caroline Flachsland (1750–1809). Heirat mit Johann Gottfried Herder (1744–1803) im Jahre 1773. Vgl. zu diesem Brief Herders Brief vom 22.6. 1771 (Hans Schauer (Hg.): Herders Briefwechsel mit Caroline Flachsland, 2 Bde. Weimar 1926/28; Bd. I, S. 240–249). *Sternheim:* Auf dem Titel hieß es: „Geschichte des Fräuleins von Sternheim. Von einer Freundin derselben aus Original-Papieren und anderen zuverlässigen Quellen gezogen. Herausgegeben von C. M. Wieland". Die Autorin war nicht genannt. Der erste Band erschien im Frühjahr 1771 in Leipzig, der zweite, den Herder zu diesem Zeitpunkt noch nicht kannte, im Herbst 1771. *Amadis:* vgl. 36. *alle, die Wieland darin tadelt:* Wieland versah die „Geschichte des Fräuleins von Sternheim" mit Anmerkungen, die von den Stürmern und Drängern allgemein (und nicht zu Unrecht) als beckmesserisch empfunden wurden.

51. Universitätsbibliothek Freiburg im Breisgau.

52. Universitätsbibliothek Freiburg im Breisgau. – *Riedel:* vgl. 31. *Zimmermann:* Johann Georg Zimmermann (1728–1795) war Stadtphysikus in seiner Vaterstadt Brugg von 1754–1768, dann Königlich Großbritannischer Leibarzt in Hannover, darüber hinaus als Schriftsteller zu seiner Zeit sehr populär („Vom Nationalstolze", 1758, ⁴1768; „Über die Einsamkeit", 4 Bde. 1784/85).

53. Zentralbibliothek Zürich. – Dies ist die früheste erhaltene Darstellung der Entstehungsgeschichte der „Geschichte des Fräuleins von Sternheim". Sie ist zu vergleichen mit der spätesten im Lebensrückblick von 1806 (Sophie von La Roche: Melusinens Sommer-Abende. Herausgegeben von C. M. Wieland, Halle 1806), wo sie etwas ausgeschmückt wieder erscheint, aber auch geglättet ist; etwa wird Stadion als Urheber des Leids nicht genannt. *Mainzische Gewohnheit:* kann natürlich nur heißen: am Hof von Mainz. *Helfer von Schwaigern:* Johann Jakob Brechter (1734–1772), eine farbige Persönlichkeit; in der Jugend Schauspieler, dann Theologe, Diakonus in Schwaigern

bei Heilbronn, pädagogischer Schriftsteller, der, von Rousseau angeregt, seine Ansichten zu einem „Anti-Emil" zusammenfaßte (vgl. Martin Rudolph: Johann Jakob Brechter (1734–1772). Diakonus in Schwaigern. Ein Beitrag zur deutschen Kultur- und Geistesgeschichte des 18. Jahrhunderts, Neustadt an der Aisch 1969 (Deutsches Familienarchiv 42, 1970)). *das meiste ist aber nur für schwäbische Reichsstädte:* Das bezieht sich wohl auf das Erziehungsideal insgesamt, aber insbesondere auf die scharfe Hofkritik im ersten Teil. Die Bewohner der oberschwäbischen Reichsstädte definierten sich wesentlich in Abgrenzung vom nahen, sie alle umschließenden fürstlichen Absolutismus des Territorialstaats Württemberg. *große Teurung:* Der Winter 1770/71 war in Deutschland einer der kältesten; er führte zu Teuerung und Hungersnot (vgl. Friedrich Wilhelm Abel: Massenarmut und Hungerkrisen im vorindustriellen Europa. Versuch einer Synopsis, 1974). *zu Sokraten gehen:* Euphemismus für „sterben". *Dillingen:* Dillingen an der Donau gehörte zum Bistum Augsburg. La Roches Dienstherr Clemens Wenzeslaus war zugleich Fürstbischof von Augsburg (vgl. 42.).

54. Universitätsbibliothek Freiburg im Breisgau. – Der auf „Abbé La Chaux" folgende Satzteil ist im Original Französisch. – *Sophiens Reise von Memel nach Sachsen:* empfindsamer Reiseroman in der Manier Sternes (vgl. 35.) von Johann Timotheus Hermes (1738–1821), der 1769–1773 im Druck erschien.

55. Wielands Briefwechsel (wie 1.), Bd. IV (1979), S. 323/324. – Der erste Satz ist im Original französisch. – *meine Grillenfängerin:* „Geschichte des Fräuleins von Sternheim". Der zweite Band raubte Wieland deshalb nicht mehr viel Zeit, weil sein Kollege Riedel die Textredaktion übernommen hatte. *Hütte eines Bleiminenknechts:* spielt auf die Geschehnisse im zweiten Teil der „Geschichte des Fräuleins von Sternheim" an.

56. Universitätsbibliothek Freiburg im Breisgau. – Der Schluß (ab „Max sagt") ist im Original französisch. – *Elise:* Maximiliane La Roche wurde von Johann Georg Jacobi als Elise besungen. *vergangne Zeiten der fremden Gewalt:* Das bezieht sich auf die Abhängigkeit von Stadion. Erst nun, in Ehrenbreitstein, waren dies „vergangne Zeiten".

57. Wielands Briefwechsel (wie 1.), B. IV (1979), S. 348. – *Hannövrische Schauspielergesellschaft:* nach ihrem Prinzipal auch Ackermannsche genannt (Konrad Ackermann, 1710–1771). *würklich:* hier und auch sonst oft im Sinne von „derzeit" oder „jetzt" gebraucht. *Abtische Gesellschaft:* nach ihrem Prinzipal Karl Friedrich Abt (eigentlich G. D. Dettenrieder, 1733–1783). *Graf von Metternich:* Franz Georg von Metternich-Winneburg, kurtrierischer Gesandter, trat später in österreichische Dienste (der Vater des österreichischen Staatsmanns

Klemens Wenzel Nepomuk Lothar von Metternich-Winneburg).
Geld meines ersten Teils: Honorar für den ersten Band der „Geschichte
des Fräuleins von Sternheim".

58. Universitätsbibliothek Freiburg im Breisgau. – *Brief an Aglaja:*
gedruckt in „Sämtliche Werke von Johann Georg Jacobi", Bd. III Halberstadt 1774, S. 19–28. (Aglaja ist Sophie von La Roche). *Neuwied:*
Graf Alexander von Wied ging mit dem Gedanken um, in seiner
Residenzstadt Neuwied eine Akademie zu gründen. Sophie von La
Roche nahm Anteil an diesen Plänen, weil sie Wieland, Friedrich
Heinrich Jacobi und andere Bekannte in ihre Nähe ziehen wollte.
(Näheres bei Adolf Bach: Wieland und die Gründung einer Akademie in Neuwied, in: Adolf Bach: Aus Goethes rheinischem Lebensraum. Menschen und Begebenheiten. Gesammelte Untersuchungen
und Berichte, Neuss 1968, S. 101–110.) *Wielands Entwurf einer Akademie:* vgl. „Plan einer Akademie zur Bildung des Verstandes und des
Herzens junger Leute" (1758), in: Wielands gesammelte Schriften
(vgl. 3.), 1. Abteilung, Bd. IV (1916), S. 183–206.

59. Wielands Briefwechsel (wie 1.), Bd. IV (1979), S. 357/358. – Im dritten
Abschnitt sind zwei Sätze im Original französisch: „J'ai toujour le
bonheur des autres, et jamais le mien" und „ah Wieland si Dieu le
voulait". – *Der Erbgraf und die Erbgräfin:* Friedrich Karl von Wied-
Neuwied (1741–1809), seit 1766 verheiratet mit Marie Luise Wilhelmine Gräfin von Sayn-Wittgenstein-Berleburg. *mein Mädchen:* die
„Sternheim". *Ähnlichkeit mit Clarissen:* bezieht sich auf Samuel
Richardsons sehr einflußreichen Roman „Clarissa, or The History of
a Young Lady" (1747/48). Vgl. Sophies Ausführungen zum Roman in
der Art Richardsons in ihren „Briefen an Lina", Speyer 1785, S. 87 ff.
Vertrauen zu Derby: Die Titelheldin versucht, da sie verwaist ist und
von ihren Verwandten im Stich gelassen wurde, sich, als sie zur
Mätresse des Fürsten gemacht werden soll, ihrem Schicksal dadurch
zu entziehen, daß sie sich von dem Engländer Derby entführen läßt.
Dieser aber enttäuscht ihr Vertrauen und läßt sie, nachdem er sie
entführt hat, sitzen. *en télémaque:* in der Art des „Télémaque" (von
Fénelon), d. h. ein Fürstenspiegel. Bezieht sich auf Albrecht von Hallers (1708–1777) „Usong. Eine morgenländische Geschichte" (1771).
Arien des Re Pastore: „Il Re Pastore" (1756) von Christoph Willibald
Gluck (1714–1787).

60. Wielands Briefwechsel (wie 1.), Bd. IV (1979), S. 367/368. – Mit der
hier erwähnten Streitsache verhält es sich so: 1771 erschienen Briefe
des Berliner Oberkonsistorialrats Johann Joachim Spalding
(1714–1804) an Gleim aus einer lange zurückliegenden Zeit im
Druck. Spalding fühlte sich durch diese Indiskretion Gleims verletzt
und protestierte öffentlich. Ein von Gleim protegierter, in Halber-

stadt wohnender junger Dichter, Johann Benjamin Michaelis (1746–1772), ließ daraufhin eine Schrift *Pastor Amor* gegen Spalding drucken, die Friedrich Heinrich Jacobi guthieß, Wieland aber mißbilligte, worüber es zu einer Verstimmung zwischen Wieland und den Jacobis kam, in der Sophie von La Roche und Betty Jacobi zu vermitteln suchten.

61. Kraft (Hg.) (wie 50.), S. 54/55. – *Roussillon:* Henriette von Roussillon war (wie auch Caroline Flachsland) eine der Hofdamen der hessendarmstädtischen Landgräfin.

62. Universitätsbibliothek Freiburg im Breisgau.

63. Wielands Briefwechsel (wie 1.), Bd. IV (1979), S. 404/405. – Aus dem Französischen übersetzt von M. Maurer. – *Jean-Jacques:* „La nouvelle Héloise" von Jean-Jacques Rousseau war 1761 erschienen. *Göttinger und Braunschweiger Zeitung:* Die Rezensionen der „Geschichte des Fräuleins von Sternheim" erschienen in den „Göttingischen Anzeigen von gelehrten Sachen" 1771, S. 1023 f. und in der „Braunschweigischen Zeitung" 1771, Nr. 192–194.

64. Zentralbibliothek Zürich. – *damit er auch für die noch nicht reden darf:* „darf" hier im Sinne von „muß", also: „daß er sich noch nicht zu ihrem Fürsprecher machen muß" – Offenbar hatte Hirzel den Wunsch geäußert, La Roche möge bei einem Fürsten oder Herrn um einen Posten vorstellig werden. *Brucker:* Jakob Brucker (1696–1770), Augsburger Theologe und Philosophiehistoriker, der zu seiner Zeit international bekannt war und großes Ansehen genoß (vgl. Franz Herre: Jakob Brucker, in: Lebensbilder aus dem Bayerischen Schwaben 6 (1958), S. 372–387).

65. R. Hassencamp: Beiträge zur Geschichte der Brüder Jacobi, in: Beiträge zur Geschichte des Niederrheins. Jahrbuch des Düsseldorfer Geschichtsvereins 9 (1895), S. 202–204. – *Gleim, Michaelis:* vgl. 60. *Kantate auf das Geburtsfest des Königs:* Johann Georg Jacobi: „Zwo Cantaten auf das Geburtsfest des Königs von Preußen", Halberstadt 1772 (auch: Sämtliche Werke (vgl. 27.), Bd. III (1774), S. 45–78). Die Kantaten richten sich an Friedrich II. von Preußen (das Bistum Halberstadt war 1648 an das Kurfürstentum Brandenburg gekommen).

66. Karl Wagner (Hg.): Briefe an Johann Heinrich Merck von Göthe, Herder, Wieland und anderen bedeutenden Zeitgenossen, Darmstadt 1835, S. 30–32. – *Bewunderin im Haag:* keineswegs, wie der erste Herausgeber dieses Briefes mutmaßte, Amalie von Gallitzin, sondern Marie Elisabeth de la Fite geb. Bouée (um 1750–1794), welche die „Geschichte des Fräuleins von Sternheim" ins Französische übersetzte, was mit dem „französischen Firnis" im folgenden gemeint ist. *Modestie:* Bescheidenheit. *Herder:* wahrscheinlich die „Abhandlung über den Ursprung der Sprache" (1770, gedruckt 1772). *in den ersten*

Zeitungsblättern: die „Frankfurter Gelehrten Anzeigen", 1772 gegründet, das Organ der Stürmer und Dränger, herausgegeben von Johann Heinrich Merck (1741–1791) und Johann Georg Schlosser (1739–1799).

67. Friedrich Heinrich Jacobi's auserlesener Briefwechsel. In zwei Bänden, Leipzig 1825–1827; Bd. I, S. 62–65. – Aus dem Französischen übersetzt von M. Maurer. – *L'an 2440* (Das Jahr 2440): utopischer Roman (1770) von Louis-Sébastien Mercier (1740–1814). *Usong:* vgl. 59. *Frankfurter literarische Zeitung:* vgl. den vorangehenden Brief.

68. Wielands Briefwechsel (wie 1.), Bd. IV (1979), S. 465/466. – *Julie:* Julie Bondeli (vgl. 19.). *Gemmingen:* der württembergische Regierungspräsident und Schriftsteller Eberhard Friedrich von Gemmingen (1726–1791), Schüler Hallers. *Schmetterling:* Sämtliche Werke (vgl. 27.), Bd. III, S. 7–18. *An Elisen:* Sämtliche Werke Bd. III, S. 232–239. *mein gutes Mädchen:* in diesem Fall natürlich nicht die „Sternheim", sondern Maximiliane (= Elise). *weil Sie Riedlen verlieren:* Riedel ging 1772 als Ehrenmitglied der Akademie der Künste nach Wien. *Ihre Könige:* Wielands Staatsroman „Der goldene Spiegel oder die Könige von Scheschian", mit dem er sich der Herzogin von Sachsen-Weimar empfahl, wurde 1772 gedruckt.

69. Universitätsbibliothek Freiburg im Breisgau. – *Marianna Fels:* Freundin Wielands aus seiner Berner Zeit, korrespondierte mit Sophie von La Roche ebenso wie Julie Bondeli. *Antonette:* „An Antonetten. Als sie, am Feste des heiligen Nicolaus, einen neuen Schleyer bekam" (Sämtliche Werke (vgl. 27.), Bd. III (1774), S. 244–248). Bedenklich fand Sophie von La Roche vermutlich die 17. Strophe: „Lerne denn von meiner Leyer / Dass der Liebe Lächeln nicht / Deinem Kreuze, Deinem Schleyer, / Deiner Zelle widerspricht." (Das Lied ist an ein Mädchen gerichtet, das den Schleier genommen hat, d. h. ins Kloster gegangen ist.)

70. Wielands Briefwechsel (wie 1.), Bd. IV (1979), S. 495/496. – *Frau Landgräfin:* Karoline von Hessen-Darmstadt (1721–1774), Tochter des Pfalzgrafen Christian III. von Zweibrücken-Birkenfeld, verheiratet seit 1741 mit Landgraf Ludwig IX. von Hessen-Darmstadt. *à l'aise:* in Bequemlichkeit. *Pränumeration:* Subskription; die Interessenten bezahlen im voraus, erst dann, wenn das Geld beisammen ist, wird das Werk gedruckt. *Frau von Keller:* ihre Tochter Julie von Keller war Wielands Freundin aus Stetten bei Erfurt. Wieland antwortete in seinem Brief vom 15. 5. 1772: „Daß Sie meine Julie, meinen Liebling, und ihre Mutter gesehen haben, freut mich unendlich; aber daß es nur Augenblicke waren, verdrießt mich. Sie haben von meiner Freundin nur die Oberfläche sehen können; und der Fond verdiente so sehr, von Ihnen gekannt zu werden. Sie ist eine von den wenigen,

aus denen ich meine Republik zusammensetzte." (Wielands Briefwechsel (wie 1.), Bd. IV (1979), S. 506) *Lassen Sie sich ja an keinen Hoffeßlen:* Die Verhandlungen mit Weimar waren schon im Gange. Dort blieb Wieland für den Rest seines Lebens.

71. Wagner (Hg.) (wie 66.), S. 32–34. – Der letzte Absatz ist im Original französisch. – *que l'âme n'use pas le fourreau avant le temps:* daß die Seele ihre Hülle nicht vor der Zeit verschleiße.

72. Kraft (Hg.) (wie 50.), S. 69–71. – Datierung: Der Brief ist von Merck auf den 21.5.1771 datiert. Da aber offenbar der Besuch Sophies in Frankfurt vorausgeht und auf den Brief Sophies vom 18.5.1772 (vgl. 71.) Bezug genommen wird, kann die richtige Datierung nur „21.5. 1772" lauten. Ich folge damit den früheren Herausgebern Bräuning-Octavio (Hermann Bräuning-Octavio: Aus Briefen J.H. Mercks an Sophie von La Roche aus den Jahren 1771–1774, in: Goethe. Neue Folge des Jahrbuchs der Goethe-Gesellschaft 19 (1957), S. 298–317) und Kraft.

73. Hassencamp (Hg.) (wie 65.), S. 204/205. – *Nach einem Abschiede von Ihnen:* Johann Georg Jacobi war im Juli 1772 ein zweites Mal in Koblenz-Ehrenbreitstein zu Besuch gewesen. *wenn ich einmal Ihrem Brechter Sophies Tränen über seinen Tod erzählen werde:* wenn ich selbst ebenfalls gestorben sein werde.

74. Wielands Briefwechsel (wie 1.), Bd. IV (1979), S. 593–596. – *Herzogin:* Anna Amalia, Herzogin von Sachsen-Weimar, geb. Prinzessin von Braunschweig (1739–1807), seit dem Tod ihres Gatten 1759 Regentin von Sachsen-Weimar. *Erbprinz:* Carl August, Herzog (seit 1815 Großherzog) von Sachsen-Weimar (1757–1828), trat 1775 die Regierung an. *Danischmende, Dschengis, Itimaddulef:* Figuren aus Wielands „Goldenem Spiegel" (vgl. 68.). *Graf von Görtz:* Johann Eustachius Graf von Görtz (1737–1821), 1762–1774 Erzieher des Erbprinzen Carl August, 1775 Großhofmeister, trat 1778 in preußische Dienste. *die nächsten drei Jahre:* nach Ablauf von drei Jahren wurde der Prinz für volljährig erklärt und Wieland hatte damit keine Erziehungsaufgabe mehr.

75. Wielands Briefwechsel (wie 1.), Bd. IV (1979), S. 599/600. – *naher Wohnplatz:* nochmalige Anspielung auf das Projekt, in Neuwied eine Akademie zu gründen und Wieland dort zum Professor zu machen (vgl. 58.). *Holland:* Die traditionelle Kavalierstour der jungen Adligen führte nach Holland, Frankreich und Italien; im Laufe des 18. Jahrhunderts kam auch noch England dazu.

76. Hanna Fischer-Lamberg (Hg.): Der junge Goethe. Neu bearbeitete Ausgabe in fünf Bänden (+ Registerband), Berlin, New York 1963–1975; Bd. III (1966), S. 10/11. – Datierung nach Fischer-Lamberg bzw. Loeper (Gustav von Loeper (Hg.): Briefe Goethe's an Sophie von La Roche und Bettina Brentano nebst dichterischen Bei-

lagen, Berlin 1879, S. 6). – *Jerusalems Tod:* Karl Wilhelm Jerusalem (*1747), Sekretär des braunschweigischen Gesandten in Wetzlar, erschoß sich 1772 (das Ereignis regte Goethe zu seinem „Werther" an). *Baron von Kielmannsegg:* Christian Albrecht Freiherr von Kielmannsegg (1748–1811), damals Rechtspraktikant am Reichskammergericht in Wetzlar, später Gerichtspräsident in Güstrow.

77. Zentralbibliothek Zürich. – *Sohn von seinem Hirzel:* gleichnamig mit dem Vater Johann (Hans) Caspar Hirzel, dessen dritter Sohn (1751–1817), Arzt und Philanthrop. *väterliches Herz des Jerusalems:* Johann Friedrich Wilhelm Jerusalem (1709–1789), einer der berühmten Theologen seiner Zeit, bedeutender Kanzelredner, Oberkonsistorialrat, Kurator des Collegium Carolinum in Braunschweig, Vater Karl Wilhelm Jerusalems (vgl. 76.). *die edle, menschenfreundliche Schwester:* Maria Kunigunde, Prinzessin von Sachsen und Polen (1740–1826), seit 1775 letzte Äbtissin des reichsunmittelbaren Stifts Essen; sie wohnte aber meist bei ihrem Bruder in Koblenz bzw. Ehrenbreitstein.

78. Universitätsbibliothek Freiburg im Breisgau.

79. G. Witkowski (Hg.), in: Goethe-Jahrbuch 28 (1907), S. 3/4. – Die Schreiberin: Cornelia Goethe (1750–1777), Johann Wolfgangs geliebte Schwester, heiratete bald darauf (am 1.11. 1773) Johann Georg Schlosser, den Schriftsteller und badischen Amtmann, mit dem sie nach Karlsruhe und Emmendingen zog.

80. Zentralbibliothek Zürich. – *phantastische Briefe:* Sie erschienen zunächst in Jacobis „Iris", in Buchform dann unter dem Titel „Rosaliens Briefe an ihre Freundin Mariane von St**. Von der Verfasserin des Fräuleins von Sternheim", Altenburg Bd. I 1779, Bd. II 1780, Bd. III 1781. Einer dieser „phantastischen Briefe" liegt diesem Brief an Hirzel bei (Zentralbibliothek Zürich). *zehn Louis d'or:* 50 Reichstaler. *Aufhebung der Jesuiten:* Der Jesuitenorden wurde auf Drängen Spaniens und Frankreichs 1772 von Papst Clemens XIV. aufgehoben. (In Preußen und Rußland konnten sich die Jesuiten auch nach diesem Datum noch halten.) – Daß diese Bemerkung Sophie von La Roches die Sache trifft, erhellt aus der Tatsache, daß die Jesuiten damals in Deutschland nicht weniger als 117 Kollegien und 32 Seminare betreuten. *Sultane:* Soutane. *Daffent:* Taft. *Pain bis et Liberté:* Schwarzbrot und Freiheit. *Teutscher Merkur:* die von Wieland 1773 gegründete, zunächst vierteljährlich, ab 1775 monatlich erscheinende Zeitschrift.

81. Fischer-Lamberg (Hg.) (wie 76.), Bd. IV (1968), S. 7. – Datierung nach Fischer-Lamberg und Loeper (wie 76.). – *Briefe:* wieder „Rosaliens Briefe . . ." (vgl. 80.). *Apotheose Brechters:* Sophie von La Roche hat sich an Goethes Rat gehalten. *das liebe Weibchen:* Maximiliane, die

seit dem Vorjahr mit dem Frankfurter Großkaufmann Peter Anton Brentano (1735–1797) verheiratet war und mit dem damals ebenfalls in Frankfurt weilenden Goethe regen Umgang hatte. *Arbeit:* „Die Leiden des jungen Werthers" (1774). *Düsseldorf:* Goethe hatte damals eine heftige Abneigung gegen die Brüder Jacobi, wie aus manchen Briefen hervorgeht.

82. Zentralbibliothek Zürich. – *Buchführer:* Verleger. *Merck:* der „schwäbische Merck", von dem Goethe in seinem Brief an Sophie vom 19.1. 1773 mit Lob sagt, er sei ein Biedermann. Loeper (vgl. 76.) wollte in diesem „schwäbischen Merck" Brechter sehen (S. 10/11): ein offenkundiger Irrtum. Der Ravensburger Merck ist gemeint. *Merck gehört auch unter die Güter dieses Lebens, deren ich beraubt wurde:* insofern sie nicht mehr in Oberschwaben wohnte. *Herrliberger:* David Herrliberger (†1777): „Neue und vollständige Topographie der Eidgenossenschaft, in welcher die in den 13 und zugewandten, auch verbündeten Orten befindlichen Städte, Bisthümer, Stifte, Klöster, Schlösser, Amtshäuser etc. beschrieben und nach der Natur gezeichnet und kunstmäßig in Kupfer gestochen vorgestellet werden", 3 Bände Zürich 1754–73.

83. Fischer-Lamberg (Hg.) (wie 76.), Bd. IV (1968), S. 252.

84. Fischer-Lamberg (Hg.) (wie 76.), Bd. IV (1968), S. 253/254. – Datierung nach Fischer-Lamberg und Loeper (wie 76.). – *Porzellanfabrik:* Gegenstand aus Porzellan, wahrscheinlich dasselbe Stück, das in den Briefen Sophie von La Roches an Hirzel erwähnt ist (vgl. 77., 80. und 82.). Lavater wird es bezahlen, weil es in Zürich gefertigt worden war und weil Lavater auf der Rückreise nach Zürich war. *Ölpinsel:* Die Ölmalerei lernte Goethe in Frankfurt bei Johann Andreas Benjamin Nothnagel (1729–1804). *Baron von Hohenfeld:* La Roches Freund und Kollege als kurtrierischer Konferenzminister, auch Domherr in Speyer, Christoph Philipp Willibald von Hohenfeld (1743–1822). *Homer:* Ernestis Ausgabe des Homer war 1759–1764 erschienen, ihr war die Übersetzung ins Lateinische durch den Engländer Clarke beigefügt. Schauffelbergers *Clavis Homerica* erschien 1761–68 in Zürich in acht Bänden. *Trosson:* kurtrierischer Festungsbaumeister in Koblenz, später russischer General. *Cordel* ist nicht, wie Loeper vermutet und Fischer-Lamberg übernimmt, „Frau Trosson", sondern eine Nichte von La Roche, die jahrzehntelang im selben Haushalt lebte. *gestoft:* gedämpft, geschmort.

85. Karl Freye/Wolfgang Stammler (Hg.): Briefe von und an J.M.R. Lenz, Leipzig 2 Bände 1918; Bd. I, S. 97–99. – *Name des Verfassers komischer Erzählungen:* Wieland. *Iris:* Johann Georg Jacobis Zeitschrift, in der die ersten von „Rosaliens Briefen" als „Frauenzimmer-Briefe" erschienen.

86. Freye/Stammler (Hg.) (wie 85.), Bd. I, S. 106/107. – *Mylord Allen:* Sophie von La Roche hatte Lenz also auf seinen vorstehenden Brief hin ihr 1772 in Zürich gedrucktes Büchlein „Caprices de l'amour et de l'amitié. Anecdote angloise, suivie d'une petite anecdote allemande" geschickt. *mein kaltes Vaterland:* Jakob Michael Reinhold Lenz (1751–1792) war aus Seßwegen in Livland gebürtig, das damals zum Russischen Reich gehörte. *Metastastios Spinnweben:* Pietro Metastasio (eigentlich Pietro Antonio Domenico Bonaventura Trapassi, 1698–1782), Dichter melodramatischer Opernlibretti, seit 1729 Hofdichter in Wien. Gegen ihn und seinesgleichen waren die Stürmer und Dränger besonders allergisch.

87. Freye/Stammler (Hg.) (wie 85.), Bd. I, S. 108–110. – Datierung nach Freye/Stammler. – *barock:* damals soviel wie unförmig oder auch grotesk. *Sensationen:* Empfindungen. *Noten:* Wielands Anmerkungen zur „Geschichte des Fräuleins von Sternheim". *Vertrauter junger Herren:* Lenz hatte bis 1771 in Königsberg studiert und war dann mit zwei jungen Adligen, den Baronen Friedrich Georg und Ernst Nikolaus von Kleist, als Hofmeister auf die Universität nach Straßburg gezogen.

88. Freye/Stammler (Hg.) (wie 85.), Bd. I, S. 114–117. – Datierung nach Freye/Stammler. – Der erste Abschnitt ist im Original französisch. – *Die Soldaten:* Das zweite Hauptwerk von Jakob Michael Reinhold Lenz (nach „Der Hofmeister oder Vorteile der Privaterziehung", 1774) erschien 1776 in Leipzig unter dem Titel: „Die Soldaten. Eine Komödie". *Menoza:* „Der neue Menoza. Oder Geschichte des cumbanischen Prinzen Tandi. Eine Komödie" war 1774 in Leipzig erschienen. *Psyche* und *Danae* sind die weiblichen Hauptfiguren in Wielands „Agathon". *Effronterien:* Frechheiten, Unverschämtheiten.

89. Freye/Stammler (Hg.) (wie 85.), Bd. I, S. 120–123. – *37. Brief:* Es geht um die „Frauenzimmer-Briefe" in der „Iris", die Lenz offenbar vorher schon handschriftlich erhalten hat. Ein 37. Brief ist nie erschienen; es handelt sich also wohl um einen Abschreibfehler für 27. Der 25., 26. und 27. Brief erschienen im 6. und 7. Band der „Iris" 1776. *deraisonnieren:* Abträgliches äußern. *Italien:* die geplante große Reise kam nicht zustande.

90. Robert Hassencamp (Hg.): Neue Briefe Chr. Mart. Wielands vornehmlich an Sophie von La Roche, Stuttgart 1894, S. 270–272. – *Neuwied:* Die Akademiepläne von 1772 erhielten 1775 neue Aktualität, als sich Wielands Amtszeit als Erzieher des weimarischen Erbprinzen Carl August ihrem Ende zuneigte, da dieser für volljährig erklärt wurde und die Regierung antrat. *Deliberieren:* abwägen.

91. Fischer-Lamberg (Hg.) (wie 76.), Bd. V (1973), S. 262/263. – *Buri:* Christian Carl Ernst Wilhelm Buri (1758–1817), Verfasser mehrerer

Gedichtsammlungen, später Fürstlich Isenburgischer Hofgerichts-
advokat in Offenbach. *brouilliert:* überworfen, zerstritten. *Menalk und
Mopsus:* Satire gegen Wieland von Jakob Michael Reinhold Lenz,
gedruckt 1775.

92. Wagner (Hg.) (wie 66.), S. 84/85.
93. Wagner (Hg.) (wie 66.), S. 90–92. – *Reimhart dem Jüngeren:* Johann
Heinrich Mercks „Rhapsodie von Johann Heinrich Reimhart dem
Jüngeren" (in Knittelversen) war 1773 in Frankfurt gedruckt worden.
Herders älteste Urkunde: „Älteste Urkunde des Menschengeschlech-
tes", eine Schrift gegen die rationalistische Theologie seiner Zeit,
erschien 1774 (1.–3. Teil) und 1776 (4. Teil) in Riga. *Eduard Allwills
Papiere:* Roman von Friedrich Heinrich Jacobi, 1775/76 zunächst teilweise in Johann Georg Jacobis „Iris", seit 1776 fortgesetzt in Wielands „Teutschem Merkur". *Madame du Boccage:* Marie-Anne du Boccage, geb. Le Page (1710–1802), französische Dichterin. Voltaire zog
ihre Reisebriefe denen der Lady Montagu vor. Von ihren „Œuvres"
erschienen seit 1749 mehrere Ausgaben. *Montfaucon:* Des Abbé de
Montfaucon de Villars (1635–1673) „Entretiens du comte de Gabalis
sur les sciences" waren 1670 erschienen. *Sandrart:* „Akademie der
Bau-, Bildhauer- und Malerkunst Joachims von Sandrart", Frankfurt
1772. *Leuchsenring hätte dies besorgen können:* Leuchsenring, der damals
in Paris war, hätte den Brief der ebenfalls in Paris lebenden Madame
du Boccage überreichen können.
94. Michel (Hg.) (wie 27.), S. 87/88.
95. Auswahl denkwürdiger Briefe von C. M. Wieland. Herausgegeben
von Ludwig Wieland, 2 Bde. Wien 1815; Bd. I, S. 153–156. – *insipid:*
fad, langweilig. *Schweizer:* Anton Schweizer (1735–1787), Kapellmeister der Theatergesellschaft Abel Seylers in Weimar, hatte schon die
Musik zu Wielands Singspiel „Alceste" (1773) geschrieben, das mit
großem Beifall aufgenommen worden war. *deployieren:* entfalten,
demonstrieren. *Inokulation:* Die Pockenimpfung wurde zu Beginn
des 18. Jahrhunderts in Europa eingeführt, zunächst in England
durch Lady Wortley Montagu, hatte sich aber auch am Ende des
18. Jahrhunderts in Europa noch nicht allgemein durchgesetzt; Wieland gehörte zu den Fortschrittlicheren.
96. Heinz Jansen: Sophie v. La Roche im Verkehr mit dem geistigen
Münsterland. Nebst ungedruckten Briefen Sophies an Sprickmann,
Münster 1931, S. 59/60. – Der Adressat: Anton Matthias Sprickmann
(1749–1833), Schriftsteller und Rechtshistoriker, Freund Klopstocks,
Bürgers und Boies, wurde 1779 Professor für Reichsgeschichte,
Staats- und Lehnsrecht an der neugegründeten Universität Münster.
– *Stein:* Es ist der später als preußischer Staatsmann bekannt gewor-
dene Heinrich Friedrich Karl Freiherr vom und zum Stein

(1757–1831), der sich nach dem Studium der Rechte in Göttingen 1777/78 in Wetzlar am Reichskammergericht als Rechtspraktikant aufhielt, wo er sich unter Leitung des Assessors Kaspar Friedrich von Hofmann in die Geschäfte einarbeitete.

97. Michel (Hg.) (wie 27.), S. 89/90. – *Stein:* siehe den vorstehenden Brief. Stein fühlte sich in Wetzlar nicht wohl und wollte den Winter in Mainz zubringen. *traurige Nachricht des Tods von dem letzten des bayerischen Hauses:* Mit dem Tod des kinderlosen Kurfürsten Maximilians III. Joseph am 30.12. 1777 erlosch die bayerisch-wittelsbachische Linie; sein Nachfolger wurde Karl Theodor von Pfalz-Sulzbach (1724–1799), seit 1742 Kurfürst von der Pfalz. Dieser hatte Mannheim zu einem deutschen Kulturzentrum gemacht, verlegte aber nun als Kurfürst von Bayern seine Residenz nach München. Damit kam Wielands „Rosamunde" 1778 in Mannheim nicht zur Aufführung.

98. Jürgen Behrens (Hg.): Friedrich Leopold Graf zu Stolberg: Briefe, Neumünster 1966, S. 106/107. – *Fülle meines Herzens:* Zentrales Stichwort für die Stimmungslage der Zeit, vgl. Friedrich Leopold Graf zu Stolbergs Aufsatz „Über die Fülle des Herzens" im „Deutschen Museum" 1777. *Emilia:* Emilie von Schimmelmann geb. Gräfin Rantzau (1752–1780), in den Stolbergschen Kreisen berühmt wegen ihres anmutigen Wesens (vgl. auch Stolbergs Gedichte „Über den Tod meiner Freundin Emilia . . ." und „Inschrift eines Denkmals meiner Freundin Emilia" (1780) in: Gesammelte Werke der Brüder Christian und Friedrich Leopold Grafen zu Stolberg, Bd. I, Hamburg 1827, S. 260–262). *Möchten Sie doch auch einmal gereizt werden:* Wohl auf diese Einladung hin unternahm Sophie von La Roche 1778 mit ihrer Tochter Maximiliane eine Reise nach Norddeutschland, zu Klopstock nach Hamburg und zu den Grafen Stolberg.

99. Universitätsbibliothek Freiburg im Breisgau.

100. Michel (Hg.) (wie 27.), S. 90. – *Generalin von Sandoz:* Henriette von Sandoz (geb. um 1724, Holländerin), verheiratet mit dem Befehlshaber der holländischen Schweizergarden, nahm 1771 Julie Bondeli in Neuchâtel in ihr Haus auf, wo diese am 8.8. 1778 starb.

101. Michel (Hg.) (wie 27.), S. 90/91. – *würdige Großmutter:* Wielands Mutter, Regina Katharina geb. Kick (1715–1789) wohnte bei ihrem Sohn in Weimar. *Herzogin Luise:* Gattin des Herzogs Carl August von Sachsen-Weimar, geb. Landgräfin von Hessen-Darmstadt. *Erinnerung an unsern alten Grafen:* nämlich an Friedrich von Stadion.

102. Bayerische Staatsbibliothek München. – *Der Adressat:* Wolfgang Heribert Tobias Otto Maria Johann Nepomuk Cämmerer von Worms genannt Dalberg (1750–1806): Seine Bedeutung besteht weniger in seinem schriftstellerischen Werk als vielmehr vor allem

in seiner organisatorischen Leistung. 1778 erhielt er vom Kurfürsten Karl Theodor von der Pfalz den Auftrag, ein deutsches Nationaltheater in Mannheim zu errichten. Dessen Direktor war er bis 1803. Trotz der Verlegung des Hofs nach München hatte die Arbeit Dalbergs in bühnengeschichtlicher, ästhetischer und nationaler Hinsicht große Bedeutung (Schiller war 1783/84 als Theaterdichter in Mannheim engagiert). *Walwais und Adelaide:* anonym gedruckt in Mannheim 1781. Der Charakter dieses Stückes wird hinreichend deutlich aus dem Monolog, mit dem der Held Walwais die Szene eröffnet: „Schon eine geraume Zeit les ich von Freundschaft, und bin noch ungerührt davon! – Gefährlich ist eine solche Beschäftigung fürs Herz! Wie mag doch der Mensch vernünfteln da, wo er blos empfinden sollte!". *Gemmingen:* vgl. 68. *Frau Gemahlin:* Dalberg war seit 1771 verheiratet mit Elisabeth Auguste geb. Ulner von Dieburg.

103. Michel (Hg.) (wie 27.), S. 91–93. – Datierung: Michel datiert „Ende Januar 1779". Ich folge der Datierung von Seuffert (Bernhard Seuffert: Prolegomena zu einer Wieland-Ausgabe, in: Abhandlungen der Preußischen Akademie der Wissenschaften, Phil.-Hist. Klasse, Jg. 1936, Brief Nr. 1543). – *wieder einen Sohn:* Karl Friedrich (*7. 12. 1779). *Mama Goethe hat einen herrlichen Gedanken über den Tag gehabt:* vgl. den Brief Wielands an Sophie von La Roche vom 20. 1. 1779: „Mutter Goethe weissaget große Dinge von ihm, weil er grad am Agathonstag in die Welt geguckt hat." (Franz Horn (Hg.): C. M. Wielands Briefe an Sophie von La Roche, Berlin 1820, S. 204/205). *daß man auch den zweiten Teil gern kaufen möge:* „Rosaliens Briefe an ihre Freundin Mariane von St**" erschienen in Altenburg bei Richter (vgl. 80.) *drei eigene Kinder:* Die ältesten Kinder Peter Anton Brentanos aus seiner Ehe mit Maximiliane La Roche sind Anton (*12. 3. 1775), Sophie (*15. 8. 1776) und Clemens (*8. 9. 1778). *Jacobi, München:* Friedrich Heinrich Jacobi war Anfang 1779 bayerischer Geheimrat und Referent für das Zollwesen im bayerischen Innenministerium geworden, siedelte aber nicht auf Dauer nach München über. *Bode:* Johann Joachim Christoph Bode (1730–1793), Übersetzer, Schriftsteller, Journalist; er versah „Rosaliens Briefe" mit einer Vorrede. *Philanthropinum:* Johann Bernhard Basedow (1724–1790) erhielt 1774 in Dessau Gelegenheit, eine Musterschule einzurichten, die er Philanthropinum nannte. Der wichtigste Anreger für die bald Philanthropen genannten Reformer war Rousseau; sie waren heftig umstritten. Wie Wieland und Sophie von La Roche urteilte auch Herder, der äußerte, er werde Basedow keine Kälber, geschweige denn Kinder anvertrauen.

104. Wagner (Hg.) (wie 66.), S. 176/177. – *Klopstocks Bekanntschaft:* Im Som

mer 1778 hatte Sophie von La Roche mit Maximiliane eine Reise nach Hamburg gemacht, auf der sie auch Klopstock kennengelernt hatte. *Mumsen:* Jacob Mumsen (1737–1819) seit 1767 als Physikus in Hamburg. Mitglied des Klopstock-Kreises. *die Schimmelmanns alle:* Heinrich Ernst Graf von Schimmelmann (1747–1831), seit 1773 in dänischen Diensten, Kommerz- und Finanzminister; Emilie vgl. 98. *Ihre vortrefflichen Seebriefe:* Gemeint sind die Briefe, welche Johann Heinrich Merck am 6., 14., 24. und 25.6. 1773 an Sophie von La Roche von seiner Reise mit dem hessen-darmstädtischen Hof nach Rußland geschrieben hatte (Kraft (Hg.) (wie 50.), S. 87–91).

105. Bayerische Staatsbibliothek München. – *Directeur Abt:* vgl. 58.

106. Zentralbibliothek Zürich. – *Heidegger:* Johann Konrad Heidegger (1710–1778), Zürcher Bürgermeister seit 1768, engagiert für die Reformen des städtischen Schulwesens, Mitbegründer und Beiträger der Zürcher Naturforschenden Gesellschaft, verdient um die Stadtbibliothek. *Merck:* vgl. 82. *Sammlung Grillenbriefe:* „Rosaliens Briefe".

107. Bayerische Staatsbibliothek München. – *Caroline:* Ein Werk dieses Titels von Dalberg ist nicht bekannt. Vielleicht als „Cora" veröffentlicht? *Il avait un bout de cervelle . . . :* Er hatte ein Stück Hirn an Stelle des Herzens, und ich: ein Stück Herz an Stelle des Hirns.

108. Hassencamp (Hg.) (wie 65.), S. 209/210.

109. Robert Hassencamp (Hg.): Briefe von Joh. Heinr. Jung-Stilling an Sophie v. La Roche, in: Euphorion II (1895), S. 581/582. – *philanthropinische Raserei:* vgl. 103. *unsere Akademie:* Im vierten Band seiner autobiographischen Schriften („Henrich Stillings häusliches Leben", 1789) heißt es dazu: „In diesen Jahren hatte ein großer thätiger und gewaltig würkender Geist, der Herr Rath Eisenhart [= Friedrich Casimir Medicus, 1736–1808)], zu Manheim, in der uralten Stadt Rittersburg, in Austrasien [= Kaiserslautern in der Kurpfalz] eine staatswirthschaftliche Gesellschaft errichtet; sie bestand aus verschiedenen Gelehrten und verständigen Männern, die sich zu dem Zweck vereinigten, Landwirthschaft, Fabriken und Handlung empor zu bringen, und dadurch das Volk, folglich auch den Regenten, zu beglücken. Dieses vortreffliche Institut hatte auch der Churfürst in Schutz genommen, gestiftet und mit einigen Revenüen versehen, um desto zweckmäßiger würken zu können." Jung-Stilling war seit 1778 als Professor in Kaiserslautern; 1784 wurde die Akademie nach Heidelberg verlegt.

110. Bayerische Staatsbibliothek München. – *Electra:* „Electra. Eine musikalische Declamation", Mannheim 1780. *Briefe über Hagley, Envil und Leasowes:* Eines der Lieblingsbücher von Sophie von La Roche, das sie in „Mein Schreibetisch" (2 Bände Leipzig 1799; Bd. I, S. 19)

nennt: „Heelys mir äußerst liebe, Beschreibung der Gärten von Hagley, Envil und Leasowes in England". Der Vergleich mit Dieburg bezieht sich also auf die Gartenkunst.

111. Ursula Schulz (Hg.): 11 Briefe von Heinrich Christian Boie und Luise Mejer an Sophie La Roche (1779–1788), in: Wolfenbütteler Studien zur Aufklärung III (1976), S.67–99; S.69–72. – *das liebe Mädchen:* Luise Mejer (1746–1786), Heinrich Christian Boies erste Frau; sie heirateten am 21.5. 1785. (Über ihre Beziehung vgl. Ilse Schreiber (Hg.): „Ich war wohl klug, daß ich dich fand". Heinrich Christian Boies Briefwechsel mit Luise Mejer, 1777–1785, München ²1963.) *Kinder in Wandsbeck:* Friedrich Heinrich Jacobis älteste Söhne Johann Friedrich (1765–1831) und Georg Arnold (1768–1845) waren zur Erziehung bei Matthias Claudius in Wandsbeck. *Anfang eines größeren Gedichts von Stolberg:* wahrscheinlich „Die Zukunft"; das Gedicht blieb Fragment und wurde nicht gedruckt (vgl. „Zueignung eines unvollendeten Gedichts: Die Zukunft. An meine Freundin Caroline Adelheid Cornelia", in: Gesammelte Werke (vgl. 98.) Bd. I, S. 313 ff.). *Geschichte mit Lenz:* Boie meint wohl jenen auch heute noch nicht völlig geklärten Fauxpas von Lenz, der zu dessen Ausweisung aus Weimar am 1.12. 1776 auf Betreiben Goethes geführt hatte. *Ihre Frau Tochter:* Maximiliane, die sie auf ihrer Reise nach Hamburg begleitet hatte. *Luise:* Luise Mejer, s.o. *Henriette im Woldemar:* Henriette, die weibliche Hauptfigur in Friedrich Heinrich Jacobis „Woldemar", vertrat ein Ideal der Empfindsamkeit, das von vielen Zeitgenossen als übersteigert abgelehnt wurde. *Zimmermanns Antwort an Kästner:* Johann Georg Zimmermann: „Versuch in anmuthigen und lehrreichen Erzählungen, launigten Einfällen und philosophischen Remarquen über allerlei Gegenstände. Zweyte, mit einem Fragment und dem Sendschreiben des Herrn Hofrathes Kästner an den Verfasser vermehrte Auflage" [Hg. Georg Christoph Lichtenberg], Göttingen 1779. *Streit zwischen Wieland und Nicolai:* Auf Friedrich Nicolais Roman „Das Leben und die Meinungen des Herrn Magister Sebaldus Nothanker" (1773–1776), in dem u.a. Johann Georg Jacobi als Dichter Säugling verspottet wird, antwortete Wieland mit „Zergliederung des Buchs genannt: Leben, Bemerkungen und Meynungen Johann Bunkels" (in: „Teutscher Merkur" 1778, Bd. III, S.75–90; 165–172; Bd. IV, S.55–75; S.158–173; S.248–260) und „Abgenöthigter Nachtrag zur Johann-Bunkeliade" (in: „Teutscher Merkur" 1779, Bd.I, S.154–172). Friedrich Nicolai setzte sich zur Wehr mit der Schrift „Noch ein paar Worte, betreffend Johann Bunkel und Christoph Martin Wieland", Berlin und Stettin 1779. *Gräfin Auguste:* Auguste Louise Gräfin von Stolberg (1753–1835), Schwester der Brüder Christian und Friedrich Leopold, Stiftsdame in Uetersen. *Aufsatz Ihrer ver-*

ewigten Freundin: Gemeint ist wohl einer der Briefe von Julie Bondeli. *Ihren vortrefflichen Minister:* Hohenfeld, vgl. 84. *Henslern:* Philipp Gabriel Hensler (1733–1805) war seit 1769 Physikus in Altona; er war der Hausarzt der Familie Stolberg.

112. Jansen (Hg.) (wie 96.), S. 62–64. – *Freund Rothmann:* Johann Nepomuk Rothmann (1752–1811), Artillerieleutnant der fürstbischöflich münsterischen Truppe, zeitweise Mitdirektor des dortigen Theaters, nebenbei auch Schriftsteller. *Freundin Voigts:* Jenny von Voigts, Tochter von Justus Möser. *ihre Schwestern:* Katharina Gräfin von Stolberg (1751–1832) war eine gelehrte Frau aus dem Klopstockkreis, die auch als Dichterin hervortrat (Beiträge im „Deutschen Museum", in der „Iris" usw.). Zu Auguste vgl. den vorstehenden Brief. *André:* wahrscheinlich der englische Offizier John André, der mit Boie in Göttingen befreundet war; er wurde im Amerikanischen Unabhängigkeitskrieg gefangengenommen und, der Spionage verdächtigt, erschossen. *Windeme:* Unter diesem Namen besang Klopstock die Nichte seiner Frau Meta, Johanna Elisabeth von Winthem geb. Dimpfel (1747–1821). *Ebert:* Johann Arnold Ebert (1723–1795), seit 1748 Professor am Collegium Carolinum in Braunschweig, Freund Klopstocks, Bremer Beiträger, übersetzte 1751 Youngs „Nachtgedanken". *mit dem Kurfürsten in Essen:* nämlich bei dessen Schwester Maria Kunigunde, die Äbtissin in Essen war (vgl. 77.).

113. Michel (Hg.) (wie 27.), S. 93–95. – *Oberon:* Wielands romantisches Heldengedicht in 14 Gesängen war 1780 im „Teutschen Merkur" erschienen. *Vogue la galère:* Hoffen wir das Beste!

114. Bayerische Staatsbibliothek München. – *2000 Gulden:* 1333 Reichstaler; mehr als das Doppelte von dem, was Wieland von seinem Herzog bezog. *Oncle und Nepote:* Onkel und Neffe. *Pour savoir ce que tu vaux il faut soi-même valoir quelque chose:* Um zu wissen, was du wert bist, muß einer erst selbst etwas wert sein. *Chaussée des Saints:* La Roche spielt mit der wörtlichen Bedeutung dieser geographischen Bezeichnung: Straße der Heiligen. *Que Dieu le bénisse et qu'il conserve nos dignes amis:* Gott segne ihn und erhalte unsere würdigen Freunde.

Viertes Kapitel

115. Horn (Hg.) (vgl. 103.), S. 211–213. – *alma mater Natura:* die nahrungsspendende Mutter Natur.

116. Bayerische Staatsbibliothek München. – *Herrnsheim* bei Worms war der Stammsitz der Familie Cämmerer von Worms genannt Dalberg; Wolfgang Heribert war dort geboren. *Statthalter von Erfurt:* eben der *Herr Bruder,* Carl Theodor von Dalberg (vgl. 46.).

117. J. Dresch (Hg.): Lettres inédites de Sophie Laroche, in: Revue germanique 11 (1920), S.220.
118. Horn (Hg.) (vgl. 103.), S.215/216. – *Friedrich Richter zu Altenburg:* Verleger von „Rosaliens Briefe". *Herzoginnen beiderseits:* nämlich Anna Amalia und Luise von Sachsen-Weimar. *Retraite:* Ruhestand. *Agrément:* das Angenehme.
119. Horn (Hg.) (vgl. 103.), S.217–219. – *Madame Gomez:* Madelène-Angélique Poisson, Madame de Gomez (1684–1770), französische Schriftstellerin („Les journées amusantes", 8 Bände, 1723; „Les cent Nouvelles nouvelles", 8 Bände, 1735), schrieb überdies Tragödien („Habis", 1714; „Sémiramis", 1716).
120. Wagner (Hg.) (wie 66.), S.279/280. – *Beroldingen:* Joseph Freiherr von Beroldingen war Domherr zu Speyer und Hildesheim, zugleich Fürstlich Speyerischer Hof- und Rentkammerpräsident.
121. Bayerische Staatsbibliothek München. – *Alceste:* Wielands Singspiel mit der Musik von Schweizer (1773). *Bernauerin:* Joseph August von Törring-Cronsfeld (1753–1826): „Agnes Bernauerin. Ein vaterländisches Schauspiel" (1780). *Naturalienkabinett:* Die naturgeschichtliche Sammlung des Kurfürsten von der Pfalz war eine der berühmtesten Sehenswürdigkeiten Mannheims (vgl. Sophie von La Roche: Briefe über Mannheim, Zürich 1791, auch Mannheim 1791).
122. Horn (Hg.) (vgl. 103.), S.220–223. – *Badebekanntschaft:* Sophie von La Roches moralische Erzählung „Eine Baadbekanntschaft" erschien zunächst im „Teutschen Merkur" 1781, S.149–175, später auch in „Pomona für Teutschlands Töchter" 1784, S.1090–1122, ferner in Sophie von La Roche: Neuere Moralische Erzählungen, Altenburg 1786, S.125–183 und in Sophie von La Roche: Freunde und Freundinnen aus zwey sehr verschiedenen Jahrhunderten und die Baad-Bekanntschaft, Offenbach 1789, S.69–101. *Madame de Maintenon:* Françoise d'Aubigné, Marquise de Maintenon (1635–1719), berühmt als Mätresse, als Schriftstellerin kommt sie nur durch ihre pädagogischen Briefe in Betracht. *Murat:* Henriette-Julie de Castelnau, Comtesse de Murat (1670–1716), französische Schriftstellerin („Mémoires de sa vie", 1697; „Nouveaux contes de fées", 1698; „Histoires sublimes et allégoriques", 1699; „Les Lutins du Château de Kernosy", 2 Bde., 1710–17). *Riccoboni:* vgl. 21. *Ce ton là ne nous va pas:* Dieser Ton steht uns nicht an. *quintilianische und aristarchische Erinnerungen:* nach dem römischen Rhetor Marcus Fabius Quintilianus (35–um 96) und dem griechischen Philologen Aristarch (1. Hälfte des 2. Jh. v. Chr.) – hier wohl nur: stilistische Ermahnungen. *tête levée:* erhobenen Hauptes.
123. Horn (Hg.) (vgl. 103.), S.226/227. – *redressieren:* zurechtbiegen. *sans nous flatter:* ohne uns zu schmeicheln. *à son aise:* wie es ihm bequem ist (wie es Ihnen paßt).

124. Pfälzische Landesbibliothek Speyer. – Aus dem Französischen übersetzt von M. Maurer. – *Der Adressat:* Jean-André de Luc oder Deluc
(1727–1817), aus Genf stammender Geologe und Meteorologe,
bekannt mit Merck, Lichtenberg, Forster, Humboldt und vielen
anderen Zeitgenossen; sein Amt war das eines Vorlesers der englischen Königin (deshalb wird er in diesem Brief auch auf Madame de
la Fite und Frau von Schwellenberg angesprochen, die beide Hofdamen der englischen Königin waren). *Autor des zweiten und dritten Bandes:* Johann Caspar Riesbeck (1754–1786), kritischer Journalist und
Reiseschriftsteller („Briefe eines reisenden Franzosen", 1783).
125. Michel (Hg.) (wie 27.), S. 96/97. *Träumerei:* „Joseph der Zweite nahe
bei Speyer im Jahr 1781", abgedruckt bei Michel, S. 95/96. Eine
Abschrift findet sich auch im Bodmer-Nachlaß der Zentralbibliothek
Zürich. Im Druck erschien die „Träumerei" separat in Speyer 1781
sowie unter dem Titel „Empfindungen der Verfasserin der
Geschichte des Fräuleins von Sternheim und der Briefe Rosaliens,
als Joseph der Zweite in Schwetzingen war" in Wien 1782. *Bertuch:*
Friedrich Justin Bertuch (1747–1822), Schriftsteller, seit 1775
Geheimsekretär des Herzogs von Weimar, Verleger, Begründer des
Weimarer „Industrie-Comptoirs", Herausgeber des „Journals des
Luxus und der Moden". *Luise:* seit dem 1. 5. 1779 unglücklich verheiratet mit dem kurtrierischen Hofrat Joseph Christian von Möhn
(1754–1804). *Goeckingk:* Leopold Friedrich Günther von Goeckingk
(1748–1828), preußischer Beamter (damals, 1770–86, Kanzleidirek-
tor in Ellrich/Harz), dem Halberstädter Dichterkreis zugehörig und
dem Göttinger Hain nahestehend.
126. Zentralbibliothek Zürich. – *Fortsetzung der „Briefe über das Mönchswesen":* vgl. 124. *Tischbein:* Johann Heinrich Wilhelm Tischbein
(1751–1829) der „Goethe-Tischbein", der sich auf seiner Italienreise
auch in Zürich aufhielt. *Kayser:* Philipp Christoph Kayser
(1755–1823). Vor allem durch Lavater dazu bewogen, übersiedelte
Kayser 1775 von Frankfurt nach Zürich. Bekannt ist er vor allem als
Komponist Goethescher Dichtungen.
127. Zentralbibliothek Zürich. – *Freund meiner jungen Jahre:* vgl. 7.
128. Horn (Hg.) (vgl. 103.), S. 233–235. – *au bout du compte:* am Ende der
Rechnung, unter dem Strich. *Asino:* Esel.
129. Zentralbibliothek Zürich. – *beiliegende Blätter:* vgl. 125. *Josephs Verordnungen gegen die Mönche:* Unter Kaiser Joseph II. wurden 1781 alle
Mönchsorden und Klöster aufgehoben, die sich nicht durch Tätigkeit in der Seelsorge oder im Unterrichtswesen als sozial nützlich
erwiesen. *Heinrichs Schicksal, durch Pfaffenhaß erlitten:* Sie denkt wohl
an die Ermordung des Franzosenkönigs Heinrichs IV. durch den
Jesuiten Ravaillac am 14. 5. 1610 auf offener Straße. *Widerstrebendes*

gegen Hofleben, Hofgrundsätze und Lüge: vgl. den ersten Teil der „Geschichte des Fräuleins von Sternheim".

130. Deutsches Literaturarchiv/Schiller-Nationalmuseum Marbach am Neckar. – Der Adressat: Karl Ludwig von Knebel (1744–1834) war seit 1774 Erzieher des Prinzen Constantin von Sachsen-Weimar, des jüngeren Bruders des Herzogs Carl August. Übersetzte später Lukrez und Properz. *Rektor Hutten:* in Speyer, war am Verlag der „Pomona" beteiligt. *Lerse:* Franz Christian Lerse (1749–1800), studierte gleichzeitig mit Goethe und Jung-Stilling in Straßburg, Lehrer an Pfeffels Militärakademie in Kolmar. *katholisch:* Das scheint dann doch kein Hindernis gewesen zu sein, denn der jüngste Sohn Franz Wilhelm kam 1784 tatsächlich auf Pfeffels Militärakademie, während umgekehrt Pfeffels Tochter Peggi von Sophie von La Roche in Speyer erzogen wurde.

131. Ernst Beins/Werner Pleister (Hg.): Justus Mösers Briefe, Hannover u. Osnabrück 1939, S. 360. – J. Möser (1720–1794) war seit 1747 Vertreter der Regierung Osnabrücks in Rechtssachen, seit 1755 zugleich Syndicus der Ritterschaft, schließlich Leiter der gesamten Landesverwaltung im Bistum Osnabrück. Schriftsteller („Patriotische Phantasien", 1774–86), Journalist („Wöchentliches Osnabrückisches Intelligenzblatt", seit 1766) und Historiker („Osnabrückische Geschichte", 1768). *umständliche Beschreibung:* Beschreibung mit allen Umständen oder Details. *Physiognomie von Lavater:* Johann Caspar Lavater: „Physiognomische Fragmente zur Beförderung der Menschenliebe und Menschenkenntnis", Leipzig 1775–78. *Regel de tri:* Dreisatz.

132. Zentralbibliothek Zürich.

133. Zentralbibliothek Zürich. – *Einnahme von Yorktown:* Fritz von La Roche war also an einer der entscheidenden Operationen des Amerikanischen Unabhängigkeitskrieges beteiligt. Nachdem die mit den Amerikanern verbündeten Franzosen im Sommer 1781 vorübergehend die Vorherrschaft zur See vor der Chesapeak Bay erreicht hatten, konnte Washington den englischen General Cornwallis in der Festung Yorktown einschließen, wobei sich besonders der französische Marquis de Lafayette als Anführer der Vorhut auszeichnete. Cornwallis kapitulierte nach dreiwöchiger Belagerung am 19. 10. 1781.

134. Zentralbibliothek Zürich. – *Pomona:* „Pomona für Teutschlands Töchter", die erste Frauenzeitschrift in Deutschland, die von einer Frau geschrieben wurde, erschien zwei Jahrgänge lang, von Januar 1783 bis Dezember 1784, in Speyer. (Pomona ist die Göttin des Herbstes mit dem Füllhorn; wie diese wollte Sophie von La Roche die Früchte ihres Wissens und ihres Fleißes austeilen.) *Thomsons Jahreszeiten:* James Thomson (1700–1748): „The Seasons" (1726–1740). Dieses Gedicht über Mensch und Welt im Kreislauf der Jahreszeiten

war in England im 18. Jahrhundert das am meisten gelesene Buch, abgesehen von der Bibel und von John Bunyans „The Pilgrim's Progress". *sechs Bogen:* Ein Heft hatte im Durchschnitt hundert Seiten im Oktavformat. *4 Gulden 30 Kreuzer:* Das entspricht etwa der Monatsmiete für zwei bescheiden möblierte Zimmer oder drei Monaten Lohn für einen Koch oder 1/2–1 Pfund Tee.

135. Zentralbibliothek Zürich. – *Briefe an Lina:* eine Art ständiger Kolumne in der „Pomona". Sie erschienen auch separat gedruckt in Speyer 1785. *Rosalie, 25. und 42. Brief:* nach der Zählung der Buchausgabe. Im 25. Brief (Bd. I (1779), S. 132–135) geht es um das Verhältnis der Intellektuellen zur Religion, um Religion als Herzenssache und um das Sprechen über Religion vor den Dienstboten. Im 42. Brief (Bd. I (1779), S. 231–236) bezieht Sophie von La Roche Stellung gegen Lavaters Physiognomie und insbesondere gegen das leichtfertige Physiognomieren. *Petersen:* Georg Wilhelm Petersen (1744–1816) war der Erzieher des Erbprinzen von Hessen-Darmstadt, später ein wichtiger Freund und Korrespondent für Sophie von La Roche (über diesen wenig bekannten Schriftsteller vgl. Hermann Bräuning-Octavio: Georg Wilhelm Petersens Kampf um die Freiheit der Presse, in: Börsenblatt für den deutschen Buchhandel (Frankfurter Ausgabe), Nr. 100 (16. 12. 1969), S. 3279–3304.).

136. Bayerische Staatsbibliothek München. – *Teutsche Gesellschaft:* Die damals gerade erst gegründete Kurpfälzische Deutsche Gesellschaft mit Sitz in Mannheim war eine der in jenen Jahren zahlreich entstehenden nationalen Gesellschaften zur Beförderung der deutschen Sprache und Literatur. *Adelung:* Johann Christoph Adelung (1732–1806) war auf dem Gebiet der Sprache einer der Vorkämpfer deutscher Nationalkultur; sein Hauptwerk war damals gerade im Erscheinen: „Versuch eines vollständigen grammatisch-kritischen Wörterbuches der hochdeutschen Mundart" (5 Bände, 1774–1786). *französische Nachrichten:* Das Februarheft der „Pomona" von 1783 enthielt als Hauptartikel „Über Frankreich", die erwähnte Übersetzung ist „Weniger als nichts – oder Träumerey einer Marmotte von Madame de Beauharnais".

137. Zentralbibliothek Zürich.

138. Bayerische Staatsbibliothek München.

139. Pfälzische Landesbibliothek Speyer. – Die Adressatin: Dies ist der erste Brief an jene Frau, die im Alter die wichtigste Freundin für Sophie von La Roche werden sollte: Gräfin Elisabeth (Elise) Charlotte Ferdinande Luise von Solms-Laubach geb. Prinzessin von Isenburg (*1753). Sie war vierzehnjährig an ihren Vetter, den Erbgrafen Georg August Wilhelm von Solms-Laubach verheiratet worden, hatte vier Kinder, von denen zwei im Kindesalter starben, wurde

neunzehnjährig bereits Witwe, als der Erbgraf 1772 auf der Jagd vom Pferd stürzte. Die junge Witwe heiratete nicht wieder; sie widmete sich der Erziehung ihrer Kinder und der Regierung ihrer reichsunmittelbaren Grafschaft. Sie galt als begabt und belesen und schriftstellerte selbst, veröffentlichte aber nichts.

140. Pfälzische Landesbibliothek Speyer. – *Sir Weldone:* „Weldone. Eine moralische Erzählung", Speyer 1785. In der „Pomona" unter dem Titel „Das wahre Glück liegt in der Seele des Rechtschaffenen. Eine moralische Erzählung" 1783, S. 1045–1083. *weil Sie diese durchgehen:* während Sie diese durchgehen. *Miß Kerry:* „Miß Kerry und Sophie Gallen, eine moralische Erzählung", in: „Pomona" 1784, S. 30–99. *Hinführen des jungen Fürsten zu den abgebrannten Hütten:* In der Erzählung „Die glückliche Reise" von Sophie von La Roche stiftet ein junger Fürst, gerührt von der Not seiner Untertanen, denen soeben ein ganzes Dorf abgebrannt ist, die von seinem Vater für den Bau eines neuen Schlosses aufgehäuften Steine zum Wiederaufbau sämtlicher Häuser des Dorfes aus Stein (statt Holz). *Willen:* der Zeichner Johann Georg Wille (1715–1808), der seit 1736 in Paris lebte.

141. Hassencamp (Hg.) (wie 131.), S. 493–495. – *Beroldingen:* vgl. 120. *Olten:* dort tagte die „Helvetische Gesellschaft". *inokulieren:* impfen. *7. Heft der Pomona:* Im Zusammenhang einer längeren Plauderei („Versuch einer Antwort auf die sonderbaren Fragen: Von was ich gerne rede – Was ich gerne sehe – und Was mich seit zwey Monaten am meisten schmerzte und freute?") lobte Sophie von La Roche die „Schulverbesserungen in Landau, wozu der schäzbare Geist des Herrn Burgermeister Hofmann [= Pfeffels Schwager] so vieles beitrug" (S. 654) und erzählte von ihrem Schmerz über einen „Aufruhr unter jungen Leuten in einer Erziehungsanstalt", „weil sie Entwürfe der Rachsucht und Verzweiflung gemacht hatten" (S. 655).

142. Horn (Hg.) (vgl. 103.), S. 245–249. – *Mortifikation:* Demütigung, Peinigung. *Compostell:* Santiago de Compostella, nach Jerusalem jahrhundertelang der wichtigste Wallfahrtsort der Christenheit (im Nordwesten Spaniens). *40 bis 50 oder 60 Karolins:* 240 bis 300 oder 360 Reichstaler (er veranschlagte diese Reise also weit höher als Sophie von La Roche). *Reziprokum:* Gegengabe. *Villoison:* Jean-Baptiste d'Ansse de Villoison (1750–1805), französischer Hellenist, weilte 1782 in Weimar und teilte in seinen „Epistolae Vinarienses" (Zürich 1783) philologische Funde aus der herzoglichen Bibliothek in Weimar mit. *Er hat mich sehr in Affektion genommen:* Er hat eine starke Zuneigung zu mir gefaßt. *Capitale de l'Univers:* Hauptstadt des Universums. *Athène moderne:* Athen der Neuzeit. *Paradis des Femmes et des Fous:* Paradies der Frauen und Narren.

143. Pfälzische Landesbibliothek Speyer. – *der geliebteste Freund meines*

Mannes: der Dechant Dumeiz. *Régiment Royal Deuxponts:* Königliches (französisches) Regiment Zweibrücken. *1 800 Gulden:* zum Vergleich: La Roches jährliche Pension als ehemaliger kurtrierischer Kanzler betrug 2 000 Gulden. *Passedroit:* Übergehen eines rechtlichen Anspruchs. *35., 36., 37. Brief von Rosalie:* in der Buchausgabe Bd. I (1779), S. 189–201; dort geht es um Willenskraft und darum, daß es nicht genüge, Gutes zu tun, man müsse auch dessen Rückwirkung auf andere beachten. *nie mehr als sechs Schüsseln:* Diese Devise war zugleich ein bürgerliches Schlagwort der damaligen Zeit, das sich gegen die Prasserei und Verschwendung des Adels richtete. Vgl. das 1780 in Mannheim aufgeführte Stück „Nicht mehr als sechs Schüsseln" von Gustav Friedrich Wilhelm Großmann (1744–1796).

144. Pfälzische Landesbibliothek Speyer. – *Universum:* Carl Theodor von Dalberg (vgl. 46.): „Betrachtungen über das Universum", Erfurt 1777 (5. Auflage Mannheim 1805). *Über den moralischen Wert:* Carl Theodor von Dalberg: „Gedanken von der Bestimmung des moralischen Werths", Erfurt 1782. *Engelländer:* In einem ebenfalls vom 14. 9. 1783 datierten Brief an Johann Caspar Lavater (Zentralbibliothek Zürich) empfiehlt sie ihm diese Engländer mit den Worten: „Dieser Brief wird Ihnen von interessanten Engländern gegeben: Milady Fletcher, sehr liebenswürdig, welche in Ostindien war. Herr und Frau Malpas, vortreffliche gute Menschen."

145. Zentralbibliothek Zürich. – *Minister von Heinitz:* Friedrich Anton Freiherr von Heinitz (1725–1802), seit 1777 Leiter des preußischen Bergwerks- und Hüttendepartements, seit 1782 zusätzlich des Handels- und Fabrikendepartements, 1783/84 auch des Zoll- und Akzisendepartements. 1784 entlassen. Sein Werk ist im wesentlichen der Aufbau der Montanindustrie in Schlesien. Unter Friedrich Wilhelm II. übernahm er die Regierung der rheinisch-westfälischen Landesteile und die von Neuchâtel sowie die Leitung des Münz- und Salzwesens im ganzen Königreich. *Freundschaft der Frau von Stein:* Maria Anna vom und zum Stein, eine Schwester des Reichsfreiherrn (vgl. 96.), war mit Sophie von La Roche befreundet. An sie sind „Rosaliens Briefe" gerichtet. Sie war Stiftsdame und Äbtissin des adligen Fräuleinstifts Wallerstein in Homberg im Hessen-Kasselschen.

146. Zentralbibliothek Zürich. – Lavater hatte von Luise von Dessau in seinem Brief an Sophie von La Roche vom 14. 2. 1784 (Zentralbibliothek Zürich) als von der „durch ihren Geist königlichen Luise" gesprochen. *abreisen:* Lavater hatte in dem genannten Brief aus folgendem Grund um nähere Informationen gebeten: „Vielleicht, wenn Sie frühe genug kämen, könnte mein Sohn, der sogleich nach Ostern in meines Bruders Officin kommen und von Offenbach zurückkommen wird, von dieser schönen Gelegenheit profitieren."

147. Michel (Hg.) (wie 27.), S. 99/100. – *au pied de la lettre:* im wortwörtlichen Sinne.

148. Deutsches Literaturarchiv/Schiller-Nationalmuseum Marbach am Neckar. – *Rosenstiel:* Friedrich Wilhelm Rosenstiel (1754–1832), Bergrat in Berlin, Carls Vorgesetzter. *Louise von Stein:* Johanna Louise vom und zum Stein (1752–1816), verheiratet mit dem Grafen Jacob Friedemann von Werthern. *Der große Friedrich soll tot sein!:* Ein Gerücht. Friedrich der Große starb erst am 17. 8. 1786.

149. Pfälzische Landesbibliothek Speyer. – *ein kleines Tagebuch:* „Tagebuch einer Reise durch die Schweiz, von der Verfasserin von Rosaliens Briefen", Altenburg 1787. *Freundin von Bordeaux:* Elise von Bethmann, aus dem bekannten Frankfurter Bankiersgeschlecht, war aus Bordeaux gebürtig. *Principes de Morale de l'Abbé Mably:* Gabriel Bonnot de Mably (1709–1785): „Principes de Morale", 1784.

150. Universitätsbibliothek Freiburg im Breisgau. – *Freiburg:* Johann Georg Jacobi war 1784 als Professor der schönen Wissenschaften an die österreichische Universität Freiburg im Breisgau berufen worden. *Heftigkeit macht selbst das Beste widerlich:* zielt auf Schiller.

151. Pfälzische Landesbibliothek Speyer.

152. Ernst Martin (Hg.): Ungedruckte Briefe von und an Johann Georg Jacobi, mit einem Abrisse seines Lebens und seiner Dichtung, Straßburg 1874, S. 82–84. – *Iffland, Beck und Beil:* August Wilhelm Iffland (1759–1814) floh 1777 aus seinem Elternhaus in Hannover nach Gotha, wo sich der berühmte Schauspieler Konrad Ekhof seiner annahm. Nach Ekhofs Tod 1778 ging er mit seinen Schauspielerkollegen Heinrich Beck (1760–1803) und Johann David Beil (1754–1794) an das Nationaltheater nach Mannheim. *Schillers Kabale und Liebe:* Uraufführung am 13.4. 1784 in Frankfurt; in Mannheim seit dem 15.4. 1784 auf dem Spielplan. *Günther von Schwartzburg:* Das Schauspiel erschien 1777 anonym in Mannheim. Autor: Anton von Klein.

153. Pfälzische Landesbibliothek Speyer. – *Jeanette:* Lustspiel in drei Aufzügen von Friedrich Wilhelm Gotter (1746–1797); gedruckt Quedlinburg 1784. *Moritz von Isenburg:* Prinz Christian Moritz von Isenburg (1739–1799), ein Vetter der Elise zu Solms-Laubach, als Soldat nacheinander in sächsisch-polnischen, russischen und kurpfälzischen Diensten (Generalmajor), seit 1782 morganatisch verheiratet mit Luise Leopoldine Elisabeth Winkel († 1801), die 1790 zur Reichsgräfin von Winkel erhoben wurde. *Küstchen an Graf Buffon:* Naturalien, die Elise zu Solms-Laubach dem berühmten Naturforscher Georges-Louis Leclerc, Comte de Buffon (1707–1788) als Geschenk übermachen wollte; sie wurden schließlich von Sophie von La Roche überreicht, die darüber in ihrem „Journal einer Reise durch Frankreich" (Altenburg 1787), S. 153 ff. berichtet.

154. Pfälzische Landesbibliothek Speyer. – *Gräfin Genlis:* Caroline-Sté-phanie-Félicité Du Crest (seit 1763) Comtesse de Genlis (1746–1830), Prinzenerzieherin, pädagogische Schriftstellerin („Adèle et Théo-dore, ou Lettres sur l'éducation", 3 Bände, 1782; „Discours sur l'édu-cation de M. le Dauphin", 1790; „Léçons d'une gouvernante à ses élèves ou Fragments d'un Journal qui a été fait pour l'éducation des enfants de M. le duc d'Orléans", 1791; „Projet d'une école rurale pour l'éducation des filles", 1801; „Mademoiselle de Clermont", 1802; „Mémoires sur le XVIII siècle et la Revolution française, dépuis 1756 jusqu'à nos jours", 10 Bände, 1825). *Bonne:* Zofe, Kin-dermädchen. *Ich erwarte Befehle:* Ihrem Brief vom 17.9. 1785 legte Sophie von La Roche dann einen Bericht über den Besuch bei der Gräfin Genlis bei (Pfälzische Landesbibliothek Speyer), der auch im „Journal einer Reise durch Frankreich" enthalten ist.

155. Pfälzische Landesbibliothek Speyer.

156. Zentralbibliothek Zürich.

157. Pfälzische Landesbibliothek Speyer.

158. Jakob Keller (Hg.): Fünf Briefe an G. K. Pfeffel, in: Archiv für Litera-turgeschichte 12 (1884), S. 293/294. – *Oltner Rede:* Pfeffel war seit 1777 Mitglied der „Helvetischen Gesellschaft", die anfangs in Schinznach, dann in Olten tagte. 1785 war Pfeffel Präsident dieser Gesellschaft; seine Rede ging „Über die europäische Kriegsverfas-sung vor Erfindung des Feuergewehrs, und über die Veränderun-gen, welche diese Erfindung in unserem Weltheil überhaupt und in Helvetien insbesondere hervorgebracht". *Unsere Caroline:* Caroline ist der Taufname der Tochter Pfeffels, die zeitweise zur Erziehung bei Sophie von La Roche in Speyer war und „Peggi" gerufen wurde. *Externe:* also nicht in Pfeffels Internat Wohnende. *Gouverneur:* hier Bezeichnung für einen Hofmeister oder Privatlehrer.

159. Pfälzische Landesbibliothek Speyer. – *Trennung von Friedrich:* An Ostern 1786 bezog Friedrich von Solms-Laubach die Marburger Universität. *meine Freundin Baldinger:* Sophie von La Roche gab deren autobiographische Skizze „Versuch über meine Verstandeserzie-hung" nach ihrem Tod heraus unter dem Titel: „Lebensbeschreibung von Friderika Baldinger von ihr selbst verfaßt. Herausgegeben und mit einer Vorrede begleitet von Sophie, Wittwe von La Roche" (Offenbach 1791). *Abschrift der Verse:* In der Werkausgabe (Abraham Gotthelf Kästner: Gesammelte poetische und prosaische schönwis-senschaftliche Werke, Bd. I, Teil I, Berlin 1841, S. 81) sind die Verse leicht modifiziert abgedruckt. *Morgen ist Friedrich:* Friedrichs Namenstag. Die Protestantin Sophie von La Roche pflegte die Namenstage des katholischen Heiligenkalenders nicht zu überse-hen.

160. Pfälzische Landesbibliothek Speyer. – *Cäcilia:* Patronin der Musik.
161. August Langmesser: Jakob Sarasin, der Freund Lavaters, Lenzens, Klingers u. a. Ein Beitrag zur Geschichte der Genieperiode, Zürich 1899, S. 141. – Der Adressat: Jakob Sarasin (1742–1802) war Kaufmann in Basel. Er hatte Umgang mit Pfeffel, Schlosser, Lenz u. a. *Kremplen:* handeln, zanken, feilschen. *liebenswürdige Frau:* Gertrud Sarasin geb. Battier (1752–1791). *Cagliostro:* Graf Alessandro Cagliostro (eigentlich Giuseppe Balsamo, 1743–1795), berühmter Abenteurer, Alchimist und Scharlatan, der damals in London lebte.
162. Pfälzische Landesbibliothek Speyer. – *Offenbach, wo ich unter dem Schutz Ihres Hauses stehen werde:* Offenbach war die Residenz des Fürsten von Isenburg-Birstein; Elise von Solms-Laubach war eine gebürtige Prinzessin von Isenburg-Birstein.
163. Langmesser (Hg.) (wie 161.), S. 142. – *bei dem merkwürdigen Grafen:* Cagliostro (vgl. 161.). *kranke Freundin:* die Schwester des Barons von Hohenfeld. *Morandes:* Redakteur des „Courier de l'Europe". *George Gordon:* Lord George Gordon (1751–1793), radikaler Whig-Politiker, Präsident der „Protestant Association", provozierte einen Aufstand des Londoner Mobs (2.–9. 7. 1780). Ihre Begegnung mit George Gordon beschreibt Sophie von La Roche in ihrem „Tagebuch einer Reise durch Holland und England, von der Verfasserin von Rosaliens Briefen" (Altenburg 1788), S. 316/317.
164. Stadtbibliothek Schaffhausen. – Der Adressat: Johannes von Müller (1752–1809), Geschichtsschreiber und Staatsmann, seit 1786 Bibliothekar, später Geheimer Kabinettssekretär des Kurfürsten von Mainz; historisches Hauptwerk: „Geschichte der Schweizer Eidgenossenschaft" (1786–1808) und „24 Bücher Allgemeiner Geschichte" (1809). 1804 ging er als Geheimer Rat und Hofhistoriograph in preußische Dienste, 1808 wurde er Minister-Staatssekretär König Jérômes in Westfalen. – *Reisejournal eines sehr wackern jungen Mannes:* Sophie von La Roche empfahl diesen, einen gewissen Neckermann, an Müller als Hofmeister für Frau von Coudenhove. *Heinse:* Johann Jakob Heinse (1746–1803), von Wieland und Riedel als Student in Erfurt gefördert, wurde er 1774 Mitherausgeber der „Iris"; Italienreise 1780–83, seit 1786 Vorleser und später Privatbibliothekar des Erzbischofs von Mainz mit dem Titel eines Hofrats und Professors. Sein berühmtester Roman: „Ardinghello und die glückseligen Inseln" (1787). *Frau von Coudenhove:* Sophie Freifrau (später: Gräfin) von Coudenhove geb. von Hatzfeld (1747–1825), Oberhofmeisterin und Mätresse des Mainzer Kurfürsten Friedrich Karl Joseph von Erthal. *Dr. Monro, Bedlam:* Die Reisenden des 18. Jahrhunderts pflegten auch Tollhäuser und Nervenheilanstalten zu besuchen. In ihrem

„Tagebuch einer Reise durch Holland und England" berichtet Sophie von La Roche von ihrem Besuch in der Londoner Anstalt Bedlam (S. 347–357), deren Leiter, Dr. Monro, gerühmt wird wegen seiner menschenfreundlichen Anordnungen, wegen seiner Sanftmut und Güte.

Fünftes Kapitel

165. Pfälzische Landesbibliothek Speyer. – *Ort, wo Ihr Geburtsname heilig ist:* vgl. 162. *den geliebten Sohn von Laubach:* Elises Sohn, Graf Friedrich von Solms-Laubach, studierte 1786–1789 in Gießen, insbesondere bei Boehm. Andreas Boehm (1720–1790) war ein Freund der Familie; schon 1782–84 hatte er wesentlich auf die Erziehung von Friedrich eingewirkt. Er war ordentlicher Professor der Logik, Metaphysik und Mathematik, Bergrat und Wirklicher Geheimer Rat an der Universität Gießen. *300 Sächsische Taler:* 600 Gulden.

166. Pfälzische Landesbibliothek Speyer. – Der Adressat: Christian Friedrich von Blanckenburg (1744–1796), preußischer Premierlieutenant und Literaturliebhaber; bedeutend für die Theorie der Gattung Roman ist sein „Versuch über den Roman" (1774).

167. Horn (Hg.) (vgl. 103.), S. 271. – *Détour:* Umweg.

168. Dresch (Hg.) (wie 117.), S. 222. – Aus dem Französischen übersetzt von M. Maurer.

169. Dresch (Hg.) (wie 117.), S. 223/224. – Aus dem Französischen übersetzt von M. Maurer. – *Frau de l'Espinasse:* Elsy de l'Espinasse geb. Merkus ist der Name der reichen Holländerin, von der schon im vorigen Brief die Rede war. Sie heiratete in zweiter Ehe Fritz von La Roche. Sie hatte eine Tochter aus erster Ehe, die ebenfalls Elsy de l'Espinasse hieß.

170. Dresch (Hg.) (wie 117.), S. 224/225. – Aus dem Französischen übersetzt von M. Maurer. – *Bernard und d'Orville:* Vom ortsansässigen Fürstenhaus und einigen mit ihm verwandten Familien abgesehen waren die miteinander verschwägerten Refugié-Familien Bernard und d'Orville damals die angesehensten Familien in Offenbach. Seit 1733 betrieben sie eine Schnupftabakfabrik, seit 1780 wohnten sie in einem stattlichen neuen Palais.

171. Stadtarchiv Offenbach. – *Wucherer:* Friedrich Wilhelm Wucherer (1743–1816) war Professor am Gymnasium in Karlsruhe (ab 1803 auch Konsistorialrat). Franz Wilhelm von La Roche hatte bei ihm Mathematikunterricht genommen. *André:* Johann André (1741–1799), aus Offenbach. Komponist, gründete einen Musikverlag. *Abschrift von Salis' Versen an Pfeffel:* Sophie von La Roche hatte den Dichter, Johann Gaudenz von Salis Freiherr von Seewies

(1762–1834), kennengelernt; das hier angesprochene Gedicht ist wiedergegeben im „Journal einer Reise nach Frankreich", S. 98 ff.

172. Stadtarchiv Offenbach. – *Geschichte meiner Lony:* „Geschichte von Miß Lony und der schöne Bund", Gotha 1789. *à part:* getrennt, einzeln, separat.

173. Langmesser (wie 161.), S. 142/143. – *Zoë* ist der Rufname von Sarasins Frau (vgl. 161.)

174. Langmesser (wie 161.), S. 144. – Datierung: Offenbar Antwortbrief auf den vorigen, also nach dem 19. 4. 1787 geschrieben. Es liegt ein weiterer Brief Sophie von La Roches an Sarasin vom 28. 6. 1787 vor; dieser ist also wohl zwischen die beiden zu stellen. – *ecclesia pressa:* (lat.) die bedrängte Kirche.

175. Dresch (Hg.) (wie 117.), S. 227/228. – Aus dem Französischen übersetzt von M. Maurer.

176. Zentralbibliothek Zürich. – Der Adressat: Leonhard Meister (1741–1811), 1773–1791 Professor für Geographie und Geschichte an der Kunstschule in Zürich, Schriftsteller, der zu seiner Zeit sehr bekannt, aber auch als Vielschrieber verrufen war (u. a. „Über die Schwärmerei", 1775; „Über die Einbildungskraft", 1778). *meine Geßner, Salomons Muse, unsere Freundin Judith:* Judith Geßner geb. Heidegger (1736–1818), seit 1761 verheiratet mit dem Idyllendichter und Maler Salomon Geßner (vgl. 19.).

177. Horn (Hg.) (vgl. 103.), S. 277–279. – *Das Ansinnen des Herrn Meister:* Leonhard Meister, der 1785 und 1787 zwei Bände „Charakteristik deutscher Dichter" herausgegeben hatte, die aber nicht bis in die zweite Hälfte des 18. Jahrhunderts fortgeführt wurden, hatte offenbar Sophie von La Roche wie auch Wieland jeweils um einen Lebensabriß gebeten. – *sorte de célébrité:* Art von Berühmtheit. *Esquisse:* Skizze. *Beiträge zu einer künftigen Biographie:* Das Versprechen wurde nicht eingelöst. *Recidive:* Rückfall.

178. Zentralbibliothek Zürich. – *Bianconi:* Gian Lodovico Bianconi (1717–1781) schrieb „Briefe an den Marchese Hercolani über die Merkwürdigkeiten Bayerns und anderer deutscher Länder 1762" (eingeleitet, verdeutscht und erläutert von Horst Rüdiger, Mainz und Berlin 1964). *Rohault:* Jacques Rohault (1620–1675), Cartesianer, klassisch ist seine „Physique" (1671 u. ö.).

179. Stadtbibliothek Schaffhausen. – *Enfin:* (frz.) endlich, schließlich, nun.

180. Stadtbibliothek Schaffhausen. – *400 Gulden:* 267 Reichstaler. *300 Taler:* Das Anfangsgehalt Carl von La Roches betrug also die Hälfte dessen, was für Wieland in Weimar als Pension ausgesetzt war. *Graf Werthern:* vgl. 148. *80 alte Louis d'or:* 500 Reichstaler. *1 Karolin:* 6 Reichstaler. Das „Tagebuch einer Reise durch die Schweiz" ist

30 Bogen stark, erbrachte also 30 Karolins oder 180 Reichstaler. *Nièce:* Nichte.

181. Stadtarchiv Offenbach. – *Herder, Gott:* Herders fünf Gespräche „Gott" erschienen 1787; sowohl Herders persönliches Glaubensbekenntnis als auch ein grandioses Gedankengebäude. Sophie von La Roche fühlte sich wohl angesprochen, weil es kein theologisches Fachbuch ist, sondern, nicht zuletzt durch die Form des Gesprächs, für Laien zugänglich bleibt. *Theophron* ist einer der darin auftretenden Gesprächspartner. *Erbprinz von Isenburg:* Karl Friedrich Ludwig Moritz (1766–1820), wurde 1803 nach dem Tod seines Vaters Fürst. *Prinz Moritz:* Bruder des Fürsten (vgl. 153.). *Fürstin Viktorie:* Ernestine Esperanze Viktorie von Reuß-Greiz (1756–1818), zweite Ehefrau des Fürsten Wolfgang Ernst II. von Isenburg-Birstein (1735–1803). *Luise Winkler:* richtig Luise Winkel, Gattin Moritz' von Isenburg (vgl. 153.).

182. Morgenblatt für gebildete Leser, Jg. 1857, Nr. 40, S. 951. – *Lukian:* 1788/89 erschien Wielands mit zahlreichen Anmerkungen versehene Übersetzung des spätantiken Rhetorikers und Satirikers Lukian (120–180 n. Chr.). *qui voient ce qu'ils regardent:* die sehen, was sie sehen (die geistig verarbeiten können, was sie mit den Augen wahrnehmen). *Forster:* Johann Georg Adam Forster (1754–1794), begleitete 1772–1775 seinen Vater auf James Cooks dritter Weltumsegelung, 1777 bekannt geworden durch seine Beschreibung der Reise („A Voyage Round the World ..."), Naturwissenschaftler, 1779 Professor in Kassel, 1784 in Wilna, seit 1788 erster Bibliothekar des Erzbischofs von Mainz als Nachfolger Johannes von Müllers. *Heinse:* vgl. 164. *Müller:* vgl. 164. *Sömmering:* Samuel Thomas von Sömmering (1755–1830), Anatom, Professor in Mainz.

183. Hassencamp (Hg.) (wie 109.), S. 582/583. – *übersandte Reisebeschreibungen:* „Tagebuch einer Reise durch die Schweiz, von der Verfasserin von Rosaliens Briefen" (Altenburg 1787) und „Journal einer Reise durch Frankreich, von der Verfasserin von Rosaliens Briefen" (Altenburg 1787). *Stillings vierter Band:* „Henrich Stillings häusliches Leben", Berlin und Leipzig 1789. *Selma:* Maria Salome („Selma") von St. George, seit 1782 Jung-Stillings zweite Frau, die er durch Vermittlung von Sophie von La Roche kennengelernt hatte (vgl. die Darstellung in „Henrich Stillings häusliches Leben"). *Äolus:* Gott des Windes.

184. Stadtarchiv Offenbach. – *Graf Vollrat:* Vollrat Graf von Solms-Rödelheim und Assenheim (1762–1818), studierte in Gießen, ging nach einem Praktikum am Reichskammergericht in Wetzlar auf Reisen, heiratete 1789 die Tochter von Elise zu Solms-Laubach, kam 1790 an die Regierung. Literarisch aufgeschlossen, dichtete auch selbst. *Revent-*

lows: Friedrich Karl von Reventlow (1754–1828), in dänischen Diensten, Gesandter in London und Kurator der Kieler Universität; dessen Gattin Julie Gräfin von Reventlow geb. von Schimmelmann (1762–1816), beide gehören in den Kreis um Klopstock, Claudius und Voß, die Gräfin war auch schriftstellerisch tätig. Über ihre Freundschaft mit Sophie von La Roche siehe deren „Tagebuch einer Reise durch Holland und England" (Altenburg 1788), S. 420 ff.

185. Stadtarchiv Offenbach.

186. Kurt Kampf (Hg.): Sophie Laroche. Ihre Briefe an die Gräfin Elise zu Solms-Laubach 1787–1807, Offenbach 1965, S. 32.

187. Kampf (Hg.) (wie 186.), S. 32.

188. Kampf (Hg.) (wie 186.), S. 33.

189. Zentralbibliothek Zürich. – *zwei meiner Moralischen Erzählungen:* „Geschichte von Miß Lony und der schöne Bund", Gotha 1789. *offender non so . . . :* (ital.) Beleidigen kann ich nicht / Aber dem, der mich beleidigt, verzeihen / Ist die Wissenschaft meines Herzens. *Langer:* Johann Peter Langer (1756–1824), Direktor der Düsseldorfer Zeichenakademie. *Thelott:* Ernst Karl Gottlieb Thelott (1760–1834), Maler und Kupferstecher.

190. Stadtarchiv Offenbach. – *600 Gulden:* 400 Reichstaler. *mit meiner Nichte:* eigentlich die Nichte La Roches.

191. Zentralbibliothek Zürich. – *Doris:* Unter diesem Namen hatte Wieland seine Verlobte Sophie Gutermann besungen. *Sihlwald:* Der 1788 verstorbene Salomon Geßner war als Zürcher Amtmann für den Sihlwald zuständig gewesen, in dem auch seine Dienstwohnung lag. *1 Gulden 12 Kreuzer:* ein Gulden hatte 60 Kreuzer.

192. Georg Forsters Werke. Sämtliche Schriften, Tagebücher, Briefe. Herausgegeben von der Akademie der Wissenschaften der DDR. Zentralinstitut für Literaturgeschichte, Bd. 15, herausgegeben von Horst Fiedler, Berlin 1981, S. 315/316. – *Mademoiselle Dieze:* Sophie Dieze, Freundin von Georg Forsters Frau Therese (1765–1829), Tochter von Johann Andreas Dieze (1729–1785), der 1784/85 Professor für Literaturgeschichte und erster Bibliothekar in Mainz war. *Übersetzung des Dupaty:* Dupaty (Charles-Marguerite-Jean-Baptiste Mercier, 1746–1788): Briefe über Italien vom Jahr 1785, aus dem Französischen von Georg Forster, 2 Bde., Mainz 1789/90. *Langenhöffel:* Johann Joseph Langenhöffel (1750–1805), Kupferstecher, Hofmaler in Mannheim. *Paulus:* 1. Thess. 5, 21.

193. Stadtarchiv Offenbach.

194. Stadtarchiv Offenbach.

195. Zentralbibliothek Zürich. – *vierter Teil von Rosaliens Briefen:* „Rosalie und Cleberg auf dem Lande", Offenbach 1791.

196. Stadtarchiv Offenbach. – *Weikart:* Melchior Adam Weikart (1742

bis 1803), Leibarzt in Mainz (ihn suchte Sophie von La Roche gewöhnlich von Offenbach aus auf). *Vulpius:* Christian August Vulpius (1762–1827), Schwager Goethes; Goethe verschaffte ihm 1791 eine Stelle am Weimarer Theater; Autor des „Rinaldo Rinaldini" (1798), des berühmtesten Räuberromans der Zeit, Autor auch von Schauspielen, von denen er offenbar eines mit Widmung und Hilfsgesuch an Sophie von La Roche geschickt hatte, da er gerade stellenlos war.

197. Deutsches Literaturarchiv/Schiller-Nationalmuseum Marbach am Neckar. – Der Adressat dieses Briefes war bisher nicht bekannt, er läßt sich aber aus den im Brief genannten Umständen erschließen. „Samstagszirkel" und Professor Meister weisen nach Zürich. Der Adressat war also Amtmann in Zürich. Aus dem Datum geht hervor, daß die in diesem Brief genannten Briefe, um deren Druck und Verlag verhandelt wird, nur Sophie von La Roches „Briefe über Mannheim" sein können, die 1791 erschienen, und zwar sowohl bei Schwan in Mannheim als auch bei Orell, Füßli und Cie. in Zürich. Dieser letztere Verlag ist also die im Brief genannte Sozietät. Der Adressat ist Teilhaber der Sozietät Orell, Füßli und Cie. Dazu kommen nun noch die Familienbeziehungen: Der Adressat ist der Bruder einer teuren Freundin von Sophie von La Roche. Diese Freundin ist, durch die Verbindung mit einem Heinrich, als Judith Geßner zu bestimmen (vgl. 176.); Heinrich Geßner ist ihr Sohn (vgl. 205.). Der Bruder von Judith Geßner, auf den zugleich alle obigen Bedingungen zutreffen, war Johann Heinrich Heidegger (1738–1823), Buchhändler, Fraumünsteramtmann seit 1784, lebte zeitweilig in Italien, belletristischer Autor, Verfasser eines Handbuchs für Reisende durch die Schweiz sowie die Munizipalität Zürich betreffender Schriften, 1756 bis 1798 Teilhaber von Orell, Füßli und Cie., Kunstsammler, beteiligt an der Stiftung des Zürcher Kunstsaales. – Der in dem Brief noch genannte *Ettlinger* ist Karl Wilhelm Ettlinger (1741–1804), Buchdrucker und Verleger in Gotha, der 1789 „Miß Lony und der schöne Bund" verlegt hatte.

198. Georg Forsters Werke (wie 192.), Bd. 16, herausgegeben von Brigitte Leuschner und Siegfried Scheibe, Berlin 1980, S. 30. – Datierung: Ich folge der Datierung von Leuschner und Scheibe; Hassencamp (vgl. 131.) hat irrtümlich Mai statt März; das Datum ergibt sich aber aus den beiden folgenden Briefen mit Gewißheit. *Hastings:* Warren Hastings (1732–1818), englischer Politiker, 1774–1785 Generalgouverneur in Bengalen. Sophie von La Roche berichtet über ihre Bekanntschaft mit Herrn und Frau Hastings in ihrem „Tagebuch einer Reise durch Holland und England", S. 510 ff. *Otaheitier:* vgl. Forsters Artikel „O-Tahiti" (1780) in dem von ihm und Georg Chri-

stoph Lichtenberg herausgegebenen „Göttingischen Magazin der Wissenschaften und Literatur".

199. Freies Deutsches Hochstift/Frankfurter Goethe-Museum.

200. Georg Forsters Werke (wie 192.), Bd. 16, herausgegeben von Brigitte Leuschner und Siegfried Scheibe, Berlin 1980, S. 31/32. – *fatale Verhöre in Westminsterhall:* Warren Hastings war der unerlaubten Bereicherung in seinem Amt in Indien angeklagt – einer der größten Prozesse seiner Zeit (1786–95) –, Hauptankläger war der berühmte Edmund Burke (1729–1797); Hastings wurde schließlich freigesprochen. Forster berichtet über ein Verhör dieses Prozesses, dem er beiwohnte, in seinem Tagebuch von der Englandreise (vgl. Georg Forster: Werke in vier Bänden. Hg. Gerhard Steiner, Frankfurt 1969, Bd. II, S. 786–790). *Alexander von Humboldt:* Friedrich Wilhelm Heinrich Alexander Freiherr von Humboldt (1769–1859) – mit ihm trat Forster am 25.3. 1790 jene Reise an, die beschrieben ist in Forsters bekannten „Ansichten vom Niederrhein, von Brabant, Flandern, Holland, England und Frankreich im April, Mai und Junius 1790", (1791/93). *Archenholz, Brittische Annalen:* Johann Wilhelm von Archenholz (1741–1812), Herausgeber der „Annalen der Brittischen Geschichte des Jahrs 1789" (usw.) (20 Bände, 1789–1800). In Bd. III (Hamburg 1790) Forsters Kolumne „Geschichte der Kunst in England", S. 96–203.

201. Hessisches Staatsarchiv Darmstadt (Kammersekretariatsakten). – Der Adressat: Landgraf Ludwig X. (1753–1830) war erst wenige Wochen vorher, am 6.4. 1790, seinem Vater Ludwig IX. im Amt gefolgt. 1805 wurde er als Ludwig I. Großherzog von Hessen. – In den Kammersekretariatsakten ist auch der auf dieses Gesuch erteilte Bescheid erhalten, der lautet: „Frau von La Roche. Der Sohn ist zum Assessor beim Fürstlichen Oberforstamt mit dem Anfügen ernannt worden, daß seine künftige Beförderung einzig von seinem Fleiß und Geschicklichkeit abhängen werde, weil wichtige Stellen nur mit geprüften Männern besetzt werden würden. Darmstadt, den 24. April 1790." – Auf Besoldung brauchte Franz Wilhelm von La Roche nicht zu verzichten; er wurde zum 1.1. 1791 mit 300 Gulden Jahresgehalt eingestellt.

202. Kampf (Hg.) (wie 186.), S. 35/36. – *Wiege in Assenheim:* Am 15.5. 1790 wurde das erste Kind von Graf Vollrat und Gräfin Sophie geboren, das Karl getauft wurde. *Zwei Michaelis:* Töchter des Göttinger Orientalisten und Theologen Johann David Michaelis (1717–1791): Caroline (1763–1809), seit 1784 mit Dr. Böhmer, seit 1796 mit August Wilhelm Schlegel und seit 1803 mit Friedrich Wilhelm Joseph Schelling verheiratet. (Über sie gibt es eine sehr schöne Biographie: Eckart Kleßmann: Caroline. Das Leben der Caroline Michaelis-Böhmer-

443

Schlegel-Schelling 1763–1809, München 1975.); ihre hier gemeinte Schwester ist Charlotte (1766–1793). *Forsters Frau:* Therese (1764–1829), Tochter des klassischen Philologen und Universitätsbibliothekars Christian Gottlieb Heyne (1729–1812), heiratete nach Georg Forsters Tod den Schriftsteller Ludwig Ferdinand Huber (1764–1804). Schriftstellerin; leitete 1819–1824 in Stuttgart das „Morgenblatt".

203. Stadtarchiv Offenbach. – *Quinquina:* Chinarinde. *300 Gulden:* 200 Reichstaler. Zum Vergleich: Sein Bruder Carl erhielt als Anfangsgehalt 300 Reichstaler. *Fourage:* Futter. *Briefe:* Sophie von La Roche: „Briefe über Mannheim", Zürich 1791 und Mannheim 1791.

204. Stadtarchiv Offenbach. – *Geßners Idyllen:* Die Quartausgabe von Geßners „Idyllen" (1773), von der hier die Rede ist, gehört zu den buchgestalterisch schönsten Büchern der damaligen Zeit. *Dalbergs Ästhetik:* Carl Theodor von Dalberg: „Grundsätze der Ästhetik, deren Anwendung und künftige Entwickelung", Erfurt 1791. *Marc Aurel:* 121–180 n. Chr., römischer Kaiser seit 161; seine „Selbstbetrachtungen", die auch im 18. Jahrhundert eine beliebte Lektüre waren, liest man noch heute. *Steinberg:* Gattin von Georg August von Steinberg, der damals als großbritannischer und kurbraunschweigischer außerordentlicher Gesandter und bevollmächtigter Minister in Mainz weilte. Zusammen mit Frau von Steinberg unternahm Sophie von La Roche 1791 ihre dritte Schweizerreise. *Crome:* August Friedrich Wilhelm Crome (1753–1833), Professor für Theologie in Gießen, Statistiker. *Leopold:* Leopold II. (1747–1792), seit 1766 Großherzog der Toskana, folgte 1790 seinem Bruder Joseph II. auf den Kaiserthron.

205. Zentralbibliothek Zürich. – Der Adressat: Heinrich Geßner (1768–1813), Sohn von Salomon (vgl. 19.) und Judith Geßner (vgl. 176.). Erbe des väterlichen Verlags. Heiratete Wielands Tochter Charlotte. Lebte später als Nationalbuchdrucker der Helvetischen Republik 1798–1803 an deren Regierungssitzen in Aarau, Luzern und Bern, darauf wieder in Zürich. *Rosalie:* Der vierte Teil ist gemeint: „Rosalie und Cleberg auf dem Lande", Offenbach 1791. *Lina:* Auch die erfolgreichen Briefe an Lina wurden fortgesetzt, und zwar unter dem Titel „Briefe an Lina als Mutter" (Bd. II Leipzig 1794, Bd. III Leipzig 1797). *Steinbrüchel:* Johann Jakob Steinbrüchel (1729–1796), Theologe und Sprachforscher, Lieblingsschüler Breitingers in Zürich, Freund Wielands; Professor für Hebräisch 1763, für Eloquenz 1764, für alte Sprachen 1769, Nachfolger Breitingers, Kanonikus 1776. Übersetzer klassischer Dramen (Sophokles, Euripides, Pindar).

206. Kampf (Hg.) (wie 186.), S. 39. – *mein Geßner:* vgl. 204. *der elende Austritt, welchen der Kriegsrat Merck aus der Welt nahm:* Johann Heinrich

444

Merck erschoß sich am 27.6. 1791. Für Sophie von La Roches Abscheu vor dem Selbstmord gibt es viele Parallelbeispiele.

207. Kampf (Hg.) (wie 186.), S. 39. – Franz Wilhelm von La Roche starb am 11.9. 1791. *Tissot:* Simon-André Tissot (1728–1797) war einer der renommiertesten Ärzte seiner Zeit; er lebte meist in Lausanne. Sein „Avis au peuple sur la santé" (1761) wurde in 13 Sprachen übersetzt.

Sechstes Kapitel

208. Gesamthochschul-Bibliothek Kassel. – Die Adressatin: Charlotte von Zanthier war Stiftsdame in Schmalkalden, Freundin der am Ende des Briefes genannten Henriette (von Bülzingslöwen), die mit Franz Wilhelm von La Roche verlobt gewesen war.

209. Kampf (Hg.) (wie 186.), S.40. – *Fräulein von Bülzingslöwen:* vgl. den vorangehenden Brief.

210. Zentralbibliothek Zürich. – Datierung: ungewiß, jedenfalls nach dem Tod von Franz Wilhelm und vor dem Tod von Maximiliane (19.11. 1793). – Lavater hatte Vorwürfe gegen Sophie von La Roche hören lassen; sie rechtfertigte sich nicht direkt, sondern in diesem aufschlußreichen Brief an eine Frau aus Lavaters Bekanntschaft. – *qu'en dira-t-on:* (frz.) was wird man darüber sagen?

211. Hassencamp (Hg.) (wie 131.), S.499/500. – Aus dem Französischen übersetzt von M. Maurer. – *gemeinsamer Sohn:* insofern Franz Wilhelm in Pfeffels Schule gegangen war. *Schwester Sarasin:* vgl. 161. *Schwägerin Hoffmann:* Magdalena Elisabeth Divoux, die Schwester von Pfeffels Frau, hatte 1779 einen der Lehrer seiner Akademie, Johann Friedrich Hoffmann, später Bürgermeister in Landau, geheiratet. *Freundin Lehs:* Dorothea Salome Lehs geb. Steinheil, von Pfeffel „Serena" genannt, war die Frau des Theologieprofessors Gottfried Lehs. *Zoë:* So wurde Sarasins Frau genannt. *Assignaten:* das Papiergeld der Französischen Revolution *Konstitutionsakte:* Die Konstitution von 1791 machte aus Frankreich eine konstitutionelle Monarchie mit Zensuswahlrecht; es herrschte formale Rechtsgleichheit unter Führung der Besitzenden und der Gebildeten.

212. Dresch (Hg.) (wie 117.), S.236–237. – Aus dem Französischen übersetzt von M. Maurer.

213. Gesamthochschul-Bibliothek Kassel.

214. Kampf (Hg.) (wie 186.), S.41/42. – *Ermordung des Königs in Schweden:* König Gustaf III. (1741–1792) starb am 29.3. 1792 an den Folgen eines Attentats einer Adelsverschwörung. *Tod Leopolds:* Kaiser Leopold II. starb am 1.3. 1792. *schnelle Anhäufung der Auftritte in Frankreich:* Am 10.8. 1792 wurde in Frankreich das Königtum gestürzt. *Schicksal*

unserer Armeen: Das Vordringen der vereinigten preußischen, österreichischen und sonstigen deutschen Armeen gegen das revolutio-
näre Frankreich unter Führung des Herzogs von Braunschweig im
Sommer 1792 kam schon bald ins Stocken (Kanonade von Valmy,
20.9. 1792). *Gibbon:* Edward Gibbon (1737–1794): „The History of
the Decline and Fall of the Roman Empire", 1782–88. *Herders Ideen:*
Johann Gottfried Herders geschichtsphilosophisches Hauptwerk
„Ideen zur Philosophie der Geschichte der Menschheit" erschien in
vier Bänden 1784–91. *Necker:* Jacques Necker (1732–1804): „Le pouvoir exécutif dans les grands états" (1792). *de Lolme:* Jean-Louis de
Lolme (1740–1806): „Constitution de l'Angleterre, ou Etat du gouvernement anglais, dans lequel il est comparé à la fois avec la forme
républicaine de gouvernement, et avec les autres monarchies de
l'Europe", Amsterdam 1771.
215. Dresch (Hg.) (wie 117.), S. 237/238. – Aus dem Französischen übersetzt von M. Maurer. – *Custine, Dumouriez, Montesquiou:* Generale der
französischen Revolutionsarmeen. Adam-Philippe Comte du
Custine (*1740) wurde 1793 vom Revolutionstribunal hingerichtet.
Charles-François Dupérier Dumouriez (1739–1823), 1792 französischer Außenminister, ging als General 1793 zu den Österreichern
über, fand schließlich Asyl in England. Anne-Pierre Marquis de
Montesquiou-Fézensac (1741–1798) schloß sich als Mitglied der
Generalstände 1789 dem 3. Stand an, Girondist. *Willemer:* Johann
Jakob von Willemer (1760–1838), Frankfurter Bankier.
216. Stadtarchiv Offenbach. – *Guercino, Carlo Dolce, Rembrandt:* La Roches
hatten, wie man sieht, einen schönen Teil ihres Vermögens in wert-
vollen Gemälden angelegt. Giovanni Francesco Barbieri genannt
Guercino (1591–1666). Carlo Dolce (1616–1686). Rembrandt Har-
mensz van Rijn (1602–1669). In „Mein Schreibetisch" findet sich ein
Verzeichnis der Gemälde La Roches (Bd. I, S. 28–31). *Sévigné:* vgl.
27. *Vendée:* Diese Landschaft im Südwesten Frankreichs war das
Zentrum des Widerstandes gegen die Französische Revolution.
Condé: Louis-Joseph de Bourbon, Prince de Condé (1736–1818) bildete 1792 eine Emigrantenarmee; er fand schließlich in England
Zuflucht.
217. Stadtarchiv Offenbach. – *Walderdorff:* Wilderich Philipp Franz von
Walderdorff (1740–1810), Mainzer Domherr. *Naturkalender der
Madame Unger:* [Friederike Helene Unger] „Naturkalender zur Unterhaltung der heranwachsenden Jugend, von der Verfasserin des „Jul-
chen Grünthal", Berlin 1798. *Hallos Stunden der Ewigkeit gelebt:* Christian Friedrich Sintenis: „Stunden für die Ewigkeit gelebt", Berlin
1791. *Schillers Kleine prosaische Schriften:* Friedrich Schiller: „Kleinere
prosaische Schriften", 4 Bände, Leipzig 1792–1802. *Fénelon:* François

de Salignac de la Mothe Fénelon (1651–1715), Bischof, Prinzenerzieher; „Traité de l'éducation des filles" (1681), übrigens schon von August Hermann Francke (1663–1727) ins Deutsche übersetzt. *Hompesch:* Karl von Hompesch (†1812), Bruder Johann Wilhelm von Hompeschs, wird als ein Haudegen geschildert, der einen bewegten Lebenslauf hinter sich brachte; er begann seine militärische Karriere in Österreich und beendete sie in England.

218. Freies Deutsches Hochstift/Frankfurter Goethe-Museum. – *der Buchhändler machte den Titel:* bezieht sich auf den Untertitel der „Erinnerungen aus meiner dritten Schweizerreise": „Meinem verwundeten Herzen zur Linderung, vielleicht auch mancher trauernden Seele zum Trost geschrieben von Sophie, Wittwe von la Roche" (Offenbach 1793).

219. Stadtarchiv Offenbach. – *Hungern:* Ungarn. Ungarn und Belgien hatten sich gegen die habsburgische Herrschaft aufgelehnt. Franz II. sah sich gezwungen, ihnen entgegenzukommen, wenn er gegen Frankreich Krieg führen wollte. *unser vortrefflicher Kaiser:* Auf Leopold II. war 1792 sein Sohn Franz II. (1768–1835) als Kaiser gefolgt. *Friedrich Wilhelm:* König Friedrich Wilhelm II. (1744–1797) von Preußen war seinem Onkel Friedrich dem Großen 1786 auf den Thron gefolgt. *Bischoffswerder:* Johann Rudolf von Bischoffswerder (1741–1803), preußischer General. *Luchesini:* Girolamo Marchese Luchesini (1751–1825), preußischer Diplomat, 1789–1793 Gesandter in Warschau, 1793–97 in Wien, 1800/02–1806 in Paris. *Wöllner:* Johann Christoph von Wöllner (1732–1800), unter König Friedrich Wilhelm II. von Preußen 1786 Geheimer Oberfinanzrat, seit 1788 Justizminister und Chef des geistlichen Departements. *Struensee:* Karl Gustav Struensee von Karlsbach (1735–1804), seit 1791 preußischer Minister des Akzise-, Zoll-, Kommerzial- und Fabrikwesens. *Herzog von Braunschweig:* Karl Wilhelm Ferdinand, Herzog von Braunschweig (1735–1806), Führer der preußisch-österreichischen Koalitionsarmee im 1. Koalitionskrieg. Der Erbprinz Karl Georg August (1766–1806) starb vor dem Vater und kam nicht an die Regierung. *Hügel:* Johann Alois Joseph Freiherr von Hügel (1753–1816), kurtrierischer Geheimer Staatsrat, dann Regierungskanzler; er trat 1793 in kaiserliche Dienste als Gesandter bei der Reichsversammlung in Regensburg.

220. Freies Deutsches Hochstift/Frankfurter Goethe-Museum.

221. Kampf (Hg.) (wie 186.), S. 48 (Faksimile S. 49).

222. Pfälzische Landesbibliothek Speyer. – Aus dem Französischen übersetzt von M. Maurer. – *Auszug aus der Naturgeschichte:* „Briefe an Lina als Mutter" (zweiter Teil der „Briefe an Lina"), Leipzig 1794. *Resignation:* „Schönes Bild der Resignation", 2 Bände, Leipzig 1795/96.

223. Universitätsbibliothek Freiburg im Breisgau. – *Träumerei:* „Schönes Bild der Resignation". *Ihrer schätzbaren Marie:* Johann Georg Jacobi hatte 1791 Maria Ursula Müller (1764–1840) aus St. Peter im Schwarzwald geheiratet. Ihr einziges Kind, der erwähnte Sohn, starb jung.

224. Stadtarchiv Offenbach. – *Lepel:* Joachim Otto Friedrich Freiherr von Lepel (1739–1802), Hofmarschall und Oberforstmeister, zeitweilig Kammerpräsident in Offenbach. *Wurmser:* Dagobert Siegmund Graf von Wurmser (1724–1797), österreichischer Feldmarschall, im 1. Koalitionskrieg Kommandeur der Truppen am Oberrhein. *Abbé Rosier:* In der „Pomona" nennt sie ihn den „wegen seines Journal de Physic und vollkommner Landwirthschaft so verehrungswerthe[n] Rosier" (1783, S. 664).

225. Stadtarchiv Offenbach. – *Floretische Familie:* Ludwig Wilhelm Floret (*1737), Ordensrat bei der Ordensballei in Marburg, seit 1764 verheiratet mit Henriette Gerlach, der Tochter des hessen-hanauischen Landeshauptmanns Johann Gerlach. *Mallet du Pan:* Jacques Mallet-Dupan (1749–1800), politischer Journalist, gebürtiger Genfer, starb im englischen Exil („Mémoires historiques, politiques et littéraires", Genf 1779–1782; „Du principe des factions en général, et de celles qui divisent la France", 1791; „Considérations sur la nature de la révolution de France, et sur les causes qui en prolonguent la durée", London 1793). *Thugut:* Johann Amadeus Franz de Paula Freiherr von Thugut (1736–1818), österreichischer Staatsmann, seit 1793 Direktor der auswärtigen Angelegenheiten, 1794 Staatskanzler.

226. Zentralbibliothek Zürich.

227. Fritz Jonas (Hg.): Schillers Briefe. Kritische Gesamtausgabe, Stuttgart, Leipzig, Berlin, Wien o. J., Bd. V [1895], S. 144/145. – *Meine Lotte:* Am 22.2.1790 hatte Friedrich Schiller die 1766 geborene Charlotte von Lengefeld geheiratet.

228. Friedrich Seebaß (Hg.): Clemens Brentano: Briefe, Bd. I (1793–1809), Nürnberg 1951, S. 13–15. – Datierung nach Seebaß. – *Professor Oeser:* Adam Friedrich Oeser (1717–1799), Goethes Zeichenlehrer in Leipzig, seit 1764 Direktor der Kunstakademie. *Plan de Repos:* Erholungsort. *Radoterien:* Radotage, Geschwätz, Gefasel. *Liebe Tante:* Luise von Möhn.

229. Stadtarchiv Offenbach. – Datierung: Auf dem Original von fremder Hand „1798", was ich aufgrund der im Brief genannten politischen Zeitumstände für einen Fehler halte. Der König mit den offenen Füßen ist Friedrich Wilhelm II. von Preußen, der am 16.11.1797 starb. Ihm folgte sein Sohn, von dem es hier heißt, er denke nicht wie er, als Friedrich Wilhelm III. (1770–1840). Es ist noch nicht Frieden geschlossen; dies geschah am 17./18.10.1797 in Campo Formio;

der Brief ist also wohl vor dem 17. 10. 1797 geschrieben oder jedenfalls vor dem Eintreffen der Friedensnachricht. – *Briefe von dem See Oneida:* Sie erschienen in drei Bänden 1798 in Leipzig. *Schlözers Universalgeschichte:* August Ludwig von Schlözer (1735–1809): „Weltgeschichte nach ihren Hauptteilen im Auszug und Zusammenhang", 2 Bände, Göttingen 1785/1789. *Paul I.:* russischer Zar seit 1796 (1754–1801).

230. Dresch (Hg.) (wie 117.), 12 (1921), S. 18/19. – Aus dem Französischen übersetzt von M. Maurer. – *Franz Brentano:* 1765–1844, ältester Sohn Peter Anton Brentanos aus seiner ersten Ehe; er übernahm die Handlung nach des Vaters Tod. Halbbruder von Clemens, Bettina usw. *Madame Rondeau:* Der Brief ist adressiert „Veuve Rondeau de Marenne, à Nieule, Département de la Charente-Inférieure". Sie war Elsys Schwester; bei ihr war Elsy aufgenommen worden.

231. Dresch (Hg.) (wie 117.), 12 (1921), S. 22/23. – Aus dem Französischen übersetzt von M. Maurer.

232. Wieland-Museum Biberach an der Riß. – *Dichterin Mereau:* Sophie Friederike Schubart (1770–1806), in erster Ehe 1793 verheiratet mit Friedrich Ernst Carl Mereau, in zweiter Ehe 1803 mit Clemens Brentano. (Vgl. über sie und ihre Beziehung zu Clemens Brentano Dagmar von Gersdorff (Hg.): „Lebe der Liebe und liebe das Leben. Der Briefwechsel von Clemens Brentano und Sophie Mereau", Frankfurt 1981.)

233. Freies Deutsches Hochstift/Frankfurter Goethe-Museum. – *Geschichte meines Schreibtisches:* Sophie von La Roche: „Mein Schreibtisch. An Herrn G. R. P. in D.", 2 Bände, Leipzig 1799. *Genlis:* vgl. 154. *Bonstetten:* Karl Victor von Bonstetten (1745–1832), aus Bern, 1775 in den Rat der 200 gewählt, Schulreformer, 1779 Landvogt in Saanen, 1787 in Nyon und 1795 im Tessin. Schriftsteller, ging 1798 nach Kopenhagen, 1803 nach Genf. *Mémoires de Gibbon:* Edward Gibbon: „Autobiography", 1796. *Prinz Reuß, Israelitin Meyer:* Heinrich XIV. Prinz von Reuß (1749–1799), ein Bruder der Viktorie von Isenburg (vgl. 181.) heiratete Marie geb. Meyer verwitwete von Eisenberg. *Rastatt:* 1797–99 fanden in Rastatt Friedensverhandlungen zwischen Frankreich und dem Deutschen Reich statt, die aber nicht zu einem Frieden führten.

234. Stadtarchiv Offenbach. – *General Mack:* Karl Mack Freiherr von Leiberich (1752–1828), österreichischer General. *Journal London und Paris:* Von dieser Zeitschrift erschienen sechs Jahrgänge, Weimar 1798–1803. *Prinz Heinrich:* Heinrich, Prinz von Preußen (1726–1802), Bruder Friedrichs des Großen, Feldherr und Diplomat. *Zenobia:* Wiederum ein Beispiel dafür, wieviel Sophie von La Roche daran gele-

gen war, die weibliche Komponente in der ganzen Weltgeschichte ins rechte Licht zu rücken. In den 6oer Jahren des 3. Jahrhunderts n. Chr. löste sich das römische Weltreich zeitweilig in Teilreiche auf; im Osten regierte Zenobia vorübergehend von Palmyra aus ein Königreich, bis sie 272 von Kaiser Aurelian unterworfen wurde.

235. Stadtarchiv Offenbach. – *Gesandtenmord:* Auf dem Rastatter Friedenskongreß (vgl. 233.) wurden die französischen Gesandten am 28. 4. 1799 von ungarischen Husaren überfallen und ermordet. *mein Verleger:* Gräff in Leipzig.

236. Stadtarchiv Offenbach. – Im Sommer 1799 kam endlich die seit vielen Jahren schon geplante Reise Sophies zu Wieland zustande. Sie ist beschrieben in dem Buch „Reise von Offenbach nach Weimar und Schönebeck im Jahr 1799", auch unter dem Titel „Schattenrisse abgeschiedener Stunden in Offenbach, Weimar und Schönebeck im Jahr 1799", Leipzig 1800. *Agathodämon:* Wielands Roman „Agathodämon" (den man unter einem bestimmten Blickwinkel seinen „Faust" genannt hat) erschien 1796. *Direktorium in Paris:* Zwischen dem Sturz Robespierres und dem Konsulat Napoleon Bonapartes wurde Frankreich von einem Direktorium von fünf Männern regiert (1795–99). *Pitt in England:* William Pitt (der Jüngere, 1759–1806) leitete die englische Politik 1783–1806. *Suworow in Italien:* Der russische Feldherr Aleksandr Vasilevič Suvorov-Rimnikskij, Fürst Italijskij (1729–1800) führte im 2. Koalitionskrieg (1799–1801) russische Truppen nach Italien, besiegte die Franzosen bei Cassano, an der Trebbia und bei Novi und verdrängte sie aus Oberitalien.

237. Freies Deutsches Hochstift/Frankfurter Goethe-Museum. – *Schönebeck:* In Schönebeck an der Elbe war Carl von La Roche preußischer Bergrat.

238. Stadtarchiv Offenbach. – *Jean Paul:* Johann Paul Friedrich Richter (1763–1825) war im Oktober 1798 nach Weimar übergesiedelt, wo er bis Oktober 1800 blieb. *Falk:* Johannes Daniel Falk (1768–1826) lebte als Schriftsteller und Privatgelehrter in Weimar. *Fräulein von Imhoff:* Amalie von Imhoff (1776–1831), Nichte der Charlotte von Stein, Hofdame in Weimar, Dichterin. *Otto von Laubach:* Enkel der Elise zu Solms-Laubach. *zweiter Band:* bezieht sich auf „Mein Schreibetisch" (vgl. 233.).

239. Freies Deutsches Hochstift/Frankfurter Goethe-Museum. – *Schöpfung:* Joseph Haydns „Schöpfung" war 1797 komponiert worden. *Erschaffung der Welt im schwäbischen Original:* Gemeint ist die „Schöpfung" des oberschwäbischen Mundartdichters und Predigers Sebastian Sailer (1714–1777), zuerst 1743; Sophie von La Roche hatte Sailer schon am Stadionschen Hofe in Warthausen kennengelernt. *Schattenrisse:* vgl. 236. *Madame Veit:* Dorothea Veit (1763–1839) geb.

Mendelssohn, seit 1799 in Jena, heiratete Friedrich Schlegel (1772–1829).

240. Deutsches Literaturarchiv/Schiller-Nationalmuseum Marbach am Neckar. – *Die Adressatin, Sophie von Pobeckheim, lebte damals in Paris.* – *Madame Staël:* Anne-Louise-Germaine Necker (1766–1817), seit 1789 verheiratet mit dem schwedischen Gesandten Baron von Staël-Holstein, führte 1795–1803 einen bedeutenden Salon in Paris, wurde in Deutschland vor allem bekannt durch ihr Buch „De l'Allemagne" (1810). *Camille Jordan:* 1771–1821, Abgeordneter im „Rat der 500", wurde 1797 zur Deportation verurteilt, konnte aber nach Deutschland fliehen. *Rochefoucault Liancourt kann von den Wattines sprechen:* Das ist ein weiterer Hinweis auf den Realitätsgehalt der „Erscheinungen am See Oneida" (Wattines heißt dort das Heldenpaar); für diesen Roman verwendete Sophie von La Roche ein Tagebuch ihrer Schwiegertochter Elsy von La Roche aus den nordamerikanischen Kolonien; durch einen Brief an Johann Isaak von Gerning vom 12.1. 1797 (Freies Deutsches Hochstift/Frankfurter Goethe-Museum) versuchte sie sich eine exakte Beschreibung einer indianischen Hütte von einem Augenzeugen zu verschaffen (Münchhausen). *Frau von Wolzogen:* Caroline von Wolzogen geb. von Lengefeld (1763–1847), geschiedene von Beulwitz, Schwägerin Schillers, Dichterin und Romanautorin („Agnes von Lilien"). *Dachröden:* Caroline Friederike von Dacheröden (1766–1829) war seit 1791 mit Wilhelm von Humboldt verheiratet. *Veit:* vgl. den vorstehenden Brief. *Schlegel-Michaelis:* vgl. 202. *Lucindengeschichte:* Friedrich Schlegels Roman „Lucinde" (1799) verarbeitete autobiographische Erlebnisse. Die Zeitgenossen sahen in Lucinde Dorothea Veit porträtiert. *Industriecomptoir:* die Bertuchsche Unternehmung (vgl. 125.).

241. Stadtarchiv Offenbach. – *Providenz:* Vorsehung. *excepté les ames blanches:* ausgenommen die weißen Seelen. *odios:* häßlich, hassenswert. *St. Pierre Bernardin:* Bernardin de St. Pierre (1737–1814), französischer Schriftsteller, Rousseauist („Ftude de la nature", seit 1784; „Paul et Virginie", 1788). *Engel Wilhelminc:* Wilhelmine von Clotz in Röthges bei Gießen, eine gemeinsame Freundin, verstarb um die Jahreswende 1802/03.

242. Freies Deutsches Hochstift/Frankfurter Goethe-Museum. – *Chamfort:* Nicolas-Sébastien Roch, Chamfort (1741–1794), 1781 Mitglied der Academie Française; sein literarischer Ruhm ruht vor allem auf seinen posthum erschienen Anekdoten und Aphorismen. *Popens Briefe:* Alexander Pope (1688–1744): „Letters" (1737, 1741).

243. Deutsches Literaturarchiv/Schiller-Nationalmuseum Marbach am Neckar. – Sophie Brentano war am 19.9. 1800 in Oßmanstedt bei Weimar gestorben und in Wielands Garten begraben worden. –

Name Bethmann, welcher so oft in meinem Hause tönt: Elise von Bethmanns Sohn wohnte mit seinem Hofmeister bei Sophie von La Roche im Hause.

244. P. von Ebart (Hg.): Briefe der Sophie von La Roche an den Prinzen Friedrich von Gotha-Altenburg, in: Westermanns Illustrierte Deutsche Monatshefte, 89. Bd. (Oktober 1900–März 1901), S. 771–781; S. 772/773. – Der Adressat: Prinz Friedrich von Gotha-Altenburg (*1774) war in jungen Jahren Soldat in preußischen Diensten, dann lange Jahre auf Reisen, seit 1803 leidend. – *die Beredsamkeit:* Madame de Staël (vgl. 240.). *General Moreau:* Jean-Victor Moreau (1763–1813), französischer General. *Tod Herders:* Johann Gottfried Herder war am 18.12.1803 in Weimar gestorben. *Delphine:* Roman der Frau von Staël (1802). *Verfasserin von Valérie:* Juliane von Krüdener, geb. von Vietinghoff (1766–1824). Ihr Roman „Valérie" erschien 1803 in französischer Sprache in Paris, 1804 ins Deutsche übersetzt von Caroline Schlegel. *Eßlinger:* Friedrich Daniel Eßlinger (1761–1812), Buchhändler in Frankfurt.

245. Horn (Hg.) (vgl. 103.), S. 331–334. – *Journal deutscher Frauen:* In seinem Brief vom 3.4.1805 (Horn (Hg.), S. 329/330) hatte Wieland Sophie von La Roche um Mitarbeit an einer neuen Publikation gebeten, die er mit anderen zusammen in Leipzig bei Göschen herausgab: „Journal für deutsche Frauen von deutschen Frauen". Er erhoffte sich dafür den Beifall „der ältesten und ehrwürdigsten unter den deutschen Schriftstellerinnen (...), die seit 35 Jahren durch die schönen Ausflüsse ihres Geistes, Herzens und Beispiels so viel Gutes unter unsern deutschen Frauen, Müttern und Töchtern gewirkt hat". – In der Tat wurde Wieland von seinem *Gedächtnis* hintergangen: Sophie hatte bereits am 6.12.1805 ihr 75. Lebensjahr vollendet.

246. Freies Deutsches Hochstift/Frankfurter Goethe-Museum. – *Nemesis:* griechische Göttin des Schicksals. *Rheinischer Bund:* Am 12.7.1806 war in Paris die Rheinbundakte unterzeichnet worden, in der sich zunächst 16 Reichsstände (darunter Bayern, Württemberg, Baden, Hessen-Darmstadt) unter dem Druck Napoleons vom Reich lossagten.

247. Stadtarchiv Offenbach.

248. Stadtarchiv Offenbach.

Namenregister